Karl Baedeker

Conversation Dictionary in four languages

English, French, German, Italian

Karl Baedeker

Conversation Dictionary in four languages
English, French, German, Italian

ISBN/EAN: 9783743361492

Manufactured in Europe, USA, Canada, Australia, Japa

Cover: Foto ©Paul-Georg Meister /pixelio.de

Manufactured and distributed by brebook publishing software (www.brebook.com)

Karl Baedeker

Conversation Dictionary in four languages

BAEDEKER'S
CONVERSATION DICTIONARY

IN FOUR LANGUAGES

ENGLISH, FRENCH, GERMAN, ITALIAN

LEIPSIC: KARL BÆDEKER, PUBLISHER

LONDON: DULAU & Co., 37 SOHO SQUARE, W.

1889

PREFACE.

The publication of this 1ˢᵗ Part of "Bædeker's Conversation Dictionary in four Languages", as a companion to "Bædeker's Handbook of Conversation", has been undertaken in deference to the wishes of many travellers; but in this, its first edition, the Dictionary necessarily contains many imperfections. In future editions it will be the earnest endeavour of the Publisher to remove these imperfections and to introduce the desirable emendations, a task in which he hopes, as in the cases of his Guidebooks, to be assisted by the kindly and invaluable criticisms of his readers and correspondents.

The chief aim of this little book, upon which the utmost care has been expended, is to supply travellers and all ordinary students of English, French, German, and Italian with a trustworthy list of the commonest words and the most familiar idioms in these languages.

For the plan and execution of the work the Publisher is chiefly indebted to his friend Mr. John Kirkpatrick, professor in the University of Edinburgh, who has been assisted by experienced French, German, and Italian collaborators.

CONTRACTIONS, &C.

1. French and Italian words are printed in *Italics*.

2. When the root of a word is repeated in the same language or in different languages, it is indicated by a vertical stroke with a view to avoid its repetition. Thus: — **Hair**, dresser, |-pin. **Impuden t**, |*t*, ... |*te*. **Scien|ce**, |*ce*, ... |*za*.

3. Horizontal strokes indicate a repetition of the same word; hyphens indicate that the unfinished word is the same as a preceding word; two dots placed immediately after a word indicate that the word is used in composition with others. Thus: — **Out**, — and —, — with you. **Out of**, — date, — doors. **Oval**, o-, o-, |*e*. **Sub-**, *sous* .., unter .., *sotto* ...

4. For the guidance of foreigners, the peculiarities of the English pronunciation are indicated in accordance with the French pronunciation.

---

a. : adjective, *adjectif*, Adjektiv, *adjettivo*.
ac. : accusative, *accusatif*, Akkusativ, *accusativo*.
ad. : adverb, *adverbe*, Adverb, *avverbio*.
art. : article, *article*, Artikel, *articolo*.
cf. (Lat. 'confer') : compare, *comparez*, vergleiche, *vedi*.
cj. : conjunction, *conjonction*, Konjunktion, *congiunzione*.
comp. : compounds, *composés*, Zusammensetzungen, *composti*.
dat. : dative, *datif*, Dativ, *dativo*.
e-m, e-n = einem, einen.
ctw. = etwas (something, anything; *quelque chose; qualche cosa*).
f. : feminine, *féminin*, weiblich, *femminile*.

fig. : figurative, *figuré*, bildlich, *figurato*.
gen. : genitive, *génitif*, Genitiv, *genitivo*.
i. : intransitive, *intransitif*, Intransitivum, *intransitivo*.
imp. : imperfect, *imparfait*, Imperfektum, *imperfetto*.
ind. : indicative, *indicatif*, Indikativ, *indicativo*.
inf. : infinitive, *infinitif*, Infinitiv, *infinitivo*.
inf. (Lat. 'infra') : *ci-dessous*, unten, *sotto*.
int. : interjection, *interjection*, Interjektion, *interjezione*.
j-m, j-n = jemandem, jemanden.
m. : masculine, *masculin*, männlich, *maschile*.
m-m, m-n = meinem, meinen.
n. : neuter, *neutre*, sächlich, *neutro*.
nr. : number, *nombre*, Zahlwort, *numero*.
o., o's, o's sf. = one, one's, one's self.
pl. : plural, *pluriel*, Plural, *plurale*.
pp. : past participle, *participe passé*, Participium Perfekti, *participio passato*.
pres. p. : present participle, *participe présent*, Participium Präsentis, *participio presente*.
qc. = *quelque chose*, *qualche cosa* (something, anything; irgend etwas).
qd. = *qualcheduno* (some one, any one; *quelqu'un*; irgend ein, jemand).
qu. = *quelqu'un* (some one, any one; irgend ein, jemand; *qualcheduno*).
rel. : relative, *relatif*, Relativum, *relativo*.
s. = sich (one's self, himself, etc.; *se*; [Ital.] *si*, *se*).
sthg. = something (*quelque chose*, etwas, *qualche cosa*).
subj. : subjunctive, *subjonctif*, Konjunktiv, *soggiuntivo*.
sup. (Lat. 'supra') : *ci-dessus*, oben, *sopra*.
t. : transitive, *transitif*, Transitivum, *transitivo*.
u. = und (and, *et*, *e* .
v. (Lat. 'vide' = see) : *voir*, siehe, *vedi*.
vb. : verb, *verbe*, Zeitwort, *verbo*.

A.

A, an, art., *un,* |e; ein, |e, ein; *un*|o, |a; a (per) day, *par jour,* den (per) Tag, *al giorno.*
Aback', ad.; taken —, v. disconcerted.
Abaft', ad.. *en arrière,* im Hinterschiff, *in poppa.*
Aban'don, t., |*ner,* verlassen, aufgeben, *abbandonare.* |ed, a., v. profligate.
Abash'ed, a., *con*|*fondu,* [*fus* (at, *de*), verblüfft (über), *confuso (di).*
Abate', t., (*r*)*abattre,* herabsetzen, *abbattere.* —, i., *s'apaiser,* nachlassen, *allentarsi;* & v. diminish.
Ab'b|ey, n., |ot, m.,.|ess, f.. |*aye,* f., |*é,* |*esse;* Abtei, Abt, Äbtissin; *badia, abbate, badessa.*
Abbre'via|te, t., '|tion, n., *abré*|*ger.*|*viation,* f.; abkürz|en, |ung; *abbrevia*|*re,* |*tura.*
Ab'dica|te, i.. '|tion, n., *abdi*|*quer,* |*cation,* f.; abdank|en, |ung; *abdica*|*re,* |*zione.*
Abduc'tion, n., *enlèvement,* m.; Entführung, f.; *ratto,* m. |*aberrazione.*
Aberra|'tion, n., |*tion,* f., Abweichung,
Abet', t., (in crime) v. aid, encourage.
Abey'ance (bé), n.; in —, *pend*|*ant,* schwebend, *in p*|*ente.*
Abhor', t., |*rer,* verabscheuen, *abborrire.*
Abide' (abode, a-), i., *demeurer,* wohnen, *dimorare;* — by, *s'en tenir à,* verharren bei, *mantenere;* (t.) v. endure.
Abil'ity, n., *habileté,* f., Fähigkeit, *abilità;* & v. talent. [*vile.*
Ab'ject, a., a-, verworfen, *abbietto;* & v.
Abjure', t., |*r,* abschwören. *abiurare.*
A'ble, a., *habile, capable;* fähig; *capace, abile;* be —, *pouvoir,* können, *potere.*
Ablu'tion, n., a-, f., (Ab)waschung, *abluzione.*
Aboard', ad., *à bord,* an Bord, *a bordo.*
Abode',n..v.dwelling;(imp.&pp.)v.abide.
Abol'|ish, t.. |i'tion, n.. |*ir,* |*ition,* f.; abschaff|en, |ung; *aboli*|*re,* |*zione.*
Abom'in|able, a., |a'tion, n., |*able,* |*ation,* f.; abscheulich, Greuel, m.; *abbomin*|*abile,* |*io.* |ate, t., v. detest.
Aborig'inal, a., v. original, primitive.
Abor'tive, a., *avorté,* verfehlt, *vano.*
Abound', i., *abonder* (with, in, en), Überfluß (an, dat.) haben. *abbondare (di, in).*
About', ad., *autour,* umher. (*all'*) *intorno*; (nearly) *environ,* ungefähr, *circa;* be —;

être *sur le point de,* im Begriff sein, *stare per;* what are you —? *que faitesvous?* was machen Sie? *che fate?* —, prp., *autour de,* um (herum), *intorno;* (think) à, an (ac.), a; (speak) *de,* von, *di;* & v. concerning.
Above' (ăv), prp., v. over; — all, *surtout,* vor allen Dingen, *soprattutto.* —, ad., *en haut,* oben, *sopra.* [der, *di f*|*e.*
Abreast' (ĕst), ad., *de front,* nebeneinan-
Abridge', t., v. abbreviate.
Abroad' (aud), ad., *à l'étranger;* im Ausland, (go) ins A-; *all' estero.*
Abrupt', a., *a-,* (fig.) *brusque;* schroff; *scosceso, brusco;* & v. steep, sudden.
Ab'scess, n., *abcès,* m.; Geschwür, n.; *ulcera,* f. [*gire.*
Abscond', i., *se sauver,* davongehen, *fug-*
Ab'sen|t, a., |ce, n., |t, |ce, f.; abwesen|d, |heit; *assen*|*te,* |*za.*
Ab'sol|ute, a., |u'tion, n., |*u,* |*ution* f.: |ut, vollständig, A|ution; *assol*|*uto,* |*uzione.*
Absolve', t., *absoudre,* lossprechen. *assolvere.*
Absorb', t., |*er;* |ieren, einsaugen, (fg.) in Anspruch nehmen; *assorbire.*
Abs|tain', i., *s'abstenir* (from, *de*). s. enthalten (gen.), *astenersi (di).* '|tinence, n., a-, f., Enthaltsamkeit, *astinenza.*
Abste'mious,a.,*sobre,*enthaltsam, *astemio.*
Abs|tract', t., *abstraire.* absondern, *astrarre.* '|tract, a., |*trait,* |trakt, *astratto;* (n.) *résumé.* m.; Übersicht f.; *compendio,* m.
Abstruse' (ouce), a., *abstrus,* schwerverständlich, *astruso.*
Absurd', a., |ity, n., |e, |ité, f.; albern, |heit; *assurd*|*o.* |*ità.*
Abun'dan|t, a., |ce, n., *abondan*|t, |*ce.* f.; reichlich, Überfluß, m.; *abbondan*|*te,* |*za,* f.
Abuse' (iouce), n., — (iouze), t., *abus.* m., |*er (de);* Mißbrauch, |en; *abus*|*o,* |*are;* & v. insult, n. & t. [*confinare* (ac.).
Abut', i., *aboutir* (on, à), grenzen (an, ac.),
Abyss', n., *abîme,* m., Abgrund, *abisso.*
Aca'cia, n., *a-,* m., Akazie, f; *acacia.*
Acad'em|y, n., |ie, f., |ie, *accademia.*
Accede', i.. *accéder* (to, à), einwilligen (in, ac.), *accedere (a).* [*a*|*are.*
Accel'erate, t., *accélér*|*er,* beschleunigen,
Ac'cent, n., **Accent',** |uate, t., a-, m., |*uer;* Beton|ung, f., |en; a|o, m., |*uare;* & v. pronunciation.

Conversation Dictionary. 1

Accept', t.. |able, a., |ance, n., |er, |able, |ation, f.;, annehm|en, |bar, (com.) Accept. n.; accett|are, |erole, |azione, f. |a'tion, n., v. sense.
Ac'cess, n.. accès, m.. Zutritt. a|so. '|ible, a.. a-, zugänglich, a|sibile. '|ion (ëch), n., (to throne) avènement, m.; Thronbesteigung, f.; arrenimento, m.; & v. addition, increase. ory, n.. oire, m.; Zubehör, n.; a'orio, m.; (to crime) v. accomplice.
Ac'cident, n.. ' al, a.. a-, m., 'el ; Zu fall, |fällig; a|e, |ale; (misfortune) malheur, m.; Unfall; sventura, n.
Accli'mat,ise, t.. |er. |isieren, |are.
Accom'mod,ate, t., adapter, anpassen, accomodare; & v. adjust, serve, lodge. |a'tion, n., v. convenience, lodging.
Accom'p|any, t.. |animent, n., |agner, |agnement, m.; begleit|en, |ung, f.; a|agnare, |agnamento, m. |dige, c-.
Accom'plice, m. & f., complice, Mitschul-
Accom'plish, t., |plir, vollbringen, compiere; & v. execute. |plished, a.. |pli, fein gebildet, compito. |plishments, n. pl., connaissances, f. pl.. Kenntnisse, conoscenze.
Accord', i., s'a|er. übereinstimmen, a|arsi; (n.) a-, m., Einklang. a'o; of o's own —. de soi-même, aus freien Stücken, di moto proprio. |ing to, prp., selon, suivant; gemäß (dat.), laut (gen.); conform,e a. secondo. |ingly, ad., c|ément, demgemäß, c|emente; & v. so, consequently.
Accost', i., aborder, anreden, abbordare.
Account', n., compte, m.; Rechnung, f.; conto, m.; (narrative) récit, m., Bericht, conto; on — of, à cause de, wegen (gen.), a cagione di ; on no —, en aucune manière, auf keinen Fall. in verun modo; on my —, à cause de moi, meinetwegen, a mio riguardo. —, t., v. consider; for. v. explain. |able, a., v. responsible. |ant, m.. compt,ble, Rechnungsführer, ragioniere.
Accou'tre, t., v. equip.
Accred'it,t..accrédit,er, beglaubigen,a|are.
Accrue'(rou). i., résulter, erwachsen, risultare.
Accu'mul|ate, t., |a'tion, n., |er, |ation, f.; anhäuf|en, |ung; accumul|are, |azione. |ate, i.. s'a|er. sich anhäufen, a|arsi.
Ac'cur,ate, n., |acy, n., exact, |itude, f.; genau, |igkeit; accurat|o, |ezza.
Accu's,ative, n., |atif, m., |ativ, 'ativo. |e', t.. |a'tion, n., |er, m., |er|, |ation, f., |ateur, m.: anklag|en, |e, Ankläger; a'are, |azione, |atore.
Accus'tom, t., accoutumer (to, à). gewöhnen (an. ac.), abituare (a).
Ace (éce), n., as, m.; Aß. n.; asso, m.; & v. atom, inch. [schmerzen, dolere.
Ache (ék), n., v. pain. —, i.. faire mal,
Achieve', t., |ment, n., accomplir, exploit,

m.; vollbringen, That, f.; eseguire, fatto, m.
Ac'id, n., |e, m.; Säure, f.; a'o. m.; (a.) v. sour. '|ity, n., |ité, f., Säure, a,itá.
Acknowl'edg|e, t., |ment, n., reconn aitre, |aissance, f.; anerkenn|en, |ung; riconosc|ere. |imento, m.; & v. admit, receipt (n.); e (a letter). accus|er réception de, den Empfang bescheinigen, a|are ricevuta di. |ments, n. pl., v. thanks.
A'corn, n., gland, m.; Eichel, f.; ghianda.
Acquaint', t., v. inform; be |ed with, connaître, kennen, conoscere; become ed with, faire la connaissance de, kennen lernen, far la conoscenza di. 'ance, n., connaissance, f., Bekanntschaft, conoscenza. [ac.), a ere (a).
Acquiesc'e', i., |er (in, à). einwilligen (in,
Acquire', t., acquérir, erwerben. acquistare. |ments,n.pl..v.accomplishments. Acquisi'tion, n., tion, f.. Erwerbung. a zione.
Acquit', t., |ter, freisprechen, assolvere; — o's sf., v. behave; — o's sf. of (duty, etc.), s'a|ter de, erfüllen, adempire.
A'cre, n., a-, f. (4016.71 m. car.); Morgen, m.; jugero.
Ac'rid, a., âcre, beißend, acre. **Ac'rim|ony,** n., |o'nious, a., |onie. f., |onieux; Bitter,keit, b|; a,onia, |onioso. [traverso (di).
Across', prp., à travers, (quer)über, a
Act, n., |e, m., |us, (theat.) Akt; atto; & v. deed; in the —. sur le fait, auf frischer That, in flagrante. Act, i., agir (on, sur); handeln, wirken (auf); operare (ac.); (as a ..) servir (de), dienen (zu), s|e (di). Act, t., (a play, part) jouer; spielen; rappresentare, fare. Ac' tion, n., tion, f.. Handlung, azione; & v. deed, effect, fight, lawsuit. '|tive, a., tiv'ity, n., |if, |ivité, f.; thätig, |keit; attir|o. |itá. '|tor, m.. '|tress, f., |teur, trice; Schauspieler, in; att|ore, |rice. |tual, a.. réel, thatsächlich. reale ; & v. present. '|tuary, m., greffier, Rechner, calcolatore. '|tuate, t.. pousser, anregen, incitare; & v. move, influence.
Acute', a., v. sharp; (fig.) subtil. scharfsinnig. arguto. |ness, n., subtilité, f.; Schärfe; acume, m.
Adapt', t., |a'tion, n., |er, |ation, f.; au-pass|en, |ung; adatta|re, |mento, m.
Add, t., ajouter, hinzufügen, aggiungere; — to, v. increase; — up, additionner, addieren, sommare. |i'tion, n., |ition, f.; Zusatz, m., (arith.) A|lition, f.; |izione. I'tional, a., |itionnel, de plus; hinzugesetzt, ferner; nuovo, di più.
Ad'der, m., ripère, f., Natter, vipera.
Addict'ed, a., adonné, ergeben, dato.
Ad'dle|d, a., (egg) couri. verdorben. stantio. |-brained, a., écervelé, leerköpfig, scervellato.

Address', n., *adresse*, f.; |e; *indirizz|o*, m.; (speech) *discours*, m.; Anrede, f.; *discorso*, m.; & v. skill, manner. —, t., *a|er*, |ieren, *i|are;* (speak to) *aborder*, anreden, *abbordare*. [& v. produce.
Adduce', t., *fournir*, beibringen, *addurre;*
Ad'elaide, f., *Adél|aide*. |heid, |aide.
Adept', m., *expert*, Sachverständiger, *es-*
Ad'equate, a., v. sufficient. |*perto*.
Adher|e', i., *adhérer* (to, à); beharren (bei), (to a party) s. halten (zu), *aderire* (a). |ence, n., (fig.) *attachement*, m.; Anhänglichkeit, f.; *aderenza*. |ent, m., v. partisan. **Adhe's|ion**, n., |ive, a., *adhé;sion*, f., |*rent;* Anhangen, n., anklebend; *ades|ione*, f., |*ivo*.
Adja'cent, a., *voisin*, anstoßend, *ricino*.
Ad'ject|ive, n., *if*, m.; Adjektiv, n.; *addiettivo*, m. [ac.), *essere c;o a*.
Adjoin', t., *être contigu à*, anstoßen (an,
Adjourn', t., *ajourner*, vertagen, *aggiornare;* (i.) v. retire. [*dicare*.
Adjudge', t., *adjuger*, zuerkennen, *aggiu-*
Ad'junct, n., v. accessory.
Adjur|e', t., |er, beschwören, *scongiurare*.
Adjust', t., *ajuster*, in Ordnung bringen, *aggiustare*.
Ad'ju|tant, m., |*dant*, |*tant*, *ajutante*.
Admin'is|ter, t., |*trer*, verwalt en, *amministra|re;* & v. give; (i.) v. contribute. |*tra'tion*, n., |*tration*, f., V|ung, a|*zione*. ,trator, m., |*trateur*, V|er, a|*tore*.
Ad'mir|able, a., |a'tion, n., |e', t., |*able*, |*ation*, f., |er ; vorzüglich, Bewunder|ung, |u; *ammir|abile*, |*azione*, |are.
Ad'miral, m., *amiral*, Ad-, *ammiraglio*.
Admiss'|ible, a., |*ible*, zulässig, *ammissibile*. |ion, n., v. admittance; (fig.) *a|ion*, f., Einräumung, *confessione*. **Admit'**, t., |*tance* n., *admettre*, *entrée*, f.. *accès*, m.; zulassen, (fig.) zugeben, Zutritt, m.; *ammettere*, *accesso*.
Admon'|ish, t., |i'tion, n., *exhort|er*, |*ation*, f.; ermahn|en, |ung; *ammon|ire*, |*izione*.
Ado' (ou), n., *bruit*, m.; Wesen, n.; *sturbo*, m.; & v. trouble.
Adop't', t., |'tion, n., |*ter*, |*tion*, f.; an|nehmen. |nahme, (child) adop|tieren, |tion; *adottare*, *adozione*.
Ador|e', t., |a'tion, n., ',able, a., |er, |*ation*, f., |*able;* anbet|en, |ung, ungswürdig; *ador|are*, |*azione*, |*abile*.
Adorn', t., |ment, n., *orn'er*, |*ement*, m.; zier|en, |de, f.; a|are, |*amento*, m.
Adrift', ad.: be, go —, *être en (à la) dérive*, treiben, *galleggiare a caso*.
Adroit', a., a-, gewandt, *destro*. [*zione*.
Adūla'|tion, n., |*tion*, f., Schmeichelei, a|-
Adult', m. & f.. |e; Erwachsen|er, |e; a|o, |a.
Adul't|erate, t., *altérer*, *falsifier;* verfälschen; *adulterare*. |erer, m., |ery, n., |*ère*, m.; Ehebrecher, |bruch; a|*ero*, |*erio*.

Advance', n. & i., *acauc|e*, f., |er; Fortschritt, m., vorrücken; *avanza|mento*, |*re;* in —, *d'avance*, im voraus, *anticipatamente;* & v. progress, rise (in price). —, t., *avancer;* vorbringen, (money) vorschießen; *far avanzare*, *prestare;* & v. promote.
Advan'tage, n., '|ous, a., *avantag|e*, m., |*eux;* Vorteil, |haft; *vantaggio*, |so; take — of, *profiter de*, benutzen (ac.), *prevalersi di*.
Ad'vent, n., *Avent*, m., Advent, *Avvento;* & v. arrival. |it'ious (īch), a., v. additional, casual.
Adven'tur|e, n., |er, m., *aventur|e*, f., |*ier;* Abenteu|er, n., |rer; *avventur|a*, f., |*iere*.
Ad'verb, n., |e, m.; A|, n.; *avverbio*, m.
Ad'vers|e, a.. |ary, m., '|ity, n., |e. |*aire*, |*ité*, f.; widrig, Gegner, Unglück, n.; *avvers|o*, |*ario*, |*ità*, f.
Advert', i., v. allude, refer. **Ad'vert|ise**, t., '|isement, n., *annonc|er*, |e, f.; anzeig|en, |e; *annunzi|are*, |o. m.
Advice', n., **Advis|e'**, t., |er, m., *conseil*, m., |*ter*. |*ter;* Rat, 'en (dat.), |geber; *consigli|o*, |*are*, |*atore*. .able, a., *prudent*, ratsam, *espediente*.
Ad'vocate, m., *avocat;* Advokat, (fig.) Fürsprecher; *avvocato*. —, t., v. promote,
Æne'as, m., *Enée*, Äneas. *Enea*. [defend.
A'erated, pp., (waters) *gazeux*, Brause.., *gassoso*. **A'eronaut**, m., *aéronaut|e*, Luftschiffer, a|a. [*tico*.
Æsthet'ic, a., *esthétique*, ästhetisch, *este-*
Afar', ad., *loin*, fern, *lontano*.
Affab|le, a., |*le*, leutselig, a|*ile*.
Affair', n., *e*, f.; Angelegenheit; *affare*, m.; & v. business.
Affec,t', t., |*ter*, affektieren, *affettare;* (med.) a|*ter*, angreifen, *offendere;* (touch) a|*ter*, Eindruck machen auf, *commuovere;* & v. concern. |ta'tion, n., |*tation*, f., Ziererei, *affettazione*. '|tion, n., *tion*,f., Zuneigung, (med.) Krankheit, *affezione*. |tionate, a., *,tueux*, zärtlich, *affettuoso*.
Affi'anced, a., v. betrothed. [*ciare*.
Affil'i|ate, t., (fig.) |er, verbünden, *asso-*
Affin'it,y, n., |é, f., Verwandtschaft, a.à.
Affirm', t., |a'tion, n., '|ative, a.., |er, |*ation*, f., ,|*atif;* bejah,en, 'ung, |end; a|*are*, |*azione*, |*ativo*.
Affix', t., *ajouter*, anhängen, *affiggere*.
Afflic|t', t., '|tion, n., *afflig|er*, ,*ction*,f.; betrüben, |nis; *affli'ggere*, |*zione*.
Af'fluence, n., a-, f.; Überfluß, m.; *affluenza*, f.
Afford', t., *fournir*, liefern, *fornire;* (money) *avoir le moyen de*, die Mittel haben, *aver i mezzi di;* & v. give, yield.
Affray', n., *rixe*, f., Schlägerei, *rissa*.
Affront' (rä), n. & t., a-, m., |er; Beleidig|ung, f., |en; *offesa*, *offendere*.

1*

Afloat', ad., à flot, flott, a galla.
Afore'said, a., susdit, besagt, suddetto.
Afraid', a., effrayé (of. to. de), bange (vor, dat.), impaurito (di); be — of, v. fear.
Afresh', ad., de nouveau, von neuem, di nuovo.
Afri|ca, n., |can, m. & a., |que, f., |cain; |ka, n., |kaner, |kanisch; Affrica, f., |no.
Aft, ad., (nav.) v. abaft, behind.
Af'ter, prp., après, d'a-, selon; nach; dopo. secondo; — all, a-tout, bei alledem, dennoch, in somma. —, ci., après que. nachdem, dopo che. —, ad., v. wards.
  noon, n.. a- midi, m., Nachmittag, dopranzo. |wards, ad., a-, ensuite; nachher, hernach; dopo, (di) poi.
Again', ad., encore, de nouveau; wieder, nochmal; ancora, di nuovo.
Against', prp., contre; wider, gegen; contr'o, |a; & v. towards.
Ag'ate, n., a-, f.; Achat, m.; agata, f.
Age, n., âge. m.; Alter, n.; età, f.; & v. generation, epoch. **A'ged**, a.. v. old.
A'gen'cy, n., t, m., ce, f., |t; tur, t; |zia, |te; & v. influence. [aggrandire.
Ag'grandise, t.. agrandir, vergrößern, **Ag'grav'ate**, t., |a'tion, n., er, ation, f.; erschwer|en, |ung; a|are, |amento, m.; & v. provoke.
Ag'gregate, a., v. total, united.
Aggress'|ion, n.. |or, m., agress'ion, f., |eur, m.; An'griff, m.. |greifer; aggress|ione, f., |ore.
Aggrieve', t., v. injure, wrong.
Aghast', a., épouvanté, entsetzt, spacentato. [igkeit; a|e, ità.
Ag'il e, a., 'ity, n., e, |ité, f.; behend e, **Ag'it ate**, t.. a'tion, n., ator, m., er, |ation. f.. ateur; erreg en, ung, Aufwiegler; a are. |azione, |atore; & v. dis-
Ag'nes, f., Agnès, A-, |e. [turb.
Ago', ad., passé, her. ja; a month —, il y a un mois. vor e-m Monat, un mese fa.
Ag'on y, n., 'ie. f., (Todes)angst, a ia.
Agra'rian, a., agraire, Acker.., agrario.
Agree', i., être d'accord, übereinstimmen, esser d'a o; (in, on) convenir (de), einig sein, e- werden (über), c|e (di); (to) consentir (à), einwilligen (in, ac.), consentire (a); (food, etc.) convenir (with, à), bekommen (dat.), c|e (a). able, a., agréable, angenehm, gradevole. |ment, n., accord, m., Übereinstimmung. f.; a|o, m.; & v. contract. [agricoltura.
Ag'riculture, n.. a-, f., Landwirtschaft,
Aground', ad., échoué; auf dem Grund, (run) auf den G-; en secco.
A'gue, n.. fièvre intermittente. f.; Wechselfieber, n.; febbre i-. f.
Ah, int.. ah, hélas! ah, ach! ah, ohimè!
Ahead', ad.. devant. vorn, davanti; (go) en avant, voraus, avanti; — of, v. before.

Aid, t. & n., v. help.
Ail, i., v. be ill; (t.) what s you? de quoi souffrez-vous? was fehlt Ihnen? cosa ha?
Aim, n., point de mire, m.; Ziel, n.; mira, f.; (fig.) but, m.; Ziel, n.; disegno, m. —,i., viser (at.à), zielen (auf), mirare (a).
Air, n., air. m.; Luft, f., (fig.) Wesen, n.; aria, f.; (tune) air, m.. chant; Weise, f.; aria. cantata. —, t., aérer, (aus)lüften, dar aria a; (linen) ressuyer, austrocknen, asciugare. ing, n.; take an —, prendre l'air, frische Luft schöpfen, pigliar l'aria. |y, a., aéré, luftig, aeroso; & v. lofty, light. [navata, f.
Aisle (ail), n.. bas côté, m.; Seitenschiff, n.;
Ajar', ad., entr'ouvert. angelehnt, mezzo aperto.
Akin', a., parent, verwandt, p|e; (to) allié (à), v-(mit), atteato (con).
Al'abaster, n., albâtre, m., Alabast|er, 'ro.
Alac'rit y, n., empressement. m.; Bereitwilligkeit, f.; a il.
Alarm', n. & t., e, f., er; Unruhe, beunruhigen; spavent'o. m., are; give the —, faire a|e, Lärm schlagen, dare l'allarme.
Alas', int., hélas! leider, ach! o(h)imè!
Al'bert, m., A-, A- (Albrecht), A'o.
Al'cohol, n., alcool, m., Alkohol, alcool.
Al'der (au), n., aune. m.; Erle, f.; ontano, m.
Al'derman (au). m., conseiller municipal, Ratsherr, consigliere m|e.
Ale, n.. bière, f.; (englisches) Bier. n.; birra, f. '-house, n., cabaret, m.; Wirtshaus. n.; bettola. f.
Alert', a., e, wachsam, vigilante; on the —, sur le qui-vive. auf der Hut. all' erta.
Alexan'd|er, m.. |re. |er, Alessandro.
A'lien, m., étranger. Fremde, forestiere; (a.) v. foreign. ate, t.. alién|er, entfremden, a are. [dere.
Alight' (ait). i., descendre, absteigen, scen-
Alike', a., v. like, similar.
Al'iment, n., a-, m.; Nahrung, f.; a o, m.
Alive', a., en vie, vivant; am Leben, l'dig; vivente; (to) sensib'le (à), empfänglich (für), s ile (a); & v. lively.
All (aul), a., tout, all(er, c, |es), tutto; — the better, tant mieux, desto besser, tanto meglio; — at once, tout à coup, plötzlich, subitamente; after —, v. after; not at —, pas du t-, gar nicht, niente affatto.
Allay', t., calm'er; lindern, besänftigen; c are; & v. appease, quench.
Allège', ad., allég|uer, anführen, a|are.
Alle'giance, n., fidélité, f., Unterthanenpflicht, fedeltà. |ie. |isch; |ia, |ico.
Al'legor|y, n.. |ical, a., allégor|ie, f.; |ique;
Alle'viate, t., allèger, erleichtern, alleviare; & v. allay.
Al'ley, n., ruelle, f.; Gäßchen. n.; vicolo, m.; & v. avenue; blind —, impasse, f.; Sackgasse; angiporto, m.

Alliance — 5 — Anatomy

Alli'ance, n., ed, a., *ance*, f., *é*; Bündnis, n., verbündet; *alle anza*, f., *ato*.
Al'ligator, n., a-, m., Kaiman, a'e.
Allot', t., *assigner*, zuteilen, *assegnare*.
Allow' (aou), t., *permett re*, erlauben, *p ere*; & v. give. own. |ance, n., *ration*, f., R-, *razione*; & v. pension, reduction; make — for, *avoir égard à*, berücksichtigen, *aver riguardo a*.
Alloy', t. & n.. *alli er*. *aye*. m.; legier|en, 'ung, f.; *allegare*, *lega*; (fig.) v. mix, disturb.
Allu de', i..' sion, n., *faire a'sion (à)*, |sion, f.; anspiel en (auf, ac.), |ung; *a dere (a)*, 'sione.
Allure', t., *attirer*, (an)locken, *allettare*.
Ally', t. & m., *alli er*, |é; ieren, |ierte, verbünden, |bündete; *alle are*, *ato*.
Al'manac (aul), n., |h, m., Kalender, a|co.
Almigh'ty (aulmaïti), a., *tout-puissant*, allmächtig, *onnipotente*. [*mando(r)la*.
Al'mond (ahm), n., *amande*, f., Mandel,
Al'most (aul), ad., *presque*, beinahe, *quasi*.
Alms (ahms), n. pl., *aumône*, f.; Almosen, n.; *limosina*, f. *'-house*, n., *hospice*, m.; Armenhaus, n.; *ospizio*, m.
Aloft', ad., *en haut*, in der (die) Höhe, *lassù*.
Alone', a., *seul*, allein, *solo*; let me —, *laissez-moi tranquille*, lass(en Sie) mich in Ruhe, *lasciatemi stare*.
Along', prp., *le long de*, längs (gen.), *lungo*; all —, *tout le temps*. die ganze Zeit, *dal principio*; come —, *allons*, vorwärts, *andiamo*.
Aloof', ad., *à distance*, fern, *discosto*.
Aloud', ad., (*à*) *haut(e voix)*, laut, *ad alta voce*.
Al'phabet, n., a-, m.; A-, n.; *alfabeto*, m.
Al'p|ine, a., |*in*, |*en*.., |*ino*. 's, n. pl., |*es*, f. pl., en, |*i*.
Alread'y (aulrĕddĭ), ad., *déjà*, schon, *già*.
Al'so (aul), ad., *aussi*, auch, *anche*.
Al'tar (aul), n., *autel*. m., Altar, |*e*; high —, *maitre autel*, Hochaltar, *a,e maggiore*. *-piece*, n., *tableau d'a-*. m.; A|stück, n.; *quadro d'a-*, m.
Al'ter (aul), t., *chang er*, (ver)ändern, *a are*; (i.) *ch er*, sich ändern, *cambia re*. |a'tion, n., *ch ement*, m.; Veränderung, f.; *a'a-zione*, c|*mento*, m. ,ca'tion, n., a-, f.; Wortwechsel, m.; *a cazione*, f. '|native, n., *alternativ|e*, f., |e. '*a* ; & v. choice.
Although' (aulthō), cj.. *quoique*, obgleich, *benché*.
Al'titud e, n., *e*, f., Höhe, *a ine*.
Altogeth'er (aul), ad., *tout à fait*, ganz (und gar), *affatto*.
Al'um, n., *alun*, m., Alaun, *allume*.
Al'ways (aul), ad.,*toujours*, immer, *sempre*.
Am, pr. ind. (be); *suis*, bin, *sono*.
Amal'gam|ate, t. & i., |*er*. *s'a er*; |ieren, s. vermischen; *a are*, 'arsi.

Amass', t., *er*; anhaufen, (money) machen; *ammassare*.
Amaze', t., |*ment*, n., *étonn|er*, |*ement*, m.; erstaunen, E-, n.; *stup|ire*, |*ore*, m.
Ambass'ad or, m., *eur*, Gesandter, *ambasciatore*.
Am'ber, n., *ambre*, m.; Bernstein; *ambra*, f.
Ambig'|uous, a., 'u'ity, n., 'u, *uité*, f.; zweideutig, ;keit; a|uo, |uità.
Ambi'|tion, n., ,tious, a., |*tion*, f., *tieux*; Ehrgeiz, m., |ig; *a'zione*, f., |zioso.
Am'bush, n., *embûche*, f.; Hinterhalt, m.; *imboscata*, f.
Ame'lia, f., *Amélie*, Amalia, *A-*.
Ame'liorate, t., *améliorer*, verbessern, *migliorare*.
Ame'nable, a., v. responsible, submissive.
Amend', t., *corriger*, verbessern, *emendare*. s, n. pl., v. reparation; make—, *dédommager* (for, *de*), vergüten (e-m etw.), *compensare (per)*. [a|*à*.
Amen'ity, n., *aménit|é*, f., Annehmlichkeit,
Amer'i|ca, n., 'can, m., f. & a., *Améri que*, f., *cain(e)*, |*cain*; ka, n., *kaner(in)*, |kanisch; |ca, f., |*cano (-a)*, ,cano.
Am'ethyst, n., *amé|thyste*, f.; |thyst, m.; |*tista*, f.
A'miab le, a., il'ity, n.. *aimable*, *amabilité*, f.; liebenswürdig, keit; *amabil e*. *ità*.
Am'icable, a., v. friendly.
Amid(st)', prp., *au milieu de*; mitten in, m- unter; *fra*, *in mezzo di*.
Amiss', a., v. wrong; (ad.) *mal*, unrecht, *male*; take —, *prendre en mauvaise part*, übelnehmen, *aver per male*.
Am'ity, n., v. friendship.
Ammuni'tion, n.. *muni tion*, f., ,tion, |*zione*.
Am'nesty, n., *amnistie*, f., Amnestie, *amnistia*. [*tra*, (*in*)*fra*.
Among(st)', prp., *parmi*, *entre*; unter;
Am'orous, a., *amoureux*,verliebt, *amoroso*.
Amount', n., *total*, m.; Betrag; *somma (totale)*, f. —, i., *s'élever* (to, *à*), sich belaufen (auf, ac.), *montare (a)*.
Amphib'|ious, a., |*ie*, |isch, *an ibio*.
Amphi|the'atre, n., |*théâtre*, m.; |theater, n.; *anfiteatro*, m.
Am'pl|e, a.., *e*, reichlich, *ampio*. |ify, t., v. enlarge, extend. [*a are*.
Am'put ate, t., *er*; |ieren, abnehmen;
Amus e', t., *ement*, n., *er*, |*ement*, m.; unterhalt en, ,ung, f.; *diverti're*, '*mento*. m.
An, art., *un*, *'e*; cin, 'e, ein; *un|o*, |*a*.
Anabap'tist, m., |*e*, Wiedertäufer, *anabattista*. [*ie*; *o*, |*ia*.
Anal'og|ous, a., |y, n., |*ue*, ,*ie*, f.; analog,
An'al|yse, t., 'lysis, n., 'y|*ser*, |*yser*, *lyse*, f.; ysieren, |yse; *izzare*, |*isi*.
An'arch|y, n., |ist, m., |ical, a., *ie*, f., |*iste*, |*ique*; |*ie*, |ist, |isch; *ia*, *ico*, m. & a.
Anat'om|y, n., 'ical, a., *ie*, f., |*ique*; |ic, |isch; |*ia*. *'ico*.

Ancestor — 6 — Apparel

An'cestor, m., *aïeul*, Vorfahr, *progenitore*; (pl.) *ancêtres*; Ahnen, V̧en; *antenati*.
An'chor, n., *ancre*, f.; Anker. m.: *ancora*, f.; cast, weigh —, *jeter, lever l'a-*; den A- werfen, lichten; *gettare, salpare l'a-*. —, i., *ancrer*, ankern, *ancorare*.
Ancho'vy, n., *anchois*, m.; Sardelle, f.; *acciuga*.
An'cient (énch), a., *ancien*, alt, *antico*.
And, cj., *et*, und. *e. ed.*
An'dr̩ew, m., ļé, ̩eas, ļea. [*doto*, m.
An'ecdote, n., *a-*, f.; Anekdote; *aned-*
Anew' (iou), ad., v. afresh.
A'ngel (éndj), m., *ange*, Engel. *angelo.*
An'g̩er (gh), n., *colère*, f.; Zorn, m.; *collera*, f.
An'gle, i., r, m., *pêch̩er (à la ligne). eur;* ang eln, ler; *pesca̩re (coll' amo), 'tore.*
An'gle, n., *a-.* m., Winkel, *angolo.*
An'gry, a., *irrité* (with, *contre*), böse (auf, ac.), *adirato (contro).*
An'g̩uish, n., *oisse*, f.; Qual; *supplicio.* m.
Animadvert', i.; — upon, v. criticize, censure.
An'imal, n., *a-*, m.; Tier, n.; *a e, m.*
An'im̩ate, t., *a'tion*, n., *̩er, ̩ation*, f.; beleben, Leben, n.; *a are. azione*, f.
An'iseed, n., *anis*, m., A-, *anice.*
An'kle, n., *cheville (du pied)*, f.; Knöchel, m.; *noce del piede.* f.
Ann(a), f., *Ann̩e*, 'a, a.
An'nal̩s, n. pl., ļes, f. pl.; |en; i̩, m. pl.
Annex', t., ̩er̩, einverleiben, *annettere*; & v. join, unite. ed, a., *ci-joint*, beifolgend, *annesso.*
Anni'hilate, t., *anéantir*, vernichten, *annichilare.* [*a ario.*
Anniver'sary, n., *aire*, m., Jahrestag.
Announce', t., **ment**, n., *annoncer*, *e*, f.; bekanntmach en, ung; *annunzi are*, *o*, m.
Annoy', t., **ance**, n., *ennu'yer*, *i̩*, m.; verdrießen. *drul̩i*; *annojare, noja*, f.; & v. vex. tease. |ing, a., *e yant*, verdrießlich, *nojoso.*
An'nu al, a., *el*, jährlich. *a ale.* 'ity, n.. ̩ité, f.; Jahrgeld. n.; *a'alità*, f.
Annul', t., ļer, 'licren, 'tare.
Annuncia'tion, n., (eccl.) *Annonciation*, f., Verkündigung, *Annunziazione.*
Anoint', t., *oindre*, salben. *ugnere.*
Anom'al̩ous, a., ļy, n., *a, 'ie.* f.; unregelmäßig, Regelwidrigkeit; *a'o, ̩ia.*
Anon', ad., v. soon, again.
Anon'ym̩ous, a., ̩e, a., *anonimo.*
Anoth'er (v. an. other). a.; — cup, *encore une tasse*, noch eine T-, *un' altra tazza.*
An'swer (ser), n., *réponse*, f.. Antwort, *risposta.* —, t., *répondre à*, a en (e-m, auf etw.). *risponde̩re (a)*; (a purpose) *servir à*, entsprechen (dat.). *s̩e a;* — for. r- *de*, verantworten, r- *di.* able, a., v. responsible.

Ant, n.. *fourmi*, f.. Ameise. *formica.*
Antag'onist, m., ̩e. Gegner, a̩|a.
Antece'dent, a., *antécédent*, vorhergehend, *a̩|e.* [zimmer, n.; a̩|camera, f.
An'techamber, n.. *anti'chambre*, f.; Vor-
An'telope, n., *antilop̩e*, f., ļe, ̩|a. ļe.
Ante'rior, a., *antéri̩eur;* vorhergehend, (place) Vor.., Vorder..; a̩ore.
An'te̩room, n.. v. |chamber. [*antifona*, f.
Anth'em, n., *antienne*, f.; Chorgesang, m.;
An'thony, m., *Ant̩oine*, |on, ļonio.
An'tic, n., *bouffonnerie*, f., Posse, *baja.*
Antic'ip̩ate, t.. *er*, zuvorkommen (dat.), *a|are*; & v. expect, foresee. **a'tion**, n., *a-*, f.; Vorgefühl, n.; *a azione*, f.; & v. expectation. [|mittel; a|o, m.
An'tidot̩e, n., ̩e, m.; Gegen'gift, n., (fig.)
Antip'ath̩y, n.. *ie.f..* Abneigung, *antipatia.*
An'tiqu̩ary, n., a'rian, n., *̩aire*, ̩ar, *ario.* ̩ated, e (īk). a.. ̩e, antik, altertümlich. *antico.* **Antiq'uit̩y**, n., |é, f.; Altertum, n.; *antichità*, f.
Ant'lers, n. pl.. *andouillers*, m. pl.; Geweih. n.; *palchi*, m. pl. [*Anversa*, f.
Ant'werp, n.. *Anvers*, m.; Antwerpen. n.;
An'vil, n.. *enclume*, f.; Amboß, m.; *ancudine*, f.
An'xi̩ous, a., ̩'ety, n.. *inquiet*, *anxiété*, f.; besorg t, 'nis; *ansi̩oso.* 'età, f.; be — for sthg. (to do sthg.), *désirer beaucoup*, sehr wünschen. *bramare.*
Any (enni). a., *quelqu̩e*; irgend ein. etwas. (pl.) einige; *alcuno, qualunque*; & v. some: body. *q'un*, jemand. *qualcheduno*; |thing, *q̩e chose*, (irgend) etwas, *qualche cosa;* have you — (wine. etc.), *avez-vous du..? haben* Sie..? *ha del..?* I have not — . *je n'en ai pas.* ich habe keinen, *non ne ho.*
Apart', ad., *à part*, beiseite, *da parte.* ̩ment, n., *chambre*, f.; Zimmer, n.; *stanza*, f. [*gültig* seit, g̩; *apati̩a*, ļco.
Ap'ath̩y, n., |et'ic, a.. *ie*, f., |*ique*; Gleich-
Ape, n., *singe*, m.; Affe; *scimia*, f. —, t., *s r*, nachäffen. *contraffare.*
Ape'rient, a., *apérit̩if*, öffnend. *a|to.*
Ap'erture, n., *ouverture*, f.. Öffnung, *apertura.*
A'pex, n., *sommet*, m.; Spitze, f.; *apice*, m.
Apiece', ad.. *chacun*, für jeden, *per uno.*
Apol'og̩ize, i.. *s'excuser* (for. *de*; to, *auprès de*). sich entschuldigen (wegen; bei). *far le sue scuse (di; a).* y, n., |ie, ļie, ̩ia; & v. excuse. [*a̩essia*, f.
Ap'op̩lexy, n.. *exie*, f.; Schlag(fluß). m.;
Ap̩os'tle (ossl), m., *ôtre*, ustel. |*ostolo.*
Apoth'̩ecary, m.. *pharmacien*, Apotheker, speziale. [lich. *sparentevole.*
Appall'ing (aul), a.. *épouvantable*, fürchter-
Appar̩a'tus, n., |*eil*, m., ̩at, ̩*ato.*
Appär'̩el, n.. *vêtements.* m. pl.. Kleidungsstücke, m. pl.; *vestimento*, m.

Appa'r ent, a.. v. visible, evident, i'tion, n.. a-, f., Erscheinung, *apparizione*.
Appeal', i.. *appel er*, |lieren, *lare*.
Appear', i., ance, n..*paraitre,appar'ition*, f., (chily fig.) |*ence*; erscheinen, 'ung, Schein. m.: *appar ire*, 'enza, f.; first ance. *début*. m.; erstes Auftreten, n.; *prima comparsa*, f.
Appease', t.. *apaiser*, beruhigen, *calmare*.
Append', t., v. affix, add. |age, n., v. accessory, addition. |ix, n., |ice, m.; Anhang; a|ice, f.
Ap'petīte, n.. *appétit*, m.. Appetit, a o.
Applau d', t.. se, n.. *dir (à)*, |*dissement*, m.; (Beifall) klatschen (dat.), Beifall; *a dire (a), so*.
Ap'ple, n., -tree, n., *pomm e*, f., *ier*, m.; Apfel, baum; *mela*, f., *pomo*, m.
Appli'ance, n., v. application, apparatus.
Ap'plic able, a., a'tion, n.. *able, ation*, f.; anwend bar, ung; a|*abile, azione*; & v. request, use. |ant, m., *postulant*, Bewerber, *p|e*. Apply', t. & i., *iquer*, s' *i-quer*; anwenden, passen (auf); *applicar e*, |*si*; (make a request) *s'adresser*, sich wenden, *indirizzarsi*.
Appoint', t., *fixer*, (to an office) *nommer*; bestimmen, eruennen; *fissare, nomin|are. ment*, n., *nomination*, f., Ernennung, *n'azione*. |*tire*.
Appor'tion, t.. *répartir*, zuteilen, *ripar-*
Ap'posite, a.. *à propos*, passend, *a propcsito*.
Appraise', t., v. value. [*prezzare*.
Appre'ciate, t., *apprécier*. würdigen, *ap-*
Apprehend', t., v. understand, arrest, fear.
Appren'|tice, m., *|ti*, Lehrling, *fattorino*.
Apprise', t., v. inform.
Approach' (ōtch), i.&t.,(*s*) *approcher (de)*. (sich) nähern (dat.), *avvicinar|e* (|*si)(a)*.
—. n.. *approche*, f.; Annäherung ; *avvicinamento*, m.; & v. entrance, passage.
Approba'tion, n..|*tion*, f., Billigung, *a|zione*.
Appro'pri ate, a.. *propre, juste*; angemessen; *convenevole*. —, t., (to o's sf.) s'*a|er*, sich aneignen, *a'arsi*; & v. devote.
Appro'v al (ou), v. approbation. 'e, t., *approuver*. billigen, *approvare*.
Approx'im|ate, a., |*atif*, annähernd, *approssimante*. [*albicocca*.
A'pricot, n., *abricot*, m.; Aprikose, f.;
A'pril, n., *avril*, m., April. 'e.
A'pron, n., *tablier*, m.; Schürze, f.; *grembiale*, m.
Apse, n., *abside*, f., Apsis, *absida*.
Apt, a.. |*e, propre*; tauglich; *atto, idoneo*; & v. inclined, liable, clever. "*itude*, ' ness, n.. *itude*, f., Tauglichkeit, *attitudine*; & v. tendency, cleverness.
Aquat'ic (ot), a.. *ique*, Wasser.., *a.ico*.
Aq'ueduc|t, n., *a*|, m.; Wasserleitung, f.; *acquedotto*, m.
Ar'ab, m.. ic, Ara'b ian, a..|ia, n.. e. *ique*,

ie.f.; er. isch, ien, n.; o, a, ia. f. |*esque*', n., *'esque*, f., |*eske, rabesco*, m.
Ar'able, a., a-, *labourable*, urbar, *arabile*.
Ar'bit'er, m., ,*re*, Schiedsrichter, a *ro*. rary, a., |*raire*, willkürlich, *rario*; & v. despotic. [*gota*.
Ar'bo(u)r, n., *berceau*, m.; Laube, f.; *per-*
Arcade', n., a-, f., Arkade, *arcata*.
Arch (tch), n., *arc*, m..(of bridge) *arche*, f. ; Bogen. m.; *arco*. 'ed, a.. *cintré*, gewölbt, *arcato*.
Arch, a.. *malin*. schelmisch. *furbesco*.
Archæol'og|y (k), n.. |ist, m., "ical, a., *archéolog'ie*, f., '*ue*, |*ique*; Altertums|kunde, kenner, archäologisch ; *archeolog|ia*, |o. |*ico*. |*caico*.
Archa'|ic (k), a., |*ique*, altertümlich, *ar-*
Arch' bishop, |*duke*, m., |*evêque*, |*iduc*; Erz|bischof, |herzog ; *arci vescovo*, |*duca*.
Arch'er, m., a-. Bogenschütze, *arciere*.
Archipel'|ago (k), n., *a*|, m., A|. *arcipelago*.
Ar'chitect(k), m., ure, n., 'e, ure, f.; Architekt (Baumeister). |ur; *architett o, |ura*.
Ar'ch|ives (k), n. pl., |*ives*, f. pl.; |iv, n.; *ivio*, m.; & v. records.
Arc't|ic, a.. *ique*, arktisch, *artico*.
Ar'd ent, a.. o(u)r, n., ,*ent. eur*, f.; inbrünstig, Inbrunst ; *a ente, ore*. m.
Ar'duous, a.. *ardu*, mühsam, *a o*.
Are, pr. ind. (be); we —, *nous sommes*, wir sind, *siamo*, &c.
A'rea, n., *aire*, f.; Flächeninhalt, m.; *area*, f.; (of sunken floor) *fossé de sous-sol*, m., Hofraum des Souterrains, *cortile sotterra-*
Are'na, n., *arène*, f., Arena, a-. [*raneo*.
Ar'gu|e, i.. '*menter*, (Gründe) anführen. *a ire*; *discuter*, erörtern, *d e*. |ment, n.. ;*ment*. m.., Beweisgrund, *argomento*.
Ar'id, a., |e, dürr, a|o.
Aright'(ait), ad.. *bien*, recht. *bene*.
Arise' (arose, arīsen), i., s'*élever*; aufsteigen, (fig.) entstehen; *sorgere*; & v. rise.
Aristo|c'racy, n., |*crat'ic*, a.. |*cratie*, f., *cratique*; |kratie, |kratisch ; |*crazia*, |*cratico*. [a.; |ik, |isch|; *arithmetic|a*, |o.
Arith'met|ic, n., '|ical, *arithmét'ique*, f. & Ark, n., *arche*, f., Arche, *arca*.
Arm, n.. *bras*, m., A-, *braccio*; (weapon) *a|e*, f., Waffe, *a|a*; (coat of) s, a|*es*, f., Wappen, n., *a|e*, f. pl. —, t., *er*, bewaffnen, *a are*. '-chair, n., *fauteuil*, m.; Lehnstuhl; *sedia a bracciuoli*, f. "istice, n., v. truce. "our, n., |*ure*, f.. Rüstung. *a.atura*. '|oury, n.. *salle d'a es*, f., Rüstkammer, *a'eria*. ' y, n.. *ée*, f.; *ee*, Heer, n.; *a ata*. f.. *esercito*, m.
Aro'ma, n., |t'ic, a., *arom|e*, m.. |*atique*; |a. n.. |atisch, Wohl|geruch, m., |riechend; *a|a*, |*atico*.
Arose', imp., v. arise.
Around', Arouse', v. round, rouse.
Arrānge', t.. ment, n., *r*, ;*ment*, m.; (an)-

Arrant — 8 — Assume

ordu'en, einricht|en, |ung. f.; *assettare*, *aggiustare*, 'amento. m.
Ar'rant, a., *insigne*, Erz.., *solenne*.
Array', n.. *ordre*, m.; Ordnung. f.; *ordinanza*. [*trato*.
Arrear', n., *arriéré*, m.. Rückstand, *arre-*
Arrest', t.. *arrêter*, verhaft en. *arrest|are*; (n.) |*ation*, f.; V'ung. A|, m.; a|o.
Arri'v|al, n.. e, i.. |*ée*, f.. 'er; Ankunft, ankommen; a|o, m.. 'are. *giungere*.
Ar'rogan t, a.. ,ce. n., *t. ce*, f.; anmaß end, ung; *arrogan|te*, *za*.
Ar'row, n.. *flèche*, f.; Pfeil. m.; *freccia*, f.
Ar'senal, n., *a-*, m.; Zeughaus, n.; a|e, m.
Ar'sen ic, n., *ic.* m., 'ik, |*ico*.
Art, pres. ind. (be), *es.* bist. *sei.*
Art, n., *a-* m.; Kunst, f.; *arte.* ' ful, a., *fin, malin*, pfifig. *astuto.* 'ifice, n., *ifice.* m.; List, f.; a *ificio*, m. 'ific'ial (Ich), a., *ificiel.* künstlich, a *ificiale.* isan', m.. |*isan*, Handwerker. a|*igiano.* '|ist, m., |*iste*, Künstler. a'*ista.* ' less, a.. *naïf*, schlicht.
Ar't ery, n., |*ère*, f., |erie, *eria.* [*semplice*.
Ar'ti choke, n., '*chaut*, m.; schocke, f.; *carciofo*. m.
Ar'ti|cle, n., '|*cle*, m.. |kel. |*colo*. |c'ulate, t., (words) |*culer*, deutlich aussprechen, a|*colare*.
Artill'er y, n., 'ie, f., |ie, *artiglieria*.
As, cj., *comme*; wie, als; *come*; & v. since; as yet. *jusqu' ici.* bis jetzt, *fin ora*; as .. as, *aussi* .. *que*, (eben)so .. wie, *cosi* .. *come*; as much (many) .. as, *tant* .. *que*, (eben)so viel .. wie. *tant|o* (|*i*) .. *quant|o* (|*i*); as far as, *jusque*, bis, *fino a*; as for me. *quant à moi*, was mich betrifft, *in q|o a me*; as it were, *pour ainsi dire*, gleichsam, *per così dire.*
Ascen'd', i.. *monter*, steigen, a|*dere*; (t.) *m-*, besteigen. *salire.* '|dant, n.; be in the —. *avoir le dessus*, die Oberhand gewinnen. *acquis'are la superiorità*; & v. prevail. "dency, n., v. power, influence, supremacy. ' sion, n.. |*sion*, f.. Himmelfahrt, a *sione.* '|t, n., *sion*, f.. Besteigung, *salita.* [*formarsi di*.
Ascertain', t.. *s'assurer de*, ermitteln. *in-*
Ascet'ic, a., *ascét|ique*, |isch, |*ico.* [*vere*.
Ascribe', t.. *attribuer*, zuschreiben. *ascri-*
Ash, n.. *frêne*, m.; Esche. f.; *frassino*, m.
Ashamed', a., *honteux* . beschämt. *vergogn|oso*; be —, *avoir honte* (of, *de*), sich schämen (gen.). *aver v a* (*di*).
Ash'es, n. pl.. *cendre(s)*, f. (pl.); Asche. f.; *cener|e*, ('*i*), f. (pl.).
Ashore', ad.. *à terr|e*; am Land|e, (go) ans L|; a *t'a, al lido*; run —, *faire côte*, stranden, *dar in secco*.
A'si|a (échia), n.. 'at'ic, a.. *e*, f., |*atique*; |en. n.. atisch; 'a, f.. |*atico*.
Aside', ad., *de côté.* beiseite, *da parte.*
Ask, i.. *demander.* fragen, *domandare*;

(for, after) d-, f- nach, d-. —, t.. (a pers.) d- à, f-, d- a; (beg) *prier*. bitten. *pregare*; (demand) d-, fordern, *chiedere*; (a question) *faire*, thun, *fare*; (o's way. the price, etc.) *s'informer de*, s. erkundigen nach, *informarsi di*; & v. invite.
Asleep', a.. *endormi*, im Schlaf. *addormenta|to*; be —, v. sleep; fall —, *s'endormir*, einschlafen. a|*rsi*.
Aspar'agus, n., *asperges*, f. pl.; Spargel, m.; *sparagi*, m. pl.
As'pect, n., *a-*, m., Anblick. *aspetto*; (sunny, etc.) *exposition*, f.. Lage, *guardatura*.
As'pen, n., *tremble*, m.; Espe. f.; *tremula*.
Asper'ity, n., *aspérité*, f., Härte, *asprezza*.
Asper'sion, n., v. calumny.
As'phalt, n., |e, m., A|, *asfalto*.
As'pir|ate, t., (gr.) |*er*, |ieren, |*are*. |e', i., |a'tion, n., |*er* (to, à), |*ation*, f.; streben (nach), S-, n.; a|*are* (*a*), |*azione*, f.
Ass, n., *âne*, m., Esel. *asino*.
Assail', t., |ant, m., |*tir*, |*tant*; anfallen, Angreifer; *assali|re*, |*tore*.
Assass'in, m., |ate, t., a|, |er; (Meuchel)-mörder, (meuchlings) ermorden; a|o. |*are.* |a'tion, n., |*at*, m.. Meuchelmord, a|*tio*. |—, t.. v. assail, attack.
Assault', n., *assaut*, m.. Anfall. *assalto.*
Assem'bl|e, t. & i., |y, n., |er, *s'a|er*, |*ée*, f.; versamm|eln. sich v'|eln. |lung; *ragunar'|e*, |*si*, *assemblea.*
Assent', i. & n., v. consent.
Asser|t', t., 'tion, n., *soutenir*, a *tion*, f.; behaupt|en, |ung; *asser|ire*. |*zione*.
Assess', t., |ment, n., v. tax (t. & n.), va-lu|e, |ation. [*debiti attivi*, m. pl.
As'sets, n. pl., *actif*, m.; Aktiva, n. pl.;
Assid'uous, a., |u'ity, n., |u, |*uità*, f.; emsig, |keit; a'|uo, |*uità*.
Assign' (aïn), t., |er, (reason) *alléguer*; anweisen, angeben; *assegnare*; & v. fix.
Assim'il|ate, t., |er; |ieren, gleichstellen; a'|are.
Assist', t.. |ance, n., 'ant, m., |er, |*ance*, f., |ant; beistehen (dat.), Beistand. m., Gehülfe; a *ere*, |*enza*, f., |*ente*; & v. help.
Assi'zes, n. pl., *assis|es*, f. pl.; |en, Gerichtssitzung, f.; a|e, f. pl.
Asso'ci|ate, t., |er, verbinden, a|*are* (.) *s'a|er*, sich v-. a'*arsi*. |a'tion, n., |*ation*, f., Verbindung. a'*azione*; & v. society.
Assort', t., |ment, n., |*ir*, |*iment*, m.; passend zusammenstellen, Auswahl, f.; a'|*ire*, |*imento*, m.
Assuage', t., *adoucir*, lindern, *mitigare*.
Assum'e', t., *prendre* (*sur soi*). *s'arroger*; annehmen, sich anmaßen; *assumere*, *arrogarsi*; & v. suppose. |p'tion, n., *action de prendre*, f., *usurpation*; Annahme, Anmaßung; *l'assumere*, m., *usurpazione*, f.; (of the Virgin) *Assomption*, f., Himmelfahrt, *Assunzione*; & v. supposition.

Assur|e' (chou), t., |ance, n., |er, |ance, f.;
versicher|n, |ung; assicura|re, |mento,
m.; & v. insure. |edly, ad., |ément, wahrhaftig, veramente. [a|co, m.
As'terisk, n., astéris|que, f.; Sternchen, n.;
Asthm|a (ast), n., |at'ic, a., |e, m., |atique;
|a, n., |atisch; asma, f., |tico.
Aston'ish, t., |ment, n., étonn|er, |ement,
m.; in Erstaunen setzen, E-, n.; sor|-
prendere, |presa, f. **Astound'**, t., v. astonish, amaze.
Astray', ad.; go —, s'égar|er, irre gehen,
smarrirsi; lead —, é|er, i- führen, sviare.
Astride', ad., à califourchon, rittlings, a
cavalcioni. [nom, |ie; |o, |ia.
Astron'om|er, m., |y, n., |e, |ie, f.; Astro-
Astute', a., v. cunning.
Asun'der, ad., en deux, sépar|ément; entzwei, auscinander; in due (parti), s|atamente.
Asy'lum, n., asile, m.; Asyl, n.; asilo, m.;
& v. institution; lunatic—, maison d'aliénés, f.; Irrenhaus, n.; manicomio, m.
At, prp., à zu, a, ad; & v. in, on, by,
near, against, towards, etc.; — all, v.
all; — all events, en tout cas, jedenfalls,
in ogni caso; — anchor, à l'ancre, vor
Anker, all' ancora; — church, à l'église,
in der Kirche, in chiesa; — first, d'abord, zuerst, (di) prima; — hand, v.
near; — home, chez soi, zu Hause, a
casa; at my uncle's (house), chez mon
oncle, bei meinem Oheim, da mio zio; —
last, — length, enfin, zuletzt, al fine; —
least, au moins, wenigstens, al meno; —
market, au marché, auf dem Markt, al
mercato; — most, au plus, höchstens,
al più; — night, la nuit, de n-, in der
Nacht, |s, di notte; — nine o'clock,
à neuf heures, um neun Uhr, alle nove;
— once, à la fois, auf einmal, ad un
tratto, & v. immediately; — pleasure,
à volonté, nach Belieben, a piacere;
present, à présent, actuellement, jetzt,
adesso; — rest, en paix, in Ruhe, in pace;
— sea, sur, en mer, auf der See, sul mare;
— war, en guerre, im Krieg, in guerra;
— work, au travail, bei der Arbeit, al
lavoro. [|eismus; ate|o, |ismo.
A'th|eist, m., |eism, n., |ée, |éisme, m.; |eist,
Ath'ens, n., Athènes, f.; Athen, n.; Atene, f.
Ath|let'ic, a., |létique, |letisch, atletico.
At'las, n., a-, m.; A-; Sammlung von Landkarten, f.; atlante, m.
At'mo|sphere, n., |sphère, f., |sphäre, |sfera.
At'om, n., |e, m.; A|, n.; |o, m.
Atone' (— for), t., |ment, n., expi|er, |ation, f.;
sühn|en, |e; espia|re, |zione; & v. amends.
Atro'c|ious (öch), a., |'ity (öss), n., |e, |ité, f.;
abscheulich, |keit; atroc'e, |ità.
Attach', t., 'ment, n., |er, |ement, m.; befestigen, Anhänglichkeit, f.; attacc|are,

|amento, m.; be |ed to, être a|é à, lieb haben, essere affezionato a; & v. arrest.
Attack', n. & t., a'taque, f.. |r; An|griff,
m., |greifen; attacc|o, |are; — of illness,
accès, m., Anfall, accesso.
Attain', t., atteindre, erreichen, conseguire.
|ment, n., v. acquisition, accomplishments.
Attempt', t., v. try, attack; — the life (of).
attenter à la vie (de), e-n Mordversuch
(auf j.) machen, insidiare alla vita (di).
—, n., v. trial, attack; (on o's life) attentat, m.; A-, n.; |o, m.
Attend', t., assister à, beiwohnen (dat.),
essere presente a; (lectures, etc.) suivre,
beiw-, besuchen, ascoltare; (a patient)
visiter, behandeln, trattare; & v. tend,
wait upon, accompany. —, t., faire
attention (à), achtgeben (auf, ac.), far attenzione (a); (to work, etc.) s'occup|er de;
besorgen; o|arsi di, badare a; & v. listen
to, comply with. |ance, n., service, m.;
Bedienung, f.; servizio, m.; (med.) visites.
f. pl.; Behandlung, f.; cura; (on the
sick, etc.) soins, m. pl.; Pflege, f.; cura,
assistenza. |ant, m., domestique, Aufwärter, servitore; & v. servant. **Atten'|tive**,
a., |tion, n., |tif, |tion, f.; aufmerksam,
|keit; a|to, |zione; pay |tion, v. attend, i.
Atten'uate, t., atténu|er, verdünnen, a|are.
Attest', t., |er, bezeugen, a|are. [soffitta.
At'tic, n., mansarde, f.; M-, Dachstube;
Attire', t. & n., v. dress, clothe, clothes.
At'titud|e, n., |e, f., Stellung, a|ine.
Attor'ney, m., procur|eur, avoué, Anwalt,
p|atore; power of —, p|ation, f.. pouvoir,
m.; Vollmacht. f.; (mandato di) procura.
Attrac|t', t., 'tive, a., 'tion, n., attirer,
attract|if (fig., attrayant), |ion, f.; anzieh|en, |end, |ung(skraft) (fig.: Reiz,
m.); attra|rre, |ttivo, |zione (fig.. |ttiva).
At'trib|ute, n., |ut, m.; |ut. n., Eigenschaft,
f.; a|uto, m., qualità, f. '|ute, t., u|er, zuschreiben. a|uire. [castagno.
Au'burn, a., châtain, kastanienbraun,
Auc'tion, n., vente (aux enchères), f.; Auktion, f.; incanto, m.; sell by —, rendre aux
enchères, versteigern, vendere all' incanto
(all' asta). |eer', m., commissaire-priseur,
A|ator, venditore all' incanto.
Aud|a'cious, a., |äc'ity, n., |acieux, |ace,
f.; verwegen, |heit; a|ace, 'acia.
Au'di|ble, a., qu'on peut entendre, perceptible; hörbar; (a)udibile. |ence, n.,
|toire, m.; Zuhörer, m. pl.; uditorio, m.;
(of a king, etc.) a|ence, f., |enz, udienza.
|t, n., arrêté de compte, m., Rechnungsprüfung, f.; revisione (d'un conto). |tor,
m.. |teur, Zuhörer, uditore; (of accts.) v.
examiner, inspector.
Au'ger, n., tarière, f.; Bohrer, m.; succhiello.
Aught (aut), n., v. anything; for — I know,

que je sache, so viel ich weiß, *per quanto io sappia*.
Augment', t.. |er, vermehren. *aumentare*.
Au'gur, t.. v. predict. promise.
Au'gust, n.. *août*. m.. August. *agosto*. August', a.. |e, erhaben. a|o. |a, f., |us, m., e, f. & m.; A|a, A,; |a. 'o. ,ine, |in'ian, m.. |in. |iner, *agostiniano*.
Aunt (ahnt), f.. *tante*. T-, *zia*.
Auri c'ula, n.. |cule, f., kel, 'cola. |c'ūlar, a., |culaire, Ohren.., a,col*are*. |st, m., |ste. Ohrenarzt, a|sta.
Auro'r,a, n.. v. dawn; — borea'lis, a'e bo-réal'e, f.; Nordschein, m.; a'a b'e, f.
Aus'pic,es, n. pl., |es, m. pl., Umstände, a|ii; under the — (of). *sous les a|es*, unter dem Schutz, *sotto l' a'io*.
Auster e', a., 'ity, n.. *aust'ère*, |érité, f.; streng, |e; *auster|o*, |ità.
Aus'tria, n., 'n, m. & a., *Autrich|e*, f., |ien; Österreich, 'er, isch; *Austria*. |co.
Authen't,ic, a.. ,ique; isch, echt; *autentico*.
Au'thor, m.. |ess, f., *auteur*. m., *(femme) a-*; Urheber, |in, (of bk.) Verfasser, |in, Schriftsteller, |in; *aut|ore*, |rice. 'ise, |ize, t., *autor|iser*. isieren, |izzare. 'ity, n.. *autorit,é*, f.. 'ät, *à*; on good —, *de bonne source*, aus guter Quelle. *da buona fonte*; 'ities (of town, etc.) a|és, f. pl.; Behörden; *magistrato*. m.
Autobiog'ra,phy, n., *phie*, f., |phie. |fia.
Au'tograph, n. & a., |e, m. & a.; A', n., |isch; *autografo*, m. & a.
Autom'|aton, n., |ate. m.; |at; 'a, |ato.
Au'tumn, n.. *automne*. m.. Herbst, *autunno*.
Auxil'i|ary, a., |aire, Hülfs.., *ausiliare*.
Avail', i.. *servir*. nützen. *s'e*; (r.) *profit'er de*. benutzen. *p'are di*. —, n., v. use; it is of no —, *c'est inutile*, es hilft nichts; *non giora*. |able, a., *valable*, gültig. *valevole*, (rail. ticket, etc.) *buono*; (services, etc.) *disponib'le*, |el, |ile.
Av'alanche, n.. *a-*. f.. Lawine. *valanga*.
Av'ar,ice, n.. ic'ious (ĭch), a., |ice, f., |e; Geiz. m., |ig; *a'izia*. f.. |o.
Avenge', t.. *venger*, rächen. *vendicare*.
Av'enue, n., *a-*, f.; Allee; *viale*, m.
Aver', t.. v. affirm, declare.
Av'erage, a. & n.. *moyen*, |ne, f.; durch-schnitt lich. D|. m.; *medi*,o, |a, f.; on an —, *en moyenne*, d'lich, *a un di presso*.
Aver'se', a.. *ennemi*(to.*de*). abgeneigt (dat.), *arverso* (*contro*); & v. unwilling. ' sion, n., *sion*, f.. Abneigung. *arversione*.
Avert', t.. *détourner*. abwenden. *stornare*.
A'viary, n., *volière*, f.; Vogelhaus, n.; *uccelliera*, f.
Avoid', t.. *évit|er*, vermeiden. e|*are*.
Avow', t., v. confess.
Await', t.. *attendre*. erwarten. *aspettare*.
Awake', a.. *éveillé*,wach. *svegliato*. —(imp.

|d & awoke). 'n, t. & i.. *éveiller*. *s'é-*; (er)-wecken. erwachen; *svegliar|e*. *si*.
Award', t.. *adjuger*. zusprechen, *aggiudi-care*; (n.) v. judgment.
Aware', a.. *instruit*, gewahr. *avvertito*; be — of, v. know. [absent. go —. etc.
Away', ad.. *loin*; weg. fort; *via*; & v.
Aw e (au), n.. *crainte (respectueuse)*. f.; (Ehr)furcht; *timore (rispettoso)*, m. ',ful, a.. v. terrible.
Awk'ward,a.. ness, n., *maladr|oit*, *esse*. f.; ungeschick|t. lichkeit; *goff',o*. *aggine*; & v. troublesome. unfortunate.
Awl, n.. *alêne*. f.. Ahle. *lesina*.
Aw'ning, n.. *tente*. f.; Zeltdach. n.; *tenda*, f.
Awry' (ārai), ad.. *de travers*. schief, *di t,o*.
Ax(e), n.. *hache*, f., Axt, *ascia*.
Ax'iom, n.. |e, m.; A|, n.; *assioma*, m.
Ax'is, n., *axe*. m.; Achse. f.; *asse*.
Ax'le, n.. *essieu*. m. ; Achse, f. ; *asse*.
Aye, int.. (*mais*) *oui*; ja. doch; (*si*) *già*.
Az'ure, n. & a., *azur*, m.. |é; A|. a (blau); *azzurro*.

B.

Bab'ble, i.. ,r, m., *babill|er*, |*ard*; schwatzen. Schwätzer; *ciarl|are*. |one.
Baboon', n.. *babouin*. m., Pavian, *babbuino*.
Ba'by, n.. *bébé*. m.; kleines Kind, n.; *bambino*. m.
Bach'elor, m.. *garçon*. Junggeselle, *celibe*; (of arts. etc.) *bachelier*, Baccalaureus, *bacceliere*.
Back, n., *dos*, m., Rück|en, *dosso*; (of a coach) *fond*. m.; F-, R,seite, f.; *f,o*, m.; (of a chair) *dossier*. m.; Lehne, f.; *spalliera*; (of house. etc.) *derrière*, m.; R,seite, f.; *di dietro*. m.; (of coin, etc.) *revers*, m., R-. *rovescio*. Back, ad.. *en arrière*. *de retour*; zurück ; *dietro*. *di ritorno*; & v. ago; there and —. *aller et retour*, hin und zurück. *andare e ritorno*; & v. come. give, go. etc. Back, i., *reculer*. rückwärts geben. *rinculare*; (t.) v. support. '|bite, t. & i., v. slander. '|bone, n.. *épine dorsale*. f.; Rückgrat, m.; *spina*. f. 'gammon, n.. *trictrac*. m.; Tricktrack, n.; *sbaraglino*, m. '-door, n., *porte de derrière*, f.. Hinterthür, *porta di dietro*. '|ground, n., *arrière-plan*, m., Hintergrund, *sfondo*. '|ward, a., *peu avancé*. verspätet. *tardivo*. '|wards, ad., *en arrière*, *à reculons*; rückwärts; *in dietro*; — and forwards, *çà et là*. hin und her. *sù e giù*.
Ba'con, n.. *lard*, m., Speck, *l*'o.
Bad (wors e, ,t), a.. *mauvais*. schlecht. *cattivo*; (child. etc.) *méchant*, unartig. *c-*;(illness)*grave*, schlimm, *g'e*; (money)*faux*, falsch. *falso*. 'ly, ad.. *mal*. schlecht. etc., *male*; (wounded) *grièvement*. schwer, *gravamente*; — off, v. poor, unfortunate.

Badge, n.. *marque*, f.; Zeichen, n.; *segno*, m. |(t.) v. plague.
Bad'ger, n., *blaireau*, m., Dachs, *tasso;*
Baf'fle, t., v. frustrate, disconcert.
Bag, n.. *sac.* m.; Beutel, Tasche, f.; *sacc|o*, m.. *a*. f. '|**gage**, n., *bagage*, m.; Gepäck, n.; *bagaglio*. m. "**pipe**, n., *cornemuse*, f.; Dudelsack, m.; *piva*, f., *cornamusa*.
Bail, n., *caution*. f., Bürgschaft, *sicurtà*.
Bait, n., *amorce*. f.; Köder, m.; *esca*, f.; (i.; horses) v. feed.
Baize, n., *serge*, f.; Boy, m.; *bajetta*, f.
Bak'e, t., *cuire (au four)*. backen. *cuocere (al forno)*. er, m.. *boulanger*, Bäcker. *fornajo*.
Bal'ance. n., (scales. & fig.) *b-*, f., Wage. *bilancia;* (surplus) *surplus*, m., Überschuß, *soprappiù;* (of account)*b-*, *solde*. m.; Saldo; *saldo;* & v. equilibrium. —, t., *|r;* wägen. wiegen; *bilanciare;* (com.) *régler*. sald|ieren. |*are*. -sheet, n., *bilan*, m.; 'z, f.; |*cio*, m.
Bal'cony, n., *bal|con*, m., |kon, |*cone*.
Bald, a., *chauve*, (style) *sec;* kahl, trocken; *calvo*, *secco;* & v. bare.
Bale, n.. *ball'e*, f.. |*ot*, m.; |en; |*one*.
Bale'ful, a., v. pernicious.
Balk (auk), t., v. frustrate, disappoint.
Ball (aul), n., (for play) *balle*, f., (for rolling)*boule;* Ball,m.; *palla*.f.; (rifle-) *balle*, (cannon-) *boulet*, m.; Kugel, f.; *palla;* (billiard-) *bille*, f.; Ball, m., K-; *biglia*, f.; (dance) *bal*, m.. Ball, |*o*.
Bal'lad, n.. |*e*, f.. |*e*, *ballata*.
Bal'last, n.. *lest*, m.; B-; *zavorra*, f.
Bal'let, n., *b-*, m.; |t, n.; |*to*, m.
Balloon', n.. *ballon*. m., B-, *pallone*.
Bal'lot, n. & i., *scrutin*, m.. *ballott'er;* age, f.. |ieren; |*aggio*, m., |*are*.
Balm (ahm), n., '|y, a.. *baume*, m.. *balsamique;* Balsam. ,isch; |*o*, |*ico*.
Bal't'ic (aul), n., |*ique*, f.; Ostsee; B',*ico*, m.
Balustrade', n., *b-*, f.; Geländer, n.; *balau-*
Bamb'oo', n., |*ou*, m., |*us*, |*ù*. [*strata*. f.
Bamboo'zle, t., v. confuse, cheat.
Ban, n., *b-*, m.; Bann. (of marriage) Aufgebot. n.; *bando*,m. '|dit, m.,v. robber.
Band, n., |*e*, f., *lien*, m.; B', n., Binde, f., *fascia, legame*, m.; (robbers, etc.) *troupe*. f., Band'|e. |*a;* (music) *musique*, f., Kapelle, *cappella*, & v. orchestra. "*age*, n., |*age*, m.; Verband; *fasciatura*, f. 'box, n., *carton*, m.; Pappschachtel, f.; *scatola di c|e*.
Ban'dy, t., (words, etc.) v. exchange. -**legged**, a., *bancal*, krummbeinig, *che ha le gambe torte.* [*nicious*.
Bane, n., (fig.) v. scourge. '|ful, a., v. pernicious.
Bang, t., v. beat; (door) v. slam.
Ban'ish, t., |ment, n., *bann|ir*, |*issement*, m.; verbann'en. 'ung.f.; *band;ire*, |*o*, m.

Ban'isters, n. pl., *rampe*, f.; Treppengeländer, n.; *bulaustrata*, f.
Bank, n.. (of river) *bord*. m.; Ufer, n.; *riva*, f.; (of earth) *rembiai*, m.. *digue*, f.; Damm, m.; *argine*, *diga*, f. **Bank**, n.. |er, m., '|note, n., *banqu'|e*, f.. '*ier*. *billet de banque*, m.; Bank, f., |ier, note. f.; *ban|ca, |chiere, |conota*. '|rupt, m., ' rupt-cy,n., *banquerout'|ier*, |*e*,f., *faillite;* Bank|-rottierer. |rott. m.; *falli'|to*, |*mento*.
Ban'|ner, n., |*niére*, f.; |ner, n.; |*diera*. f.
Ban'quet, n., *b-*, m.; Bankett, n.; *banchetto*, m. [*mottcygiare*.
Ban'ter, t.. *railler*. zum besten haben,
Bap't'ism, n., |ize', t., '|**istry**, n.. ,*éme*, m., |*iser*, |*istére*, m.; Tauf'e, f., |en, |kapelle, f.; *batt'|esimo*, m.. '*ezzare*, |*isterio*, m.
Bar, n.. |*re*, f.; Stange; *stanga*. *sbarra;* (profession) *b|reau*, m.; Advokatenstand. *foro;* (of river, etc.) *b're*, f.. |re. *secca:* (of inns) *comptoir*, m.. Schenktisch. *ban|co;* & v. obstacle. **Bar**, t., *barrer*. (ab)sperren. *sbarrare*. [point.
Barb, n., |*e*, f.; Bart, m.; *barba*, f.; & v.
Barba'rian, m., **Bar'bar'ous**, a.. '*e*, m. & a.; B'. |isch; |*o*, m. & a.
Bar'b,er, m.. |*ier*. |ier, |*iere*.
Bard, m., |*e*, |e, |*o*.
Bare, a., *nu*, nackt. *nudo;* & v. uncovered, scanty. '|**faced**, a., v. impudent. '|**foot**(ed), a., *nu-pieds*, barfuß. *scalzo*. '|**headed**, a.. *nu-téte*, barhaupt, *colla testa scoperta*. ' ly, ad., v. scarcely.
Barge,n., *bateau*, m.; (Fluß)kahn; *barca*, f.
Bar'gain, n., *march|é*, m.; Handel; *contratto, patto*. —, i.. *m'ander;* h,n, accord'ieren; |*arsi*. [*bar'que*, f.. |ke, |*ca*.
Bark, n., *écorce*, f., Rinde. *scorza;* (ship)
Bark, i., *aboyer*, bellen, *abbajare*.
Bar'ley, n., *orge*, f.; Gerste; *orzo*, m.
Barn, n., *grange*. f.; Scheune; *granajo*, m.
Baro'm'eter, n.. ,*métre*, m.. |meter, |*metro*.
Bar'on, |et, m.. '|**ess**, f., *b'|*, |*net*, *ne;* B', |et, ;in; |e. |*etto*, ,*essa*. [*caserma*.
Bar'rack(s), n. (pl.), *caserne*. f.. Kaserne.
Bar'rel, n., *baril*, m.; Faß. n.; *barile*, m.; (of gun) *canon*. m.; Lauf; *canna*. f.
Bar'ren, a., |**ness**, n.. *stéril'|e*, |*ité*, f.; unfruchtbar, |keit; *s|e*, |*ità*.
Bar'ric|ade, t. & n., ,*ader*. |*ade*, f.; verrammeln, Barrikade; *b'|are*, ,*ata*.
Bar'ri|er, n., |*ère*, f.; Schutzgatter, n.; *b'|era;* & v. obstacle, boundary.
Bar'rister, n., *avocat*. Advokat, *avvocato*.
Bar'row, n., v. wheel-b-; (mound) *tumul'us*, m., Grabhügel, *t'o*.
Bar'ter, t.. *troquer* (fr. *contre*). vertauschen (gegen), *barattare (contro)*.
Barth|ol'omew, m.. ,*élemy*, olomäus, *Bartolommeo*.
Basalt' (zault), n., |ic, n., |*e*, m., |*ique;* B. |isch; ,*e*, '|*co*.

Base, a., *bas, vil;* gemein; *b so, r'e;* (money) v. false. —, n., *base,* f.; Busis; *base;* & v. foot, pedestal. —, t., v. found.
Bash'ful, a., *timid'e,* schüchtern. *t,o.*
Ba'sin, n., *bassin,* m., (washhand-) *cuvette,* f.; Bassin, n., Becken; *bacino,* m., caBask, i., v. warm o's sf. [*tinella,* f.
Bas'ket, n., *panier,* m., Korb. *p'e.*
Bass (éce), n., *ie,* f.; B, m.; *o.*
Bass'oon', n., *'on,* m.; Fagott, n.; *b one,* m.
Bas'tard, m., *bâtard,* Bastard, *o.* [*zare.*
Bäste, t., (meat) *arroser,* begießen, *spruzBat, n..* (for play) *battoir.* m.; Ballkelle, f.; *maglio,* m.; (anim.) *chauve-souris,* f.; Fledermaus; *pipistrello.* m.
Batch, n., *fournée,* f.; Gebück, n.; *informata,* f.; (fig.) v. set.
Bate, t., v. abate, lessen.
Bath (ah), n., *bain,* m.; Bad, n.; *bagno,* m. |e (éthe), t. & i.. *baigner, se b-;* baden, (sich) b-; *bagnar'e, 'si.* [*glione,* m.
Battal'ion, n., *bataillon,* m.; B-, n.; *battaBat'ter, t.,* (a)*battre,* (zer)schlagen. *battere.* [y, n.. *ie,* f., |ic, *'ia.*
Bat'tle, n., *bataille,* f., Schlacht, *battaglia.* |dore, n., v. racket. 'ment, n., *créneau,* m.; Zinne, f.; *merlo.* m.
Bau'ble, n., v. trifle, toy.
Bava'ria, n., |n, m. & a., *Bav ière,* f., *arois,* m. & a.; Bayer n, n., B, *'isch;* *Bav iera,* Bawl, i., v. shout. [f.. *|arese,* m. & a.
Bay, n., *baie,* f., Bucht, *baja;* & v. niche, laurel. **Bay,** n.; be at —, *être aux abois,* aufs äußerste gebracht sein, *esser ridotto agli estremi;* keep at —, (fig.) v. restrain, check. Bay, a., *bai.* kastanienbraun. *bajo.* -window, n., v. bow-. [|a, f.
Bay'onet, n., *baïonnette,* f.; Bajonett, n.; **Bazaar' (ahr), n.,** *bazar,* m., B-, *b-.*
Be (was. been). i., *être, se trouver, se porter;* scin. sich befinden; *essere, stare;* I am twenty. *j'ai vingt ans.* ich bin zwanzig (Jahre alt), *ho venti anni;* it is I, *c'est moi.* ich bin es. *sono io;* here I am, *me voici,* hier bin ich. *eccomi;* I am cold, warm, hungry, thirsty, right, wrong, *j'ai froid, chaud, faim. soif. raison, tort;* mich friert, mir ist warm, ich bin hungrig, durstig. ich habe recht, unrecht; *ho freddo, caldo, fame. sete, ragione, torto;* it is cold, fine. *il fait froid, beau,* es ist kalt, schönes Wetter, *fa freddo. bel tempo;* there is, are, *il y a;* es giebt; *ci è, ci sono;* how are you? *comment ça va-t-il?* wie geht's? *come sta?* he is to come, *il doit venir,* er soll kommen, *deve venire.* [*gia,* f.
Beach, n., *plage.* f.; Strand. m.; *spiagBea'con, n..* *fanal,* m.; Lärmfeuer, n.; *signale,* m.; & v. lighthouse.
Bead, n., *grain.* m.. (of glass) *perle,* f.; (Glas)perle; *pallottolina.*

Bea'dle, m., *bedeau,* Kirchendiener, *sagrestano.*
Beak, n., *bec.* m.. Schnabel, *becco.*
Beam, n., *poutre,* f.; Balken, m.; *trave,* f.; (ray) *rayon.* m.. Strahl. *raggio.*
Bean, n., *fève,* f., Bohne, *fava;* French —, *haricot vert,* m.; welsche (grüne) B-, f.; *fagiuolo,* m.
Bear (é), n., *ours,* m.. Bür. *orso.*
Bear (é; bore, borne), t., *port er,* tragen, p are; (fig.) *supporter.* ertragen. *sopportare;* (fruit) *produire,* t- , *produrre;* (children) *enfanter, donner le jour à;* gebären; *partorire, mettere al mondo;* — out, v. confirm; — in mind. v. remember; — witness, v. w-. 'er, m.. *porteur;* Träger. (of letter) Überbringer; *portatore. latore.* '|ing, n., (fig.) v. relation, (of pers.) air, behaviour.
Beard, n., *barbe,* f.; Bart. m.; *barba,* f.
Beast, n., *bête.* f.; Tier, n.; *bestia.* f.
Beat(—, en), t.&i., *batt re,* schlagen, *b ere;* — down, *abattre.* nieder|s-, *abbattere;* — in. *enfoncer,* ein|s-, *affondare;* — off, repousser, zurück s-, *ripulsare.* —, n.. *coup,* m., Schlag, *colpo;* (of pulse. etc.) *batt ement,* m., S-, *b imento;* (patrol) *ronde,* f.; lt-; *giro,* m. '|ing, n., (of drum) *son,*m.,(Trommel)schlag,*suono;*(thrashing) *coups,* m. pl.; Prügel; *bastonata,* f.; (of pulse, etc.) v. beat (n.)
Beau (ō), m., *élégant,* Stutzer. *galante;* & v. lover. '|tiful (biou), a., '|ty. n.. *beau (bel, |le).* |té, f.; schön, |heit; *bell o, |ezza.*
Bea'ver, n.. *castor,* m., Biber. c o.
Becalm'ed (ahmd), a.. *abrité,* von e-r Windstille überfallen, *abbonacciato.*
Because', cj., *parce que,* weil, *perchè.* **—of,** prp., *à cause de,* wegen (gen.), *a causa di.*
Beck, n., v. nod, sign, order. '|on, i., *faire signe.* winken. *fare cenno.*
Become' (kă; became. become), i., *devenir,* werden, *divenire;* what will — of him? *que deviendra-t-il?* was soll aus ihm w-? *che sarà di lui?* |e, t., *convenir à,* geziemen (dat.), *c'e a;* (of dress) *aller à,* stehen (dat.). *stare a.* |ing, a., *conven able,* passend, c|evole.
Bed, n., *lit,* m.; Bett, n.; *letto,* m.; (garden-) *couche,* f.; Beet, n., *ajuola.* f.; go to —, (*aller*) *se coucher,* zu Bett gehen, *andare a l-.* '|clothes, n. pl.. *couvertures et draps de l-,* pl.; Bettzeug, n.; *coperte del l-,* f. pl. '|room, n., *chambre à coucher,* f.; Schlafzimmer. n.; *camera del l-,* f.
Bedew', t., *arroser* (with, *de),* betauen (mit), *inrugiadare (di).*
Bedi'zen, t., *attifer,* ausputzen, *acconciare.*
Bee, n., *abeille,* f., Bien e, *ape.* '-hive. n., *ruche,* f.; B enkorb. m.; *copiglio.*
Beech, n., *hêtre.* m.; Buche. f.; *faggio,* m.

Beef — 13 — Besiege

Beef, n., *bœuf*. m.; Rindfleisch, n.; *manzo*, m.; boiled —. *bouilli*, m.; gekochtes R-; *(m-) lesso;* roast —, *rosbif*, m., Rinderbraten. *m- arrosto.* 'steak, n., *bifteck*, m.; Beefsteak. n.; *bifstek*, m. '-tea, n., *bouillon*, m.; B-, f., Fleischbrühe; *brodo.* m.
Been, pp. (be). *été*, gewesen. *stato*.
Beer, n., *bière*, f.; Bier, n.; *birra*, f.
Bee'tle, n.. *scara bée*, m., Käfer, s|*faggio*.
Beet'root. n.. *betterave*. f.. rote Rübe. *barbabietola*. [ßen (dat.), *accadere a*.
Be fall' (,fell, |fallen), t., *arriver à*, zustoßeßt', t., become, suit.
Before', prp., (place) *devant*, (time) *avant;* vor; *innanzi, avanti*. —, cj.. *avant que;* ehe. bevor; *prima di* (inf.). —, ad., *derant, auparavant;* voraus, früher; *avanti. prima.* |hand, ad., *d'avance*, im voraus. *anticipatamente*.
Befriend', t., v. help, favour.
Beg, t.. *demander (qc. à qu.);* bitten (e-n um etw.); *chiedere. domandare (qc. a qd.);* (o. to do sthg.) *prier (de),* b-. *pregare (di)*. —, i., *mendi|er*,betteln, m|*care*. ' gar, m.. m|*ant*. Bettler. m|co, |*cante*.
Beget' (begot, |ten), t., *engendrer*, (er)zeugen, *generare*.
Begin' (began, |un), t. & i.. *commencer;* b nen. anfangen; *cominciare*. [*via!*
Begone', intj., *va-t'en, allez-vous-en!* fort!
Begrime', t., v. blacken, dirty.
Beguile' (gaï). t.. v. delude; (time) *faire pass'er,* verkürzen, *far p|are*.
Behalf' (ahf), n.; on. in — of, *en faveur de,* um .. (gen.) willen, *in favore di;* & v. for. in the name of.
Behave', i. & r., |iour, n., *se condui|re*, c|*te*, f.; sich betragen, B-, n.; *comportarsi, con'dursi.* |*dotta*, f. [d|*are*.
Behead' (ëd). t., *décapit|er*, enthaupten,
Behind', prp.. *derrière*, hinter, *dietro;* (of time) *après*, nach, *dopo*. —, ad., *derrière*, hinten, *in dietro;* (time) *en retard*. verspätet, *in ritardo*. [spectator.
Behold' (beheld, b-), t., v. see. |er, m., v.
Behoof' (ou). n.. *profit*, m.. Nutzen, p|*to*.
Be'ing, n.. *être*, m.; Wesen, n.; *ente*, m.. *essere;* (part.) v. be.
Bela'bour, t., v. beat.
Belea'guer, t., v. besiege. [*panile*.
Bel'fry, n., *beffroi*, m., Glockenturm, *campanile*
Bel'g'ium, n., ian, m. & a., |*ique*, f.; |*e*, m. & a.; |lien. n., |ier, |isch; |*ica*, f., |*ico*.
Belie'f', n.. |*ve*', t. & i., *croyance*, f., *foi, croire* (in, *à, en*); Glauben. m., g- (an. ac.); *fede*. f.. *credere (in);* I |ve so, *je crois que oui,* das glaub' ich, *credo di sì*.
Bell, n.. *cloche*, f., (small) |*tte*, (house) *sonnette;* Glocke, Klingel; *campan|a*, |*ello*, m.; ring the —, *sonnez.* k'n Sie, *suoni il c ello*.

Belli|g'erent, a., |*gérant*, kriegführend, b|*gerante*.
Bel'low, i.. *beugler*, brüllen. *muggire*.
Bel'lows, n. pl., *soufflet*, m., Blasebalg, *soffietto*.
Bel'ly, n., *ventre*, m.. Bauch, v-.
Belong', i., *apparten'ir*, gehören, a'ere.
Beloved' (ävd), a., *bien aimé*, geliebt, *amato*.
Below' (ō), prp., *sous, au-dessous de;* unter; *sotto, al di s- di*. —, ad., *en bas,(en) dessous;* unten; *giù, a basso;* here —, *ici-bas,* auf Erden, *quaggiù*.
Belt, n., *ceintur|on*, m., (fig.) |*e*, f.; Gürtel, m.; *cint'ura*, f.. |o, m.
Bemoan', t., v. deplore, bewail.
Bench, n.,*banc*, m.; Bank, f.; *panca;* (fig.) *cour,* f.; Gericht. n.; *tribunale,* m.
Bend (bent, b-), t. & i., *plier* (t. & i.), *cour-ber, se c-;* biegen, sich b-; *piegar|e*, |*si;* (the knee) *fléchir*, beugen, p|*e;* (a bow) *tend|re,* spannen, t *ere*. —, n., *courbure*, f., Biegung, *piegatura, curvatura*.
Beneath', prp. & ad., v. below, under.
Běně dic'tion, n.. v. blessing. |dic'tine, a., *béné|dictin*,|diktiner.., |*dettino*. 'fac'tor, m., *bienfaiteur*,Wohlthäter, *benefattore*.
Ben'e'fice, n., *bénéfice*, m.; Pfründe, f.; *beneficio,* m. f'icent, a., *bienfaisant,* wohlthätig, *benefico*. |fic'ial, a., v.useful, advantageous. **Ben'e|fit**, n., *bienfait*, m.; Wohlthat, f.; *beneficio,* m.; (profit) *bénéfice*. m., Nutzen (theat. : Benefiz, n.). b-. |fit, t., *faire du bien à,* nützen (dat.), *giovare a*. |fit, i., v. profit. |v'olence, n., 'v'olent, a., *bienveillan|ce,* f., |*t;* Wohlwollen, n., |d; *benevol|enza*, f.. |o.
Benigh'ted (ait), a., *surpris par la nuit,* von der Nacht überfallen, *sorpreso dalla notte;* (fig.) v. ignorant.
Benig|n' (aine), '|nant, a., v. kind, benevolent, favourable.
Bent, pp., v. bend; (a.) — upon (doing), v. determined; (n.) v. inclination.
Benumb', t., *engourdir,* erstarren, *intirizzire*.
Bequeath', t., *léguer*, vermachen, *legare*.
Bequest', n., v. legacy. [p|*are*.
Bereave' (bereft. b-). t., *priv|er*, berauben, B-|, n., B-. m.; B-, n.; |o, m.
Berlin', n., *B*-. m.; B-, n.; |o, m.
Ber'n|ard, n., *ard,* 'hard, *ardo*.
Ber'ry, n., *baie*. f., Beere, *bacca*.
Berth, n., (bed) *lit*. m.: Koje, f.; *letto*, m.,
Ber'tha, f., '*e,* |a, *Berta*. [*cabina,* f.
Beseech' (besought. b-), t., *suppli|er* (to, *de*), anflehen, s|*care*.
Beset', t., *entourer.* umgeben, *circondare*.
Beside', prp., *à côté de, auprès de;* bei, neben; *presso (di);* — o's sf., *hors de soi,* außer sich, *fuor di se*. |s, prp., *outre,* au delà de, außer, *oltre*. |s, ad., *de plus,* außerdem, *di più, inoltre*.
Besiege', t.. *assiéger,* belagern, *assediare*.

Besmear', t., (dirty) *barbouiller (de)*, beschmieren, *imbrattare.*
Be'som, n., v. broom. **Besot', t.**, v. stupefy.
Besought (aut), imp. & pp.. v. beseech.
Bespeak' (bespoke', n). t., *commander*, (places) *retenir;* bestellen, belegen; *ordinare, ritenere.*
Bess, |y, Betsy, f., v. Elizabeth.
Best, a., *meilleur.* b'e, *migliore;* (ad.) *mieux*, am b'en. *meglio;* at —, *à tout prendre*, im Grunde, *alla fine de' conti;* do o's —, *faire son possib'le. f- de son mieux.* sein b|es thun. *fare il suo p|ile;* have the — of it. *avoir l'avantage*, den Vorteil haben, *aver il vantaggio;* to the — of my recollection, *autant que je m'en souviens.* soviel ich mich erinnere, *per quanto mi sorrenga.*
Bes'tial, a., *b-*, tierisch, *b e.*
Bestir' (eur). r., *se remuer.* s. anstrengen, *industriarsi.*
Bestow'. t.. *accorder* (upon. à): erteilen (dat.); *dare* (dat.), *conferire (a);* & v. give, devote.
Be|stride' (|strode, |stridden), t., *être à califourchon*, auf. . (dat.) rittlings sitzen, *inforcare.* [scom|messa, |mettere.
Bet, n. & t.. *pari.* m.. |er; Wette. f., |n;
Be|take', r., v. resort (i.). |think', r., v. reflect. |tide|, t., v. |fall. [*buon' ora.*
Betimes', ad.. *de bonne heure*, zeitig. *di*
Beto'ken, t., v. indicate, portend.
Betray', t., |er, m.. *trahir. traître;* verraten. |räter; *trad,ire, |itore.*
Betrōth', t.. *fiancer.* verloben, *fidanzare.* ,ed, m. & f.. *fiancé. e;* Bräutigam, Braut ; *fidanzat'o, a.*
Bet'ter, a. & ad., *meilleur, mieux;* besser; *migliore. meglio;* get the — of, v. overcome; I am —, *je vais mieux*, es geht mir b-, *sto meglio;* so much the —, *tant mieux.* desto b-, *t o meglio;* think — of, *se raviser*, sich eines b'n besinnen, *prendere migliore consiglio;* you had —, *vous feriez mieux.* Sie thäten b-. *fareste meglio.* —, t., v. improve.
Between', prp.. *entre;* zwischen; *fra, tra.*
Bev'el, t., *couper en biais.* schräge schneiden, *tagliare a sghembo.* [*bevanda*, f.
Bev'erage. n.. *boisson.* f.; Getränk , n.;
Bev'y, n.. v. flock, party.
Bewail', t., *pleurer,* beweinen, *piangere;* & v. deplore.
Beware', i., *se garder* (of. *de*), sich hüten (vor, dat.). *guardarsi (di).*
Bewil'der, t.. (fig.) v. confuse. puzzle.
Bewitch', t., *enchanter*, bezaubern, *incantare.*
Beyond', prp., *au delà de;* jenseit(s) (gen.). hinter (dat.); *di là (di);* — measure. *outre mesure,* über die Maßen. *oltremodo;* & v. above, over. —, ad., *par*

delà, au loin; darüber hinaus, hinten; *di là.*
Bi'as, n., (fig.) v. inclination, prejudice.
Bi'ble, n., *b-*, f., Bibel, *bibbia.*
Bick'er, i., v. quarrel, dispute.
Bid (bade, bid & |den), t., *offrir,* bieten, *o e;* & v. command. —, n., *enchère,* f.; Gebot. n.; *offerta,* f.
Bier (īr), n., *bière*, f., (Toten)bahre, *bara.*
Big, a., *gros;* groß, dick ; *g so;* & v. large.
Big'am'ly, n., |ie, f., |ie, |ia.
Big'ot, m., |ed, a., |ry, n., *b-*, m. & a.. *!e-rie,* f. ; Pietist, m., bigott, Frömmelei, f. ; *b|o,* m. & a., |ismo. [*tillo,* m.
Bil'berry, n., *airelle,* f.; Heidelbeere ; *mir-*
Bile, n., *b-*, f.. Galle. *b-*. Bil'i'ous, a.. *eux*, gallensüchtig. *b|oso.*
Bill, n.. v. beak, account, placard ; (in parl.) *projet de loi*, m. ; Gesetzentwurf; *legge proposta.* f.; — of exchange. *lettre de change*, f.; Wechsel. m.; *cambiale*, f.; — of fare. *carte,* f., Speisekarte, *carta.*
Bill, m., v. William.
Bil'let, t., *loger* (upon, *chez*), einquartieren (bei). *alloggiare (da).*
Bil'liard|s, n. pl., |-table, n., *billard,* m.; B-. n.; *bigliardo*, m.; play at |s. *jouer au b-*, B- spielen. *giuocare al b-*.
Bil'low, n.. v. wave.
Bin, n.. v. box, (in cellar) shelf, niche.
Bīnd (bound, b-). t.. *lier, attacher;* (zu)binden. *an|b-; legare, attaccare;* (books) *relier,* ein|b-; *legare;* & v. oblige.
Biog'raph|y, n., |er, m., |ical, a., |ie, f., |e, m., |ique, |ie, B|, isch ; *biograf|ia, |o, |ico.*
Bi'ped, n., *bipèd|e*, m., Zweifüßer, *b|e.*
Birch, n., *bouleau,* m.; Birke. f.; *betula.*
Bird, n.. *oiseau.* m., Vogel, *uccello.* |'s-eye-view, n.. *vue à vol d'o-,* f.. Ansicht aus der V|perspektive, *veduta a volo d'u-.*
Birth, n., *naissance*, f.. Geburt, *nascita.* |'day, n., *fête.* f., *jour de n-,* m.; G|stag ; *giorno natalizio.* ' place, n., *lieu où nasquit,* m.. G|sort, *luogo nativo.*
Bis'cuit (kit), n., *b-*, m., Zwieback, *biscotto.*
Bish'op, m., *évêque*, Bischof, *vescovo.*
Bit, n.. *morceau,* m., *brin;* Bißchen, n.; *pezzo.* m.; (horse's) *mors.* m.; Gebiß. n.; *m|o,* m., not a —, v. all (not at).
Bitch, n., *chienne*, f., Hündin, *cagna.*
Bite (bit, |ten), t., *mor,dre,* (of insects) *piquer;* beißen, stechen; *m'dere, pungere.* —, n., *m'sure,* f., *piqûre;* Biß , m.. Stich, *m|sura,* f., *puntura;* (mouthful) *bouchée,* f.; Bissen, m.; *boccone.*
Bit'ter, a., *amer*, *b-*, *amar|o;* (fig.) *mord|ant*, beißend, *m|ace;* (cold) *piquant*, empfindlich. *severo;* & v. sharp, cruel. |'ness, n.. *a|tume,* f., B'keit. *a|ezza.* |s, n., *absinth|e.* f.; A , m.; *assenzio.*
Biv'ou|ac, n., |ac, m.; |ac, n.; *biracco*, m.

Black — 15 — Blush

Black, a., *noir*, schwarz, *nero*; (fig.) v. dark,gloomy. '|ball, t., v. reject. ''berry, n., *mûre de ronce*. f., Brombeere. *mora*.
'|bird, n., *merl'e*, m.; Amsel. f.; m|o, m.
',en, t., *noircir*, schwärzen, *annerire*; (boots) *cirer*, wichsen, *lustrare*. '|guard, m.. *polisson*, Schurke, *birbante*. '-lead (ëd), n., *mine de plomb*, f.; Reißblei, n.; *piombaggine*, f. '|ing, n., *cirage*. m.; Wichse, f.; *cera*. ''smith, m., *forgeron*, (Grob)schmied, *fabbro*.
Blad'der, n., *vessie*. f., Blase, *vescica*.
Blade, n., (of grass)*brin*,m., Halm,*fusto*; (of knife, etc.) *lame*, f., Klinge, *lama*.
Blam e, n. & t., |able, a.. *blâm e*, m., |er, |able; Tadel, |n, |nswert; *biasim'o*, |are, *evole*. |eless, a., *innocent*, tadellos, i|e.
Blanch, t., |ir, weiß machen, *bianchire*; (almonds) v. peel.
Bland,a.,*doux*,mild,*b o*. '|ish, t., v.flatter.
Blank, a., *blanc*, unbeschrieben, *bianco*; (verse) *b-*, reimlos, *senza rima*; (fig.) v. empty, dejected. —, n.. *b-*, m., leerer Raum. *bianco*. ',et, n., *couverture de lit*, f.. wollene Decke, *coperta di lana*.
Blas'phem|y, n., |ous, a., *blas'phème*, m., |*phématoire*; Gottesläster|ung, f., |lich; *bestemmia, empio*.
Blast, n.. *coup de vent*, m., Windstoß, *soffio*; (of horn) *son*, m., Schall, *squillo*. —, t., (rock)*faire sauter*, sprengen, *far saltare*; & v. destroy, wither.
Blaze, n.&i.. *flamme*, f.,*flamber*; Flamme, lodern; *fiamm'a*, *eggiare*.
Bleach, t., *blanchir*, bleichen, *bianchire*.
Bleak, a., *trist'e*, öde, t|o; & v. cold, dreary.
Bleat, i., *béler*, blöken, *belare*.
Bleed (bled, b-), i. & t., *saigner*; bluten, zur Ader lassen; *sanguinare*, *salassare*.
Blem'ish, t., v. injure, spoil; (n.) v. fault, defect. **Blend**, t. &i., v. mix. **Blew** (ou), imp., v. blow.
Bless, t., '|ing, n., *bén ir*, |*édiction*, f.; seg'nen, |en, m., *benedi|re*, |*zione*, f.
Blight (aït), n., *brovissure*, f., *nielle*; Meltau, m., Brand; *golpe*, f. —, t., *brouir*, *nieller*; verderben; *ingolpare*; & v. destroy.
Blind, n., *persi,enne*, f.; Sommerladen, m.; *p'ana*, f.; (rolling-) *store*, m.; Rouleau, n.; *stuoja*,f.; (Venet.) *jalousie*, f., J-, *gelosia*; (fig.) v. pretext. **Blind**, a. & t., |ness, n., *aveugl'e*, |er, *cécité*, f., (fig.) a|*ement*, m.; blind, blenden, Blindheit, f.; *cieco, accicare*, *cecità*; blind of one eye, *borgne*, blind auf e-m Auge, *cieco d'un occhio*. |fold, a., *les yeux bandés*,mit verbundenen Augen, *cogli occhi bendati*.
Blink, i.. v. wink, glimmer. |er, n., *œillère*, f.; Scheuleder, n.; *paraocchi*, m.
Bliss, n., *félicit|é*, f., Glückseligkeit,*f|à*.
Blis'ter, n., *ampoule*, f., (plaster) *vesica-*

toire, m.; Blase, f., |*npflaster*. n.; *vescica*, f., *ule*, m.
Blithe, a., v. gay.
Bloa'ted, a., *bouffi*, aufgedunsen, *paffuto*.
Block, n., *bloc*, m., (chopping-, etc.) *billot*; Block; *masso*, *ceppo*; (fig.) v. obstacle. —, |ade', t. & n.. *blo|quer*, *cus*. m.; block|ieren, |ade, f.; *blocc,are*, |o, m. '|head, u., *sot*, Dummkopf. *stupido*.
Blood (äd), n., '|y, a., *sang*, m., |*lant*, (fig.) |*uinaire*; Blut,n., |ig; *sang'ue*.m., |*uinoso*. |*uinario*; & v. race. ',hound, n.. *braque*, m., Schweißhund, *bracco da s'ue*. '|shed, n., *effusion de sang*, f.; B',vergießen. n.; *spargimento di s|ue*, m. '|shot, a., (eye) *éraillé*. rouge, blutunterlaufen, *infiammato*. '|thirsty, a., *altéré de sang*, b|dürstig, *assetato di s|ue*. '|vessel, n., *vaisseau s uin*, m.; B|gefäß, n.; *vaso s|ui gno*, m.
Bloom (ou), **Blos'som**, n. & i., *fleur*, f., |ir; Blüte, blühen; *flor e*, m., |*ire*.
Blot, n., *tache*, f., (of ink) *pâté*, m.; Flecken, Tintenfleck; *macchia*, f., *scarabocchi',o*, m. —. t., *barbouiller*, beklecksen, *s'are*; (fig.) v. disgrace; — out, v. efface,(fig.) atone. '|**ting-paper**, n..*papier buvard*. m.; Löschpapier, n.; *carta sugante*, f.
Blotch, n., *pust'ule*, f., |el, |*ula*; & v. blot.
Blow (ö), n., *coup*, m., Schlag, *colpo*. — (blew, blown), i. & t., *souffler*; blasen, an|b-; *soffiare*; (horn) *sonner*, b-,*suonare*; & v. bloom; — o's nose, *se moucher*, s. die Nase putzen, *soffiare il naso*; — out. *souffler*, aus|b-, *spegnere*; — up, v. blast; (fig.) v. scold.
Blub'ber, n., *graisse (de poisson)*,f.;(Wallfisch)speck, m.; *grassa (di balena)*, f. —, i., *sangloter*, laut weinen, *piangere (forte)*. |*mazza*, f.
Blud'geon, n., *casse-tête*, m.; Knüttel, f.
Blue (ou), a., *bleu*, blau, *azzurro*. '|**bell**, n., *campanule*, f.; Glockenblume; *campanello*, m. '|**bottle**, n., *mouche-bleue*, f.. Bremse, *mosca turchina*. '|**stocking**, n., *bas-bleu*, m.; Blaustrumpf; *donna saccente*, f.
Bluff, a., (fig.) *brusque*, schroff, *brusco*; & v. steep; (n.) v. hill, promontory.
Blun'der, n., *bévue*, f.; Schnitzer, m.; *sbagli'o*. —, i., *faire une b-*, e-n Schmachen, *s|are*. |er, m., *brouillon*, Stümper, *sciocco*.
Blunt,a. & t.., *émouss|é*, |er, (point)*époint|é*, |er; stumpf, s- machen, (fig.) abstumpfen; *ottuso*, *rendere o-*, *spunta|to*, |*re*; & v. bluff, plain. **Blur**, n., v. blot.
Blurt out, t., *lâcher*, herausplatzen mit, *lasciarsi scappare*.
Blush, i. & n., *roug|ir*, |*eur*, f.; erröten, (Scham)röte; *arrossire*, *rossore*, m.; at

Bluster — 16 — Bottle

the first —, *à première vue*, beim ersten flüchtigen Anblick, *a prima vista*.
Blus'ter, i.. *tempéter*. poltern. *strepitare*.
'ing, a.. *orageux*. stürmisch. *tempestoso*.
Bo'a, n., *b-*, m.; B-, f.; *b-*, m.
Boar (ōr), n.. *verrat*. m., (wild) *sanglier*; Eber, wilde E-; *verro. cinghiale*.
Board (ōrd). n.. *ais*, m., *planche*,f.; Brett, n.. Planke, f.; *asse*; (council) *conseil*. m.; Ausschuß, Amt, n.; *consiglio*, m.; (food) *nourriture*. f.. Kost, *tavola*; on —, *à bord*, an Bord. *a b|o*; — and lodging, *pension*, f.; P-. |e. —. i.. *être en p-* (with, *chez*). in P- (in Kost) sein (bei), *stare a dozzina (da)*. —, t.. *aborder*, entern. *abbordare*. '|er, m., *pension'naire*; |är, Kostgänger; *p|ario*. '|ing-house, n.. *pension*, f.; P-; |e. *dozzina*. |ing-school, n., *pension|nat*, m.; |at, n.; 'e, f.
Boast (ōst), i. & n., *se vant'er*, 'erie. f.; prahl'en. |erei; *vant|arsi*, |o, m. |er, m., r|ard, P|er, *v|atore*.
Boat (ōt), n., '|man, m.. *bat'eau*,m., |elier; Boot, n., |smann, Schiffer; *barca*, f., |juolo.
Bob, '|by, m., v. Robert. Bob, t. & i., v. nod, jerk, cut. **Bode**, t., v. portend.
Bod'ice, n., *corset*, m.; Mieder, n.; *bustino*, **Bod'ily**, *corpor'el*. körperlich, *c'eo*. [m.
Bod'kin, n.., *passe-lacet*, m.; Schnürnadel, f.; *infilaguaine*, m., *aghetto*.
Bod|y, n., *corp's*, m.; Körper. Leib; *c,o*; main —, *gros (d'armée)*. m.; Hauptheer, n.; *grosso (dell'esercito)*. m.; & v. person, corporation, mass; dead —, v. corpse; any-. every-. etc., v. any, etc.
Bog, n., v. marsh.
Bohe'mia, n., 'n, m.. f. & a., *Boh|ème*, f.. *émien(ne)*; Böhm|en (n.). |e ('in), |isch; *Boem|ia* (f.), |*io* ('*ia*). '*ico*.
Boil, n.. *clou*, m., *abcès*; Geschwür, n.; *postema*. f.
Boil, i. & t.. *bouillir*. *faire b-*; kochen; *bollire*. *cuocere*. '*er*, n., *chaudière*, f.; Kessel. m.; *caldaja*, f., (of engine) *calBois'terous*, a., v. stormy. [*derone*. m.
Bōld, a.. '|ness, n.. *hardi*. *lesse*, f.; dreist, |igkeit; *ardit'o*. '*ezza*.
Bole, n., v. trunk (of tree). [*zale*.
Bōl'ster, n.. *traversin*, m.; Pfühl; *capez-*
Bōlt, n. & t.. *verrou*, m.. |*iller*; Riegel, verriegeln; *chiaristello*, *serrare a ch-*; & v. arrow. —. i.. v. run away.
Bomb (āme & ōme), n.. '*e*. f.. '*e*, '*a*. |*ard'*, t., *bombard'er*. |*ieren*. '*are*. [*polloso*.
Bombas'tic, a., *ampoulé*. schwülstig, *am-*
Bond, n.. *lien*. m., Band, n.; *legame*, m.; (security) *billet*, m., bon; Schuldschein; *bono*; in —, *à l'entrepôt*, auf dem Zollamt. *alla dogana*; & v. obligation, fetter. '|*age*, n.; *servit|ude*, f.. Knechtschaft. *s|ù*.

Bone, n.. *os*, m.. (fish-) *arête*,f.; Knochen, m., Gräte, f.; *osso*, m., *resta*, f.
Bon'fire, n., *feu de joie*, m.; l'eudenfeuer, n.; *falò*, m. [*pello*; (m. *in's*) v. cap.
Bon'net, n., *chapeau*, m.. Damenhut. *cap-*
Bo'ny, a., *osseux*, knochig, *ossuto*.
Book, n., *livre*, m.; Buch, n.; *libro*, m.; (note-) *cahier*, m.; Heft, n.; *taccuino*, m. —, t.. *enregistrer*, einschreiben, *registrare*; (i.) = take a ticket. '|binder, m., *relieur*, B|binder. *legatore*. '-case, n., *(corps de) bibliothèque* (m.), f.; Bücherschrank, m.; *armadio (da libri)*. '|ing-office, n.. *guichet*, m., *bureau*: Kasse, f., Schalter. m.; *ufficio*, *sportello*. '-keeper, m., *teneur de livres*, Buchhalter, *ragioniere*. '-post, n.; by —. *sous bande*, unter Kreuzband. *cose stampate*. "seller, m., *libraire*. B händler. *librajo*. '|worm, n., (fig.) *dévoreur de livres*,m.,Bücherwurm, *uomo molto studioso*. [*vore*, m.
Boon, n., *bienfait*, m.; Wohlthat. f.; *favor*.
Boor, n., *rustre*, Bauer. *rustico*.
Boot, n.. *bott'e*, f.. |*ine*; Stiefel. m.; *stival'e*, *ino*; (of coach) *coffre*, m.; Kasten; *bauliere*. m. '|*jack*, n.. *tire-b es*, m.. S, knecht, *cavastivali*. '|maker, m.. v. shoe-. 's, m., *décrotteur*, Hausknecht, *servitore*.
Boot, i. & n.. v. avail; to —, *en sus*, noch dazu. *di soprappiù*.
Booth, n.. *baraque*, f.. Bude, *baracca*.
Boo'ty, n.. *butin*, m.; Beute, f.; *bottino*, m.
Bor'der, n., *bord*, m.; Rand; *margine*, f.; (of dress) *bordure*, f.; Borte; *orlo*, m.; (garden) *plate-bande*, f.; Rabatte; *cassette*.f. pl. —. i.. *aboutir*, *toucher* (on. *à*). (fig.) *approcher (de)*; grenzen (an, ac.); *confinare*, *toccare (a)*.
Bore, t.. *percer*, bohren, *forare*; (fig.) *ennuyer*, langweilen, *seccare*. —, n.. *calibre*, m.; Bohrloch, m., Kaliber; *c|ro*, m.; (tiresome pers.. thing) *cauchemar*. m., *scie*, f.; lästig*ser* Mensch. m., l'è Sache. f.; *seccat'ore*, m.. |*ura*, f.
Bore, imp., v. bear.
Born, pp. (bear), *né*, geboren. *nato*; I was —. *je suis né*, ich bin g-. *sono n-*: high-b-, *de haute naissance*, vornehm. *ben nato*.
Bor'ough (ārrā), n.. *bourg*, m.. Flecken, *borgo*. [*in prestito*.
Bor'row, t.. *emprunter*, borgen, *prendere*
Bo'som (bou), n.. *sein*, m., Busen. *seno*.
Bot'an'y, n., ist, m., '*ic*, a., |*ique*,f.. *iste*, *ique*; |ik. |iker, |isch; |*ica*, |*ico*, *ico*.
Botch, t.. *bousiller*, verpfuschen, *acciabattare*; & v. patch.
Bōth, a.. *(tous) les deux*; beid|es, |e; *tutt'e due*, *l'un e l'altro*. —, cj.; *..* and. *et .. et*, sowohl .. als. *e .. e*.
Both'er, n. & t., *ennu'|i*, m.. '*|yer*; Plage. f., belästigen; *secca'|tura*. *re*; & v. bore.
Bot'tle, n.. *bouteille*, f.. Flasche. *bottiglia*.

—. t., *mettre en b,s*, abziehen, *imbottigliare*.
Bot'tom, n., *fond*, m.; Boden. (of sea) Grund; *f|o;* (end) *bout*, m.; Ende, n.; *estremità*, f.; (foot) *bas*, m.; Fuß; *basso*,
Bough (aou), n., v. branch. [*piede*.
Bought (aut), imp. & pp., v. buy.
Boul'der (ōl), n., *bloc errat|ique*, m.; Findlingsblock; *pietra e|ica*, f. [*zare*.
Bounce (aou), i., *s'élancer*, springen, *bal-*
Bound, i., v. leap. —, n., *bond*, m., Sprung, *salto*.
Bound, imp. & pp.,v. bind; (for a place) *allant (à, en)*, bestimmt (nach), *destinato (per)*. |en, a.,(duty) v. necessary, sacred.
Bound, t., *limit|er*, begrenzen, *l|are*. —, '|ary, n., *l|e*, f.. *frontière;* Grenze; *l|e*, m., *confine*. '|less, a., *illimit|é*, grenzenlos, *i|ato*.
Boun't|eous, |iful,a., |y, n., v. liberal, 'ity.
Bout, n., *tour*, m.; Kehre, f.; *giro*, m.; (drinking-) *orgie*, f.; (Trink)gelag, n.; *bevuta*, f.
Bow (baou), n., *salut*, m.; Verbeug|ung, f.; *s|o*, m. —, i., *s'incliner*, s. v|en, *inchinarsi;* — to, *saluer*, grüßen, *salutare*.
Bow (bō), n., *arc*, m., (fiddle-) *archet;* Bogen; *arc|o*, |*hetto;* (of ribbon) *nœud*, m.; Schleife, f.; *fiocco* m.; (of a ship: pr. baou) *avant*, m., *proue*, f.; Vorderteil, n., Bug, m.; *prora*, f., *-window*, n., *fenêtre en saillie*, f.; Erkerfenster, n.; *finestra sporgente*, f., *loggia*.
Bow'els (aou), n. pl.. *entrailles*, f. pl.; Eingeweide, n.; *risceri*, m. pl.
Bow'er (aon). n., *berceau*, m.; Laube, f.; *pergola*.
Bowl (ō), n., *bol*, m., Napf. *boccale;* (ball) *boule*, f., Kugel, *boccia;* (of pipe) *tête*, f.; Kopf, m.; *testa*, f.
Box, n., *boîte*, f.; Kasten, m., Büchse, f.; *cassa, scatola;* (theat.) *loge*, f.; L-; *pal|co*, m.; (shrub) *buis*, m., Buchsbaum, *bosso, busso;* (of carr.) *siège*, m.; Bock; *cassetta*, f.; v. present, fee; — on the ear, *soufflet*, m.; Ohrfeige, f.; *schiaffo*, m.
Box, i., |*er*, (sich) |en, *pugnare*.
Boy, m., *garçon*, Knabe, *ragazzo*.
Brace, n., (of game) *couple*, f.; Paar, n.; *coppia*, f.; (arch.) *tirant*, m.; Klammer, f.; *t|e*, m.; & v. pair. '*s*, n. pl., *bretelles*, f. pl.; Hosenträger, m. pl.; *straccali*. —, t., *attacher*, befestigen, *attaccare;* (the nerves) *fortifier*, stärken, *rinvigorire;* & v. bind. '|*let*, n., |*let*, m.; Armband, n.; *braccialetto*, m.
Brack'et, n., *tasseau*, m.; Kragstein, Konsole, f.; *beccatello*, m.; (typ.) *crochet*, m.; Klammer, f.; *parentesi*.
Brack'ish,a., *saumâtre*,brackig, *salmastro*.
Brag, i., '|*gart*, n., v. boast, |*er*.

Braid, n. & t., *tresse*, f., *galon*, m., |*ner;* Borte, f., bordieren; *gallon|e*, m.. |*are;* (hair) v. plait. [n.; *c ello*, m.
Brain, n., *cerv|eau*, m., |*elle*, f.; (Ge)hirn,
Brake, n., *frein*, m.; Bremse, f.; *freno*, m.; (bot.) v. fern, thicket.
Bram'ble, n., *ronce*, f.; Brombeerstrauch, m.; *rovo*. [a., v. brand-n-.
Bran, n., *son*, m.; Kleie, f.; *crusca*. '-new,
Branch, n., |*e*, f.; Zweig. m.; *ramo*. —, i., *se ramifier*, (rail.) *se bifurquer;* sich verzweigen; *ramificare*. **-railway**, n., *embranchement*, m.; Z|bahn, f.; *ramo*, m.
Brand, n., *tison*, m., (Feuer)brand, *tizzone;* & v. mark; -new, *tout battant neuf*, funkelnagelneu, *affatto nuovo*. —, t., *marquer*, (fig.) *flétrir* (with. *de*); brandmarken; *marchiare*, *diffamare*.
Bran'dy, n., *eau-de-vie*, f.; Branntwein, m., (Fr.) Cognac; *acquavite*, f.
Brass, n..*laiton*, m.; Messing, n.; *ottone*, m.
Brat,n., *marmot*,m.; Kindchen,n.;*putto*,m.
Brav'a'do, n., |*ade*, f., Prahlerei, b|*ata*. |*e*, a., |*e*, b|, |o. |*e*, t., |*er*, trotzen (dat.), *b are*. |*ery* (euri), n.. |*oure*, f., Tapferkeit,b|*ura*.
Brawl, n., *querelle*, f., Zank, m.; *rissa*, f.
Brawn, n., *fromage de cochon*, m.; Preßkopf; *soppressata*, f. '|y, a., v. muscular.
Bray, i.. *braire*, schreien, *ragghiare*.
Bra'z|en, a., *de laiton*, messingen, *d'ottone;* (fig.) v. impudent. |*ier* (ieur), m, *chaudronnier*, Kupferschmied, *calderajo;* (pan) *brasier*, m.; Kohlenbecken, n.; *braciere*, m.
Brazil, n., |*ian*, m. & a., *le Brésil*, m., *b|ien;* Brasil|ien, n., |*ier*, |isch; |*e*, m., |*iano*.
Breach, n.. *brèche*, f., Bresche, *breccia;* & v. violation.
Bread (ĕd), n., *pain*. m.; Brot, n.; *pane*, m.
Breadth (ĕd), n., *largeur*, f.. Breite, *larghezza*.
Break (ēk), n., v. interruption, opening; at — of day, *au point du jour*. bei Tagesanbruch, *all' alba*. **Break** (brok|e, |en), t., *casser*, brechen, *rompere;* (glass, the heart) *briser;* zerbrechen, b-; *spezzare;* (chfly fig.) *rompre*, b-, r-; (horse) *dresser*, zureiten, *domare;* (of habit) *corriger (de)*, abgewöhnen (e-m etw.), *svezzare (di);* & v. interrupt, violate, soften; — down, *abattre*. ab|b-, *abbattere;* — in, v. horse (sup.); — off, *rompre*. ab|b-, *rompere*. & v. interrupt; — open, *enfoncer*, auf|b-, *sfondare*, & v. open; — up, *démolir*, ab|b-. *demolire*, & v. dissolve, separate. **Break**, i., (*se*) *r*, *se c-*, *se b-:* zer|b-, in Stücke gehen, *rompersi;* (day) *poindre*, an|b-, *spuntare;* & v. change, burst; — down, (carr.) *verser*, verunglücken, *rovesciarsi*, & v. fail, stop; — in, into. *pénétrer (de force)*, einbrechen (in), *entrare (di slancio);* —

Conversation Dictionary. 2

Breast — 18 — Broom

loose, *s'échapper*, s. freimachen, *sciogliersi*; — off. v. stop; — out, *éclater*, aus|b-, *scoppiare*, & v. appear, escape; — up, v. separate. '|age, n., *casse*, f.;
Bruch, m.; *frattura*, f. "|down, n., v. accident. "ers, n. pl., *brisants*, m. pl; Brandung. f.; *ondata*. '|fast (ĕk). n. & i., *déjeuner*, m. & i.; Frühstück. n., |en; *colazione*. f., *far e-*, '|water (ĕk). n., *jetée*, f., *digue*; Hafendamm, m.; *molo*.
Breast (ĕst). n., *poitrine*, f.. *sein*, m.; Brust, f.; *petto*, m., *seno*; (fig.) v. heart.
Breath (ĕth), n.. *haleine*, f.; Atem, m.; *fiato*. '|e (ĭth), i. & t., *respir|er*, atmen, r|are. '|ing (ĭth), n., v. respiration. '|less (ĕth), a., *hors d'haleine*, atemlos, *sfiatato*.
Bred, pp. (breed); well-, v. polite; ill-, v. rude; & v. thorough-.
Breech, n., (of gun) *culasse*, f.; Bodenstück, n.; *culatta*, f. |es, n. pl., *culotte*, f.; (Knie)hosen. f. pl., *brache*.
Breed (bred. b-), t., v. bring up, rear, (fig.) produce; (i.) *multiplier*, s. vermehren, *generarsi*. —, n., *race*, f., Rasse, *razza*. '|ing, n., v. education, manners.
Breeze, n., *brise*, f., B-, *brezza*.
Breth'ren, m. pl., v. brother.
Brevet-, v. honorary. Bre'viary, n., *bréviaire*, m.; |er, n.; *liario*, m.
Brev'ity, n., *briéveté*. f.. Kürze. *brevità*.
Brew (ou). i., "er, m., |ery, n., *brass|er*, |eur, |erie. f.; brau|en, |er, |erei; *far la*
Bri'ar, n., v. brier. [*birr a*, |*ajo*, |*eria*.
Bribe, t. & n.. *corromp|re*, *présent*. m.; bestech|en, Geschenk, n.; *c'ere*, *donativo*, m. |ry (eurĭ), n., *corruption*, f.; B|ung; *subornamento*, m.
Brick, n., *brique*, f.; Ziegel(stein), m.; *mattone*. '|layer, m., *maçon*, Maurer, *muratore*.
Bri'dal, a., *nuptial*, hochzeitlich, *nuziale*.
Bride, f., ' *groom*, m., (*nouv|elle*) *marié'e*. (*n'eau*) m ; Neuvermählte; *spos a novell'a*. *s o n'o*; & v. betrothed. |smaid, f., *demoiselle d'honneur*, Brautjungfer, *signorina d'onore*.
Bridge, n.. *pont*, m.; Brücke, f.; *ponte*, m.
Brid'get (dj), f., *Brigi|de*, |tta, |*da*.
Bri'dle, n. & t., *brid e*. f.. |er/ Zügel, m., |n; *briglia*, f., *imbrigliare*.
Brief, a.. *bref*, kurz, *breve*. —, n., *dossier*, m., Aktenstoß. (*scritture di*) *processo*. "|ly, ad., *brièrement*. k-, *in breve*.
Bri'er, n., *ronce*, f.; Dornstrauch, m.; *roro*; (rose) *églantier*, m.; wilder Rosenstock; *rosa canina*, f.
Brig, n., *brick*, m.; Brig'g, f.; *antino*, m.
Brig|ade', n., |*ade*, f., |*ada*, |*ata*. [*drino*.
Brig'and, m., *b-*, (Straßen)räuber, *malan-*
Bright (aĭt). a., *brillant*, (colour) *éclatant*; hell; b|e; & v. intelligent, cheerful. happy. '|en, t. & i., v. make, become —;

cheer, clear up. '|ness, n., *éclat*, m., Glanz, *splendore*.
Bril'l|iant, a.. |*ant*. glänzend, *b|ante*. |iance, |iancy, n., v. brightness, splendour.
Brim, n., *bord*, m.; Rand; *orlo*, *margine*; (of hat) *b-*; Krämpe, f.; *falda*; to the —, *jusqu'au b-*, bis zum R-, *fino all' o-*.
Brim'stone, n., v. sulphur. [*salamoja*, f.
Brine, n., *saumure*, f.; Salzwasser, n.;
Bring (brought, b-), t., *apporter*; bringen; *recare*, *portare*; (lead) *amener*, führen, *menare*; (into fashion, danger; to light, etc.) *mettre*, b-, *mettere*; (action) *intent|er*, erheben, t|*are*; & v. induce, reduce; — about, v. accomplish; — down, *descendre*, herunter|b-, *portare giù*, & v. reduce, humble; — forth, *mettre au monde*, gebären, *mettere al mondo*, & v. produce; — forward, (fig.) *avancer*. anführen, *addurre*; (com.) *reporter*, übertragen, *trasportare*, & v. produce; — in, v. introduce; — on, *attirer*, herbeiführen. *cagionare*; — out, *faire sortir*. hinaus|b-, *far uscire*, & v. publish, disclose; — up. *monter*, herauf|b-, *portare su*; (children) *élever*, erziehen, *educare*.
Brink, n., v. edge. brim. [flott, *animato*.
Brisk, a., v. lively, quick; (trade) *actif*.
Bris'tle (issl), n.. *poil (raide)*, m.; Borste. f.; *setola*. —. i., *se hérisser*, s. sträuben, *arricciarsi*.
Brit'ain, n., |on, m., 'ish, a., (*Grande-*) Bret|*agne*, f., |*on*, *britannique*; (Groß-) Brit|annien. n., |e, 'isch; (*Gran*) Bret|*agna*. f., |*one*, *britannico*.
Brit'tle, a.. *fragile*. spröde, *f-*.
Broach (ōtch), n., v. brooch. —, t., v. tap; (fig.) v. open, begin.
Broad (aud). a., *larg|e*, breit, *l|o*; (day) *plein*, hell, *chiaro*; (accent) *provincial*, platt. *provinziale*; (hint) v. plain; & v. liberal. coarse. '|side, n.; fire a —, *lâcher une bordée*, c-e volle Breitseite geben, *sparare tutti i cannoni d' un lato*.
Brocade', n.. *brocart*, m.. Brokat. *brocca'o*.
Broil, t.. *cuir sur le gril*, (auf dem Rost) braten, *arrostire*. —, n., v. tumult.
Bro'ken, pp. (break) & a.; (language) *mauvais*, gebrochen, *storpiato*.
Broker, m., *courtier*, Makler, *sensale*.
Bronchi'tl|is (k), n., |e, f., Luftröhrenentzündung, *b|e*.
Bronze, n., *b-*, m.; Erz, n.; *bronzo*, m.
Brooch (ō), n., *broche*, f.; Brosche; *broscia*, *spillo*, m.
Brood, i. & n., *cour|er*, |*ée*, f.; brüten, Brut; *cova're*, |*ta*; — over, *rêrer à*, brüten über, c|*re*.
Brook, n., *ruisseau*, m.. Bach. *ruscello*.
Brook, t.. v. suffer, bear.
Broom, n., *balai*.m.; Besen; *scopa*. f.; (bot.) *genêt*. m.; Ginster; *ginestra*, f.

Broth, n., *bouillon*, m.; (Fleisch)brühe, f.; *brodo*, m.
Broth'er (ä), m.. *frère*, Bruder, *fratello*. -in-law, *beau-f-*, Schwager. *cognato*. |ly, a., *fraternel*, brüderlich, *fraterno*.
Brought (aut), imp. & pp., v. bring.
Brow (aou), n.. *front*. m.; Stirn, f.; *f|e*.
Brown (aon). a., *brun*, braun, *bruno*; (bread) *bis*, Schwarz.., *nero*. [*lare*.
Browse, t. & i., *brouter*, (ab)weiden, *pasco-*
Bruise (ouze), t. & n., *meurtr|ir*, |*issure*, f.; quetsch|en, |ung; *animacca're*, |*mento*, m.
Brunt, n., (fig.) v. heat, violence.
Brush, n. & t., *bross|e*, f., |*er*; Bürste, |n; *spazzol|a*, |*are*; & v. broom, sweep; — away, *enlever*, abbürsten, *scopettare*; — up, v. clean, renew. [*Brusselle*, f.
Brus'sels, n., *Bruxelles*, m.; Brüssel, n.;
Brut|e (ou), n., |al, a., |e, f., |*al*; Tier, n., |isch; *b|o*, m.. |*ale*.
Bub'ble, n., *bulle (d'air)*, f., Blase, *bolla (d'aria)*; & v. swindle. [*bustiere*.
Buccaneer', m., *flibustier*, Seeräuber, *fili-*
Buck, n., *chevreuil*. m.. Rehbock, *cavriolo*. '|skin, n., *(peau de) daim* (f.), m.; Hirschleder, n., *(cuojo di) daino*, m.
Buck'et, n., *seau*, m.; Eimer; *secchia*, f.
Buck'le, n. & t., *boucl|e*, f., |*er*; Schnall|e, (an-. zu-) |en; *fibbia*, *affibbiare*.
Buck'ler, n., v. shield.
Buck'wheat, n., *sarrasin*, m., Buchweizen, *grano saraceno*.
Bud, n. & i., *bouton*. m.. *bourgeonner*; Knosp|e, f., |en; *germogli|o*, m., (of flower) *bottone*, g *are*.
Budge, i., *bouger*, s. regen, *muoversi*.
Bud'get, n., *b-*, m.; B-, n.; *b-*, m.; & v. packet.
Buff, n., *couleur de chamois*, f.; Gemsfarbe; colore di camoscio, m. —, n. (leather), '|alo, n., *buffle*. m.; Büffel|leder, n., B|, m.; *cuojo di bufalo*, *b-*.
Buf'fet, t. & n.. v. strike, blow. [*fone*.
Buffoon', m., *bouffon*, Possenreißer, *buf-*
Bug, n., *punaise*. f., Wanze, *cimice*.
Bu'gle, n., *cor de chasse*, m.; Horn. n.; *corno da caccia*, m.
Build (bild; built, b-), t., *bâtir*, bauen, *fabbrica're*; (ship, etc.) *construire*, b-; *costruire*. '|er, m.. *constructeur*, Baumeister, *f|tore*. '|ing, n., *construction*, f.; Bau, m.; *costruzione*, f.; (house. etc.) *bâtiment*, m.; Gebäude, n.; *edifizio*, m.
Bulb, n., |e. f.; Zwiebel; *b|o*, m.; (of thermom.) *réservoir*, m.; Kugel, f.
Bulge, i., v. project. |*bottoncino*, m.
Bulk, n., *volume*, m., Umfang, *v-*; (greater part) *gros*, Hauptteil. *g|so*; & v. size, mass. '|y, a.. v. large, clumsy.
Bull (ou), n., (papal) |e, f., B|e, *bolla*; &. v. blunder. Bull, n., *taureau*, m.. Stier, *toro*. '|dog, n., *bouledogue*, m., Bullenbeißer, *alano*. ' finch, n., *bouvreuil*, m.,

Gimpel, *ciuffolotto*. |'s-eye, n.. (of target) *noir*, m.; Centrum, n.; *centro*, m.
Bul'let (ou), n., *balle*. f., Kugel. *palla*.
Bul'lion (ou), n.. or *(argent) en lingots*, m.; ungemünztes Gold (Silber), n.; *oro (a|o) in verghe*, m. [Ochs, *torello*.
Bul'lock (ou), n., *jeune bœuf*, m., junger
Bul'ly (ou), m.,*brav|ache*, Eisenfresser, *b|accio*. —, t., v. torment, intimidate. [m.
Bul'rush (ou), n., *jonc*, m.; Binse, f.; *giunco*,
Bul'wark (ou), n., *boulerard*, m., *rempart*; Bollwerk, n.; *baluardo*, m.
Bump, t.. *cogner*, stoßen, *urtare*.
Bun, n., *gâteau*, m.; Kuchen; *focaccia*, f.
Bunch, n.. (flowers) *bouquet*, m., Strauß. *mazzo*; (keys) *trousseau*. m.; ((ie)bund. n.; *m-*: — of grapes, *grappe de raisin*. f.; Weintraube; *grappolo d'uva*, m.; & v. bundle, hump.
Bun'dle, n., *paquet*, m.; Bündel, n.; *fagotto*, m.; (papers) *liasse*, f.; Stoß, m.; *fastello*; (hay) *botte*, f.; Bund. n.; *f-*, m.; & v. sheaf.
Bung, n., *bondon*, m., Spund, *cocchiume*.
Bun'gle, t., *bousiller*. verpfuschen, *imbrogliare*; & v. spoil.
Buoy (auï). n., *bouée*. f.; Boje; *gavitello*, m. "ant, a., v. floating, light. (fig.) lively.
Bur'den, n., *fardeau*, m.; Bürde. f.; *carico*, m., (size of ship) *port*, m.; Tragfähigkeit, f.; *p|ata*; (fig.) *charge*. f.; Last; *peso*, m.; beast of —. *bête de somme*. f.; Lasttier, n.; *bestia da soma*. f. —, t., v. load. |some. a., *incom|mode*, lästig, *t|odo*.
Bur'|gess, |gher, m., v. townsman. Burgh (bärrä), n., v. borough. Burg'|lary, n., v. housebreaking. |omaster, m., *bourgmestre*, Bürgermeister, *borgomastro*; & v. mayor.
Bur'gundy, n., (wine) *vin de Bourgogne*, m., *bourgogne*; Burgunder; *vino di Borgogna*.
Bur'ial, n., v. bury.
Burlesque', a. & n., *b-*, a. & m.; burlesk, |e, f.; *burlesco*, a. & m.
Bur'ly, a., *gros*, dick, *corpulento*.
Burn ((t, |t; & reg.), t., i. & n., *brûl|er*, '|*ure*, f.; brennen, Brandwunde; *bruciare*, *abbruciamento*, m.
Bur'nish, t., *brun|ir*, polieren, *b|ire*.
Bur'row, i. & n., *se terrer*, *terrier*, m.; s. in die Erde einwühlen, Bau; *intanarsi*, *tana*, f.
Bur'sar, m., v. treasurer. —, m., |y, n., (in colleges) *bours|ier*, |e, f.; Stipendi|at, |um, n.; |*ato*, |o, m.
Burst (—, —), i., *crever*, bersten, *crepare*; (explode & fig.) *éclater*; platzen, springen; *scoppiare*; (vein, etc.) *se romp|re*, aufspringen, *r|ersi*; — forth, (water) *jaillir*, hervorbrechen, *scaturire*; & v. break out; — into tears, *fondre en larmes*,

2*

Burthen — 20 — Call

in Thränen ausbrechen, *prorompere in lagrime;* — out. v. — forth, break out; — out laughing, *é- de rire,* in Gelächter a-, *scoppiare dalle risa;* — upon, (fig.) v. strike. —, t., *crever, faire é-, rompre;* sprengen; *crepare, rompere.*
Bur'then, t. & n., v. burden.
Bur'|y (bĕr'rĭ), t., |ial, n., *enterr|er,* |ement, m.; beerdig|en, |ung, f.; *seppellire, sepoltura;* & v. conceal. |**ial**-, |**ying-ground,** n.. v. cemetery.
Bush (ou). n.. *buisson,* m., Busch, *cespuglio;* & v. forest. [*stajo.*
Bush'el (ou), n., *boisseau,* m., Scheffel,
Bus'iness (bizz'ness), n., *affaire,* f.; Geschäft, n.; *affare,* m.; that is not my —, cela ne me regarde pas, das geht mich nicht an, *non mi riguarda;* & v. occupation. affair.
Bust, n., |e, m.; Büste, f.; *busto,* m.
Bus'tle (bässl), i. & n., v. hurry, stir.
Busy (biz'zi), a., *occup|é,* beschäftig|t, o|*ato*. —, r.. *s'o|er,* sich b|en, o|*arsi.*
But, cj., *mais;* aber, sondern; *ma;* (without) *sans que,* ohne daß, *fuorchè.* —, prp., *excepté,* außer (dat.), *eccetto;* — for, *sans,* ohne, *senza di.* —, ad., v. only; I cannot but (do, etc.), v. help (doing).
Butch'er (ou). m., *boucher;* Metzger, Schlächter; *macellajo.* —, t., *massacrer,* (nieder)metzeln. *massacrare.*
But'ler, m., *sommelier,* Kellermeister, *bottigliere.* -
Butt, n., *but,* m.; Ziel, n.; *bersaglio,* m.; (of derision) *plastron,* m.; Zielscheibe, f.; *zimbello,* m.; & v. cask. —, t., *heurter,* stoßen. *cozzare.* **'-end,** n., (of a gun) *crosse,* f.; Kolben, m.; *calcio.*
But'ter, n.. *beurre,* m.; Butter, f.; *bu-(ti)rro,* m. |**cup,** n., *bouton d'or,* m.; B|*blume,* f.; *piede di leone,* m. |**fly,** n., *papillon.* m.. Schmetterling, *parpaglione.* |**milk,** n., *babeurre,* m., B|milch, f.; *siero del burro,* m.
But'ton, n., *bouton,* m., Knopf, *botton|e.* —. t.. *b ner,* an|knöpfen, zu|k-, *abbottonare.* **-hole,** n., *b|nière,* f.; K|loch, n.; *b|iera,* f. **-hook,** n.. *tire-b-,* m., K haken, *uncino (da b i).*
But'tress, n., *arc-boutant,* m., Strebepfeiler, *barbacane;* & v. pier. support.
Bux'om, a., v. comely, lively, gay.
Buy (aï; bought, b-), t., '|er, m., *achet|er* (of, *à*), |*eur;* kaufen (von, bei), Käufer; *compra|re (di, da),* |*tore.*
Buzz, i.. *bourdonner.* summen, *ronzare.*
By, prp., *par. de;* von. durch; *da, di, per;* — (near) *près de;* bei, neben, an; *presso;* — the bye, *à propos,* da fällt mir ein, *a proposito;* — chance, *par hasard.* zufällig. *a caso;* — degrees, v. gradually; — far, *de beaucoup,* bei weitem, *di*

molto; — force, *de force,* mit Gewalt, *a forza;* — land, *par terre,* zu Land, *per terra;* — all means, v. certainly; — means of, *par, au moyen de,* durch, *per (mezzo di);* — no means, *point du tout,* durchaus nicht, *in verun modo;* — the month, *par mois,* monatlich, *al mese;* — night, *de nuit,* bei Nacht, *di notte;* one — one, *un à un,* einzeln, *uno ad uno;* — o's sf., v. alone; — the pound, *à la livre,* pfundweise, *alla libbra;* — retail, *en détail,* im kleinen, *al minuto;* — my watch, *à ma montre,* nach meiner Uhr, *al mio oriuolo;* — the way, *en chemin,* unterwegs, *per istrada;* (fig.) v. — the bye. **By,** ad., *près,* dabei, *presso;* & v. past, over, aside; — and —. v. soon. **'-gone,** a., v. past. **'-law,** n., *règlement,* m.; (Ver)ordnung, f.; *regolamento,* m. **'-road,** n., *chemin de traverse,* m.; Nebenweg; *strada laterale,* f. **'-stander,** m., v. spectator. **'-word,** n., v. proverb.
Byzan't|ine, a., |*in,* |*inisch, bisantino.*

C.

Cab, n., *fiacre,* m.; Droschke, f.; *legno,* m., *rettur|a,* f. **'-stand,** n.. *station des f,s,* f.; Droschkenstand, m.; *stazione di v|e,* f.
Cabal', n., |e, f., Kabale, c|a.
Cab'bage, n., *chou,* m., Kohl, *cavolo.* [hut.
Cab'in, n., (ship's) |e, f., Kajüte, c|a; & v.
Cab'inet, n., c-, m.; Kabinett, n.; *gabinetto,* m. **-maker,** m., *ébéniste.* (Kunst)tischler, *ebanista.*
Ca'ble, n., *câble,* m.; Kabel, n.; *gomena,* f.
Cack'le, i.. *caqueter.* gackeln, *crocciare.*
Cac'tus, n., c-, m.. Kaktus, *cacto.* [*roso.*
Cadav'|erous, a., |*éreux,* leichenblaß, c|e-
Cadet', m., *élève militaire,* Kadett, c|*to.*
Cæ'sar, m., *César,* Cäsar, *Cesare.*
Cage, n., c-, f.; Käfig, m.; *gabbia,* f. [re.
Cajol|e', t., |*er,* schmeicheln (dat.), *lusinga-*
Cake, n., *gâteau,* m.; Kuchen; *focaccia.* f.
Calam'it y, n., |é, f.; Unglück, n.; c|à, f.
Cal'cul|ate, t., |a'tion, n., *c|er, calcul,* m.; berechn|en, |ung, f.; *calcol'are,* |*azione.*
Cal'end,ar, n., |*rier.* m., Kalender, c|*ario.*
Calf (abf; pl. calves), n., *veau,* m.; Kalb, n.; *vitello,* m., —, n., (of leg) *mollet,* m.; Wade, f.; *polpa della gamba.*
Cal'ico, n., |*t,* m.; Kattun; *tela di cotone,* f.
Call (aul), n., *appel,* m., Ruf, *a lo,* m.; & v. visit, summons. —, t., *a,er,* rufen, *chiamare;* (name) a'|er, nennen, *a|lare;* & v. awake. invoke, summon; be |ed, *s'a|er,* heißen, *chiamarsi;* — back, *rappeler,* zurückrufen, *richiamare;* — forth, (fig.) *produire,* hervorrufen, *svegliare;* — in. *faire entrer,* hereinrufen, *far entrare;* — in question, *mettre en doute,* in Zweifel ziehen, *mettere in dubbio;* —

to mind. v. remember. —, i., *crier*, rufen, *gridare*; — for, *demander*, fordern, *domandare*; — on, *passer chez*, vorsprechen bei, *visitare*; & v. require, urge, invoke. [*callito*.
Cal'lous, a.. (fig.) *endurci*, gefühllos, *in-*
Calm (cahm), a. & n.. '|ness, n., |e, a. & m.; ruh|ig, |e, f.; c|o. |a.
Cal'omel, n., c , m.; K-, n.; c|ano, m.
Cal'um|ny, n., '|niate, t.. '|nious, a., *calomni|e*, f., |er, |eux; Verleumd|ung, |en. |erisch; *calunni|a*, |are, |oso.
Calvinis't|ic, a., |e, |isch, *calviniano*.
Ca'l|yx, n., |*ice*, m., (Blumen)kelch, c|*ice*.
Cam'bric (ké), n., *batiste*, f.; Batist, m.; |a, f. [*cammello*, m.
Cam'el, n., *chameau*, m.; Kamel, n.;
Cam'|eo, n., |ée, m.; Kamee, f.; c|*meo*, m.
Cam'om'ile, n., |*ille*.f., Kamille, *camamilla*.
Camp, n., c-, m.; Lager, n.; c|o. m. —, i., v. encamp. |aign' (én), n., |*agne*, f.; Feldzug, m.; c|*agna*, f. '-stool, n., *pliant*, m.; Feldstuhl; *scranna*, f.
Cam'phor, n., *camphre*, m.; Kampfer; *canfora*, f. [kann, *posso*.
Can, pr. ind. (be able); I —, *je peux*, ich
Can, n., *pot*, m.; Kanne, f.; *brocchina*.
Canal', n., c-, m., Kanal, c|*e*.
Cana'r|y-bird, n., |*i*, m., *serin*; Kanarienvogel; *canerino*.
Can'cel, t., *biffer*, streichen, *scancellare*.
Can'cer, n., c-, m., Krebs, *canchero*.
Can'did, a.. '*e*. aufrichtig, c|o. |ate, m., |*at*, Kandidat, c'*ato*.
Can'dle, n., |stick, n., *chandel|le*, f., (wax) *bougie*, c|*ier*, m.; Licht, n., Leuchter, m.; *cundel|a*, f., |*liere*, m. [m.
Can'd|our, n., |*eur*, f.; Aufrichtigkeit, c|*ore*,
Can'd|y, n., |*i*, m., Kandis, *zucchero* c|*ito*.
Cane, n., *cann|e*, f.; Rohrstock, m.; c|a, f.
Can'ister, n., *boîte (de fer blanc)*, f., Büchse, *sca'ola*.
Can'ker, n., *chancre*, m., Krebs, *canchero*; (fig.) v. scourge, plague.
Can'nibal, m., |e, Menschenfresser, c|e.
Can'non, n., *canon*, m.; Kanone, f.; *cannone*, m. [*notto*, m.
Canoe' (ou), n., *canot*, m.; Kanoe, n.; *ca-*
Can'on, m., *chanoine*, Domherr, *canonico*; & v. rule. [*no*.
Can'opy, n., *dais*, m., *balda|quin*, |chin, |*cchi-*
Cant, n., v. slang, hypocrisy.
Can't, pr. ind. (be able), = cannot.
Can'ter, i., *aller au petit galop*, leicht g|pieren, g|*pare*.
Can'ton, n., c-, m., Kanton, c|e.
Can'|vas, n., |*evas*. m.; Kanevas, (for embroidery) Stramin; c|*avaccio*; & v. sail, picture.
Can'vass, t.. *discuter*, erörtern, d|e; (i.) *solliciter (les suffrages)*. (um Stimmen) werben, *sollecitare (i voti)*.

Cap, n., *casquette*, f.. Mütze. *berretta*; (ladies', etc.) *bonnet*, m.; Haube, f.; *cuffia*; (percussion-) *capsul|e*, f.; Zündhütchen. n.; c|*a*, f.
Ca'pa|ble, a., |bil'ity, n., |*ble*, |*cité*, f.; fähig, |keit; c|*ce*, |*cità*. '|cious, a.. v. spacious, large. |c'ity, n., v. |bility; in the — of. *en qualit|é de*, in der Eigenschaft von, *in q'|à di*. [*guarnimento*.
Capar'|ison, n., |*açon*, m., Pferdeharnisch,
Cape, n., *cap*, m.; Kap, n., Vorgebirge; *capo*, m.; & v. collar, mantle.
Ca'per, n., *câpre*, f.; Kaper; *cappero*, m.
Ca'per, n., (leap) *cabriole*, f.; Luftsprung, m.; *capriola*, f.
Cap'ital, a.. c-; hauptsächlich, Haupt.., (crime, etc.) Todes..; c|e; (good) v. excellent; — letter, *majuscul|e*, f.; großer Buchstabe, m.; m|o. —, n., (town) c|e, f., Hauptstadt, c|e; (com.) c|, m.; Kapital, n.; c|e, m.; (arch.) *chapiteau*, m.; Kapitäl, n., *capitello*, m.
Ca'pon, n., *chapon*, m., Kapaun, *cappone*.
Capric|e' (ïce), n., '|ious (ïch), a., |e, |*ieux*; Laun|e, f., |isch; c|*cio*, m., |*cioso*.
Capsize', t.. v. upset.
Cap'tain, m.. *capitaine*; Kapitän, (mil.) Hauptmann; *capitano*.
Cap'ti|ous(châs), a., |*eux*, tadelsüchtig, *capzioso*; & v. embarrassing.
Cap'tiv|ate, t.. '|ity, n., |er, |*ivité*, f.; einnehmen, Gefangen|schaft; *cattiv|are*, |*ità*. |e, m., *captif*, G|er, *cattivo*. Cap'tur|e, n.. & t.. |e, f., |*er*; G|nahme, fangen; *cattura*. |*re*. [*puccino*.
Capu'chin, m., *capucin*, Kapuziner, *cap-*
Car, n.. *charrette*, f.; Karren, m.; *carretta*, f.; (tramway-) *wagon*, m., Wagen, *vagone*. |c|*ere*.
Car(a)bineer', m., *carabini|er*, Karabinier,
Car'away, n.. *carvi*, m., Kümmel, *carvi*.
Car'bon, n.. |*e*, m., Kohlen|stoff, c|*io*. '|*ic*, a.; — acid (gas), *acid|e c|ique*, m.; K|säure, f.; a|o c|'*ico*, m.
Carbun'cle, n., *escarboucle*, f.. (med.) *charbon*, m.; Kar|funkel, |bunkel; *carbonchio*.
Car'cass, n., |e, f.; Geripp|e, n.; *carcame*, m.; & v. (dead) body.
Card, n., *cart|e*, f., Karde, f.; *cardo*, m.; play at |s, *jouer aux cartes*, Karten spielen, *giuoca-re alle carte*. '|board, n., *cart|on*, m., Pappdeckel, c|*one*. '-case, n., *porte-c|es*, m.; K|etui, n., *porta-biglietti*, m. '-table, n., *table de jeu*, f.; Spieltisch, m.; *tavoliere*.
Car'dinal, m., c-, m., Kardinal, c|e. —, a.; c-; Haupt.., h|sächlich; c|e; — number, *nombre* c-, m.; Grundzahl, f.; *numero* c|e, m.
Care, n., *soin*, m.; Sorgfalt, f.; *cura*; & v. anxiety; take — (of), *prendre garde (de, à)*. (etw.) in acht nehmen, *aver c-(di)*; take —! *prenez garde!* geben Sie a-!

Career — 22 — Category

ladate! —, i.. *se soucier* (for, about, de), s. kümmer|n (um). *curarsi (di)*. I don't —, *cela m'est égal*, das k|t mich nicht, *non me ne curo*. '|ful, a., *soigneux*, sorgfältig, *sollecito; &* v. cautious. '|less, a., *négligent*, nachlässig, *negligente*.
Career', n., *carri'ère*, f., |cre, |era.
Caress', n, & t.. |e, f., |er; Liebkos|ung, |en; *carezza, re*. [*carico*, m.
Car'go, n., *cargaison*, f.; Ladung, Fracht;
Caricatur|e', n. & t., |e, f., |er; Karikatur, zur K- machen; c|a. *fare una c|a di*.
Car'm|elite, m., |e, Karmeliter, c|elitano.
Car'min|e, n., c,, m., Karmin, c|o.
Car'n|age, n.. |age, m.; Gemetzel, n.; *strage*, f. |al, a., *charnel*, sinnlich, *carnale*. |a'tion, n.. *œillet*, m.; Nelke, f.; *garofano*, m. |ival, n., |aval. m., Karneval, c|avale. iv'orous, a., |ivore, fleischfressend. c|ivoro. [c|iola, f.
Carne'lian, n., *corn|aline*, f.; Karneol, m.;
Car'ol, i. & n., v. sing, song. [*care*.
Carouse' i., *faire une orgie*, zechen, *trin*-
Carp, n., |e, f.; Karpfen, m.. *c ione*.
Carp, i., *gloser* (at, *sur*), bekritteln (ac.). *criticare* (ac.). [*legnajuolo*.
Car'penter, m..*charpentier*, Zimmermann,
Car'pet, n.. *tapis*, m., Teppich, *tappeto*.
Car'riage (rĭdj), n.. *voiture*, f.; Wagen, m.; *carrozza*, h., *legno*, m., (hired) *vettura*. f., (rail.) *vagone*, m.; (of goods) (*trans*)*port*. m.; Fracht, f.: *porto*, m.; (bearing) *maintien*, m.; Haltung, f.; *portamento*, m.; — and pair, *v- à deux chevaux*, f.; Zweispänner, m.; *r- a due cavalli*, f. [*rino; &* v. porter.
Car'rier, m., *voiturier*. Fuhrmann, *vetturino*.
Car'rion, n., *charogne*.f.; Aas, n., *carogna*,f.
Car'rot, n., *carotte*, f.. gelbe Rübe. *carota*.
Car'ry, t., *port|er*, tragen, *p|are*; (by rail, etc.) *transporter*, führen. *trasportare;* (resolution) *prendre*, fassen. *prendere;* & v.gain; —away, off, *emporter*, forttragen, *portar via;* — off (prize, etc.), *gagner*, *remporter*, davontragen, *riportare;* — on, *conduire*, betreiben, *condurre;* — out, v. execute.
Cart, n., *charrette*, f.; Karre; *carro*, m.
Cartoon', n., *carton*, m., Karton. c|e.
Car't|ridge, n., |ouche, f.. Patrone. c|uccia.
Carve, t., *sculpter*, schnitzen. *intagliare;* (meat) *découper;* vorschneiden, tranchieren: *trinciare;* — out, v. shape, make. Carv'er, m., |ing, n., *sculpt|eur*, |ure, f.; Schnitzer, |ei, f.; *scultore*, *opera d'intaglio*, f.
Casca|de', n., *de*, f.; Wasserfall, m.; c|ta, f.
Case, n.. *cas*. m.. Fall, *caso;* (cover) *étui*, m.; E-, n.. Futteral; *astuccio*, m.; & v. condition, lawsuit, sheath, box; in —, *en cas que*. im Fall daß. (*nel*) *caso che;* in any —, *en tout cas*. auf jeden Fall, *in*

ogni caso; it is not the —, *il n'en est rien*, das ist nicht der Fall, *non è così*.
Case'mate, n., c-, f., Kasematte, *casamatta*.
Case'ment, n., v. window.
Cash, n., *argent comptant*, m.; bares Geld, n.; *danaro contante*, m. —, t., v. change, pay. '-box, n., |ier' (īr), m., *caiss|e*, f., *ier;* Kass|e, f., |ierer; *cassa*, f., |iere.
Cask, n., *tonneau*, m.; Faß, n.; *botte*, f. '|et, n., *cassette*, f.; Kästchen, n.; *scrigno*, m.
Cas'sock, n., *soutane*, f., S-, *sottana*.
Cast (—, —), t., *jeter*, werfen, *gettare;* (metal) *fondre*. (in plaster) *mouler*, gießen, *gettare;* (skin, etc.) *changer de*, abwerfen, *mutare;* |ing vote, *voix prépondérante*, f.; entscheidende Stimme; *voto decisivo*, m.; — aside, away, off, *rejeter*, zurückwerfen. *g- via; &* v. reject, banish; — down (the eyes) *baisser*, niederschlagen, *abbassare;* (fig.) v. depress; — lots (for). *tirer qc. au sort*. das Los werfen (um), *tirar le sorti (per);* — up, v. add, calculate. —, n.. *jet*, m.. (of dice) *coup;* Wurf; *getto, tratto;* (plaster) *moule*, m., Gipsabguß, *getto; &* v. company (of actors). (in the eye) squint, (fig.) style.
Caste, n., c-. f., Kaste, *casta*. [*stellano*.
Cas'tellan, m., *châtelain*, Kastellan, *ca-*
Castiga'tion, n., v. chastisement.
Cas'tle (ahsl), n.. *château*, m.; Schloß, n.; *castello*. m.
Cas'tor-oil, n.. *huile de ricin*. f.; R'usöl, n.; *olio di r|o*, m. [v. accident.
Cas'ual (z), a.. *fortuit*, zufällig, c|e. |ty, n.,
Cat, n.. *chat*, m.; Katze, f.; *gatto*, m.
Cat'a|comb (ōme). n., |*combes*, f. pl.; Katakombe, f.; *c,a.* |logue, n., |*logue*, m., Katalog, c|*logo*. |ract, n., |*racte*, f.; Wasserfall. m., (med.) grauer Staar; *cateratta*, f. |s'trophe (fi), n.. '*strophe*, f., Katastrophe, c|*strofe*.
Catch (caught. c-), t., *attraper*, fangen, *acchiappare;* (disease) *gagner*, s. zuziehen. *prendre;* (train) *ne pas manquer*, erreichen, *arrivare a (a tempo);* (the eye) v. strike; & v. take. seize, surprise; — cold, *s'enrhumer*, s. erkälten, *raffreddarsi;* — fire, *s'allumer*, Feuer fangen, *prendere fuoco;* — hold of, *s'accrocher à*, anpacken, *afferrare;* I caught his eye, *nos yeux se rencontrèrent*, unsere Augen begegneten sich, *gli occhi s'incontrarono*. —, i.. *s'accrocher*. (fest)halten, *attaccarsi*. —, n.. *prise*, f.; Fang, m.; *presa*, f.; (of wheel, etc.) *cliquet*. m., Sperrhaken, *fermaglio;* (flg.) v. advantage. '|ing, a.. v. infectious.
Cat'echism, n., *catéchism|e*, m., Katechismus, c|o.
Cat'egory, n., *catégor|ie*, f., Kategorie, c|a.

Ca'ter, i., *pourvoir* (for, a). sorgen (für), *provvedere (per)*. [*bruco*, m.
Cat'erpillar, n., *chenille*. f.; Raupe;
Cath'e'dral, n.. |*édrale*, f., Domkirche, *cattedrale*. [*cattolico*.
Cath'ol'ic, m. & a., |*ique*; Kathol|ik. |isch;
Cat'tle, n. pl., *bétail*, m.; (Rind)vieh. n.; *bestiame*, m. -**market**, n., *marché aux bestiaux*, m.. V|markt, *mercato del bestiame*. -**plague**, n., *peste bovine*, f., Rinderpest. *peste borina*.
Caught (aut), imp. & pp., v. catch.
Cau'liflower, n., *chouffleur*, m., Blumenkohl, *cavol fiore*.
Cause, n., c-, f.; Ursache; *causa, cagione*; & v. reason, motive, lawsuit. —, t., *causer*, verursachen. c|are; (sthg. to be done) *faire*, lassen. *fare*. [*selciata*.
Cause'way, n., *chaussée*. f., |ee, *strada*
Caus't|ic, a., |*ique*; ätzend, (fig.) beißend; c|*ico*. |ic, n., (lunar) *pierre infernale*, f.; Höllenstein, m.; *pietra i-*, f.
Cau'tion, n., *prudence*, f., *précaution;* Vorsicht; *precauzione*. —, t., v. warn. **Cau'tious** (chäs), a., *circonspect*, v|ig, *cauto*.
Cav'al|ry, n., |*ier' (īr)*, m., |*erie*, f., |*ier*; Kavallerie, f., Ritter; c|*leria*, f., |*iere*.
Cav.e, '|ern, n., |*erne* f.. Höhl|e, c|*erna*. '|ity, n., |*ité*. f., H|ung. c|*ità*.
Cav'il, i., *chicaner* (at, *sur*), bekritteln (ac.), *cavillare (sopra)*.
Caw, i., *croasser*. krächzen, *gracchiare*.
Cease (īce), i., *cess|er (de)*. aufhören. c|*are*.
Ce'dar, n., *cèdre*, m.; Ceder, f.; *cedro*, m.
Cede, t., *céder*, abtreten, *cedere*.
Cei'ling (sī). n., *plafond*, m.; Decke, f.; *soffitto*, m.
Cel'eb|rate, t., |ra'tion, n., '|rity, n., *célébrer*, |*ation*, f., |*ité*; feier|n, F|, f., Ruhm, m.. (pers.) berühmte Person, f.; c|*are*, |*azione*, f., |*ità*. |rated, a., *célèbre*, berühmt, *celebre*.
Celer'ity, n., *célérit|é*, f., Schnelligkeit, c|*à*.
Cel'ery, n., *céleri*, m., Sellerie, *sedano*.
Cel'ibacy, n., *célibat*, m.; Ehelosigkeit, f.; c|*o*, m.
Cell, n., |*ule*, f., Zelle, c|*a*. "|ar, n., *cave*, f.; Keller. m.; *cantina*. f.
Celt'|ic, a., |e, keltisch, c|*ico*.
Cement', n., & t., *ciment*, m.. |*er*; Cement. |*ieren*, kitten; *cement|o*, |*are*.
Cem'etery, n., *cimetière*, m., Friedhof, *cimiter(i)o*.
Cen'sor, n., '|ious, a., *censeur, critique;* Censor, tadelsüchtig; *censor|e*, |*io*. **Cen'|sur|e**, n. & t., *'e*, f., |*er*; Tadel, m., |n; c|*a*, f., |*are*. **Cen'sus**, n., *recensement*, m.; Volkszählung, f.; *censo*, m.
Cent, n., c-, m.; Hundert, n.; c|o, m.; (coin) v. Money Table; per —, *pour c-,* pro C-, *per c|o*. '|ipede, n., *scolopendre*, f.; Tausendfuß, m.; c|*ipede*.

Cen'tr|e (**Center**), n., |al, a., *e*, m., |*al;* Mittelpunkt, C|*um*, n., c|*al*; *o*, m., |*ale*. |*alize*, t., |*aliser*, |*alisieren, alizzare*.
Cen'tury, n.. *siècle*, m.; Jahrhundert. n. : *secolo*, m.
Ceram'ic, a., — art, *a- cérami|que*, m.; Töpferkunst, f.; a|e c|*ca*.
Cer'emo'ny, n.. '|nious, a., *cérémon|ie*, f.. |*ieux*; '|ie. iös; *ia*, |*toso*; stand upon |ny, *faire des façons*. Umstände machen, *stare sulle c|ie*.
Cer'tain, a., c-, gewiß. *certo*; & v. sure, fixed. |ly, ad., |*ement*; g-; *certamente*. *sicuro*. |ty, n., *certitude*, f.. G|heit, *certezza*.
Cer'tif|ÿ, t., '|*icate*, n.. |*ier*, |*icat*, m.; bescheinig|en, |ung, f.; c *icare*, |*icato*, m.
Cessa'tion, n., c-. f.; Aufhören, n.; *cessamento*, m.; without —, *sans cesse*. unaufhörlich, *incessantemente*.
Ces'sion (ĕch), n., c-, f., Abtretung, c|e.
Cess'pool, n., *puisard*, m.; Senkgrube, f.; *smaltitojo*, m.
Chafe, t.. v. rub, wear, (fig.) provoke.
Chaff, n., *menue paille*, f.. Spreu, *loppa*. —, t., v. banter.
Chaf'fer, i., v. bargain. [*guello*.
Chaf'finch, n., *pinson*, m., Buchfink, *fringuello*.
Chagrin' (īne), n., *dépit*, m., Verdruß, *malumore*.
Chain, n., *chaine*, f.. Kette. *catena*. —, t., enchaîner, (an)ketten. *incatenare*.
Chair, n., *chaise*. f.; Stuhl, m.; *sedia*, f.; (of prof.) *chaire*, f.; Lehrstuhl. m.; *cattedra*. f. ' man, m., *président*, Präsident, *presidente*.
Chaise (Fr.), n.. c-. f.; C-; *calesso*, m.
Chal'ice, n., *calice*, m., *coupe*, f.; Becher, m.; *tazza*, f.
Chalk (auk), n.. *craie*. f.. (drawing-)*crayou*, m.; Kreide, f.; *creta*. — out, t.. v. plan.
Chal'lenge, n. & t., *défi*, m., |*er*; Herausforder|ung, f., |n; *disfida, sfidare*.
Chalyb'eate, a., *ferrugineux*. eisenhaltig, *calibeato*.
Cham'ber (ém), n., *chambre*. f.. Kammer. *camera*; (of lawyer. etc.) *étude*, f.; Bureau, n.; *studio*, m. |ain, m.. *chambellan*, K|*herr*. *ciamberlano*. -maid, f., *chambrière*, f. Stubenmädchen. n.; *cameriera*. f. [|*eon*, n.; *camaleonte*, m.
Chame'leon (k), n., *caméléon*, m.; Chamäscio, m.
Chamois (Fr.), n., c-, m.; Gemse, f.; *camoscio*, m.
Champ, t., *ronger*, kauen, *rodere*.
Champagne (chämmepén). n., c-, m.. '|r, *sciampagna*.
Cham'pion, n., c-. m... Kämpe. *campione*.
Chance, n., c-, f., *hasard*. m.; Zufall; *azzardo*; by —. *par h-*, durch Z-. *a caso*. —. i.. v. happen.
Chan'cel, n., *sanctuaire*, m.; Altarstätte,

Chandelier — 24 — **Chess**

f.; *santuario,* m. **lor,** m.. |*ier,* Kauzler, *cancelliere.* **Chan'cery,** n., *chancellerie,* **f.,** Kanzlei, *cancelleria.*
Chand'elier' (ch, lr), n., *lustre,* m.; Kronleuchter, *candelabro.*
Chang,e (endj), t.. |*er* (for. *pour, contre),* wechseln (gegen), *cambiare (contro);* (o's dress. etc.) *c,er de,* w-, *mutare;* — o's mind, *c,er d'idée.* andern Sinnes werden, *c- d' idea;* & v. alter. |e, n.. |*ement,* m.; Wechsel, Abwechslung, f.; *cambiamento,* m.; (money) *monnaie,* f.; kleines Geld, n.; *moneta,* f.; for a —, *pour faire diversion,* zur A-. *per cambiare.* '|*eable,* a., |*eant,* veränderlich. *variabile.* '*,er,* m., |*eur.* Wechsler, *cambiatore.*
Chan'nel, n., v. canal. bed; (fig.) v. way, object; English —, *la Manche,* f.; Kanal, m.; *Canale.* [f.; (t.) v. sing.
Chant, n., *c-,* m.; Kirchengesang; *cantica,*
Cha'os (k), n., *c-,* m.; C-, n.; *caos,* m.
Chap, m., v. fellow; (n.) v. jaw.
Chap, t., *gercer,* spalten, *fendere.*
Chap'el, n.. |*elle,* f., Kapelle, *cappella.*
Chap'erön (ch), n., *c-,* m.; Anstandsdame, f.; *duegna.*
Chap'lain, m., |*elain,* (of ship, etc.) aumônier; Kaplan, Prediger; *cappellano;* (foreign) *past|eur,* |or, |*ore.*
Chap'let, n., v. wreath, rosary.
Chap'ter, n., *chapitre,* m.; Kapitel, n.; *capitolo,* m. [len; *carbonizzare.*
Char, t., *carboniser, charbonner;* verkohlen
Char'acter (k), n., |*is'tic,* a., *caract'ère,* m., |*éristique;* Charakter. |istisch; *caratter,e, istico;* & (n.) v. letter, certificate, reputation, (theat.) part.
Char'coal, n., *charbon de bois,* m.; Holzkohle, f.; *carbone,* m.
Charg,e, n., |e, f., *garde* (of, *de),* Aufsicht (über, ac.), *custodia (di);* (of gun) *charge,* f., Ladung, *carica;* (mil.) *ch-;* Angriff, m.; *c-;* & v. burden, office. price. demand, accusation; take — of, *se charger de,* verwahren, *custodire.* ,e, t.. |*er* (with, *de),* beauftragen (mit), *incaricare (di);* (in accts.) *compter.* anrechnen, *mettere in conto;* & v. accuse, attack. load. '*er,* n., *cheval de bataille,* m.; Schlachtroß, n.; *cavallo da guerra,* m.; v. dish.
Char'iot, n., *char,* m., (Kriegs)wagen, *cocchio.*
Char'it,able, a., |y, n.. |*able,* |é, f.; mild|e, |thätigkeit; *carit,atevole.* '*a;* & (n.) v. kind, indulgent, love, alms.
Charle'magne (Fr.), m., *C-,* Karl der Große, *Carlomagno.*
Charles (tch), m., *C-,* Karl, *Carlo.* **Char'lotte** (ch), f., *C-, C-, Carlotta.*
Charm, n. & t., ,e, m., |*er;* Zauber, bezaubern; *incant,o,* |*are.* '|*ing,* a., |*ant,* reizend, *f erole, rezzoso.*

Char'nel-house, n., *charnier,* m.; Beinhaus, n.; *ossario,* m.
Chart, n., v. map. '|er, n.. *charte.* f.; Urkunde; *patente,* m. '|er, t., (ship) v. hire. freight. [frau, *giornante.*
Char'woman, f., *femme de journée,* Scheuer**Chase,** n. & t., *chass e,* f., *er;* Jag'd, |en; *caccia,* ,re.
Chase, t., *cisel,er,* |ieren, *cesellare.*
Chasm (k), n., *abîme,* m.; Kluft, f.; *fessura.*
Chaste (tshé), a., **Chäs't ity,** n., |e. *leté.* f.; keusch, |heit; *cast,o,* |*ità.* |*ise',* t., '|*isement,* n., *châti,er,* |*ment,* m.; züchtig|en, |ung, f.; *castig|are,* |o, m.
Chat, i., *causer,* plaudern, *chiacchierare.* '|*ter, jaser,* schwatzen, *cicalare;* (teeth) *claquer,* klappern, *battere.*
Chat'tels, n. pl., *biens,* m. pl.; Habe, f.; *effetti,* m. pl.
Cheap, a., *(à) bon marché;* billig, wohlfeil; *a buon mercato.*
Cheat, t., *tromper,* (at play) *tricher;* betrüg en; *inganna|re, truffa|re.* —, m., *fourbe, tricheur,* B|er, *i'tore, t,ore.*
Check, n., *frein,* m., Zaum, *freno;* (at chess, & fig.) *échec,* m.; Schach, n.e; *scacco,* m.; (ticket) *contre-marque,* f., Kontermarke, *contramarca;* (bank) v. cheque; (stuff) *toile à carreaux,* f.; karriertes Zeug, n.; *stoffa scaccata,* f.; & v. control, hindrance. —, t., *réprimer,* im Zaume halten, *frenare;* (at chess, etc.) *mettre en é-, S-* geben, *fare scacco a;* & v. stop, control, reprove. '|*mate,* n., *é- el mat,* m.; S|matt, n.; *s'matto,* m.
Cheek, n., *joue,* f.; Backe, Wange; *guancia.*
Cheer, n., *applau|dissement,* m., Beifallsruf, *a'so;* be of good —, *avoir bon courage,* guten Mutes sein, *aver coraggio;* (fare) *chère,* f.; Bewirtung; *trattamento,* m. —, t., *applaud|ir,* |ieren, |*ire;* (comfort) *réjouir,* erheitern, *rallegrare;* & v. console. —, i., *pousser des virats,* hurra rufen, *gridare vira;* — up, v. be of good —. '|ful, a., '|fulness, n., *gai, gaité,* f.; heiter, |keit; *allegr o, acità.*
Cheese, n., *fromage.* m., Käse, *formaggio.*
Chem'|ical (k), a., |ist, m., |istry, n., *chim|ique,* |*iste,* |ie, f.; chem|isch, |iker, |ie; *chimic,o,* |o, u; |ist and druggist, *pharmacien,* Apotheker, *farmacista.*
Cheque (tchěk), n., *bon,* m., *mandat, chèque;* Anweisung, f.; *ordine a vista,* m.
Cheq'uered, a., (fig.) *rarié,* bunt, *vicendevole.*
Cher'ish, t., *chérir,* zärtlich behandeln, *trattare con tenerezza;* (fig.) *nourrir,* hegen, *nudrire.*
Cher'ry, n., *cerise,* f., Kirsche, *ciriegia.*
Cher'ub, n., *chérubin,* m., Cherub, |ino.
Chess, n., '-board, n., *échecs.* m. pl. (play at, *jouer aux é-), échi,yvier,* m.; Schach,

Chest — 25 — Circle

n. (S- spielen), |brett; scacchi, m. pl. (giocare agli s-),|ere,m. '-man,n.,pièce, f., S.ligur, pedina.
Chest, n., caisse, f.; Kasten, m.; cassa, f.; (breast) poitrine, f.; Brust; petto, m.; — of drawers, commode, f.; Kommode; cassettone, m.
Chest'nut, n., -tree, n., châtaign|e, f., |ier, m.; Kastanie, |nbaum; castagn|a, |o.
Chew (ou), t., mâcher, (tobacco) chiquer; kauen; masticare; — the cud, rumin|er, wiederkäuen, r|are. [n.; intrigo, m.
Chica'ner|y (ch), n., |ie, f.; Schikanieren,
Chick'en, n., poulet, m.; Hühnchen, n.; pollo, m. -pox, n., petite vérole volante, f.; Windpocken, f. pl.; morviglione, m.
Chic'or|y, n., |ée, f., Cichorie, cicoria.
Chide (chid, |den), t., v. blame, scold.
Chief, m., chef; C-, Haupt, n., (of tribe) Häuptling, m.; capo. —, a., principal; vornehmste, Haupt..; p|e.
Chil'blain, n., engelure, f.; Frostbeule; gelone, m.
Child (pl. chil'dren), n., enfan|t, m. & f.; Kind, n.; fanciull|o, m., |a, f. '|hood, n., e|ce, f., K|heit, infanzia. '|ish, a., e|tin, (thg.) puéril; k|isch; p|e. '|like, a., comme un e|t, k|lich, da f|o; & v. simple, meek.
Chill, n., frisson, m.; Frösteln, n.; brivido, m.; & v. cold. —, t., refroidir, glacer; durchkälten; agghiacciare. '|y, a., assez froid, kühl, freddotto; (pers.) frileux, frostig, freddoloso.
Chime, n., carillon, m.; Glockenspiel, n.; cariglione, m.
Chim'ney, n., cheminée, f.; Schornstein, m., Kamin; cam(m)ino. -piece, n., chambrante de cheminée, m.; K|stück, n.; cornice del cammino, f. -sweep(er), m., ramoneur, S|feger, spazzacammino.
Chin, n., ment|on, m.; Kinn, n.; m|o, m.
Chi'n|a, n., |ese', m. &a., |e, f., |ois; |a, n., |ese, |esisch; |a, f., |ese; & v. porcelain.
Chink, n., v. gap, crack. —, t., v. jingle.
Chintz, n., indi|enne, f.; Zitz, m.; i|ana, f.
Chip, n., copeau, m., (of stone) éclat; Stückchen, n.; scheggia, f. —, t., hacher, schnitzeln, truciolare; (i.) s'é|er, abspringen, spiccarsi. |golare.
Chirp, Chir'rup, i., gazouiller, zirpen, pi-
Chis'el (z), n., ciseau, m., Meißel, scalpello.
Chiv'al|rous, a., |ry, n., chevaler|esque, |ie, f.; ritter|lich, |tum, n.; cavaller|esco, |ia, f.
Chlo'roform (k), n., |e, m.; C|, n.; cloroformio, m. [lato, m.
Choc'ol|ate, n., |at, m.; |ade, f.; ciocco-
Choice, n., choix, m.; Wahl, f.; scelta, f. —, a., choisi, auserlesen, scelto; & v. rare, excellent.
Choir (kouaïr), n., chœur, m., Chor, coro.
Choke, t. & i., étouffer, suffoquer; er-
sticken; soffocare; (up, t.) engorger, boucher; verstopfen; ingoryare.
Chol'|era, n., |éra, m.; |era, f.; |era, m. |eric, a., v. irritable, angry.
Choose (chose, |n), t., choisir, wühlen, scegliere; (i.) v. like, wish.
Chop, n., côtelette, f.; Kotelett, n.; costoletta, f. —, t., hacher, hauen, tagliare; & v. mind; — off, trancher, abhauen, troncare. —, i., (wind) v. change; |ping (sea), clapoteux, unruhig, agitato.
Cho'ral, a., c-, Chor.., corale.
Chord (k), n., cord|e, f., Saite, c|a.
Chor'ist|er (k), m., |e, chantre; Chorsänger; corista. Cho'rus, n., chœur, m., Chor, coro.
Chose, |n, imp. & pp., v. choose.
Christ (k), m., C-, |us, Cristo. Christ'|en (issn), t., v. baptise. |endom, n., chrétienté, f., C|enheit, cristianità. |ian'ity, n., |ianisme, m.; |entum, n.; cristianesimo, m. |ian, m. & a., chrétien; Christ, |lich; cristiano; — name, n., nom de baptême, m., Vorname, n|e di battesimo. |i'na (î),f., |ine, |ine, Cristina. |mas (issm), n., Noël, m.; Weihnacht|en,f.pl.;Natale,m. |mas-box, n., étrennes, f.pl.; W|sgeschenk, n.; strenna, f. '|opher, m., |ophe, |oph, Cristoforo.
Chron'|ic (k), a., |icle, n., |ique, a. & f.; |isch, |ik; cronic|o, |a. |ol'ogy, n., |ologie, f., |ologie, cronologia. |om'eter, n., |omètre, m. |ometer, cronometro.
Chub'by, a., joufflu, pausbäckig, grassotto.
Chuck, t., (fam.) v. throw, tap. '|le, i., v. laugh.
Church, n., église, f., (Prot.) temple, m.; Kirche, f.; chiesa. |war'den, m., préposé ecclésiastique, K|nvorsteher, santese. '|yard, n., v. cemetery.
Churl, m., ladre, Filz, taccagno. '|ish, a., v. rude, stingy.
Churn, n. & t., baratte, f., battre le beurre; Butter|faß, n., |n; zangola, f., far il burro.
Cic'ero, m., Cicéron, Cicero, |ne.
Ci'der, n., cidre, m., Apfelwein, sidro.
Cigar', |ette', n., |e, m., |ette, f.; |re, |ette; sigar|o, m., |etto. '-case, n., porte-c|es, m.; C|renetui, n.; porta-s|i, m.
Cin'der, n., cendre, f., Asche, cenere.
Cin'erary, a., — urn, urne cinér|aire, f.; Aschenkrug, n.; urna c|aria, f. [c|a, f.
Cin'namon, n., cannell|e, f.; Zimmt, m.;
Ci'pher, n., chiffre, m.; Ziffer, f.; cifera; (o) zéro, m., Null, f.; cifra, m.
Cir'c|le, n., cercle, m., Kreis, circolo. uit (seurkit), n., rota|tion, f., K|bewegung, r|zione; (of judges) tournée, f.; Rundreise; giro,m.; & v. circumference. |ular, a., |ulaire, k|förmig, c|olare. |ulate, i., |uter, cirkulieren, c|olare;|ulating library, n., cabinet de lecture, m.; Leihbibliothek, f.; biblioteca c|olante. |üla'tion, n., |ulation, f., Cirkulation, c|olazione.

Circum'|ference, n.. c'rconfér'ence. f.; Umkreis. m.; c|enza. f. |cis'ion (ĩj), n., circoncis|ion, f., Beschneidung, c|ione. |scribe', t.. circonscrire. beschränken, limitare. Cir'cum spect, a.. circonspect. behutsam. circospetto. |stance,n.. circonstance, f.; Umstand. m.; circostanza. f.; (pl.) position. f.; Verhältnisse, n. pl.; p'zione, f.; & v. event.
Cir'cus, n.. cirque, m.. Cirkus, circo.
Cister'|cian, m.. |cien, de l'ordre de Citeaux; zienser; |cense.
Cis'tern, n., réservoir. m.; C|e. f.; |a.
Cit'adel, n., 'le. f., |le. cittadella.
Cit|e, t., |er, ieren, 'are.
Cit"izen, m., |oyen. Bürger. cittadino.
Cit'ron, n., c-, m.;|e, f.; cedro, m.
Cit'y, n.. ville, f., (große) Stadt. città.
Civ'ic, a., municipal; städtisch; m|e, c|o.
Civ'il, a., c-. bürgerlich, c'e; & v. polite.
'|ian, m.. bourgeois, Bürgerlicher, cittadino. |isa'tion, n., |isation, f., |isation, |izzazione. 'ise, |ize, t., |iser, |isieren. |izzare. "ity, n.. v. politeness.
Clad,pp. (clothe),habillé,gekleidet, vestito.
Claim, n. & t., préten|tion, f.. 'dre à, réclam'er; Anspruch, m., beanspruchen; p'sione, f.. r'o, m., p'dere a. r|are; & v. demand. '|ant, m., demandeur, A|macher, chi reclama. [carsi.
Clam'ber, i., grimper. klettern. arrampi-
Clam'my, a., visqueux, klebrig, viscoso.
Clam' our, n.. 'eur, f.; Geschrei, n.; c'ore.m.
Clamp, n., crampon, m.; Krampe, f.; rampicone, m.
Clan, n., c-. m.; Stamm; tribù, f.
Clandes't ine, a., |in, heimlich, 'ino.
Clang, clank, n.. son aigu, m., cliquetis; Geklirr, n.; romore, m.
Clap, t.. batt're. klatschen. b'ere; (fam.) v. put. —, i., claquer, mit den Händen k-. b'ere le mani. —, n., (of thunder) coup, m., Schlag, scoppio.
Cla'ra, f.. Claire, Klara, Clara.
Clar'et, n.. (vin de) Bordeaux, m., B|wein, vino di Bordò.
Clar'if y, t.. |ier, abklären, chiarificare.
Clarionet', n.. clarinett'e, f.; 'e; |o, m.
Clash, n.. choc, m., Stoß, urto; & v. clang.
—, i.. résonner, rasseln, far fracasso; (fig.) v. conflict (i.).
Clasp, n.. agraf'e, f.; Spange; fermaglio, m. —, t.. a'er, zuhaken. attaccare; (hands) joindre, zusammenschlagen, intrecciare; & v. embrace.
Class, n.. 'e. f.. Klass|e, c'e. —. "ify, t.. |er, k'ifizieren. c'ificare. 'ic, a. & m., |ique; k'isch, 'iker; c'ico. '|ical, n.. v. |ic.
Clat'ter, n., tapage, m.; Gerassel, n.; fracasso, m.
Claus e,n.. 'e.f..Klausel.c ola; (gram.)membr'e de phrase, m.; Satzglied, n.; m'o, m.

Claw, n.. griffe. f.; Klaue; artiglio, m., (lion's) unghia, f.;(crab's) pince. f., Schere. forb|ci, f. pl. [a'la. f.. cre!a.
Clay, n., argil|e, f., glaise; Thon. m.;
Clean, a. & t., propre. nettoyer; rein, |igen; puli|to, |re. 'ly (clenn). a., '|liness, n.. p-, 'té. f.; r'lich, |lichkeit; pulit|o, |ezza, mond|o, |ezza. |se (ënz), t., purifier. säubern. purificare; & v. clean.
Clear, a.. clair; klar, hell; chiaro; (free) libre. frei. sgombro; & v. pure, distinct, manifest; — of, v. free. exempt from; keep — of, v. avoid. —, t.. éclaircir, erhellen, (s)chiarire; (road, etc.) débarrasser, frei machen, sgomberare; (land) défricher, urbar machen, dissodare; & v. free, empty, clarify, justify, leap over;—away (earth, etc.)déblayer, wegschaffen, sgomberare,& v.take away; — the table, desservir, abdecken, sparecchiare; — the way, faire place, Platz machen, far largo; — up, v. explain, solve. — (up). i., s'éclaircir, s. aufklären, schiararsi. '|ance, n., (removal) enlèvement, m.; Räumung, f.; nettamento, m. '|ness, n.. clarté. f., Klarheit, chiarezza; & v. pureness, distinctness.
Cleave (cleft, c-; clove, |n), t., v. split (i.; reg.) v. cling.
Cleft, n.. fente, f., Spalte. fessura.
Clem'ency, n.. clémen|ce, f., Milde, c'za.
Clem'ent, m.. Clément, Klemens, C|e.
Clench, t.. river. nieten, ribadire; (fist) fermer, ballen. serrare.
Cler'gy, n.. 'man, m.. clergé. m., ecclésiast'ique; Geistlich|keit, f., |er; clero, m., e'ico.
Clerk (ark), m., clerc, commis; Schreiber, Commis; impiegato; & v. secretary.
Clev'er, a., |ness, n.. habile. |té, f.; gewandt, |heit; abil|e, |ità; & v. skilful.
Click, n. & i., cliquet|is. m., |er; Klirren, n., k-; tintinn|io, m., |are.
Cli'ent, m.. c-. Klient. c'e.
Cliff, n., rocher. m.; Klippe. f.; balza.
Cli'mate, n.. at. m.; Klima, n.; c'a, m.
Cli'max, n.. v. highest point.
Climb (aim), i., grimper. klettern. arrampicarsi. —. t., g- sur, (hill) gravir; erClinch, t., v. clench. (steigen; salire.
Cling (clung, c-), i., se cramponner, s. anklammern, aggrapparsi; & v. adhere.
Clin'i|cal, a., |que, klinisch, c|co.
Clink, i., tin|'er, klingen, t innre.
Cloak (ōk). n.. mant|eau, m., |el, |ello.
Clock, n., horloge. f., (for table, etc.) pendule; (Wand)uhr; orologio, m.; what o'clock is it? quelle heure est-il? wieviel Uhr ist es? che ora è? it is two. il est deux h|s, es ist zwei U-, sono le due.
Clod, n.. motte (de terre), f., (Erd)scholle, zolla. '-hopper, m., v. clown.

Clog, t., v. burden, embarrass, choke up. —, n., sabot. m., Holzschuh, *zoccolo*.
Clois'ter, n., *cloitre*, m., Kreuzgang, *chiostro*; & v. monastery.
Close (ōze), t.. *fermer*, schließen, *chiudere*; (accts., etc.) *clore*, abschließen, *saldare*; & v. conclude, terminate, shut; — in, *clore, enfermer*; einschließen; *rinchiudere*; — up, *f-*, verschließen, *chiudere, stoppare*. —, i., *se f-*. zugehen, *chiudersi*; & v. end,heal; — with (offer, etc.). v. accept; (enemy) *en venir aux mains*, handgemein werden, *venir alle mani*; night |s in, *la nuil tombe*, die Nacht bricht an, *si fa notte*. —, n., *fin*, f.; Schluß, m.; *fine*, f.; & v. enclosure, lane. Close (ōce), a., *fermé*, verschlossen, *chiuso*; (mass) *compacte*, fest, *compatto*; (air) *renfermé*, dumpf, *pesante*; & v. attentive, secret, intimate, nearly equal. —. ad., *près*, nahe. *vicino*. — to, prp., *tout près de*, dicht bei, *vicino a*. —, |ly, ad., (shut) *bien*, fest, *bene*; (placed) *serré*, dicht (zusammen), *stretto*; (cut, shave) *ras*; kahl, glatt; *raso*; & v. exactly. '|ness, n., *état serré*, m.; Dichtheit, f.; *spessezza*; cf. close (a.), & v. solidity, nearness.
Clos'et (z), n., *cabinet*, m.; Klosett. n.; *gabinetto*, m.; & v. water-. [*g*|*o*, m.
Clot, n., *grum*|*eau*, m.; Klümpchen, n.
Cloth, n., *drap*, m.; Tuch. n.; *panno*, m.; (linen, cotton) *toile*. f.; Zeug, n.; *tela*, f.; (binding) *percaline*, f., Leinwand, *tela*; (washing, etc.) *torchon*, m., Lappen. *torcione*; & v. table-. |e (ō), clad, c-, & reg.), t., *habiller* (in, *de*), kleiden (in), *vestire* (*di*). |es, pl., *habits*. m. pl.; Kleider, n. pl.; *vestiarii*, m. pl. |ier(ieur), m., *fabricant, marchand de draps*; T|-fabrikant, |händler; *fabbricatore di panno. pannajuolo*.
Cloud, n., *nuage*, m., (fig.) *nuée*, f.; Wolk|e; *nuvol*|*a*, |o, m. —, t., *obscurcir*, bewölken, *annuvolare*. '|less, a., *sans nuage*, unbewölkt, *senza n*|*t*. '|y, a., *nuageux*, w|ig, *n*|*oso*. [*garofano*, m.
Clove, n., *clou de girofle*, m.; Nelke, f.;
Clo'ven, pp. (cleave) & a., (foot) *fourchu*, gespalten, *fesso*.
Clo'ver, n., *trèfle*, m.. Klee, *trifoglio*.
Clo'vis, m., *C-*, Chlodwig, *Clodoveo*.
Clown (aou). m., *rustre*, Bauer, *villano*; & v. buffoon.
Cloy, t., *rassasier*, übersättigen, *satollare*.
Club, n.. *massue*. f., Keule, *mazza*; (cards) *trèfle*, m.; Treff, n.; *fiore*, m.; (social) club, *cercle*; f.: Klub, Verein, Kasino, n.; club, m.. *circolo. casino*. [*filo*.
Clue (ou), n.. (fig.) *guide*, m., Leitfaden,
Clump, n., (trees) *bouquet*, m.; Grupp|e, f.; |o, m.; & v. lump.

Clum'sy (z), a., *massif*, plump, *pesante*; & v. awkward.
Clung, imp. & pp., v. cling. Clus'ter, n., v. group, bunch. Clutch, t., v. seize.
Coach (ōtch), n., *voiture*, f., Kutsch|e, *carrozza*. '-house, n., *remise*, f., R-, *rimessa*. '|man, m., *cocher*, K'er, *cocchiere*.
Coadju'tor, m., *aide*, Gehülfe, c|e.
Coag'ul|ate, i., *se c*|*er*, gerinnen, c|*are*.
Coal (ōl), n.. *charbon*, m., *houille*, f.; (Stein)kohl|e; *carbon*|e, m. '-cellar, n., *magasin à ch-*, m.; K'enkeller; c|*aja*, f. '-mine, '-pit, n., *mine de ch-*, f., *houillère*, K|engrube, *miniera di c*|e. '-scuttle, n., *seau à ch-*, m.; K|enkasten; *cesta da c*|e, f.
Coal|esce', i., v. unite. |i'tion, n., |*ition*, f., Verbindung, c|*izione*.
Coarse (ōrce), a.. *gros*, grob, *grosso*; (fig.) *g*|*sier*, roh, *rozz*|o. '|ness, n., *g*|*sièreté*, f., G|*heit*; *grossezza*, r|*ezza*.
Coast (ōst), n., *côte*, f.. Küst|e, *costa*; the — is clear, *il n'y a pas de danger*, die Luft ist rein, *non c'è pericolo*. —, i., |er, n., *côtoyer, caboteur*, m.; an der K|e hinfahren, K|enfahrer; *costeggia*|*re, tore*.
Coat (ōt), n., *habit*, m., Rock, *abito*; (of paint) *couche*, f.; Anstrich, m.; *mano*, f.; & v. skin, fur. —, t., *enduire* (with, *de*), bekleiden (mit), *coprire* (*di*). -of-arms, n., *armoiries*, f. pl., *armes*; Wappen, n.; *stemma*, f. -of-mail, n.. *cotte de mailles*, f.; Panzer, m.; *lorica*, f.
Coax (ōx). t.. *cajoler*, schmeicheln (dat.), *prender colle buone*.
Cob, n., v. horse (small & strong).
Cob'bler, m., *savetier*, Schuhflicker, *ciabattino*. [*gewehe*. n.; *tela di ragno*, f.
Cob'web, n.. *toile d'araignée*, f.; Spinnen-
Cock, n., *coq*, m.. Hahn, *gallo*; (of small birds) *mâle*; Männchen, n.; *maschio*, m.; (of guns) *chien*, H-, *cane*; (tap) *robinet*; H-; *cannella*, f., (of hay) *meule*, f.; Schober, m.; *mucchio*; at full —, *armé*, gespannt, *a ato*. —, t., (gun) *arm*|*er*, spannen, *a are*; (ears) *dresser*, spitzen, *drizzare*; |ed hat, n., *chapeau à cornes*, m., Dreimaster, *cappello a corna*. '|chafer, n., *hanneton*, m., Maikäfer, *scarafaggio maggese*. '|scomb, n.. *crête de coq*, f.; H|enkamm, m.; *cresta di gallo*; & v. coxcomb. [*carda*.
Cockade', n., *cocarde*, f., Kokarde, *coc-*
Cockatoo', n., *cacato'is*, m.. Kakadu, c|*à*.
Cock'ney, n., *badaud* (*de Londres*), (Londoner) Maulaffe, *balordo* (*di Londra*).
Cock'roach, n., *blatte*, f., Schabe, *piattola*.
Cock'swain (coxn). m., *patron de chaloupe*, Führer der Schaluppe, *capitano d'una scialuppa*; & v. steersman.
Co'coa (cōcō), n., *cacao*. m., Kakao, *caccao*. -nut, n.. *noix de coco*, f.; Kokosnuß; *cocco*, m.

Cod, '-fish, n., *morue*, f.; Kabeljau, m., (dried) Stockfisch; *merluzzo*.
Code, n., *c-*, m.; Gesetzbuch, n.; *codice*, m.
Coerce', t., *contraindre*, nötigen. *sforzare*.
Coe'val, a.. *contemporain* (with, *de*), gleichzeitig (mit), *caneo (con)*. [*stere*.
Co-exist', i., |*er*, gleichzeitig sein, *coesi*-
Coffee, n., -house, n., *café*, m.; Kaffee, Café, n.; *caffè*, m. -pot, n., *cafetière*, f., K'kanne. *caffettiera*.
Coffer, n., *coffre*, m.; Geldkasten. *scrigno*.
Coffin, n.. *cercueil*, m.; Sarg; *bara*, f.
Cog'nat'e, a., *allié*, verwandt, *c'o.*
Cog'nisance, n..(mark) *insigne*. m.; Wahrzeichen, n.; *segno*, m.; & v. knowledge. jurisdiction. [n.; *ruota dentata*, f.
Cog'-wheel, n., *roue dentée*, f.; Zahnrad,
Cohe'rent,a.,*cohérent*, zusammenhängend, *coerente*. [*lare*.
Coil, t., *replier*, aufwickeln, *raggomito*-
Coin, t., *frapper (de la monnaie)*, münzen, *battere (moneta)*. —. u., |'age, n.. *monnaie*, f., |*ayage*. m.; Münz|e. f., |'wesen. n.; *monet'a*, t.. |*aggio*. m.
Coin'cide', i.,|'cidence,n., *coïncid'er*,|*ence*, f.; zusammentreffen.Z-.n.; *c'ere*. |*enza.*f.
Coke, n., *c-*, m.; C-. f.; *cok*. m.
Cold, a.. *froid*, kalt. *freddo*; I am —. *j'ai f-*. mich friert, *ho f-*. —, n.. *f-*, m.; Kälte. f.; *f-*, m.; (med.) *rhume*. m., (in head) *r- de cerveau;* Erkältung. f., Schnupfen, m.; *raffredd amento*, |*ore*; catch —, *prendre f-*, *s'enrhumer;* s. erkälten ; *r arsi*.
Col'ic, n.. *colique*, f., Kolik. *colica*.
Collapse', i., *tomber*, zusammenfallen. *cadere insieme*. [*lare*.
Col'lar, n., *col*, m.,(coat-) *let;* Kragen; *c lo*,
Colla|te', t., (writings, etc.) |*tionner*, vergleichen, *c,zionare*.
Collat'eral, a., *(col)latéral*, Seiten.., *c|e*.
Col'league (ligue), m., |*lègue*, |lege, *lega*.
Collec't', t., *recueillir*, sammeln , *raccogliere;*(pictures) *c'tionner*, s-, *far una raccolta di;* (taxes) *percevoir*, einziehen, *riscuotere;* & v. pick up, assemble. t', i.. *s'amasser*, s. sammeln. *ammassarsi*. ',ted, a., *recueilli*, gefaßt. *tranquillo*. ' tion, n.. *tion*, f.. (of money) *te*, *quête;* Sammlun;g. Kollekte ; *colle'zione*,|*tta*. ':tor, m.. ':teur, Sammler. *collettore*. [*gio*, m.
Col'lege. n., '*lège*. m.; Kollegium, n.; *c|le*-
Col'lier, m., *houilleur*. Kohlengräber, *carbonajo*. n., v. coal-mine. [*c'e*, f.
Collis'ion (fj). n.. *c-*.f.; Zusammenstoß, m.;
Collo'quial, a.. *familier*, aus der Umgangssprache. *famigliare*. [*c'quintida*.
Col'o|cynth, n., |*quinte*, f., Koloquinte,
Cologne (kōlōne), n.. *C-*. f.; Köln. n.; *Colon'a*, f. [m.; *due punti*, m. pl.
Co'lon,n., *deux points*,m.pl.;Doppelpunkt,
Colon,el(keur'nel), m., |*el*. Oberst, *c'nello*.

Col'on|ist, m., |'y, n.. |*ize*, t., Colo'n|ial, a.. *colon*, m., |*ie*. f., |*iser*, |*ial;* Kolon|ist, lie, |*isieren*, |ial; *c|o*. |*ia*, |*izzare*, |*iale*.
Colonn|ade', n.. |*ade*, f., Säulenhalle, *c|ata*.
Coloss'|al, a., |*al*, koloss|al, *c|ale*. |e'um, n.. *Colisée*, m.; K'eum. n.; *C'eo*. m.
Col'o(u)r (cäl), n.. *couleur*, f.; Farbe; *color|e*. m..|'s, v. flag. —, t., *color|er*, (paint) '*ier*. (house) *badigeonner;* färben, anstreichen ; *c ire*. |*ing*, n., *c|is*, m. ; Kolorit, n.; *c|ito*, m. *less*, a., *sans couleur*, farblos, *senza colore*. [m.
Colt, n., *poulain*, m.; Füllen. n.; *puledro*.
Col'umn, n.. *colonn'e*, f., Säule. *c'a*.
Comb (cōme), n. & t.. *peign'e*, m., |*er;* Kamm. kämmen; *pettin'e*, *are*.
Com'bat (cä), n., *c-*, m., Kampf, *c'timento*.
Combi'n|e, t., |*a'tion*, n.. |*er*, |*aison*, f.; verbind en, |ung ; *c,are*, |*azione;* & v. unite.
Combus'|tible, a., |tion, n., |*tible*, '*tion*, f.; brennbar, Verbrennung; *c|tibile*, |*tione*.
Come (cä; came, come), i., *renir*, kommen, *r e;* & v. happen, arrive. become; — about. v. happen ; —after, v. follow; — back. v. return; — by (t.), v. acquire; — down, v. descend ; — for, v. fetch ; — in. v. enter, arrive, etc. ; — next, v. follow; — off, *se détacher*, s. losmachen, *s!accarsi;* (stains) *s'enlerer*, abgehen, *passare;* & v. become, happen ; — on. v. approach. advance; — out, (truth, etc.) *se montrer*, s. zeigen, *venire in luce;* (stains) v. — off; & v. go out, appear; — over. v. cross; — round, — to, v. recover; — to, v. amount, agree ; — to nothing, *n'aboutir à rien*, zu nichts führen, *farsi niente;* — to o's sf., v. recover; — to pass, v. happen; — up, v. ascend, grow; — up with, v. reach, overtake. [*media*.
Com'edy, n., *comédie*, f., Komödie; *com*-
Come'ly (cä). a.. *gracieux*, anmutig, *grazioso*.
Com''et, n., |*ète*, f.; Komet, m.; *c|eta*, f.
Com'fort (cä). n., *confort*, m.; Behaglichkeit. f.; *confort|o*, m.; & v. ease. consolation. —, t., *soulager*, laben, *c|are;* & v. console. cheer. |*able*, a..*c able|*;bequem. behaglich; *c'evole;* & v. easy, pleasant, convenient. |*er*, m.., *consolateur*, Tröster, *consolatore*.
Com'ic, |'al, a., *com'ique*, komisch, *c ico;* & v. droll, amusing.
Com'ing (cä), a., v. next, future; (n.) v. rival.
Com'ma, n., *virgule*, f.; Komma, m.; *virgola*, f.; inverted s, *guillemets*, m. pl.; Anführungszeichen, n. pl.; *virgolette*, f. pl.
Command', n., *ordre*, m., (mil.) *c ement;* Befehl ; *comando;* at my —, *à ma dispo|si|tion*, zu meiner Verfügung, *alla mia*

d|zione; — of language, facilità de parole, f., Sprachfertigkeit, padronanza di lingua; have the — of o's sf., of o's temper, être maître de soi, s. selbst beherrschen, essere padrone di sè. —, t., c|er, befehlen (dat.), comand|are; (overlook) dominier, beherrschen, d|are; (a view), v. afford, present. |er, m., |ant; Kommandant, Befehlshaber; c|ante. |ment, n., |ement, m.; Gebot, n.; c|amento, m.
Commem'or|ate, t., célébrer; feiern, gedenken(gen.); commemora|re. a'tion, n., commémoration, f., Gedächtnisfeier, c|zione.
Commence', t. & i., |ment, n., 'r, |ment, m.; anfang|en, A| ; cominci|are, |amento.
Commend', t., v. praise, recommend.
Commen'surate, a., propor|tionné (with, to, à), angemessen (dat.), p|zionato (a).
Com'ment, i.; — on, c|er, auslog|en, comentare. —, n., |ary, n., |ator, m., |aire, m., |ateur; A|ung, f., Kommentar, m., |ator; coment|o, c|ario, |atore.
Com'merc|e, n., |e, m., Handel, c|io. '|ial, a., |ial, kommerziell, c|iale.
Commis'erate, t., v. pity.
Com'miss|ary, m., |a'riat, n., |aire, |ariat. m., Kommiss'är, |ariat, n.; c|ario, |ariato, m.
Commiss'ion, n.. c-. f., Kommission, c|e; (mil.) brevet, m.; Patent, n.; b|to, m.; (of crime) perpétra|tion, f.; Begehung ; p|re, m. —, t., |er, m., |ner, |naire; beauftrag|en. |ter; autorizzare, c|ario.
Commit', t., commett|re, übergeben, affidare; (crime) c|re, begehen, c|ere; — to prison, v. imp-. |tee, n., comit|é, m.; Komitee, n.; c|ato, m.; & v. commission.
Commo'd|ious, a., |e, bequem, comodo; & v. convenient. '|ity, n., marchandise, f., Ware, derrata. [dore, comodoro.
Com'modore, m., chef d'escadre, Kommo-
Com'mon, a., commun, gemeinschaftlich, comune, (sense) c-, bon; gesund, c-; (soldier) simple, gemein, semplice; & v. ordinary, vulgar; — people, n., (menu) peuple, m.; niederes Volk, n., plebe, f., in —, en c-, gemeinsch-, in c-. —, n., c|aux, m. pl.; Gemein|weide, f.; prati comun|ali, m. pl. er, m., bourgeois, Bürgerlicher, borghese. |place, a., v. ordinary. |s, m. pl., C|es, f. pl.; die G|en, m. pl.; C|i; (n. pl.) v. food. |wealth, n., v. state.
Commo'tion, n., v. agitation, tumult.
Commun|e', i., v. confer. |icate, t., |ica'tion, n., |iquer, |ication, f.; mitteil|en, |ung, (connection) Verbindung ; comun|icare, |icazione. —, i., |iquer, in V- stehen, c|icarsi. |ion, n., |ion, f., Kommunion, c|ione. |ity, n., |auté, f., Gemeinde, c|ità.
Commu|te', t., |er (to, en), verwandeln (in), c|are (in).

Compact', a., serré; dicht, fest; compatto.
Com'pact, n., v. contract.
Com'pan|y (cü), n., compagn|ie, f., (trading) c|ie,société|é; Gesellschaft; c|ia, s|à; (mil.) c|ie, Kompanie, c|ia; (of actors) troupe, G-, c|ia; keep o. —, tenir c|ie à, e-m G-leisten, tenere c|ia a; see |y, voir du monde, empfangen, ricevere. '|ion, m. & f., compagn|on, |e; G|er, |erin ; c|o, |a.
Compar'|ative, a., |atif, vergleich|end, Steigerungs.., c|ativo.|atively, ad., 'ativement, im V|, c|ativamente. '|ison, n., |e', t., |aison, f., |er; V|, m., V|ung. f., |en ; c|azione, f., |are, paragon|e, m., |are.
Compart'|ment, n., |iment, m.; Abteilung, f., (rail.) Coupé, n.; scompartimento, m.
Com'pass, n., boussole, f.; Kompaß, m.; bussola, f.; & v. circuit, space, extent. —, t., v. surround, procure. |es, n. pl.; pair of —, compas, m., Zirkel, c|so.
Compass'ion, n., c-, f.; Mitleid, n.; c|e, f.; & v. pity. |ate, a., compatissant, m|ig, compassionevole. |ate, t., v. pity.
Compat'ib le, a., |te, verträglich, c|ile.
Compat'riot, m., c|e, Landsmann, c|a.
Compel', t., forcer, zwingen, costrignere.
Compen'd|ium, n., abrégé, m.; Kompendium, n.; c|o, m.
Com'pens|ate, t., |a'tion, n., |er (for, de). |ation, f.; entschädig|en (ac.), |ung; c|are, |azione.
Compet|e', i.. '|'tion, n., concour|ir, |s, m. ; s. mitbewerb|en, |ung, f.; compet|ere, |enza ; (com.) faire concurr|ence, |ence, f.; konkurr|ieren, |enz; concorr|ere, |enza. '|itor, m..compétiteur, M'|er, c|itore; (com.) concurrent, K-, concorrente. Com'petent a., compétent, k-, c|e; & v. fit.
Compil|e', t., |a'tion, n., |er, |ation, f.; k|ieren, |ation ; c|are, |azione.
Complac'en|ce, '|cy, n., |t, a., complaisance, f., satisfait; Wohlge|fallen, n., |fällig ; compiacen|za, f., |te.
Complain', i., se plain|dre (of, de), (s. be)klagen (über, ac.), lagna|rsi (di). |t, n., p'|te, f., Klage, l'|nza; & v. malady.
Com'plaisant, a., c-, v. gefällig, compiacente.
Com'plement, n., complément, m.; Ergänzung, f.; c|o, m.; full —, grand complet, m.; vollständige Zahl (Quantität), f.; compimento,m. Comple|te', a., |t,vollständig, c|to, compi(u)to; & v. perfect, finished. |te', t., complét|er, vervollständigen, compi(e)re; & v. finish. '|tion, n., achèvement, m.; Vollendung, f.; compimento, m.
Com'plex, a., |e, verwickelt, complicato. '|ion, n., teint, m.; Gesichtsfarbe, f.; carnagione; & v. appearance.
Compli'ance, n., v. consent; in — with, suivant, zufolge (gen.), conforme a.
Com'pli|cate, t., |quer; komplizieren, verwickeln; c|are.

Com'pliment, n., c-. m.; K-. n.; c'o, m. —', t., |er, beglückwünschen, c'are.
Comply', i.. (with) v. agree to. fulfil.
Compos.e', t., |er; zusammensetz'en.(mus.) kompo|nieren; comporre; & v. write, calm. |er, m., |iteur. K'nist, c itore; & v. author. |T'tion, n., |ition, f.; Z|ung, K'.-sition. (of bk.) Abfassung; c|izione; & v. substance, mixture. |ure, n., calme, m.; Gelassenheit, f.; posatezza.
Com'pound, a., 'posé, zusammengesetzt, c'posto; (n.) v. mixture. pound', t., v. compose; (i.) v. agree, settle.
Comprehen.d', t., comprend re, begreif.en, c ere; & v. include. 'sible, a.. compréhensible. b lich, comprensibile. ' sion, n., compréhension, f., Fassungskraft, comprensione. 'sive, a., étendu, compréhensif; umfassend; comprensivo.
Compress', t., comprimer. (fig.) resserrer; zusammen|drücken, |drängen; comprimere, ristringere.
Comprise', t., v. include.
Com'pro'mise, t., arranger, vergleichen, aggiustare; (imperil) c mettre. k'mittieren. c'mettere. |mise, n., |mis, m.. Vergleich, c'messo.
Compul's ion, n., |ory, a.. contrainte, f.. coercitif; Zwang,m., gezwungen; costringimento, forzato.
Compunc'tion, n.. componction, f., Zerknirschung, compunzione.
Compute', t.,v.count,calculate. [camerata.
Com'rade (că), m.. camarade, Kamerad.
Con'cav'e, a., |e. hohl, c'o.
Conceal', t.. cach'er, verbergen. nascondere. 'ment, n., action de c er, f.; Verheimlichung; n imento. m.; (retreat) c ette. f.; Versteck. n.; n'iglio, m.
Concede', t, accorder. zugeben, c re.
Con ceit', n., v. vanity. idea. whim. |ceited, a., vain. eingebildet. vano. |ceive', t.. |cevoir; empfangen. (fig.) begreifen; c'cepire; & v. imagine. 'cep'tion, n., |ception. f.; Empfängnis. (fig.) Begriff, m.; c'cezione, f.; & v. idea.
Con'centr.ate, t.. a'tion, n., |er. |ation, f.; konzentr.ieren. ation; c'are, azione.
Concern', t.. |er, regarder; betreffen. angehen; c ere. riguardare; (trouble) inquiéter. bekümmern, inquietare; & v. implicate. —, n.. v. affair, interest, anxiety. 'ed, a., v. interested.uneasy. |ing, prp.. ant, touchant; betreffend, c'ente.
Con'cert, n., c-, m.; Konzert. n.; c'o, m.; & v.agreement; in—, de c-, einverstanden. di c'o. [c|e, f.
Conces'sion, n., c-, f.; Zugeständnis, 'n.;
Concil'i ate, t., |atory, a., er. |atoire; versöhnen, aussöhnend; c are, |atorio.
Concise', a., concis, kurz (gefaßt), c'o.
Con'clave, n., c-, m.; Konklave, n.; c-, m.

Conclu|de', t., |re, schließen, conchiudere: & v. finish, end, decide. ''sion, n.. |sion, f.: Schluß, m.: c'sione. f. ''|sive, a., décis|if, entscheidend, d|ivo.
Concoct', t., (fig.) machiner, aussinnen. macchinare. [stand, (cosa) c|e (f.), m.
Concom'itant, n., accessoire,m.;Nebenum-
Con'cord, n., |e, f., Eintracht, c ia.
Con'|course. n., v. assembly. crowd.
Con'crete, a., (fig.) concret, konkret, c o.
Concur', i., (with o.)être de l'avis de, (e-m) beipflichten, essere del parere di; & v. agree, unite. '|rence, n., v. union, agreement, consent.
Concuss'ion, n.. ébranlement. m.; Erschütterung. f.; c e; & v. shock.
Condemn', t., |a'tion, n..condamn er. |ation, f.: verurteil en. |ung; condann'are. a.
Condens'e', t. & i., |er. se |er; k'ieren. s. |ieren; c'are, |arsi; (fig.) v. compress.
Condescen|d', i., '|sion, n., daigner, c,dance, f.;s. herablass|en,|ung;c|dere, |denza.
Condign' (aïn), a., v. just.
Condi'tion, n.. |tion, f.. Bedingung. c.zione; & v. state, rank. position; on—. à c|tion, unter der B-, a c|zione; |tional, a., |tionnel, bedingt, c|zionale.
Condol'e', i.. faire ses compliments de c'éance (with. à). (e-m) sein Beileid bezeigen, c're insieme (sopra). Con'ference. f.; K enz, B-, n.; condoglianza, f.
Con duce', i.. v. contribute, serve. |du'cive, a., utile, dienlich, giovevole. |duct'. t., 'duire, leiten, c durre; & v. lead. duct', r.. 'duct, n., v. behav e. iour. 'duc'tor, m., 'ducteur, Konduktuer, c'duttore; & v. guide. leader. '|duit (că), n., duit, m.; Röhre, f.; c|dotto, m.
Cone, n., cône. m., Kegel, cono. [tiere.
Con'fec'tioner, m., |fiseur, Konditor, c'fet-
Confed'er.ate, m., |a'tion, n., confédér'é. |a-tion, f.; Bundesgenosse, Bund, m.; c ato. |azione. f.
Confer', t., v. bestow, accord; (i.) conférer (about. de, sur). (s.) herat en (über),c're insieme (sopra). Con'ference. n.. c'ence, f.: K enz. B,ung; c|enza.
Confess', t.. |er, avouer; gestehen. (relig.) beicht'en; c'are. |ion, n., |ion, f.. aveu, m.; Geständnis. n., B'e, f.: c'ione. |ional, n.. |ionnal, m., B|stuhl, c ionale. |or, m., |eur. B|vater. c|ore.
Con fide', t.. fier, anvertrauen, c fidare; (i.) se fier (à). vertrau|en (auf), c|fidarsi (a). 'fidant, m. & f., |fident(e), V|te, c|fidente. '|fidence, n.. |fiance, f.; V,en, n.; c fidenza. f. '|fident, a., |fiant, v|ens-voll, sicuro; & v. sure. bold. |fiden'tial, a., |fidentiel, v lich, c|fidenziale.
Confine'. t., limit|er, beschränken. l|are; & v. restrain. imprison; be |d to bed, être retenu au lit, das Bett hüten, essere .

obbligato a letto; she is |d, *elle est en couches,* sie ist in den Wochen. *sta in parto.*
|ment, n., (of a woman) *couches,* f. pl.;
Entbindung,f.; *parto,* m.; & v. restraint, imprisonment. Con'fin|es, n. pl., |s, m. pl.; Grenzen, f. pl.; c|i, m. pl.
Confirm', t., |a'tion, n.. |er, |ation, f.; bestätig'en, |ung. (relig.) k|ieren, |ation; *conferma're,* |zione; & v. strengthen.
Con'fis|cate, t., |ca'tion, n., |quer, |cation, f.; konfis|zieren, |kation; c|care, |cazione.
Conflagra'|tion, n., |tion, f., Feuersbrunst, c|zione.
Con'|flict, n., |flit, m., Konflikt, c'flitto; & v. contest. |flict', i., *lutter,* streiten, *combattere.* |flict'ing, a.. v. contrary.
Con'flu|ence, n., |ent, m.; Zusammenfluß; c'enza, f.
Conform', i., *se c'er* (to, *à*), s. fügen (in, ac.), c|arsi (a). a'tion, n., |ation,f., Bildung, c|azione. |ity, n., |ité, f., Übereinstimmung, c *ità;* in — with, c|ément *à,* (dat.) gemäß, c|e a.
Confound', t., *confond're,* verwechseln, c|ere; & v. perplex, ruin. |ed, a., *maudit,* verwünscht, *maledetto.* [c|are.
Confront' (frä), t., |er, gegenüberstellen, Confus|e', t., v. dis|order, |concert. |ed, a., *confus,* verwirr't, c|o. |ion, n., |ion, f., V|ung, c ione.
Confut|e', t., |a'tion, n., *réfut|er,* |ation, f.; widerleg|en, |ung; c|are, |azione.
Congeal', t. & i., *congeler, se c-;* gefrieren machen, g-; *congelar|e,* |si. [suitable.
Conge'nial, a., v. kindred, sympathetic, Conges'tion, n., c-, f., K-, c|e.
Congrat'ul|ate, t., |a'tion, n., *félicit|er,* |ation, f.; beglückwünsch|en, |ung; f|are, |azione. |bly, audience.
Con'greg|ate, i., |a'tion, n., v. assem|ble, Con'|gress, n., |grès, m.. Kongreß, c|gresso.
Con'|ic, 'ical, a., |ique, kegelförmig, c'ico.
Conjec'tur|e, t. & n., |er, |e, f.; mutmaß|en. |ung; *conghiettur|are,* |a.
Con'jug|al, a., |al, ehelich, c'ale. |ate, t., |a'tion, n., |uer, |aison, f.; k|ieren, |ation; c|are, |azione. [c'giunzione.
Con|junc'tion, n., |jonction, f., K|junktion. Con'|jure', t., *jurer,* beschwören, *scongiurare.* '|jure, i., *escamoter,* Taschenspielerei treiben, *usare arti magiche;* — up, *évoquer,* herauf|b-, *evocare.* '|jurer, m., *sorcier,* Zauberer, *ciurmatore.*
Con|nect', t., *lier* (with, *à*), verbind|en (mit), c|giugnere (con); & v. join, unite. |nec'tion, |nex'ion, n., |ne.xion, f., liaison; V|ung; c|nessione; & v. intercourse, relationship.
Conniv'e, i., *fermer les yeux* (at, *sur*), ein Auge zudrücken (bei), *chiuder gli occhi (a).*
Con'quest (kouest), n., Con'quer (ker), t.

& i., |or, m., *victoire,* f., *vain'cre,* |queur, (gain by force) *conqu|éte,* |érir, |érant; Sieg, m., |en, |er; Erober|ung, f.. n, |er; *vittoria, vinc'ere,* |itore; *conquista.* |re, |tore.
Con'rad, m., *C-,* Konrad, *Corrado.*
Con'scien|ce, n., 'tious, a., |ce, f., |cieux; Gewissen, n., |haft; coscienz|a, f., |ioso.
Con'sci|ous, a., |ent, bewußt, c|o; be — of, *avoir c'ence de,* sich (dat.; e-r Sache, gen.) b- sein, *aver conoscenza di.*
Conscrip'tion, n., c-, f.; Konskription, Aushebung; *coscrizione.*
Con'secra|te, t., 'tion, n., *con'sacrer,* [*sécration,* f.; weihen, Einweihung; *consecra're,* |zione. |folgend, c|ivo.
Consec'utive, a., *consécut|if,* aufeinander-Consent', i. & n., |ir (to, *à*), 'ement, m.; einwillig|en (in, ac.), |ung, f.; c ire (a), *consenso,* m.
Con'sequen|ce, n., *conséquen|ce,* f., Folg e. *consequen za;* & v. importance; in — |tly, ad., *par c|t, conséquemment;* f|lich, infolge; c|temente.
Conser'vat|ive, m., |eur, K|iver, c|ivo. |ory, n., *serre,* f.; (Gewächshaus, n.; *serra,* t.
Consid'er, t., |a'tion, n., *considér|er,* |ation, f.; überleg|en, |ung; c|are, |azione. |able, a., c|able; ansehnlich, bedeutend; c abile. |ate, a., *plein d'égards,* rücksichtsvoll, *riguardevole.* |ing that, cj., *vu que,* in Betracht daß, *atteso che.*
Consign'(aïn), t., |er, k|ieren, *consegnare;* & v. commit, deposit.
Consist', i., *er* (of, *en, dans;* in, *à*), *se composer (de);* bestehen (aus, in); *consistere (in),* essere *composto (di).* |ence, |ency, n., |ance, f.; Bestand, m.; *consistenza,* f.; (of charact.) *conséquen'ce,* f., Konsequen'z, *saldezza.* |ent, a., (with) v. compatible; (in conduct) c|t, k|t, *saldo.*
Consol|e', t., |er, trösten, |a'tion, n., |ation, f.; Trost, m.; c'azione, f.
Con'sole, n., c-, f., K-, *mensola.* [c|are.
Consolid|ate, t., |er, k|ieren, verdichten, Con'son|ant, n., |ne, f.; K|ant, m.; c,ante, f.; (a.) v. in conformity. |wife.
Con'sort, m. & f., v. companion, husband.
Conspic'uous, a., *remarquable,* hervorragend, *cospicuo;* & v. distinguished.
Conspir|e', i., '|acy, n., |er, |ation, f.; s. verschwören, |ung; *cospira're,* |zione. '|ator, m., |ateur, Verschworne, *cospiratore.*
Con'stable, m., v. policeman.
Con'stance, f. & n., *C-,* f.; Konstan|ze, |z, n.; *Costanza,* f.
Con'stan|t, a., |cy, n., |t, |ce, f.; beständig. |keit; *costan|te,* |za; & v. continuul, firm. [*costellazione,* f.
Constella'tion, n., c-, f.; K-, Sternbild, n.;
Consterna'tion, n., c-, f., Bestürzung, *costernazione.*

Con'stip|ated, a.. |é, verstopft, *stitico*.
Con'stit|ute, t., |*uer*; ausmachen, bilden; *costituire*; & v. establish, appoint. '|uent, m., *commettant*, Wahlmann, *costituente*; (n.) v. ingredient. |u'tion, n.. |*ution*, f.; Verfassung, (of pers.) Konstitution; *costituzione*.
Constrain', t., |t'. n., *contrain*|*dre*, |*te*, f.; nötigen, Zwang, m.; *costrign*|*ere*, |*imento*.
Construc|t', t., '|tion, n., *constru'ire*, |*ction*, f.; bauen, Bau, m..(gr.)Konstruktion, f.; *costru'ire*, |*zione*, f.; & v. interpretation.
Con'stru|e, t., *ire*, k|ieren, *costruire*; (fig.) *interprét*|*er*, auslegen, t'|*are*.
Con'sul, m., *c-*, K-, *console*.
Consult', t., |*er*, zu Rate ziehen, *c*|*are*; (i.) v. deliberate.
Consum|e', t., |*er*, (food. etc.) *consommer*; verzehr|en; *consumare*. 'p'tion, n., *con*|*som'ption*. f., |*mation*; V'|*ung*; *consuma*|*zione*; (med.) *consomption*. Schwindsucht, *tisic*|*a*, 'p'tive, a., *poitrinaire*, brustkrank. *t'o*.
Consum'mate, t. & a., v. perfect, complete.
Con'tact, n., *c-*, m.; Berührung, f.; *con*|*tatto*, m.
Conta'gi|on, n., |*ous*, a., |*on*, f., |*eux*; An|steck|ung, |end; *c*|*o*, m., |*oso*.
Contain', t., *conten|ir*, *renfermer*; enthalten; *c'ere*.
Contam'in|ate, t., *souiller*, besudeln, *c*|*are*.
Contemn', t., v. despise.
Con'templ|ate, t., |*a'tion*, n., |*er*. |*ation*, f.; beschau|en, |*ung*; *c*|*are*, |*azione* ; & v. intend. [*c*|*aneo*.
Contemp'or|ary, m.. |*ain*, Zeitgenosse,
Contempt', n., *mépris*, m.; Verachtung, f.; *disprezz'o*, m. |'ible, a., *m'able*, verächtlich, *d*|*evole*. |uous, a., *m'ant*, geringschätzend, *sprezzante*.
Conten'd', i., '|tion, n.. *lutt|er*, |e, f.; streiten, Streit, m.; *c*|*dere*, |*zione*, f.; & v. dispute, argu|*e*, |*ment*.
Content', t., |*er*. befriedigen, *c*|*are*. —, |ed, a.. *c*|. zufrieden, *c'o*. —, |ment, n., |*e*|*ment*, m.; Z|heit, f.; *c*|*o*, m. **Con'tents**, n. pl., *contenu*, m., Inhalt, *contenuto*.
Contest', t., *er*, bestreiten. *c'are*. **Con'**|**test**, n., |*ation*, f., *lutte*; Streit, m.; *con*|*tesa*. f. [*testo*.
Con'text, n., |*e*, m., Zusammenhang, *con*-
Contig'uous, a.. |*u*, anstoßend. *c'uo*.
Con'tinent, n., *c-*, m.; K-, Festland, n.; *c'e*. m.
Contin'gen|cy, n., *éventualit*|*é*. f.; |'ät, möglicher Fall, m.; *e*|*a*, f., *c*|*za*. |t, a., |*t*|*fortuit*, zufällig, *c*|*te*; (upon) v. dependent. |t, n., (mil.) |*t*. m.; K|t, n.; *c*|*te*, m.
Contin'|ual, a.. *uel*, fortwährend, *c'uo*. |uance, '*ua'tion*, n.. *uation*. f., F|setzung, *c'uazione*; & v. duration. |ue, t., |*uer*, f'|setzen, *c*|*uare*; (i.) *c*|*uer*,f|dauern, *c'ua*-

re; & v. last, remain. |u'ity, n., |*uité*, f.; Zusammenhang, m.; *c*|*uità*, f.
Contour' (our), n., *c-*, m., Umriß, *contorno*.
Con'traband, a., *prohibé*, verboten, *proibito*; (n.) *contrebande*, f.; Konterbande; *contrabbando*, m.
Con'tract, n., *contrat*, m., Vertrag, *contratto*. **Contrac|t'**, t.. '*ter*; zusammenziehen. (disease) s. zuziehen, (debts) machen; *contrarre*, *prendere*, *fare*; (habit) *prendre*. annehmen, *contrarre*; & v. abridge, (treaty, etc.) conclude. |t', i., *se resserrer*. s. zusammenzieh'en. *contrarsi*; (agree) *traiter*, einig werden, *stipulare*. |'ted, a., v. narrow. |'tion, n., |*tion*, f., Z|ung, *contrazione*. |'tor, m., *entrepreneur*, Unternehmer, *imprenditore*.
Contradic|t', t.. '|tion, n.. '|*tory*, a., *contredire*, *contradic'tion*, f., |*toire*; wider|sprechen (dat.), |spruch , m., |sprechend ; *contraddi*|*re*, |*zione*, f., *ttorio*.
Con'|trary, a., |*traire*, entgegengesetzt, *c'trario*; & v. opposite, unfavourable; — to. v. against. |*trary*, n., |*traire*, m. (on the, *au*); Gegenteil, n. (im); *c*|*trario*, m. (*al*).
Con'trast, n., |*e*. m., K|, *c*|*o*. **Contrast'**, i., *er*(with. *avec*), abstechen (gegen), *c*|*are* (*con*); (t.) *faire c'er*, k|ieren, *c*|*are*.
Contravene', t., *contrevenir à*, übertreten, *contravvenire a*.
Contrib'u|te, t., '|tion, n.. '|*er*, |tion, f.; beitragen, Beitrag, m.; *c*|*ire*, |*zione*, f.
Con'trite, a., *contrit*, zerknirscht, *c*|*o*.
Contriv|e', t., |ance, n.,v.plan,invent.|ion.
Contról', n. & t., *contrôl*|*e*, m., |*er*; Kontroll|e, f., |ieren; *c*|*lo*, m.. |*lare*; & v. power, restrain. [& v. dispute.
Con'trovers|y, n., |*e*, f., Streitfrage. *c'ia*;
Con'tùm|acy, n., |*ace*, f., K|az, *c*|*acia*. |ely, n., v. insult.
Contu'sion, n., v. bruise. **Conun'drum**, n., v. riddle.
Convales'cent, a., *c-*, genesend, *c*|*e*.
Conven|e', t., v. summon, assemble. |ient, a., |ience, n., *commod*|*e*, |*ité*, f.; bequem, |lichkeit; *comodo* (a. & m.); & v. fit, suitable; at your |ience, *à votre convenance*, wenn es Ihnen gelegen ist, *a vostro (suo) c-*; it is not |ient, *cela ne convient pas*, es geht nicht gut, *non va bene*.
Con'ven|t, n.. *couvent*, m.; Kloster, n.; *convento*, m. '|tion, n., '|*tional*, a.. v. meeting. usage. '|tional, a., |*tionnel*, k|tionell, *c*|*zionale*.
Converg|e',i.., *er*, zusammenlaufen, *c'ere*.
Con'vers|ant, a.. *versé* (with, *dans*), vertraut (mit), *versato (in)*; & v. familiar. |e', i.. |*er*, *s'entretenir*; s. unterhalt'|en; *c*|*are*, |*a'tion*, n., |*ation*, f., U|ung, *c*|*azione*.
Conver|t', t., '|sion, n.. '|*tir*, |sion, f.; bekehr|en, |ung; *c*|*tire*, |*sione*; & v.change, turn. **Con'vert**, m., *i*, B|ter, *c*|*ito*.

Convex — 33 — Cotton

Con'vex, a., |e, konvex, convesso.
Convey' (vé), t.. transporter, (fort)schaffen, trasportare; (idea) v. give; & v. carry, take, transfer. |ance, n., transport, m., T-, trasporto; & v. vehicle, transference.
Con'vict', t., |vaincre (of. de), überführ|en (gen.), c|vincere (di). '|vict, m., |damné, forçat; Strafling; c'dannato, forzato. |vic'tion, n., |viction, f. ; Ü|ung, (belief) Überzeugung; c|vinzione. |vince', t., |vaincre, überzeugen, c|vincere.
Conviv'ial, a., '|ity, n., jovial, gaité, f.; j-, Lustigkeit; festevol|e, |ezza.
Convo|ke', t.,|quer, zusammenrufen,c|care.
Con'voy, n., convoi, m.; Geleit, n.; scorta, f.
Convul|se', t., '|sion, n., |ser, |sion, f.; krampfhaft verzerr|en, k|e V|ung, Konvulsion; con|vellere,|vulsione; & v. agita|te, |tion, disturb, |ance.
Coo, i., roucouler, girren, tubare.
Cook, t., (faire) cuire, apprêter; kochen; cuocere. —, m. & f., cuisini|er, |ère; Koch, Köchin; cuoc|o, |a. '|ery, '|ing, n., cuisine, f.; Küche, (art) Kochkunst; cucina.
Cool, a. & n., frais, a. & m.; kühl, |e, f. ; fresco, a. & m.; & v. calm, indifferent, impudent. —, t., rafraichir, refroidir; abkühlen; rinfrescare, raffreddare. —, i., se rafr-, se refr-; sich a-; raffreddarsi; — down, (fig.) se calm|er, ruhig werden, c|arsi. '|ness, n., fraicheur, f., K|e, frescura; & v. calmness, etc.
Coop, i., (in, up) enfermer, einsperren, rinchiudere. '|er, m., tonnelier, Böttcher, bottajo.
Co-op'|erate, i., |érer, mitwirken, c|erare.
Cope, i., tenir tête (à), s. messen, far testa
Co'pi|ous, a., |eux, reichlich, c|oso. |(a).
Co'ping, n., (of wall) crête, f.; Kappe; comignolo, m.
Cop'per, n., cuivre, m.; Kupfer, n.; rame, m.; & v. boiler. -plate, n., gravure, f., estampe; K|stich, m.; stampa (in r-), f. |smith, m., chaudronnier, K|schmied, calderajo. [n.; macchia, f.
Cop'pice, Copse, n., taillis, m.; Buschholz.
Cop'|y, n., |ie, f., K|ie, c|ia; (of book) exempl'aire, m.; |ar, n.; esemplare, m.; rough —, v. draft; make a fair (clean)—, mett|re au net; ins Reine schreiben, m|ere a pulito. |y, t., |ier; k|ieren, abschreiben; c|iare; & v. imitate. |y-book, n., cahier, m.; Heft, m.; quaderno, m. |yist, m., |iste, Kopist, c|ista. |yright, n., droit d'auteur, m.; Verlagsrecht, n.; proprietà litteraria, f.
Coquette' (Fr.), f., c-, Kokette, civettina.
Cor'|al, n., |ail, m.; Koralle, f.; c|allo, m.
Cord, n., |e, f.; Strick, m.; c|a, f.; (thin) v. string.
Cor'dial, a. & n., '|ity, n.; c-; a. & m., |ité,

f.; herz'lich, |stärkung, f., |lichkeit; c|e, a. & m., |ità, f. |solo, m.
Core, n., (of fruit) cœur, m.; Herz, n.; torCorin'|thian, a., |thien, k thisch, c|tio.
Cork, n., liège, m., Kork, sughero; (of bottle) bouch|on, Pfropfen, turacciolo. —, t., b|er, zupfropfen, turare. '|screw, n., tire-b'on, m., P|zieher, cavaturaccioli.
Corn, n., grains, m. pl., céréales, f. pl.; Getreide, n., Korn; biada, f., cereali, m. pl. Corn, n., (on foot) cor, m.; Hühnerauge, n.; callo, m.
Corn|e'lia, f., |élie, Kornelia, C|elia. |e'lian, n., v. carnelian. |[ne.
Cor'ner, n., coin, m.; Ecke, f.; canto, m.,
Cor'net, m., porte-drapeau, Fähnrich, alfiere.
Cor'|nice, n., |niche, f.; Karnies, n.; c|nice, f.
Corno'pean, n., cornet, m.; Klapphorn, n.; c|ta, f.
Cor'on|et, n., |a'tion, n., couronne, f., |ment, m.; (Wappen)krone, Krönung, f.; coron|a, |azione.
Cor'por|al, m., caporal, Korporal, caporale. |al, '|eal, a., |el, körperlich, c|ale. |a'tion, n., |ation, f.. Körperschaft, società; (of town) municipalité,f., Gemeinde, m|à.
Corpse, n., cadav|re, m., Leichnam, c|ere.
Cor'pulen|t, a., |ce, n., |t, |ce, f.; k|t, |z, wohlleibt, |heit; c|to, |za.
Correc|t', a., |t, richtig, corretto; & v. right, exact. |t', t., corriger, verbessern|, correggere; & v. punish. '|tion, n., |tion, f., V|ung, correzione. |t'ness, n., exactitude, f., R|keit, accuratezza.
Correspond', i., |re (with, to, avec, à), s'accord,er (avec); entsprechen (dat.); corrispondere (a), a'arsi (con); (in writing) c|re; k|ieren; corrisp-, carteggiare; (trains, etc.) corrispondre (avec), Anschluß haben (an, ac.), corrisp-(con). |ence, n., |ance, f.; K|enz, Briefwechsel, m.; corrispondenza, f.; & v. relation.
Cor'ridor, n., c-, m., Flur, c|e.
Corrob'orate, t., '|tion, n., v. confirm.
Corro|de', t., '|sive, a., |der, |sif; anfressen, ätzend; c|dere, |sivo.
Corrup|t', t., corromp|re, verderb|en, c|ere; & v. bribe. |t', a., c|u, v|t, corrotto. '|tion, n., |tion, f., V|theit, corruzione; & v. bribery.
Cor'set, n., c-, m., Korsett, n.; busto, m.
Cost, n., frais, m. pl.; Kosten, f. pl.; spese, f. pl., c|o, m.; & v. price. Cost (—, —), i., coûter, k-, costare. '|ly, a., coûteux, kostspielig, costoso; & v. precious.
Cos'tive, a., constipé, verstopft, stitico.
Cos't|ume, n., |ume, m.; K|üm, n.; c|ume, m.
Co'sy, a., v. comfortable, snug.
Cot, n., v. bed, hammock. —, '|tage, n., chaumière, f., Hütte, capanna.
Cot'ton, n., coton, m.; Baumwoll|e, f.; co-

Conversation Dictionary. 3

tone, m.; (thread) *fil de c-*, m.; B,engarn, n.; *filo di c-*, m.; (stuff) v. calico. **-factory, -mill**, n., *filature de c-*, f.; B,enspinnerei; *filatojo di c'e*, m.
Couch, n., *chaise longue*, f.; Ruhebett, n.; *letticciuolo*, m.; & v. bed. —, t., (fig.) v. express; (cataract) *abaisser*, stechen, *levare*.
Cough (coff), n. & i., *toux*, f., *sser*; Husten. m., h-; *toss e*, f., |*ire*; — up, *expectorer*, auswerfen. *espettorare*.
Could (coud). impf., etc.(can), (I) *pourais*, konnte. *potera*; (cond.) *pourrais*, könnte, *potrei*.
Coun'cil, n.. *conseil*, m., Rat, *consiglio*; (eccl.) *concil e*, m.; Konzilium, n.; c'io, m. 'lor, m., *conseiller*, R-. *consigliere*.
Coun'sel, n., *conseil*, m.. Rat, *consiglio*; & v. advice, barrister. —, t., v. advise. lor, m., v. councillor.
Count, t., *compter*, zählen, *contare*; & v. consider; (i.) c- (on, *sur*), rechnen (auf, ac.), *far capitale* (*di*).
Count, m., '.ess, f.; *comt e*, |*esse*; Graf. Gräfin; *cont e*. 'essa.
Coun'tenance, n., *figure*, f.; Gesicht, n.; *volto*, m.; & v. favour, support; keep o's —, *garder son sérieux*, *faire bonne contenance*; die Fassung behalten; *rimaner in contegno*; put out of —. v. disconcert; keep in —, —, t.. v. favour, encourage. [*banco*.
Coun'ter, n.. *comptoir*, m., Ladentisch,
Coun'ter, ad., *contrairement*. zuwider. *all' opposto*. 'act', t.. *neutraliser*, vereiteln, *frastornare*. 'bal'ance, t.,(*contre-*)*balancer*, aufwiegen. *contrappesare*. |feit (fit). t., v. imitate; (a.) *contrefait*, nachgemacht, *contraffatto*; & v. false. |mand', ,or'der, t.. *contremander*. abbestellen, *contrammandare*. |pane, n., *courtepointe*, f.; (gesteppte) Bettdecke, *coltre*. |part, n., *pendant*, m.; Gegenstück, n.; *riscontro*, m.; & v. copy.
Count'less, a., v. innumerable.
Coun'try (cā), n.. *pays*. m.. *contrée*, f., (native) *patrie*, f.; Land, n., Vaterland; *paese*. m.. *patria*, f.; to. in the —, *à la campagn e*. auf das Land, auf dem L'e, *in campugn|a*. -house. n., *maison de c'e*, f.; Landhaus, n.; *casa di c|a*. f. man, m.. *compatriot e*. Landsmann, c|a; & v. peasant. [*contea*.
Coun'ty (aou). n., *comté*, f., Grafschaft,
Coup'le (căp), n.. c-. f. & m.; Paar, n.; *coppia*, f.; —, t.. *accoupler*. koppeln. *accoppiare*. & v. join.
Cour'ag e (căr), n., |*e'ous*, a., |e, m., |*eux*; Mut, ig; *coraggio*. 'so.
Cou'r|ier (cou). m.. |*rier*, Kurier. *corriere*.
Course (cō). n.. *cour s*. m.. (of time) *c ant*; Lauf, (of study) Kursus; *corso*; (career)

course, f.; L|bahn; *corso*, m.; (of dishes) *service*, m.; Gang; *portata*, f.; & v. way. method, order, race-c-; of —, *natur'elle-ment*, natürlich, *n,almente*. *sicuro*; that is a matter of —. *cela va sans dire*, es versteht sich von selbst, *ciò s'intende*. |r, n., *c,sier*. m.. Renner. *corsiere*.
Court (cō). n. *cour*, f.; Hof, m.; *corte*, f., (of house) |*ile*, m.; (law-) *tribunal*, m.. Gerichtshof, *t e*; pay —, *faire la cour*, den Hof machen, *fare la c|e*. —, t., v. flatter, woo. seek. '|eous, a.. '|esy (keur), n., |*ois*, |*oisie*, f.; höflich, |keit; *cortes|e*, |*ia*; & v. polite. '|ier, m., |*isan*, Hoffmann, *cortigiano*. '-plaster, n., *taffetas d'Angleterre*, m.; englisches Pflaster, n.; *taffetà inglese*, m. '|ship, n.. *cour*, f., Werbung, *ricerca*. '-yard, n.. v. court. [C e; *cugin o*, |*a*.
Cous'in (căz), m. & f., c-, |*e*; Vetter. Base,
Cove, n., v. creek, bay.
Cov'enant (căv), n.. v. contract.
Cov'er (căv). t., *couvrir*, (be)decken, *coprire*. —. n., *c erture*, f.. Decke, *coperta*; (at table) *c,ert*, m.; 'ert. n.; *posata*, f.; & v. lid. shelter. 't, a.. v. secret.
Cov'et (căv), t., *convoiter*, begehren, *bramare*. |ous, a., *avar e*. habsüchtig, *a'o*; & v. eager. [Kette; *stormo*, m.
Cov'ey (căv), n., (partridges) *compagnie*, f.;
Cow (aou). n.. *vache*, f., Kuh, *vacca*.
Cow'ard (aou), m., *poltron*, Feig'ling, *codardo*. |ly, a., |*ice*, n., *lâche*, |*té*, f.; f e. heit; co, '*ia*. [*coccolarsi*.
Cow'er (aou), i., *s'accroupir*, kauern, accoupler
Cowl (aou). n., *capuchon*, m.; Kutte, f.; *cappuccio*. m. [*vera*.
Cow'slip, n., *primevère*, f.; Primel, *primamare*.
Cox'comb, m., *fat*, Stutzer, *zerbino*.
Coy, a., v. shy. **Coz'en** (ă), t., v. cheat.
Co'zy, a., v. comfortable, snug.
Crab, n., |e, m., *écrevisse*, f.; Krabbe; *granchio*; (-apple) *pomme sauvage*, f.; Holzapfel. m.; *pomo acerbo*. '|bed, a.. v. peevish. (writing) stiff, cramped.
Crack, n.. *fente*, f.; Riß, m.; *fessura*, f.; (in glass, etc.) *félure*, f.; Sprung, m.; *crepatura*. f.; (noise) *craquement*. m.. (whip) *claquement*; Krach, Knall; *schianto*. —, t.. *fendre*, (glass) *féler*; spalten; *fendere*, *spaccare*; (nuts) *casser*, knakken. *schiacciare*; (whip) *faire claquer*. knallen (mit), *schiantare*; (skin, etc.) *gercer*, aufreißen, *crepare*. —, i., se *fend|re*, etc., springen, *f|ersi*; (noise) *craquer*, krachen, *crepitare*. |ed, a., (pers.) *timbré*. verrückt. *scervellato*. '|le, i., (fire) *pétiller*. knistern, *scoppiettare*. '|nel, n., *croquignole*, f., *craquelin*, m.; Brezel, f.; *c.ambella*.
Cra'dle (ă), n.. *berceau*. m.; Wiege. f.; *culla*.
Craft, n., *métier*, m.; Gewerbe, n.; *me-*

stiere, m.; & v. cunning, vessel. '|sman, m., arti'san, Handwerker, a giano. '|y, a., v. cunning. [balza.
Crag, n., rocher (escarpé), m.; Klippe, f.;
Cram, t., fourrer, voll stopfen, stivare; (feed) bourrer, v pfropfen, impinzare.
Cramp, n., 'e, f.; Krampf, m., granchio; (-iron) c'on, m.; Krampe, f.; rampone, m. —, t., serrer, einengen, strignere; |ed (writing), raide, steif, granchito.
Cran'berry, n., airelle, f., Preißelbeere, uva orsina. [Krahn; gru, f.
Crane, n., grue, f.; Kranich, m., (mech.)
Crank, n., manirelle, f., Kurbel, manovella.
Cran'ny, n., v. crevice, nook.
Crape, n., crêpe, m., Flor, velo crespo.
Crash, n., fracas, m.; Getöse, n.; f, so, m.
Crav|e, t., v. beseech. |en, m., v. coward. |ing, n., désir ardent, m.; Begier, f.; brama. [m.; gambero.
Craw'fish, Cray'fish, n., écrevisse, f.; Krebs,
Crawl, i., ramper, kriechen, strisciare.
Cray'on, n., pastel, m.; ,l, n.; |lo, m.
Cra'zy, a., fou, verrückt, pazzo; (boat, etc.) v. bad, weak.
Creak, i., crier, knarren, scricchiolare.
Cream, n., crème, f.; Sahne, Rahm, m.; crema, f.
Crease, n., pli, m.; Falte, f.; piega.
Crea te' (ïe), t., '|tor, m., '|tion, n., créer, créa|teur, |tion, f.; (er)schaffen, Schöpf|er, |ung; crea're, tore, |zione. |tu're (cri), n., c|ture, f.; Geschöpf, n.; c|tura, f.; & v. animal, dependent.
Cre'd|ence, n., v. belief. |en'tials, n. pl., lettres de créance, f. pl.; Beglaubigungsschreiben, n.; lettere credenziali, f. pl. '.ible, a., croyable, glaublich, credibile. ' it, n., crédit, m., K-, c'o; & v. belief, honour. '|it, t., crédit,er (with, de), k'ieren, mettere in c'ito; & v. believe. '|itable, a., v. respectable. honourable. '|itor, m., créancier, Gläubiger, creditore. '|ülous, a., 'u'lity, n., crédul,e, |ité, f.; leichtgläubig, |keit, f.; c,o, |itä, f.
Creed, n., profession de foi, f.; Glaubensbekenntnis, n.; credo, m.
Creek, n., crique, f., Bucht, cala.
Creep (crept, c-), i., ramper, kriechen, strisciare. [luna crescente, f.
Cres'cent, n., croissant, m.; Halbmond;
Cress, n., |on, m.; Kresse, f.; crescione, m.
Crest, n., écusson, m.; Wappen(schild), n.; scudo gentilizio, m.; (of cock, etc.) crête, f.; Kamm, m.; cresta, f.; & v. top. '-fallen, a., v. downcast.
Cret'inism, n., |e, m., K|us, c|o. [sura.
Crev asse', '|ice, n., |asse, f., Spalte, fes-
Crew (ou), n., band|e, f., Truppe, b'a; (of ship) équipag|e, m.; Mannschaft, f.;
Crew, imp., v. crow. [e'gio, m.
Crib, n., mangeoire, f., Krippe, greppia;

(child's) lit d'enfant, m., Bettchen, n.; letticciuolo, m.
Crick'et, n., grill|on, m.; Heimchen, n.; g|o, m.; (game) c-, m.; Ballspiel, n.; giuoco alla palla, m.
Crim|e, n., 'e, m.; Verbrechen, n.; delitto, m. '|inal, m. & a., |inel; Verbrecher, |isch; delinquente, c|inale. [mesino.
Crim'son, a., cramoisi, dunkelrot, cher-
Cringe, i., faire des courbettes (to, auprès de), kriechen (vor, dat.), abbassarsi (dinanzi a).
Crip'ple, m., estropié, Krüppel, stroppiato.
Cri's,is, n., |e, f.; Krisis; c|i, |e.
Crisp, a., (to eat) croquant, mürbe, friabile; (hair) frisé, kraus, crespo; & v. firm, brittle.
Crit'|ic, m., |al, a., 'ique; Krit'iker, |isch; c'ico. |icīse, t., |iquer, k|isieren, c|icare. |icism, n., |ique, f., K|ik, c ica.
Croak (ōk), i., croasser, (frog) coasser; krächzen, quaken; crocitare, gracidare.
Crock'ery, n., faïence, f.; Steingut, n.; stoviglie, f. pl. [codrillo, m.
Croc'odīle, n., c-, m.; Krokodil, n.; coc-
Cro'cus, n., safran, m.; S-, Krokus; croco.
Cro'ny, m., compère, Gevatter, compare.
Crook, t., '|ed, a., courb|er, |e; krümmen, krumm; incurvare, curvo.
Crop, n., récolte, f., Ernte, ricolta; (of birds) jabot, m., Kropf, gozzo. —, t., v. cut; (i.); — up, out, v. appear.
Cro'sier, n., crosse, f.; Bischofsstab, m.; pastorale.
Cross, n., croix, f.; Kreuz, n.; croce, f. —, t., croiser, kreuz|en, incroci|are; (a road, etc.) travers,er; gehen, fahren über; t,are; & v. thwart. —, i., se croiser, sich k|en, i'arsi; (— over) pass,er. hinüber'-gehen, |fahren; p|are. —, a., transversal, k|weise, traversale; (pers.) maussade, mürrisch, scontroso. '-bow, n., arbalète, f., Armbrust, balestra. -examina'tion, n., interrogat|oire contradictoire, m.; K|verhör, n., i|orio con'raddittorio, m. '|ing, n., croisement, m.; K|ung, f.; incrociamento, m.; (by sea) traversée, f.; Überfahrt; tragitto, m. -pur'pose, n.; be at |s, v. misunderstand o. another.
Crot'chet, n., lubie, f.; Grill|e; g|o, m.; (mus.) noire, f., Viertelnote, semiminima.
Crouch (aou), i., se blottir, s. ducken, rannicchiarsi. [crup, m.
Croup (ou), n., (med.) c-, m.; Bräune, f.;
Crow (ō), n., corneille, f., Krähe, cornacchia. — (imp. |ed & crew), i., chanter, krähen, cantare.
Crowd (aou), n., foule, f.; Gedräng|e, n.; folla, f. '|ed, a., serré, g|t, affollato; (room, etc.) comble, g|t voll, pieno zeppo.
Crown (aou), n. & t., couronn|e, f., |er; Krone, krönen; corona, |re; & v. top.

3*

Cru'cial, a., (fig.) v. severe. [*crogiuolo.*
Cru'cible, n., *creuset,* m., Schmelztiegel,
Cru'cifix, n.. |*ix,* m.; Kruzifix, n.; *crocifisso,* m. |*y,* t., |ix'ion, n., 'ier, 'iement, m.; kreuzig|en, ,ung, f.; *croci*|*figgere,* |*fissione.*
Crude (ou). a., v. raw, unripe. imperfect.
Cru'el, a., ty, n.. c-, *cruauté.*f.; grausam, 'keit; *crudel'e, tà.* [ständer; *oliera,* f.
Cru'et-stand, n., *huilier*, m.; Flaschen-
Cruise (ouze), i., *croiser,* kreuzen, *andar in corso.*
Crum'b (äme), n., *mie,*f., Krume, *midolla;* (small bit) *miette,*f.; Krümchen, n.; *briciola,* f. 'ble, t., *émietter;* zerbröckeln, krümeln; *sbriciolare.* 'ble, i., *tomber en poussière,* z-, *andare in briciole.* [*cire.*
Crum'ple, t., *chiffonner,* zerknittern, *gualCrusad*|*e',* n., |er, m., *crois'ade,* f., |*é;* Kreuz zug, m., 'fahrer; *crociat'a,* f., |o.
Crush, t.,*écraser,*zerdrücken, *schiacciare.*
Crust, n., *croûte,* f., Kruste, *crosta.* 'y, a., (fig.) v. surly.
Crutch, n., *béquille,* f., Krücke. *gruccia.*
Cry, n. & i., *cri,* m., |er; Schrei, |en; grid o, |*are;* & v. weep.
Crypt, n., |e, f., Krypta, *critta.*
Crys'tal, n., *cristal,* m., Krystall, *cristallo.*
Cub, n., *petit.* m.; Junges, n.; *catello,* m.
Cub'e, n., |e. m., Würfel, c o. 'ic, a., |*ique,* k'isch, c ico. [*cuculo.*
Cuck'oo (coucou), n., *coucou,* m.,Kuckuck,
Cu'cumber, n., *concombre,* m.; Gurke, f.; *cetriuolo.* m. [käuen. *rugumare.*
Cud, n.; chew the —, *ruminer,* wieder-
Cud'gel, n., *bâton,* m., Knüppel, *bastone.*
Cue, n., (theat.) *réplique,*f.; Stichwort, n.; *imbeccata,* f.; (billiard-) *queue,*f.; Q-, n.; *coda,* f.; & v. hint, mood, part.
Cuff, n., *manchette,* f.; Manschette; *manichetto,* m.; (of coat) *poignet,* m., Aufschlag, *ricolto;* (blow) *soufflet,* m., Faustschlag, *schiaffo.*
Cuirass' (Fr.), n., 'ier (īr), m., |e, f., |*ier;* Küraß, m., |ier; *corazz*|*a,* f., |*iere.*
Cu'linary, a., *culinaire,* Koch..., *di cucina.*
Cul'min'ate, i., |er, k'ieren, c'are.
Cul'p'able, a., *coupable,* schuldig, *colpevole.* 'rit, m., *criminel,* Verbrecher, *delinquente.*
Cul'tiv'ate, t.. 'a'tion, n., |er, *culture,* f.; bebau'en, 'ung; (fig.) ausbild'en, |ung; *coltiva're, zione.* Cul'ture, n., c-, f., Kultur, *coltura.*
Cum'b'er, t., v. enc-. |ersome, |rous, a., v. clumsy. [*astu'zia,* |to.
Cun'ning, n. & a., *rus*'*e,* f., |*é;* List, |ig; Cup, n., *coupe,* f.; Becher, m., *coppa,* f.; (tea-) *tasse,* f.. T-, *tazza.* 'board (căb), n., *placard,* m.. Wandschrank, *armadio.*
Cu'pid, m.. |on, Kupido, *C*'o. 'ity, n., |*ité.* f., Begierde, c'*ità.*

Cu'pola, n., *coupole,* f., Kuppel, *cupola.*
Cur, n., (*vilain*) *chien,* m., Köter, *botolo.*
Cu'rate, m., *vicaire,* Vikar, *vicario.*
Curb (eur), n. & t., *gourm*|*ette,* f., |er; Kinnkette, zäumen; *barbazzale,* m., *frenare;* (fig.) *frein,* m., *réprimer;* Zaum, im Z-halten; *fren*|o. *are.*
Curd (eur), n., *lait caillé.* m.; geronnene Milch, f.; *latte rappreso,* m. '|le, i., *se cailler,* gerinnen, *quagliarsi;* (fig.) *se glacer,* erstarren, *congelarsi.*
Cure, n., c-, f.; Kur, (of souls) Seelsorge; *cura;* (remedy) *remède,* m.; Heilmittel, n.; *rimedio,* m. —, t., *guérir,* heilen, *guarire;* & v. salt.
Cur'few, n., *couvre-feu,* m.; Abendglocke, f.; *copri fuoco,* m.
Cu'ri'ous, a., os'ity, n., |*eux,* 'osité, f.; neugier ig, |de, (object) merkwürdig, 'keit; c|oso, *osità.*
Curl (eur), n., *boucle (de cheveux),* f., Locke; *riccio,* m. —, t.. *friser,* kräuseln, *arricciar*|e; & v. twist. —, i., *se f*-; sich k-, *a'si;* (waves. etc.) *ondoyer,*sich k-, *ondeggiare.* '(ing) -paper, n., *papillote,* f.; Haarwickelpapier, n.; *cartuccia,* f. '|y, a., *frisé,* kraus, *crespo.*
Cur'rant, n., *groseille.* f.: Johannisbeere; *ribes,* m.; (dried) *raisin de Corinthe,* m.; Korinthe, f.; *uva secca di Corinto.*
Cur'ren'cy, n., *cours,* m., Lauf, *corso;* & v. money, circulation. |t, n. & a.. *courant,* m. & a.; Lauf, 'end; *corrente,* f. & a.
Cur'y, n., *épice indi*,*enne,* f.; i'sches Gewürz, n.; *condimento i ano,* m.
Cur'ry, t., *corroyer,* gerben, *conciare;* (horse) *étriller.* striegeln. *strigliare;* — favour, *faire la cour* (with, *à*), s. einschmeicheln (bei), *insinuarsi (da).*
Curse (eur), t. & n., *maudire, malédiction,* f.; verfluchen, Fluch, m.; *maledire,* 'zione, f. —, i., *jurer,* fl en, *bestemmiare.*
Cur'sory, a., v. hasty. Curt, a., |ail', t., v. short, |en. [*tina.* f.
Cur'tain, n., *rideau,* m.; Vorhang; *cortina.*
Curve, n. & t., *courb*|e. f., |er; Kurve, Bieg|ung, |en; *curra, re.* [*cuscino,* m.
Cush'ion (ou), n., *coussin,* m.; Kissen, n.;
Cus'tard, n.,*flan,* m., Eierrahm, *latte con uova.*
Cus'tod'y,n., *garde,* f., Verwahrung. c|*ia;* take into —, v. arrest.
Cus'tom, n., *coutume,* f.; Gebrauch, m., *costume;* (of shop) *pratique,* f.. Kund|schaft, *clientela;* (tax) *droit,* m., Zoll, *dazio.* 'ary, a., v. usual. 'er, m.. p-. f., *chaland,* m.; K|e; *avventore.* -house, n., -house-officer, m., *douan'e,* f., 'ier; Zoll|-amt, n., |beamte; *dogan'a,* f., |*iere.*
Cut (—, —), t., *couper;* schneiden. (cards) abheben; *tagli*'*are;* (shape) *tailler,* zu|sch-. t'*are;* & v. carve, pierce; —and dry,

tout prêt, fix u. fertig, pronto (e lesto); — down, abatt,re, herunterschlagen, a ere; & v. reduce, — off, couper, abschneiden, ricidere; & v. remove, kill, prevent; — out, v. cut, exclude, surpass; — short, v. interrupt; — up, découper, zerschneiden, t,azzare; & v. grieve, criticise. Cut, n., coupure, f.; Schnitt, m.; tagli,a, f., |alura; (shape) coupe, f.; Sch-, m.; t,a, f., ,o, m.; (wood-) gravure, f.; Stich, m.; intaglio; & v. slice, blow, canal; short —, chemin direct, m.; Richtweg, kürzerer Weg; scorciatoja, f. '|ting, n., incision, f.; Einschnitt, m.; incisione, f.; (rail.) tranchée, f.; E-, m.; trincea, f.; (of plant) bouture, f.; Steckling, m.; tallo; & v. shred, slice, canal.
Cûta'n|eous, a., |é, Haut.., c|eo. Cu'tic|le, n., épiderme, m.; Oberhaut, f.; c|ola.
Cut'|lass, n., coutel'as, m.; Hieber; scimitarra, f. |ler, m., c,ier, Messerschmied, coltellinajo. [letta, f.
Cut'let, n., côtelette, f.; Kotelett, n.; costo-
Cyg'net, n., = young swan.
Cyl'ind|er, n., |re, m., |er, cilindro.
Cym'bal, n., |e, f.; Zimbel; cembalo, m.
Cyn'|ical, a., |ique, 'isch, cinico.
Cy'pher, n., v. cipher. [cipresso, m.
Cy'press, n., cyprès, m.; Cypresse, f.;
Czar (zar), m., c-, Zar, c-.

D.

Dab, t., tapoter, tupfen, toccare leggiermente. Dab, n., v. (small) lump, spot, (fig.) adept. '|ble, i., barboter, plätschern, diguazzare; (fig.) se mêler (in, de), s. mengen (in, ac.), immischiarsi (in).
Daffodil, n., asphodèle, m.; Narcisse, f.; asfodillo, m.
Dag'ger, n., poignard, m., Dolch, pugnale.
Dah'lia, n., d-, m.; D-, f.; dalia.
Dai'ly, a. & ad., journ,alier, |ellement; täglich; giornal,iero, |mente.
Dain'ty, a., v. deli'cious, 'cate.
Dai'ry, n., laiterie, f., Meierei, cascina.
Dai'sy, n., marguerite, f.; Gänseblümchen, n.; margheritina, f.
Dale, n., v. valley.
Dal'ly, i., folâtrer, tändeln, scherzare.
Dam, n., digue, f.; Damm, m.; argin,e. —, t., endiguer, dämmen, a'are.
Dam, n., (of animals) v. mother.
Dam'age, n. & t., dommage, m., endommager; Schaden, s- (dat.); dann'o, |eggiare; |s (pl.), dédommagement, m., S|ersatz, compenso.
Dam'|ask, n., |as, m., 'ast, |asco.
Dame, f., v. lady.
Damn, t., |er, verdammen, dannare.
Damp, a. & n., humid'e, |ité, f.; feucht, |igkeit; umid,o, 'i'à. —, t.. rendre h|e,

befeuchten, inumidire; (fig.) abattre, dämpfen, abbattere. '|ness, n., v. damp.
Dam'sel, f., demoiselle; Jüngferchen, n.; damigel'a, f. |prugna di D|asco.
Dam'|son, n., 'as, m., |ascenerpflaume, f.;
Danc|e, n., dans|e, f.; Tanz, m.; ball,o. |e, i., d,er, t|en, b,are. '|er, m. &f., d'eur, |euse; Tänzer, |in; b,erino, |erina. '|ingmaster, m., maitre de d',e, Tanzmeister, maestro di b o. [m., macerone.
Dan'delīon, n., pissenlit, m.; Löwenzahn,
Dan'dle, t., bercer, schaukeln, dondolare.
Dan'driff, n., pellicule, f.; Schinn, m.; forfora, f.
Dan'dy, m., élégant, Stutzer, zerbino.
Dan,e, m. & f., ,ish, a., |ois, m. & a., 'oise; Dän|e, |in, |isch; Danese.
Dan'ger (éndj), n., d-, m.; Gefahr, f.; pericolo, m. |ous, a., |eux, gefährlich, p|so.
Dang'le, i., pendiller, baumeln, penzolare.
Dank, a., v. damp.
Dan'ube, n., |e, m.; Donau, f.; D|io, m.
Dap'per, a., v. neat, lively.
Dap'pled, a., pom|melé, scheckig, p|ellato.
Dar|e (imp. |ed & durst), i., oser, wagen, osare; I — say, je crois bien, ich glaube wohl, credo bene. 'e, t., v. defy. |ing, a. & n., v. bold, ,ness.
Dark, a., sombre, noir, (colour) foncé; dunkel, oscuro; (complexion) brun, d-, b'o; in the —, dans l'obscurité, im D|n, al bujo; it is getting —, il se fait nuit, es wird d-, si fa bujo. '|en, t., '|ness, n., obscur|cir, |ité, f.: verdunkeln, D'heit; oscur|are, |ità, f., bujo, m.
Dar'ling, m. & f., mignon, ,ne; Lieb(chen), n.; carissim|o, m., 'a, f.; (a.) v. favourite, beloved.
Darn, t., repriser, stopfen, rimendare.
Dart, n., dard, m., Wurfspieß, dardo; (i.) s'élancer, fliegen, lanciarsi; (t.) v. throw.
Dash, n., choc, m., Schlag, urto; (gram.) trait, m., Gedankenstrich, tratto; & v. mixture, attack, boldness. —, t., heurter, schlagen, urtare; (to pieces) briser, zerschlagen, spezzare. —, i., se précipit|er, stürzen,p arsi. '|ing, a., v. brilliant, [spirited.
Das'tard, m., v. coward.
Date, n. & t., da't,e, f., |er; |um, n., |ieren; !a, f., 'are.
Date, n., (fruit) dalte, f.; !l; ,ro, m.
Da't|ive, n., |if, m., ,iv, |ivo.
Daugh'ter (auter), f., fille; Tochter; figli a, |uola. -in-law, f., belle-f-, Schwieger|t-, nuora.
Daub, t., barbouiller, schmieren, imbra'tare. [trepid.
Daunt, t., v. intimidate. '|less, a., v. inDaw'dle, i., muser, tändeln, dondolarsi.
Dawn, n., pointe du jour, f.; Morgendämmerung. Tagesanbruch, m.; alba, f. —, i.. poindre, dämmern, spuntare.

Day   — 38 —   **Decree**

Day, n., *jour*, m., (whole) |*née*, f.; Tag, m.; *giorn'o*, m., |*ata.* f.; & v. victory; a —, per —, *par j*-, den T-, täglich, *al g'o*; all —, *toute la j née*, den ganzen T-, *tutto il g o*; by —, *de j*-, bei T-, *di g'o*; — by —, *j- par j*-, T- für T-, *g|o per g|o*; — before yesterday, *avant-hier*, vorgestern, *ier l'altro*; — after to-morrow, *après-demain*, übermorgen, *dopo domani*; the next —, *le lendemain*, am andern T-, *l'indomani*; this — week, *dans huit j's*, heute über acht T|e, *oggi a otto*; this — last week, *il y a huit j|s*, heute vor acht T|en, *otto g i fa*; every other —, *tous les deux j's*, einen T- um den andern, *ogni due g|t*. '|break, n., v. dawn.
Daz'zle, t., *éblouir*, blenden, *abbagliare*.
Dea'con, m., *dia|cre*. |kon, |*cono*.
Dead (děd), a., *mort*, tot, *m'o*; (silence, etc.) *profond*, tief, *p|o*; (sound) *sourd*, dumpf, *sordo*; (letters) *au rebut*, unbestellbar, *non consegnate*; & v. lifeless, dull. —, m. pl., *m's*, T|en, *m t*; (sing., fig.) v. silence, depth. '|en, t., v. weaken, blunt. '|ly m., *mort|el*, tödlich, *m|ale*.
Deaf (děf), a., '|ness, n., *sourd*, *surdité*, f.; taub, |heit; *sord'o*, |*itú*. "|en, t., *assourdir*, betäuben, *assordare*.
Deal (īl ; |t, |t; ěl), t., *répartir*, verteilen, *ripartire*; (a blow) *porter*, versetzen, *dare*; (cards) v. give. —, i., (at a shop) *se servir (chez)*, kaufen (bei), *comprare (da)*; (in goods) *faire le commerce (de)*, handeln (mit), *trafficare (in)*; & v. act, behave, be engaged in; — with, v. treat. —, n., *quantit é*, f., |ät, |*à*; (wood) *sapin*, m.; Tannenholz, n.; *abete*, m.; & v. plank; a good —, *assez (de)*, ziemlich viel, *abbastanza (di)*; a great —, *beaucoup (de)*, sehr viel, *molt'o*, |*a*. '|er, m., v. merchant. "|ing, n., v. conduct; (pl.) v. relations, business.
Deah, m., *doyen*, Dekan, *decano*.
Dear, a., *cher*, teuer, *caro*; oh —, — me, v. alas, indeed. '|ness, n., *c té*, f., T|ung; *caro prezzo*, m.; & v. tenderness. |th (eur), n., v. scarcity, famine.
Death (ěth), n., *mort*, f.; Tod, m.; *m'e*, f.; put to —, v. kill. '-bed, n., *lit de m-*, m.; Sterbebett, n.; *letto di m'e*, m.
Debar'. t., v. exclude, prevent.
Debase', t., *avilir*, erniedrigen, *avvilire*; (coin) *altérer*, verfälschen, *falsificare*.
Debate', n. & t., *débat*, m., |*tre*; te, f., erörtern; *dibatt'imento*, m., |*ere*; (i.) v. deliberate.
Debauch', t., v. corrupt. —, ery, n., *débauche*, f.; Schwelgerei, *crapola*.
Deben'ture, n., *obligation*, f., O-, *obbligazione*.
Debil'ity, n., v. weakness.
Deb'it, n. & t., *débit*, m., *er*; Soll, n., d|ie-

ren; |o, m., *porre a d o*. **Debt** (ět), n., *dette*, f.; Schuld; *debit o*, m.; be in —, *avoir des d's*, verschuldet sein, *avere d'|t*. '|or, m., *débit|eur*, S'ner, *d'ore*.
Dec'ade, n., *décade*, f., Dekade, *decade*.
Deca'dence, n., *décaden|ce*, f.; Verfall, m.; *d|za*, f. [*fuggire*.
Decamp', i., *décamper*, s. davonmachen,
Decant', t., *transvaser*, abfüllen, *travasare*. |er, n., *caraf|e*, f., K|fe, *c'fa*.
Decay', i., *se délabrer*, (fig.) *tomber en décadence*; verfallen; *decadere*; (plants) *dépérir*, verwelken, *appassire*; (fruit) se *gâter*, verderben, *guastarsi*. —, n., *débrement*, m., *décad|ence*, f.; Verfall, m.; *d'enza*, f.; & v. decline, ruin, rottenness.
Decease' (īce), n., v. death. |d, a., *décédé*, verstorben, *defunt'o*; (m. & f.) *défunt.* 'e; V|e; *d o*, |*a*.
Deceit', n., *tromp|erie*, f.; Betrug, m.; *ingann'o*; & v. fraud, trick. |ful, a., *t'eur*, betrügerisch, |*evole*. |*ness*, n., v. deceit. **Deceive'**, t., |r, m., *t'er*, |*eur*; betrüg|en, |er; *t'are*, |*atore*. [*dicembre*.
Decem'ber, n., *décembre*, m., Dezember,
De'cen'cy, n., |t, a., *décen|ce*, f., |*t*; Anstand, m., anständig; *d|za*, f., |*te*.
Decep'tive, a.. v. deceitful, fallacious.
Deci|de', t., |s'ion (sǐj), n., '|sive, a., *déci'|der*, *sion*, f., *sif*; entscheid|en, ung, |end; *d|dere*, |*sione*, *sivo*; (decision of charact.) v. firmness, resolution. '|dedly, ad., *d,- dément*, entschieden, d|*samente*.
Deci'pher, t., *déchiffrer*, entziffern, *decifrare*. [*ponte*, m.
Deck, n., *pont*, m., *tillac*; (Ver)deck, n.;
Declaim', i., *déclam'er*, deklamieren,*d'are*.
Declar'e, t., '|a'tion, n., *déclar'|er*, ,*ation*, f.; erklär|en, |ung, (goods, etc.) dekla|r'ieren, |*ation*; *dichiara're*, |*zione*.
Declen'sion, n., (gr.) *déclin'aison*, f., Deklination, *d azione*; & v. decline, refusal.
Declin|e', n., *déclin*, m.; Abnahme, f.; *d'o*, m.; & v. decay, slope; (med.) v. consumption. 'e, t., *refuser*, ablehnen, *rifiutare*; (gr.) d|er, deklinieren, *d'are*. |e, i., *d er*, abnehmen, *d are*; (slope) *pencher*, s. neigen, *inclinare*.
Decliv'ity, n., *pente*, f.; Abhang, m., *pendio*. [*zione*, f.
Decoc'tion, n., *dé-*, f.; Absud, m.; *decoto*
Decompose', t., *dé r*, zersetzen, *scomporre*.
Dec'or|ate, t., |a'tion, n., *décor|er*, ,*ation*, f.; verzier|en, |ung; *d'are*, *azione*. '*um*, n., '*ous*, a., *bienséan ce*, f., '*t*; An|stand, m., '|ständig; *decor'|o*, |*oso*.
Decoy', t., *leurrer*, locken, *allettare*.
Decrease', i. & n., *décroître*, *décroissement*, m.; ab nehmen, |nahme, f.; *decresc ere*, *imen'o*, m.
Decree', t. & n., *décréter*, *décret*, m., arrêt; verordn'en, 'ung, f.; *decret are*, |o, m.

Decrep'it, a., *décrépit*, abgelebt, d o.
Decry', t., *décrier*, verschreien, *screditare*.
Ded'ic|ate, t.. |a'tion, n., *dédi'er*, |*cace*, f.; widm|en, |ung; *dedic|are*, |*azione*; & v. consecrate.
Deduce', t., *déduire*, folgern. *dedurre*.
Deduc't', t., |'tion, n., *dédu ire*, |*ction*, f.; ab|ziehen, |zug, m.; *diffalca re*, |*mento*; & v. inference.
Deed, n., *action*, f., *fait*, m.; That, f.; *azione*; (jur.) *acte*, m.; Urkunde, f.; *atto*. m.
Deem, t., *juger*, halten (für). *giudicare*.
Deep, a., *profond*, (sound) *grave*; tief; p'o; (colour) *foncé*, t-, *oscuro*; (mourning) *grand*, t-, *grande*; & v. crafty; 6 ft. —, 6 *pieds de p'eur*, 6 Fuß t-, *fondo di 6 piedi*. —, n., v. ocean. depth. '|en, t. & i., *rendre*, *devenir plus p'*; t'er machen, werden; *rendere*, *divenire più p|o*; & v. darken, increase. '*,ness*, n.. v. depth.
Deer, (pl. —) n., *bête fauve*, f., *cerf*, m.; Rotwild, n.; *cervo*, m.
Deface', t.. *défigurer*, entstellen, *disfigurare*; & v. spoil, erase.
Defam|e', t., |a'tion, n., v. slander.
Default', n., v. failure, fault; in — of, *à défaut de*, in Ermangelung (gen.), *in mancanza di*.
Defeat', t. & n., *dé|faire*, |*faite*, f., *mettre en déroute*, d-, f.; schlagen, Niederlage; *scon figgere*, |*fitta*; & v. frustrate, conquer.
Defec|t', n., |'tive, a., *défaut*, m.. *défectueux*; Mangel, |haft; *difetto*, 'so. '|tion, n., *défection*, f.; Abfall, m.; *diserzione*, f.
Defen'd', t., '|der, n., |ce', n., *défen dre*, *seur*, |se, f.; verteidig en, |er, |ung. f.; *difen|dere*, |*sore*, *difesa*, f. |ce'less, a., *sans défense*, schutzlos, *senza difesa*. ''sible, '|sive, a.. *défen'dable*. |*sif*; v|ungsfähig, v|end (Schutz. .); *difensi bile*, |*vo*.
Defer', t., *differ|er*; aufschieben; d|*ire*, *indugiare*. **Deference**, n., *déféren|ce*, f., Achtung, d'*za*.
Defi'ance, n., *défi*, m.; Trotz;"*disfida*, f.; in — of, *au mépris de*, t- (dat.), *ad onta di*; set at —, bid — to, v. defy.
Defic'ien'cy, n., |t, a., *défaut*, m., *défectueux*; Mangel, |haft; *deficien'za*, f.. |*te*.
Defile', t., *souiller*, besudeln, *contaminare*.
Defile', n., *défilé*, m., Engpaß. *passo*.
Defin'|e', t., |i'tion, n., *défini'r*, |*tion*, f.; bestimm|en, |ung; d're, '*zione*. **Def'In|īte**, a., *déterminé*. (gr.) *défini*; b't; *definito*. '|itive, a., *défin'itif*, |itiv, |*itivo*.
Deform'ity, n., |ed, a., *difform ité*, f., |*e*; Mißgestalt, |et; *deform'ità*, |*e*.
Defraud', t., *frauder*, (of) *frustrer (de)*, betrügen (um), *d are (di)*. **Defray'**, t., v. pay.
Deft, a., v. neat, dexterous.

Defy', t., *défier*, Trotz bieten (dat.), *sfidare*; & v. challenge. brave, despise.
Degen'er|acy, n.. *abâtardissement*, m.; Entartung, f.; d,*atezza*. |ate, i. & à., *dé généri|er*, |*é*; aus|arten, |geartet; d,*are*. |*e*.
Degrad,e', t., |a'tion, n., *dégrad,er*, |*ation*, f.; |ieren, |ation, herabsetz'en, ung; d,*are*, *azione*.
Degree', n., *degré*, m., Grad, |o; (univ.) *grade*. m.: Diplom, n.; '*a*, m.; & v. rank: by s, *peu à peu*, allmählich, *a poco a poco*.
De'ify, t., *déifi|er*, vergöttern. d'*care*.
Deign (én). i.. *daigner* (to, *de*); geruhen (inf.), würdigen (gen.); *degnarsi (di)*.
De'ity, n., *divinité*, f., Gottheit, *deità*.
Dejec''ted, a.. '|tion, n., *abatt'u*, |*ement*, m.; niedergeschlagen, |heit, f.; *abbatt uto*, |*imento*, m.
Delay', n., *délai*, m., Verzug, *indugio*. —, t., *retarder*, aufhalten, *ritardare*; & v. defer. —, i., *tard'er*, säumen. *t'are*.
Del'egate, m., *délég|ué*,Abgeordnete,d'*ato*.
Delet'e', t.. *biffer*, ausstreichen. *scancellare*. |e'rious, a., *délét'ère*, schädlich, d,*erio*.
Delib'er'ate, i., *délibér'er*, beratschlagen, *d are*. |ate, a., *réfléchi*, überleg t, *ponderato*; & v. intentional, slow. |a'tion, n., d'*ation*, f., Ü|ung, d'*azione*.
Del'ic|ate, a., |acy, n., *délicat*, *esse*, f.; fein, zart, F|heit, Z,heit; (health) schwäch|lich, |e; (food) delikat, *esse*; (question) mißlich, |keit; *delicat o*, |*ezza*.
Delic'ious, a., *déli'cieux*, köstlich, d,*zioso*.
Delight'(ait), n., *délices*, f. pl.; Wonne, f.; *delizia*; & v. joy, pleasure; take a — in, —, i., *faire ses d-* (in, *de*), seine höchste Freude finden (an; darin zu. .), *dilettarsi (di)*. —. t., *enchanter*, entzücken, *dilettare*. |ful, a., v. charming, delicious.
Delin'eate (ié), t., v. draw, sketch, describe, d'*ente*.
Delin'quent, m.. *délinqu'ant*, Verbrecher, f.
Delir'ium, n., *délir'e*, m.; |ium, n.; |io, m. |ious, a.; be —, *être en d|e*, phantasieren, d'*are*.
Deliv'er, t., *délivrer*, befreien, *liberare*; (goods, — up)*livrer*,(ab)liefern,*consegnare*;(letter)*remettre*,bestellen,*rimettere*, & v. distribute; (command) *port'er*, ausrichten.*p are*; (speech)*prononcer*,halten, *fare*; (a woman) *accoucher*, entbinden, *ricogliere (il parto*; be 'ed, *sgravarsi)*; (blow, etc.) v. give. |ance, n., *délivrance*, f.. Befreiung, *liberazione*; & v.: |y, n., *livraison*, f., *remise*; (Aus)lieferung, Bestellung; *consegna*; (of speech) *débit*, m., Vortrag, *portamento*; (birth) *accouchement*. m.; Entbindung. f.: *parto*, m.

Dell, n., v. valley, ravine.
Delu'de', t., v. mislead, deceive. '|sion, n., *illusion,* f., I-, *d'sione;* & v. deception.
Del'uge, n., *dél-,* m., Sündflut, f.; *dilurio,* m.; & v. inund'ation. —, t., v. i'ate.
Delve, t. & i., v. dig.
Dem'agogue, m., *dém-,* Demagog, |o.
Demand', n. & t., 'e, f.. 'er; Verlangen, n., (com.) Nachfrage, f., v-; *domanda,* f., |re; & v. ask, charge, claim; in —, *recherché,* gesucht, *ricercato.* [*zione.*
Demarca'|tion, n., *dé|tion.* f., Grenze, d'|-
Demean', r., v. behav'e, degrade. 'our, n., v. b'iour. [*d,o,* m.
Demer'it, n., *démérit'e,* f.; Verschuldung;
Demi-, in comp., d-, halb.., *semi..*, *mezzo.*
Demise', n.. v. death.
Dem'o;crat, m., |c'racy, n., 'crat'ic, a., *démo,crate,* 'cratie. f., |*cratique;* |krat, |kratie, 'kratisch; |*cratico,* |*crazia,* |*cratico.*
Demol'|ish, t., |i'tion, n., *démol|ir,* |*ition,* f.; einreißen, schleif en, 'ung; *d'ire,* |*izione.*
De'mon, m., *démon,* Dämon, d'|io.
Dem'on|strate, t.. **stra'tion,** n., *démon'trer,* |*stration.* f.; dar'thun, |legung; *dimostra re,* 'zione; & v. prove. proof. '|strative, a., (gr.) *démonstrat if,* |iv, *dimostrativo.* ['*izzare.*
Demor'alise, t., *démoral iser,* isieren.
Demur', i., v. object.
Demure', a., *prude,* zimperlich, *affettato;* & v. modest.
Den, n., *antre,* m.; Höhle. f.; *antro,* m.
Deni'al, n., *(dé)négation,* f.; Verneinung; *diniego,* m.; & v. refusal.
Den'izen, m., *natural|isé,* Eingebürgerte, *n izzato;* & v. inhabitant.
Den'mark, n., *Danemark,* m.; Dänemark, n.; *Dantmarca,* f.
Denomina'tion, n., *dénomina tion,* f., Benennung, *d zione;* & v. class, sect.
Denote', t., *dénot er,* bezeichnen, d'*are;* & v. mean. |*nunziare.*
Denounce', t., *dénoncer,* denunzieren, *di-*
Dens|e, a., 'ity, n., |e, |*ité,* f.; dicht, igkeit; *dens|o,* |*itá;* & v. thick.
Dent, n., *coche,* f., Kerbe, *tacca.*
Den'tist, m., |e, Zahnarzt, *d a.*
Denude', t., *dénu er,* entblößen, *d dare.*
Denunc ia'tion, n., *dénonc-,* f., Denunz-, *dinunziazione.* [*fuse.*
Deny', t.. *nier,* leugnen, *negare;* & v. re-
Depart', i., |ure, n.. *part ir, départ,* m.; abreis'en, 'e, f.; (of trains, etc.) ab'gehen, |gang, m.; *p ire,* |*enza,* f.; & v. deviate. 'ment, n., *département,* m.; D-, n.; *dipartimento,* m.
Depend', i., *dépend re* (on, *de),* abhangen (von), *dipendere (da);* & v. rely, trust. |ent, a., 'ence, n., *d ant,* '*ance,* f.; abhängig, |keit; *dipenden|te,* *za.* 'ency, n., v. 'ence, possession, colony.

Depict', t., *dépeindre,* schildern. *dipingere.*
Deplor|e', t., |able, a., *déplor'er,* |*able;* beklagen, |swert; *d,are,* |*abile.*
Depopula'tion, n., *dé-,* f., Entvölkerung, *spopolazione.*
Deport'ment, n., v. manner, behaviour.
Depos e', t. & i., |i'tion, n., *dépos|er,* |*ition,* f.; entsetz|en, |ung, (witness) aussag|en, |e; *deporre, deposizione.* '|it, t. & n., |er, *dépôt,* m.; nieder|legen, (in bank) hinter|l-, (geol.) n|schlagen, Depositum, n., N|schlag, m.; *depos|itare,* |*ito.* **Depot'** (depō), n., *dépôt,* m.; D-, n.; *deposito,* m.; & v. warehouse, railway-station.
De|prave', t.. |**prav'ity,** n.. *déprav|er,* |*ation,* f.; verderb|en, |'theit; *d,are.* |*azione.*
Dep'recate, t., *prier de ne pas faire,* s. (dat.) verbitten, *pregare di non fare;* & v. regret.
Depre'ci ate, t., |a'tion, n., *déprécier,* |*ation,* f.; entwert|en, |ung; *abbassa re,* |*mento,* m.; & v. decry, disparage.
Depreda'tion, n., *déprédation,* f.; Plünderung; *d|mento,* m.
Depress', t., *abaisser,* nieder|drücken, *deprimere;* (deject) *abattre,* n|schlagen, *abbattere.* |ion, n., *dépression,* f.; N|drükkung, (hollow) Vertiefung; *d ione, concavitá;* (of trade) *stagna tion;* Flauheit; *s|mento,* m.; & v. dejection.
Deprive', t., *priv|er* (of, *de),* berauben (gen.), *p|are (di).*
Depth, n., *profond|eur,* f., Tiefe, *p itá;* get out of o's —, *perdre pied,* den Grund verlieren, *perdere fondo.*
Depute', t., *déléguer,* abordnen, *deputare.*
Dep'uty, m.. *député,* Abgeordnete, *d,ato.*
Derange' (éndj), t., |ment, n., *dérang|er.* |*ement,* m.; stör|en, |ung, f.; *disordin|are,* |e, m.; & v. insanity.
De'ride', t., *se moquer de,* verspott|en, *deridere.* |rí'sion, *dé-,* f.. V|ung, *derisione.*
Deriv'e', t.. |a'tion, n., *dériv|er,* |*ation,* f.; ableiten, (words) herleit|en, |ung; *d|are,* |*azione;* & v. obtain. *d orio.*
Derog'atory, a., *dérogat oire,* schmälernd.
Descen'd', i., |*dre;* hinabsteigen, (family) abstammen; *(di)scendere;* & v. fall. '|dant, m., |*dant,* Nachkomme, *discendente.* |t', n., |*te,* f., (family) |*dance;* H-, n., (slope) Abstieg, m., (family) Abkunft, f.; *(di)scend imento,* m., *scesa,* f., *d'enza;* (from Cross) *descente,* Abnahme, *deposizione.*
Describe', t., *décrire,* beschreib|en, *descrivere.* **Descrip'tion,** n., d-, f., B|ung, *d zione;* & v. kind.
Descry', t., v. perceive, discover.
Des'ecr ate, t., |a'tion, n., *profan|er,* |*ation,* f.; entweih|en, |ung; *p|are,* |*azione.*
Des'ert, a. & n.. *désert.* a. & m.; wüst. |e, f.; *d o.* a. & m. **Desert',** n., v. merit. —,

t., v. leave, abandon. —, i., |er, m., *désert|er*, |*eur*; |ieren, |eur; |*disert|are*, |*ore*.
Deserv|e', t., *mérit|er*, verdien|en, *m'are*. "|edly, ad., *à juste titre*, v|ter Weise, *m,amente*. "ing, a., (pers.) *m,ant*, v|st-voll, *m'evole*.
Design' (aïn), n., *dessin*, m.; Zeichn'ung, f., (plan) Entwurf, m.; *disegno*, m.; & v. intention, scheme. —, t., *d,er*; z|en, entwerfen; *disegnare*; & v. intend, plan. |edly, ad., *à dessein*, absichtlich, *apposta*. **Des'ign|ate**, t., |a'tion, n., *désign'er*, |*ation*, f.; bezeichn|en, |ung; *d,are*, |*azione*.
Desir|e', n. & t., |able, a., *désir*, m., |er, |*able*; Wunsch, wünschen, |swert; *desider'io*, |*are*, *abile*; & v. beg, request; by |e of, *à la demande de*, auf Verlangen (gen.), *a preghiera di*. |ous, a.; be — (of doing), v. desire, wish (to do). [v. cease.
Desist', i., *se désist'er*, abstehen, *d ere*; &
Desk, n., *pupitre*, m.; Pult, n.; *leggio*, m.; (writing-) *bureau*, Schreibtisch, *scrittojo*.
Des'ol|ate, a., *désol é*, verödet, *d'ato*; & v. dreary; (pers.) v. lonely. |a'tion, n., *d|ation*, f., Verwüstung, *d,azione*.
Despair', i. & n., *désesp|érer*, |*oir*, m.; verzweifeln, |lung, f.; *disper,are*, |*azione*.
Despatch', t. & n., v. dispatch.
Des'per|ate, a., *désespéré*, verzweifelt, *disperato*. |a'tion, n., v. despair.
Despise', t., **Des'picable**, a., *mépris,er*, |*able*; ver|achten, |ächtlich; *sprezza re*, |*bile*. [*onta di*.
Despite', prp., *malgré*, trotz (dat.), *ad*
Despoil', t., *dépouiller*, berauben (gen.), *spogliare*.
Despond', i., 'ency, n., *se découragier*, |*ement*, m.; verzag|en, 'theit, f.; *scoraggi,arsi*, |*amento*, m.; & v. dejection.
Des'pot, m., *,ism*, n., "|ic, a., |*e*, |*isme*, m., |*ique*; D-, |ismus, |isch; |*o*, |*ismo*, |*ico*.
Dessert', n., *d-*, m., Nachtisch, *pospasto*.
Des'tin|e, t., |a'tion. n., |er, |*ation*, f.; bestimm|en, |ung, (place) |ungsort, m.; *d are*, |*azione*, f., *termine del viaggio*, m. |y, n., *d|*, m.; Schicksal, n.; *d,o*, m.
Des'tit|ute, a., *dénué*, hülflos, *destituto*; (of) *dépourvu (de)*, entblößt (gen.. or von), *privo (di)*; & v. without. |u'tion, n., *dénûment*, m.; Armut, f.; *indigenza*.
Destroy', t., **Destruc'|tion**, n., *détruire*, *destruction*, f.; zerstör|en, |ung; *distru|ggere*, |*zione*. 'tive, a., |*tif*, verderblich, *distruttivo*.
Des'ultory, a., v. irregular, hasty.
Detach', t., *détach|er*, losmachen, *staccare*. |ment, n., (mil.) *d,ement*, m.; Abteilung, f.; *distaccamento*, m.
Detail', n., *dé-*, m.; Einzelheit, f.; *dettaglio*, m. |ed, a., *d,lé*, ausführlich, *circostanziato*.

Detain', t., *retenir*, aufhalten, *ritenere*; & v. arrest.
Detec't', t., |'tion, n., v. discover, |y. '|tive, m., *agent de police*, Polizeiagent, *a|e della polizia*.
Deten'tion, n., *dé-*, f., Zurückhaltung, *ritenzione*; & v. delay, restraint.
Deter', t., *détourner*, abschrecken, *distornare*; & v. prevent.
Dete'rior|ate, t. & i., |a'tion, n., *détérior|er*, *se d|er*, |*ation*, f.; verschlechter|n, sich v|n, |ung; *d,are*, t. & i., *azione*.
Deter'min|e, t., 'a'tion, n., *dé|er*, |*ation*, f.; bestimm|en, |ung; *d,are*, *azione*; & v. deci'de, |sion, resol|ve, |ution. |ed, a., *d é*, entschlossen, *risoluto*.
Detest', t., |able, a., |a'tion, n., *détest|er*, *'able*, |*ation*, f.; verabscheuen, abscheulich, Abscheu, m.; *d,are*, *abile*, |*azione*, f.
Dethrone', t., *détrôn|er*, entthronen, *d,izzare*. [*d|zione*, f.
Detona'tion, n., *détona|tion*, f.; Knall, m.;
Detrac't', t., *ôter*, entziehen, *togliere*. |t', i. (from), v. disparage, slander. '|tor, m., *détracteur*, Verleumder, *detrattore*.
Det'riment, n., *dé-*, m., Nachteil, d|o. '|al, a., v. injurious.
Deuce (iouce), n., v. two; (int.) v. devil.
Dev'ast|ate, t., ,a'tion, n., *dévast|er*, |*ation*, f.; verwüst|en, |ung; *d,are*, |*azione*.
Devel'op, ,'ment, n., *développ|er*, |*ement*, m.; entwickel|n, |ung, f.; *sviluppa|re*, |*mento*, m.
De'vi|ate, i., |a'tion, n., *dévi,er*, |*ation*, f.; abweich|en, |ung; *d,are*, |*azione*.
Device', n., *artifi|ce*, m., Kunstgriff, *a,zio*; (motto) *devise*, f.; D-; *motto*, m.; & v. emblem, expedient.
Dev'il, m., |ish, a., *diab'le*, |*olique*; Teuf,el, lisch; *dia|volo*, *bolico*.
Devise' (z), i., v. invent, plan, bequeath.
Devoid', a., (of) v. destitute of, free from, without. [(dat.), *scadere (a)*.
Devolve', i., *échoir* (upon, *à*), zufallen
Devo'te', t., *consacrer*, widmen, *dedicare*. '|ted, a., *dévoué*, ergeben, *dedicato*; & v. addicted. 'tion, n., *dévotion,* f.; E,heit, (piety) Andacht; *divozione*; & v. prayer. ,'tional, a., v. religious, pious.
Devour', t., *dévorer*, auffressen, *divorare*.
Devout', a., *dérot*, andächtig, *divoto*.
Dew (iou), n., *rosée*, f.; Tau, m.; *rugia-d a*, f. '|y, a., *chargé de r-*, betaut, *r,ioso*.
Dex'ter'ous, a., "|ity, n., *adroit*, *dextérité*, f.; gewandt, 'heit; *destr,o*, *|ezza*.
Diabol'|ical, a., |*ique*, teuflisch, d|*ico*.
Di'ad,em, n., |*ème*, m.; 'em, n., |*ema*, m.
Diag'onal, n., |*e*, f., linie, |e.
Di'agram, n., ,'me, m., Riß, *d,ma*.
Di'al, n., *cadran*, m.; Zifferblatt, n.; *mostra*, f.
Di'alect, n., |e, m., Dialekt, *dialetto*.

Dialogue — 42 — Disabuse

Di'alogue, n., *d·*, m., Dialog, |o.
Dia m'eter, n., |*mètre*, m., Durchmesser, *d'metro.*
Di'am'ond, n., '*ant*, m.. 'ant, *ante;* (cards) *carreau*, m.; C-, n.; *quadro*, m.
Di'ap|ered, a., |*ré*, (linen) *ouvré;* (bunt) geschmückt; *damascato.* |*diarrea*, f.
Diarrh'œ'a, n., |*ée*, f.; Durchfall, m.;
Di'ary, n., *journal*, m.; Tagebuch, n.;
Dice, n. pl., v. die. [*diario*, m.
Dick, m., v. Richard.
Dic't ate, t., *er*, dikt'ieren, *dettare;* (i.; — to) v. command. 'ate, n., v. precept. a'tion, n., '*ée*, f.; D.ieren, n.; *dettare*, m. 'a'tor, m., *ateur*, D ator, *dittatore.* .ato'rial, a., v. imperious.
Dic'tion, n., *d-*, f.; Sprache, Redeweise; *dizione.* |ary, n., '*naire*, m.; Wörterbuch, n.; *dizionario*, m.
Did (imp., do); (I) *faisais*, that, *faceva.*
Didac't|ic, a., |*ique*, didaktisch, *d|ico.*
Die, n. (pl. dice), *dé*, m., Würfel, *dado;* (pl. dies), *coin*, m., Stempel, *conio.*
Die, i. (pres. p., dying), *mourir* (of, *de*), sterben (an, dat.), *morire (di);* — away, *se m-*, absterben, *estinguersi;* & v. cease. disappear.
Di'et, n., *diète*, f.. Diät, *dieta;* & v. food.
Di'et, n., *diète*, f.; Reichstag, m., Versammlung, f.; *dieta.*
Dif'fer, i., *différ.er;* verschieden sein. (in opin.) v'er Meinung sein; *d.ire*, *aver un' opinione diversa.* |ence, n.. *d ence.* f., (dispute) |*end*, m.; Unterschied. Streit; *d'enza*, f. |ent, m., *d|ent*, v-. *d ente.*
Dif'ficult, a., |y, n., *difflc'ile*, |*ulté*. f.; schwer. schwierig, |keit; *d'ile*, *oltà;* labour under (a |y), *lutter contre*, zu bekämpfen haben, *lottare contro*. |'ity.
Dif fiden t, a., |*ce*, n., v. modest, |y. timid,
Diffus'e' (z), i., *répandre*, verbreiten, *diffondere.* |e' (c), a., *diffus*, weitschweifig, *d.o.* |ion, n. .|*ion*, f., *dissémination;* Verbreitung; *diffusione.*
Dig (dug, d-), t., *creuser*, (with spade) *bécher;* graben; *scavare*, *vangare;* — up, *déterrer*, aus|g-, *sterrare.*
Diges't', t., |tible, a., '*tion*, n., *digérer*, *qu'on peut d-*, *digestion*, f.; verdau|en, 'lich, |ung; *digerire*, *digest'ibile*, '*ione.*
Dig'it (d|), n., *chiffre*, m.; Ziffer, f.; *cifera;* & v. finger.
Dig'ni|fy, t., v. exalt, honour. 'fied, a., *digne*, würdevoll, *dignitoso.* |tary, m., |*taire*, Würdenträger, *d'tario*. ,ty, n., ,té, f., Würde, *d tà.*
Digress', i., *faire une d.ion*, abschweif|en, *digredire.* |ion, n., '*ion*, f., A|ung. *d ione.*
Dike, n., *digue*, f.; Damm, m.; *argine;* & v. ditch. [*nato.*
Dilap'idated, a.. *délabré*, verfallen, *rovi-*
Dilate', t. & i., v. expand; (on a subject)

s'étendre (sur), näher eingehen (auf, ac.), *dilatarsi (sopra).*
Dil'atory, a., *négligent*, saumselig, *neghi!toso;* & v. slow.
Dilem'm|a, n., |e, m.; |a, n.; |a, m.
Dil'igen'ce, n.. |t, a., *d'ce*, f.. *appli|cation*, *d|t*, *a'qué;* Fleiß, m., |ig; *d|za*, f., |te.
Dilu'te', t., '|tion, n., *délay|er*, |*emen'*, m., *dilution*, f.; verdünn|en,|ung, f.; *diluire*, *d-*, m., *stempera re*, |*mento.*
Dim, a. & t., *obscur*. '*cir;* trüb|e, |en; *offusca,to*, |*re;* (metal, etc.) *tern|e;* |*ir;* matt, m- machen; *appanna|to*, |*re;* (light, sight, etc.) v. weak, |en.
Dimen'sion, n., *d-*, f., Ausdehnung, *d|e.*
Dimin'|ish, t. & i., |*uer;* vermindern|n, abnehmen; *d|uire*, '*uirsi.* |ütive, a., v. small, minute; (n.) |*utif*, m.; |utiv, n., |*utivo*, m. |u'tion, n., *d-*, f., V|ung, *d|uzione.* [chent; *tela rigata*, f.
Dim'ity, n., *basin*, m.; D-, gekōperter Barchent; *tela rigata*, f.
Dim'ple, n., *fossette*, f.; Grübchen, n.; *pozzetta*, f. [*no*, m.
Din, n.. *tapage*, m.; Getöse, n.; *frastuo-*
Din'e, i., |ing-room, n., Din'ner, n., *diner*, *salle à manger*, f., *d-;* speis|en, |esaal, m., Mittagessen, n.; *pranz|are*, *stanza da mangiare*, f., *p'o*, m.
Din'gy (d|). a., v. dark, dirty. [*za di.*
Dint, n.; by — of, *à force de*, durch, *a for-*
Di'o|cese, n., '*cèse*, m., Diöcese, f.; *diocesi.*
Dip, t., *plonger*, (ein)tauchen, *tuffa're.* —, i., *p-*, t-, *t|rsi;* (— into a book) *feuilleter*, durchblättern, *sfogliare;* & v. slope, incline. —, n., *immersion*, f.; E-; n.; *t|mento.* m.; & v. inclination, (tallow-) candle.
Diph|the'ria, n., |*térite*, f., |theritis, *difterite.* [*tongo.*
Diph'|thong, n., |*tongue*, f., |thong, m., *dit-*
Diplo'm|a, n., |acy, n., |atist, m., |at'ic, a., *diplôme*, m., *diplom'atie*, f., '*ate*, '*atique;* D|, n., |*atie*, f., at, *atisch;* *a*, m., |*azia*, f., '*ato*, |*atico.*
Dire, a., *terrib'le*, schrecklich, *tile.*
Direc,t'|, a., |*t.* direkt, *diritto.* |*t'*, t., *dirig|er*, richt|en, *d'ere;* (guide) *indiquer (le chemin à qn.)*, (e-m d. Weg) zeigen, *indicare (la via a qd.);* (letter) v. address; & v. manage, order. '*tion*, n., '*tion*, f., R|ung, *direzione;* & v. address, etc. '|tly, ad., v. immediately. '|tor, m., |*teur*, Direktor, *direttore.* '|tory, n., *alman|ach des adresses*, m.; Adreßbuch, n.; *a'acco.*
Dirge (eur), n., *chant funèbre*, m., Trauergesang, *canto f-*.
Dirk, n., v. dagger.
Dirt, n., 'y, a. & t., *sal'eté*, f., |e, |*ir;* Schmutz, m., |ig. beschmutzen; *spor|'cheria*, f., '*co*, *care;* & v. mud, '|dy.
Disa'ble, t.. *rend're incapable*, unfähig machen, *r'ere incapace.* [*ingannare.*
Disabuse', t., *désabuser*, enttäuschen, *dis-*

Disadvan't'age, n., |a'geous, a.. *désavantage*, m., |eu.*x*; Nachteil, |ig; *svantaggio.* 'so.
Disaffec'|ted, a., *mal disposé* (towards, *pour*). abgeneigt (dat.), *malcontento* (*verso*). '|tion, n., *mécontentement,* m.; Abneigung, f.; *infedeltà.*
Disagree', i., *ne pass'accord*|er, nicht übereinstimmen, *non a*|*arsi;* (food) *ne pas convenir* (with, *à*), nicht bekommen (dat.), *non c*|*e (à);* & v. differ. |able, a., *désagréable*, unangenehm, *sgradevole.* ;ment, n., *désaccord*, m.; Verschiedenheit. f.; *discordanza;* & v. quarrel, dispute.
Disallow', t., v. reject, disapprove.
Disappear', i., |ance, n., *dispar*|*aître,* |*ition*, f.; verschwinden, V-, n.; *spari're*, |*zione*, f.
Disappoint', t., 'ment, n., *désappoint*|*er,* |*ement*, m.; in s-n Erwartungen täusch|en, |ung, f.; *frustrare, traversia.* |ing, a., v. unsatisfactory.
Disap|prove' (ou), t. (i.; of), |pro'val, |pro-ba'tion, n., *désap'prouver,* |*probation*, f.; mißbillig'en, |ung; *disapprova're,* |*zione.*
Disarm', t., *désarmer*, entwaffnen, *disarmare.* |*brogliare.*
Disarrange', t., *déranger*, verwirren, *im-*
Disas't'er, n., |rous, a., *désastr*|*e*, m., |*eux*; Unglück. n., 'lich; *disastro*, m., |*so.*
Disavow', t., |al, n.. *désav,ouer.* |*eu*, m.; verleugn|en, |ung, f.; *nega're,* |*zione.*
Disband', t., *licen*|*cier*, auflösen, |*iare.*
Disbelieve', t., *ne pas croire,* nicht glauben
Disburse', t., v. pay. [ben, *non credere.*
Disc, n., *disque,* in., Diskus, *disco.*
Discard', t., v. give up, reject, dismiss.
Discern', t.. |*er*, unterscheiden, *d*|*ere;* & v. *perceive.* |ment, n., |*ement*, m., Scharfsinn, *d'imento.*
Discharge', t. & n., *décharg*|*er,* |*e*, f.; ablad|en, (gun, etc.) entlad|en, |ung; *scaric'are,* |*amento*, m.; (debt) *acquitt'er,* |*ement*, m.; entricht|en, |ung, f.; *paga're,* |*mento*, m.; (water, etc.) *lâcher, écoulement,* m.; ausfließen lassen, Ausfluß; *s'are,* vers|*are.* |*amento*, m.; (rivers) *dé'er,* |*e*, f.; ergieß|en, |ung; *s*|*are, amento,* m.; & v. dismiss, perform, release.
Disci'pl'e, m., |*e*, Jünger, *discepolo.* |ine (dis'sip), n. & t., |*ine*, f., |*iner;* Zucht, D|in, inieren; '*ina,* |*inare.*
Disclaim', t., v. disavow, deny.
Disclos|e', t., |ure, n., *découv'rir,* |*erte,* f.; enthüll|en, |ung; *scop'rire,* |*erta;* & v. reveal. [*scolorare.*
Discol'our (căl), t., *décolorer*, entfärben,
Discom"fit (căl), t., v. defeat, disconcert. 'fort, n., *incommodité,* f.; Ungemach, n.; *scomodo,* m.

Discompos e', t., ure, n., *dérang*|*er,* |*ement*, m., *agitation*, f.; verwirr|en, |ung; *perturba're,* |*zione.*
Disconcert', t., *déconcerter*, bestürzen, *sconcertare;* & v. frustrate, disturb.
Disconnect', t., v. separate. [*solato.*
Discon'solate, a., *désolé*, trostlos, *scon-*
Discontent', n., |ed, a., *mécontent*|*ement*, m., m|; Unzufrieden|heit, f., u|; *scontento,* m. & a.
Discontin'u,e, t., |*er*, einstell|en, *d'are.* |e, i., v. cease, stop. |ance, n., |*ation*, f.; E|ung, *d'azione.*
Dis'cord, n., |e, f., Uneinigkeit, *d*|*ia;* (mus.) *dissonan'ce,* f., |z, |*za.* 'ant, a., |*ant,* abweichend, *d'ante;* (mus.) *dissonan*|*t*, mißtönend, *d*|*te.*
Dis'|count, n., |count', t., *escompt'e,* m., |*er;* Discont|o, n., |ieren; *scont*|*o*,m., |*are.*
Discoun'tenance, t., v. disapprove.
Discour'age (căr), t., |ment, n., *découra-g*|*er,* |*ement*, m.; entmutig|en, |ung, f.; *scoraggia're,* |*mento,* m.; & v. dissuade, check.
Discourse' (cōr), n. & i., *discour s*, m., |*ir;* Rede, f., |n; *discor*|*so*, m., |*rere.*
Discour'te'ous (cōr), a., |sy (keur), n., *impoli,* |*tesse,* f.; unhöflich, |keit; *scortes*|*e,* |*ia.*
Discov'er (căv), t., |y, n., *découv'rir,* |*erte,* f.; entdeck|en, |ung; *scop'rire,* |*erta.* |*er,* m., *auteur d'une découverte,* E'er, s|*ritore.*
Discred'it, n. & t., *discrédit*, m., |*er;* Mißkredit, in M- bringen; *d*|o, *screditare;* & v. disbelieve.
Discr|eet', a., |*ē'tion* (ěch), n., |*et,* |*etion,* f.; klug, heit; *d*|*eto,* |*ezione.*
Discrep'ancy, n., *différence,* f.; Widerspruch, m.; *discrepanza,* f.; & v. contradiction, disagreement.
Discrim'in'ate, t., |a'tion, n., v. discern, |ment, distin|guish, |ction.
Discuss', t., '|ion, n., *discu'ter,* |*ssion,* f.; erörter|n, |ung; *d'tere,* |*ssione.*
Disdain', t. & n., *dédai'gner,* n, m.; verschmäh|en, |ung, f.; *disdegn'are,* |o, m.
Disease' (ize), n., *maladie*, f., Krankheit, *malattia.* |d, a., v. sick.
Disembark', i. & t., |a'tion, n., *débarqu'er,* |*ement*, m.; ausschiff|en, |ung, f.; *sbarc'are,* |o, m. [*disingannare.*
Disenchant', t., *désenchanter,*enttäuschen,
Disen'cum'ber, 'gage', t., *débarrasser, dégager;* befreien, losmachen; *sgombe-rare, sciogliere.* 'gaged', a., *libre*, frei, *libero.* |tan'gle, t., *débrouiller,* entwirren, *strigare.*
Disfa'vo(u)r, n., *défaveur,* f.; Ungunst; *disfavore,* m.; (t.) v. disapprove.
Disfig'ure, t., *défigurer*, entstellen, *sfigurare.*
Disfran'chīse, t., *priver de ses franchises.*

Disgorge — 44 — Disqualified

der Freiheiten berauben, *privare della franchigia*. [up.
Disgorge', t., v. vomit, (fig.) restore, give
Disgrace', n., *disgrâce*, f.; Ungnade; *disfavore*, m.; (shame) *honte*, f., Schande, *onta*, m., t., *disgracier*, in Ungnade fallen lassen, *privare della grazia*; & v. dishonour. |ful, a., v. shameful.
Disguise' (gaïz), t. & n., *déguis|er*, |ement, m.; verkleid|en, 'ung, f.; *travesti|re*, |mento, m.; & v. conceal.
Disgust', n. & t., |ing, a.. *dégoût*. m., er, |ant; Ekel, anekeln, e haft; *disgust|o*, |are, |oso; & v. annoy, offend.
Dish, n., *plat*, m.; Schüssel, f.; *piatto*, m.; wash the |es, *laver la vaisselle*, das Geschirr aufwaschen, *rigovernare (il vasellame)*. —, t., *servir*, anrichten, *s|e*.
Dishabille', n.; in —, *en déshabillé*, im Hauskleid, *in vestito da casa*.
Dishear'ten, t., v. discourage. [pigliato.
Dishev'elled, a., *échevelé*, aufgelöst, *scaDishon'est* (zönn), a., |y, n., *malhonnéte*, *té*, f.; unehrlich, |keit; *disonest|o*, |à.
Dishon'our (zönn), n. & t., |able, a., *déshon neur*, m., |orer, |orable; Unehre, f., entehren, 'd, ehrlos; *disonor|e*, m.., |are, *evole*.
Disinclin ed' (aïnd), a.. 'a'tion, n., *peu disposé*, *aversion*, f.; abgeneigt, Abneigung; *poco disposto*, *avversione*.
Disinfect', t., *désinfecter*, desinfizieren, *torre l' infezione*.
Disingen'uous, a., v. uncandid, dishonest.
Disinher'it, t., *déshériter*, enterben, *disered(it)are*.
Disin'tegrate, t., *désagréger*; auflösen, (rocks) verwittern; *scomporre*.
Disinter', t., *déterrer*. ausgraben, *dissotterrare*. [nützig, *disinteressato*.
Disin'terested, a., *désintéressé*, uneigen-
Disjoin'ted, a., (fig.) v. incoherent.
Disk, n., v. disc.
Dislike', t., *ne pas aimer*, nicht mögen, *non amare* (I — it, *ciò mi dispiace*). —, n., *aversion*, f., Abneigung, *antipatia*.
Dis'lo cate, t., |ca'tion, n., |*quer*, 'cation, f.; verrenk|en, |ung; *sloga|re*, |tura.
Dislodge', t., *déloger*, vertreiben, *sloggiare*; & v. displace. [*sleale*.
Disloy'al, a., *déloyal*, pflichtvergessen,
Dis'mal, a., *lugubre*, düster, *l-*.
Disman'tle, t., *démanteler*, schleifen, *smantellare*; (ship) *désarmer*, abrüsten, *disarmare*.
Dismay'. t. & n., *constern|er*, 'ation, f.; bestürz|en, |ung; *sgoment|are*, |o, m.
Dismem'ber, t., *démembrer*, zergliedern, *smembrare*.
Dismiss', t., |al, n., (servant, etc.) *cong|édier*, 'é, m.; entlass en, |ung, f.; *licenzi|are*, 'amento, m.; & v. send away, reject.

Dismount', i., *descendre*, absteigen, *smontare*.
Disobe'dien ce, n., 't, a., **Disobey'** (bé), t., *désobé issance*, f., |*issant*, |*ir*; Ungehorsam, m., u-, u- sein (gegen); *disubbidi|enza*, f., 'ente, |*re*.
Disobl'ige', t.. *désobliger*, ungefällig sein (dat.), *disobbligare*.
Disor'der, n. & t., *désordre*, m., *déranger*; Unordnung, f., verwirren; *disordin e*, m.. *are*; & v. illness. |ly, a., *en désordre*, *déréglé*; unordentlich; *d ato*.
Disor'gan ize, t., *désorganiser*, in Unordnung bringen, *d|izzare*.
Disown' (öne), t., v. repudiate, deny.
Dispar'age, t., *déprécier*, verunglimpfen, *screditare*.
Dispar'it y, n.. 'é, f., Ungleichheit, *d|à*.
Dispass'ionate, a., v. calm, impartial.
Dispatch'. t. & n., *expédi|er*, |tion, f.; abfertig|en, |ung; *dispacci|are*, |o, m.; (message) *dépêche*, f.; Depesche; *d|o*, m.; & v. speed.
Dispel', t., *dissip|er*, zerstreuen, *d|are*.
Dispens e', t., |*er*; austeilen, (med.) d|ie-ren; |are, 'e', i., *se pass er* (with, de), verzichten (auf, ac.), *p|arsi (di)*. |ary, n., |*aire*, m.; Apotheke, f.; *farmacia*. a'tion, n., (eccl.) |é, f., |ation, |*azione*; (of Providence) v. decree; & v. distribution.
Disper'se' t., |*ser*, zerstreuen, *d|gere*; (i.) *se d|ser*, sich z-, *d|dersi*.
Dispir'it, t., v. |courage. [*vere*.
Displace', t., *déplacer*, verrücken, *rimuo-*
Display', t. & n., *expos|er*, |*ition*, f.; ausstell en, |ung; *espo|rre*, |*sizione*; (fig.) *manifest|er*, entfalten, *m|are*; & v. show, parade.
Dis'please' (Iz), t., 'pleasure (plöj'eur), n., *déplai|re à*, |*sir*, m.; mißfallen (dat.), M-, n.; *dispiacere a*, *d-*, m. |pleased', a., *mécontent*, ungehalten, *scontento*.
Disport', r. & n., v. amuse o's sf., play.
Dispos e', t., |er, ordnen, *disporre*; (incline) *porter (à)*; bewegen; *d-*, *inclinare*; |e of, |*er de*, verfüg'en über (ac.), *d- di*; & v. sell. |al, n., |*ition*, f., V|ung, *d izione*. |ed, a., |é, geneigt, *d|to*; well-, *bien intentionné*, gut gesinnt, *ben t|zionato*. |i'tion, n.. |*ition*, f., Anordnung, *d|izione*; & v. inclination, character.
Dispossess' (zess), t., *déposséder*, aus dem Besitze vertreiben, *spossessare*.
Dispropor'tion ate, a., |né, unverhältnismäßig, *sproporzionato*.
Disprove' (ou), t., *réfuter*, widerlegen, *confutare*.
Dispute', n. & i.. |e, f.. |er; Streit, m.. |en; *d a*, f., |*are*; beyond —, *incontestab|lement*, unstreitig, *i ilmente*. |e', t., contester, bestreiten, *contrastare*.
Disqual'i fied, a., fy, t., 'fica'tion, n., *inca-*

Disquiet — 45 — Divine

*pa ble, rendre i,ble, |cité, f.; unfähig, u-machen, U|keit; i'ce, rendere i,ce, |città.
Disqui'et, n., *inquiétud,e*, f., Unruhe, i ine.
Dis'quisi'tion, n., v. 'sertation.
Disregard', t., *faire abstraction de*, absehen von, *non far conto di; & v.* neglect. —, n., v. neglect.
Disrel'ish, n., v. distaste.
Disrep|ute', n., *mauvaise réputa'tion*, f.; Verruf, m.; *cattiva r|zione*, f.; & v. dis'-honour,|credit. "ütable, a., *déshonorant*, schimpflich, *disonorevole*; (pers.) *bas, de m- r-*; gemein, ehrlos; *basso*.
Disrespect', n., *manque de respect*, m.; Unehrerbietig|keit, f.; *mancanza di rispetto*, f. |ful, a., *irrespectueux*, u,|, *irriverente*. **Disrobe'**, t., v. undress.
Dissat'is'fied, a., 'fac'tion, n., *mécontent*, |ement, m.; unzufrieden, |heit, f.; *scontent|o, |ezza.* [sezieren; *notomizzare*.
Dissect', t., *disséquer*; zergliedern, (med.)
Dissem'ble, i., |r, m., *dissimul|er, hypocrite*; s. verstell|en, Heuch|ler; *d,are, |atore.* **Dissimül|a'tion**, n., |*ation*, f.; V|ung, H|elei; *d,azione*.
Dissem'in|ate, t., |a'tion, n., *dissémin|er, |ation,*f.; verbreit|en, 'ung; *d'are, |azione*.
Dissen'|sion, n., !*sion*. f., Uneinigkeit, *d'-sione*. *,t',i., différer d'opinion,* nicht übereinstimmen, *dissentire*. |t', n., |*timent*, m.; Meinungsverschiedenheit, f.; *discordanza d'opinione*. '|ter,m., *dissident*,Nonconformist, ,a. [*d|zione*.
Disserta'tion, n., |*tion*, f., Abhandlung.
Dissev'er, t., *séparer*, trennen, *sceverare*.
Dissim'ilar, a., "*ity*, n., *dissembla,ble*, |*nce*, f.; ungleich, |heit; *dissimi'le, |glianza.* **Dis'simüla'tion**, v. |semble.
Dis'sip'ate, t. & i., |*er, se |er*; zerstreuen, sich z-; *d,are, |arsi.* |ated,a., |a'tion, n., |*é, |ation*, f.; ausschweifend, |es Leben, n.;
Disso'ciate, t., v.separate. [*d,ato, |azione,t.*
Dis'sol'ute, a., |*u*, liederlich, *d,uto.* |u'tion, n., |*ution*, f., Auflös|ung, *d|uzione*; & v. death. |'ve, t., *dissoudre*, a|en, *d'vere*.
Dissuad|e', t., |*er*, abraten (dat.), *d',ere*.
Dis'taff, n., *quenouille*, f.; Rocken, m.; *rocca*, f.
Dis'tan|ce, n., |t, a., |*ce*, f., |*t*; Entfern|ung, |t; *d'za. |te;* far |t, *éloigné*, weit, *lontano; & v.* reserve, |d.
Distäste', n., |ful, a., *aversion*, f.(for,*pour*), *désagréable*; Abneigung (gegen), widerlich; *avversione (per), spiacevole*; it is |ful to me, *cela me répugne*, es ist mir zuwider, *mi da fastidio*.
Distem'per, n., (paint) *détrempe*, f., Wasserfarbe, *tempera*; & v. illness.
Distend', t., *étendre*, ausdehnen, *stendere*.
Distil', t., |ler, m., |lery, n., |*ler, |lateur, |lerie*, f.; destill|ieren, |ateur, Brennerei, f.; *distill|are, |atore, |eria*, f.

Distinc|t', a., *t*; verschieden, (clear) deutlich; *distinto*. '|tion, n., |*tion*, f.; Unterschied, m., (honour) Auszeichnung, f.; *distinzione*. '|tive, a., |*tif*, unterscheidend, *distintivo*. |t'ness, n., *clarté*, f., D|keit, *chiarezza.* **Distin'**|guish, t., |*guer*; unterscheiden, (o's sf.) auszeichnen; *d|guere.* |guished, a., |*gué*, ausgezeichnet, *d'to*.
Distor|t', t., '|tion, n., *tordre, con|torsion*, f.; verdreh|en, |ung; *storcere, contorsione*; (face) *décomposer, altération*; entstell|en, |ung; *sfigura|re, |mento*, m.; & v. twist.
Distrac|t', t., *distraire*, ablenken, *distrarre*; & v. harass, madden. '|ted, a., *égaré*, verstört, *distratto*; & v. mad. '|tion, n., *confusion*, f., Verwirrung, *c|e*; & v. madness, diversion.
Distress', n., *détresse*, f.; Not; *affanno*. m. —, t., v. afflict. |ed, a., *affligé* (at, *de*), betrübt (über, ac.), *afflitto (di);* & v. miserable. |ing, a., v. sad, painful.
Distrib'ute, t., |u'tion, n., |*uer, |ution*. f.; austeil|en, |ung; *d|uere, |uzione*.
Dis'trict, n., d-, m., Bezirk, *distretto*.
Distrust', t. & n., *se méfi|er (de), |ance*, f.; mißtrauen (dat.), M-, n.; *diffid'are (di), |enza,* f.
Disturb', t., *déranger*, (peace, water, the mind) *troubl|er*; stör|en; *disturb'are*. |ance, n., *t'e*, m.; S|ung, f.; *d'o*, m.; & v. tumult.
Disu'n|ion, n., |ite', t., *désun|ion*, f., |*ir;* Trenn|ung, |en; *disun'|ione, |tire*.
Disuse' (iouce), n.; fall into —, *tomber en désuétude*, außer Gebrauch kommen, *cadere in dissuetudine*. |d' (iouzd), a., *désusité*, außer G-, *disusato*.
Ditch, n., *fossé*, m.; Graben; *fossa*, f.
Dit'to, ad.. *idem*, desgleichen, *detto*.
Dit'ty, n., v. song. **Diur'nal**, a., v. daily.
Div|e, i., |er, m., *plong|er, |eur*; tauch|en, |er; *tuff|arsi, |atore*, (pers.) *palombaro*.
Diverg'e', i., |*er*, auseinanderlaufen, *d'ere*; & v. deviate.
Di'ver's, a., |s, verschiedene, *d|si.* |se, a., v. different. '|*sify*, t., v. vary. '|*sity*, n., |*sité*, f., Verschiedenheit, *d'sità.* '|sion, n., |*sion*, f.; Ablenk|ung, (mil.) D|sion; (game) *d'tissement*, m.; Zerstreu'ung, f.; *d'timento*, m. |t', t., *détourner* a|en, *stornare*; (amuse) *diver|tir*, z|en, *d|tire*.
Divest', t., *dépouiller*, entblößen, *privare*.
Divi'de', t., |*ser*; teil|en, (arith.) d,|dieren; |*dere*; (share) *partager*, verteil|en, *distribuere;* & v. separate. **Divis'|ible**, a., *ible,* t|bar, *d|ibile.* '|ion, n., |*ion*, f., *partage*, m.; T|ung, f., V|ung, f.; *d|ione, distribuzione.* **Div'idend**, n., |e, m.; |*e*, f.; |o, m.
Divin|e', a., *d|,* göttlich, *d|o.* |e', m., v. theologian. |e', t., *deviner*, erraten, *indo-*

Diving-bell — 46 — Down

vinare. '|ity, n., |ité, f., Gottheit, d,ità; & v. theology.
Di'ving-bell, n., *cloche de plongeur*, f.; Taucherglocke; *apparato di palombaro*, m.
Divorce', n., d-, m.; Ehescheidung, f.; *divorzio*, m.
Divulg|e', t., |uer, bekannt machen, d|are.
Diz'z|iness, n., |y, a., *vertige*, m., *pris de v-;* Schwindel, '|ig; *vertigin e*, f., |oso.
Do (ou; did, done), t., *faire* (with, *de*); thun, machen (mit, dat.); *fare (di);* (a service) *rend,re*, leisten, r,ere; (justice) *f-*, widerfahren lassen. r,ere; & v. finish, cook; — o's best, *f- de son mieux*, sein Bestes thun, *f- il suo possibile;* — up, v. repair, pack up, tire. Do, i., *f-*, th-, *f-;* (impers.) *aller*, gehen, *andare;* (health) *se porter*, sich befinden, *stare;* & v. suffice; (with) v. deal; that will —, *cela ira,* das geht, *ciò farà, va bene;* (suffice) *cela suffit*, das genügt, *basta;* — away with, v. abolish; — for, v. spoil, kill; have done with, *en avoir fini avec*, fertig sein mit, *avere finito di;* have to — with, *avoir affaire à*, mit e-m zu thun haben, *aver da fare con;* — without, *se passer de*, entbehren, *far senza.* Do, aux.; — you think, *pens,ez-vous*, glaub'en Sie, p,ate? I —, *je p e,* ich g'e, p'o; so — I, *et moi aussi*, ich auch, *anch' io;* I — not, *je ne p,e pas,* ich g'e nicht, *non p'o;* nor (neither) — I, *ni moi non plus*, ich auch nicht, *nemmeno io;* did he — it? *l'a-t-il fait,* hat er das gethan, *ha fatto ciò?* I don't think he did, *je crois que non.* ich glaube nicht, *credo di no;* — (come, etc.)! *je vous en prie*, bitte, *ve ne prego, di grazia!* '|ings, n. pl., *faits,* m. pl.; Beginnen, n.; *fatti,* m. pl. strange—. *curieuse histoire*, kuriose Geschichte, *bella storia.*
Doc'ile, a., d-, gelehrig, d-.
Dock, n., *bassin,* m., d-; D-, n.; *vacino,* m.; (prisoner's) *barre,* f.; Schranken, f. pl.; *tribuna,* f. '|yard, n., *arsenal de marine,* m.; See-A-, n., *d-; a e della marina,* m.
Doc't or, m., *eur*, Dokt or, *dottore.* —, t., *médicamenter,* d,ern, *medicare.* |r|ne, n., |rine, f.; Lehre, Doktrin; *dottrina.*
Doc'ument, n., d-, m.; Dok-, n.; d'o, m.
Dodge, n., v. trick, artifice; (t.) v. evade.
Doe (ō), n., *biche,* f., Hindin, *cerva.*
Does (äz), 3. pers. sg., pr. ind., v. do.
Doff, t., *ôter,* ablegen, *levare.*
Dog, n., *chien.* m., Hund, *cane.* —, t., v. follow (closely). '|days, n. pl., *canicule,* f.; H,stage, m. pl.; *canicole,* f. pl. '|ged, a., v. obstinate. ' *gerel,* n., *mauvais vers,* m. pl., schlechte V'e. v,*acci.*
Dole out, t., v. distribute.
Dole'ful, a., v. sad, sorrowful.
Döll, n., *poupée,* f., Puppe, *bambola.*

Dol'phin, n., *dauphin,* m., Delphin, *delfino.*
Dölt, m., *lourdaud,* Tölpel, *balordo.*
Domain', n., |e, m.; Domäne, f.; *dominio,* m.
Dome, n., *dôme,* m.; Kuppel, f.; *cupola.*
Domes't|ic, a., m. & f., |*ique;* häuslich, Dienstbote, m., Dienerin, f.; *domestico,* a. & m., *serva,* f.
Dom'icīl e, n., e, m., Wohnsitz, d|io.
Domin eer', i.; —over, *tyrannis|er,* |ieren, *tiranneggiare.* |eer'ing, a., v. imperious, overbearing. '|ican, m., |icain, |ikaner, *domenicano.* '|ion, n., *ation,* f.; Herrschaft; d|io, m.; (pl.) *empire,* m.; Gebiet, n.; *d io,* m. Dom'in|oes, n. pl., |o, m.; |o-spiel, n.; |o, m.
Don, t., *mett|re,* anziehen, m|*ersi.*
Dona'tion, n., d-, f., Schenkung, *donazione.*
Done (ä), pp., v. do; I have —, *j'ai fini,* ich bin fertig, *ho finito;* (int.) *tope,* topp, *fatto!* well —, *bravo,* b-, b-! (a.) *fini,* zu Ende, *f|to;* — for, v. broken, worn out.
Don'key, n., *âne,* m., Esel, *asino.*
Don't (ō), v. do not.
Do'n|or, m., |*ateur,* Geber, d,*atore.*
Doom (ou), t., v. condemn; (n.) v. judgment, fate. '|sday, n., *jour du jugement dernier,* m., jüngster Tag, *giudizio universale.*
Door (ō), n., *port|e,* f., Thür(e), p|a; (carriage-) p'ière, f.; Schlag, m.; p|iera, f.; next —, *à côté,* nebenan, *accanto;* out of 's, *dehors,* draußen, *fuori;* in-'s, *à la maison,* im Hause, *dentro.* '-keeper, m., concierge. T|hüter, p|inajo. '-post, n., *jambage de p|e,* m., T|pfosten, *stipite.* '-way, n., v. entrance.
Dor'|ic, a., |*ique,* isch, |*ico.*
Dor'mant, a.; |e —, d'mir, ruhen, d,*mire.* |mouse, n., *loir,* m., Siebenschläfer, *ghi-*
Dose (ōce), n., d-, f., Dosis, *dose.* [ro.
Dor'o|thy, f., '|*thée,* |thea, |*tea.*
Dot, n. & t., *point,* m., marquer d'un p-; Punkt, |ieren; *punto,* eggiare.
Do'tage (doat-), n., *radotage,* m.; zweite Kindheit, f.; *rimbambimento,* m.
Doub'le (äb), a., d-; doppelt, zweifach; *doppio.* —, t., *r*, verdoppeln, (rad)-doppiare. -dealing, n., v. duplicity. |t, n.; (vest) *pourpoint,* m.; Wamms, n.; *doppone,* m.
Doubt (daout), n., i. & t., *dout|e,* m., |er; Zweifel, |n, bezweifeln; *dub|bio,* |*itare.* '|ful, a., *douteux,* z|haft, *dubbioso.* '|less, ad., *sans doute,* ohne Z-, *senza dubbio.*
Dough (dō), n., *pâte,* f.; Teig, m.; *pasta,* f.
Dove (äv), n., *colomb|e,* f., Taub|e, c,a. '|cote, n., c,*ier,* m.; T,enschlag; c|*aja,* f.
Dow'ager, f., *douairière,* Witwe von Stande, *vedova nobile.* [f.
Down (aou), n., *duvet,* m.; Flaum; *piuma.*
Down (aou), prp., *en bas de* (a hole, etc.); auf (dat.) .. hinunter, in (ac.) .. hinein;

giù su .., in: — hill, en descendant, bergab, all' ingiù; — stairs, en bas, unten, abbasso; — stream, en aval, stromab, a seconda della corrente. Down, ad., en bas; hinab, herunter; giù, abbasso. '|cast, a., abattu, (eyes) baissé; niedergeschlagen; abbattuto. '|fall, n., chute, f.; Fall, m.; caduta, f. '|right, a., franc, offen, schietto; & v. absolute. '|wards, ad., en bas, abwärts, all' ingiù. [dune.
Downs (aou), n. pl., dunes, f. pl., Dünen.
Dow'ry (aou), n., dot, f.; Mitgift; dote, m.
Doze, i., sommeiller, schlummern, sonnacchiare. [dozzina, f.
Doz'en (äz), n., douzaine, f.; Dutzend, n.;
Drab, a., marron, grau, bigio.
Draft (ah), n., (rough copy) brouillon, m.; Concept, n.; abbozzo, m.; (banker's) traite, f., Tratte, tratta; & v. sketch, draught. —, t., (deed, etc.) rédiger, aufsetzen, abbozzare; (mil.) v. detach.
Drag, n., frein, m.; Hemmschuh; scarpa, f.; (-hook) drague, f.; Baggerhaken, m.; cucchiaja, f.; & v. coach. Drag, t., trainer, schleppen, (s)trascinare; v. dredge.
Drag'oman, m., drogman, dragoman, D-,
Drag'on, n., d-, m., Drache, drago. |[no.
Dragoon' (oun), m., dragon, |er, |e.
Drain, t., dessécher, saigner; drainieren, trocken legen; seccare, far scolare; & v. empty. —, n., tranchée, f.; Graben, m.; fossa, f.; (sewer) égout, m., Abzugskanal, canale. '|age, n., |age, m.; |age, f.; drenaggio, m.
Drake, n., canard, m., Enterich, maschio dell' anitra.
Dram, n., drach|me, f., |me, |ma; (spirits) petit verre, m.; Gläschen (Cognac), n.; bicchierino (di acquavite), m.
Dra'm|a (ahma), n., |e, m.; |a, n.; |ma, m. |ät'ic(al), a., |atique, |atisch, |matico. '|ätist, m., auteur d'|atique,|atiker, autore
Drank, imp., v. drink. [d,matico.
Dra'per, m., marchand de draps, Tuchhändler, pannajuolo; (linen-) m-de nouveautés, Weißzeughändler, mercante di tele. |y, n., |ie, f.; Tuchwaren, f. pl.; drapperia, f.; (linen-) nouveautés, f. pl.; Weißzeug, n.; tele, f. pl.; (of statue) d|ie, f.; Faltenwurf, m.; panneggiamento.
Dras't|ic, a., |ique, |isch, |ico.
Draught (ahft), n., (drink) trait, m.; Zug; tirata, f.; (med.) potion, f.; Trank, m.; pozione, f.; (of air) courant d'air, m.; Z-; corrente di aria, f.; (nav.) tirant, m., Tiefgang, pescare; & v. draft. '-board, n., damier, m.; Damenbrett. n.; tavoliere, m. '|s, n. pl., jeu de dames, m.; Brettspiel, n.; giuoco di dama. m.; play at —, jouer aux d-, Dame spielen, giuocare a dama. '|sman, m., dessinateur, Zeichner, disegnatore.

Draw (drew, drawn), t., tirer, ziehen, tirare (upon, sur; auf, ac.; su di); (sketch) dessiner, zeichnen, disegnare; (water) puiser; schöpfen; attignere, tirare; (of ships) tirer, tief gehen, pescare; (a tooth) v. — out; (breath) pousser, schöpfen, pigliare; (attract) attirer, anziehen, attirare; — back, retirer, zurückziehen, ritirare; (i.) se r-, sich z-, ritirarsi; — near, v. approach; — off, (wine, etc.) tirer, abziehen, travasare; — out, arracher, ausziehen, cavare; — up, (deeds) rédiger, aufstellen, stendere; (mil.) ranger, aufstellen, schierare; (stop a carr.) s'arréter, halten, fermarsi. '-back, n., v. disadvantage, discount. ' bridge, n., pont-levis, m.; Zugbrücke, f.; ponte levatojo, m. '|er, n., tiroir, m.; Schublade, f.; tiratojo, m.; (of bill) tireur, m., Zieher, traente. '|ers, n. pl., caleçon, m.; Unterhosen, f. pl.; sottocalzoni, m. pl.; chest of —, commode, f.; K-; cassettone, m. '|ing, n., dessin, m.; Zeichnung, f.; disegno, m. '|ing-room, n., salon, m.; S-; sal|one, |otto.
Drawl, i., trainer ses paroles, die Worte dehnen, favellare a stento.
Dray, n., camion, Güterwagen, carrettone.
Dread (ëd), t. & n., crain|dre, |te, f.; fürchten, Furcht; temere, spavento, m. '|ful, a., terrib'|le, schrecklich, tile.
Dream (īme), n. & i., réve, m., 'r; Traum, träumen; sogn|o, |are; — of (doing sthg.), songer à, daran denken, sognare a. '|er, m., réveur, Träumer, sognatore, (fig.) visionario.
Drea'ry (īrī), a., lugubre, traurig, tristo.
Dredge, t., (harbours, etc.), draguer, ausbaggern, dragare.
Dregs, n. pl., lie, f., Hefe, feccia.
Drench, t., tremper, durchnässen, bagnare.
Dres'd|en, n., |e, f.; |en, n.; |a, f.
Dress, t., habiller (i.: s'h-, faire sa toilette); (an)kleiden (sich a-, T- machen); abbigliar|e, vestir,e (|si, far toeletta); (a wound) panser, verbinden, fasciare; (hair) coiffer, frisieren, acconciare; (food, etc.) appréter, zubereiten, acconciare. —, n., habillement, m.; Kleidung, f.; vestimento, m.; (ladies') robe, f.; Kleid, n.; vestito, m.; in full —, en grande toilette, in Gala, in abito di g-. '-coat, n., habit(habillé), m., Frack, frac. '|er, n., (kitchen-) |oir, m.; Anrichte, f.; tavola di cucina. '|ing-case, n., nécess|aire (de toilette), m.; Toilettenkästchen, n.; n|ario, m. '|ing-gown, n., robe de chambre, f.; Schlafrock, m.; veste da camera, f. '|ing-room, n., cabinet de toilette, m.; Ankleidezimmer, n.; gabinetto di toeletta, m. '|maker, f., couturière, Schneiderin, sarta.

Drew (ou), imp., v. draw.
Drib'|ble, t., *dégoutter*, tröpfeln, *gocciolare.* |blet, n.; in |s, *brin à b-*, in kleinen Mengen, *a goccia a g-.*
Dried (aïd), imp. & pp., v. dry.
Drift, n., (snow, etc.) *amas,* m., Haufen, *mucchio;* (fig.) v. direction, object. —, t., *pousser,* treiben, *spingere.* —, i., *dériv'er,* treiben, *d|are;* (snow, etc.) *s'amasser,* s. anhäufen, *accumularsi.*
Drill, t., *percer,* d|en, *forare;* (mil.) *exercer, dresser;* einexerzieren, d|en; *esercitare* —, n., *foret,* m., D|bohrer, *succhiello.*
Drink, n., *boisson,* f.; Getränk, n.; *bevanda,* f.; (habit) *b-;* Trunk, m.; *bere.* — (drank, drunk), t., *boire,* trink'en, *be(ve)re.* '|able, a., *potable,* t|bar, *bevibile.*
Drip, i., *dégoutter,* tröpfeln, *gocciolare;* |ping wet, *trempé,* durch u. d- naß, *fradicio.* '|ping, n., *graisse (de rôti),* f.; Fett (des Bratens), n.; *unto (dell' arrosto),* m.
Drive (drove, driven), t., *pousser,* treiben, *spingere;* (cattle) *mener,* t-, *menare;* (machine) *mouvoir,* t-, *larorare;* (carr., etc.) *conduire,* führen, *condurre;* (bargain) v. make; & v. compel, chase; — away, out, *chasser,* fortjagen, vertreiben, *scacciare;* — back, *repousser,* zurückschlagen, *respingere;* — in, *enfoncer,* einschlagen, *ficcare;* — into exile, v. banish; — mad, *faire enrager,* rasend machen, *far arrabbiare;* — to despair, *réduire au désespoir,* zur Verzweiflung bringen, *spingere alla disperazione.* —, i., *aller en voiture,* fahren, *andar in carrozza;* & v. rush, dash, drift; — at, *viser à,* zielen auf(ac.), *mirare a;* — away, off, *partir,* abfahren, p|e; — on, *arancer,* weiter fahren, *andare avanti;* — on! *en route,* vorwärts, *avanti!* —, n., *promenade en voiture,* f., Spazierfahrt, *passeggiata in carrozza.* 'r, m., *cocher,* Kutscher, *cocchiere.*
Driv'el, i., (flg.) *radoter,* faseln, *anfanare.*
Driz'zle, i., *bruiner,* rieseln, *piovigginare.*
Droll (ō), a., *drôle,* drollig, *comico.*
Drone, n., *bourdon,* m.; Hummel, f.; *fuco,* m.; (sound) *b-,* Brummbaß, *bordone.*
Droop (ou), i., v. hang down, languish.
Drop, n. & i., *goutte,* f., *dégoutter;* Tropfen, m., t-; *gocci a.* f., '|olare; & v. fall. —, t., *laisser tomber,* fallen lassen, *lasciar cadere.* [*idropisia.*
Drop'sy, n., *hydropisie,* f., Wassersucht,
Dross, n., *scori es,* f.pl., Schlacke, f.. *s'ai;* & v. refuse, n. [*seccezza.*
Drought (aout), n., *sécheresse,* f., Dürre.
Drove, n., *troupeau,* m.; Herde, f.; *armento.* —, imp., v. drive. |r, m., *conducteur (de bestiaux),* Viehtreiber, *mandriano.*

Drown (aou), t., *noyer,* ertränken, *annegar|e;* (voice) *étouffer,* übertäuben, *affogare;* be |ed, —, i., *se n-,* ertrinken, *a e.*
Drow'sy (aou), a., *assoupi,* schläfrig, *sonnacchioso.*
Drub, t., v. beat.
Drud'gery, n., *ouvrage fatigant,* m.; mühsame Arbeit, f.; *servizio vile,* m.
Drug, n., *drogue,* f.; D-, Apothekerware; *droga.* "gist, m., '|gist's shop, n., *droguiste, pharmac ien,* |ie, f.; Apothek|er, |e, f.; *spez|iale,* |eria, f.
Drug'get, n., *drog'uet,* m., |ett, |hetto.
Dru'id, m., '|ical, a., |e, |ique; |e, |isch; |o, |ico.
Drum, n., '|mer, m., *tambour,* m., t-; Tromm|el, f., |ler; *tambur|o,* m., |ino.
Drunk, a. (pp., v. drink, t.), "ard, m., *irr|e,* 'ogne; betrunken, Trunk|enbold; *ubbriaco.* '|ne. '|en, a., *adonné à la boisson,* dem T|e ergeben, *dato al bere.* "|enness, n., *irresse,* f., T|enheit, *ubbriachezza.*
Dry, a., t. & i., *sec, sécher;* trock|en, |nen; *secco, asciugare;* — up, t. & i., *desséchar,* se d-; austrocknen; *seccar|e,* |si. '|ness, n., *sécheresse,* f., T|enheit, *seccezza.* [*bioso.*
Du'bious, a., *douteux,* zweifelhaft, *dub-*
Duch'ess, f., '|y, n., *|esse,* 'é, m.; Herzog|in, |tum, n.; *d'essa, ducato,* m.
Duck, n., *canard,* m.; Ente, f.; *anitra.* —, t., v. plunge; — the head, v. nod.
Due (iou), a., *dû,* schuldig, *debito;* & v. proper, payable; the train is —, = ought to arrive; fall —, *échoir,* fällig werden, *scadere.* —, ad., (north, etc.) exactement, genau, *esattamente.* —, n., *dû,* m., (tax) *impôt;* Gebühr, f., Steuer; *debito,* m., *imposta,* f.
Du'el, n., *d-,* m., '|l, n., |lo, m.
Du'et, n., |o, m.; |ett, n.; |etto, m.
Duke, m., *duc,* Herzog, *duca.* '|dom, n., v. duchy.
Dull, a., (weather) *sombre,* trübe, *bujo;* (sound) *sourd,* dumpf, *sordo;* (colour, metal, etc.) *terne,* matt, *smorto;* & v. slow, stupid, tedious, sad, blunt; be — of hearing, *avoir l'oreille dure,* harthörig sein, *essere duro d'orecchio.* Dul(l)'ness, n., *état sombre (etc.),* m.; Trübheit, f.; *oscurità;* (fig.) *ennui,* m., Langeweile, f.; *noja;* & v. slowness, etc.
Dum|b (âme), a., *muet,* stumm, *muto.* '|my, m., m-, S|e, *mutolo;* (whist) *mort,* Strohmann, *morto.* [*gnocco.*
Dump'ling, n.. *boulette,* f.; Kloß, m.,
Dun, a., (horse) *brun,* dunkelbraun, *sauro.*
Dunce, n., *sot,* Dummkopf, *stupido.*
Dung, n., *fumier,* m., Mist, *concio.* [*ta,* f.
Dun'geon, n., *cachot,* m., Kerker; *segre-*
Dupe, t., v. deceive, cheat; (m. & f.) *dupe,* f.; Betrogene, m. & f.; *vittima,* f.
Duplic'it|y, n., |é, f., Falschheit, d|à.
Du'r|able, a., '|able, dauerhaft, *d|evole.*

Durst — 49 — Edge

|a'tion, n., |*ée*. f., Dauer. *d ata.* |ance,
|ess, n., v. imprisonment. ing, prp..
pendant, wahrend, *d|ante.*
Durst (eur), imp., v. dare.
Dusk, n.. *brune,* f. (at, *à la*); Dämmerung
(in der); *crepuscolo,* m.(*sull' imbrunire).*
Dust, n. & t.. *poussière.* f., *épousseter;*
Staub, m., abstäuben; *polvere.* f.. *spolverare.* 'er, n., *torchon,* m., Staublappen,*spolveratojo.* 'y, a., *poudreux,* staubig. *polveroso.*
Dutch, a., 'man, m.. "woman, f.. *hollandais, H-*, e; holländ|isch, 'er, 'erin; *olandese.* a., m. & f.
Du't'iful, a., v. obedient, respectful. 'y. n., *devoir.* m.; Pflicht, f.; *dovere.* m.: (tax) *droit,* m., Zoll, *dazio;* on —, *de servi|ce.* im Dienst, *di s'zio.* [*n'o. a.*
Dwarf, m. & f.. *nain,* e; Zwerg. in; *na-*
Dwell (dwelt, d-). i.. 'ing, n., *demeur'er,* 'e, f.; wohn'en, ung; *abita.re, zione;* & v. live, rest, residence; (upon) *s'arréter (sur),* verweilen (bei), *parlare a lungo*
Dwin'dle, i., v. diminish. [(*di*).
Dye (ai), n. & t., Dy'er, m., *tein ture,* f.. |*dre,* |*turier;* Farbe, färb|en, |er; *tin,tura,* |*ge-*
Dy'ing, pres. p., v. die. [*re,* '*tore.*
Dy'nast|y, n., |*ie,* f., |*ie, dinastia.*
Dys'ente,ry, n.. *rie.* f., rie. *dissenteria.*
Dyspep's|ia, n., *ie,* f., Verdauungsschwäche, *dispepsia.*

E.

Each (ītch), prn., *chaque,* jeder, *ciascuno;*
— one, *chacun,* ein j-, c-; — other, *l'un l'autre,* einander, *l'un l'altro.*
Ea'ger (īgh), a., |ness, n., *avid e.* '*ité,* f.
(for, *de*): begier ig. |de (nach); *a'o,* |*ità (per);* & v. zealous, earnest.
Ea'gle (ī), n., *aigle,* m.; Adler; *aquila,* f.
Ear (ī), n., *oreille,* f.; Ohr, n.; *orecchio,* m.; (of corn) *épi,* m.; Ähre, f.; *spiga;* by —, *d'o-,* nach dem Gehör, *a o-;* a good —, *l'o- juste,* bon gutes G-, *l'o- fine.* "ache, n., *mal d'o-,* m.; O|enweh, n.; *male all' o-,* m. "ring, n., *boucle d'o-,* f.; O'ring. m.; *pendente.* "wig, n.. *perceo's,* m.; O|wurm; *formica pinzajuola,* f.
Earl (eurl), m., *comte,* Graf, *conte.*
Ear'ly (eur), a., (hour) *peu avancé,* früh, *mattutino;* (fruit) *précoce.* hâtif; früh- (zeitig); *primaticcio;* (season) *avancé,* f-, *prematuro;* (death) *prématur'é,* f-, *p'o;* (pers.) *matin,at,* |*eux;* f- aufstehend; *che si alza di buon' ora.* —, ad., *de bonne heure,* f-, *di buon' ora.* [*gnare.*
Earn (eurn), t., *gagner.* verdienen. *guada-*
Ear'nest (eur), a., *séri|eux,* ernst, *s'o;* in —, *au s|eux,* im E-, *sul s|o;* & v. ardent, zealous. —, -money, n., *arrhes,* f. pl.;
Handgeld, n.; *caparra.* f. ly, ad., *s euse-*

Conversation Dictionary.

ment, e lich, *s amente.* ness, n., *s|eux,* m.; E-; *s|età,* f.; & v. zeal.
Earth (eur), n.. *terr'e.* f., Erde, *t a.* 'en, a., *de t e,* irden. *di t a.* 'enware, n., *poterie,* f.. Töpferware, *t aglia.* 'ly, a., *t estre.* irdisch, *t'estre;* & v. worldly.
'quake, n.. *tremblement de t e,* m.; Erdbeben, n.; *terremoto,* m. "y, a., *terr|eux,* erdig, *t eo.*
Ease, n.. *facili' é.* f.. Leichtigkeit, *f,à;* (comfort) *aise (s),* f., Bequemlichkeit, *agiatezza;* at o's —. *à son a-.* gemächlich, *a bell' agio;* & v. repose, relief.
Ease, t., *adoucir,* lindern, *addolcire;* & v. relieve. Ea'sy, a., *facile, aisé;* leicht; *f-, agevole;* (manner, style) *libre,* ungezwungen, *disinvolto;* (stages) v. short; & v. tranquil, good-natured, comfortable. -chair, n.. *fauteuil.* m.; Lehnstuhl; *poltrona,* f. Ea'si.ly, ad., *facilement,* leicht. *f mente.* 'ness, n., v.ease.
Ea'sel, n., *chevalet.* m.; Staffelei, f.; *cavalletto,* m.
East, n., *est,* m. (in the, *à l'*), *orient;* Ost(en) (im), Orient; *levante (a),* o|e. 'erly, 'ern, a.. *de l'e-, d'e-;* östlich; *del l-;* & v. oriental. [*pasqua.* f.
Eas'ter, n., *Pâques,* m. pl.; Ostern, f. pl.;
Eat (ate, eaten), t., *mang,er;* essen, (of animals) fressen; *m'iare;* (away, t.; into, i.) v. corrode. "able, a., *m'eable,* eßbar, *m iabile.* "ables, n. pl., *comestibles,* m. pl.; Eßwaren, f. pl.; *commestibili,* m. pl. "er, m., *m'eur,* Esser, *m|iatore.* "ing-house, n.. *restaur,ant,* m.; 'ation, f., Speisehaus, n.; *trattoria,* f.
Eaves, n. pl., *bords d'un toit.* m.pl.; Traufe, f.; *gronda.* "dropper, m. & f., v. listener.
Ebb, n. & i., *reflux,* m., *baisser;* Ebbe, f., in; *riflu sso,* m., *ire.* [*no,* m.
Eb'ony, n., *ébène,* f.; Ebenholz, n.; *ebano.*
Ebulli'tion, n., *ébulli|tion,* f., Aufwallung, *e|zione.*
Eccen'tric, a., *excentri'que,* |sch. eccentrico.
Ecclesias'tical, a., *ecclésiast ique,* geistlich, *e'ico.*
Echo (ěko), n. & t., *écho,* m.. *faire é-,* répéter; E-, n.. Wiederhall, m., 'en; *eco,* m., *far e-, ripetere.*
Eclipse', n. & t., *éclips e,* f., 'er; Verfinster|ung (of sun, Sonnenfinsternis), |n; *ecliss'e.* 'are.
Econ'om|y, n., *ise,* t., 'ical, a., *é|ie,* f., *iser, ique;* Spar|samkeit, |en, |sam; *e'ia, risparmiare, e,ico.*
Ec'stasy, n., *extase,* f., Ekstase, *estasi.*
Ed'dy, n., *tourbillon,* m.; Wirbel, *turbine,*f.
Edge, n., (of knife) *tranchant,* m.; Schneide, f.; *taglio,* m.; (rim, etc.) *bord,* m., Rand, *orlo;* (of book, etc.) *tranche* f., Schnitt, m.; *taglio;* (of stone, etc.) *aréte,* f.; Kante, f.; *orlo,* m., *angolo;* it sets

4

my teeth on —, *cela m'agace (les nerfs)*, es geht mir durch Mark u. Bein, *mi allega i denti*. —, t., v. border, sharpen. '|wise, ad., *de champ*, auf der (die) Kante.
Ed'ible, a., v. eatable. [*sull' orlo*.
Ed'if Ice, n., |ȳ, t., |ying, a., |ica'tion, n., é ice, m., 'ier, |iant, 'ication, f.; Gebäude, n., erbau'en, |lich, ,ung, f.; *edifizio*, m., 'icare, 'icante, ,icazione, f.
Ed'inburgh (bärra), n., *Edimbourg*, m.; Edinburg, n.; *Edimburgo*, m.
Ed'it, t., or, m., é'er, |eur, (of newsp.) *rédiger, rédacteur*; herausgeb'en, |er, R.-; *pubblicare*, e'ore, *redattore*. Edi'tion (ich), n., é-, f., Auflage, *edizione*.
Ed'|mund, m., |*mond*, |mund, |*mondo*.
Ed'uc'ate, t., |a'tion, n., *élever, éducation*, f.; erzieh'en, |ung, Bildung; *educare*, 'azione; well-e|ated, *instruit*, gebildet, *istrutto*.
Ed'ward, m., *Édouard*, Eduard, |o.
Eel, n., *anguille*, f.; Aal, m.; *a a*, f.
Efface', t., 'r, auslöschen, *cancellare*.
Effect', n. & t., *effet*, m., *effectuer*; Wirkung, f., bewirken; *effetto*, m., |*uare*; & v. accomplish, execute, ive, |ual, a., *effectif, icace*; wirksam; *effettivo, icace*. |s, n. pl., *effets*, m. pl., |ekten, |*etti*.
Effem'inate, a., *efféminé*, weibisch, *e'ato*.
Effervesce', i., *être en e nce*, aufbrausen, *esser in e nza*.
Effi'cacy, |c'iency (ich), n., ,ca'cious, |c'ient, a., '*cacité*, f., '*cace*, *cient*; Wirksam'keit, w|; *e cacia, cace, ciente*.
Efflu'vi|um (pl. |a), n., *exhalaison*, f.; Ausdünstung; *effluvio*, m.
Effort, n., e-, m.; Anstrengung, f.; *sforzo*, m. [*ciatezza*.
Effron'ter|y (rä), n., |*ie*, f, Frechheit, *sfa-*
Egg, n., *œuf*, m.; Ei, n.; *uovo*, m.; (soft) boiled |s, *œufs à la coque*, (weich) gesottene Eier, *uova da bere*. '-cup, n., *coquetier*, m., Eierbecher, *porta-uovo*.
Eg'o(t)is m, n., 't, m., |tical, a., *égoïs me*, m., '*te*; 'mus, |t, |tisch; |*mo, |ta, |tico*.
Egre'gious, a., v. arrant. |ly, ad., v. utterly. [*scita*, f.
E'gress, n., *sortie*, f.; Ausgang, m.; u-
E'gyp|t, n., '|tian, a. & m., *l'Égypte*, f., |*ien*; Ägypt|en, n., |isch, |er; *Egitto*, m., |*ziano*. |*daune*, f.; *piuma*.
Ei'der-down (ai), n., *édredon*, m.; Eider-
Eigh|t(ēt), a., th, a., *huit*, *ième*; e|; *otto, 'avo*. '|teen,' teenth, *dix-huit*, '*ième*; achtzehn, |te; *diciotto, esimo*.'|ty,'|tieth, *quatre-vingt(s)*, |*ième*; achtzig, |ste; *ottant a*, |*esimo*.
Ei'ther (ai & ī), prn., *l'un ou l'autre*; einer von beiden; *l'vn o l'altro*; not —, v. neither. —, cj., ou (or, *ou*), entweder (oder), *o (o)*; nor I —, *ni moi ncn plvs*, ich auch nicht, *e nemmeno io*.

Ejacula'tion, n., v. exclamation.
Ejec|t', t., *rejeter, expulser*; (hin)auswerfen; *gettar fuori, espellere*. '|tion, n., *expulsion*, f., Vertreibung, *espulsione*.
Eke, t.; — out, *suppléer à*, ergänzen, *supplire a*. [gearbeitet, *e ato*.
Elab'or ate, a., é é, *soigné*, sorgfältig aus-
Elapse', i., *s'écouler*, verfließen, *scorrere*.
Elas'tic, a., *élastique*, isch, |*ico*.
Elate', t., *enorgueillir*, aufblähen, *imballbe*, n., *E-*, m.; *E-*, f.; *Elba*. [*danzire*.
El'bow, n., *coude*, m., Ellbogen, *gomito*.
El'der, n., *sureau*, m., Holunder, *sambuco*.
El'd'er, m., *ancien*, Ältester, *anziano*; (a.) plus *âgé*, älter, *più vecchio*. |erly, a., *un peu âgé*, ältlich, *attempato*. 'est, a., *aîné*, älteste, *maggiore*.
El'eanor (lī), f., *Éléonor e*, |e, |a.
Elec,t', t., '|tion, n., *élire, élection*, f.; wählen, Wahl; *eleggere, elezione*. '|tor, m., *électeur*; Wähler, (prince) Kurfürst; *elettore*.
Elec',tric, a., |tric'ity, n., ,trify, t., *électrique, tricité*, f., |*triser*; elek trisch, tricität, '|trisieren; *elettrico, cità,* |*zzare*.
El'egant, n., *ce*, m., *élégan t, 'ce*, t'.; zierlich, keit; *e'te*, '*za*.
El'egy, n., *élégie*, f., E-, *elegia*.
El'ement, n., *élément*, m.; E-, n.; |o, m. |ary, a., *é aire*, |ar, '*ario*.
El'ephant, n., *éléphant*, m., E-, *elefante*.
El'ev ate, t., |a'tion, n., *élev|er*. |ation, f.; erheb en, ung; *elev'are, 'azione*.
Eleven, a., |th, a., *cnz e, ième*; elf, |te; *und ici, ecimo*.
Elf, n., *lutin*, m., Elf, *folletto*.
Elic'it, t., v. ascertain, bring to light.
El'igible, a., é-, wahlwürdig, *eleggibile*; & v. desirable.
Elix'ir, n., é-, m.; E-, n.; *elisire*, m.
Eli'z a, '|abeth, f., *Élis|e,* |*abeth*; |e, |abeth; |a, |*abetta*.
Elk, n., *élan*, m.; Elentier, n.; *alce*, m.
El'len, f., *Hélène*, |e, *Elena*.
Elm, n., *orme*, m.; Ulme, f.; *olmo*, m.
Elocu'tion, n., *étion*, f.; Vortrag, m.; *ezione*, f. [*gare*.
Elon'gate, t., *allonger*, verlängern, *allun-*
Elope', i., *s'enfuir*, entfliehen, *fuggire*.
El'oquent, n., *ce*, m., é,t, '*ce*, î'.; bered t, 'samkeit; *e'te, 'za*.
Else, a., v. other; anything —. *encore qc*., noch (sonst) etw., *cosa di più*; nothing —, rien de plus, sonst nichts, *niente di più*. —, (or —), ad., *autrement*, sonst, *altrimente*. '|where, ad., *ailleurs*, anderswo, *altrove*. [*avoid*.
Elu'cidate, t., '-, v. explain. Elude', t., v.
Em-, cf. Im-.
Ema'ciat ed, a., *décharné*, abgezehrt, e'o.
Em'anate, i., *éman er*, herrühren, *e are*.
Eman'cip ate, t., *é er*, 'ieren, '*are*.

Embalm'(ahm),t., *embaumer*, einbalsamieren, *imbalsamare*.
Embank'ment, n., *levée*, f , (rail.) *remblai*, m.; Damm; *argine*.
Embark', t. & i., *embarquer*, s'e-; einschiffen, sich e-; *imbarcare*, si.
Embar'r|assment, n., ass, t., 'as, m., 'asser; Verlegenheit, f., in V- setzen; *imbarazz'o*, m., 'are; & v. confuse, trouble. [schaft,*ambasciata*.
Em'bassy, n., *ambassade*, f., Gesandt-
Embel'l ish, t., 'ir, verschönern, *abbellire*.
Em'bers, n. pl., *braise*, f., heiße Asche, *bragia*.
Embez'zle, t., *détourner*, unterschlagen, *appropriarsi fraudolentemente*.
Em'blem, n., *emblèm'e*, m.; Sinnbild, n.; e'a, m. [(with, dat.), i'are.
Embod'y, t., *incorporer*, einverleiben
Emboss', t., *bosseller*, treiben, *in'tagliare*.
Embrace', t. & n., *embrass'er*, 'ement, m.; umarm|en, |ung, f.; *abbracci are*, |o, m.; & v. include, take, seize. [toja.
Embra'sure, n., e-, f., Schießscharte, *feritoja*.
Embroi'der, t., |y, n., *broder*, 'ie, f.; stick'en, |erei, f.; *ricam'are*, |o, m.
Embroil', t., (em)*brouiller*, verwickeln, *imbrogliare*.
Em'bryo, n., |n, m.; E', Keim; *embrione*.
Emenda'tion, n., v. correction. |*smeraldo*.
Em'erald, n., *émeraude*, f.; Smaragd, m.;
Emerge', i., *sortir*, *surgir*; auftauchen (from, aus); e|re. 'ncy, n., *cas imprévu*, m.; Notfall; *urgenza*, f. [n.; e'co, m.
Emet'ic, n., *éméti'que*, m.; Brechmittel,
Em'igra te, i., 'nt, m., '|tion, n., *émigr'er*, |*ant*, m., |*ation*, f.; auswander'n, |er, |ung; e'are, 'ante, 'azione.
Em'ily, f., *Emili'e*, |e, |a.
Em'inen t, a., |ce, n.. *éminen't*, 'ce, f.; hervorragend, Anhöhe, (fig.) H|en , n.; (tit.) E|z, f.; e'te, 'za, (hill) *collina*.
Em'issary, m., *émissaire*, Abgesandter, e|*ario*. [exhale, issue.
Emit', t., *jeter*, auswerfen, *emettere*; & v.
Emol'ument, n., é-, m.; Gehalt, n.; e'o, m. *machen. rendere caro*.
Emo'tion, n., é-, f., Bewegung, *emozione*.
Em'p|eror, m., |*ress*, f., |*ire*, n., *empereur*, *impératrice*, *empire*, m.; Kaiser, in, |reich, n.; *imper'atore*, *'atrice*, 'io, m.
Em'pha sis, n.. t'ic, a., 'se, f., *tique*; Nach'-druck, m., |drücklich ; *enfasi*, f., |*tico*.
Employ', t., |ment, n., 'er, *emploi*, m., anwend|en, |ung, (pers.) beschäftig|en, |ung, f.; *impieg'are*, 'o, m.; & v. use, occupy. [v. 'eror.
Empow'er, t., v. authorise. **Em'p|ress,** f.,
Em'pt y, a. & t., 'iness, n., *vid'e*, |er, |e,m. ; leer, |en, |e, f.; *ruot'o*, 'are, 'o, m.
Em'ül ate, t., |a'tion, n., *rivaliser (avec)*, é'*ation*, f.; wetteif|ern (mit), |er, m.; *em|are, 'azione*, f.
En-, cf. **In-**.

Ena'ble, t., *rendre capable (de)*, *mettre à même (de)*; befähigen, in stand setzen; *mettere in grado (di)*.
Enact', t., *décréter*, verordnen, *decretare*; (a law) v. make, pass.
Enam'el, n. & t., *émail*, m., 'ler; E-, n., Schmelz, m., c|lieren; *smalto*, *are*.
Enam'o(u)red, a., *épris* (of, *de*), verliebt (in, ac.), *innamorato (di)*.
Encamp', i., 'ment, n., *camp'er*, 'ement, m.; lag|ern, |er, n.; *accampa rsi*, |*mento*, m.
Enchant', t., 'er, bezaubern, *incantare*.
Encir'cle, t., *entourer*, umringen, *circondare*.
Enclos'e', t., *enclore* (with,*de*), (letter, etc.) *envoyer*; ein|schließen, bei|sch-; *rin'chiudere*. ac|ch-; & v. surround. ed, a., (letr.) *ci-inclus*, beiliegend, *acchiuso*. ure, n., *clôture*, f.; Einfriedigung; *recinto*, m.
Encore' (Fr.), t., *bisser*, da capo verlangen, *domandare bis*. [light.
Encoun'ter, t. & n., v. meet, |ing; attack,
Encour'ag e (cŭr), t., |ement, n., 'er. |ement, m.; ermutig|en, |ung, f.; *incoraggia're*, '*mento*, m.
Encroach' (ōtch), i., 'ment, n., *empiéter* (upon, *sur*), |*étement*, m.; ein'greifen (in, ac.), |griff; *usurpa're* (t.), |*zione*, f.
Encum'b|er, t., 'rance, n., *encombr'er*, |*ement*, m.; versperr|en, |ung, f.; *ingombr|are*, |o, m.; & v. impedie, |iment; embarrass,|ment; debt; |ed (estate), *grevé*, verschuldet, *ingomberato*.
End, n., *bout*,m., (conclusion) *fin*, f.; Ende, n.; *f'e*, m. & f.; & v. purpose; at an —, *fi*, zu E-, *fito*: in the —, *à la f-*, am E-, *alla fe*; on —, *debout*, aufrecht, *ritto*: no —, v. (a great) deal, many; to the — that, v. in order. —, t. & i., *finir* (with, in, *par*); beendigen, enden; *finire*. '|ing, n., v. termination. '|less, a., *sans fin*, endlos, *senza fine*.
Endän'ger (dēne), t., *mettre en danger*, gefährden, *esporre a pericolo*.
Endear' (ir). t., *rendre cher*, lieb (u. wert) machen. *rendere caro*.
Endeav'our (ĕv), n. & i., *effort*, m., *tâcher (de)*; Bestreben, n., sich b-; *sforz'o*, m., *'arsi*; & v. try.
Endow' (aou), t., *doter*, (fig.) *douer* (with, *de*); ausstatt en, begaben; *dotare (di)*. |ment, n., *dota'tion*, f., A'ung, d'*zione*; (fig.) v. gift, talent. [*tare (di)*.
Endue', t., *douer* (with, *de*), begaben, do-
Endur|e', t., 'er, *supporter*; ertragen; *sopportare*; & v. bear, suffer. |e', i., v. last. |*ance*, n., *souffrance*, f., Erduldung; *sofferenza*.
En'emy, m.. *ennemi*, Feind, *nemico*.
En'erg y, n., et'ic, a., *énerg ie*, f., |*ique*; |ie, |isch; *ia*, 'ico.
Ener'v|ate, t., é'er, entnerven, *snervare*.

4 *

Enfeeble — 52 — **Environ**

Enfee'ble, t., v. weaken.
Enforce', t., *faire exécuter*. geltend machen, *far eseguire*; & v. force, strengthen.
Enfran'chīse, t., (town. etc.) *accorder des privilèges à*, mit Freiheiten versehen. *investire di p.i.*
Engage', t., (serv.) *er, arrêter*; in Dienst nehmen. e ieren; *impiegare, impegnare*; (a seat) *retenir*, belegen, *ritenere*; (attention) *occuper*, in Anspruch nehmen, *cattivare*; & v. occupy. invite. fight. —. i.,s'e er (à), sich verpflichten, *impegnarsi*; (in) v. enter into. ed, a., *fiancé*, verlobt, *fidanzato*; & v. occupied. ement, n., *ement*, m., *obligation*, f.; Verbindlichkeit; *impegno*, m., *obbligo*; (to marry) *fiançailles*, f. pl.; Verlobung, f.; *promessa (di matrimonio)*; & v. occupation. battle. 'ing, a., v. attractive.
Engen'd er, t., 'rer. erzeugen. *generare*.
En'gīn e, n., *machine*, f., Maschine, *macchina*; & v. locomotive. 'eer', m., *ingenieur*, I-, *ingegnere*. e-driver, m., *mécanicien*. Maschinist, *macchinista*.
Eng'land (īng), n., *Angleterre*, f.; E-, n.: *Inghilterra*, f. **Eng'lish**, a., 'man, m., woman, f., *anglais*, A-, e; englisch. Engländer, in; *inglese*, I-; the English, *les Anglais*, die Engländer. *gli Inglesi*.
Engrave', t., 'ing, n., *graver, ure*. f.; (in Kupfer) stechen. gravieren. (K)stich. m.; *incidere*, f., *intagliare*, *stampa*, f. er, m., *gleur*, K stecher, *intagliatore*.
Engross', t., (fig.) v. absorb, occupy.
Enhance', t., *rehausser*, erhöhen, *far risaltare*; & v. increase.
Enig'ma, n., v. riddle. **Enjoin**, t., v. order.
Enjoy', t., *jouir (de)*. genießen (gen.), *godere*; (r.) *s'amuser*; sich amüsieren, s. unterhalten; *divertirsi*. able, a., v. pleasant, charming. ment, n., *jouissance*, f.; Genuß, m.; *godimento*; & v. pleasure.
Enlarge', t., *agrandir*, vergrößern, *aggrandire*; (i.) v. dilate. *illuminato*.
Enligh'tened (lait), a., *éclairé*, aufgeklärt.
Enlist', t. & i., *enrôler*, s'e-; werben, Soldat werden; *arrolare, si*.
Enli'ven, t., *animer*, beleben. *a'are*.
En'mity, n., *inimitié*, f., Feindschaft. *i'cizia*.
Enno'ble, t., *a noblir*, (fig.) *en n-*; adeln. veredeln; *nobilitare*, *annobilire*.
Enor'm¦ous, a., ity, n., *é e, ité*. f.; ungeheuer. lichkeit f., Empörende(s), n.; *e e, lità, f.* (de), genug. *abbastanza*.
Enough' (inäf), ad., *assez* (with noun, a-.
Enquire', i., v. In-.
Enrage', t., *rendre furieux*, wütend machen, *far arrabbiare*.
Enrap'ture, t., *ravir*. entzücken, *rapire*.
Enrich', t., *ir*, bereichern, *arricchire*.

Enrōl(l)', t., *enrôler*. einschreiben, *arrolare*.
Ensconce', t., v. hide.
En'sign (aïn), n., *drapeau*, m.; Fahne. f.; *bandiera*; (m.)*porte-drapeau*, Fähnrich, *alfiere*. [machen, r'er schiavo.
Enslave', t., *rend re esclave*, zum Sklaven
Ensue', i., *s'ensuivre*, erfolgen. *avvenire*; & v. follow. [*cornicione*, m.
Entab'l ature, n., *ement*, m.; Gebälk, n.; **Entail'**, t., (fig.) v. cause.
Entan'gle, t., (thread) *mêler*, verwikkeln, *arruffare*; (foot) *s'empétrer*, v-, *impacciarsi*; (fig.) *embrouiller*, v-, *imbrogliare*.
En'ter, t., *entrer dans*; (army. etc., à), eintreten in (ac.), *entrare in*; (name, etc.) *inscri re*, einschreiben, *i'rere*. —, i. (into), *s'engager (dans)*, sich einlassen (in, ac.). *entrare (in)*; (upon), v. (under)take, begin.
En'terprīs e, n., ing, a., *entre'prise*. f., *prenant*; Unternehmen, n., d; *impresa*, f., *intraprendente*.
Entertain', t., (guests) *recevoir*, empfangen, *ricevere*; (idea, etc.) *nourrir*, umgehen mit. *nudrire*; (an offer) v. consider; & v. amuse. regale. 'ment, n., v. reception. amusement, banquet.
Enthrone', t., *mettre sur le trône*, auf den Thron setzen, *intronizzare*.
Enthu'siasm, n., t, m. & f., 'tic, a., *enthousiasme*, m., *te*, *tique*; Schwärmerei f., er, 'erin, erisch; *entusias'mo*. m., *'ta, tico*.
Entice', t., *attir'er*, locken, *a'are*.
Entire', a., *entier*, ganz, *inter o*. ly, ad., *entièrement*; g-, gänzlich; *i'amente*.
Enti'tle, t., *intit'uler*, betiteln, *i'olare*; (give the right to) *donner droit à*, berechtigen, *dare diritto a*.
Entrails', n. pl., *entrailles*, f. pl.; Eingeweide, n.; *intestini*, m. pl.
En'tr ance, n., *ée*, f.; Eingang, m.; *eiata*, f. **Entranced'**, a., *rari*. entzückt, *estatico*.
Entrap', t., *attraper*, verstricken, *trappolare*.
Entreat', t., y, n., *suppli er*, *cation*, f.; anflehen. inständige Bitte; *s care*. *cazione*.
En'try, n., (in bk.) *inscription*, f., Eintragung, *iscrizione*; (of army, etc.) *entrée*, f.; Einzug, m.; *ingresso*; & v. entrance, passage, item. [*trecciare*.
Entwine', t., *en(tre)lacer*, verflechten, in-.
Enu'merate, t., *énumérer*, aufzählen, *e'are*.
Enun'ciate, t., *énoncer*. ausdrücken, *enunciare*; & v. proclaim.
Envel'op, t., *e per (with, de)*. einhüllen (in), *inviluppare (in)*. **En'velop!e** (Fr.), n., *pe*, f.; Couvert, n.; *busta*, f.
En'voy, m., *é*, Gesandter, *inviato*.
Envi'ron, t., v. surround. s, n. pl, s, m. pl.; Umgegend, f.; *contorni*, m. pl.

Envy — 53 — Etiquette

En'vy, n. & t., ious, a., ie, f., 'ier, |ieux; Neid, m., beneiden, n'isch; invidia, f., |are, |oso.
Ep'aulet, n., é'te, f.; Achselstück, n.; spallino, m. [efimero.
Ephem'eral, a., éphémère, vergänglich, Ep'ic, a., épi|que, |sch, |co. |e eo.
Ep'icur,e, m., gourmet, Feinschmecker, Epidem'ic, n., épidémi'e, f., |e. 'a.
Ep'igram, n., é|me, f.; ,m, m.; |ma, m.
Ep'ilepsy, n., épilepsie, f., Fallsucht, epilessia.
Epiph'an'y, n., É,ie, f.. ia. epifania.
Epis'cop'al, |a'lian, a., é'al, bischöflich, e|ale.
Ep'isode, n., é-, m.; E-, f.; episodio, m.
Epis'tle (issl), n., épitre, f., Epist|el, |ola.
Ep'itaph, n., é,e, f.; Grabschrift; epita-fio, m. [teto, m.
Ep'ithet, n.. épithète, f.; Beiwort, n; epi-
Epit'ome (mī), n., abrégé, m., épitomé; Auszug, Abriß; e-, f.
E'poch (ok), n , époque, f., Epoche, epoca.
E'quable, a., v. uniform. E'qual, a., égal; gleich; eguale, ug-; (able) capable (de faire), gewachsen (dat.), in grado (di); & v. uniform, even. —, t., é'er, gleichkommen (dat.). uguagliare. s, pl.; my —. mes pareils. meines Gleichen. i miei pari. "|ity (ol), n.. é'ité, f.; G heit; egualità, ug-. |ize, t., é iser, ausgleichen, ayguagliare. Equanim'it y (ĕk), n., calme, m.; G'mut; e'à, f. Equa'|tor, n., é'eur, m., Äquator, e,ore.
Eques'trian, a., équestre, reitend, e-.
Equilib'r|ium, n., é e, m.; Gleichgewicht, n.; e'io, m. [gleiche, f.; e nozia.
E'qui'nox, n., é'no.re, m.; Tag- und Nacht-
Equip', t., 'ment, n., é,er, 'ement, m.; ausrüst|en, |ung, f.; e aggiare, |aggiamento, m. Eq'uipage, n., é-, m., E-, f.; equipaggio, m. ['keit; equ'o, ità.
Eq'uit|able, a., |y, n., é'able, |é, f.; billig,
Equiv'alent, a. & n., é- (t,o, à), a. & m.; gleichgeltend (mit), Äquivalent, n.; e'e (a), a. & m.
Equiv'ocal, a., équivo'que, zweideutig, e co.
E'ra, n., ère, f., Zeitrechnung, era.
Erad'ic ate, t., extirper, ausrotten. e'are.
Erase', t., effacer, ausradieren,scancellare.
Ere (ēr), prp. & cj., v. before.
Erec't', a., droit, aufrecht, eretto. t', t..'tion, n., ériger, erezione; ; errichten, |ung; erigere, erezione; & v. build, establish. [lino, m.
Er'mīne, n., herm'ine, f.; |elin, n.; ermel-
Er'nest, m., E (e), Ernst, Ernesto.
Err (eur), i.. er, se tromper; (sich) irren; e are, ingannarsi. |at'ic, a., |ant, |atique; umherschweifend, (geol.) e|atisch; e|ante, |atico; & v. eccentric.
Er'rand, n.. v. message, commission.

Er'r,or, n., o'neous, a., eur, f., ,oné; Irrtum, m., |tümlich; e,ore, m., |oneo.
Er'üdi|te, a., |tion (ich), é|t, |lion, f.; gelehr|t, |samkeit; e|to, |zione.
Erup'tion, n., é-, f.; Aus'bruch, m., (med.) |schlag; eruzione, f.
Escape', n., évasion, f., (of gas, etc.) fuite; Entweichen, n.; erasione, f., scappata; make o's —, s'érader, entwischen, fuggire; have a narrow —, l'échapper belle, mit genauer Not entkommen, scapparla bella. —, i. (& t.), échapper (à), ent|weichen, |gehen (dat.), scappare (a); o's notice, memory, é- à qn.; übersehen werden, e-m entfallen; sfuggire, s- di mente
Es'chew (tchou), t., v. avoid. [a qd.
Escort', t., Es'cort, n., 'er, |e, f.; eskort'ieren, 'e; scort are, a. [schild, scudo.
Escut'cheon, n., écusson, m.. Wappen-
Espec'ially (ĕch'), ad., spécial ement, besonders, s'mente. [spianata, f.
Esplanade', n., e-, f.; (freier) Platz, m.;
Espouse', t., v. marry; (fig.) épouser, s. annehmen (gen.), abbracciare.
Es'quire, m.; A. B. Esq., Monsieur, Herr(n), Signor A. B.
Es'say, n., essai, m., Aufsatz, saggio; & v. trial. Essay', t., v. try.
Ess'en ce, n., 'tial, a., ,ce, f., |tiel; Wesen, n., E'z, f., w tlich; e,za, f., |ziale; & v. perfume.
Estab'lish, t., établir; gründ en, (com., etc.) e|leren; stabilire; & v. found, settle, confirm. 'ment, n., é'issement. m.; G'ung, f., E'issement, n.; s'mento, m.; & v. institution.
Estate', n., propriét,é, f.; Besitztum, n.. Gut; p'à, f.; (polit.) état, m., Stand, stato; & v. state.
Esteem', t. & n., estim'er, |e, f.; acht en. 'ung; stim'are, a; & v. deem.
Es'tim|able, a., |able; schätzbar, (pers.) achtungswert; stimabile. |ate, t. & n., |er, |ation, f.; schätz|en, |ung, veranschlagen, Anschlag, m.; stim|are, |a, f.; & v. calcul|ate, |ation. |a'tion, n., v. |ate, esteem, opinion.
Estrange' (éndje), t., 'ment, n., aliën'er, ,ation, f.; entfremd,en (from, dat.), 'ung; a'are, 'azione, f. [e,ario, m.
Es'tu ary, n., 'aire, m.; Mündung, f.;
Etch, t., 'ing, n., grav,er, |ure (f.) à l'eau forte; ätzien, |ung , Radierung; incidere, intaglio (m.) all' acqu f-.
Eter'n al, a., |ity, n., é el, |ité, f.; ewig, ;keit; e o, |ità.
E'ther, n., Ethe'rial, n., éther, m.,éthéré; Äther. |isch; eter'e, 'eo.
Eth'ic|s, n., 'al a., moral'e, f., m|; Ethi,k, |sch; etic,a, |o. [etnologia.
Ethnol'og|y, n.. |ie, f.; |ie, Völkerlehre;
Etiquette'(Fr.), n.,é-,f ,Etikette, elichetta.

Etymology — 54 — Excite

Etymol'og'y, n., é̩ie, f., |ie, *etimologia*.
Eu'clid (iou), m., ¦e, Euklid, *Euclide*.
Eu'logy, n., éloge, m.; Lobrede, f.; *elogio*, m. [*nia*, f.
Eu'phon'y, n., ¦ie, f.; Wohllaut, m.; *eufo-*
Eu'rop'e, n., ¦e'an, m., f., & a., 'e, f., 'éen, |éenne, 'éen; 'u, n., |üer, |üerin, |äisch, |a, f., 'eo. 'ea, 'eo.
Eus'ta'ce (iou), m., |che, |chius, |chio.
Evac'u'ate, t., ¦a'tion, n., é'er, ¦ation, f.; räum'en, ¦ung; e'are, 'azione.
Evade', t., éviter (adroitement), se soustraire à; ausweichen (dat.); schivare; & v. avoid; (i.) user de subterfuges, Ausflüchte machen, tergiversare. **Eva'sion**, n., é-, f., Ausflucht, e,e.
Evan'gelist, m., évangélist|e, E|, |a.
Evap'or'ate, i., ¦a'tion, n., s'é'er, 'ation, f.; verdunst en, ¦ung; e,are, ¦azione.
Eve, n., veille, f.; Vorabend, m.; vigilia, f.
Eve, f., Ève, Eva, E-.
E'ven, a., égal, uni; eben; uguale, piano; & v. level; (numb.) pair, gerade, pari; (temper) v. calm. —, ad., même, sogar, anzipure; (with compar.) encore, noch, ancora; not —, pas m-, nicht einmal, neppure; — though, quand m-, wenn auch, quand' anche.
Eve'ning, n., soir, m., (all the) |ée, f.; Abend, m.; sera, f., ta; in the —, le s-, a s, la sera.
Event', n., événement, m.; Ereignis, n.; avvenimento, m.; at all |s, en tout cas, auf jeden Fall, in ogni caso. ual, a., é'uel, etwaig, e,uale. ¦ually, ad., é'uelle-ment, schließlich, e,ualmente, alla fine.
Ev'er, ad., jamais,¦(always) toujours; je-(mals), immer; mai, sempre; for —, à j-, auf i-, per s-; hardly —, presque j-, fast niemals, quasi mai; — since (ad.), depuis (lors), von der Zeit an, d'allora (in poi); be it — so .. , quelque .. qu'il soit, wenn es noch so .. ist, per quanto sia ... green, n., arbre toujours vert, m.; Immergrün, n.; albero sempre verde, m. last'ing,a., éternel, ewig, eterno.
Ev'ery, a., chaque; jed er, 'e, 'es; ogni; — one, v. body; — day, tous les jours, alle Tage, ogni giorno; — other day, tous les deux j-, einen Tag um den andern, un g- si un g- no. ¦body, prn., tout le monde, chacun; jedermann; ognuno, ciascuno. -day, a., v. daily, ordinary. ¦where, ad., partout, überall, da per tutto.
Ev'iden'ce, n., témoignage, m.; Zeugnis, n.; testimonio, m.; & v. proof. 't, a., é t, augenscheinlich, e'te; & v. plain, clear.
E'vil, n., mal, m., ¦heur, m.; Übel, n.; m,e,m. —,a., (spirit) m in, böse, m'igno; & v. bad, wicked, unfortunate. -doer, m., m'faiteur, Ü'thäter, m'fattore.

Evince', t., v. show, prove. **Evoke'**,t.,(fig.) v. rouse, excite.
Evol'u'tion, n., é'ution, f., |ution, |uzione. ¦ve', t., v. develop, emit.
Ewe (iou), n., brebis, f.; (Mutter)schaf, n.; pecora, f. [serkrug, m.; brocca, f.
Ew'er (iou), n., aiguière, f., broc, m.; Was-
Exact', a., ¦ness, n., e-, 'itude, f.; genau, ¦igkeit; esatt o, ¦ezza; & v. precise, accurate. ¦ly, ad., ¦ement, au juste; g-; esattamente; — so, précisément, richtig, (per l') appunto! **Exac|t'**, t., '¦tion, n., exiger, exaction, f.; forder¦n, ¦ung; esigere, esazione; & v. extor¦t, |tion.
Exag'ger ate (ädj), t., ¦a'tion, n., exagér¦er, 'ation, f.; übertreib|en, ¦ung; esagera re, ¦zione.
Exalt' (olt), t., ¦er, erheben, esaltare.
Exam'in e, t., ¦a'tion, n., ¦er, examen, m.; untersuch¦en, ¦ung, f. (stud., etc.) prüf¦en, ¦ung, f. (Examen, n.); esam'inare, |e, m.; (witn.) interrog¦er, ¦a'oire; vernehm¦en, ¦ung, f.; t'are, ¦atorio, m.; (luggage) visit,er, ¦e, f.; ¦ieren, ¦ation; ¦are, ¦a. ¦er, m., ¦ateur, ¦ator, esaminatore.
Exam'ple, n., exemple, m. (for —, par); Beispiel, n. (zum); esempio, m. (per).
Exas'p'erate, t., érer, aufbringen, esasperare.
Ex'cav'ate, t., ¦a'tion, n., creuser, e'ation, f.; ausgrab en, ¦ung; scav,are, ¦o, m., amento.
Exceed', t., excéder, dépasser; überschreiten; eccedere; & v. surpass. ¦ingly, ad., v. excessively.
Excel', i., 'ler, sich auszeichnen, eccellere; t', v. surpass. **Ex'cellen|t'**, a., ¦ce, n., 't, ¦ce, f., vortrefflich, ¦keit; eccellen.te, ¦za. ¦cy, n., 'ce, f., ¦z, eccellenza.
Excep t', t., ¦ter, ausnehmen, eccettuare. 't', ¦ting, prp., té; ausgenommen, außer (dat.); eccetto. ¦t', cj., v. unless. '¦tion, n., 'tion, f., Ausnahme, eccezione; take —, v. object.
Excess', n., 'ive, a., excès, m., excessif; Übermaß, n., (evil) Ausschweifung, f., u'mäßig; eccess,o, m., 'ivo. ¦ively, ad., ¦ivement, außerordentlich, e,ivamente.
Exchānge', n. & t., échang,e, ¦er (for, contre); Umtausch, m., ¦en (gegen); cambi,o, ¦are (con); (money) v. change (t.); (buildg.) bourse, f., Börse, borsa; rate of —, cours, m., Kurs, corso.
Exchequ'er (tchek), n., trésor, m.; Staatskasse, f.; tesoro, m.
Excise', n., régie, f., octroi, m.; Steuer, f., Accis|c|; f. [recisione, f.
Excis'ion (ij), n., e-, f.; Ausschneiden, n.;
Excit'e', t., ¦able, a., ¦ement, n., ¦er, 'able, ¦ation, f.; aufreg¦en, erregbar, A¦ung; eccit'are, ¦abile, ¦amento, m.

Exclaim'. i., *s'écrier*, ausrufen, *sclamare*.
Exclama'tion, n., e-, f.; Ausruf. m.; *esclamazione*, f.
Exclu'de' (oud), t., 'sive, a., ',sion, n., 're. |*sif*, |*sion*, f.; ausschließ|en, lich. Ausschluß, m.; *esclu dere*,'*sivo*, |*sione*, f.
Excommu'ni|cate, t., '*er*; in den Bann thun, exkommunizieren ; *scomunicare*.
Excres'cence, n., *excroissance*, f.; Auswuchs, m.; *escrecenza*, f.
Excul'pate, t., *disculper*, entschuldigen, *scolpare*.
Excur'sion, n., *e-*, f.; Ausflug. m.; *escursione*, f.
Excus|e' (ionce),n., |e (iouze),t.,'e, f., |*er*; Entschuldig|ung. |en; *scusa*,'*re*.
Ex'ecra|te, t., ble, a., ''tion, n., *exécr|er*, |*able*. |*ation*. f.; verabscheuen, abscheu|-lich. A|, m.; *esecra|re*, |*bile*, |*zione*. f.
Ex'ec ūte, t., |u'tion, n., *exécu ter*, |*tion*, f.; ausführ|en. |ung. (crim.) hinricht|en, |ung, f.; *eseguire*, *giustiziare*, *esecuzione*. |u'tioner, m., *bourreau;* Scharfrichter. Henker; *giustiziere*. '**ūtor**, m., *exécuteur*, Vollzieher, *esecutore*.
Ex'em plary, a., '|**plify**, t., |*plaire*. *donner un (l') e|ple;* musterhaft, durch Beispiele erläutern; *esempl|are*. |*ificare*.
Exempt't', a. & t.. ''tion, n., e|t, 'ter, tion, f.; frei, befrei en, ung; *esen te*, *tare*, |*zione*.
Ex'er cise, n., *cice*, m.: Übung, f.; *esercizio*, m.; (lesson) *devoir*, m.; Aufga|be, f.; *tema*, m.; take —, *prendre de l'e,cice*, sich Bewegung machen, *far del moto*. |cise, t., |*cer;* ausüben, (mil.) e|zieren ; *esercitare;* & v. practise, drill.
Exer't', t., *déployer*, anwenden, *adoprare*. |t, r., *faire des efforts* (to, *pour*), sich anstrengen, *sforzarsi*. ''tion, n., v. effort.
Exhal'e', t., |a'tion, n., |*er*, |*aison*, f.; ausdünst|en, |ung; *esal'are*, |*azione*.
Exhaus|t', t., ''tion, n., *épuis|er*, |*ement*, m.; erschöpf|en, |ung, f.; *esaurire*, (strength) *infiacchire, fiacchezza*.
Exhib'it, t., 'l'tion, n., *expos|er*, |*ition*, f.; ausstell|en, |ung; *es'porre*, |*posizione;* & v. show. [*rare*.
Exhil'arate, t., *égayer*, aufheitern, *esilarare*.
Exhort', t., a'tion, n., |*er*, |*ation*, f.; ermahn'en, 'ung; *esort|are*, |*azione*.
Ex'igen|cy, n., |*ce*, f.; Erfordernis, n.; *esigenza*, f.
Ex'ile, n., t., & m., *exil*, m., |*er*, |*é;* Verbann|ung, f., 'en, 'te; *esili|o*, |*are*, *esule*.
Exist', i., *ence*, n., |*er*, |*ence*, f.; |ieren, bestehen, E|enz, f., Dasein, n.; *esist|ere*, |*enza*, f.
Ex'it, n., *sortie*, f.; Ausgang, m.; *uscita*, f.
Exon'erate, t., *décharger*, freisprechen, *assolvere*. [*tante*.
Exor'bitant, a., *e-*, übermäßig, *esorbi-*

Exot'|ic, a., |*ique*, ausländisch. *esotico*.
Expan|d', t. & i., *dilater*, *se d-*; ausdehn|en, sich a|en; *espander'e*, |*si;* & v. stretch, extend. |*se*, n., *étendue*, f., A|ung, *espansione;* & v. extent, surface.
Expa'tiate, i., (fig.) v. dilate.
Expa'tri|ate, t., |*er*, verbannen, *spatriare*.
Expect', t., *attendre*, (events) *s'a- à;* wart|en; *aspett are;* & v. require. |a'tion, n., *attente*, f., E|ung, *a,azione;* & v. hope. [*rare*.
Expec'tor|ate, t., '*er*, auswerfen, *espettorare*.
Expe'd|ient, a., |*ience*, |iency, n., *convenable*, '*ance*, f.; zuträglich, |keit; *spediente, giovevolezza;* & v. advantageous. |ient, n., *expéd-*, m.; Anskunftsmittel, n.; *spediente,*m. **Ex'ped|ite**, t., v. hasten. |'l'tion, n., *expédition*, f., E-, *spedizione;* & v. haste.
Expel', t., *expulser*, *chasser;* vertreiben, wegjagen ; *espellere*.
Expen|d', t., ''|diture, |*se'*, n., *dépens'er*, '*e*, f., *frais*, m. pl.; aus|geben, |lage, f., Kosten, f. pl.; *spendere, dispendio*, m., *spesa*, f.; |d strength, time, etc., v. employ, consume ; at my |se, *à mes frais*, (fig. *dépens*), auf meine Kosten, *alle mie spese*. ''|sive, a., *coûteux;* kostspielig, teuer ; *costoso*.
Ex'pe'rience, t. & n., *éprouver, expérience*, f. (by —, *par*); erfahr|en, |ung (aus); *provare, sperienza (per)*. |*per'iment*, n., |*périence*, f.; Versuch, m., Experiment, n.; *prova*, f., *sperimento*, m. **pert'**, a., '*pert*, m., |*pert;* gewandt, Sachverständiger; *esperto*. '**pert'ness**, n., *adresse*, f., G'heit, *destrezza*.
Ex'pi|ate, t., |a'tion, n., '*er*, '*ation*, f.; sühn|en, |e; *espia're*, |*zione*.
Expire', i., |r; verstreichen, (die) entschlafen ; *spirare*.
Ex plain', t., |'plana'tion, n., *expli'quer*, |*cation*, f.; erklär|en, |ung; *spieg are*, |*azione*. **Ex'plicable**, a., *e-*, erklärlich, *esplicabile*.
Explic'it, a., |*e*, ausdrücklich, *esplicito*.
Explo'de', i., ''sion, n., *éclater, faire explosion, ex-*, f.; explo'dieren, |sion ; *esplo'dere*, '*sione*. 'de', t., *faire sauter*, sprengen, *far saltare;* (fig.) v. reject, abandon. [*illustre*.
Exploit', n., e-, m., (Helden)that, f., *fatto*
Explor|e', t., |a'tion, n., |*er*, |*ation*, f.; erforsch|en, |ung; *esplor|are*, |*azione*.
Export, t., |a'tion, n., *er*, |*ation*, f.; aus|führen, |fuhr; *esport|are*, |*azione*. **Ex'port**, n., *produit e|é*, m.; Ausfuhrartikel; *mercanzia esportata*, f.
Expos|e', t., |*er* (for sale, *en vente*); aussetz|en (zum Verkauf ausstell|en); *esporre (in vendita);* (fig.) *démasquer*, entlarven, *smascherare*. |*ure*, n., |*ition*, f.,

Expostulate — 56 — Fact

A ung, *esposizione;* (fig.) *éclat*, m., Skandal, *scandalo*.
Expos'tulate, i.. v. remonstrate. [*tare*.
Expound', t., *expliquer*, erklären, *interpretare*.
Express', t. & a.. *exprimer, exprès;* ausdrück'en, lich; *esprimere, espresso;* — (train). n.. *express.* m.. Schnellzug, *espresso.* ion (ĕch). n., ,ive, a., ,*ion*, f., ,if; Ausdruck, m., svoll; *espress ione*, f., |ivo. |ly, ad.. *ément.* (on purpose) *exprès;* ausdrücklich, eigens; *espressamente.*
Expul'sion, n., e-. f.. Vertreibung, *espulsione.*
Expunge', t., v. obliterate. cancel.
Ex'quisite, a., *exquis,* köstlich, *squisito.*
Ex'tant, a., *existant,* vorhanden, *esistente.*
Extem'pore (rĭ). a., *improvisé*, aus dem Stegreif, *estemporaneo.*
Exten d', t. & i.. *étendre. s'é-;* aus dehnen. |strecken, sich aus d-. s. erstrecken; *stender e. si:* & v. enlarge, prolong. 'sion, n.,' sive, a., *sion,* f.. *étendu;* Ausdehnung, gedehnt; *estens ione,* 'iro. 't', n., *étendue,* f.; Umfang. m.; *estensione.* f.; & v. size; to some —, *jusqu'à un certain point,* einigermaßen, *fino a un certo punto.* [*gare.*
Exten'u ate, t.. 'er, *atténuer.* mildern, *mitiExte'r ior,* n., 'nal, a.. *extérieur*, m. & a.; Außer'e. n., ,lich; *ester iore.* m. & a.. no.
Exter'min ate, t., a'tion, n.. *er, ation.* f.; vertilg en. ung; *estermina're.* |*zione,* f.
Extin'ct', a., o'tion, n.. *éteint, extinction.* f.; erloschen, Auslöschen, n.; *estin'to,* |*zione,* f.: become |ct. s'*éteindre.* erlöschen, *estinguersi.* ' guish, t., *éteindre,* auslöschen. *estinguere.*
Extir'p ate, t., a'tion, n., *er, ation,* f.; ausrott en, ung; *estirp are, azione.*
Extol', t., v. praise.
Extor t', t.. 'tion, n., *quer* (from, *à*), |sion, f.; abdringen (e-m etw.), Erpressung; *estor'quere (a). sione.*
Ex'tra, ad., *en sus, de plus;* noch dazu; *di più;* (a.) v. ordinary, additional.
Extract', t., *extraire*, (tooth) *arracher;* ausziehen; *estrarre, cavare.* **Ex'trac't,** n., *extrait.* m.. Auszug, *estratto.* "tion, n., |*tion,* f.; Ausziehung, (birth) Herkunft; *estra:ione.*
Extra'neous, a.. *étranger,* fremd, *estraneo.*
Extraor'din ary, a.. *aire,* außerordentlich, *straordinario.*
Extrav'ag ant, a.. ance, n., ,*ant,* ,*ance,* f.; überspannt, heit; *stravagan te,* |*za;* (wasteful) *prodig'ue.* 'alité: verschwend, erisch, ,ung; *p o, alita;* (price) v. exorbitant.
Ex treme', a. & n.. trem'ity, n., *tréme.* a. & m.. 'tremité, f.; äußerst, Extrem, n., äußerste Punkt. m.; *estrem o.* a. & m.., *ità*, f.; & v. end, emergency; in

the |treme, |tremely, ad., *trémement;* höchst, im h en Grad; *es amente.*
Ex'tricate, t., *dégager,* losmachen, *distrigare.*
Extrin'|sic, a., |*sèque,* äußerlich, *estrinseco.*
Exu'b erant, a., |*érant,* üppig, *esuberante.*
Exude', t.. *faire exsuder,* ausschwitzen, *trasudare.*
Exult', i.. *se réjouir* (in, *de*), frohlocken (über, ac.), *esult are (di);* & v. triumph. ,a'tion. n., *triomphe,* m.; F-, n.; *e a-zione,* f.; & v. joy.
Eye (ai), n., *œil,* m. (pl. *yeux*); Aug'e, n.; *occhio.* m.; (of needle) *chas.* m., Öhr, n.; *cruna,* f.; (for hooks) *porte d'agrafe,* f., Öse, *gangherella.* **Eye**, t., v. look at, watch. 'ball, n.. *globe de l'œ-,* m., Apfel, *bulbo dell'* o-. 'brow, n., *sourcil.* m.. (Aen)braue, f.; *ciglio,* m. (pl. *le ciglia).* ' glass, n., *lorgnon,* m., Kneifer, *occhiale.* ' lash. n., *cil,* m.; A enwimper. f.; *lappola.* '|let, n., *œillet,* m.; Schnürloch, n.; *occhiello,* m. '.lid, n., *paupière,* f.; A enlid, n.; *palpebra,* f. ' sight, n., *rue,* f.; A n, pl., Gesicht, n.; *occhi.* pl., *vista,* f.' sore, n., *objet d'aversion,* m.; Dorn im A e; *cosa che offende la vista,* f. ' tooth, n., *(dent) canine,* f.; A enzahn, m.; *dente occhiale.* '-witness, m., *témoin ocul aire.* A |enzeuge, *testimonio o are.* d, a.. *aux yeux* ... -äugig. *agli occhi..;* one-,d, *borgne,* cin|ä-, *monocolo.*

F.

Fa'ble, n.. *f-,* f., Fabel, *favola.*
Fab'ric, n.. v. building, manufacture. |ate, t.., 'a'tion, n., (fig.) *fabri quer,* |*cation,* f.; erdicht|en, |ung; *inven tare,* |*zione.*
Fab'ul|ous, a., '*eux,* fabelhaft, *favoloso.*
Face, n., *risage.* m.. *figure,* f.; Gesicht. n.; *riso,* m., *faccia,* f.; (of things) *face,* f.; Fläche. Front; *facciata:* (of house) *façade,* F-, *facciata;* (of clock) *cadran,* m., Zifferblatt, n.; *mostra,* f.; & v. surface, impudence; — to —, *face à f-, vis-à-vis;* gegenüber: *faccia a f-;*(laugh. etc.) in o's —, *au nez.* ins Gesicht, *in f-:* make ,s, *faire des grimaces,* Gesichter schneiden, *far delle boccaccie.* —, t.. *faire face à,* gegenüberstehen, *fare faccia a:* (a difficulty, etc.) *affront er,* die Stirn bieten (dat.), *a are;* & v. look at. [*role.*
Fac'e'tious, a., *étieux,* spaßhaft, *mottegge-*
Facil'it ate, t., y, n.. *er,* |*é,* f.; erleichtern, Leichtigkeit; *fare, à.*
Fac-sim'il e, n., |*é,* m.; |e, n.; |e, m.
Fac t, n., *fait.* m.; Thatsache, f.; *fatto,* m.; in —, *en effet:* in der That; *in f-, di fatti.* "tion, n.,|'tious, a., *tion,* f., |*tieux;*

Fakti|on, |ös; *fazio|ne,* |*so.* '|tor, m., v. agent; (n.; fig.) v. element. '|tory, n., *fabrique,* f., *usine;* Fabrik; *fabbrica.*
Facto'tum, m.,*f*-, Fak-,*faccendiere.*
Fac'ult'y, n., '*é,* f.; Fähigkeit, (of univer.) Fakultät; *facoltà.*
Fade, i., *se faner;* verwelken, (of colour) verschießen; *appassire, scolorire.*
Fag, i., *se lasser,* s. ermüden, *affaticarsi.* |ged (agd), a., v. tired. [*stello,* m. Fag'ot, n., *f-,* m.; Reisbündel, n.; *fa-*
Fail, i., *manquer* (to, *de*). (ver)fehlen, *mancare(di);* (not succeed) m-, *échouer;* fehlschlagen; m-; (grow weak)s'*affaiblir,* matt werden, *declinare;* (com.) *faire faillite,* fallieren, *fallire.* —, t.. m-*à,* fehlen (dat.), *mancare a; &* v. desert. —, n.; without —, *sans faute,* unfehlbar, *senza fallo.* '|ing, n., v. fault; (prp.) *à défaut de,* in Ermangelung von, *a difetto di.* '*ure,* n., *insuccès.* m.; Mißerfolg; *mal successo, fiasco;* (want) *manque.* m.; Mangel; *mancanza.* f.; (com.) *faillite,* f.; Bankerott, m.; *fallimento;* (of sight, etc.) v. loss, decline; (to do sthg.) v. omission. [ingly.
Fain, a., v. glad, apt; (ad.) v. g'ly, willFaint, a., *faible,* matt, *languido;* (colour) *pâle.* blass. *smorto; &* v. timid, slight; feel —, *se trouver mal,* sich schlecht befinden, *sentirsi languire.* —, i., *s'évanouir.* ohnmächtig werden, *svenire;* (fig.)v. lose courage. —, ' ing-fit, n., *défaillance.* f.; Ohnmacht; *srenimento,* m. -hear'ted, a., v. timid, cowardly.
Fair, a., (hair)*blond,* b-, *biondo;* (weather, sex. etc.) *beau,* schön. *bel(lo);* (price) *juste,* billig, *discreto;* (wind) v. favourable; & v. just, honest, tolerable; bid —, *promett|re,* versprechen, *p|ere bene;* — copy, *mise au net,* f., Reinschrift, *copia pulita;* — dealing, — play, v.honesty, justice. '|ly, ad., v. justly, etc., utterly. '|ness, n., v. beauty, justice, etc.
Fair, n., *foire,* f.; Jahrmarkt, m., Messe, Fai'ry, f., *fée,* Fee, *fata.* [f.; *fiera.*
Faith, n., *foi,* f. (in, *à*); Glauben, m. (an, ac.). *fede (a).* '|ful, a., '|fulness, n., *fid|èle,* |*élité,* f.; treu, 'e; *fedel e.* 'ità. '|less, a., ' lessness, n.. *infid èle,* |*élité,* f.; treulos, igkeit; *perfid o, ia.*
Fal'con (auk), n., *faucon,* m., Falke, *falco.*
Fall (au), n.; *chute,* f.; F-, m., (violent) Sturz, *caduta,* f.; (of price) *baisse,* f., F|en, n.; *ribasso,* m.; — of rain, v. shower; & v. slope, autumn, waterfall. Fall (fell, fallen), i., *tomber;* fallen, stürzen; *cadere;* (rivers) *se jeter,* sich ergießen, *scaricarsi; &* v. sink, decline, subside, perish; — asleep, *s'endormir,* einschlafen, *addormentarsi;* — away. v. grow thin, desert; — back, *reculer,*

weichen, *rinculare;* — back upon, v. have recourse to; — down, *t- (par terre),* hinfallen, c- *(a terra);* — due, *échoir,* verfallen, *scadere;* — in, *s'écrouler,* einstürzen, c-; — in love with, *devenir amoureux de,* sich verlieben in (ac.), *innamorarsi di;* — in with, v. meet, agree; — ill, *t- malade,* krank werden, *ammalarsi;* — off, *t-;* abfallen. (fig.) abnehmen; c-, *declinare; &* v. diminish; — out, *t-(dehors),* herausfallen, c- *(fuori); &* v. quarrel, happen; — short of, *manquer de,* Mangel haben an, *arer mancanza di; &* v. not suffice, not answer; — to, v. begin; — to (an heir), *échoir,* zufallen, *divolvere;* — to blows, *en renir aux mains,* handgemein werden, *venire alle prese;* — under, v. be reckoned among, be subjected to; — upon, v. attack, have recourse to.
Falla'cious, a., '|acy, n., *trompeur, fausseté,* f.; trügerisch, Trugschluß. m.; *fall ace,* |*acia,* f. '|ible, a., *faillible,* fehlbar, *fallibile.*
Fal'low, a., *en jachère,* brach, *maggese;* (colour) *fauve,* falb, *rossiccio;* — deer, *bêtes f|s,* f. pl.; Damwild, n.; *daini.* m. pl.
Fals'e (ol), a., '|e'ness, "|ity, n., *fau x, sseté,* f.; falsch, |heit; *fals o,* 'ità. |e'hood, n., *mensonge,* m.; Unwahrheit, f.; *bugia.* '|ify, t., '|ifier, verfälschen, *f ificare.*
Fal'ter (ol), i., v. hesitate, stammer.
Fam|e, n., *ous,* a., *renomm ée,* f., *fameux;* Ruhm, m., berühmt; *fam|a,* f., |*oso; &* v. celebr|ity, 'ated. |ed, a., v. |ous; ill —, *mal famé,* berüchtigt, *diffamato.*
Fam'il y, n., 'iar, a., '*le,* f.. 'ier, (intimate) *intime;* F|ie, vertrau t, 'lich; *famiglia. re, intimo.* 'iar'ity, n., |*iarité,* f., V lichkeit, *famigliarità.*
Fam'ine, n., |*ine,* f.. Hungersnot, *carestia.* |ish, i., *être affam|é,* verhungern, *essere*
Fa'mous, a., v. fame. [a|ato.
Fan, n. & t., *érent|ail,* m., |*er;* Fächer, |eln ; *vent|aglio,* |*olare.*
Fanat'ic, m. & a., '|icism, n., |*ique,* m. & a., |*isme,* m.; |iker, isch, |ismus, m.; |*tico,* m. & a., |*ismo,* m.
Fan'c y, n., *imagination.* f.; Einbildungskraft, Phantasie; *immaginazione;* (whim) *fant|aisie,* Grille, *f asia; &* v. idea, inclination. taste; — articles, *de Paris,* m. pl.,Galant|eriewaren,f.pl., |*erie;* —work, v. embroidery. —, i., *s'imaginer.* sich einbilden, *immaginarsi; &* v. think; (t.) v. imagine, like. |*ful,* a., *fantas|que.* wunderlich, *f tico; &* v. fantastic.
Fang, n., *défense,* f.; Hauzahn, m.; *zanna,*f.
Fan'ny, f., v. Frances.
Fantas'ti'c(al), a., |*que,* phantastisch, *f co.*
Far, a., *éloigné,* entfernt, *lontano;* (ad.),

Farce — 58 — Fee

loin, weit, *lungi;* (much)*bien, beaucoup;* weit, viel; *molto;* (quite) *tout*, ganz, *tutto;* as — as (prp.), *jusqu'à*, bis. *sino a;* (cj.) *autant que*. so weit (als), *per quanto;* by —, *de beaucoup*, bei weitem, *di molto;* how — (do you go), *jusqu'où*. his wie weit, *fin dove?* how — is it from here to N., *combien y a-t-il d'ici à N.,* wie weit ist es von hier nach N., *quanto c'è di qui a N.?* — off, *loin*, w- weg. *lontano;* so — as, v. as — as; — from it, *tout s'en faut,* noch lange nicht, *tutt' altro*. '-famed, a., *très célèb're,* hochberühmt, c*errimo*. '-fetched, a., *forcé,* gezwungen, *ricercato*.
Farce, n., *f-*, f.; Possenspiel, n.; *farsa*, f.
Fare, n., *prix (d'une place, d'une course),* m.; Fahrgeld, n., Taxe, f.; *prezzo (del passaggio),* m., *tassa,* f.; (food) *chère*, f., Kost, *tavola;* bill of —, *carte,* f., Speisekarte, *carta.* —, i., *aller,* se *trouver;* s. befinden; *stare, trovarsi;* & v. live, be treated. [well', intj. & n., *adieu* (m.), *portez-vous bien;* lebe(n Sie) wohl, Abschied; *addio, stia bene;* (a.) *d'a-*, A[s.., *d'a-*.
Farin|a'ceous, a., [eu*r*, Mehl.., *faceo*.
Farm, t., (let) *affermer,* verpachten, *affittare;* (till) *cultiver*, bauen, *coltivare;* & v. hire. —, n., 'er, m., *ferm'e,* f., |ier; (Pacht)gut, n., Pächter; *podere,* m., *fattore*. [schmied, *maniscalco*.
Far'rier, m., *maréchal ferrant*, Huf-
Far'th|er, m., |est, a., v. further. [2½ c'*estini.*
Far'thing, n., 2½ *cent imes,* 2 Pfennige.
Fas'cin'ate, t., |a'tion, n., |er, |*ation,* f.; bezauber|n, |ung; *affascinare, fascino.* m.
Fash'ion, n., *mode,* f., M-, *moda;* & v. shape, manner; in —, *à la m-*; M-, in (nach)der M-; *alla moda;* out of —, *passé de m-,* aus der M-, *fuor di moda;* bring into —, *mettre en vogue,* in Aufnahme bringen, *mettere in voga.* —, t., *façonner,* bilden, *formare;* old-|ed, *surannè,* altmodisch, *all' antica.* |able, a., v. in f-, elegant; the — world, *le beau monde,* die feine Welt, *la gente bennata*.
Fast, n. & i., *jeûn e,* m., |er; F|enzeit, f., |en; *digiun'o,* m., |are; break o's —, v. b|fast. '-day, n., *jour de jeûne,* m., F|tag, *giorno di d o*.
Fast, a., *ferme,* fest, *fermo;* (quick) *rapide,* schnell, *veloce;* (colour) *solide,* fest, *fisso;* (pers.) v. dissipated; (sleep) v. sound; — train, v. express; (the clock) is —, *avance,* geht vor, *avanza*. —, ad., *vite, ferme;* schnell, fest; *presto, fermo*. [en (assn), t., *attacher, fixer* (to, a); fest machen, befestigen (an); *legare,* *attaccare (a);* (door) v. close, lock. [en, i., (upon) v. attack.
Fastid'i|ous, a., *difficile,* wählerisch, *f oso*.

Fat, a., *gras,* fett, *g'so.* —, n., *g-*, m., *graisse,* f.; F-, n.; *grassa,* f. 'ten, t., *engraisser,* mästen, *ingrassare*.
Fa'tal, a., *f-. funeste;* fatal, tödlich; *f|e, funesto*. Fate, n., *destin,* m.; Schicksal, n.; *fato.* m., d,o.
Fa'ther (ah), m., *père,* Vater, *padre.* -in-law, m., *beau-père,* Schwiegervater, *suocero.* |land, n., *patri e,* f.; V|land. n.; *p'a,* f. 'less, a., *orphelin;* v los. verwaist; *orfano.* 'ly, a., *patern el;* väterlich; *p,o,* 'ale.
Fäth'om, n., (nav.) *brasse,* f.; Faden, m., Klafter, f.; *tesa,* f., *braccio,* m. —, t., sond'er; s ieren. (fig.) ergründen; *scandagliare.* [d ung, 'en; *fatica, affaticare*.
Fatigue' (Fr.), n. & t., *f-,* f., 'r; Ermü-
Fault (ol), n., *faute,* f.; Fehler, m., *fallo;* & v. error, defect; whose — is it, *à qui la f-*, wessen Schuld ist es, *di chi è la colpa?* find — with, v. blame, object to. 'less, a., *sans f-,* s- *défaut;* f|frei; *senza difetti.* 'y, a., *défectueux,* f haft, *difettoso;* & v. blamable.
Fa'vor, our, n., *eur,* f.; Gunst; *f ore,* m.; (asked, done) *plaisir;* Gefallen; *grazia,* f.; & v. service, kindness, partiality; (com.) letter. o(u)r, t., *oriser,* begünstigen, *f orire;* (with a visit, answer, etc.) v. honour, oblige. [o(u)rable, a., |*orable,* günstig, *f orevole.* [o(u)rite, m.. f. & a., *ori,* |*orite;* Günstling, Liebling, beliebt; *f orito,* |*orita*.
Fawn, n., *faon,* m.; Rehkalb, n.; *cervetto,* m. '-coloured, a., *fauve.* falb. |o.
Fawn, i., (on) v. caress; (fig.) v. flatter (basely).
Fear, n., *crainte,* f., *peur;* Furcht; *timore,* m., *paura,* f.; for — of, *de p- de.* aus F- vor (dat.), *per t- di;* there is no —, *il n'y a pas de danger,* es hat keine Not. *non c'è pericolo.* —, t., *avoir peur de,* *craindre;* fürchten; *temere,* *aver paura di.* 'ful, a., *terrib le,* furchtbar, *t ile;* (pers.) v. timid; be — of, v. fear. 'less, a., *intrépid e,* furchtlos, *i o*.
Fea'sible, a., *faisable,* thunlich, *fattibile*.
Feast, n., *festin,* m., Gastmahl, *banchett o;* & v. festival. —, i., *faire bonne chère;* schmausen; *b are;* & v. *régal er,* festlich bewirten, *r are;* & v. delight.
Feat, n., *tour de force,* m.; Kraftstück, n.; *gran fatto,* m.; & v. exploit, trick.
Feath'er (ëth), n., *plume,* f., Feder, *penna;* -bed, n., *lit de p s,* m.; F|bett, n.; *letto di piume,* m.
Fea'ture, n., *trait,* m.; Zug; *tratto,* (of face) *fattezza,* f. [*brajo*.
Feb'ruary, n., *février,* m., Februar, *febbrajo*.
Fee, n., *honor aire,* m.; |ar, n.; *onorario,* m.; (to servant, etc.) *pourboire,* m.; Trinkgeld, n.; *buona mano,* f.

Fee'ble, a., ness, n., v. weak, |ness.
Feed (fed, f-), t., *nourrir*, (anim.) *donner à manger*; speisen, füttern; *nutrire, dar a mangiare a*; (fire,machines)*aliment'er*, versehen mit,*a'are*; & v. pasture. —, i., v. eat, pasture; (on) *se nourrir de*, sich nähren von, *nutrirsi di*.
Feel(felt,f-), t., *sentir*; (fig.) fühlen,empfinden; *s'e,prorare;* (pulse) *tâter (à qn.)*, f- (e-m; ac.), *tastare (a qd.);* & v. touch; I — cold, warm, *j'ai froid, chaud;* es friert mich, es ist mir w-; *ho freddo, caldo*. Feel, i., *sentir*, fühlen, *s'e;* (well, happy, etc.) *se s-*, sich f-, *s'si;* — for, v. seek, (fig.) pity; it |s soft, *il est doux (au toucher)*, es fühlt sich weich an, *è morbido al tatto.* 'ing, n., *sentiment*, m.; Gefühl. n.; *s'o*, m.; & v. touch. "ing, a., *sensib'le*, g'voll, *s ile*.
Feet, n. pl., v. foot.
Feign (én), t., *feindre, faire semblant de;* vorgeben, erheucheln; *fingere*, *simulare*. |ed, a., *(dis)simulé*, vorgeblich,*finto*. Feint, n., *'e*, f., Fint'e, *a;* & v. pretence.
Felic'it|ate, t., v. congratulate. |ous, a., v. happy.
Fell, t., *abattre*, fällen, *abbattere*. —, (imp.), v. fall.
Fel'low, m., *garçon;* Bursche, Kerl; g*r*zone; (of coll., etc.) *agrégé, membre;* Mitglied, n.; *membro*. m.; & v. companion,equal; (thing)*pareil* (a.); gleiche; *pari*, m.; & v. other. -citizen, m., *concit'oyen*, Mitbürger, c|*tadino*. -creature, m. & f., *semblable*, Nächste, *prossimo*. -feeling, n., v. sympathy. -servant, -soldier, m., *camarade*, Kamerad, *compagno*. |ship, n., (of coll.) *place d'agrégé*, f.; Mitgliedschaft; *posto d'un membro*, m.; & v. company, society. -traveller, m., *compagn|on de voyage*, Reisegefährte. c|*o di viaggio*.
Fel'on, m., |y, n., crim|'*inel*, |e, m.; Verbrech|er, |en, n.; *fellon|e, ia,* f.
Felt, n., *feutre*, m., Filz, *feltro*.
Felt, imp. & pp., v. feel.
Fe'male, f. & a., *femelle;* Weib|chen, n., |lich; *femmin'a*, f..|*eo;* (pers.)v. woman.
Fem'inine, a., (pers. & thgs.) *féminin*, w|lich, *femminino*.
Fen, n., *marais*, m.; Sumpf; *palude*, f.
Fenc|e, n., *clôture*. f.; Zaun, m.; *chiusura*, f. |e, t., (en)clore, einhegen, *chiudere*. |e, i., |ing-master, m., *faire des armes*, *maître d'a-;* fecht'en, |meister; *scherm'ire, maestro di s'a*.
Fen'der, n., *garde-cendre(s)*, m., Ofenvorsetzer, *parafuoco*. [*chio*.
Fen'nel, n., *fenouil*, m., Fenchel, *finocchio*.
Ferment', i. & t., |*er, faire ferment|er;* gären, g- lassen; *f|are*. [*felce*, f.
Fern, n., *fougère*, f.; Farnkraut, f.;

Fer|o'cious, a., |*oc'ity*, n., *férocle, |ité*, f.; wild, grimmig,W|heit,Wut; *f|e, |ità*, f.
Fer'ret, n., *furet*, m.; Frettchen, n.; *furetto*, m. —, i.; — out, *dépister*, ausspüren, *frugare*.
Fer'rule, n., *virole*, f., Zwinge, *ghiera*.
Fer'ry, n., *bac*, m.; Fähr|e, f.; *chiatta*, *barca*. |man, m., *passeur*, F'mann, *barcajuolo*. [keit; *fertil'e, |ità*.
Fer'til|e, a., '|ity, n., 'e, *ité*, f.; fruchtbar, Fer'v,ent, a., |ency, |o(u)r, n., (fig.) |*ent*, |*eur*, f.; inbrünstig, Inbrunst; *f,ente, |ore*, m. |id, a., v. ardent, zealous.
Fes'ter, i., *suppur'er*, eitern, *s'are*.
Fes'tiv,al, n., *fête*,f.; Fest, n.; 'a, f. '|ity, n., v. 'al, gaiety.
Fetch, t., *apporter*, (pers.) *amener;* holen; *pigliare, menare;* go and —, *aller chercher*, h- (gehen), *andare a cercare;* (breath) *prend|re*, h-, p|*ere;* (a price) *rapporter*, einbringen, *recare;* & v. bring, carry.
Fet'id, a., *fétid|e*, stinkend, *f|o*.
Fet'lock, n., *fanon*, m.; Zotte, f.; *barbetta*.
Fet'ter, t., *enchainer*, (fig.) *entraver;* fesseln, hemmen; *inceppare, impacciare*. |s, n. pl., *fers*, m. pl.; Fesseln, f. pl.; *ceppi*, m. pl., *ferri*.
Feud (iou), n., *querelle*, f.. Fehde, *rissa*.
Feu'dal, a., *féodal*, feudal, |e.
Fe'ver, n., |*ish*, a., *fièvre*, f.. *fiévreux;* Fieber, n., |haft; *febbr'e*, f., |*icoso*.
Few (iou), a., *peu (de)*, wenig(e), *poch|i, |e;* a —, *quelques (-uns)*, einige, *alcun|i*, |e. '|er, a., *moins (de)*, m- *nombreux;* weniger; *meno*.
Fib, n., *conte*, m.; (kleine) Lüge, f.; *fiaba*.
Fi'bre, n., *f-*, f., Faser, *fibra*.
Fick'le, a., *volage*, flatterhaft, *incostante*.
Fic'tion, n., |*ti'tious* (Ich), a., |*tion*, f., |*tif;* Erdicht|ung, 'et; *fin'zione*, (fig.)
Fid'dle, n. & i., *violon*, m., *jouer du v-;* Geige, f.. |n; *violin'o*, m., *suonare il v,o*. |r, m., *(joueur de) v-*, G|r, *v'ista*.
Fidel'ity, n., *fidélité*, f., Treue, *fedeltà*.
Fid'get, i., *se remuer*, sich unruhig bewegen, *dimenarsi*. |y, a., v. restless.
Fie (ai), int., v. fy. [m.
Field (i), n., *champ*, m.; Feld, n.; *campo*, Fiend (i), m., *diable*, Teufel, *diavolo*.
Fierce (i), a., '*ness*, n., v. feroc'ious, |ity, fur|ious, |y.
Fiery (ai), a., *de feu,'feurig,focoso;* (temper) *emporté*, hitzig, *collerico*.
Fife, n., *fifre*, m.;Querpfeife,f.;*piffero*, m.
Fifteen, |th, a., *quinz'e*, '|ème; fünfzehn, |te; *quindic'i, 'esimo*. Fifth, a., *cinquième*, fünfte, *quinto*.
Fif'ty, |ieth, a., *cinquant'e*, *'ième;* fünfzig, |ste; *cinquant'a*, |*esimo*.
Fig, n., '-tree, n., *'ue*, f., |*uier*, m.; Feig|e, f., |enbaum, m.; *fico*.

Fight — 60 — Fist

Fight (ait; fought, f-; aut), i., *se battre, combattre;* kämpfen, s. schlagen; *b,ersi, c ere;* (fig.) v. strive, contend. —, t., *tirrer,* liefern. *dare;* — a duel, *se bre en d*-, sich d'lieren. *bersi in duello;* — o's way, *faire son chemin,* s. durchschlagen, *aprirsi strada.* —, n., *combat,* m., Kampf, *combattimento;* (fam.) v. fray, n.
Fig'ur e, n., ¦e,f., (pers.) *tournure;* Figur, Gestalt; *f a;* (numb.) *chiffre,* m.; Ziffer f.; *cifra.* e, i., *er,* ¦ieren, 'are. ¦e, t., v. represent, adorn, imagine. ¦ative, a., ¦é; figürlich, bildlich; *f atiro.* ¦ed, a., *façonné,* gemustert, *figurato.*
Fil'bert, n., *arel ine,* f., Haselnuß, *a lana.*
Filch, t., *filouter,* wegstibitzen, *inrolare.*
File, n. & t., *lim e,* f., *'er;* Feil e, ¦en; *l a,* ¦are. File, n., *f-,* f., Reihe. *fila;* (of papers) *liasse,* f.; Stoß. m.; *filza,* f.
Fil'ial, a., *f-,* kindlich, *f e.*
Fil'igr¦ee, n., 'ane, m.; ¦an, n.; 'ano, m.
Fill, t., *remplir,* füllen, *empiere;* (an office) *r-,* versehen, *esercitare;* (pile up) *combler,* anfüllen, *colmare;* — up, v. fill, occupy, complete.
Fil'let, n., (of veal) *rouelle,* f.; Lendenstück, n.; *filetto.* m.; & v. band.
Fil'lip, n., *chiquenaude,* f.; Schnippchen, n.; *biscottino,* m.; (fig.) v. stimulus.
Film, n., *pellicule,* f.; Häutchen, n.; *tunica,* f. [ren; *'ro,* m., *rare.*
Fil'ter, n. & t., *re,* m., *'rer;* ¦er, n., ,rie-
Filth, n., v. dirt, dung. *'y,* a., v. dirty.
Fin, n., *nageoire,* f., Flosse. *pinna.*
Fi'nal, a., *f-,* endlich. *f e:* (judgm., etc.) *définit¦if,* iv, ,iro; & v. last. ¦ly, ad., *a la fin;* e-; *finalmente. alla fine.*
Finan¦ce', n., 'cial, a., *'ce,* f., ¦*cier;* ¦z, 'ziell; *za,* ¦*ziario.*
Find, found, f-), t., *trouver,* (thgs. lost) *retrouver;* f en; *trovare;* (guilty) v. declare; (in) v. provide (with); & v. discover; — out, v. detect, discover, guess; — fault with, v. blame. *'er,* n., *(personne) qui trouve,* f.; F'er, m., *trovatore.*
Fine, n. & t., *amende.* f., *mettre à l'a-;* Geldstrafe, j-m e-e G- auferlegen; *multa,* ¦re.
Fine. a., *fin,* fein, *fino;* (arts, weather, etc.) v. beautiful; & v. refined, delicate.
Fi'nery, n., *parure,* f.; Putz, m.; *acconciatura,* f.
Fin'ger, n. & i., *doigt,* m., (mus.) *er;* F- greifen, schlagen; *dit,o,* ¦*eggiare;* (t.) v. touch. ing, n., *d er,* m., F¦satz. *portamento.* post, n., *poteau,* m.; Wegweiser; *guida,* f.
Fin'ical, a., *affecté.* gekünstelt. *affettato.*
Fin'ish, t., *'ir,* beendigen, *f ire;* I have ished, j'ai f i, ich bin fertig, *ho f ito.* ¦ish, n., *i,* m.; Vollendung, f.; *filezza.*

'ished, a., *soigné,* sorgfältig ausgearbeitet, *perfezionato;* & v. perfect. **Fi'n¦ite,** a., ,i, begrenzt, *f ito.*
Fir, '-tree, n., *sapin,* m.; Tanne, f.; *abete,* m.
Fire, n., *feu,* m.; Feuer, n.; *fuoco,* m.; (conflagr.) *incendi e,* m.; F-, ,sbrunst. f.; *i o,* m.; catch —, *prend re f-,* F- fangen, *p ere f-;* light, make a —, *faire du f-,* F- anmachen, *accendere un f-;* miss —, *rater,* versagen, *mancare;* set on —, set — to, *mettre le f- à,* in Brand stecken, *incendiare.* Fire, t., *tirer* (at,*sur*), abfeuern (auf), *sparare(sopra);* & v. set on —, inflame. Fire, i., *tirer,* schießen, *tirare;* (mil.) — ! *feu,* Feuer, *fuoco!* '-arms, n. pl., *armes à f-.* f. pl., F'waffen, *armi da f-.* '-engine, n., *pompe à incendie.* f., F¦spritze, p¦a. 'man, m., p¦er, Spritzenmann, *p iere;* & v. stoker. '-place, n., *cheminée,* f.; Herd. m.; *focolare.* '-proof, a., *à l'épreure du f-,* t¦fest. *a prova di fuoco.* '-side, n., *coin du f-,* m., Platz am Kamine. Herd; *canto del fuoco.* '-wood, n., *bois de chauffage.* m.; Brennholz, n.; *legna da ardere,* f. pl. '-works, n. pl., *f- d'artifice,* m.; F,werk, n.; *fuochi d'artifizio,* m. pl.
Firm, a., 'ness, n., *ferme,* ¦té, f.; fest, ¦igkeit; *ferm¦o,* sod o, ¦*ezza;* & v. solid, resolute. —, n., *maison (de commerce),* f., Firma, *ditta.* **Fir'mament,** n., *f-,* m., F-, n.; ¦o. m.
First (eur), a., *premier,* erste, *primo;* (go) —, *le p-.* zuerst, *il primo;* twenty —, *ringt-et-unième,* einundzwanzigste, *ventesimo primo;* — cousin, m. & f., *c- germain, ce g e;* Geschwisterkind, n.; *cugin'o germano,* m., *c'a g'a,* f.; at — sight, at the — blush, *à la première vue,* auf den ersten Blick, *a prima rista;* from the —, *dès le commencement,* von Anfang (an), *dal principio;* in the — place, —, ad., *en prem ier lieu, p ièrement;* erstens; *in primo luogo, p¦ieramente;* at —. *d'abord,* zuerst. *(da) prima.* '-rate, a., v. excellent.
Fish, n., *poisson,* m.. Fisch, *pesce;* odd —, m., *drôle de corps,* Sonderling, *criginale.* —, i., — for, *pécher,* fisch'en ¦[en nach], *pescare.* '-bone, n., *aréte,* f., Gräte, *spina.* ' erman, m., *pécheur,* F er, *pescatore.* ' ery, n., *péche,* f., F¦crei, *pesca.* '-hook, n., *hameçon,* m., Angelhaken, *amo.* '¦ing-boat, n., *bateau pécheur,* m.; F erkahn; *barca peschereccia,* f. '¦ing-rod, n., *ligne,* f., Angelrute, *canna da pescare.* '-market, n., *marché au(x) poisson(s),* m.; F markt; *pescheria,* f. '-monger, m., *marchand de poissons.* F'hündler, *pescivendolo.* '-pond, n., *étang,* m., F,teich, *virajo.* [*sura.*
Fis'sure (fīcheur), n., *f-,* f., Spalte, *fes-*
Fist, n., *poing,* m.; Faust, f.; *pugno,* m.

Fit, n., *accès*, m.. Anfall, *a so;* & v. attack; by |s and starts, *par saccades*, ruckweise, *a sbalzi*. '|ful, a., v. restless, capricious.
Fit, a., *bon, propre* (for, *à*); gut, passend (für); *atto, idoneo (a);* & v. proper, suitable, capable; think —, *juger à propos*, für gut finden, *credere convenevole*. Fit, t., *préparer, ajuster;* anpassen; *aggiustare;* (pers.; well, ill) *aller à*. kleiden, *stare a;* & v. provide; — out, v. equip; — up, *arranger*. einrichten, *ordinare;* & v. furnish. Fit, i., *aller (bien),* (gut) passen, *star (bene)*. Fit, n.; it is a good —. v. it |s well.' ness, n., *aptitude*, f., Tauglichkeit, *attitudine;* & v. propriety, ability. ',ted, a., v. suitable. '|ting, a., v. proper, becoming.
Five, a., *cinq, fünf, cinque*.
Fix, t., 'er; befestigen, (fig.) festsetzen; *fissare;* & v. attach. Fix, i., (on) v. resolve, choose. Fix, n.; in a —, *dans le pétrin*, in der Klemme, *alle strette*.
Fizz, i., *siffler*, zischen, *fischiare*.
Flab'by, a., *flasque*, schlapp, *floscio*.
Flag, n., *drapeau*, m.; Fahne, f.; *bandiera*.
Flag, n., (stone) *dalle,* f.. Fliese, *lastra*.
Flag, i., (fig.) *languir*, erschlaffen, *illanguidire*. [sco, m.
Flag'on, n., *flacon*, m.; Flasche, f.; *fiasco*.
Fla'grant, a., v atrocious, infamous.
Flail, n., *fléau*. m., Flegel, *coreggiato*.
Flake, n., *flocon*, m.; Flocke. f.; *fiocco*, m.
Flame, n. & i., *flamme*, f.. *flamber;* Flamme, |u; *fiamm',a,* |*eggiare*.
Flan'd|ers, n., |*re*, f.; |ern, n.; '*ra*, f.
Flan'k, n., c, m.; |ke, f.; *fianco*, m.; (t.) v. border.
Flan"nel, n.. '*elle*, f.; |ell, m.; *ella*, f.
Flap, n., (of coat) *pan*. m.; Schoß; *falda*, f.; (of table. etc.) *abattant*, m.; Klappe, f.; *battente*, m. —, t., (wings) *batt're de*, schlagen mit, *b'ere;* (i.) *pendiller*, baumeln, *penzolare*.
Flare, i., *vaciller*. flackern, *divampare;* & v. glare.
Flash, n., (of light) *lueur*, f., *éclat*, m.; Strahl; *lampo, raggio;* (lightning)*éclair*, Blitz, *l·*. —, i., *éclater*, blitzen, *lampeggiare;* — on, (fig.) v. strike.
Flask, n., *gourde*, f., Feldflasche, *borraccia;* (powder-) *poire;* Pulverhorn, n.; *fiaschetta*, f.
Flat, a., *plat*, flach, *piatto;* (wine, etc.) *éventé*, schal, *sventato;* (note) *bas*, tief, b|*so;* & v. dull. —, n., (mus.) *bémol,* m.; Vertiefungszeichen, n.; *b'le*, m.; & v. plain, floor. '|ten, t., *aplatir*, abplatten, *spianare*.
Flat'ter, t., |er, m. & f., |y, n., *flatt'er*, |*eur*, '*euse*, '*erie*, f.; schmeich|eln (dat.), |ler, '|erin, '|elei; *adul'are*, (o's sf., *lu-*
singarsi), |*atore*, *atrice*. *a:ione*. ing, a., *flatteur*, s|clhaft, *lusinghevole*.
Flat'u lence, n., |*osité*, f., Blähung, *f osità*.
Flaunt, i., *se pavaner*, stolzieren, *pompeggiare*.
Fla'vour, n. & t., *goût*, m., (meat, etc.) *assaisonner;* Geschmack, würzen; *gusto*, *condire;* & v. aroma, odour.
Flaw, n., *gerçure*, f.; Sprung, m.; *screpolo;* & v. defect.
Flax, n.. *lin*. m.. Flachs, *l'o*. "en, a., *de l'*, flächsen, *di l,o;* (hair) v. fair.
Flay, t., *écorcher*, schinden, *scorticare*.
Flea (i), n., *puce*, f.; Floh, m.; *pulce*, f.
Fledged (edjd), a., *dru*, beliedert, *pinmato*. [*gire*.
Flee (fled, f-), i., (*s'en*)*fuir*, fliehen, *fuggire*.
Fleece, n., *toison*. f., Vließ, n.; *vello*, m.; (t.; fig.) v. cheat.
Fleet, n., *flott'e*, f., '*e*, '*a*. [tig, *fugace*.
Fleet, a., v. swift. |ing, a., *fugitif*, flüchtig, a., *fuggente*.
Flem"|ing, m., 'ish, a., *Flam and;* |länder, flämisch; *Fiammingo*.
Flesh, n., *chair*, f., (meat) *viande;* Fleisch, n.; *carne*, f. '|y, a., *charn|el*, '*u;* f|*lich*, |*ig;* carn|*ale*, |*oso*.
Flew (ou), imp., v. fly.
Flex'ib'|le, a., |*il'ity*, n., '*le*, '*ilité*, f.; biegsam, |keit; *flessibil'e, 'ità*.
Flick'er, i., *vaciller*, flackern, *svolazzare*.
Flight (aït), n., *fuite*, f., Flucht, *fuga;* (of a bird) *vol*, m., Flug, v'|o; (flock) v'|ee, f.; Flug, m., *stormo;* (fig.) *essor*, Aufschwung, v'o; — of steps, *perron*, m.; Freitreppe, f.; *scalinata*. '|y, a., *volage*, flatterhaft, *leggiero*.
Flim'sy, a., v. weak, thin. vain.
Flinch, i., *reculer*, weichen, *rinculare*.
Fling (flung, f-), t., *lanc,er*, schleudern, *liare;* & v. throw.
Flint, n., *silex*, m.; Feuerstein, Kiesel; *pietra focaja*, f.; — period, *âge de pierre*, m.; Steinzeit. f.; *secolo di pietra*, m.
Flip'pant, a., *léger*, leichtfertig, *leggiero*.
Flirt, f. & i., *coquet'|te*, '*er;* Kokett|e, ieren; *civett ina,* are.
Flit, i., v. fly, flutter, remove (i.).
Flitch, n., *flèche de lard*, f.; Speckseite; *costereccio*, m. [*giare*.
Float (ōt), i., *flotter*, schwimmen, *galleggiare*.
Flock, n., *troupeau*, m.; Herde, f.; *greggia;* (of geese, etc.) *bande*, *troupe;* Schar, Volk, n.; *stuolo*, m.; (of wool) v. flake. —, i., *s'assembler*, (zusammen)-strömen, *andar in folla*.
Flog, t., *fouetter*, durchpeitschen, *sferzare*.
Flood (äd), n., *inondation*, f., Flut, *piena;* (tide) *marée*, f.; Flut; *flusso*, m.; & v. torrent, deluge. —, t., v. inundate.
Floor (ōr), n., *plancher*, m.., Fußboden, *impiantito;* & v. story, pavement, ground.
Flo'r|a, f. & n., |*e*, f., '*a*, '*a*.

Florence — 62 — Foot

Flor'ence, n. & f., 'ce, f.; |z, n., |tia, f.; Firenze, m., Fiorenza, f. |tine, a. & m., 'tin; |tinisch, |tiner; Fiorentino.
Flor'id, a., vermeil, hochrot, rosso (acceso); (fig.) fleuri, überladen, florido.
Flor'in, n. (2 fr. 50), f-, m., Gulden, fiorino.
Flor'ist, m., fleuriste; Blumenzüchter, Kunstgärtner; fiorista.
Flounce, n., volant, m.; Falbel, f.; gala.
Floun'der, n., carrelet, m.; Flunder; lima, f. —, i., se débattre, zappeln, dibattersi.
Flour, n., farin|e, f.; Mehl, n.; f|a, f.
Flour'ish (är), n., (of pen) paraf̃e, f.; Schnörkel, m.; ghirigoro; (in speech) fleur, f.; Floskel; fiore, m.; (of trump.) fanfare, f.; Tusch, m.; squillo; & v. ornament. —, t., brandir, schwingen, b'e. —, i., être florissant, blühen, fiorire; (plants) réussir, gedeihen, ottecchire.
Flout, t. & n., v. mock, insult.
Flow (ō), i., couler, s'écouler; fließen; scorrere; (tide) monter, fluten, fluire; (result) proven|ir, herrühren, p ire; — in, afflu'er, zufließen, a'ire; — over, déborder, überfließen, traboccare. —, n., flux, m.; Flut, f.; flusso, m.; (current) cours, m.; Strom; corrente, f.; (fig.) épanchement, m.; Erguß; effusione, f. 'ing, a., (hair) flottant, wallend, sciolto; & v. fluent.
Flow'er (aou), n. & i., fleur, f., 'ir; Blum'e, blühen; flor'e, m., 'ire. -pot, n., pot à f,s, m., B entopf, vaso da f|i. -show, n., exposition de f s, f., B'enausstellung, esposizione di f i.
Flown (ōne), pp., v. fly. [fluttuare.
Fluc'tuate, i., (fig.) rarier, schwanken,
Flue (ou), n., tuyau, m.; Röhre, f.; gola.
Flu'en t, a., 'cy, n., coulant, facilité, f.; geläufig, keit; facil e, 'ità. |tly, ad., couramment, g', correntemente. Flu'id, a. & n., 'e, a. & m., flüssig, keit, f.; f,o, a. & m.
Flun'key, m., laquais, Lakai, lacchè.
Flur'ry, n., émoi, m.; Unruhe, f.; agitazione; (t.) v. agitate.
Flush, i., v. blush; (t.) v. redden, elate, wash; (a.) v. level.
Flus'ter, t., v. confuse, agitate.
Flute (ou), n., flûte, f.; Flöte; flauto, m. d, a., cannelé, kanneliert, scanalato.
Flut'ter, i., voltiger, flattern, svolazzare; & v. palpitate; (n.) v. flurry, agitation.
Fly (flew, flown), i., roler, fliegen, volare; & v. flee; — at, v. attack; — away, s'envoler, wegfliegen, involarsi; — back (thgs.), faire ressort, zurückprallen, rimbalzare; — into a passion, s'emporter, aufbrausen, montare in collera; — open, s'ouvrir sub't ement, auffliegen, aprirsi s amente; — to pieces, voler en éclats, platzen, scoppiare. Fly (pl. flies),

n., mouche, f., Fliege, mosca; & v. cab.
Foal (ōl), n., poulain, m.; Fohlen, n.; poledro, m.
Foam (ōme), n. & i., écum|e, f., |er; Schaum, m., schäumen; spuma, f., |re. [ta, f.
Fob, n., gousset, m.; Uhrtasche, f.; taschet-
Fo'cus, n., foyer, m., Fokus, foco.
Fod'der, n., fourrage, m.; Futter, n.; foraggio, m. **Foe** (ō), m., v. enemy.
Fog, n., |gy, a., brouillard, m., brumeux, (it is |gy, il fait du brouillard); Nebel, |ig; nebbi'a, f., |oso.
Foil, n., (fencing) fleuret, m.; Rapier, n.; fioretto, m.; (tin-, etc.) feuille, f.,
Folie, foglia; serve as a —, donner du relief à, zur F-dienen, dar risalto a. —, t., v. defeat, baffle.
Fold, n. & t., pli, m., 'er; Falt'e, f., 'en; piega, re; (arms) v. cross; & v. sheepfold. —, a.; four —, quatre fois, vierfach, quadruplo. "ing-door, n., porte à deux battants, f., Flügelthür, porta a battenti.
Fo'li'age, n., feuillage, m.; Laub, n.; fogliame, m. o, n., (vol.) in-foli o, m., F'ant, foglio. |gente, f. sing.
Folk(s) (ōk, ōx), m. & f. pl., gens; Leute;
Fol'low, t. & i., suirre, folgen (dat.), seguire; (result) s'ensuirre, f-, conseguire. er, m., adhérent, Anhänger, aderente; & v. disciple, attendant.
Fol'ly, n., folie, f., Thorheit, follia.
Foment',t., |er; bähen, (fig.) nähren;f,are.
Fond, a., v. affectionate, tender; (hope, etc.) v. cherished, vain; be — of, v. love, like. "le, t., v. caress. '|ness, n., v. love, affection, relish.
Font, n., |s, m. pl.; Taufstein, m.; f|e, m. & f., |i, f. pl.
Food, n., nourriture, f.; Speise; cibo, m.
Fool, m. & f., sot, 'te, béte; Narr, Närrin; sciocc o, 'a; make a — of, se moquer de, zum besten halten, farsi beffa di. —, t., v. dupe; — away, v. squander. '|hardy, a., v. rash. 'ish, a., sot, thöricht, närrisch, scioc'co; — thing, bêtise, f., sottise, Dummheit, s'cchezza. '|ishness, n., bêtise, f., Narrheit, sto'tezza; & v. folly. s'cap, n., v. writing-paper.
Foot (pl. feet), n., pied, m., Fuß, p|e; (base) bas|e, f.; F-, m., |gestell, n.; b-, f.; (mil.) v. infantry; at the — of, au pied de, unten (an, auf), appiè di; on —, à p-, zu F-, a p|e; set on —, mett|re en train, ins Werk setzen, m|ere in opera. '|ing, n., p-, m., F-, p-; (fig.) point d'appui, m., Halt, sostegno; & v. position, relation; gain a —, prendre pied, festen Fuß fassen, stabilirsi. "man, m., laquais, Lakai, lacchè. '-pace, n.; at a —, au pas, im Schritt, di passo. '|path, n., sentier, m.; Pfad, Fußweg; s|o. '-sol-

Fop — 63 — Fortify

dier, m..*fantassin;* F soldat,Infanterist; fante. |**step,** n., *trace,* f., F stapfe, *pedata.* |**stool,** n., *marchepied,* m., Schemel, *sgabello.*
Fop, m., *petit-maître,* Stutzer, *zerbino.*
For, cj., *car,* denn, *poichè;* & v. because.
For, prp., *pour, für, per;* (owing to) *à cause de,* wegen (gen.), *a cagione di;* (fear, etc.) *de,* aus, *per;* (time) I have been here — an hour, *je suis ici depuis une heure,* ich bin seit e-r Stunde hier, *sono qui da un' ora;* (fut. time) *pour,* auf, *per;* & v. during; (— dead, lost, etc.) v. as; as —, *quant à,* was .. betrifft, *in q'o a;* but —, v. without; —all that, *malgré cela,* trotz alledem, *con tutto ciò;* — example, *par exemple,* zum Beispiel, *per esempio;* — the sake of, *pour, à cause de,* um .. (gen.) willen, *per, per l'amor di.*
For'age, n., *fourrage,* m.; Futter, n., Fourage, f.; *foraggio,* m.
Forbear' (ēr), i., *s'abstenir* (to do, from doing, *de faire*), sich enthalten (inf.), *astenersi (dal fare).* |ance, n., v. patience, indulgence.
For bid' (|bāde, |bidden), t., *défend're,* verbieten, *vieta're;* I am bidden, *il m'est d u,* mir ist verboten, *mi è v to;* God —, *à Dieu ne plaise,* Gott bewahre, *Dio ce ne liberi!* |bid'ding, a., *rebutant,* abstoßend, *ripugnante.*
Force, n., *f-*, f. (by —, *de*), Gewalt (mit), *forza (a);* (mil.) *f-*, Kriegsmacht, *truppe,* f. pl.; & v. power, strength. —, t., 'r, zwingen, *forzare;* (fruit) *hâter,* treiben, *far presto maturare;* & v. drive, compel; — back, *repousser,* zurückschlagen, *respingere;* — in, *enfoncer,* einschlagen, *sfasciare;* — open, *ouvrir par f-*, aufbrechen, *aprire per forza.* For'- cible, a., v. powerful, violent.
Ford, n. & t., *gué,* m., *passer à g-;* Furt, f., durchwaten; *guado,* m., |*are.*
Fore, a., *antéri|eur,* vorder'e, *a'ore.* |bode', t., *pressentir,* ahnen (I —, es ahnt mir), *presentire.* |-**cabin,** n., *cabin|e de l'avant,* f., V kajüte, *c'a anteriore.* |cast', t., v. project, foretell. |cast, n., v. prediction. |**father,** m., *aïeul,* Vorfahr, *antenato.* |-**finger,** n., *index,* m., Zeigefinger, *indice.* |**foot,** n., *pied de devant,* m., Vorderfuß, *p'e dinanzi.* go', t., v. renounce. |**going,** |**gone',** a., v. preceding. |"**ground,** n., *derant,* m., *premier plan;* Vordergrund; *dinanzi, primo piano.* |**head** (fōred), n., *front,* m.; Stirn, f.; *fronte.* |**man,** m., *contre-maître,* Werkführer, *direttore (d'una fabbrica);* (of a jury) *chef,* Obmann, *capo.* |**most,** a., *premier,* vorderste, *primo, più avanti.* |**noon,** n., *matin.* m.. (whole) |*ée,* f.; Vormittag, m.; *ma'tina,* f. |**runner,** m., *précurs eur,*

Vorläufer, *p|ore.* |**see**', t., *prévoir,* voraussehen, *prevedere.* **shad'ow,** t., *figurer,* vorher andeuten, *prefigurare.* |**short'en,** *raccourcir,* verkürzen, *raccorciare.* |**sight,** n., *prévoyance,* f., Vorsicht. *antiveggenza.* |**stall',** t., v. anticipate. |**taste,**n., *avant-goût,*m., Vorgeschmack. *saggio.* |**tell',** t., *prédire,* voraussagen, *p-.* |**thought,** n., *prévision,* f.; Vorbedacht, m.; *previdenza,* f.
Foreign (Īnne), a., |*er,* m. & f., *étrangl|er,* |*er, ère; auslländ|isch,* |*er,* |*erin; forestier,e,* 'o, |*a.*
Foren's|ic, a., *du barreau.* gerichtlich, *f e.*
For'est, n., |*er,* m., *for|êt,* f., |*estier,* m.; Forst, m., Förster; *forest,a,* f., *guardia f ale,* f.
For'feit (fĭt), t., *perdre (par confisca'tion);* verwirken; *perdere (per c|zione),* demeritare. —, n., v. fine, penalty.
Forg'e, n., |*e,* f., Schmied'e, *fucina.* |*e,* t., |*er,* s|en, *battere;* (writing, etc.) *contrefaire, fausser;* verfälsch'|en: *falsificare.* |*er,* m., *faussaire,* V'er, *falsario.* |*ery,* n., *falsification,* f., (crime) *faux,* m.; V|ung, f., Fälschung; *falsificazione.*
Forget' (forgot, |ten), t., |*ful,* a., |**fulness,** n., *oubl|ier,* |*ieux, i,* m.; vergess'en, |lich, |lichkeit, f.; *dimenti'care,* |*chevole,* |*canza.*
For'give' ('gave, |given), t., *pardonner (a pers., à),* vergeben (dat.), *perdonare (a).*
Fork, n., *fourchette,* f., Gabel, *forchetta.* —, i., (road, etc.) *se bifurquer,* sich teilen, *biforcarsi.* [able.
Forlorn', a., v. destitute, helpless, miserable.
Form, n., |*e,* f., F|, |*a;* & v. shape, f'ality, |ula, bench. —, t., |*er;* bilden, f'en; *fare;* (make up, constitute) *faire, constituer;* b-, ausmachen; *fare, costituire;* (an idea) *se faire,* sich b-, *formarsi.* |al, a., |**al'ity,**n., |*el, alité,* f., (pers.) *cérémon'ieux, ie;* förmlich, |*keit; formal'e,* |*ità.*
For'mer, a., *précédent,* früher, *p|e;* the —, *celui-là,* der erstere, *quello.* |**ly,** ad., *autrefois,* früher, *altre volte.*
For'mida ble, a., |*ble,* furchtbar, *f,bile.*
For'm|ula, n., |*ule,* f., |el, |*ola.*
For sake' ('sook, |saken), t., v. abandon, desert.
Fort, n., *f-*, m.; F-, n.; |*ino,* m.
Forth, ad., *en avant, (au) dehors;* vorwärts, hervor; *innanzi, fuori;* and so —, *ainsi de suite,* u. so weiter, *così via;* from this day —, *à partir de ce jour,* von nun an, *d'ora innanzi.* |**coming,** a., *prét (à paraître),* bereit(zu erscheinen); *sul punto di comparire;* (event) *prochain,* bevorstehend, *soprastante.* |**with',** ad., v. immediately.
For'ti fy, t., |*fier,* befestigen, *f ficare;*

Fortnight — 64 — Freight

(fig.) v. strengthen. 'tude, n., v. courage, resolution.
Fort'night, n., *quinze jours*. m. pl., vierzehn Tage, *quindici giorni;* this day —, (past) *il y a aujourd'hui q- j-*, heute vor vierzehn T'|n, *oggi sono q- g-*; (fut.) *d'a- en q- (j-)*, in v- T'|n, *oggi a q-(g-)*.
Fort'|ress, n., *eresse*, f., Festung, *fezza*.
Fortu'it|ous, a., *f*, zufällig, *f o*.
For'tun e, n., |ate, a., 'e, f., (good) bonheur, m., *heureu'x;* Glück, n., 'lich; *f a*, f., *'ato;* & v. fate, chance; make o's —, *faire f/e*, Vermögen erwerben, *far f|a.* |ately, ad., *h|sement*, g'licherweise, *felicemente*.
For't'y, a., |ieth, a., *quarant'e*, |ième, vierzig, 'ste; *q'a, 'esimo*.
For'ward, a., (season) *avan'cé*, vorgerückt, *a'zato;* (fruit, etc.) *précoce*, frühreif, *p-*; (in manner) *indiscret;* naseweis; *i o*, *saputello*. —, t., *a'cer*, fördern, *a'zare;* & v. promote; (goods) *expédier*. sped'ieren, |ire; & v. send. —, |s, ad., *en a t*, vorwärts, *a ti;* from this time —, v. forth. [m.
Fos'sil, n., |e, m.; Versteinerung, f.; *f'e*,
Fos'ter, t., *nourrir*, pflegen, *nutrire;* & v. promote, encourage.
Fought (aut), imp. & pp., v. fight.
Foul, a., v. dirty, shameful, atrocious, (weather) bad, stormy; — play, v. treachery; run — of, *aborder*, zusammenstoßen mit, *urtarsi contro*.
Found, t., |a'tion, n., 'er, m., *fond'er*, *'ation*, f., (base) *'ement*, m., *'ateur;* gründ'en, |ung, f., Grundlage, Gründer; *fonda're*, |*zione*, *'mento*, m., |*atore;* & v. establish, (metal) cast. [*affondare.*
Foun'der, i., (nav.) *sombrer*, untergehen,
Found'ling, m., *enfant trouvé*, Findling, *trovatello*. [*f ia*.
Found'ry, n., *fonder'ie*, f.. Schmelzhütte,
Foun'tain, n., *fontaine*, f.; Springbrunnen, m.; *fontana*, f.; & v. source.
Four, |th, |'teen, 'teenth, a., *qua're*, |*rième*, *orze*, *orzième;* vier, |te, 'zehn, 'zehnte; *quattro*, *quarto*, *quattor'dici*, 'dicesimo. 'fold, a., *qre fois*, v'fach, *quadruplo*. '-footed, a., *quadruped|e*, v'füßig, *q'e*. -in-hand, ad., *à grandes guides*, v'spännig, *col tiro a quattro*.
Fowl, n., *poule*, f.; Huhn, n.; *pollo*, m.; & v. bird. '|ing-piece, n., *fusil (de chasse)*, m.; Flinte, f.; *fucile*, m.
Fox, n., *renard*, m., Fuchs, *volpe*. "glove, n., *digitale*, f.; Fingerhut, m.; *d-*, f.
Frac'tion, n., *'tion*, f.; Bruch, m., *frazione*, f. "ture, n., *ture*, f., Bruch, m.; *frattura*, f.; (t.) v. break.
Frag'ile (adj), a., 'ile, zerbrechlich, *f'ile.* ment (äg), n., |*ment*, m.; |*ment*, n., Bruchstück; *frammento*, m.

Fra'gran t, a., |ce, n., *odorant*, *parfum*, m.; wohl|riechend, |geruch; *odoroso*, *fragranza*, f.
Frail, a., *frêle*, gebrechlich, *frale;* & v. weak, fragile. '|ty, n., v. w'ness.
Frame, n., (pict., etc.), *cadre*, m., Rahmen, *cornice;* (of window) *chässis*, m.; Fenst errahmen; *invetriata*, f.; (embroid.) *métier*, m., Stickrahmen, *telajo;* & v. body, (fig.) disposition. —, t., encadrer, einrahmen, *inquadrare;* & v. form. construct. '-work, n., *charpente*, f.; Zimmerwerk, m.; *struttura*, f.
Franc|e, n., |e, f.; Frankreich, n.; *F'ia*, f.
Fran"cis (Frank), m., ,ces, f., *çois*, |*çoise;* Franz, 'iska; *Francesc o, 'a*.
Francis'|can, m., |*cain*, |*kaner*, *francescano*.
Frank, a., '|ness, n., *fran c*, *chise*, f.; frei|mütig, |mut, m.; *fran|co*, *'chezza*, f.
Fran'tic, a., v. mad, furious.
Frater'n al, a., |ity, n., |*el*, *ité*, f.; brüderlich, |schaft; *f|o*, *|ità*.
Fraud, n., 'e. f.; Betrug, m.; *f e*, f., *frode*. ülent, a., *uleux*. betrügerisch, *f olente*.
Fraught (aut), a., (with) v. full (of).
Fray, n., *batterie*, f., Schlägerei, baruffa. [*lacciare*.
Fray, t., (cloth) *érailler*, auflockern, *sfi-*
Freak, n., *caprice*, m.; Laune, f.; *ghiribizzo*, m. [*mersprosse*, *lentiggine*.
Freck'le, n., *tache de rousseur*, f., Sommersprosse.
Fred'erick, m., *Frédéric*, Friedrich, *Federico*.
Free, a., *libre* (from, *de*); frei (von); *libero*, *sciolto (da);* & v. frank, liberal, exempt; duty —, *exempt de droit*. zollfrei. *esente di dazio;* set —, *nett're en libert'é*, in F|heit setzen. *m'ere in l'à*. —, ad., *grat|is*, unentgeltlich, g'|*uitamente*. —, t., *délivrer*. befreien, *liberare;* (from) *dégager;* f|machen, bef-; *affrancare;* & v. exempt. "booter, m., *maraudeur*, F|beuter, *brigante*. "dom, n., *libert'é*, f., F|heit, *l'à*. "ly, ad., *librement*, f', *liberamente;* & v. willingly, abundantly. "mason, m., *franc|maçon*, F'maurer, *frammasone*. "|ness, n., v. |dom, sincerity, liberality. "stone, n., *pierre de taille*, f., Quaderstein, m., *pietra arenaria*, f. 'thinker, m., *libre penseur*, F|geist, *libero p|atore*. '-trade, n., *libre échange*, m., F handel, *libero scambio*. -will', n., *l- arbitre*, m., f'er Wille, *l- arbitrio;* of o's own —, v. accord.
Freeze, (froze, 'n), i. & t., *geler;* frieren, (ge'f-, er'f-) f- machen; *gelare;* frozen over, *complètement gelé, pris;* zugefroren; *agghiacciato*.
Freight (ët). n., *fret*, m.; Fracht, f.; *nolo*, m.; & v. cargo. —, t., *fréter*, verfrachten, *caricare*.

French, a., *français*, |zösisch, |cese; the —, *les F|çais*, die F|zosen, *i F|cesi;* — beans, n. pl., *haricots verts*, m. pl.; grüne Bohnen, f. pl.; *fagiuoli*, m. pl. '|man, m., '|woman, f., *Fran'çais, çaise;* |zose, |zösin; |*cese.* |*f,ia*, f.; & v. fury.
Fren'zy, n., *frénés|ie*, f.; Wahnsinn, m.;
Fre'quen|t, a., |cy, n., |t', t., *fréquen|t,* |*ce,* f., |*ter;* häufig, |keit, (h-) besuchen; *f,te*. |*za, tare*. **Fre'quently, ad.**, *fréquemment*, h-, *frequentemente.*
Fres'|co, n., |*que*,f.; |ko(gemälde). n.; *co*,m.
Fresh, a., *frais*, frisch, *fresco;* (water) *doux*, süß, *dolce;* & v. new, recent, brisk. '|en, t., v. refresh. '|ness, n., *fraicheur*, f.. Frische, *freschezza*.
Fret, t., v. wear, rub, fray, gnaw; (fig.; t. & i.) *chagriner, se ch-;* ärgern. sich ä-; *agitar|e, 'si*. '|ful, a., v. irritable. '|work, n., *grecque*. f.; gebrochener Stab, m.;
Fri'ab|le, a., |*le*, morsch. *f,ile.* [*meandro*.
Fri'ar, m., *moine*, Mönch, *frate*.
Fric'tion, n., *frottement*, m., (med.) *friction*, f.; Reibung; *frizione*.
Fri'day, n., *vendredi*, m., Freitag, *venerdì;* Good —, *v- saint*, Char|fc, *v- santo*.
Friend(ennd), m. & f., *ami*, |*e;* Freund, |in ; a|co, |*ca*. '|ly, a., '|liness, n., *bienveillan't* (to, towards, *pour*), |*ce*, f.: f|lich (gegen), |lichkeit; *benevol'o (per)*, |*enza;* & v. amicable, favourable; |ly society, *società de secours mutuels*, Unterstützungsverein, *società di m|'o soccorso*. '|ship, n., *amitié*. f., F|schaft, *amicizia*.
Frieze (ï), n., *frise*, f.; Fries, m.; *frisa*, f., (arch.) *fregio*, m.
Frig'ate, n., *frégat,e*, f., |te, |*a*.
Fright (aït), n., *frayeur*, f.; Schreck. m., |en ; *spavent,o*, m.; (ugly pers.) *horreur*,f.; Vogelscheuche; *orrore*, m.; take —, *s'effrayer*, erschrecken, *s,arsi;* (horse) v. shy. '|en, t., *effrayer*, erschrecken, *s'are*. '|ful, a., *affreux*, schrecklich, *s'evole*.
Frig'id (d,i), a., v. cold. [f.; *gala*.
Frill, n., (of shirt, etc) *jabot*,m.; Krause,
Fringe (dje), n., *fran'ge*, f., |se, |*gia;* (t.) |*ger*, befransen, *f'giare;* & v. border.
Frip'|pery, n., |*erie*. f., Lumperei, *ciarpa*.
Frisk, i., *sautiller*, hüpfen, *saltellare*. '|y, a., v. lively, playful.
Frith, n., *bras de mer*, m., Meeresarm, *braccio di mare*.
Frit'|ter, n., *beignet*, m.; Pfannkuchen ; *f,tella*, f.; (t.; away) v. waste, squander.
Friv'ol|ous, a., '|ity, n., *e, 'ité*, f.; leichtfertig, |keit; *f,o*, |*ezza*.
Friz'zle, t., *friser*, kräuseln, *arricciare*.
Fro, ad., to and —; *çà et là*, auf und ab, *qua e là*.
Frock, n., *robe*, f.; Kleid, n.; *vestito*, m. '-coat, n., *redingote*, f.; Überrock, m.; *abito*.

Frog, n., *grenouille*, f.; Frosch, m.; *rana*, f.
Frol'ic, n., *espièglerie*, f.; lustiger Streich, m. ; *buffa*, f., *burla*.
From, prp., *de, von, da;* (according to) *d'après;* nach; *dopo, per;* & v. since, through, owing to, on behalf of; — above, *d'en haut*, von oben. *dall' alto;* — among, *d'entre*. aus (der Mitte von), *d'infra;* — home, *en voyage*. verreist, *in viaggio;* — ignoran|ce, *par i,ce*, aus Unwissenheit, *per i|za;* — time to t-, *de temps en t-*, von Zeit zu Z-, *di quando in q-*.
Front (ä), n., *devant*, m.; Vorderseite, f.; *f,e;* (mil., etc.) *f*-, m.; F-, f.; |*e;* (of build.) *façade*, f., V-, *facciata;* in —, *d-*, vorn, *davanti;* in — of, *d-*, vor, *davanti*. —, a., .. *de derant*, Vorder.., *di dinanzi* —, t., *faire face à*, gegenüberstehen (dat.), *stare dirimpet'o di*. **Fron'ti|er** (önn), n., *ère*, f., Grenze, *f,era*.
Frost, n., *gel,ée*, f.; F-, m.; *g,o, ata*. f. '|y, a., *très froid, qui gèle;* f,ig; *freddissimo, ghiacciato*.
Froth, n., *mousse*, f.; Schaum, m.; *schiuma*, f.; & v. foam.
Frown (aou), i. & n., *froncer les sourcils, re(n)frognement*, m.; die Stirn runzeln, S|runzeln, n.; *far cipiglio*, c-, m.
Froze, |n, imp. & pp., v. freeze.
Fruit (out), n., *f-*, m.; Obst, m., Frucht, f.; *frutt,a,* |*o*, m.; first |s, *prémices*, f. pl.; Erstlinge, m. pl.; *primizie*, f. pl. '|erer, m., |*ter*, O|händler, *fruttajuolo*. '|ful, a., '|fulness, n., v. fertil|e, |ity. '|less, a., *infructueux*, f|los, *infruttuoso*. '-tree, n., *arbre f,ier*, m., O|baum,*alberofruttifero*.
Frus'tr|ate, t., *er, déjouer;* vereiteln;*f,are*.
Frÿ, t., *frire*, brat|en, *friggere*. '|ing-pan, n., *poêle à f-*, f., B'pfanne, *padella*.
Fu'el, n., *chauffage*, m.; Feuerung, f.; *legna*, f. pl.
Fu'git|ive, m., |*if*, Flüchtling, *fuggitivo*.
Ful'crum, n., *point d'appui*, m., Stützpunkt, *punto d'appoggio*.
Fulfil', t., |ment, n., *accompl,ir,* |*issemento,* m.; erfüll|en, |nng, f.; *ademp,ire*, |*imento*, m.
Full (ou), a., *plein*, voll, *pieno;* & v. total, complete, ample ; — dress, *grande tenue*, f. (ladies', *g- toilette*)- Gala-Anzug, m.; gala, f.; — power, *p- pouvoir*, m.; V|macht. f.; *p- potere*, m.; at — speed, *en toute hâte*, in — em Laufe, *a tutta corsa;* in —, (com.) *pour solde*, per Saldo, *a s-;* to the —, *tout à fait*, gänzlich. *appieno*. '|y, ad. '|y. quite, at least. **Ful'ness, n.**, *plénitude*, f., Fülle, *pienezza*. **Ful'some**, a., v. coarse, gross.
Ful'ler (ou), m., *foulon*, Walker, *follone*.
Fum'ble, i., *tâtonner*. herumtasten, *andar tastone*. [*vapore;* (fig.) v. anger.
Fume, n., *vapeur*, f.; Dunst, m., Dampf;

Fun, n., *amusement*, m.; Spaß; *burla*, f.; for —, *pour rire*, im Scherz, *per b-*; make — of, v. fool.
Func'tion, n., |ary, m.; *fonction*, f., |*naire*; Funktion, f., Beamte; *funzione*, f., *impiegato*.
Fund, n., *fonds*, m.. Fonds, *fondo*.
Fundament'al, a., *fondament,al*; wesentlich, Grund..; *f ale*.
Fu'neral, n., *funér,ailles*, f. pl.; Begräbnis. n.; *f,ale*, m.; (a.) *funèbre*, B|.., *funereo*.
Fun'gus, n., *fongus*, m., Schwamm, *fungo*.
Fun'nel, n., *entonnoir*, m., Trichter, *imbuto*; & v. chimney.
Fun'ny, a., v. droll, comical.
Fur, n., *fourrure*, f.; Pelz, m.; *pelliccia*, f.
Fur'bish, t., *fourbir*, polieren, *forbire*.
Fu'ri,ous, a., |*eux*, wütend, *f,oso*.
Furl, t., *ferler*, beschlagen, *ammainare*.
Fur'long, n., (1/8 mile) 1/5 *kilomèt,re*, 1/5 K|er, *stadio*, m.
Fur'lough (lo), n., *congé*, m.; Urlaub; *congedo, licenza*, f.　　　　　[*fornace*, f.
Fur'nace, n., *fourneau*, m.; Schmelzofen;
Fur'n,ish, t., *fournir*, liefern, *fornire*; (house) *meubler*, möblieren, *mobiliare*; & v. supply, provide. |*iture*, n., *meubles*, m. pl.; Hausgerät, n.; *mobilia*, f.
Fur'rier, m., *fourreur*, Kürschner, *pelliciajo*.　　　　　　　　　　　　　[m.
Fur'row, n., *sillon*, m.; Furche, f.; *solco*,
Fur'th,er, a., *plus éloigné*, ferner, *più rimoto*; & v. more. additional. er, ad., *p- loin*, weiter, *più oltre*; & v. moreover. |er, t., v. promote. est, a., *le p- é-*, fernste, *il p- r-*; at —, v. at most, at latest.
Fur't|ive, a., |*if*, verstohlen, *f,ivo*.
Fu'r|y, n., |*ie*, f.. Wut, *f,ia*.　　　　[*strone*.
Furze, n., *ajonc*, m., Stechginster, *gine-*
Fus'e, t., v. melt. |e, n., *fusée*, f.; Zünder, m.; *spoletta*, f. |ee|, n., (for cigar) v. match.
Fuss, n., *bruit*, m., Wesen, n.; *fracasso*, m.
Fus'tian, n., *futaine*, f.; Barchent, m.; *fustagno*.
Fus'ty, a., *moisi*, moderig, *muffo*.
Fu'tile, a., *f-*, gering, *f-;* & v. vain, useless.
Fu'ture, n., *avenir*, m., (gram.) *futur*; Zukunft, f., *f-,um*, n.; |*o*, m.; in —, à l'a-, in Z-, *nell' avvenire*. —, a.. *à venir, f-*; zukünftig; *f o*.
Fỹ, int., *fi (donc)*; pfui; *oibò, vergogna!*

G.

Gab'ble, i.. *babiller*, (goose) *criailler*; schnattern; *cinguettare*.
Ga'ble, n., *pignon*, m., Giebel, *p e*.
Gad, i., v. rove. Gad'fỹ, n., *taon*, m.; Bremse, f.; *tafano*, m.
Gae'lic (ghēl), a., *gaélique*. gälisch, *g ico*.
Gag, t., *bâillonner*, knebeln, *porre la sbarra in bocca a*.

Gai'|ly, ad., |*ety*, n., *gai ment*, |*té*, f.; lustig, |keit; *gajamente, gaiezza*.
Gain, n. & t., *g-*, m., *gagner;* Gewinn, |en; *guadagn|o*, |*are;* (o's object) *atteindre*, erreichen, *ottenere;* (victory) *remporter*, davontragen, *riportare;* (i.; go too fast) *avancer*, vorgehen, *anticipare*.
Gain'say, t., v. contradict.
Gait, n., *marche*, f.; Gang, m.; *andatura*, f.
Gai'ters, n. pl.. *guêtres*, f. pl., Gamaschen, *ghettine*.
Gale, n., *vent*, m., (Sturm)wind, *v o fresco*.
Gall, t., *écorcher*, wund reiben, *scorticare*; & v. vex, harass. Gall, n., *fiel*, m.; G|e, f.; *f,e*, m. '-nut, n., *noix de g e*, f.; G|-apfel, m.; *noce di g,a*, f.
Gallant', a., *galant*, g-, |e. Gal'lant, a., brave, tapfer, *prode*. |ry, n., *galanterie*, f., |*erie*, |*eria;* & v. bravery.
Gal'lery, n., *galerie*, f., G-, *galleria*.
Gal'|ley, n., |*ere*, f., |*eere*, |*era*.
Gal'lic, a., *gaulois*. gall|isch, |*ico*.
Gal'lon, n., 4 1/2 *litres*, 4 Quart, 4 *boccali*.
Galloon' (oun), n., *galon*, m.; |e, f.; *gallone*, m.
Gal'|lop, n. & i., *galop*, m., *er*; |p, |pieren; |*po*, |*pare*.　　　　　　　　　　　[*ca*, f.
Gal'lows, n., *potence*, f., Galgen, m.; *for-*
Galoche'(Fr.), n., *g-*, f., Galosche, *galoscia*.
Gal'van|ism, n., |*ize*, t., 'ic, a., |*isme*, m., |*iser*, |*ique*; 'ismus, |isieren, |isch; |*ismo*, |*izzare*, |*ico*.
Gam'bl|e, i., |er, m., *jou er*, |*eur;* spiel,en, *er*; *gioc,are*, |*atore*. |ing, n., v. game.
Gam'bol, i., *gambader*, herumtanzen, *capriolare*.
Game, n., *jeu*, m.; Spiel, n.; *giuoco*, m.; (match) *part ie*, f., |*ie*. *ita;* (wild animals) *gibier*, m.; Wildbret. n.; *salraggina*. f.; make — of, v. fool. '-bag, n., *carnassière*, f., Jagdtasche, *carniera*. '-keeper, m.. *garde-chasse*, Forsthüter, *guardiano di caccia*.　　　　　　[*dell' oca*.
Gan'der, n.. *jars*, m., Gänserich, *maschio*
Gang, n.. *band,e*, f., |c, a.
Gan'gr ene. n., *'ène*, f.; (heißer) Brand, m.:
Gaol (djēl). n., v. jail.　　　[*cancrena*, f.
Gap, n., *brèche*. f., Lücke, *breccia*.
Gape, i., *bayer*, gaffen, *stare a bocca aperta;* & v. yawn.
Garb, n., v. dress, costume.
Gar'bage, n., *issues*, f. pl.; Abfälle, m. pl.; *robaccia*, f.　　　　　　　　　　　[*lare*.
Gar'ble, t.. *tronquer*, verstümmeln, *muti-*
Gar'den, n., |er, m., *jardin*. m., |*ier;* Garten, Gärtner; *giardin|o*, *iere*, m.
Gar'gle, t., *gargar,iser*, gurgeln, *g,izzare*.
Gar'land, n., *guirlande*, f.; G-, Blumengewinde, n.: *ghirlanda*, f.
Gar'lic, n., *ail*. m., Knoblauch, *aglio*.
Gar'ment, n., *rétement*, m.: Kleid. n.; *abito*, m.
Gar'net, n.. *grenat*, m., Granat, |o.　　[m.

Gar'n,ish, t., 'ir (with, de), 'ieren, guernire (di). [fitta.
Gar'ret, n., mansarde, f., Dachstube, sof-
Gar'rison, n., garnison, f.; G-, Besatzung; guarnigione.
Gar'rûl'ous, a., babillard, schwatzhaft, g'o.
Gar'ter, n., jarretière, f.; Strumpfband, n.; legaccio, f.
Gas, n., gaz, m.; Gas, n.; gas, m. '-burner, n., bec de g-, m., G|brenner. becco del g-. '-fitter, m., gazier, G|arbeiter, sajuolo. '-meter, n., compteur à g-, m., G|messer, misuratore del g-. |om'eter, n., gazomètre, m., Gasomet'er, |ro.
Gash, n., v. (long & deep) cut, wound.
Gasp, i., respir'er avec peine, nach Luft schnappen, r are con difficoltà.
Gate, n., port'e, f.; Thor, n., p a, f.; (iron) grille, f.; Gitter, n., |thür, f.; cancello, m. '|way, n., p e (cochère); Thorweg, m.; p|one.
Gäth'er, t., ramasser, sammeln, ragunar'e; (fruit) cueillir, pflücken, cogliere; & v. collect, reap, (fig.)infer. —, i., s'amasser, sich s-, r si; (med.) suppur'er, eitern, s'are; & v. meet, assemble, 'ing, n., v. assembly, collection, tumour.
Gau'dy, a., fastueux, prunkhaft, sfarzoso; (colour) voyant, grell. acceso.
Gauge (ghëdje), n., jauge, f.; Eichmaß, n.; staza, f.; (rail.) largeur (d'une voie), f., Spurweite, larghezza.
Gaunt, a.. maigre, hager, magro.
Gaunt'let, n., gantelet, m., Panzerhandschuh, guanto di ferro; run the —, passer par les baguettes, Spießruten laufen, passar per le bacchette; & v. be expos-
Gauze, n., gaze, f.; G-; velo, m. [ed to.
Gave, imp., v. give.
Gaw'ky, a., gauche, linkisch, goffo.
Gay, a., gai, lustig, gajo; (dress, etc.) brillant, glänzend, gajo; & v. bright, gaudy. '|ety, '|ly, v. gai|ety. '|ly.
Gaze, i., — at, regarder fixement; starren, anstarren; guardar fisso.
Gazelle', n., g-, f., G-, gazella.
Gazette', n., g- (officielle), f.; Amtsblatt, n.; gazzetta (ufficiale).
Gear (ghîr), n., v. clothing, harness, tackle.
Gel'atine, n., gélatin e, f., ,e, ,a.
Gem, n., pierre précieuse, f.; Edelstein, m., G me, f.; ,ma. [nere, m.
Gen'der, n., genre, m.; Geschlecht, n.; ge-
Gen'er|al, a., génér'al (in —, en), allgemein (im a|en), g'ale (in); & v. common. |al, m., g'al, |al, ale. |ally, ad., en g,al, |alement; gewöhnlich, im a|en, g'almente. ate, t., produire, erzeugen, g'are. |a'tion, n., g|ation,f.; |ation,Geschlecht,n.; g'azione, f. '|ic, a., g'ique, ,isch, |ico. Gen'er|ous, a., |os'ity,n., g'eux, |osité, f.; groß|mütig, (wine) edel, G|mut; gener|oso, |ositá.

Gene'va, n., Genève, f.; Genf, n.; Ginerra, f.
Ge'ni|al, n., doux, mild, dolce; (pers.) v. gay, amiable, cordial. |us, n., génie, m.; G-, n.; genio, m.
Gen'oa, n., Gênes, f.; Genua, n.; Genova, f.
Gen'teel', a., (in dress) propre, sauber, bene assettato; & v. respectable, polite. 'til'ity, n., v. p|ness, etc.
Gen'tian, n., 'e, f.; Enzian, m.; genziana, f.
Gen'tle, a., |ness, n., dou|x, |ceur, f.; sanft, |mut; soar'e, |itá. |man, m., monsieur, Herr, signore; (well-bred) homme comme il faut, feiner Mann, uomo di garbo. 'woman, f., v. lady. Gen'tly, ad., doucement; sanft, sachte; soaremente, adagio.
Gen'try, n., classe élevée, f.; vornehmer Stand, m.; ceto de' signori.
Gen'uin'|e, a., pur, vrai; echt; p|o, g,o.
Geof'fr|ey (djëf), m., |oi, Gottfried, Goffredo.
Geog'raph'y, n., |er, m., '|ical, a., géographie, f., |e, |ique; |ie, f., G|, |isch; geograf'ia, f., |o, |ico. Geol'og|y, n., |ist, m., '|ical, a., géolog'ie, f., |ue, |ique; |ie, f., G'. |isch; 'ia, f., |o, |ico. Geom'etry, n., géométr'ie, f., |ie, |ia.
George (djordje), m., G'(s), Georg, Giorgio.
Gera'ni|um, n., gé-, m.; G|um, n.; |o, m.
Ger'ard, m., Gér'ard, |hard, |ardo.
Germ, n., |e, m., Keim, g'e. |inate, i., v.
Ger'man, n.; cousin —, v. first. [sprout.
Ger'man, a., m. & f., ,y, n., allem|and, a. & m., 'ande, |agne, f.; deutsch, |er, |e, |land. n.; tedesc|o, a. & m., |a, G'ia, f.; — silver, maillechort, m.; Neusilber, n.; pacfong, m.
Ger'trud|e (gh), f., |e, G', |e.
Gest;ic'ulate, i., |iculer, ,ikulieren, |icolare. |ure, n., |e, m.; Gebärde, f.; g|o, m.
Get (gh; got, g-), t., (se) procur'|er, obtenir'; (sich) verschaffen, erlangen; p|are, ottenere; (receive) recevoir, bekommen, ricevere; (cause) faire, lassen, fare: (by heart) v. learn; & v. gain, find, fetch, take, bring, buy, etc.: I have got a hat, etc., v. I have; — made, faire f-, machen lassen, far fare; he got his hair cut, il s'est fait couper les cheveux, er hat sich die Haare schneiden lassen, si ha fatto tagliare i capelli; — back, v. recover; — down, faire descendre, herunterholen, portare giù; & v. swallow; — hold of, v. take, seize; — in, faire entr'er, (crops) rentrer; hinein'|bringen, ein|b-; far e,are, ricogliere; — off, öter, ausziehen, cavarsi; (a stain) enlever, ausmachen, cavare; — on, (clothes) mett,re; anziehen; m'ersi, (boots) calzare; — out, faire sortir, herausbringen, far uscire; (a stain) v. — off; & v. extract, elicit; — over, pass,er, |ieren, |are; (difficulties) v. over-

5*

come; — ready, v. prepare; — the better of, v. conquer; — under, v. master; — up, *faire monter*, herauftragen, *far salire*, & v. lift, (fig.) prepare. Get, i., *devenir*, werden, *divenire;* & v. arrive; — abroad, *se répandre*, bekannt w-,' *divenire noto;* — at, *parvenir à*, gelangen zu, *pervenire a;* & v. reach; — away, v. go a-, escape; — back, v. return; — better, v. recover; — down, *descendre*, herunterkommen, *scendere;* — drunk, *s'enivrer*. sich betrinken, *ubbriacarsi;* — in, *entrer*, hereinkommen, *entrare;* — into, *se mettre en*, kommen in, *mersi in;* — into debt, *faire des dettes*, Schulden machen, *contrar debiti;* — near, v. approach; — off, v. escape, dismount; — on, *avancer*, (fig.) *faire son chemin*, vorwärts kommen, *avanzarsi;* & v. succeed ; how are you |ting on, *comment cela va-t-il*, wie geht's, *come va?* — out, *sortir*, herauskommen, *uscire;* — out of.., *se tirer de*, sich ziehen (helfen) aus, *cavarsi di;* — over, v. cross; — ready, v. prepare; — rid of, *se débarrasser de*, loswerden, *disfarsi di;* — through, v. finish; — up, v. rise.
Ghast'ly, a., v. pale, horrible.
Ghôst, n., *revenant*, m.; Geist, Gespenst, n.; *spettro*, m.; (Holy) v. spirit; give up the —, *rendre l'âme*, den Geist aufgeben, *rendere l'anima*.
Gi'ant, m., |ess, f., *géant*, |e; Ries|e, |in; gigant|e, |essa. |wälsch, n.; *gergo*, m.
Gib'berish (gh), n., *baragouin*, m.; Kauder-
Gib'bet, n., *gibet*. m.; Galgen; *forca*, f.
Gibe, n., *raillerie*, f.; Spott, m.; *canzonatura*, f.
Gib'lets, n. pl., *abat(t)is (d'oie)*, m.; (Gänse)klein, n.; *frattaglie (d'oca)*, f. pl.
Gid'diness (gh), n., y, a., *vertige*, m., *étourdissement*, *pris de v'e*, (height) *v'ineux;* Schwind|el, |lig; v,ine, f., *inoso;* (fig.) *éli*, 'erie; Leichtsinn, m., |ig; stord|itezza, f.; |ito; I feel |y, *j'ai le v'e*, mir schwindelt (der Kopf), *ho le v,ini*.
Gift (gh), n., *don*, m.; Gabe, f.; *do*. m.; & v. present, talent, ed, a., *doué* (with, *de*), begabt (mit), *dotato (di);* & v. talented.
Gig (gh), n., *guigne*, f.; Gig, n.; *calesse*, m.; & v. (small) boat.
Gigan't,ic, a., *lesque*, riesig. *g'esco*.
Gig'gle (gh), i., *ricaner*, kichern, *ridere*.
Gild (gh; gilt. g-; & reg.). t.. 'ing, n.. dor,er, |ure, f.; vergold|en, |ung; *indorare*.
Giles, m., *Gilles*, Ägidius, *Gille*. [d *atura*.
Gills (gh), n. pl., *ouïes*, f. pl.. Kiemen. branchie. [cojo. m.
Gil'lyflower, n., *giroflée*. f.; Levkoje; *leu*-
Gim'(b)let (gh), n., *vrille*, f.; Bohrer, m.; *succhiello*. [wein, *ginepro*.
Gin, n., *genièvre*, m., (Wacholder)brannt-

Gin'ger, n., *gingembre*, m., Ingwer, *zenzero*. |bread, n., *pain d'épice*, m.; Pfefferkuchen; *pan pepato*, *confortino*. |ly, ad., v. softly. [|in; *Zingar|o*, |a.
Gip'sy, m. & f., *bohémien*, 'ne; Zigeuner,
Gir|affe', n., |afe, f., |affe, |affa.
Gird (gheurd), t., "|le, n., *cein|dre*, *'ture*, f.; gürt|en, |el, m.; *cin'gere*, |tura, f.
Girl (gheurl), f., *fille;* Mädchen, n.; *ragazza*, f.
Give (gh; gave, given), t., *donner*, geben, *dare;* & v. apply, pay, render, yield; (an acct.) *rendre*, abstatten, *r|ere;* (battle) *livrer*, liefern, *dare;* (compts.) v. make; (cry, etc.) *pousser*, ausstoßen, *mandar fuori;* (evidence) *rendre*, ablegen, *r|ere;* (pleasure) v. make; (to understand) *faire*, geben, *dar a;* — away, *donner*, vergeben, *dare;* — back, v. restore; — forth, v. emit, announce; — heed, v. pay attention; — notice, *avertir*, ankündigen, *annunciare;* (to quit a house) *donner congé à*, e-m aufkündigen, *disdire l'affitto a;* — offence, v. offend; — o's sf., *s'adonner*, s. ergeben, *addarsi;* — out, v. emit, announce; — pain, v. hurt, wound; — up, *livrer*, céder; übergeben, *cedere;* & v. abandon; — o's sf. up, v. — o's sf., surrender; — warning (to serv.), *donner congé à*, aufkündigen (dat.), *licenziare;* — way, v. — o's sf., yield, fall.
Give, i., — in, v. yield. |n, a., v. addicted.
Glac'ier, n., *g-*, m.; Gletscher; *vedre'ta*, f.
Glad, a., *content*, froh, *c|o;* I am very —. *je suis bien aise* (to, *de*, inf.), es freut mich sehr (zu), *mi rallegro (piace) (di*, inf.). '|ness, n., *joie*, f., Freude, *gioja*.
Glance, n., *coup d'œil*, m.; Blick ; *occhiata*, f. —, i., *jeter un c- d'œil* (at, *sur*), e-n B- werfen (auf), *dare un'o- (a);* & v. fly,
Gland, n., |e, f., Drüse, *g'ula*. [spring.
Glar|e, n., *lumière éblou'ss|ante*, f.; blend,ender Glanz, m.; *bagliore*. |ing, a., *é,ant*, b|end, *abbagliante;* (fig.) v. manifest, notorious.
Glass, n., *verre*, m., Glas, n.; *vetro*, m.; (wine-, etc.) v-; G-; *bicchiere*, m.; (window-) *vitre*, f.; Scheibe; *vetro;* (plate-) *glace*, f.; Krystallglas, n.; *cristallo*, m.; & v. telescope, looking-glass, barometer. —, a., *de verre*, gläsern, *di vetro*. '-case, n., *vitrine*, f.; Glas|schrank, m.; *retrina*, f. '|es, pl., v. spectacles. '-works, n. pl.. *verrerie*, f., G|hütte, *fabbrica di vetri*. '|y, a., *vitreux*, glartig, *vitreo*.
Glaz,e, n., |ing. |e, t., *vitrer*, mit Glasscheiben versehen, *invetriare;* (pottery) *vern,isser*, glas|ieren, *r,iciare*. |ier, m., *vitrier*, G|er, *retrajo*. |ing, n., *vernis*, m.; G'ur. f.; *inverniciatura*.
Gleam, n. & t., *rayon*, m., |ner; Strahl, |en; *raggio*, *are*.

Glean — 69 — Gone

Glean, t., *glaner*, nachlesen, *spigolare*; & v. collect.
Glebe, n., *terr|e d'église*, f.; Kirchenland, n.; *t'a d'ecclesia*, f. [v. voluble.
Glee, v. joy, song. Glen, n., v. valley. **Glib**,
Glide, i., *glisser*, gleiten, *scorrere*.
Glim'mer, n., *lueur faible*, f.; Schimmer,
Glimpse, n., v. glance. [m.; *barlume*.
Glis'ten (issn), Glit'ter, i., *étinceler*, funkeln, *scintillare*.
Gloat (ō), i.; — over, on, *se régaler de*, s. an etw. weiden, *divorare cogli occhi*.
Glob,e, n., |e, m.; (Erd)kugel, f., (model) G|us, m.; |o. [ster|keit, d|; *oscur'ità*, |o.
Gloom, n., |y, a., *obscurité*, f., *sombre*; Düster
Glo'r|y, n., |ious, a., *gloire*, f., *glor'|ieux*; Ruhm, m., |reich; *g ia*, f., |*ioso*. |y, i., *se g'ifier* (in, *de*), sich rühmen (gen.), *g'ificarsi (di)*. [f., |sar, n.; |a, f., |sario, m.
Gloss, n., '|ary, n., *glos|e*, f., |*aire*, m.; |se,
Gloss, n., '|y, a., *lustr|e*, m., |é; Glanz, glänzend; *l'o, liscio*.
Glove (ă), n., |r, m., *gant*, m., |*ier*; Handschuh, |macher; *guant|o*, |*ajo*.
Glow (ō),i.., *brûler* (with, *de*), glühen (mit), *ardere (di)*; & v. shine. —, n., *ardeur*, f.; Glut; *ardore*, m.; & v. brightness, warmth. '|worm, n., *ver luisant*, m.; Glühwurm; *lucciola*, f.
Glue (ou), n. & t., *colle-forte*, f., *coller*; Leim, m., |en; *colla*, f., *incollare*.
Glut, t., *gorger*, übersättigen, *satollare*. —, n., (fig.) *satiété*, f.; Überfluß, m.; *soprabbondanza*, f. '|ton, n. & m., *glouton*, m., Vielfraß, *ghiottone*. [*cerina*, f.
Gly'|c'erine (ĭn), n., |*cérine*, f.; 'cerin, n.; *glicérine*
Gnarled (narld), a.., *noueux*, knorrig, *nodoso*.
Gnash (năche), t.; —, o's teeth, *grincer les dents*, mit den Zähnen knirschen, *digrignare i denti*. [*zara*.
Gnat (năt), n., *cousin*, m.; Mücke, f.; *zan*-
Gnaw (nau), t., *ronger*, nagen, *rodere*.
Go (went, gone), i., *aller, marcher*; gehen; *andare*; (a mile, etc.) *faire*, zurücklegen, *fare*; (time) v. pass; & v. walk, start, contribute, decay, die; I am going. *je m'en vais*, ich gehe, *me ne vado*; I am going to start, *je vais partir*, ich bin im Begriff aufzubrechen, *sto per partire*; — along, v. — away; — astray, v. — wrong; — away, *s'en aller*, fortgehen, *andarsene*; — back, v. return; — by, *pass'er*, vorbeigehen, p|*are (vicino)*; & v. elapse; — by (a name), v. be known; — by (a standard), *se régler sur*, sich richten nach, *regolarsi a*; — down, v. descend, fall, (sun) v. set, (ship) v. sink, (story, etc.) v. be accepted; — for, *aller chercher*, holen, *andare a prendere*; — for a walk, *aller se promener*, spazieren gehen, *andare a spasso*; — for (a drive, etc.), v. take; — for nothing, *compter*

pour rien, nicht gelten, *contare per niente*; — forth, v. — out. be published; — forward, v. — on, advance; — from (home, etc.), v. leave, (promise) v. break; — halves, v. half; — in, v. enter; — in for, v. compete for, choose; — mad, v. become m-; — off, (gun)*part'r*, losgehen, *scaricarsi*; (event) *se pass|er*; gehen, ablaufen; *andare, p|are*; & v. — away; — on, *aller (plus loin)*, weitergehen, *andare oltre*; (event) v. happen; (coat, etc.) v. go; & v. continue, behave; — out, *sortir*, (fire) *s'éteindre*; ausgehen; *uscire*, *spegnersi*; (to colony, etc.) v. go; — over, *pass|er*, übergehen, p|*are*; (accts., etc.) *parcourir*, durchgehen, *rivedere*; (river, etc.) v. cross; — round (i.), v. turn, circulate, suffice; (t.) v. visit; — through, *travers|er*, durchgehen, t|*are*; (accts.) v. — over, examine; & v. pierce, perform, suffer; — to bed, *aller se coucher*, zu Bette gehen, *andare a letto*; — to law, *plaider* (i.), klagen, *processare*; — to ruin, *tomber en ruine(s)*, in Verfall geraten, *andare in decadenza*; — to work, v. set; — under (a name), v. be known by; — up, v. mount; (for exam., etc.) v. present o's sf.; — up to, *aller vers*, auf (ac.) zugehen, *andare a*; — upon, (fig.) v. rely; — without, *se passer de*; entbehren; *mancare, far senza*; — wrong, *s'égarer*, irre gehen, *smarrirsi*, & v. be mistaken.
Goad (ōd), n., *aiguillon*, m., Stachelstock, *pungolo*. [m.
Goal (ōl), n., *but*, m.; Ziel, n.; *meta*, f., *scopo*;
Goat (ōt), n., *chèvre*, f., Zieg|e, *capr|a*; he-g-, *bouc*, m., Z|enbock, c|*o*.
Gob'ble, i.; — up, v. devour, swallow.
Gob'let, n., *gobelet*, m., Becher, *bicchiere*.
Gob'lin, n., *g-*, m., Kobold, *farfarello*.
God, m., *Dieu*; Gott; Dio, Iddio; for G-'s sake, *pour l'amour de D-*; um G|es willen, *per l'amore di D-*; G- forbid, *à D- ne plaise*, G- bewahre, *tolga Iddio*; thank G-, *D- merci*, G- sei Dank, *grazie a Dio*. '|dess, f., *déesse*, Göttin, dea. '|father, m., '|mother, f., *parrain, marraine*; Pat|e, |in; *padrino, matrina*. '|son, m., '|daughter, f., *filleul*, |e; Pat|e, |in; *figliocci|o*, |a. '|head, n., v. divinity. '|less, a., *impie*, gottlos, *empio*. '|like, a., v. divine. '|ly, a., v. pious. '|speed, n., v. success.
God'|frey, m., |*efroi*, Gottfried, *Goffredo*.
Gold, n., or, m., G-, n.; *oro*, m. —, |en, a., *d'or*, g|en, *d'oro*; (fig.) v. precious. '-fish, n., *poisson rouge*, m., G|fisch ; *orata*, f. '|finch, n., *chardonneret*, m; Distelfink, Stieglitz; *cardellino*. '|smith, m., *orfèvre*, G|schmied, *orefice*.
Gone (cf. go), pp., *parti*, fort, *andato*; (finished) *fini*, alle, *f to*; (lost) *perdu*, hin,

Good — 70 — Gratify

p,to; & v. past, dead; be —, *allez-vous-en*, fort, *via!*
Good (better, best). a.. *bon*, gut, *buono;* (child) *sage;* artig; b-, *quieto;* (man) *de bien*, brav, *dabbene;* & v. kind, fit. clever, valid, etc.; a — deal, many, way, while, v. much, many, far, long, & a considerable quantity,number,distance, time; be as — as o's word, v. keep o's promise; be so — as (— enough) to, *ayez la bonté de;* seien Sie so gut; *abbia la bontà di*, *favorisca di;* for —, *pour toujours*, auf immer. *per sempre;* hold, make —, v. hold, etc.; in — earnest. v. seriously; in — time. *à temps*, zu rechter Zeit, bei Z en, *a t o;* it is — for nothing, *cela ne vaut rien*. es taugt nichts, *non vale nulla*. **Good**, n.. *bien*, m.; Gutes, n.; *bene*, m.; & v. advantage; do o. (o's health) —. *faire du bien à*, e-m gut bekommen, *far pro a;* what — is it, what is the — of it, *à quoi bon*. *à quoi sert-il;* was nützt es; *a che pro?* '-bye, int., *adieu, au revoir;* adieu, lebe(n Sie) wohl; *addio*. -for-noth'ing, a., v. worthless;— fellow. *raurien*, Taugenichts, *dappoco*. -Fri'day, n.. *venredi saint*, m.. Charfreitag, *venerdi santo*. -hu'moured,-na'tured, a., *bon*, gutmütig, *buono;* & v. cheerful, kind. '**ly**, a., v. pleasant, handsome. ',**ness**, n.. *bontè*. f., Güte, *bontà*. ,s, n. pl., *marchandises*. f.; Güter, n.; *mercanzie*, f.; — and chattels, *biens et effets*, m. pl.. Hab' u. Gut, *i beni ed effetti*, m. pl. -will', n.,v. benevolence.
Goose (ouce; pl. geese). n.. *oie*. f.. Gans. *oca*. '|**berry** (ouze), n., *groseille (à ma-quereau)*. f.; Stachelbeere; *ribes*, m.
Gore, n., v. (clotted) blood.
Gore, n., (of cloth) *pointe*. f.; Zwickel, m.; *punta*, f. —, t., v. pierce, wound.
Gorge, n., g-, f., Schlucht. *gola*. —, t., v. glut. '**|ous**, a., v. magnificent.
Gorse, n., v. furze. [m.
Gos'pel, n., *évang'ile*. m.; |elium. n.; *elo*,
Gos'samer, n., *fils de la Vierge*, m. pl., Sommerfäden, *filamenti di S. Maria*.
Gos'sip, m.& f., *bavard, commère;* Schwätzer, |in; *ciarla,tore, trice*. —, i., v. chat.
Got, imp. & pp., v. get.
Göth'|ic, a., *'ique*. got isch, *'ico*.
Gouge (ou & aou), n.. *g-*, f.; Hohlmeißel, m.; *sgorbia*. f.
Gourd (ou), n., ,e, f.; Kürbis, m.; *zucca*, f.
Gout(aou), n.. '|**y**, a., *goutt,e*,f., |*eux;* Gicht, |isch; *gott,a*, '*oso*.
Gov'ern (äv), t., *ment*, n., |or, m., |**ess**, f., *gouvern|er, |ement, ,eur, institut'rice;* regier|en, |ung, f., Gouvern|eur. |ante (& v. teacher); *govern'are*, |o, m.. *|atore*, i'*rice*.
Gown (aou), n., *robe*. f.; Kleid, n., (official) Talar, m.; *veste*, f., *talare*, m.

Grace, n., *grâce*, f.; Gunst. (charm) Anmut. (mercy) Gnade; *grazia;* (prayer) *bénédicité*, m., (after meat) *grâces*, f. pl.; Tischgebet. n.; b-, m., *aginnus;* your —, *Monsieur (le duc*, etc.), Euer Gnaden, *Eccellenza*. —, t., v. adorn. '|**ful**, a., *gracieux;* anmutig. grazi'ös; '*oso*. '|**s**, f. pl. *grâces*, Grazi'en, |e. **Gra'ci'ous**, a., |*eux*, gnädig, *grazioso*.
Grade, n.. |e, m., Grad. o; & v. rank. **ient**, n., v. incline. **Gräd''ual**, a., |**ually**, ad.. ,*uel, uellement, par degrés;* allmählich; *g uale*. '*ualmente*. '**uate**, t., |*uer*, |uieren. *uare;* (i.) *prendre ses g es*, promovieren, *prendere un g,o;* (m.) *ué*, uierter, |*uato*.
Graft (ah), t.. *greffer*, pfropfen, *innestare*.
Grain, n., *g-*, m.; Korn, n.. (wt.) Gran, m.; *o;* (of wood) *fil*, m.; Faser, f.; *fila;* against the —, *à rebours*, (fig.) *à contrecœur;* wider den Strich, zuwider; *a contrappelo, a contraccuore*.
Gram'm'ar, n.. |*aire*.f.. atik, *atica*. |**arschool**, n.. *collège*, m.; Gymnasium, n.; *ginnasio*. m. **at'ical**, a., ,*atical*, |atikalisch, *aticale*. [*najo*.
Gran'ary, n.. *grenier*. m., Speicher, *gra-*
Grand, a.. '|**eur** (ieur), n., *g iose*, |*eur*, f.; großartig, |keit: *g ioso*, '*ezza;* & v. magnificen t,ce. '|**child**, m.& f., *petit-fils,* p'e*fille:* Enkel, 'in; *nipotin'o*, a. ''**father**, m., '**mother**, f., *-père*, '*mère;* Großvater. mutter; *nonn,o*. *a*.
Gran' ite, n., *it*, m., ,it, *ito*.
Grant, t., *accord,er*, gewähren, a'*are;* & v. concede, admit; take for ed, v. assume. —, n.. v. concession.
Gran'ul'ar, a., ,*eur*, körnig, *g are*.
Grape, n.. *grain de raisin*, m.; Wein beere, f.; *granello d' uva*. m. |**s**, n. pl., *r,s*, m. pl.; (W.)trauben, f. pl.; *uva*, f.; bunch of —, *grappe de r-*, f.; (W'|)traube; *grappolo d' uva*, m.
Graph' ic, a., *ique*, isch. *grafico*.
Grap'ple, t., v. seize; (i.) — with, v. contend against.
Grasp, t., *empoigner*, saisir; ergreifen, (er)fassen; *impugnare. afferrare;* (i.) — at, v. aim at, try to seize. —, n.. *prise*, f.; Griff, m.; *piglio, presa*. f.; & v. power.
Grass, n., *herbe*, f.; Gras, n.; *erba*, f. '|**hopper**, n., *sauterelle*, f.; Heuschrecke; *grillo*, m. '-**plot**, n., v. lawn. '|**y**, a., *herbeux*, grasig, *erboso*.
Grate, t.. v. rub; (with g|r) *râper*, reiben, *grattare;* (i.) — upon (the ear), *écorcher* (pl.). martern (pl.), *straziare* (pl.). [re.
Grate,n..(for fire)*grille*, f.; Rost, m.; *focola-*
Grate'ful, a., *reconnaissant*, dankbar, *grato;* & v. pleasant. |**ness**, n., v. gratitude.
Grat'i'fy, t., *fica'tion*, n., *content,er,* |*ement*, m.; befriedig|en, |ung, f.; *appaga,re,*

Grating — 71 — Grow

'mento, m.; & v. pleas|e, |ure, indulge, |nce. .tude, n.. *reconnaissance*, f., Dankbarkeit, *g|tudine*.
Gra'ting, n., *grille*. f.; Gitter, n.; *grata*. f.
Gra't'is,ad., |is,unentgeltlich, *g|is*. |u'itous, a., |u'ity, n., *uit*, *ification*, f., (fam.) *pourboire*, m.: freiwillig, Geschenk, n., Trinkgeld; *g|uito*, *dono*, m., *buonamano*, f.
Grave, n., *tombe*, f.; Grab, n.; *sepolcro*, m.
Grav'e, a., 'ity, n., |e, *ité*, f.; ernst, a. & m., wichtig, |keit, f.; *g'e*, |*ità*; centre of |ity, c- *de g'ité*. m., Schwerpunkt, *centro di g'ità*; & v. serious.
Grav'|el, n., |ier, m.: Kies; *ghiaja*, f.
Gra'vy, n., *jus*, m., Saft, *sugo*; & v. sauce.
Gray (é). a., *gris*; grau; *grigio*, *bigio*.
Graze, i., *paître*, weiden, *pascolare*; (t.; touch) raser, streifen, *rasentare*.
Greas|e (ice), n., |e (ize), t., '|y, a., *graiss|e*, f., |er, |eux; Fett. n., schmier|en, |ig, f|ig; *grasso*. m.. *ugnere*, *unto*.
Great (ét), a., *grand*, groß, *grande*; a — deal (many), *beaucoup*, viel(e), *molt|o* ('i, |e). '|ly, ad., v. very, much. '|ness, n., *g eur*, f., Größe. *g|ezza*. [*Grecia*, f.
Greece, n., *Grèce*, f.; Griechenland, n.;
Greed'|(iness), n., '|y, a., *avid|ité*, f., |e; Gier, |ig; *a ità*. |o.
Greek, m., f. & a., *Grec*, |*que*,' *grec*; Griech|e, '|in, |isch; *Grec|o*. |a, |o.
Green. a.. *vert*, grün, *verde*; & v. fresh, unripe. ignorant. —, n., *pelouse*, f.; Grasplatz, m.; *piota*, f. "|gage, n., *reineclaude*, Reineclaude, *susina claudia*.
'-grocer, m., *marchand de légumes*, Gemüsehändler. *ortolano*; & v. fruiterer.
'|house, n., *serre (froide)*, f.; Gewächshaus, n.; *serra*, f. |s, n. pl., v. vegetables, cabbage.
Greet, t., "ing, n., *salu|er*, |t, m., |*tation*, f.; grüßen, Gruß, m.; *s|tare*, |*to*.
Grega'ri|ous, a., *qui vivent en troupes*, in Herden lebend, *g|o*.
Greg'ory, m., *Grég|oire*. |or(ius), |*orio*.
Grenadier' (Ir) m., *g-*, G-, *granatiere*.
Grew, imp., v. grow.
Grey (é), a., v. gray. '|hound, n., *levrier*, m., Windhund, *l e*.
Grid'iron, n., *gril*, m.; Rost; *gratella*, f.
Grief (I). n., *Griev|e*, t. & i., *chagrin*, m., |er, *se c|er*, *affliger*, *s'a-*; Gram, schmerzen, sich grämen; *affann|o*, |*are*, |*arsi*, *affigger|e*, |*si*. "|*ance*, n., "|*ous*, a., *grief*, m., *pénible*; Beschwerde, f., schmerzlich; *grav|ame*, m., |*oso*.
Grill, t., |er, rösten, *abbrustolire*.
Grim. a., v. severe, fierce.
Grimace', n., *g-*, f., Fratze, *smorfia*.
Gri'my, a., v. black, dirty.
Grin, i., *montrer les dents*, (pers.) *grimacer*; grinsen; *ringhiare*, *ghignare*.

Grind (ground, *g-*), t., *moudre*, *broyer*, (sharpen) *aiguiser*; mahlen, schleif|en; *macinare*, *affilare*. "|stone, n., *meule*, f.; S'stein, m.; *mola*, f.
Grip, t. & n., v. grasp. Gris'ly, a., v. horrible. Grist, n., v. corn, meal. [*c|ine*, f.
Gristle (ïssl). n.. *cartilag|e*, m.; Knorpel; Grit, n., (meal) *gruau*, m.; Gries; *farina grossa*, f.; (stone) *grès*, m., Sandstein, *macigno*; & v. gravel. '|ty, a., *sableux*; sandig, kiesig; *sabbionoso*.
Griz'zl|ed, |y, a., v. gray.
Groan (ö), i. & n., *gémi'r*, |*ssement*, m.; stöhnen, S-, n.; *gem|ere*, |*ito*. m.
Groats (ö), n. pl.. *gruau d'avoine*, m.; Hafergrütze, f.; *avena mondata*.
Gro'cer, m.. *épicier*, Materialwarenhändler, *droghiere*.
Grog, n., *g-*, m.; G-; *acquavita ed acqua*, f.
Groin, n., (of pers.) *aine*, f., Leiste, *anguinaja*. |ed, a.; — roof, *voûte d'arêtes*, f.; Kreuzgewölbe, n.; *volta a croce*, f.
Groom, m., *g-*, *palefrenier*, Reitknecht; *g-*, *palafreniere*. —, t., *panser*, putzen. *governare*; & v. curry.
Groove, t. & n., *creuser*, *rainure*, f.; aushöhlen, Rinne; *scanala re*, |*tura*.
Grope, i., *tâtonner*, (umher)tappen, *andar tastoni*.
Gross (öce), a., *gros*, |*sier*; grob; *grosso*; (weight) *brut*, Brutto... *lordo*; & v. great, total. —, n., (144) |e, f.; Gros, n.; *dodici dozzine*, f. pl.
Grotesque', a., *g-*, *grot|esk*, |*esco*.
Ground, imp. & pp., v. grind.
Grot'|to, n., |*te*, f., |*te*, |*ta*.
Ground, n., *terr|e*, f.; Boden, m.; *t,a*, f.; (fig.) *fond*, m., *raison*, f.; Grund, m.; *ragione*, f.; & v. soil, earth, floor; gain —, v. advance; hold o's —, *tenir bon*, sich behaupten, *star saldo*; lose —, v. retreat, decline, fall off. —, i., *échouer*, auf den Grund geraten, *dare nelle secche*. —, t., v. found, teach. '|floor, n., *rez-dechaussée*, m.; Erdgeschoß, n., Parterre; *pian terreno*, m. '|less, n., *sans fondement*; grundlos; *vano*, *falso*. |s, n. pl., *parc*, m.; Anlage, f.; *p|o*, m.; & v. garden, sediment.
Group (ou), n. & t., '*e*, m., |er; Grupp|e, f., |ieren; *groppo*, m., *aggroppare*.
Grouse, n., *coq de bruyère*, m., Birkhahn, *gallo di montagna*.
Grove, n., *bosquet*. m., Hain, *boschetto*.
Grov'elling, a., *rampant*, niederträchtig, *vile*.
Grow (ö; grew, grown), i., *croître*, (pers.) *grandir*; wachsen; *crescere*; & v. become, get, increase; — old, *vieillir*, altern, *invecchiare*; —up, c-, *g-*; aufwachsen; *crescere*, *farsi grande*. —, t., *cultiver*, ziehen, *coltivare*. |n up, a., *adult|e*, *e*.

erwachsen, a;o. th, n., croissance, f.; Wachstum, n.; crescimento, m. [lare.
Growl (aou), i., grogner, knurren, bronto-
Grub, i., v. dig. Grub, n., ver, m.; Larve, f.; baco, m.
Grudge, n., rancune. f.; Groll, m.; astio. —, t., (o. sthg.) enrier qc. à qn., e-m etw. mißgönnen, invidiare qc. a qd.; & v. envy, give unwillingly.
Gru'el (ouël), n., gruau, m., Haferschleim, decotto d'arena.
Gruff, a., brusque, schroff, arcigno.
Grum'ble, i., murmurer (nt. de), murren (über, ac.), brontolare (di).
Grunt, i., grogner. grunzen, grugnire.
Guarantee' (gär), n. & t., garant;ie, f., 'ir; Gewähr, |leisten für; guaren| (garan,)-zia, |tire.
Guard (gard), n.. garde, f., Wache, guardia; (rail.) conducteur, m., Schaffner, conduttore; on —, de g-, auf W-, di g-; on o's —, sur ses g's, auf der Hut, all' erta. —, t., garder, bewachen, guardare; & v. defend. —, i., se prémunir (agst., contre), sich büten (vor, dat.), guardarsi (contro). '|ed, a., v. cautious. '|ian, m., gardien, Wächter, guardiano; (jur.) tuteur, curateur; Vormund; tutore, curatore. [vinare.
Guess (ghess), t. & i.. deriner, raten, indo-
Guest (ghest), m., hôte, Gast, ospite.
Guid|e (ghaïd), m. & t., |e, |er; Führ|er, |en; g|a, f., |are. |ance, n., conduite, f., Führung, condotta. |e-book, n., |e; Reisehandbuch, n.; g|a, f. |c'zione.
Guild (ghild), n., corpora'tion, f., Zunft,
Guile (ghaïl), n., ruse, f., List, astuzia.
Guilt (ghilt), n., '|y, a., culpabilité. f., coupable; Schuld, |ig (gen.); colp|abilità, |evole.
Guin'|ea (ghinnī; 21 s.), n., |ée (26 fr. 25 c.), f., |ee (21 M.), ghinea. -fowl, n., pintade, f.; Perlhuhn, n.; gallina faraona, f. -pig, n., cochon d'Inde, m.; Meerschweinchen, n.; porcello d'India, m.
Guise (aïz), n., g-, f., Art, guisa.
Guitar' (ghit), n., 'e, f., |re, chitarra.
Gulf, n., golfe, m., Golf. |o; & v. abyss.
Gull, n., (sea-) mouette, f.; Möwe; gabbiano, m.
Gull, t., duper, anführen, gabbare.
Gul'let, n., gosier, m.; Kehle, f.; gola.
Gul'ly, n., ravin. m.; Schlucht, f.; borro, m.
Gulp, t., v. swallow (eagerly); (n.) at a —, d'vn trait, auf e-n Zug, ad un tratto.
Gum, n., gomme, f.; Gummi, n.; gomma, f.
Gums, n. pl., gencive, f.; Zahnfleisch, n.; gengiva, f.
Gun, n., fusil, m.; Flinte, f.; fucile, m.; & v. cannon. '-boat, n., '|ner, m., canon-n'|ère, f., |er; Kanon|enboot, n., 'ier; cannonier|a, f., |e. 'powder, n., poudre

à canon, f.; Schießpulver, n.; polvere a cannone, f. '|shot, n., (distance) portée de fusil, f., Schußweite, portata di fucile. '|smith, m., armurier, Büchsenschmied, armajuolo.
Gur'gle, i., murmurer, rieseln, gorgogliare.
Gush, i., jaillir, stürzen, schizzare.
Gus'set, n., gousset, m., Zwickel, gherone.
Gust, n., coup de vent, m., Windstoß, colpo di v'o. '|y, a., v. stormy.
Gut'ter, n., gouttière, f., (street-) ruisseau, m.; Dachrinne, f., Gosse; gronda, riga-
Gut'tural, a., g-, Kehl.., g|e. [gnolo, m.
Guy (gai), m., Guid|e, |o, |o. [nastica.
Gymnast|ics, n., |ique, f., Turnkunst, gin-

H.

Hab'erdasher, m., merci;er, Schnittwarenhändler, m'ajo.
Hab'it, n., |ude, f., Gewohnheit, abitudine; & v. dress. able, a., |able, bewohnbar, abitabile. a'tion, n., v. house, dwelling. 'ual, a., |uel, Gewohnheits.., abituale; & v. usual. ''uate, t., v. accustom.
Hack, t., hacher, (zer)hacken, tagliuzzare.
Hack, n., cheval de louage, m.; Mietpferd, n.; cavallo da nolo, m. '|ney-coach, n., v. cab. '|neyed, a., banal, abgedroschen,
Had, imp. & pp., v. have. [trito.
Had'dock, n., aigrefin, m., Schellfisch, baccalà.
Hag, f., v. witch, ugly old woman.
Hag'|gard, a., décharné, hager, scarno.
Hag'gle, i., marchander, feilschen, prezzo-lare.
Hague (ègh), n., la Haye, der Haag, l'Aja.
Hail, t., héler, anrufen, chiamare; (n.) within —, à la portée de voix, in Rufweite, a portata della voce.
Hail, int., salut à toi, Heil dir, ave!
Hail, n. & i., '|stone, n., grêl'e, f., |er, 'on, m.; Hagel, 'n, |korn, n.; grandin|e, f., |are, grano di g|e, m.
Hair, n., poil, m., (of head) cheveu; Haar, n.; pelo, m.. capell|o; the —, head of —, c,x, pl., chevelure, f.; He, pl., |wuchs, m.; c;i, pl., capigliatura, f. '|bell, n., v. hare-. '|(c;s)-breadth, n.; have a — escape, v. e-. '|dresser, m., coiffeur, Friseur, parrucchiere. '-pencil, n., pinceau, m., Pinsel, pennello. '-pin, n., épingle à cheveux, m.; Il|nadel, f.; forcina. '|y, a., poilu, chevelu; h'ig; peloso, capelloso.
Hale, a., v. healthy.
Half (hahf), a., demi, halb, mezz|o; — an hour, une d|-heure, e-e h|e Stunde, una m|'ora; — past two, deux heures et d'e, h- drei, due e m'o. — (pl. halves), n., moitié, f., Hälfte, metà; do by halves, faire à d-, nur halb thun, fare alla carlona; go halves, être de m-, zur H- gehen,

far a m-; in halves, *en deux, en pièces; entzwei; in due, spezzato.* '-**brother**, m., *frère de père (mère),* Halbbruder, *fratello da un lato.* '-**penny** (hépnī), n., *sou,* m., vier Pfennige, *soldo.* '-**way,** ad., *à mi-chemin,* halbwegs, *a mezza strada.* '-**witted,** a., *niais,* albern, *sciocco.*
Hall (au), n., *(grande) salle,* f.; Halle, Saal, m.; *sal'a,* f., |one, m.; & v. lobby, college, mansion.
Halloo' (ō), int., *holà,* halloh, *olà!*
Hal'low, t., *sanctifier,* heiligen, *santificare.*
Ha'lo, n., *h-,* m., (fig.) *auréole,* f.; Hof, m., Nimbus; *alone, aureola,* f. |limp, stop.
Halt (au), i., *faire h'e,* |en, *far alto;* & v.
Hal'ter (au), n., *licou,* m.; Halfter, f.; *cavezza.* [ren, *dimezzare.*
Halve (ahv), t., *partager en deux,* halbieren.
Ham, n., *jambon,* m., Schinken, *presciutto.*
Ham'let, n., *hameau,* m., Weiler, *casale.*
Ham'mer, n., *marteau,* m., Hammer, *m'ello.*
Ham'mock, n., *hamac,* m.; Hängematte, f.; *amaca.* [*ba,* f.
Ham'per, n., *manne,* f.; (Pack)korb, m.; *cor-*
Ham'per, i., *entraver;* hindern, in Verlegenheit bringen; *imbarazzare.*
Hand, n., *main,* f., Hand, *man'o;* (of clock) *aiguille,* f.; Zeiger, m.; *ago;* & v. workman, writing, part, side, cards; a good — *at, bon pour,* geschickt in, *destro in;* at —, *sous la m-,* zur H-, *qui vicino;* by —, *à la m-,* aus freier H-, *a m'o;* come to —, v. arrive; — to —, *corps à c-,* Mann gegen M-, *corpo a c-;* in —, *en m-,* in Händen, *tra le m|i;* (task) in —, *en train,* in der Arbeit, *in m|o;* take in —, v. undertake; off —, (ad.) v. immediately, extempore, (a.) v. blunt; on —, *entre les m|s,* in den Händen, *tra le m|i;* on the one —, *d'un côté,* einerseits, *da una parte;* on the other —, *de l'autre c-,* andrerseits, *dall' altra p-.* Hand, t., *remettre,* einhändigen, *consegnare;* (at table) *pas-s|er,* reichen, *p|are;* & v. give, conduct; — down (to posterity), *transmettre,* überliefern, *tramandare;* — over, *r-, livrer;* übergeben; *c-, trasmettere.* '|book, n., *guide,* m.; H|buch, n.; *manuale,* m. '|ful, n., *poignée* (of, *de*), f.; Handvoll (..); *pugnello (di),* m. '|craft, n., *métier,* m.; Handarbeit, f.; *mestiere,* m. '|kerchief, n., *mouchoir,* m.. (neck-) *foulard;* Taschen|tuch, Hals|t-, n.; *fazzoletto,* m., *f-da collo.* |le, n., *manche,* m. (Griff, Stiel; *manico;* (of jug, etc.) *anse,* f., *manche,* m.; Henkel, m.; *m-;* (fig.) v. pretext. |le, t., *manier,* handhaben, *maneggiare;* & v. touch, treat. '|some, a., *beau,* schön, *bello;* & v. generous. '|y, a., (pers.) v. clever, skilful, (thg.) v. convenient.
Hang (hung, h-; pers., hanged, h-), t., *(sus)pendre,* hängen, *sospendere;* (pers.) *p-;* (auf)h-, henken; *impiccare;* (with pictures) *orner (de),* behängen (mit), *ornare (di);* & v. paper (t.); — down, (the head, etc.) *baisser,* hängen lassen, *chinare;* — up, *p-, aui|h-, appiccare.* **Hang** (hung, h-), i., *être (sus)pendu,* hangen, *pendere;* & v. depend, hover, lean; — back, *rest|er en arrière,* zurückbleiben, *r|are indietro,* & v. hesitate; — down, *pend're,* herabhangen, *p|ere;* — fire, *faire long feu,* langsam losgehen, *scaricarsi lentamente;* — together, v. be consistent, united. '|man, m., *bourreau,* Henker, *boja.* [n.; *matassa,* f.
Hank, n., (of thread) *échereau,* m.; Bund,
Han'ker (after), i., v. long (for).
Hap|-hazard, n.; at —, v. by chance. '|less, a., v. unfortunate. '|pen, i., *arriver,* geschehen, *accadere;* — to meet (etc.), v. m- (etc.) by chance. '|piness, n., '|py, a., '|pily, ad., *bonheur,* m., *heureu|x,* |semen*t;* Glück, m. |lich, |licherweise; *felic|ità,* f., |e, |emente. [*ga.*
Harangue' (ang), n., *h-,* f., (An)rede, *aringa.*
Har'ass, t., |er, plagen, *a'aticare.*
Har'binger (indj), n., *avant-coureur,* m., Vorbote, *precursore.*
Har'bour, n., *port,* m., Hafen, *p|o.* —, t., *loger,* beherbergen, *alloggiare;* (fig.) *nourrir,* hegen, *nutrire.*
Hard, a., *dur,* hart, *d|o;* (work) *pénible,* schwer, *faticoso;* (frost, rain) *fort,* stark, *f'e;* (winter) *rude,* streng, *rigoroso;* (egg) *d-,* h|gesotten, *sodo;* & v. solid, difficult; — up, *à sec,* ausgebeutelt, *senza danaro;* & v. embarrassed. —, ad., *fort,* stark, *f emente;* (look) *fixement,* fest, *fissamente;* (go) v. ill; — by, *tout près,* ganz nahe, *qui vicino.* '|en, t., *durcir,* (fig.) *endurcir;* härten, ver|h-; *indurare.* -**hear'ted,** a., *dur,* hartherzig, *d|o (di cuore).* '|hood, n., v. boldness. '|ly, ad., *à peine,* kaum, *appena;* — ever, *presque jamais,* fast nie, quasi mai. '|ness, n., *dureté,* f., Härte, *durezza;* & v. severity, difficulty. '|ship, n., *privation,* f., Beschwerde, *fatica.* '|ware, n., *quincaille,* f.; kurze Waren, f. pl.; *chincaglia,* f. '|y, a., *endurci,* abgehärtet, *indurato;* & v. strong, bold.
Hare, n., *lièvre,* m.; Hase; *lepre,* f. '|bell, n., *campanul|e,* f., Glockenblume, *c|a.* '-**brained,** a., *écervelé,* unbesonnen, *scapato.* '-lip, n., *bec-de-l-,* m.; H|nscharte, f.; *labbro fesso,* m.
Hark, int., *écoute(z),* horch, *senta!* [*chino.*
Har'lequin, m.. *arlequin,* Harlekin, *arlec-*
Harm, n., *mal,* m., Schaden; *m|e, danno;* do —, *faire du m-;* sch-, Böses thun; *far d-;* no —, *pas de m-,* nichts B-, *niente di m|e.* —, t., v. injure. '|less, a., *innocent;* h|los, (thg.) unschädlich; *i'e, innocuo.*

Har'mon|y, n., |ize, i., |ie, f., s'h|iser; |ic, |ieren; armoni|a, |zzare; & v. agree. Harmo'n|ious, a., |ieux, isch, a|oso.
Har'ness, n. & t., har|nais, m., |nacher; Geschirr, n., anschirren; finimenti, m. pl., attaccare. [repeat often.
Harp, n., |e. f.. Harfe, arpa; (i.) — on, v.
Harp|oon', n., |on, m.; |une, f.; delfiniera.
Har'p|y, n., |ie, f., |ye, arpia.
Har'r|iet, |y, v. Henr|ietta, |y.
Har'row, n. & t.. hers|e.f., |er; Egg|e, |en; erpic|e, m., |are; (t.. fig.) v. wound, afflict. [ruvido, aspro.
Harsh, a., rude, (taste) âpre; rauh, herb;
Hart, n., v. stag. Ha'rum-sca'rum, a., v. wild. [raccolta.
Har'vest, n., moisson, f.; Ernte; messe,
Hash, t. & n., hach|er, |is, m.; hacken, gehacktes Fleisch, n.; sminuzzare, ammorsellato, m. [ghero, m.
Hasp, n., moraillon, m.; Haspe, f.; gan-
Has'sock, n., coussin. m.; Kniekissen, n.; inginocchiatojo, m.
Häst|e, n., |en (éssn), t., hât|e.f., |er; Eile, beschleunigen; fretta, affrettar|e. |en, i., se hâter, se dépêcher; eilen; a|si, spicciarsi. |y, a., v. quick. rash.
Hat, n., chapeau, m., Hut, cappell|o. '-box, n., étui à ch-, m.; H|schachtel, f.; c|iera. "ter, m., chapelier, H|macher. c|ajo.
Hatch, t., faire éclore. ausbrüten, covare; (fig.) tram|er, anzetteln. t|are.
Hat'chet, n., cognée, f.; Beil, n.; scure, f.
Hate, t., hair, hassen, odiare. '|ful, a., odieux, verhaßt. odioso. Ha'tred, n.. haine, f.; Haß, m.; odio.
Haugh't|iness (aut), n., |y, a., haut|eur, f., |ain; Hoch|mut, m.. |mütig; superbia, f., altiero.
Haul, t., v. draw. drag; (n., of net) coup de filet, m.. Zug, tratto.
Haunch, n., hanche, f.; Hüfte, (of horse) Hanke; anca; (of venison, etc.) quartier, m.; Keule, f.; coscia.
Haunt, n. & t., lieu fréquent|é, m., hanter; Aufenthalt, (oft) besuchen; luogo f|ato, f|are; & v. den, retreat; the house is |ed, la maison est hantée, es spukt in dem Hause, la casa è infestata dagli spiriti.
Havan'|a, n., |e, f., |n, (H)avana.
Have (had, h-), aux. & t., avoir, haben, avere; (with i. verbs, genly.) être, sein, essere; — on, port'er, anhaben, p|are; — (sthg.) made, faire f-, machen lassen, far fare; — to do with, a- affaire à, zu thun h- mit, a- d' affare con; I — to go, etc., v. must; you had better. vous feriez mieux, Sie würden besser daran thun, farebbe meglio; I had rather, j'aimerais m'eux, es wäre mir lieber, amerei meglio; let o. —, v. give, send.
Ha'ven, n., port, m., Hafen, p|o.

Hav'oc, n., dévastation, f.; Verwüstung, f.; danno, m.
Hawk, n., faucon, m., Habicht, falcone.
Hawk'er, m., colporteur, Hausierer, merciajuolo ambulante. [spina alba, f.
Haw'thorn, n., aubépine, f.; Hagedorn, m.;
Hay (é), n., foin, m.; Heu, n.; fieno, m.
Haz'ard, n., v. chance, danger; (t.) v. risk.
Haze, n., v. mist. [ciuola.
Ha'zel-nut, n., noisette, f., Haselnuß, noc-
He, prn., il, lui, (folld. by who) celui; er, derjenige; egli, lui, quello. He- (comp.), mâle, männlich, maschio.
Head (hĕd), n., tête, f.; Kopf, m.; testa, f.; & v. chief, top, subject, source, crisis; — foremost, v. |long; over — and ears, par-dessus la t-, bis über die Ohren, fino ai capelli; take into o's —, se mettre dans la t-, sich in den K- setzen, ficcarsi in capo. Head, t., être, se mettre à la t- de; obenan stehen, anführen; essere in capo di; & v. lead, entitle. '|ache (ék), n., mal de t-,m.; K|weh, n.; mal di t-, m. '|dress, n., coiffure, f.; K|putz, m.; cuffia, f. '|ing, n., v. title. '|land, n., v. promontory. '|long, ad., la t- la première, mit dem K- voran, capo all' ingiù; (a.) v. rash. '-quarters, n. pl., quartier-général, m.; Hauptquartier, n.; q|e g|e, m. '|strong, a., entêté, starrköpfig, caparbio. '|way, n., v. progress. '|y, a., capiteux, berauschend, forte.
Heal, t. & i., guérir, heilen, guarire.
Health (ĕl), n., santé, f., Gesundheit, salute; & v. toast; your (good) —! à votre s-, zur G-, alla s-! out of —, v. ill.
Heap, n. & t., tas, m., entasser; Haufen, häufen; mucchio, ammucchiare.
Hear (heard, h-; pr. heurd), t., entendre; hören; udire, sentire; & v. listen, learn; — from, avoir des nouvelles de h- von, ricevere nuove da. '|er, m., auditeur, Zuhörer, uditore. '|ing, n., ouïe, f.; Gehör, n.; udito, m.; (jur.) audience, f.; Verhör, n.; udienza, f.; within —, à portée de la voix, in Hörweite, alla portata dell' orecchio; in my —, v. presence. '|say, n., oui-dire, m.; Hörensagen, n.; romore, m. Heark'en (ar), i., v. listen.
Hearse (eur), n., corbillard, m., Leichenwagen, carro funebre.
Heart (ar), n., cœur, m.; Herz, n.; cuore, m.; & v. courage, centre, interior; by —, par c-, auswendig, a mente; with all my —, de tout (mon) c-, von ganzem H|en, con tutto il c-; set o's — upon, v. long for. '|burn, n., aigreurs, f. pl.; Sodbrennen, n.; bruciore nella gola, m. '|less, a., sans c-, herzlos, senza c-; & v. cruel. '|s-ease, n., v. pansy. '|y, a., '|iness, n., cordial, |ité, f.; herzlich, |keit; c|e, |ità; (mea), appetite) v. good.

Hearth (ar), n., *foyer*, m., Herd. *focolare*.
Heat, n., *chaleur*, f.; Hitze; *calore*, m., (weather) *caldo; &* v. violence, ardour. race. —, t., *chauffer*, (pers. & fig.) *échauffer;* heiß machen, erhitzen; *scaldare*, *riscaldare*.
Heath, n., *bruyère*, f., Heide, *landa; &* v. |er, "en, m. & a., *paien;* Heid|e, |nisch; *pagano.* '|er (êth), n., *bruyère*,f.; Heidekraut, n.; *erica*, f.
Heave, t., v. lift, raise, throw; (sigh) *pousser*, ausstoßen, *dare;* (i.) v. rise, swell; — in sight, v. appear.
Heav'en (ĕv), n., *ciel*, m., Himmel, c|o; in —, *au c-*, im H-, *nel c|o.* |ly, a., *céleste*, himmlisch, *c-*.
Heav'|y (ĕv). a., *lourd*, *pesant;* schwer; p'e; (rain, etc.) *fort*, stark, *f,e*; (sea) *gros*, hoch, *g,so;* (road) v. bad, muddy; & v. slow, clumsy, burdensome. '|iness, n., *p,eur*, f.; Schwere; *peso*, m.
He'brew (ou), a., *hébreu*, hebräisch, *ebreo*.
Hec'tic, a., *étique*, hektisch, *etico*.
Hec'toring, a., v. imperious, overbearing.
Hedge, n., *haie*, f., Hecke, *siepe*. '|hog, n.. *hérisson*, m., Igel, *riccio*.
Heed, n., v. care, attention; (t.) v. mind; pay a- to. '|less, a., *étourdi*, unbesonnen, *trascurato*.
Heel, n., *talon*, m.; Hacken, Fers|e, f.; *calcagn'|o*, m.; (of boot) *t-*, Absatz, *tacco;* take to o's |s. *montrer les t,s*, F|engeld geben, *dar delle c,a*.
Heif'er (ĕf), n., *génisse*, f., Färse, *giovenca*.
Height (aït), n., *hauteur*, f., Höhe, *altezza;* (fig.) *comble*, m., Gipfel, *colmo;* in —, *de haut*, hoch, *di alto;* in the — of (storm, anger, etc.) *au fort de*, mitten in, *in pieno.* '|en, t., *rehausser*. erhöhen, *innalzare; &* v. raise, increase.
Hei'nous (hé), a., v. odious, abominable.
Heir (ère), m., '|ess, f., *héritier*, |ère; Erb|e, |in; *erede*.
Held, imp. & pp., v. hold.
Hel'en, f.. *Hélène;* Helen|e, 'a; *Elena*.
Hell, n., *enfer*, m.; Hölle, f.; *inferno*, m.
Helm, n., *gouvernail*, m.; Steuer(ruder), n.; *timone*, m.
Hel'met, n., *casque*, m., Helm, *elmo*.
Help, t., *aider, secourir;* helfen, beistehen (dat.); *ajutare*, *soccorrere;* (to food) *servir (de)*, vorlegen (e-m et.), *servire (di);* (doing) *s'empêcher de*, umhin können, *potere far a meno (di); &* v. avoid, prevent; I can't — it, *je n'y puis rien*, ich kann nichts dafür, *non ne ho colpa;* it can't be |ed, *on n'y peut rien*, der Sache ist nicht abzuhelfen, *non c'è rimedio;* —up, down, *aider à monter, descendre*, hinauf|, hinab|helfen, *ajutare a montare*, *scendere;* — yourself (at table). *servez-vous*, bedienen Sie ich, *si serva!*

Help, n., *aide*, f.. *secours*, m.; Hülfe. f.; *ajuto*, m.; —! *au s-!* (zu) H-! *a-!; &* v. assistance. '|less, a., *délaissé*, hülflos. *senza soccorso; &* v. weak.
Hel'ter-skel'ter, ad.. *sens dessus dessous*, holterpolter, *alla rinfusa*.
Hem, n. & t.., *ourlet*, m., |er; Saum, säumen; *orlo*, *are; &* v. border; — in, v. surround.
Hem'isphere, n.. *hémisphère*, m.; Hemisphäre, f.; *emisfero*, m. [*cuta*. f.
Hem'lock, n., *ciguë*, f.; Schierling, m.; *ci-*
Hemp, n., *chanvre*, m.; Hanf; *canapa*, f.
Hen, n., *poule*, f.. Henne, *gallina*. '-pecked, a., *mené par sa femme*, unter dem Pantoffel stehend, *menato pel naso*.
Hence,ad., *d'ici;* von hier; *di qui*, *di qua;* (fig.) *de là*, daraus, *indi;* a month —, *dans un mois*, in (nach) e-m Monat. *di qui ad un mese.* ' forth, |for'ward, ad., *désormais*, von nun an, *d' ora innanzi*.
Hen'r|ietta, f., ,y, m., |iette,|i; |iette, Heinrich; *Enri'chetta*, |co.
Her, prn., *elle;* sie, (dat.) ihr; *lei;* (govd. by verbs, genly.) *la.*(dat.) *lui;* sie,ihr; *la. le;* (folld. by who) *celle*. diejenige, *quella;* (she has) with, upon —, *sur soi.* bei sich, *con se.* **Her**, a., *son*, *sa*, *ses;* ihr. 'e, ihr. ,e, en, *la;* il *suo*, *la sua*, *i suoi*, *le sue; il*, *la*, *i*, *le di lei.* |s, a., *le sien. la s|ne*, *les s|s, les s nes;* der, die, das ihrige, etc.; *su|o*, |a, !oi, *e*, *di lei;* it is —, *c'est à elle*. es gehört ihr, *è di lei;* (a brother, etc.) of —, *un de ses*... ein .. von ihr. *un .. di lei.*\ self', prn.. *elle-même*, sie selbst. *ella stessa;* (refl.) *se (soi-même)*. sich (selbst), *si. se (stessa);* (aft.prp.) *soi (-m-).* sich (selbst). *se (stessa);* by —, *toute seule*, für sich, *da se*.
Her'ald, n., (fig.) v. harbinger. |ry, n.; '|ic, a., *blason*, n.. *héraldique;* Wappenkunde, f, h|isch; *araldic|a*, |o.
Herb, n.. |e, f., Kraut, n.; *erba*, f. '|age, n., v. grass, pasture.
Her'cul.es, m., |e, Herkules, *Ercole*.
Herd, n., *troupeau*. m.; H|e, f.; *mandr,a*. —, 'sman, m., *pâtre*, Hirt, m|*iano*.
Here, ad., *ici;* hier; *qui*, *qua;* —I am. *me voici*, h- bin ich, *eccomi;* — she comes. *la voilà qui vient.* da kommt sie, *eccola che viene;* — and there, *çà et là*, h- und da, *qua e là.* '|abouts, ad., *près d'ici*, hier herum, *qui vicino.* |after, ad., *désormais*, künftig, *d' ora innanzi.* |by', ad., *par ceci*,hierdurch, *per questo mezzo.* |in', ad., (fig.) *en ceci*, hierin, *in ciò.* '|tofore, ad., *jusqu'ici*, bis jetzt, *finora.* |upon'. ad., *là-dessus*, hierauf, *allora*.
Her'ed'itary, a., '|itage, n., *hér.éditaire*. |*itage*, m.; erb|lich, schaft, f.; *eredit|a-rio*, |*à*.
Her'e,sy, n., *tic*, m.. |*t'ical*, a., *héré|s'e*,

Hermaphrodite — 76 — Hobby

f., |ti̱que, m. & a.; Ketzer|ei, K', |isch; ere̱,sia, |ti̱co, m. & a.   [di̱to.
Hermaph'rod|ite, n., 'ite, m., |it, Ermafro-
Hermet'ically, ad., hermét|iquement, |isch, ermeticamente.
Her'mit, m., ermite, Einsiedler, eremi̱ta.
He'r|o, m., ' oïne, f., |o'ic, a., héro's, |i̱ne, |i̱que; Held, |in, 'enmütig; ero e, |i̱na, |i̱co. "|oism, n., h'ismè, m., Heldenmut,
Her'od, m., Hérod e, |es, Erode. [e̱,ismo.
Her'on, n., héron, m., Reiher, airone.
Her'ring, n., hareng, m.; Hering; ariṉga, f.; red —, h- saur(é); Bückling, m.; a- affumicata. Hers, a., v. her.
Hes'it|ate, i., |a'tion, n., hésit'er, |ation, f.; zaudern, zögern, Z-, n., Unschlüssigkeit, f.; esi̱ta re, |zione.
Hew (|ed, |n), t., tailler, hauen, tagliare.
Hic'c|ough (cǎp), |up, n. & i., hoquet, m., avoir le h-; Schlucken, den S- haben; singhio̱zzo, |are.
Hide (hid, |den), t. & i., cacher, se c-; ver|- bergen, |stecken, s. v-; nasconder|e, 'si.
Hide, n., v. skin.
Hid'|eous, a., |eux, scheußlich, orri̱bile.
Hig'gle, i., v. baggle.
High (hai), a., haut, hoch, alto; (price) élevé; h-, teuer; caro; (wind) grand, fort; stark; g e, f e; (colour) v. bright; & v. strong, violent, proud; (this game, meat) is —, a du fumet, riecht stark. sa di forte; how — is (tree, etc.), de quelle h'eur est, wie h- ist, quanto è alto; it is .. —, a .. de haut, ist .. hoch, è alto ..; — life, grand monde, große Welt, alta società; — time, grand temps (to, de), die höchste Zeit (inf.), già tempo (di); —water, maréе haute, Flut, marea alta; on —, en haut, oben, in alto. "|er, "est, a., plus haut, le p-h-; höher, höchste; piü alto, il p- a. '-flown, a., ampoulé, schwülstig, ampolloso. '|lander, m., '|lands, n. pl., montagn'ard, pays m'eux, m.; Hoch länder, '|land, n.; monta'naro, paese m'gnoso, m. '|ly, ad., v. very, favourably. '-minded, a., altier, magnanim e; hochherzig; m'o. ' ness, n., v. height; (tit.) altesse, f., Hoheit, altezza. '-road, '|way, n., grand chemin, m.; Hauptstraße, f.; strada maestra. '|wayman, m., voleur de grand chemin, Straßenräuber, malandrino.
Hilar'it'y, n., |é, f., Heiterkeit, ilarità.
Hill, n., '|y, a., colline, f., montueux; Hügel, m., |ig; colle, montagnoso.
Hilt, n., poignée, f.; Griff. m.; elsa, f.
Him, prn., lui; ihn, (dat.) ihm; lui; (govd. by verbs, genly.) le, (dat.) lui; ihn, ihm; lo, gli; (follfd. by who) celui, derjenige, quello; (he has) with, upon —, sur soi, bei sich, con se. |self, prn., lui-m'me, er (ac., ihn) selbst, lui stesso; (re!l.) se

(soi-mème), sich (selbst), si, se (stesso); (aft. prp.) soi (-m-), sich (selbst), se (stesso); by —, tout seul, für sich, da se.
Hind, n., biche, f., Hindin, cerva.
Hind, "|er, a., de derrière; hinter; di dietro, posteriore. "|most, a., dernier; b|st, letzt; ultimo.
Hin'd|er, t., |rance, n., empéch er, |ement. m.; hinder|n, |nis, n.; impedi̱|re, 'mento, m.
Hin'd|oo, m., 'ou, |u, Indiano.
Hinge, n., gond, m., (fig.) pirot; Angel; arpione, perno; (of box) charnière, f.; Scharnier, n.; cardi̱ne, m.
Hint, n., t. & i., mot, m., donner à entendre; Wink, zu verstehen geben; cenno, dar ad intendere; & v. suggest, |ion, allusion; — at, v. allude to.
Hip, n., hanche, f., Hüfte, anca.
Hire, n., louage, m., loyer; Miet'e, f.; nolo, m.; & v. wages. —, t., louer. (serv.) engager; m|en; prendere a n-, (house) p- a pi̱gione, (serv.) p- in servi̱zio; — out, v. let.
His, a., son, sa, ses; sein, |e, s|, etc.; il suo, la sua, i suoi, le sue; il. la, i. le di lui; (without subs.) le s|en, la s|ne, les s,s,'les s|nes; der. die, das seinige, etc.; su'o, |a, 'oi, |e; di lui; it is —, c'est à lui, es gehört ihm, è di lui; (a son, etc.) of —, un de ses .., ein .. von ihm, un .. di lui.   [fischiare.
Hiss, i. & t., s'fler; zischen, auspfeifen; His't|ory, n., |o'rian, m., |or'ic(al), a., 'oire, f., |orien, |orique; Geschicht|e, |schreiber, |lich; istori̱ a, |co. m. & a.
Hit (—, —), t., frapper, (target) toucher; treffen; colpire, dare in; & v. strike, guess. —, i., v. strike; — upon, trouver, treffen, trovare. —, n., coup, m., Schlag, colpo; lucky —, heureux hasard, glücklicher Zufall, c- fortunato.   [po.
Hitch, n., anicroche, f.; Haken, m.; inciampiHith'er, ad., ici; hierber; qui, (in) 'qua; — and thither, çà et là, hin und her. in qua ed in là. |to, ad., jusqu'ici, bis jetzt, finora.   [reare.
Hive, n., ruche. f.; Bienenstock, m.; al- Hoar-frost (hōr), n., gelée blanche, f.; Reif. m.; brina, f. Hoar'y, a., v. gray, white.
Hoard (ōr), t., amasser, aufhäufen, accumulare; (n.: of money) magot, m.; Ersparnis, f.; gruzzolo, m.; & v. store.
Hoarse (ōr), a., '|ness, n., enroué, 'ement, m.; heiser. |keit, f.; rauco, |edine.
Hoax (hōx), t. & n., attrap er, |e, f.; foppen, |erei; dar la baja a, burla.
Hob, n., plaque de cheminée, f.; Ofenblech, n.; piastra (di focolare), f.
Hob'ble, i., clopiner, hinken, zoppicare; (n.) in a —, dans l'embarras, in der Patsche, alle strette.
Hob'by, n., dada, m.; Steckenpferd, n.; cavallo di legno, m., (fig.) passione, f.

Hock, n., *vin du Rhin*, m., Rheinwein, *vino del Reno*. [*da calcina*.
Hod, n., *oiseau*, m., Lehmkübel, *rassojo*
Hoe, n., *houe*, f., Hacke, *zappa*.
Hog, n., *porc*, m.; Schwein, n.; p¦o. m.
Hogs'head, n., *muid*, m.; Faß, n. ; *botte*, f.
Hoist, t., *hisser*, (auf)hissen, *inalberare*; & v. raise.
Hold (held, h-), t., *tenir*, halten, *tenere*; & v. have, contain, consider, possess, celebrate; — on, v. (—) fast, continue; — o's ground, o's own, *t- bon*, stand|h-, *star saldo*; — o's tongue, *se ta:re*, den Mund h-, *tacere*; — out, v. offer; — up, v. (—) upright. raise. Hold, i., *teu|ir*, h-, t¦ere; (fig.) *valoir*, gelten, *valere*; & v. stop; — back, off, *se retenir, s'éloigner*; sich zurückhalten; *stare da parte*; — good, v. — (fig.), be true; — on, v. continue; —out,v. last,— o's ground. Hold,n., *prise*, f., (support) *appui*, m.; Griff, Halt; *presa*, f., *sostegno*, m.; (of ship) *cale*, f.; (Schiffs)raum, m.; *fondo*; (over) v. power, influence; take, lay, catch — of, v. take, seize; let go o's —, *lâcher*, loslassen. *lasciar andare*. "er, m., *possesseur*, Inhaber, p¦ore.
Hole, n.. *trou*, m.; Loch, n.; *buco*, m.
Hol'iday, n., *fête*, f., (school-) *congé*, m.; Feiertag; *festa*, f.; (pl.) *vacan¦ces*, f. pl., Ferien, v¦ze.
Hol'land, n.. *e*, f.; H¦. n.; *Olanda*, f.; & v. linen. |er, v. Dutchman. |s, n., v. gin.
Hol'low, a., *creux*, (of sound) *sourd*; hohl, dumpf; *(con)cavo, sordo*; & v. empty, false. —, n. & t., *creu|x*, m., ¦*ser*; Höhlung, f., aushöhlen; *cav¦o*, m., |*ità*, f., *scavare*. [*foglio*, m.
Hol'ly, n., *houx*, m.; Stechpalme, f.; *agri-*
Ho'ly, a., *saint*, heilig, *santo*; — water, *eau bénite*, f.; Weihwasser, n.; *acqua benedetta*, f. [*omaggio*, m.
Hom'¦age, n., |*mage*, m.; Huldigung, f.;
Home, n., *ma¦son*, f., *chez-soi*, m.; Haus, n., Heim; *casa (propria)*, f.; & v. residence, dwelling, native country; at —, *chez moi (lui*, etc.), zu Hause, *a casa*; from —, absent, verreist, *assente*. —, a.. v. domestic. —, ad., *chez soi (moi*, etc.), *à la ma¦son*; nach Hause; *a casa, in c-propria*; bring — (to), v. prove (against); strike —. *porter*, Eindruck machen, *colpire*. "ly, a.. *simple*. schlicht, *semplice*. '-made, a.. *fait à la ma¦son*, *indigène*; selbstgemacht, einheimisch; *casalingo*. '-sickness, n., *mal du pays*, m.; Heimweh, n.; *nostalgia*, f. "|wards, ad., *chez soi, vers son pays*; heimwärts; *verso*
Ho'm¦er, m., |*ère*, |*er*, *Omero*. [*casa*.
Hone, n., *pierre à rasoir*, f.; Streichstein, m.; *cote*, f. [ebrlich, |keit; *onest¦o*, |*à*.
Hon'est (önn), a., |y, n., *honnête*, |*té*, f.;

Hon'ey (hä), n., *miel*. m.. Honig, m|e. -comb (öme), n., *gâteau de m-*, m.; H|scheibe, f.; *favo*, m. -moon, n., *lune de m-*, f.; Flitterwochen, f. pl.; *luna di m¦e*, f. -suckle, n., *chèvrefeuille*, m.; Geißblatt, n.; *caprifoglio*, m.
Hon'o(u)r (onn), n. & t., *hon¦neur*, f., |*orer*; Ehr|e, |en; *onor¦e*, m., |*are*. |able, a., *honorable*, ehrenwert, *onorevole*; & v. upright, high-minded.
Hood, n., *capuchon*. m., (ladies') *capel¦ne*, f.; Kapuze; *cappuccio*, m.
Hoof, n., *sabot*, m.; Huf; *unghia*, f.
Hook, n., *croc*. m., (small) *crochet*; Haken; *uncin¦o*, |*etto*; (fish-) *hameçon*, Angelhaken, *amo*; — and eye, *agrafe* (f.) *et porte* (f.), Haken (m.) und Öse (f.), *gangher¦o* (m.) *e g¦ella* (f.). —, t., *accrocher*, anhaken, *uncinare*; (dress, etc.) *agrafer*, zuhaken, *aggraffare*.
Hoop, n., *cercle*, m., Reif, *cerchio*.
Hoop'ing-cough (coff), n., *coqueluche*, f.; Keuchhusten, m.; *tosse cavallina*, f.
Hop, i., *sauter à cloche-pied*, auf e-m Beine hüpfen, *saltare su d'un piede*.
Hop, n., *houblon*, m., Hopfen, *luppolo*.
Hope. i. & n., *espér¦er*, |*ance*, f., (definite wish) *espoir*, m.; hoff|en, |nung, f.; *sper¦are*, |*anza*; I — so, not, *je l'espère, j'espère que non*; das h|e ich, das will ich nicht b¦en; *spero di si, di no*. "|ful, "|less, a., *plein d'espoir, sans e-*; hoffnungs|voll, |los; *pieno di speranza, senza sp-*.
Hor'¦ace, m., |*ace*, |az, *Orazio*.
Horn, n., *corne*, f., (mus.) *cor*, m.; H-, n.; *corno*, m. "|et, n., *frelon*, m.; II|isse, f.; *calabrone*, m.
Hor'r¦or, n., |*ible*, |*id*, a.. |*eur*, f.,*¦ible, affreux*; Abscheu, m., Entsetz|en,n., ,lich, a|lich; *orr¦ore*, m., |*ibile*, |*ido*, *spaventoso*. |ify, t., *épouvanter*, entsetzen, *inorridire*.
Horse, n., *cheval*, m.; Pferd, n.; *cavallo*, m.; & v. cavalry; on |back, *à c-*, zu P|e, *a cavallo*. '-hair, n., *crin*, m.; P|ehaar, n.; *crine*, m. "|man, m., *cavalier*, Reiter, c|ie-re. '-race, '-racing, n., *course de chevaux*, f.; P|erennen. n.; *corsa di cavalli*, f. "|shoe, n., *fer à cheval*, m., Hufeisen, n.; *ferro di cavallo*, m. "|whip, n., *fouet*, m., (riding) *cravache*, f.; Peitsche, Reit|p-; *frust¦a*, |*ino*, m.
Hos'pice, n.. *h-*, m.; Hospiz, n.; *ospizio*, m.
Hos'pit¦able, a., |al'ity, n.. |*al¦er*, |*alité*, f.; gast,lich, |freiheit; *ospita¦le*. |*ità*. Hos'-pit|al, n., *hôpital*, m.; H|al, n., *ospedale*, m. |¦ie, *ostia*.
Host, n., v. army, crowd; (eccl.) *h¦ie*, f.,
Höst, m., |*ess*, f., *hôt¦e*, |*esse*; Wirt, |in; *ost¦e*, |*essa*.
Hos'tile, a., *h-* (to, *à*), *ennemi (de)*; feindlich (gegen); *inimi¦:o (verso)*.

Hos'tler (oss'l'r), m.. *garçon d'écurie*, Stallknecht, *stalliere*.

Hot, a., *(très) chaud*, heiß, *caldo;* (spice) *piquant*, scharf, *piccante; & v.* eager, violent; I am —, *j'ai c-*, mir ist h-, *ho c-;* it (the weather) is —, *il fait c-*, es ist h-, *fa c-;* make —, v. heat. "|bed, n., *couche*, f.; Mistbeet, n.; *letto di concime*, m.; (fig.) *foyer*, Herd, *covile*. "|house, n., *serre chaude*, f.; Treibhaus, n.; *stufa*, f., *serra*.

Hotel', n., *hôtel*, m.; H-, n., Gasthof, m.; *albergo*. [*cane da caccia*.

Hound, n., *chien de chasse*, m., Jagdhund,

Hour(aour), n., *heure*, f., Stunde, *ora.* "|ly, a., *d'h- en h-*, stündlich, *di o- in o-*.

House, n., *maison*, f.; Haus, n.; *casa*, f.; (parl.) *chambre*, Kammer, *camera;* at the — of, *chez*, bei, *da.* House (z), t., v. lodge, shelter. "|breaking, n.; *effraction*, f.; Einbruch, m.; *infrazione*, f. "|hold, n., *ménage*, m., H halt, *stabilimento; & v.* family. "|keeper, f., *femme de ménage*, H hälterin, *economa.* "|maid, f., *bonne;* Stubenmädchen, n.; *cameriera*, f. "|wife (häzif), f., *ménagère*, H frau, *massaja.*

Hov'el, n., *cabane*, f., Hütte, *casuccia*.

Hov'er, i., *voltiger*. schweben. *svolazzare*.

How (haou), ad., *comment;* wie; *come. in che modo;* — cold it is, *comme il fait froid*, w- kalt es ist. *come fa freddo!* — difficult it is, *combien c'est difficile*, wschwer es ist, *come è d-!* — far is it, *combien y a-t-il*, w- weit ist es, *quanto c'è?* — great a (task, etc.), *quel grand*, ein wie großer, *che grande (gran lavoro)!* — large, *de quelle grandeur*, w- groß, *quanto*, *grande;* — little, *combien peu*, w- wenig, *come è poco;* — long, *combien de temps*, w- lange, *quanto tempo;* (space) *de quelle longueur*, w- lang, *di che lunghezza;* — much, many, *combien*, wviel(e), *quanto (i, e);* — often, c- de fois, w- oft, *q e volte;* — old are you, *quel âge avez-vous*, w- alt sind Sie. *quanti anni ha?* ,ev'er, ad., *cependant;* jedoch, indes; *tuttavia, con tutto ciò;* — rich he may be, *quelque riche (si r-) qu'il soit*, w- reich er auch ist, *per ricco che sia;* — that may be. *quoi qu'il en soit*, dem sei w- ihm wolle, *comunque siasi*.

Howl, i.. *hurler*, heulen, *urlare*. [*asso.*

Hub'bub, n., *vacarme*. m., Spektakel. *chi*-

Huck'ster, m., *revendeur*, Höker, *rivendugliolo.* [(hastily).

Hud'dle, t., v. crowd; — on, v. put on

Hue, n.. *teinte*, f.. Tint e. ,a; & v. colour.

Hue and cry, n., *hauts cris*, m. pl.; Zetergeschrei, n.; *grido (al ladro*. etc.), m.

Huff, n.; in a —, v. angry, offended.

Hug, t., *étreindre*. herzen. *abbracciare*.

Huge, a., *énorme*, ungeheuer. *e-*.

Hug h (hiou), m., |ues, |o, *Ugo*.

Hulk, n., *carcasse*, f.; Rumpf, m.; c|a, f.

Hull, n., (ship's) *coque*, f.; Rumpf, m.; *scafo*.

Hum, i., *bourdonner*, summen, *ronzare;* (t.) *fredonner*, trällern, *canterellare*.

Hu'm'an, |āne|, a., |än'ity, n., |ain, |anité, f.; menschlich, |keit, menschenfreundlich, |keit; *uman|o*, |ità.

Hum'bert, m., *H-*, H-, *Umberto*.

Hum'ble, a. & t., *h-*, *humilier;* demütig, |en; *umil|e, |iare*.

Hum'bug, n.. *blague*, f.; (dummes) Geschwätz, n.; *fandonia*, f.; & v. nonsense, hypocrisy, imposture; (pers.) v. hypocrite, impostor; (t.) v. cheat, deceive, Hum'drum, a., v. dull, stupid. [banter.

Hu'mid, a., "|ity, n., |e, |ité, f.; feucht, |igkeit; *umid|o, |ità*.

Humil'iate, t., |ity, n., |ier, |ité, f.; demütigen, Demut; *umil|iare, |tà*.

Hu'm|o(u)r(iou), n., '*eur*, f.; Stimmung; *umore*, m.; (wit) *plaisanterie*, f.; H|or, m.; *spirito;* in a good —, *de bonne h'|eur;* bei guter Laune; *di buon u-, di b|a luna.* |our, t., *complaire à*, willfahren (dat.), *(com)piacere a*. |orous, a., *plaisant;* launig, h|oristisch; *faceto*.

Hump, n..'|backed, a.. *boss|e*, f., |u; Buck|el, m., |lig; *gobb|a*, f., |o.

Hunch, n., v. hump, lump.

Hun'dred, a. & n., |th, a., *cent*, a. & m., |aine, f., |ième; hundert, H-, n., |ste; cent,o, ,*inajo*, m., |*esimo*.

Hung, imp. & pp., v. hang.

Hun'ga'ry, n., '|rian, m.,f. & a., *la Hongr|ie*, |ois(e); Ungar|n, n., U|, |in, |isch; *Ungher r ia*, f., *ese*.

Hun'ger (gh), n., *faim*, f.; H|er, m.; *fame*, f. |ry, a.; be —, *avoir f-;* H|er haben, h|rig sein; *aver f-*.

Hunt, n., t. & i.. *chasse*, f., |er, *aller à la c|e;* Jag|d, |en; *caccia*, |re, *andare alla c-;* — for, up, v. search. |er, |s'man, m., c,*eur*, Jäger, *cacciatore.* "|ing, n., v. hunt.

Hur'dle, n., *claie*, f.; Hürde; *graticcio*, m.

Hur'dy-gur'dy, n., *vielle*, f.; Leierkasten, m.; *g(h)ironda.* f.

Hurl, t., *lancer*, schleudern, *l iare*.

Hurrah', int., *hourra*, hurra, *evviva!*

Hur'ricane, n.. *ouragan*, m., Orkan, *uragano*.

Hur'ry, n.. *hâte*, f., Eile, *fretta;* in a —, *à la h-*, in (der) E-, *in f-;* I am in a —, *je suis pressé*, ich habe E-, *ho f-;* there is no —, *rien ne presse*, es hat keine E-, *non c'è f-.* —, t., *hâter, presser;* beschleunigen, (an)treiben; *affrettar|e;* (i.) *se h-. se p-;* (sich) eilen; *a|si;* — away, *s'en aller à la hâte*, eiligst davongehen, *andarsene in f-*.

Hurt (—. —), t.. *faire (du) mal à*, (fig.) *blesser;* weh thun (dat.), verletzen; *far*

male a, offendere; & v. injure. —, n., v.
injury, damage. |'ful, a., *nuisible,* schädlich, *nocivo.*
Hus'band, m., *mari;* Mann, Gatte; *marito, sposo.* —, t., (fig.) *ménager;* haushälterisch verwalten, h-umgehen mit; *risparmiare.* |man,m.,|ry,n., *agricult|eur,* |*ure,*f.; Acker|smann,|bau, m.; *agricolt'ore,|ura,* f.
Hush, intj., *chut;* st, still, ruhig; *zitto!*
Husk, n., *cosse,*f., *gousse;* Hülse; *baccello,* m., (of pea) *guscio;* (of corn) *balle,* f.;
Balg, m.; *lolla,* f. '|y, a., v. hoarse.
Hussar' (z), m., |*d,* Husar, *ussaro.*
Hus'tings, n. pl., *tribun|e,* f., Rednerbühne, *t|a.* |*spingere.*
Hustle (hässl), t., *bousculer,* herumstoßen,
Hut, n., |*te,* f., *cabane /* Hütte; *capanna.*
Hutch, n., v. box, chest.
Hy'acinth, n., *jacinthe,*f.; H|e; *giacinto,* m.
Hy'brid, n., |*e,* m., Bastard, *ibrido.*
Hydrau'l|ic, a., |*ique,* |isch, *idraulico.*
Hy'dro|gen, n., |*gène,* m., Wasser|stoff, *idrogeno.* **Hydrop'ath|y,** n., '|ic, a., |*ie,* f., |*ique;* W|kur, h|isch; *idropati|a,* |*co.* **Hydropho'b|ia,** n., |*ie,* f., W|scheu, *idroHy'e'na,* n., *hyène,* f., Hyäne,*jena.* [*fobia.*
Hymn (hïmm),n., |*e,* m.; |*e,*f., Lobgesang, m.; *inno.* [*tratto d'u|e.*
Hy'phen, n., *trait d'union,* m., Bindestrich,
Hypoc'ris|y, n., |*ie,* f., Heuchelei, *ipocri'*-sia. **Hyp'ocrit|e,** m. & f., '|*ical,* a., |*e;* Heuchler, |in, |isch; *t'|to,* |*ta,* |*to.*
Hyster'ics, n. pl., *attaque de nerfs,* f., Hysterie, *isteria.*

I.

I, prn., *je, moi;* ich; *io;* it is I, *c'est moi,* ich bin es, *sono io.*
Ice, n., *glace,* f.; Eis, n.; *ghiaccio,* m.; (an —) *g -;* Gefrornes, n.; *sorbetto,* m., *gelato.* '|**berg,** n., *banc de g-,* m.; E|berg; *montagna di gh-,* f. **Iced,** a., *glacé,* (wine) *frappé;* mit E- abgekühlt; *al gh-.* Ice'-land, n., *Island'e,*f.; l|, n.; |*a,*f. I'cicle, n., glaçon, m., E|zapfen, *ghiacciuolo.* I'cy, a., *glacial,* e|ig, *glaciale.*
Ide'a (aïdjah), n., *idée,* f.; 1-, Begriff, m.; *idea,* f.; & v. intention, belief. |l, n. & a., *idéal,* m. & a.; I-, n., |(isch) ; |*e,* m. & a.
Iden't|ical (aïd), a., |ify, t., |ity, n., |*ique,* |*ifier,* |*ité,* f.; |isch, |ifizieren, |ität; |*ico,* |*ificare,* |*ità.*
Id'io|m, n., |mat'ic, a., |*tisme,* m., |*matique;* Spracheigenheit, f., i|matisch; |*tismo,* m., |*matico.* |t, n. & f., |t'ic, a., |*t ,* |*te;* Blödsinnig|er, '|e, b|; *imbecille.*
I'dle, a., |ness, n., *oisi|f,* |*veté,* f.; müßig. |gang, m.; *ozi'oso,* |*o;* & v. lazy, useless.
I'dol. n., '|ater, m., '|atry, n., |*e,* f., |*âtre,* m., |*âtrie,* f.; Götzen|bild, n., (fig.) Ab-

gott, m., G|diener, Abgötterei, f.; *i|o,* m., |*atria,* |*atria,* f. [*idilli'o,* m., |*co.*
I'dyl, n., '|ic, a., |*le,* f., |*lique;* |le, |lisch;
I. e., (id est), *c'est-à-dire,* das heißt, *cioè.*
If, cj., *si,* wenn, *se;* (even if) *quand même,* w- auch, *quand' anche;* (whether) *si,* ob, *se;* us if, *comme si,* als ob, *come se.*
Ignite', i., *s'allumer,* sich entzünden, *accendersi.*
Igno'b|le, a., |*le,* unedel, *i'|le.*
Ignomin'i|ous, a., '*eux,* schimpflich, *i'|oso.*
Ig'nor|ant, a., |ance, n., |*ant,* |*ance,*f.; unwissen|d, |heit; *i'|ante,* |*anza;* to be |ant of, *ne pas savoir, i'|er;* nicht wissen; *non sapere, i'|are.* |e', t., *faire semblant d'i'|er,* i'ieren, *non volere saper nulla di.*
Ill (wors|e, |t), a., *mauvais,* schlecht, *cattivo;* (sick) *malade (de),* krank (an, dat.), *ammal'ato (di);* fall —, be taken —, *tomber m-,* k- werden, *a'are.* Ill, n., *mal,* m.; Übel. n.; *m'|e,* m. Ill, ad., *mal,* schlecht, *m'e.* -bred', a., *m'-élevé,* ungezogen,*scostumato.* -na'tured,a.,*méchant,* unfreundlich, *scontroso.* '|ness, n., *maladie,*f., Krankheit, *malattia.* -pleased', a., *mécontent* (with, *de),* unzufrieden (mit), *scontento (di).* -will', n., *malveillance,* f., *rancune;* Groll, m.; *rancore.*
Ille'gal, a., *illégal,* gesetzwidrig, *i'|e.*
Illeg'ible, a., *illisible,* unleserlich, *non leggibile.* [unehelich; *i'|timo.*
Illegit'imate, a., *illégit|ime;* |im, (child)
Illic'it, a., |*e,* unerlaubt, *illecito.*
Illit'erate, a., *illett'|ré,* ungelehrt, *i'|erato.*
Illu'min|ate, t., |a'tion, n., |*er,* |*ation,* f.; erleucht|en, |ung; *i'|are,* |*azione;* (bks., etc.) *enlumin'er,* |*ure;* i|ieren, |ierung; *minia're,* |*tura.*
Illu'sion, n., *i-,* f., Täuschung, *i'|e.*
Il'lustr|ate, t., |a'tion, n., *éclaircl|ir,* |*issement,* m.; erläuter|n, |ung, f.; *dilucida|re,* |*mento,* m.; (bks.) *t|er,* |*ation,* f.; |ieren, |ation; |*are,* |*azione.* Illus'tr|ious, a., |e, berühmt, *i'|e.*
I'm (aïm) = I am, pr. ind. (be), *je suis,* **Im-,** cf. Em-. [ich bin, *sono.*
Im'ag'e, n., |*e,* f.; Bild, n.; *immagine,* f.; & v. portrait, statue,idol. |ery, n., (fig.) |es, f. pl.; Schilderung, f.; *figure,* f. pl. '|ine,t., |ina'tion, n., |*iner,* |*ination,*f.; s. einbild|en (s. denken), E|ungskraft; *immagin'are,* |*arsi,* |*azione.* '|inary, a., |*inaire,* eingebildet, *immaginario.*
Im'becil|e, a., '|ity, n., *imbécil|e,* |*lité,* f.; geistes|schwach, |schwäche; *i'|le,* |*lità.*
Imbed'ded, a., *enfoncé,* eingebettet, *impiantato.*
Imbib|e', t., *absorber,* einsaugen, *imberere.*
Imbit'ter, t., *rendre amer, aigrir;* verbittern; *amareggiare;* & v. irritate.
Imbo'som (ou), t., (fig.) v. surround, enclose.

Imbrue', t., *tremper.* benetzen, *intridere.*
Imbued', pp., *pénétré* (with, *de*), erfüllt (von), *imbevuto (di).*
Im'it|ate, t.. |a'tion, n., |er. |*ation,* f.; nachahm|en, |ung; *i*|*are,* |*azione.*
Immac'|ulate, a.. |*ulé,* unbefleckt. *i*|*olato.*
Immeas'urable (mějeur), a., *démesuré,* unermeßlich, *sm*|*surato.*
Imme'diate, a., *immédiat,* unmittelbar, *i*|o. |ly, ad.. *i*|*ement, tout de suite;* sogleich; *sub*|*ito.* |*i*|*abile.*
Immemo'rial, *immémor*|*ial*, undenklich,
Immens|e', a., |e, ungeheuer, *i*|o.
Immerse', t.. *plonger;* eintauchen, (flg.) versenken; *immergere.*
Im'minent, a., *i-,* drohend, *i*'*e.*
Immod'|erate, a.. |*éré.* unmäßig, *i*'*erato.* |est, a., |*este,* unbescheiden, *i*,*esto.*
Immor'al, a., |'ity, n., *i*', *ité,* f.; unsittlich, |keit; *i*'*e.* |*itá.*
Immor't|al, a.. |al'ity, n., |el, |*alité,* f.; unsterblich, |keit; *i*,*ale.* '*alitá.* [*i*,*bile.*
Immo'|vable (ou), a., *bile,* unbeweglich,
Immu'nit|y, n.. |*é,* f., Freiheit, *i*'*á.*
Imp, n., *diablotin,* m., kleiner Teufel, *diavoletto.*
Impair',t.,*détérior*,*er,*beeinträchtigen,*d*'*a-re;* & v. injure, diminish.
Impart', t.. v. give, communicate. |ial (parch), a.. |ial'ity, n., |*ial,* |*ialité,* f.; unpartei isch, |lichkeit; *imparzial*,*e,* |*itá.*
Impass'able, a., *impraticab'|le,* unwegsam, *i*|*le.* |*lich, p*|*ato.*
Impas'sioned, a., *passion*|*né,* leidenschaft-
Impa'tien|ce(éch), n.. |t, a.. |*ce,* f., |t; Ungeduld, |ig; *impazien*|*za,* |te.
Impeach', t.. v. accuse. (fig.) attack.
Impede', t., Impěd'|iment, n., *empéch*,*er.* |*ement,* m.; hinder n, 'nis, n.; *i*'*ire,* |*imento,* m.
Impel', t., *pousser,* antreiben, *spignere.*
Impen'ding, a., v. imminent.
Imper'ative, a. & n., *impérat*,*if,* a. & m.; gebieterisch, l|iv; *,ivo.* |*cettibile.*
Impercep'tible, a., *i-,* unmerklich, *imper-*
Imper'f|ect, a. & n., *imparfa*.*t,* a. & m.; unvollkommen, Imperf|ektum, n.; |*etto,* a. & m. |ec'tion, n., *,ect*.*on,* f., U|heit, *i*'*ez*.*one.*
Impe'ri|al, a.. *impéri*,*al;* kaiserlich, Reichs..; *i*,*ale.* |*ous,* a.. *i*'*eux,* gebieterisch.
Imper'il, t., v. endanger. [risch, *i*|*oso.*
Imper'tin|ent, a.. *ence,* n.. '*ent,* |*ence,* f.; unverschämt. 'heit; *i*'*ente.* '*enza.*
Imper'vious, a., *imperméab*|*le,* dicht, *i*'*ile.*
Impet'ū|ous, a., |os'ity, n., *impétu*,*eux,* |*osi-té,* f.; ungestüm, a. & m.; *i*|*oso,* |*ositá,* f.
Im'petus, n., *(force d')* *impuls*|*ion,*f.; Triebkraft; *i*|o, m. [|igkeit; *empi*|o, |*etá.*
Im'pi|ous, a.. |'ety, n., |e, |*été,* f.; gottlos,
Impla'cab|le, a.. |*le,* unversöhnlich. *i*'*ile.*
Implant', t.; *e*'; einpflanzen, *p*|*antare.*

Im'plement, n., *instrument,* m.; Werkzeug, n.; *strumento,* m.
Im'pli|cate, t., |*quer,* verwickeln, *i*|*care.* |ca'tion, n.; by —, |*citement,* folgerungsweise, *i*|*citamente.* |c'it (iss), a., (faith, etc.) v. absolute.
Implor|e', t., |er, anflehen, *i*|*are.* [gnify.
Impl|y', t., |*iquer,* enthalten, *i*|*icare;* &v.si-
Impol,ite', |'itic, a., v. rude, imprudent.
Import', t., '*er,* einführen,*i*'*are;* & v. mean.
Im'port, n., *chose i*,*ée,* f.; Einfuhrartikel, m.; *mercanzia i*'*ata,* f.; & v. meaning. '*ant,* a., |'ance, n., *ant,* |*ance,* f.; wichtig, |keit; *i*'*ante,* |*anza.* |a'tion, n., |*ation,* f., Einfuhr, *i*'*azione.*
Impor'tü|nate, a., |'nity, n., |ne', t., |n, |*nité,* f., |*ner;* zudringlich, |keit, belästigen ; *i*|no, |*nitá,* |*nare.*
Impos|e', t., |*er,* auflegen, *imporre;* — upon, v. cheat. |ing, a., |*ant,* |ant, *imponente;* & v. grand. |i'tion (Ich), n., |*ition,* f., Auflage, *i*|*izione;* & v. i|ture.
Im'pos|t, n., v. tax. |'|tor, m., |'ture, n., |*teur,* '*ture,* f.; Betrüger, |ei, f.; *i*|*tore,* |*tura,* f. |unmöglich, |keit; *i*|*le,* |*il:tá.*
Impos'sib|le, a., |il'ity, n., |*le,* |*ilité,* f.;
Im'potent, a., *i-, i-,* |*e;* (flg.) *impuissant,* unvermögend, *impotente.* [*t*|*ire.*
Impov'er|ish, t., *appauvrir,* arm machen.
Imprac'ticable, a., *impraticab*|*le,* (pers.) *intra*|*table;* unthunlich, (road) unfahrbar, (pers.) unzugänglich; *i*|*ile,* (pers.)
Impreca'tion, n., v. curse. [*impossibile.*
Impreg'nable, a., *impren*|*able,*uneinnehmbar, *i*|*dibile.* [*i*|*are.*
Impreg'nate, t., *imprégn*,*er,* schwängern,
Impress', t., *imprim*,*er,* aufdrücken, *i*|*ere;* (on memory) *i*|*er,* *graver;* einprägen (e-m et.); *scolpire (in mente);* (strike) *impression*|*ner,* frappieren, *i*'*are.* Im'press, n., v. mark, stamp, *i*,ion. '|*ion* (éch), n., |*ion,* f.; Eindruck, m.; *i*|*ione,* f. '|ive, a., *touchant,* rührend, *commovente.*
Imprint', t., 'v. impress, stamp.
Impris'on', t., *emprisonner,* einsperren, *imprigionare.*
Improb'ab|le, a., |il'ity, n., |*le,* |*ilité,* f.; unwahrscheinlich, |keit; *i*|*ile,* *il:tá.*
Improp'er, a., *inconvenant,* unschicklich, *sconvenevole;* & v. unsuitable.
Improve' (ouv), t., *amélior*,*er,* verbessern, *migl:ora*,*re;* (perfect)*perfect*,*onner,* vervollkommn|en, *perfezionare;* & v. profit by. —, i., *s*'*a,*,*er,* sich bessern, *m*,*rsi,* etc.; — on, v. — (t.). |*ment,* n., *a at*:*on,* f.; V'|ung; *m*|*mento,* m.; & v. progress, instruction. (tig, *i*|(*v*)*ido.*
Improv'|ident, a., *imprévoyant,* unvorsichtig.
Impru'den|t, a., |ce, n.. |t, |ce, f., unklug, |heit; *i*|*te,* |*za.* [*i*|*te,* |*za.*
Im'pūden|t, a., |ce,n.., |t, |ce, f.; frech, |heit;
Impugn' (ioun), t., v. attack.

Im'puls,e, n., |*i*on, f.; Stoff, m, (fig.) Antrieb; *i*;o. [*i*'emente.
Impu'n'ity, n.; with —, *i*ément, ungestraft,
Impur e', a., 'ity, n., *i*', |eté, f.; unrein, |igkeit; *i*,o, *i*tà.
Input'e', t., |er, zuschreiben, *i*|are. |a'tion, n., v. reproach.
In, prp., dans (in def. sense), en (more in-def.; subs. genly. without art.); in, (in the) im, in dem, in der. in den; in, nel, |lo. |la, |le, negl'; nei; (France, sumr.) en; in, im; in; (Paris) à; in, zu; a; (French) en, auf, in; (church, country) à; in, auf; in;(did .. in a week) en, in, in; (will .. in a w-) dans ,in, fra; (weather) par, bei, al; (health) en. bei, di; (one in ten, etc.) sur, unter, fra; (in a pers., fig.) chez, bei, da; (mistake, revenge) par, aus, per; (dress —) v. with; (defence) pour (la), zu(r), per (la); (arms) v. under; (reign) v. under, during; — case, en cas, im Falle, nel caso; — (point of) fact, en effet, in der That, di fatti; — fashion, à la mode, nach der M-. alla moda; — height, de hauteur, hoch, di alto; — the morning, la matín, morgens, la matt'na; — the name, au nom, im Namen, a nome; — order to, afin de, um (inf.), per; — time, à temp's, zur Zeit, a t,o; (mus.) en mesure, im Takt, a tempo; — use, usité, gebräuchlich, u'ato; — vain. en v-, vergebens, in vano. In, ad., dedans. y. là; darin, ein, dabei, daran; (là) dentro, vi, ci; & v. at home; come in, entrez, herein, entrate! & v. verbs, etc. In-, cf. en-.
Inabil'it|y, n., impuissance, f.; Unvermögen, n.; *i*|à, f.; (I regret) my — to, = that I cannot.
Inaccess'ib|le, a., |le, unzugänglich, *i*|ile.
Inac'cûra|te, a., |cy, n., inexact, |itude, f.; ungenau, |igkeit; inesatt,o, |ezza.
Inac't|ive, a., |if, unthätig, non attivo.
Inad'e|quate, a., insuffisant, ungenügend, *i*|guato. [sibile.
Inadmiss'ible, a., *i*-, unzulässig, inammis-
Inadver't|ent, a., v. inattentive, careless, |ently, ad., par *i*'ance, aus Versehen, per inavvertenza. [che.
Inasmuch as, cj., vu que, weil (ja), atteso
Inatten'|tive, a., |tion, n., |tif, |tion, f.; unanfmerksam, |keit; disatten|to, |zione.
Inau'gür|ate, t., |er, einweihen, *i*'are.
In'born, a., inné, angeboren, innato.
Inca'p|able, a., |ac'itate, t., |able, rend|re *i*'able; unfähig, n- machen; *i*'ace, r|ere *i*'ace. |abil'ity, |ac'ity, n., |acité, f., U|-keit, *i*'acità. [incauto.
Incau'tious, a., imprudent, unvorsichtig,
In'cens|e, n., encens, m., Weihrauch, *i*'o. |e', t., v. irritate.
Incen'tive, n., v. motive.

Conversation Dictionary.

Inces'sant, a., *i*-, unaufhörlich, *i*'e. |ly, ad., sans cesse, u-, *i*,eme.ite.
Inch,'n., (0,0254 m.) pouce, m.. Zoll, poll:ce.
In'cident, n., *i*-, m., Zwischenfall, *i*'e; & v. event. [*i*'e, f.
Incis'ion (sïj), n., *i*-, f.; Einschnitt, m.;
Incit|e', t., |er, ansporen, *i*'are.
Inclem'ent, a., v. severe.
Inclin,e', t., |er, neigen, chinare; (fig.) por-t,er, bewegen, p|are. —, i., s' *i*'er; sich n-; chinarsi, (road, etc.) dare; & v.turn, bend. —, n., v. slope. |ed', a., porté, geneigt, disposto. |a'tion, n., |ation, f., Neigung, *i*,azione.
Inclose', t., v. enclose.
Inclu|de', t., comprend,re, einbegreifen, c'ere. "sive, ad., sivement; einschließlich, inklusive; incluso.
Inco|he'rent, a., |hérent, unzusammenhängend, *i*,erente. [rendit*i*, f.
In'come, n., revenu, m.; Einkommen, n.,
Incommode', t., v. inconvenience. [*i*|ile.
Incom'parab|le, a., |le, unvergleichlich,
Incompat'ib|le, a., |le, unverträglich, *i*'ile.
Incom'peten't, a., |ce, n., incompéten't, |ce, f.; unbefugt, |heit; i,te, |za; (pers.) v. incapable.
Incomplet|e', a., *i*', unvollständig, *i*'o.
Incom,prehen'sible, a., |préhens'b'le, unbegreiflich, i|prensib:le.
Incon'gru|ous, a., *i*|, unpassend, *i*,o.
Inconsid"erable, a., peu considérable, unbedeutend, di poca importanza. erate, a., |éré, unüberlegt, spensierato; (for others) sa *i*s égards, rücksichtslos, senza riguardo.
Inconsis't|ent, a., |ency, n., inconséquen|t, |ce, f.; inkonsequen|t, |z; inconseguen|te, |za; |ent with, v. incompatible.
Inconso'lab|le, a., |le, untröstlich, *i*'ile.
Incon'stan|t, a., |cy, n., |t, |ce, f.; unbeständig, |keit; incostan'te, |za.
Incontes'tab|le, a., |le. unstreitig, *i*'ile.
Inconve'nien|ce, t., dérang|er, stören, incomodare. |t, a., |ce, n., incommod,e, |ité, f.; unbequem, |lichkeit; incomodo, scomodo, m.; if not |t to you, si cela ne vous d,e pas, wenn es Ihnen nicht ungelegen ist, se non La scomoda.
Incor'por|ate, t., |er (with, dans), einverleiben (dat.), *i*'are (con).
Incorrect', a., *i*-, unrichtig, scorretto.
Incor'rigib|le, a., |le, unverbesserlich, *i*'ile.
Incorrup'tible, a., *i*-, unverderblich, incorruttibile.
In|crease' (ice), t. & i., augment,er, s'a|er; vermehr|en, zunehmen; aumentare, crescere; & v. enlarge. extend. ''crease, n., a,ation, f.; V|nng; crescimento, m.
Incred"ible, a., incroyable, unglaublich, *i*'ibile. |ûlous, a., incréd,ule, ungläubig, *i*,ulo.

6

Incrust', t., er (with, de), inkrustieren (mit), incrostare (di).
Incul'cate, t., quer (on, à), einschärfen (dat.), i̇care (a).
Incum'bent, m., titulaire, Pfründner, beneficiato. —, a.; it is—on me (to), c'est de mon devoir (de), es liegt mir ob (inf.), sono in dovere (di).
Incur', t., (penalty) encourir, verfallen in, incorrere in; (debts)faire, machen, contrarre; (risk) v. run; & v. expose o's sf. to; — expense, f- de la dépense, Aufwand m-, incorrere spese.
Incu'rable, a., le, unheilbar, i,ile.
Indebt'ed (etted), a.; be —, v. owe; be — for, être redevable de, verdanken, essere obbligato per; & v. obliged.
Inde'cen't, a., cy, n., indécent, ce, f.; unanständig, keit; ite, za.
Indecis'ion (sĭj), n., indécision, f., Unentschlossenheit, irresoluzione.
Indeco'rious, a., um, n., inconvenant, ce, f.; unschicklich, keit; indecoro, a.&m.
Indeed', ad., en vérité; ja, in der That; di fatti; (int.) vraiment; wirklich, so; davvero! I will —, je vous le promets, ganz gewiß, voglio darvero; it is —true, c'est un fait, es ist wirklich so, è proprio vero.   [lich, i̇cabile.
Indefat'igable, a., infatigable, unermüd-
Indefen'sible, a., v. inexcusable.
Indef'inite, a., indéfini, unbestimmt, i|to.
Indel'ible,a., indélébile, unauslöschlich,i-.
Indel'icate, a., v. indecent, coarse.
Indem'ni'fy, t., ty, n., ser, té, f.; entschädigen, ung; indenni,zzare, ta.
Indent'ed, a., denteĺé, zackig, d,lato.
Indepen'dent, a., 'ce, n., indépendan,t, ce, f.; unabhängig, keit; indipenden'te, za.
Indescri'|bable, a., ptible, unbeschreiblich, indescrivibile.   [distruttibile.
Indestruc'tible, a., i-, unzerstörbar, in-
In'dex, n., (of bk.) table des matières, f.; Inhaltsverzeichnis, n.; tavola,f.; (of machine) aiguille, f.; Zeiger, m.; indice.
In'd|ia, n., ian, a. & m., ie, f., |ien; ien, n., isch. ier, (Americ.), ianisch, ianer; ia, f., iano. ian-corn. n., v. maize. ia(n)-rubber, n., caoutchouc,m.,Gummi, n.; gomma elastica, f.
In'di cate, t., ca'tion, n., quer, cation, f.; (an)zeigen, Zeichen, n.; i̇care, cazione. f. c'ative, n., catif, m., Indikativ, indicativo.
Indict' (aït), t., v. accuse.
Indiffer,ent, a., ence, n., indiffér,ent (to, à), ence, f.; gleichgültig (gegen), keit; i|ente (a), enza; ent (quality, etc.), médiocre, mittelmäßig, mediocre.
In'digent, a., v. poor.
Indiges'|tible, a., tion, n., te, tion, f.; unverdaulich, keit; i'tibile, tione.

Indig'n|ant, a., ity, a'tion, n., |é (at, de), ité, f., ation; entrüst|et (über),Schmach, E|ung; indeyn'ato (di), ità, azione.
In'digo, n., i-, m., I-, indaco.
Indirect', a., i-, indirekt, indiretto.
Indis|creet', a., |crē'tion (ēch), n., cret, crétion, f.; unbedachtsam, keit, i|kret, l|kretion; i̇creto, crezione.
Indispen'sab,le, a., !le,unentbehrlich, i|ile.
Indispos,ed', a., é, unpäßlich, i|to; & v. averse.
Indis'pûtable, a., v. incontestable.
Indistinct', a., i-, undeutlich, indistinto.
Individ'|ûal, a. & m., uel, u, m.; uell, uum, n.; uale, uo, m.
Indivis'ib|le, a., le, unteilbar, i|ile.
In'dolen|t, a., ce, n., 't, ce, f.; träg|e, heit; i'e, za.   l(fig.) v. approve.
Indorse', t., endosser, indoss|ieren, are;
Induce', t., décider (à), bewegen, indurre (a). ment, n., v. motive. Induc'tion, n., i-, f., Induktion, induzione, f.
Indulge', t., satisfaire, befriedigen, contentare. —, i. & r., se livrer (in, à), s. ergeben (dat.), darsi (a). nt, a., nce, n., nt, nce, f.; nachsicht|ig, N;; i̇nte, lnza.
In'dust|ry, n., assiduité, f., Arbeitsamkeit, a'a; (trade) i'rie, rie, ria; & v. diligence. 'trious, a., laborieux, arbeitsam, l,oso.
Ine'briated, a., v. intoxicated.
Ineffab|le, a., ile, unaussprechlich, i|ile.
Ineffec'tual, Ineffic'|ient (ĭch), a., iency, n., ace, acité, f.; unwirksam, keit; i-ace. acia; (pers.) v. incapab|le, ility.
Inept', a., inepte, untauglich, inetto.
Inequal'ity, n., inégalité, f., Ungleichheit, inegualità; & v. roughness.
Inert', a., |e, unthätig, i,e.
Ines'timable, a., le, unschätzbar, i'ile.
Inev'itable, a., inévitab|le, unvermeidlich, i|ile.   [sabile.
Inexcu'sable, a., i-, unverzeihlich, inescu-
Inexhaus'tible, a.. inépuisable, unerschöpflich, inesauribile.
Inex'orable, a., i-, unerbittlich, inesorabile.   [i|uno.
Inexpe'dient, a., inopportun, unpassend,
Inexpe'rienced, a., inexpérimenté, unerfahren, inesperto.
Inex'plicable, a., i-, unerklärbar, inesplicabile.   [sprechlich, inesprimibile.
Inexpress'ible, a., inexprimable, unaus-
Inex'tricable, a., i-, unauflöslich, inestricabile.
Infal'lib|le,a., il'ity,n., infaillib|le, ilité, f.; unfehlbar, keit; infallibil,e, ità.
In'famous, a., infâme, verrucht, infame.
In'fan|t, n., cy, n., enfan|t, m., ce, f.; (unmündiges) Kind, n., heit; bambino, m., infanzia. try, n., terie, f., terie, fanteria.   [ilato (di).
Infat'û ated, a., é, (with, de), bethört (von)

Infection — 83 — Inquire

Infec'|tion, n., ,tious, a., |tion, f., |t, (fig.) contagi'on, |eux; Ansteck|ung, |end; c|o-ne, |oso.
Infer', t., conclure (from, de), schließen (aus), i|ire (da). **In'ference**, n., conséquence, f.; Schluß, m.; conseguenza, f.
Infe'rior, m., inférieur, Untergebene, subalterno. —, a., "ity, n., inféri'eur (to, à), |orité, f.; geringer (als), |er Stand, m.; i ore (a), |orità, f.
Infer'nal, a., i-, höllisch, i|e.
Infest', t., |er (with, de), unsicher machen (durch), i|are (da).
In'fid,el, m., |el'ity, n., |èle, |élité, f.; Un|-gläubige, m., |treue, f., (unbelief) |glaube, m.; infedel|e, |tà, f.
In'fin|ite, a., |i, unendlich, i|ito. '|itive, n., |itif, m., |itiv, |itivo.
Infirm', a., |ity, n., |e, |ité, f.; schwach, Schwäche; infermo, |ità. |ary, n., v. hospital.
Inflam|e', t., '|mable, a., |ma'tion, n., enflammer, i|mable, |mation, f.; entzünd|en, |bar, |ung; inflamma're, |bile, |zione.
Infla|te', t., '|tion, n., enfl|er, |ure, f.; aufblasen, Anschwellung; enfa|re, |tura.
Inflec'tion, n., inflexion, f., Beugung, inflessione.
Inflex'ible, a., i-, unbeugsam, inflessibile.
Inflict', t., infliger (on,à), auferlegen (dat.), infliggere (a).
In'fluen'ce, n. & t., |ce, f., |cer; Einfluß, m., beeinflussen; i|za, f., |zare. '|za, n., grippe, f., G-, g-.
Inform', i., (against) dénoncer (ac.), anzeigen, denunziare. —, t., |a'tion, n., |er, avertir, renseignement, m.; benachrichtigen, Auskunft, f.; i'are, |azione; & v. instruct, knowledge. |er, m., dénonciateur, Angeber, delatore.
Infor'mal, a., '|ity, n., irrégul|ier, |arité, f.; unförmlich, |keit, f.; irregolar|e, |ità.
Infre'quent, a., rare, selten, i'e.
Infringe', t., v. violate. |chen, i|are.
Infu'ri|ate, t., rendre furieux, wütend machen, i'are (a). Infu'sion, n., i-, f.; Aufguß, m., (fig.) E|ung, f.; i|e, f.
Inge'n|ious, a., ingénieux, sinnreich, ingegnoso. |u'ity, n., v. skill, cleverness. '|uous, a., v. frank, candid. |i|ine.
Ingrat'itud|e, n., e, f., Undankbarkeit,
Ingre'dient, n., ingrédien|t, m.; |z, f.; |te, m.
Inhab'it, t., ant, m., habit|er, |ant; bewohnen, |er; abit|are, |ante.
Inhale', t., aspirer, einatmen, inspirare.
Inhe'rent, a., inhérent (in, à), anhaftend (dat.), inerente (in).
Inher'it, t., |ance, n., hérit|er de, |age, m.; erb|en, |schaft, f.; eredit|are, |à.
Inhos'pita|ble, a., |lier, ungastlich, inospitale.

Inhu'man, a., inhumain, unmenschlich, inumano.
Inim'itab|le, a., |le, unnachahmlich, t ile.
Iniq'u|itous, a., |e, (höchst) ungerecht, i'o. |ity, n., |ité, f., U'|igkeit, i|ità; & v. wickedness.
Init'i|al (ich),n.,|ale,f.; Anfangsbuchstabe, m.; iniziale,f. |ate, t., v.introduce; (into) initier (à, dans), einweihen (in), in'ziare (in). [zione.
Injec'tion, n., i-, f., Einspritzung, injezione.
Injudic'ious (ich), a., inconsid|éré; unüberlegt; i|erato, (pers.) di poco giudizio.
Injunc'tion, n., injonction, f., Einschärfung, ingiunzione.
In'jur|e, t., |y, n., nuire à, mal, m.; schad|en (dat.), |e; nuocere a, danno; & v. hurt, wound, damage. **Inju'rious**, a., nuisible, schädlich, nocevole. |giustizia.
Injus'tice, n., i-, f., Ungerechtigkeit, in-
Ink, n., '|bottle, n., ',stand, n., encr|e, f., |ier, m., écritoire, f.; Tint|e, |enfaß, n., Schreibzeug; inchiostro, m., calamajo.
Ink'ling, n., v. suspicion, hint.
Inlaid, pp., incrust,é (with, de), eingelegt (mit), intarsiato (di); — work, marqueterie, f.; e|e Arbeit; intarsio, m., tarsia, f.
In'land, a., (de l') intérieur, inländisch.
In'let, n., v. entrance. bay. [dell' interno.
In'mate, m., habitant, Insasse, abitatore.
In'most, a., placé le plus à l'intérieur, le plus profond; innerst; più interno, più profondo.
Inn, n., auberge, f.; Gasthaus, n.; albergo, m.; & v. hotel; (of court) v. college (of advocates). '|keeper, m., aubergiste, Gastwirt, albergatore.
In'nate, a., inné, angeboren. innato.
In'ner, a., intérieur, inner. inwendig; inter|iore, |no. |most, a., v. inmost.
In'nings, n. pl., v. turn (to play, etc.).
In'nocen|ce, n., |t, a., |ce, f., |t; Unschuld, |ig; i|za, |te. [nocuo.
Innoc'üous, a., inoffensif, unschädlich, in-
Innova'|tion, n., |tion, f., Neuerung, i|zione.
Innuendo, n., v. insinuation.
Innu'merable, a., innombrable, unzählig. innumerabile.
Inoc'ül|ate, t., |er (o. with, qc. à qn.), einimpfen (e-m et.), i|are (qc. a qd.).
Inoffen's|ive, a., |if, harmlos, t|iro.
Inopport'une', a., |un, ungelegen, i|uno.
In'quest, n., enquête, f., Untersuchung, inchiesta.
Inquir|e', i., s'inform|er (about, de; of, chez), sich erkundig|en (über; bei), i|arsi (di; da); (after) demander des nouvelles de, sich e|en nach, chiedere nuove di; (into) v. examine; — at No.1, s'adresser No. 1, Näheres No. 1, indirizzarsi al No. 1. |y, n., recherche, f., E'ung, ricerca; & v. question.

6*

Inquisitive — 84 — Intend

Inquis'i|tive, a., |tiveness, n., *curi|eux, osité*, f.; neugier|ig, |de; c|*oso, osità*. '|tion (Ich), n., *tion*, f., tion, |*zione*.
In'road, n., v. invasion.
Insan|e', a., '|ity, n., *al'éné, démence*, f.; wahnsinn|ig, W|, m.; *matto, demenza*, f.
Insa'tiable, a., *i-*, unersättlich, *insaziabile*.
Inscri'be', t., |p'tion, n., |re, |pt'*on*, f.; einschreiben, Inschrift; *inscri|vere*, |*zione*.
In'sect, n., |e, n.; Insekt, n.; *insetto*, m.
Insecure', a., *peu sûr*, unsicher, *non sicuro*.
Insen'sib|le, a., |il'ity, n., |*le*. |*il:lté*, f.; unempfindlich, |keit; *i|ile*, |*ilità*; & v. unfeeling.   [|lich, *i'|ile*.
Insep'arable, a., *inséparab|le*, unzertrenn-
Insert', t., *insér|er* (in, *dans*), einrücken (in, ac.), *i|ire (in)*.
In'side, n., *intérieur*, m., *dedans;* Inner|e, n.; *inter|iore*, m., |*no*. —, prp., *dans, à l'int- de;* in, im I|n von; *in, dentro, nell' interiore di.* —, ad., *dedans;* darin, (go, put) hinein; *dentro*. [& v. crafty.
Insid'i|ous, a., |*eux*, schleichend, *i'|oso;*
In'sight (aït), n., *connaissance*, f., Einsicht, *cognizione;* & v. penetration.
Insignifi'i|cant, a., |cance, n., |*ant*, |*ance*, f.; unbedeutend, Bedeutungslosigkeit; *i|cante, poca importanza*.
Insincere', a., *pas sincèr|e*, unaufrichtig, *non s|o;* & v. false.
Insin'ū|ate, t., |a'tion, n., |*er*, |*ation*, f.; zu verstehen geben. Anspielung; *i'|are*, |*azione;* (late o's sf.) *s'i|er*, s. einschmeicheln, *i'|arsi*.
Insip'id, a., |*e;* fade, geschmacklos; *i|o*.
Insist', i., |*er* (on, *sur*), bestehen (auf,dat.), *i'|ere (in)*.
Insnare', t., *attraper*, fangen, *inlacciare*.
In'solen|t, a., |ce, n., |*t*, |*ce*, f.; unverschämt, |heit; *i|te*, |*za*.
Insol'v|ent, a., |ency, n., |*able*, |*a'vilité*, f.; zahlungsunfähig, |keit; *i|ente*, |*enza*.
Insomuch', ad., *au point*, so, *talmente*.
Inspec|t', t., '|tion, n., |*ter*, |*tion*, f.; besichtig|en, |ung, *i(n)spezion|are*, |*e*. '|tor, m., |*teur*, Inspektor, *i(n)spettore*.
Inspir|e', t., |*er;* begeister|n, (theol.) i|ieren; |*are;* (with) *i|er (de)*, einflößen (e-m et.), *i|are (con)*. |a'tion, n., |*ation*, f.; B ung, I'ation| |*azione*. '|it, t., v. cheer.
Instal|l' (aul), t., |*ler*, einsetzen, *i'|are*. '|ment, n., (paymt.) *acompte*, m.; Abschlagszahlung,f.;*pagamento a conto*,m.
In'stan|ce, n., v. example, case, place. |t, n., |*t*, m., Augenblick, *istante*. |t, a., |*tané*, a|lich, *istantaneo;* (month) *courant;* gegenwärtig, d. M. (dieses Monats); *corrente;* & v. urgent. |ta'neous, a., v. |t. |tly, ad., *à l'i|*, a|lich, *all' istante*, & v. immediately, earnestly.
Instead'(ĕd), prp., *au l:eu* (of, *de*); anstatt (gen.); *in luogo (di)*, *in vece (di)*.

In'step, n., *cou-de pied*, m., Spann, *collo del piede*.
In'stig|ate, t., *exciter*, anreizen, *i'|are*.
Instil', t., *inspirer* (into, *à*), einflößen (dat.), *instillare (in)*.
In'stinct, n., '|ive, a., *t|*, m., '|*if;* Instinkt. |mäßig; *i(n)st'nt|o*, |*ivo*. Instinct', a., v. full of, animated with.
In'stit|ūte, n. & t., |*ut*, m., |*uer;* Anstalt, f., stiften; *i(n)st'l|uto*, m., |*uire;* (an enquiry) *fa're*, anstellen, *cominciare*. |u'tion, n., |*ution*, f., Einrichtung, *i(n)|uzione;* & v. i|ute, establishment.
Instruc|t', t., '|tion, n., *instru'ire*, |*ction*, f.; unter|weisen, (child) |richten, |weisung, |richt, m.; *i(n)stru'ire*, |*zione*, f. '|tive, a., |*tif*, belehrend, *i(n)struttivo*.
In'strument, n., *i-*, m.; I-, m.; (*i|*. *in|)strumento*, m.; & v. tool, document. '|al, pa. (mus.) |*al*, |al .., |*ale;* be—, v. help, contribute. |al'ity, n., *moyen*, m.; Vermittlung, f.; *mediazione*.
Insubor'|dinate, a., |*donné*, widersetzlich, *i'|dinato*.   [lich, *insopportabile*.
Insufferable, a., *insupportable*, unerträg-
Insuffi|c'ient, a., |*sant*, ungenügend, *i'ciente*.
In'sul|ar, a., |*aire*, |arisch, *isolano*.
Insult', t., In'sult, n., |*er*, |*e*, f.; beleidig|en, |ung; *i'are*, |o, m.
Insu'perable, a., *insurmontable*, unüberwindlich, *insuperabile*.
Insuppört'able, a., v. insufferable.
Insure', t., |ance, n., *assur|er*, |*ance*, f.; versicher|n, |ung; *assicur|are*, |*anza*.
Insur'|gent, m., |rec'tion, n., |*gé*, |*rection*, f.; Auf|ständischer, |stand,m.; *insorgente, insurrezione*, f.
Insurmount'able, a., v. insuperable.
Intact', a., *i-*, unversehrt, *intatto*.
Integ'rity, n., *intégrit|é*, f., Rechtschaffenheit, *i'|à*.
In'tell|ect, n., |ec'tual, a., *entendement*, m., *intell'|ectuel;* Verstand, V|es.., geistig; *i'|etto*, |*ettuale;* (pers.) v. i|igent. '|igent, *i'|igence*, n., |*igent*, |*igence*, f.; verständig, |stand, m.; *i'|igente*, |*igenza*, f.; & v. information, news. '|igible, a., |*igible*, verständlich, *i'|igibile*.
Intem'per|ate, a., |ance, n., *intempér|ant*, |*ance*, f.; unmäßig, |keit; *i|ante*, |*anza;* (ate language) v. rash, violent.
Inten|d', i., se proposer (to, *de*), beabsichtig|en, *aver l'i|zione (di);* (t.) v. mean, destine. '|ded, pp., *projeté*, b|t, *progettato*, (journey, etc.) *proposto;* (m. & f.) *futur*, |*e;* Verlobt|er, |*e*; *fidanzat'o*, |a. 'se', a., '|se, heftig, *i|so*. 'se'ly, ad., v. extremely. '|sity, n., |*sité*, f., |sität, *sità*. |t', a., *occupé* (on, *à*), bedacht (auf, ac.), *i|to (a)*. |t', n., v. |tion; to all |ts and purposes, *en effet*, in Wirklichkeit, *in e|to*.

'|tion, n., .tion, f., Absicht, i,zione. '|tionaI, a., 'tionally, ad., ,tionnel, à dessein; absichtlich; i|zionale, a posta.
Inter', t., enterrer, beerdigen, seppell're.
Inter|cede', i., |céder, s. verwenden, i|cedere. ||schlagen; intercettare.
Intercept', t., |er; unter|brechen, (lett.)
Interces's or, m.. 'eur, Vermittler, i|ore.
In'tercourse, n., rela!ions, f. pl.; Umgang, m.; pratica, f.
Interdict', t., v. prohibit.
In'ter|est,n., intér|ét,m.; I,esse,n.. (money) Zinsen, m. pl.; i,esse, m.;(com.) v. share; & v. influence. |est, t., |esting, a.. intéress|er, |ant; |ieren, |ant; |are, |ante.
Inter'|fere', i., se mêler (with, de), s. einmengen (in, ac.), ingerirsi (in); & v. i'vene. 'fe'rence, n., |vention, f.; Dazwischenkunft; inger!mento, m.
In'terim, n.; in the —, en attendant, inzwischen, frattanto.
Inte'rior, a. & n., intérieur, a. & m.; inner, |e, n.; interiore, a. & m.
Inter|jec'tion, n., i-, f., I|jektion, |jezione.
Interlace', t., entrelacer, verflechten, intrecciare.
Inter|leave', t., |folier, durchschießen, . frammettere fogli in. |line', t., = write between the lines.
Interlo'per, m., v. intruder.
In'terlude, n., intermède, m.; Zwischenspiel, n.; i'io, m.
Intermed'dle, i., v. interfere. [i|medio.
Inter'me'diate, a., médaire, Zwischen.., Inter'ment, n., v. burial.
Inter'minab|le, a., 'le, endlos, i|ile.
Intermis'sion (Ich'), n., i-, f., Unterbrechung, i|e. Intermit'tent, a., i-, aussetzend (— fever, Wechselfieber, n.), i|e.
Inter'n|al, a., |e, inner, interno.
Internat'ional (äch'), a., i-, i-, internazionale. [i|zione.
Interpola'|tion, n., |tion, f., Einschaltung,
Interpos|e', t. & i., |er, s'i|er; dazwischenstellen, s. ins Mittel legen; interpor|re, |si. |i'tion (Ich), n., |.tion, f., Vermittlung, i izione.
Inter'pret, t., |er, m., inter|préter, 'prête; dolmetsch|en, |er; interpret|are, |e; & v. explain. |a'tion, n., interprét|ation, f., Auslegung, i|azione.
Inter'rog|ate, t., |a'tion, n., v. question. '|ative, a., |atif, fragend, i|ativo.
Inter|rupt'|, t., |rup'tion, n., |rompre, |ruption, f.; unterbrech|en, |ung; i|rompere, |ruzione. [i|are.
Intersec|t', t., couper, durchschneiden,
Intersperse', t., entremêler (with, de), untermengen, spargere qua e là.
Inter'stice, n., i-, m., Zwischenraum, interstizio. [(time) 'zeit, f.; i|lo, m.
In'terval, n., 'le. m.; Zwischen|raum,

Interven|e', i., '|tion, n., |ir, t!on, f.; dazwischen|kommen, |kunft; i ire, ,to, m.
In'terview (viou), n., entrevue, f.; Zusammenkunft; colloquio, m.
Interweave', t., v. interlace.
Intes't'ate, a., 'at, ohne Testament, i,ato.
Intes'tin|e, a., |es, n. pl., i!, |s, m. pl.; einheimisch, |geweide, n.; i'o, |i', m. pl.
In'tim'ate, a., |acy, n., |e, |ité, f.; innig, |keit, (friend) vertraut, |heit; intim|o, |ità. 'ate, t., donner à entendre, zu verstehen geben, i|are; & v.announce. [rire.
Intim'|idate, t., |ider, einschüchtern, i|o-
In'to, prp., en, (more def.) dans; in (ac.), in .. hinein: !n; — the bargain, par-dessus le marché, obendrein, per soprappiù.
Intol'|'erable, a., érable, unerträglich, i lerabile. |erant, a., |erance, n., |érant, |érance, f.; |erant, |eranz; lerante, |leranza.
Intona'|tion, n., |t!on, f., Betonung, ,|zione.
Intox'icated, a., ivre, (fig.) i-, en!vré (with, de); berauscht, verblendet (durch); ebbro (di).
Intrac'table, a., v. obstinate.
Intran'sit!ive, a., |if, |iv, iro.
Intrench', t.. |ment, n., retranch|er, |ement, m.; verschanz|en, |ung, f.; trinciera|re, |mento, m.
Intrep'id, a., intrépid|e, unerschrocken, i|o.
In'tricate, a., compliqué, verwickelt, imbrogl'ato.
Intrigue' (Fr.), n. & i., i-, f., |r; I-, Ränke, m. pl., R- schmieden; intrig|o, m., |are.
Intrin'|sic, a., |sèque, wirklich, i|seco.
Introdu'ce',t., |ire, einführ|en, i'rre;(pers.) présent er, vorstellen, p|are. |c'tion, n., |ction, f., E|ung, (of bk.) Einleitung, i|zione; (by lett.) v. recommendation.
Intrud|e' (ou), i., |er, m., étre importun, i-, intrus; s. eindrängen, Eindringling; intrudersi, importuno, intruso. Intru'sion, n., i-, f.; Eindrängen, n.; i|e, f.
Intrust', t., confi|er, anvertrauen, c|dare.
Inun'd|ate, t., |a'tion, n., inond er (with, de), |ation, f.; überschwemm|en, |ung; i|are (di), |azione.
Inure', t., v. accustom.
Invade', t., envahir, einfallen in (ac.), i,re.
Inval'|id, a., |ide, ungültig, i|ido. |id' (ide), m., |ide, |ide, |ido; (a.) v. sick. [i|ile.
Inval'uable, a., inest!mab'le, unschätzbar,
Inva'riab|le, a., |le, unveränderlich, i,ile.
Inva'sion, n., i-, f.; Einfall, m.; i|e, f.
Invec'tive, n., i-, f., Schmähung, invettira.
Inveigh'(vé), i., invectiver, losziehen, prorompere in invett're.
Invei'gle (vī), t., v. seduce, entice.
Inven|t', t., '|tor, m., '|tion, n., |ter, |teur, |tion,f.: erfind|en. |er, ung,f.; i tare, ,tore, |zione, f. In'vent|ory, n., |a're, m.; ar, n.; |c.rio, m.

Inver|se', a., |se, umgekehrt. i so. |t', t., |,sion, n., renvers|er, |ement, m., (gr.) i|-sion, f.; umstell|en, |ung, f.; i|tere, |sione; |ted commas, n. pl., guillemets, m. pl.; Anführungszeichen, n. pl.; vir-golette, f. pl.
Invest', t., (money) placer, anlegen. col-locare; (mil.) i|ir, einschließen, i|ire; (with) revêtir (de), bekleiden (mit), i|re (di). |ment, n., placement, m.; Anlegung, f.; collocare, m.; (mil.) v. siege.
Inves'tig|ate, t., |a'tion, n., rechercher, i|-ation,f.; untersuch|en,|ung; i|are,|azione.
Invet'erate, a., invétér'é, hartnäckig, i|ato.
Invid'ious, a., odieux, gehässig, odioso.
Invig'orate, t., fortifier, kräftigen, (r)in-vigorire.
Invin'cib le, a.. |le, unüberwindlich, i|ile.
Invi'olab|le, a., |le, unverletzlich, i|ile.
Invis'ib|le, n., |le, unsichtbar, i|ile.
Invit|e', t., |a'tion, n.. |er, |ation, f.; einlad|en, |ung; i|are, |o, m.
In'voice, n.. facture, f., Faktur, fattura.
Invoke', t., inro'quer, anrufen, i|care.
Invol|untary, a.. |ontaire, unwillkürlich, i ontario.
Involve', t., envelopper, einhüllen, i gere; (fig.) comprend|re, in s. schließen, c|ere; & v. imply; — in ruin, v. r- (t.); |ved (in debt) obéré, verschuldet, indebitato.
In'ward, a., v. inter|ior, |nal. |ly, ad., in-térieurement, innerlich, interiormente. s, ad., en dedans, einwärts, in dentro.
I'odine, n., iode, m.; Jod, n.; jodio, m.
I. O. U. (I owe you), n., obligation, f.; Schuldschein, m.; pagherò.
Iras'cible, a., v. irritable.
Ire. n., v. anger.
Ire'land, n., l'Irlande, f.; Irland. n.; |a, f.
I'rish, a., |man, m.. |woman, f., irlan-dais, a. & m., |e, f.; irisch, Irländer, |in; irlandese.
Irk'some, a., ennuyeux, langweilig, nojoso.
I'ron, n., fer, m.; Eisen. n.; f ro, m.; (pl.) f,s, Fesseln (f.), f,ri; (flat) f- à repas-ser; Plätt|. Bügel.eisen; f ro da stira-re; cast —, fonte (f.), Guß|e-, ferro fuso; wrought —, fer forgé, Schmiede|e-, fer-ro battuto. —, a., de fer; eisern; di f ro, |reo. —, t., repasser; plätten, bügeln; stirare. -clad, n., vaisseau cuirassé, m.; Panzerschiff. n.; nave corazzata, f. -monger (mä), m., quincaillier, Eisen|-händler, chincagliere. -works, n. pl., forge, f.. E'hütte. ferriera.
I ron|y, n., '|ical, a., |ie, f., |ique; |ie, |isch; |ia, |ico.
Irrat'ional (äch'), a., dé', (animal) ir|rai-sonnable; unvernünftig; irrazionale.
Irreconci'lable, a.. irréconciliab|le,unver-söhnlich. i ile.
Irrecov'erable, a.. sans espoir, unwieder-bringlich, irrecuperabile; & v. irrepa-rable.
Irreg'ular, a., '|ity, n., irrégul|ier, |arité, f.; unregelmäßig, 'keit; irregolar|e. |ità.
Irrep'arable, irréparab|le, unersetzlich, i|ile.
Irreproach'able, a., irréprochable, unbe-scholten, integro.
Irresis'tible, a., irrésistib|le, unwidersteh-lich, i|ile. [i to.
Irres'olute, a., irrésolu, unentschlossen,
Irrespec'tive of, prp., sans égard à, pour; ohne Rücksicht auf; senza badare a.
Irretrie'vable, a., v. irre|coverable, pa-rable. [i|e.
Irrev'erent, a., irrévérent, unehrerbietig,
Irrev'ocable, a., irrévocab|le, unwiderruf-lich, i|ile.
Ir'rig|ate, t., |a'tion, n., arroser, i|ation, f.; bewässer|n. |ung; i|are, |azione.
Ir'rit ate, t., |able, a., |a'tion, n.. |er, ,able, |ation, f.; reiz|en, |bar, |ung; i|are, |abile, |azione.
I'saac (aïzak), m., I-, Isaak, Isacco.
Isabel'l|a (Iz), f., |e, |a, 'a.
Isai'ah (aïzaïah), m., Isaïe, Jesaias, Isaia.
Isle, Island (aïl.' and), n., ile. f., Insel, isola.
I'sol|ate (aïs & Is), t., er, absondern. i|are.
Is'rael, m., I-, 1-, |e.
Is'sue, n., v. f.; Ausgang, m.; uscita, f.; (of banknotes, etc.) émission, f., Ausgabe, e|e; (of order) v. publication; (of bk.) v. edition; & v. offspring; (point, etc.) v. —, contesté, Streit.., controverso. —, t., émett re, ausgeben, e|ere; (order) donner, erlassen, dare; & v. publish. —, i., sor-tir, ausgehen, uscire; & v. emanate.
Isth'm|us (ist), n., ,e, m.: Landenge, f.; istmo, m.
It, prn.. il, elle; er, sie, es; ess|o, |a; (ac.) lui, elle, (genly. before vb.) le, la; ihn, sie, es; ess|o, |a, (bef. v.) lo, la; (dat.; bef. v.) lui; ihm, ihr, ihm; (bef. v. or af-fix.) gli, le; of —, from —, (bef. v.) en, davon, (bef. v. or affx.) ne; to —, (bef. v. or affx.) y; dazu; (bef. v. or affx.) vi, ci; (impers.) il, ce, cela; es; ciò, si; — is true, c'est vrai, es ist wahr, è vero; — is said, on dit, man sagt, si dice; — is I, c'est moi, ich bin es, sono io.
It'al y, n., '|ian, a., m. & f., l'I|ie, f., |ien, |ienne; |ien, n., |ienisch, |iener, |ienerin; ia, f., |iano, |iana. '|ics, n. pl., |iques, f. pl.; Kursivschrift, f.; lettere i|iche, f. pl.
Itch, i., démanger, jucken, pizzicare. ''y, a., galeux. krätzig, pruriginoso.
I'tem, n., article, m., Posten, a|olo.
Itin'erant, a., ambulant, umherziehend, a|e.
Its, a., son, sa, (pl.) ses; sein, ihr, (pl.) s|e, i|e; su|o, |a, |oi, |e; (of it) en; dessen, deren; ne. Itself', prn., lui-même, elle-m-, (indef.) soi-m-; er (ac., ihn) selbst,

Ivory — 87 — Judge

sit selbst, es s-; (esso) stess o, (essa) s'a; (ril.) se, sich, se (stess|o, 'a).
I'vory, n. & a., iroire, m., d'i-; Elfenbein, n., |ern; avorio, m., d'a-.
I'vy, n., lierre, m.; Epheu; edera, f.

J.

Jab'ber, i.. v. gabble, chatter.
Jack, m., v. John; & v. flag, pike, sailor; (boot-) v. Loot. '|ass, n., âne, m., Esel, asino. '|daw, n., choucas, m.; Dohle, f.; cornacchia. [chetto, m.
Jack'et, n., jaquette, f., veste; Jacke; giacca.
Ja'cob, m., J-, Jakob, Giacobbe.
Ja'ded, a., épuisé, abgespannt, spossato.
Jag'ged, a., dent|elé, zackig, d|ato.
Jail, n., prison, f.; Gefängnis, n.; prigione, f. '|er, m., geôlier, Gefangenwärter, carceriere. [melade, f.; conserva.
Jam, n., confitures, f. pl.; Mus, n., Marmelade.
Jam, t., serr|er, klemmen, s'are.
Jamb (ämm), n., |age, m., Pfosten, st'pite.
James, m., Jacques, Jakob, Giacomo.
Jane, f., Jeanne, Johanna, Giovanna.
Jan'et, f., Jeannette; Hannchen, n.; Giannina, f.
Jan'|üary, n., |vier, m., |uar, Gennajo.
Jap'an', n., |anese', a., |on, m., |onais; 'an, n.. |anesisch; Giappon'e, m.. |ese. |an', t.. v. lacquer.
Jar, n., cruche, f.; (irdener) Topf, m.; vaso.
Jar, i., être discordant, mißtönen, dissonare. —, n., choc, m.. Stoß, urto.
Jar'gon, n., j-, m.; Kauderwelsch, n.; gergo, m.
Jas'min|e, n., j|, m., J|, gelsom:no.
Jas'p|er, n., |e, m., |is, diaspro.
Jaun'|dice, n., |isse, f., Gelbsucht, itterizia.
Jav'el'in, n., |ot, m., Wurfspieß, giavellotto.
Jaw, n., mâchoire, f., Kinnlade, mascella; |s (of beast, & fig.) gueule, f.; Rachen, m.; fauci, f. pl.
Jay, n., geai, m.; Eichelhäher : ghiandaja, f.
Jeal'ous (djěl), a., |y, n., jalou'x, |sie, f. ; eifer|süchtig, |sucht; gelos|o, |ia.
Jeer, i., se moquer (at, de), spotten (über, ac.), beffare (t.). [latina.
Jel'ly, n.. gelée, f.; G-, n., Gallerte, f.; gelen'ny, f., v. Jane. —, n., métier à filer, m.; J|maschine, f.; filatojo, m.
Jeop'ardy (djěp), n., v. danger.
Jeremi'ah, m., Jérémi'e, |as, Geremia.
Jerk, n., saccade, f.; Ruck, m.; scossa, f. —, t., v. throw, shake. [lamo.
Jer'ome, m., Jérôme, Hieronymus, Girolamo.
Jer'sey (zī), n., J-, m.: J-, n.; J-, f.; (jacket) camisole, f., Unterjacke, camiciuola.
Jest, n. & i., plaisant'erie, f., |er (at, sur, de); Scherz, m., 'en (über); burla, f., |rsi (di); in —. par p'erie, pour rire, s|weise, da b-, per ischerzo; be in —, v. — (i.).

Jes'uit, m., '|ical, a., jésuit,e, |que; J|, |isch; gesuit,a, |ico.
Je'sus, m., Jésus, J-, Gesù.
Jet, n., (mineral) jais, m., Gagat, lustrino.
Jet, n., (water, gas) j-, m., Strahl, getto. '|ty, n., v. pier.
Jew (djou), m., '|ess, f., '|ish, a., jui|f, |ve, |f; Jude, Jüd|in, |isch; Giud'eo, |ea, |aico.
Jew'el (djou), n., |ler, m., bijou, m., |tier; Edelstein, Juwel. n., |ier; gioj'a, f., |elliere. (le)ry, n., b'terie, f.; Schmuck, m.; gioje, f. pl. Jilt, t., v. deceive, reject.
Jin'gle, i., tinter, klingen, tintinn:re.
Joan, '|na, f., v. Jane.
Job, n., travail (à la tâche), m.; (Stück) Arbeit, f.; faccenda; & v. affair, intrigue. —, t.. v. hire; (i.) v. speculate.
Job, m., J-, Hiob, Giobbe.
Jock'ey, m., j-, J-, j-.
Joc'ular, a., plaisant, spaßhaft, giocoso.
Jog, t., v. push, shake. —, i.; — on, trotter tout doucement, langsam forttraben, andare di piccolo trotto; & v. go slowly.
John, m., Jean; Johann(es), Hans; Giovanni.
Join, t. & i., |dre, se j'dre; zusammenfügen, sich vereinigen; congiunger|e, |si; (a party) prendre part à, teilnehmen an, prendere parte a; & (t.) v. unite, meet, adjoin. |er, m., menuisier, Schreiner, legnajuolo. |t, n.. |t, m.; Gelenk, n.; giuntura, f.; (meat) v. piece; out of —, démis, verrenkt, slogato; put out (f —, v. dislocate. |t, a., réuni, vereint, unito; & v. common. '|ture, n., douaire, m.; Wittum, n.; assegnamento, m.
Joke, n. & i., v. jest. [ry, pleasant.
Jol'ly, a.. gaillard, fidel, giuliro; & v. mer-
Jolt, t. & i., cahoter, rütteln, scuotere.
Jo'seph, m., |ine (Ine), f., J-, Joséphine; J-, |ine; Giusepp|e, 'ina.
Josh'ua, m., Josu'é, |a, Giosuè.
Jostle (ossl), t., pousser, stoßen, urtare.
Jot, n., iota, m.; I-, n.; i-. m. —, t.. v. note.
Jour'n'al (djeur) n., v. diary, newspaper. |alist, m., |aliste, |alist, giornalista. ey, n., voyage, m.; Reise, f.; v'aggio, m. |ey, i., v. travel. |eyman, m., v. workman.
Jove, m., Jupiter; J-, Zeus; Giove.
Jo'vial, a.. j-; j-, fröhlich; gioviale.
Joy, n., '|ful, '|ous, a., joie, f., joyeux; Freud|e, |ig; gioj'a, |oso; wish o. —, v. congratulate.
Ju'bil|ee, n., |é, m.; |äum, n.; giubileo, m.
Jüda'|ic, a., lique, jüdisch, giudaico.
Judge, m., juge, Richt|er, giudic|e; (of art, etc.) connaisseur, Kenner, conoscitore. —, t. & i., juger, r|en, giudica're; & v. consider. Judg'ment, n., jugement, m.; Urteil, n.; giudizio, m.; & v. opinion. Ju'dica-ture, n., justice, f.; Gericht. n., giudicatura, f. '|ial, '|ious (Ich), a., iaire, ieux; gerichtlich, verständig; giudizi,ale, 'oso.

Jug, n., *pot à eau*, m.; Krug, Kanne, f.; *vaso*, m., (large) *brocca*, f.
Jug'gler, m., *jongleur;* Gaukler, Taschenspieler; *giocolare*.
Juic|e (djouce), n., '|y, a., *jus*, m., (of fruit) *suc, plein de j-(s-)*; Saft,|ig; *sugo, succo*, (a.) *sugoso*.
Ju'l|ius, m., ia, f., |es, |ie; |ius, |ie; *Giuli|o, 'a.* |y', n., *juillet*, m., Juli, *luglio*.
Jum'ble, n., *fouill's*, m.; Durcheinander, n.; *mescuglio*, m.
Jump, i., *sauter* (over, *par-dessus)*; with, for joy, etc., *de)*, springen (über. ac.; vor), *saltare* (ac.; *di);* — at, v. accept (eagerly).
Junc'|tion, n., *jonction*, f., (rail.) embranchement, m.; Vereinigung, f., Knotenpunkt, m.; *congiunzione*, f., *junzione*. '|ture, n., *conjoncture*, f., Sachlage, *congiuntura*.
June, n., *ju'n*, m., Juni, *giugno*. |*chia*, f.
Jun'gle, n., *fourré*, m.; Dickicht, m.; *macchia*.
Ju'nior, a., *plus jeune* (to,*que)*, *cadet*, (com., etc.) *le j-*; jünger (als), junior; *più giovine (di)*, *minore, giuniore*. |*ginepro*.
Ju'niper, n., *genièvre*, m., Wachholder,
Junk, n., (ship) *jonque*, f., Dschunke, *giun-*
Jun'ket, i., v. feast. [*ca*.
Ju'no, f., |*u*, J-, *Giunone*.
Ju'piter, m., *J-*, J-, *Giove*.
Jūrisdic'tion, n., *juridiction*, f., Gerichtsbarkeit, *giurisdizicne*. Jūrispru'den|ce, n., |*ce*, f., |*z*, *giurisprudenza*.
Ju'ry, n., *j-*, m.; J-, f., Schwurgericht, n.; *giuri*, m. |man, m., *juré*, Geschworne, *giurato*.
Just, a., |e, *gerecht, giusto*. —, ad., '*ement*, gerade, *appunto;* — look, *royez (ro's) un peu*, sehen Sie (ein)mal, *veda un poco!* I have — done it, *je viens de le fa're*, ich hab'es soeben gethan, *l ho fatto ora proprio;* — so, *précis*|*ément*, richtig, p|*amente*. '|*ice*, n., |*ice*, f., Gerechtigkeit, *giustizia;* (pers.) v.judge; do —, *rend're j|ice*, G- widerfahren lassen, *r|ere g-.* '|*ify*, t., |ifiable, a., |*ifier*, |*if*a*ble;* rechtfertigen, zu r-; *giustifica|re*, |*bile*.
Jut, i., *faire saill'e*, hervorspringen, *sporgere (in fuori)*. |*stano*.
Jute, n., *j-*, m., J-, f.; *canapa dell' Indo-*
Ju'venile, a., *jeune*, jugendlich, *giovanile*.

K.

Kate, Ka'ty, f., v. Catherine.
Keel, n., *qu'lle*, f.; Kiel, m.; *chiglia*, f.
Keen, a., v. sharp, (fig.) eager.
Keep (kept, k-), t., *ten'r*; halten, (accts.) führen; *tenere;* (retain) *garder*, behalten, *ritenere;* (take care of) *garder*, aufbewahren, *serbare:* (festival) *célébr'er*, feiern, c|*ere;* (o's bed) *garder*, hüten,

stare in; & v. detain, observe, preserve, follow; — company with, *fréqumter*, umgehen mit, *praticare;* — o's ground, *tenir bon*, s.behaupten,*mantenersi;* — o's temper, *se posséder*, ruhig bleiben, *non adirarsi;* — waiting, *fa're attentre*, warten lassen. *far aspettare;* — back,v.withhold, restrain; — down, v. restrain, moderate; — in, *retenir*, zurückhalten, *ritenere;* (a fire) *entretenir*, unterhalten, *non lasciar spegnersi;* —off, v.ward off; —on, (hat, etc.)*garder*, aufbehalten, *tenere;* — out, v. exclude; — under, v. — down; — up, *tenir levé*, aufrecht erhalten, *tenere su;* (at night) *fa're veiller*, aufbleiben lassen, *far vegl'are;* (fire) v. — in; & v. maintain, continue. **Keep**, i., *se tenir*, bleiben, *tenersi;* (good) *se conserv|er*, s. halten, c|*arsi;* (from) v. refrain; —away, *s'éloigner*, wegbleiben, *assentarsi;* — in, v. stay at home: — on, v. continue; — up, *se soutenir*, s. erhalten, *sostenersi;* — up with, *suivre*, Schritt halten mit, *andar a pari passo con*. **Keep**, n., v. maintenance; (of castles) *donjon*, m.; Verließ, n.; *torrione*, m. '|er,m., *gardien*, Hüter, *guard:ano*. '|sake, n., *souvenir*, m.; Andenken, n.; *ricordo*, m.
Keg, n., *petit baril*, m.; Fäßchen, n.; *b-*.
Ken, n., v. view, reach. [*letto*, m.
Ken'nel, n., *chenil*, m., Hundestall, *canile*.
Kept, imp. & pp., v. keep.
Ker'nel, n., *noyau*, m., *pépin*, Kern, *nocciolo;* & v. seed.
Ket'tle, n., *chaudron*, m., (tea-) *bouilloire*, f.; Kessel, m.; *caldaja*, f. -drum, n., *timbal'e*, f.: K'|pauke; *t|lo*, m.
Key (kī), n., *clef*, f.; Schlüssel, m.; *chiave*, f.; (of piano) *touche*, f.; Tast'e; |o, m. '-**note**, n., *tonique*, f.; Grundton, m.; *chiave*, f. '-**stone**, n., *clé de voûte*, f.; Schlußstein, m.; *chiare d'un arco*, f.
Kick, n., *coup de pied*, m., Fuß|tritt, *calcio;* (of horse) *ruade*, f., (Huf)schlag, m.; c-. —, t., *donner des c|s de p- à*, (horse) *lancer une r- à;* mit dem F|e (Hufe) stoßen; *dar de' calci a;* — out, *chasser*, fortjagen, *cacciar v'a.* —, i., (horse) *ruer*, ausschlagen, *calcitrare*.
Kid,n., *chevreau*,m.; Zicklein, n.; *capretto*, m. '-**gloves**, n. pl., *gants de peau*, m. pl., Glacéhandschuhe, *guanti di pelle*.
Kid'nap, t., *enlever*, (Kinder) stehlen, *trafugare*. [Niere, f.; *arnione*, m.
Kid'ney, n., *rognon*, m., (of pers.) *rein;*
Kill, t., *tuer*, töten, *uccidere*. [*nace*, f.
Kiln (kĭl), n., *four*, m.; Brennofen; *for-*
Kilt, n., *jupon (de montagnard écossais)*, m.; Röckchen (der Bergschotten), n.; *sottana (di montanaro scozzese)*, f.
Kin, '|dred, n., *parent,s*, m. pl., Verwandte, p|*i;* & v. relationship.

Kind (ai), n., *espèce,* f., Art, *specie;* & v. sort, nature, race; what — of, *quelle sorte de,*(pers.)*quel;* was für; *che specie di.* **Kind,** a., *bon, gütig, buono;* (to) *aimable (pour),* freundlich (gegen), *buono (per);* be so — as, be — enough, *aj ez la bonté de, soyez assez bon pour,* haben Sie die Güte, seien Sie so freundlich; *abbia la bontà (compiacenza) di.* '|ly, a., *bienveillant,* wohlwollend, *benigno.* '|ly, ad., *avec bonté,* freundlich, *amicherolmente.* '|ness, n., *bonté,* f., Güte, *bontà;* & v. favour, service; have the —, v. be so kind.
Kin'dle, t., *allumer,* anzünden, *accendere.*
King, m., *roi,* König, rè. '|dom, n., *royaume,* m.; (K)|reich, n.; *regno,* m.
Kins'man, m., v. relation.
Kiss, n. & t., *ba'ser,* m., *embrasser,* (the hand) *b-;* Kuß, küssen; *baci|o,* |*are.*
Kit, n., (soldier's, etc.) v. outfit, trunk.
Kit'chen, n., *cuisine,* f., Küche, *cucina.* -garden, n., *(jardin) potager,* m.; K|n-garten, Gemüsegarten; *orto.*
Kite (ai), n., *milan,* m., Habicht, *nibbio;* (paper-) *cerf-rolant,* m., Drache, *cervo* r'|e. [*gattino,* m.
Kit'ten, n., *petit chat,* m.; Kätzchen, n.;
Knack (näk), n., *chic,* m.; Kunst, f., |griff, m.; *'chic';* & v. habit, trick.
Knap'sack (näp), n , *havresac,* m.; Tornister; *bisaccia,* f.
Knave (név), m.,*fripon,* Spitzbube,*furbo;* (card) *valet,* Bube, *fante.*
Knead (nīd), t., *pétrir,* kneten, *intridere.*
Knee (nī), n., *genou,* m.; Knie, n.; *ginocchio,* m. **Kneel** (knelt, k-; pr. nīl, nĕlt), i., *s'agenouiller,* knieen, *inginocchiarsi.*
Knell (nĕl), n., *glas,* m.; Totenglocke, f.; *campana de' morti.*
Knick'erbockers (nĭk), n. pl., *culottes,* f. pl., Kniehosen, *trache.*
Knick'nacks (nĭk), n. pl., *bilelots,* m. pl.; Nippsachen, f. pl.; *frascherie.*
Knife (naïf), n., *couteau,* m.; Messer, n.; *coltello,* m.
Knight (naït), m., *chevalier,* Ritter, *cavaliere;* (chess) *caval.ier,* Springer, *c.lo.*
Knit (nĭt), t., *tricoter,* stricken, *lavorare a maglie;* & v. join.
Knob (nŏb), n., *bosse,* f.. Knorren, m.; *nocchio;* (of walking-stick) *pomme,*f.; Knopf, m.; *pomo;* & v. handle.
Knock (nŏk), n., *coup,* m., Schlag, *colpo.* —, i., *frapper,* klopfen, *picch'are;* (agst.) *se heurter,* s. stoßen, *urtarsi.* —, t., v. strike; — down, *renverser;* umwerfen, (in driving) umrennen; *rovesciare,* ribaltare; (with a blow, etc.) terrasser, niederwerfen, *atterrare;* (at sale) *adjuger,* zuschlagen, *aggiudicare;* — in, enfoncer, einschlagen, *sfondare;* — over, v. — down; — up, v. fatigue, exhaust;

|ed up, *éreinté,* abgespannt, *spossato.*
|er, n., *marteau,* m., Klopfer, *martello.*
Knoll (nōl), n., *butte,* f.; (kleiner) Hügel, m.; *poggio.*
Knot (nŏt), n., *nœud,* m.; K|en, (in wood) Ast, (nav.) K|en, Seemeile, f.; *nodo,* m. —, t., *nouer,* knüpfen, *annodare.* '|ty, a., *noueux,* k|ig, *nodoso;* & v. difficult.
Know (knew, known; pr. nō, niou, nōne), t., *savoir;* wissen, (a lang., lesson) können; *sapere;* (be acquainted with) *connaitre,* kennen, *conoscere;* & v. distinguish, recognise; not that I — of, *pas que je sache,* meines W|s nicht, *non ch'io sappia;* I — how to do it, *je sais le faire,* ich weiß wie man es macht, *so farlo.* '|ing, a., v. shrewd. '|ingly, ad., *sciemment,* wissen|tlich, *scientemente.* |ledge (nŏl), n., *science,* f.; W', n.; *sapere,* m.; (of) *connaissance,* f., Kenntnis, *conoscenza* (; (learning)c|s,pl., K|se,*cognizioni:* to my —, *à ma c-,* meines W|s, *a mia saputa;* without my —, *à mon insu,* ohne mein W|, *a mia insaputa;* to the best of my —, *(autant) que je sache,* soviel ich weiß, *per quanto io sapp'a.*
Knuck'le (näk), n., *jointure,* f.; Knöchel, m.; *nocca,* f.

L.

La'bel, n., *étiquette,* f.; Zettel, m., Etikette, f.; *etichetta.*
La'bo(u)r, n. &i., *travail,* m., |ter; Arbeit, f., |en; *lavor|o,* m., '*are;* — under, *souffrir de,* leiden an (dat.), *trovarsi in;* — under a mistake, *être dans l'erreur,* im Irrtum sein, *ingannarsi.* |er, m., *ouvrier,* A|er, *operajo.* Lab'orat|ory, n., |*oire,* m.; |orium, n.; |*orio,* m. Labo'ri|ous, a., '*eur,* mühsam, *l|oso.*
Lace, n., *dentelle,* f., Spitze, *trina;* (cord) *lacet,* m., Schnürband, n., *laccio,* m. —, t., *lacer,* schnüren, *allacciare.*
Lac'erate, t., v. tear. Lack, n. & t., v. want.
Lack'ey, m., *laquais,* Lakai, *lacchè.*
Lacon'|ic, a., |*ique,* lakonisch, *laconico.*
Lac'quer, t., *laquer,* lackieren, *verniciare.* —, n., m., v. boy. [*pinoli).*
Lad'der (lŏd), n., *échelle,* f., Leiter, *scala (a* **Lad|e** ('|ed, |en), t., v. load. '|ing, n., v. cargo; bill of—, *connaissement,* m.; Frachtbrief; *polizza di carico,* f. |le, n., *cuiller à potage,* f.; Suppenlöffel, m.; *romajuolo.*
La'dy, f., *dame,* D-, *signor'|a;* & v. wife; young —, *demoiselle,* f.; Fräulein, n.; *s'ina,* f. |like, a., *comme il faut,* fein, *gentile.* |ship, n.; your, her —, *madame (la comtesse,* etc.), gnädige Frau (Gräfin, etc.), Signora *(contessa,* etc.). [*dietro.*
Lag, i., *traîner,* zurückbleiben, *restar in-*
Lagoon', n., *lagun|e,* f., |e, '*a.*

Laid, imp. & pp., v. lay. **Lain**, pp., v. lie.
Lair, n., *repaire*, m.; Lager, n.; *covile*, m.
La'ity, n., *laïques*, m. pl., Laien, *laici*.
Lake, n., *lac*, m., See, *lago*.
Lamb (lămm), n., *agneau*, m.; Lamm, n.; *agnello*, m.
Lame, a., *boiteux*, lahm, *zoppo;* & v. unsatisfactory. —, t., *estropier*, lähmen, *storpiare*.
Lăment', t.. *déplor'er*. beklagen. *d'are*. —, i., *se l'er*, klagen, *l'arsi*. **Lam'ent'|able**, a., |a'tion, n., d'*able*. *l'ation*, f.; b|swert, Wehklage; *d'abile*, *l'azione*.
Lamp, n., |e, f., |e, *ada*. ''|black, n., *noir de fumée*, m., Kienruß, *nero di fumo*. ''|lighter, m., *allumeur*, (Laternen)anzünder, *accenditore*. [*quinata*.
Lampoon', n., *satire*, f., Spottschrift, *pas-*
Lanc|e, t., *percer*, öffnen, *aprire (con lancetta)*. |e, n., |et, n., |er, m., |e, f., |ette, |ier, m.; Lanze. f., |tte, Ulan, m.; *lanc|ia*, f., |etta, |iere, m.
Land, n., *terr'e*, f.; L-, n.; *t'a*, f.; & v. country, soil; by —, par *t'e*, zu L'e, per *t'a*. —, t. & i., *débarquer*, l'en. *sbarcare*. ''|ed, a.. *foncier*, Grund..., *fondario*. ''|ing, n., (of stairs) *palier*, m., Treppenabsatz, *pianerottolo*. ''|ing-place, n., *débarcadèr e*. m., L'ungsplatz, *d o*. ''lord, m., ''lady, f., *proprié'taire*; Gutsbesitzer(in), (of house) Eigentümer(in); *p ario, 'aria*; (of inn) *hôte*, |*sse*; Wirt, |in; padron'e, |a. ''mark, n., *borne*, f.; Grenzstein, m.; *limite;* (for ships) *amers*, m. pl.; L|marke, f.; *segno*, m. ''scape, n., *paysage*, m.; Landschaft, f.; *paesaggio*, m.
Lane, n., *ruelle*, f.; Gasse; *ricolo*, m.; & v. passage, (narrow) road.
Lan'g|uage, n., *|ue*, f., (good, bad, etc.) |*age*, m.; Sprache, f.; |*ggio*, m.
Lan'gu|id, a., *ish*, i.. *|issant*, |*ir*; matt, dahinschmachten; |*ido*. ''|re, |or, n., |*eur*, f.; M|igkeit; *l ore*, m. **Lank**, a., v. thin.
Lan'tern, n., |e, f., Laterne, *lanterna*.
Lap, n., *giron*, m., Schoß, *grembo;* in, on o's —, *sur les genoux*. auf dem S|e, *sulle ginocchia*. **Lap**, t., v. fold.
Lap, t., (as a dog) *er*, auflecken, *leccare*.
Lap'id|ary, m., |*aire*, Steinschneider, *l'ario*.
Lap'|'land, n., *lonie*. f.; |pland, n., |*ponia*. f.
Lapse, n., (of time) *laps*, m., Verlauf, *decorso;* & v. fault.
Larch, n., *mélèze*, m.; Lärche, f.; *larice*. m.
Lard, n., *saindoux*, m.; Schmalz, n.; *strutto*, m. —, t., '*er*, spicken. *l'are*. |er, n., *office*, f., Speiseku mmer, *dispensa*.
Large, a., *grand*, groß, *grande;* & v. big, thick. (fig.) liberal; at —. v. at liberty, in general. |r, |st, a.. *plus g-*, *le p-g-;* gröf er. |te; *più grande, il p-g-*. ''|ly, ad., |*ment*, reichlich, *largamente;* & v. measure (in a great).

Lark, n., *alouette*, f., Lerche, *lodola*.
Lash, n., *mèche*, f., Peitschenschmitze, *cordicella;* (t.) v. whip, beat, bind.
Lass, f., v. girl. **Las'situde**, v. languor.
Last, a., *dernier*, letzt, *ultimo;* (past) *passé*, vorig, *scorso;* an —, *enfin*, endlich, *alla fine; —* but one, *avant-dernier*, vorletzt, *penultimo; —* night, *hier soir*, cette nuit; gestern abend; *jer|sera*, |*notte;* for the — month (he has been), *depuis un mois (il est)*, seit e-m Monat (ist er). da *un mese (è);* to the —, *jusqu'à la fin*, bis zum Ende. *sino alla fine*. **Last**, ad., *la dernière fois*. das letzte Mal, *l'ultima volta;* & v. |ly, ad., *en dernier lieu*, zuletzt, *ultimamente*.
Last, i., *durer*, dauern, *durare;* & v. continue. ''|ing, a., v. permanent. [f|a, f.
Last, n.. (for shoes) *form'e*, f.; Leisten, m.;
Latch, n., *loquet*, m.; Klinke, f.; *saliscendo*, m. '-key, n., *passe-partout*, m.; Drücker; *chiave*, f.
Late, a.. *en retard*, spät, *tardo;* (fruit, etc.) *tard if*, s-, *t|ivo;* (hour) *aran|cé;* s-; *t'o. a|zato;* (dead) *feu (le)*, verstorben, *defunto;* & v. last, recent; be —, *être en retard*, s- kommen, *fare t|i;* of —, v. |ly. —, ad., *tard*, s-, *t|i*. ''|ly, ad., *dernièrement*, in letzter Zeit, *ultimamente*. **st**, a., v. last; at —, *au plus t-*, s|estens, *al più t|i*.
La'tent, a., *l-*, |-, |*e*; & v. secret.
Lat'eral, a.. *latéral*. Seiten.., *l|e*.
Lath (ahh), n.. *latte*, f.. L-, *assicella*. |e (é), n.. *tour*. m.; Drechselbank, f.; *tornio*, m.
Lath'er, n.. *mousse (de savon)*, f.; Seifenschaum. m.; *saponata*, f.
Lat'in, a., |*e*, |in, |einisch. |*ino*.
Lat'itud|e, n., |*e*, f., Breite, *l'ine;* & v. breadth, extent. liberty.
Lat'ter, a., *dernier*, *celui-ci;* letztere, dieser; *ultimo, questo*. ly, ad., v. lately.
Lat'tice, n., *treillis*, m.; Gitterwerk, n.; *intralcio*, m.
Laud, t., *'able*, a.. v. praise, p|worthy.
Lau'dan|um, n.. *|um*, m.; Opiumtinktur, f.; *l o*, m.
Laugh (lahf). i.. *rire* (at, *de*), lachen (über, ac.). *ridere (di);* (at a pers.) *se moquer (de)*, auslachen (ac.), *ridersi (di); —* in o's sleeve, r- *dans sa barbe* (woman: *sous cape*). s. ins Fäustchen l-, *ridere sotto i baffi (sotto cappotto);* burst out |ing, *éclater de r-*, in Gelächter ausbrechen. *prorompere in risu*. —, ''|ter, n., r-. m.; L-, n., Gelächter; *ridere*, m., *riso*. '|able, a., *risible*. lächerlich, *ridevole*.
Launch (ahn). t.. *lancer (à l'eau)*, vom Stapel lassen. *varare*.
Laun'dr|ess (ahn). f., |y, n.. *blanchisseuse*, *buanderie*. f.; Wäscherin, Waschhaus, n.; *lar'andaja*. *atojo*, m.

Laurel — 91 — Lecture

Laur'|el (or), n., |ier, m., Lorbeer, *lauro*.
La'va (ah), n., *lare*, f., Lava, *l-*.
Lav'atory, n., *cabinet de toilette*, m.; T|n-zimmcr, n.; *gabinetto di toeletta*, m.
Lav'|ender, n., |*ande*, f.; |endel, m.; |*anda*,f.
Lav'ish, a. & t., *prodig|ue*, |*uer*; verschwend|erisch, |en; *p|o, scialacquare*.
Law, n., *loi*, f.; Gesetz, n.; *legge*, f.; (science) *droit*, m.; Recht, n.; *diritto*, m.; go to —, go to — with, *recourir à la justice, citer en j-*; klagen, gerichtlich belangen; *mettersi a litigare, l- con*. '|ful,a., v. legal, rightful. '|giver, m., v. legislator. '|less, a., *illégal*, gesetzwidrig, *i|e*. ''suit (siout), n., *pro|cès*, m., |zeß, |*cesso*. ' yer, m., *homme de loi*, Rechtsgelehrter. *legista*; & v. solicitor, barrister.
Lawn, n., (grass) *pelouse*, f.; Rasenplatz, m.; *pratellino*. [*sa*, f.
Lawn, n., *linon*, m.; Schleiertuch, n.; *ren-*
Law'rence, m., *Laurent*, Lorenz, |o.
Lax, a., '|ity, '|ness, n., *lâche, relâch|é*, |*ement*, m.; locker,|heit, f.; *rilassat|o,|ezza*.
Lay, imp., v. lie. Lay, n., v. song.
Lay (laid, 1-), t., *mett|re*, legen, m'|*ere*; (foundation) *poser*, 1-, *gettare*; (a bet) *faire*, eingehen, *fare*; (egg) *pondre*, 1-, *f-*; (dust) *abattre*, niederschlagen, *abbattere*; (snare) *tendre*, stellen, *tendere*; (o's case before) v. submit, present (to); — to o's charge, v. impute; — claim (to), *prétendre (à)*, Anspruch erheben (auf), *far richiamo (di)*; — hold of, v. h-, seize; — siege to, v. besiege; — the table, m'|*re le couvert*, den Tisch decken, *apparecchiare la tavola*; — waste, v. devastate; & v. put, place, spread, impose; —aside, by, m'|*re de côté*, weglegen, m'|*ere da banda*; — down, *déposer*, niederlegen, *deporre*; (rule) *établir*, aufstellen, *stabilire*; & v. resign; — in, *amasser*, einsammeln, *raccogliere*; — on, (colours, etc.) v. apply; — out, (grounds) *planter*, anlegen, *piantare*; & v. plan; (money) v. spend; — up, v. — in, —aside; laid up, *alité*, bettlägerig, *allettato*. '|er, n., *couche*, f.; Schicht; *stra-*
Lay'man, m., *laïque*, Laie, *laico*. [*to*, m.
La'z|y, a., |iness, n., *paress|eux*, |e, f.; träge, |hcit; *pigr|o, |izia*.
Lead (lĕd), n., *plomb*, m.; Blei, n.; *piomb|o*, m.; white —, *céruse*, f.; B|weiß, n.; *bianco di p|o*, m.; black —, *mine de p-*, f.; Reißblei, n.; *piombaggine*, f. |en, a., *de p-*, h|*ern, di piombo*.
Lead (l; led, 1-), t., *mener, conduire*; leiten, führen; *menare, condurre*; (life) m-, *f-. menare*; & v. guide, induce; —astray, *détourner*, irre f-, *sviare*; — away, *emmener*, fortführen, *menar via*; (fig.) entrainer, verleiten, *sedurre*; — the way, marcher en avant, vorangehen, andar

innanzi; — back, *reconduire*, zurückführen, *ricondurre*. Lead, n.; take the —, *se mettre à la tête*, Anführer sein, *essere il primo*; & v.—the way. '|er, m., chef, Anführer, *capo*; (newsp.) *artic|le de fond*, m., Leitartikel, *a|olo di fondo*; & v. guide, conductor. '|ing, a., v. chief, important; (article) v. l|er.
Leaf, n., *feuille*, f., (paper) *f|t*, m.; Blatt, n.; *fogl|a*, f., |o, m.
League (ligue), n., *ligue*, f.; Bund, m.; *lega*, f.; (3 miles) *lieue*, f., Stunde, *lega*.
Leak, i., *fuir*, (nav.) *faire eau*; lecken; *colare, far acqua*.
Lean (|ed,|ed, & |t, |t; pr. lĕnt), t., *appuyer* (agst., contre), (an)lehnen (an, ac.), *appoggiar|e (a)*. —, i., *s'a-,s*. (an)l-, *a|si*; & v. slope, depend, incline. '|ing, n., (fig.) *penchant*, m. (to, towards, *à, pour)*, Neigung, f. (zu, für), *inclinazione (per)*.
Lean, a., '|ness, n., *maigr|e*, |*eur*, f.; mager, |keit; *magr|o*, |*ezza*.
Leap (|ed, |ed, & |t, |t; pr. lĕpt), i., *sauter* (over, par-dessus), springen (über, ac.), *saltare* (ac.). —, n., *saut*, m., Sprung, *salto*. -'year, n., *année bissextile*, f.; Schaltjahr, n.; *anno bisestile*. m.
Learn (eur; |ed, |ed, & |t, |t), t., *apprendre*, lernen, *imparare*; (news, etc.) v. hear. '|ed, a., *instruit, savant*; gelehr|t; *istruito, dotto*. '|ing, n., *savoir*, m., G|samkeit, f., *erudizione*; & v. knowledge.
Lease, n., *bail*, m.; Pacht, f.; *affitto*, m.
Leash, n., *laisse*, f.; Koppel; *guinzaglio*, m.
Least, a., (*le*) *plus petit*, *moindre*; (der) kleinste, wenigst|e; (*il*) *più piccolo, minimo*; at —, *au moins, du m-*, w|ens, *al meno*; not in the —, *point du tout*, nicht im geringsten, *in niun modo*. —, ad., *le m-*, am w|en, *il meno*.
Leath'er (ĕth), n. & a., |n, a., *cuir*, m., *de c-*; Leder, n. |n; *cuojo*, m., *di c-*.
Leave, n., (of absence) *cong|é*, m., Urlaub, *c|edo*; & v. permission; on —, en *c|é*, auf U-, *in c|edo*; take —(of), *faire ses adieux (à)*, Abschied nehmen (von), *licenziarsi (da)*. Leave (left, 1-), t., *laisser*, lassen, *losciare*; (quit) *quitter*, verlassen, *abbandonare*; (by will) *léguer*, vermachen, *legare*; (refer) *remettre*, überlassen, *rimettere*; to be left till called for, *bureau restant, poste r|e*; bis zur Abholung aufzuheben, postlagernd; *ferma (in posta)*; — me alone, v. let; — behind, *laisser derrière soi*, zurücklassen, *lasciare indietro*; —off, *quitter*, renoncer à; aufgeben, *rinunziare a*; & v. cease; — out, v. omit. Leave, i., v. depart, start; — off, v. stop, cease. |*lievito*.
Leav'en (ĕv), n., *levain*, m., Sauerteig,
Lec'ture, n., *leçon*, f., *conférence*; Vor|lesung, |*trag*, m.; *lezione*, f., *discorso*, m.;

Led — 92 — Libel

give a —, —, i., *faire une c-*, e-n V|trag halten, *far un d-*. |r, m., *lecteur*, Lek-
Led, imp. & pp., v. lead. [tor, *lettore*.
Ledg'e, n., *(re)bord*, m.; Rand, Vorsprung; *risalto*, *orlo*; (of rocks) *chaîne*, f., Kette, *catena*. '|er, n., *grand l'ere*, m.; Hauptbuch, n.; *libro maestro*, m.
Lee, a., *sous le vent*, unter dem Winde, *di sottovento*.
Leech, n., *sangsue*, f.; Blutegel, m.; *mignatta*, f.; (m.) v. surgeon.
Leek, n., *poireau*, m., Lauch, *porro*.
Leer, i., (at) *regarder de côté*, anschielen, *riguardare con occhio furbo*.
Left, imp. & pp., v. leave; — off, v. worn out. —, a., *de reste*, übrig, *di rimasto*.
Left, a., *gauche*, link. *s'n'str|o*; on the —, to the —, *à g-*, |s, *a s|a*.
Leg, n., *jambe*, f., (of animal with paws; bird, insect) *patte*; Bein, n.; *gamba*, f.; (of fowl) *cu'isse*; Schenkel, m.; *coscia*, f.; (of table, etc.) v. foot; — of mutton, *gigot*, m.; Hammelkeule, f.; *coscia di castrato*. [*legato*, m.
Leg'acy, n., *legs*, m.; Vermächtnis, n.;
Le'gal, a., *légal*, gesetzlich, *l,e*; (proceedings) *judicia're*, gerichtlich, *giudiciario*.
Leg'end, n., *légende*, f., L-, *leggenda*. [m.
Leg'horn, n., *Livourne*, f.; Livorno|o, n.; |o,
Leg'ible, a., *l'sble*, leserlich, *legg.bile*.
Leg'isla'te, i., *fa're des lois*, Gesetze geben, *fare delle leggi*. '|tor, m., |tive, a.,
'|tion, n., *législateur*, *t'f*, |*tion*, f.; Gesetzgeb|er, |end, |ung; *l tore*, *tivo*, |*zione*.
Legit'imate, a., *légit.me*; rechtmäßig, (child) ehelich; *l t'mo*. [*sia*, f.
Leip'sic (aip), n.. *L-*, m.; Leipzig, n. *Lip-*
Leis'ure (lēj', lij'), n., *lo'sir*, m.; Muße, f.; *agio*, m.; at —, *à l-*, mit M-, *a bell' a-*; & v. free, disengaged.
Lem'on, n., 'ade'n, *c.tron*, m., *l'monade*, f.; C'e, L-; *limon'e*, m., '*ata*, f.
Lend (lent, l-), t., '|er, m., *prêt,er*, '*eur*; leih|en, |er; *presta're*, '*tore*.
Length, n., *longueur*, f., Länge. *lunghezza*; (of time) *durée*, Dauer, *durata*; & v. extent, (fig.) degree; at —, *enfin*, endlich, *alla fne*; at (great) —, *tout au long*, (sehr) ausführlich, *alla lunga*; in —, *de long*, lang, *lungo di*; full —(portrait), *en pied*, in ganzer Figur, *'n p|i*. '|en, t. & i., *allonger*, *s'a-*, (time) *prolonger*, *se p-*; verlängern, sich v-; *allungar,e*, |si; the days are 'ening, *les jours cro'ssent*, die Tage nehmen zu, *i giorni s'allungano*. '|wise, ad., *en long*, der Länge nach, *in lungo*. '|y, a., v. long.
Le'nient, a., *indulgent*, nachsichtig, *i'e*.
Lens, n., *lentille*, f., Linse. *lente*.
Lent, imp. & pp., v. lend. [*res ma*.
Lent, n., *car.me*, m.; Fastenzeit, f.; *qra-*
Len'til, n., |*le*, f., Linse, *lenticch'a*.

Leon'ard (lĕnn), m., *Léon|ard*, 'hard, |*ardo*.
Leop'ard (lĕp), n., *léopard*, m., L-, |o.
Lep'|er, m. & f., |rôsy, n., *lépreu|x*, |*se*, *lèpre*, f.; Aussätzig|er, |e, Aussatz, m.; *lebbr|oso*, |*osa*, |a, f.
Less, a., *plus petit*, *mo'ndre*; kleiner, weniger; *m'nore*; get —, v. diminish. —, ad., *moins*, weniger, *meno*; — and —, *de m- en m-*, immer w-, *sempre m-*. '|en, t. & i., v. diminish. '|er, a., v. less.
Lessee', m., *locat,aire*, Mieter, *l,ario*.
Les'son, n., *leçon*, f.; Lektion, Stunde; *lezione*; do, say o's —, *faire son devoir*, *réciter sa l-*; seine Aufgaben machen, hersagen; *fare*, *r.petere le sue lezioni*.
Lest, cj., *de peur que*, damit nicht, *per paura che*.
Let (—, —), t., *laisser*, lassen, *lasciare*; (cause) *fa're*, l-, *fare*; (house, etc.) *louer*, vermieten, *affittare*; & v. allow, suffer; — him see, *qu'il voie*, sehe er, *veda (lui)*; — us see, *voyons*, sehen wir, *ved'amo*; — alone, *la'sser tranquille*; in Ruhe l-; *lasc,ar stare*, *l- in pace*; (ihg.) v. not touch, not meddle with; —down, *descendre*, *t aisser*; herab|l-; *lasc'ar giù*; — go, *lâcher*, los|l-, *lasciar andare*; —(o.) have, v. give, send; — in, *la'sser entrer*, berein|l-, *lasciar entrare*, & v. admit, insert; — (o.) know, *fa're savoir à*, wissen l-, *far sapere a*; —loose, v. — go; — off. v. release, forgive, (gun) fire; —out, *la'sser sort'.r*, heraus|l-, *lasc'ar uscire*; (fire) l- *s'éteindre*, ausgehen l-, *l- spegnersi*; & v. — (house), widen.
Leth'argy, n., *léthargie*, f.; Schläfrigkeit; *letargo*, m.
Let'ter, n., *lett're*, f.; Brief, m., (of alphab.) Buchstabe; *l,era*, f.; (man) of|s, *de l,res*, gelehrt, *l,erato*. -box, n., *boîte aux l,res*, f.; Briefkasten, m.; *buca delle l'ere*, f. -paper, n., *papier à l,res*, m.; B|papier, n.; *carta da l,ere*, f. -press, n., v. printing.
Let'tuce (lettis), n., *laitue*, f.; Lattich, m., Salat; *lattuga*, f. [& v. reception.
Lev'|ee (levĭ), n., '*er*, m.; |er, n.; |*ata*, f.;
Lev'el, a., *de niveau*, *uni*; eben; *livell|o*. —, n., *niveau*, m.; N-, n., e|e Fläche, f.; *l'o*, m.; on a — with, *au n- de*, auf gleicher Höhe mit, *ad l'o di*. —, t., *n'vel,er*, |lieren, *l,are*; & v. lower, (gun) aim.
Le'v|er, n., |*ier*, m.; Hebel; *l,a*, f.
Lev'ity, n., *légèreté*, f.; Leichtsinn, m.; *leggerezza*, f. [ben; *l,are*.
Lev'|y, t., |*er*; erheben, (troops) ausheb-
Lew'is (lou), m., *Louis*, Ludwig, *Luigi*.
Lex'|icon, n., *ique*, m.; |ikon, n.; *lessico*, m.
Li'ab|le, a., *sujet*, unterworfen, *soggetto*; & v. responsib|le. |il'ity, n., v. tendency, r|ility. [*bugiard|o*, |a.
Li'ar, m. & f., *menteu'r*, |*se*; Lügner, |in;
Li'bel, n., |*le*, m.; Schmähschrift, f.; *l,lo*, m.

Lib'eral, a., *libéral;* freigebig, (polit.) l-, (arts) frei; *l¦e;* & v. generous, ample, enlightened. |ly, ad., *l¦ement,* f-, *l|mente.* '|ity, n., *l¦ité,* f., Freigebigkeit, *l|ità.* **Lib'er|ate,** t., *libér|er,* befreien, *l¦are.* |tĭne, m., |*tin,* Wüstling, *l|tino.* |ty, n., |*té,* f., Freiheit, *l|tà; &* v. privilege, permission; at —, *en l¦té,* in F-, *in l¦tà; &* v. free; you are at — (to), *vous êtes libre (de),* es steht Ihnen frei, *dipende da Lei (di).* **Li'bra|ry,** n., '|rian, m.. *biblio|thèque,* f., |*thécaire;* |thek. |thekar; |*teca,* |*tecario.*
Li'cen|ce, n., |*ce.* f.; Erlaubnis, (excess) Zügellosigkeit; *l|za;* (to shoot, etc.) *perm¦s,* m., E|schein, *permesso.* |**se,** t., v. authorize, permit. '|tious, a., |*c¦eux,* liederlich, *l|zioso.*
Lick, t.. *lécher,* lecken, *leccare.*
Lid, n., *couvercle,* m., Deckel, *coverchio.*
Lie (pres. p., lying), n. & i., *men|songe,* m., |*tir;* Lüg|e, f., |en; *bugia, mentire.*
Lie (lay, lain; pres. p., lying),i., *être couché,* (be situated) *se trouver;* liegen; *giacere, trorarsi;* (in grave) *reposer,* ruhen, *g-;* — in bed, *rester au l¦t,* im Bett l-, *star in letto; &* v. be, consist. remain. depend; — down, *se coucher,* s. niederlegen, *coricarsi;* — in, v. be confined.
Life (pl. lĭves), n., *vie,* f.; Leben, n.; *vita,* f.; high —, *le grand monde,* die vornehme Welt, *il gran mondo;* early —, v. youth; time of —, v. age; lives (were lost) v. persons; for—, *à r¦e,* auf L|szeit, *a vita;* from —, *d'après nature,* nach dem L-, *dal vero;* in my —, *de ma vie,* in meinem L-, *in tutta la mia vita.* '-**boat,** n., *canot de sauvetage,* m.; Rettungsboot, n.; *barca di salvezza,* f. '-**guards,** m. pl., *garde du corps,* f., Leibgarde, *guardia del corpo.*'|**less,**a., *sans vie,* leblos,*senza vita.*
Lift, t., *lever,* heben, *levare;* & v. raise. —, n., (in hotel, etc.) *ascens¦eur,* m.; Fahrstuhl, *a¦ore.*
Light (aït),a., *léger,* leicht, *leggiero; &* v. easy. slight, frivolous; make — of, *faire peu de cas de,* sich wenig machen aus, *far poco conto di.* —, i., (on) *tomber (sur);* geraten (auf, ac.); *cadere (in), ven¦re (a);* & v. alight. '|en, t., *alléger,* erleichtern, *alleviare.* '-**hearted,** a., *ga¦,* fröhlich, *lieto.* '|**ness,** n., *légèreté,* f., Leichtigkeit, *leggerezza.*
Light (aït), n., *lumière,* f.; Licht, n.; *luce,* f., (a —, candle, etc.) *lume,* m.; (of day) *jour,* m.; Tageslicht, n.; *giorno,* m.; (of moon) *clair,* m., (Mond)schein, *chiaro;* (for cigar, Bengal, etc.) *(du) feu,* m.; Feuer, n.; *(del) fuoco,* m.; (fig.) *jour,* m., (point of view) *point de vue;* L-, Gesichtspunkt; *lume, punto di vista; &* v. match, window; by candle —, *à la chandelle,* bei L-, *al lume di candela.* Light

(|ed, |ed; lit, l-), t., *allumer,* anzünden, *accendere;* (a room) *éclairer* (with, *à),* erleuchten (mit), *illum¦nare (con).* —, a., *clair,* hell, *chiaro.* '|**en,** i., *écla¦rer;* blitzen; *lampeggiare, balenare.* '|**house,** n., *phar¦e,* m., Leuchtturm, *faro.* '|**ning,** n., *éclair,* m.; Blitz; *baleno, lampo.* Like, t., *a¦mer;* gern haben, lieben; *amare;* how do you — it, *comment le trouvez-vous,* wie gefällt es Ihnen, *come Le piace?* I should — to, *je voudrais bien,* ich möchte gern, *vorrei.* Like, a., *semblable,* ühnlich, *s¦m¦le;* (equal) *égal,* gleich, *uguale; &* v. |ly; he —, v. resemble; his —, *son pareil,* seinesgleichen, *suo pari;* the —, *choses p|les,* dergleichen, *cose simili;* it looks (is)— rain, *le temps est (se met) à la pluie,* es sieht nach Regen aus, *sta per piovere.* —, prp., *comme, en;* gleich (dat.), wie; *come.* '|ly, a., '|**lihood,** n., v. probab|le, |ility. '|**ness,** n., v. resemblance, portrait. '|**wise,** ad., *aussi,* g|falls, *parimente.*
Li'lac, n., *lilas,* m., Flieder, *sambuco.* —, a., *l-,* lilablau, *lilla.*
Lil'y, n., *l's,* m.; Lilie, f.; *giglio,* m.; — of the valley, *muguet,* m.; Maiblümchen, n.; *mughetto,* m. |*m¦o,* m.; & v. branch.
Limb (lĭmm), n., *membr¦e,* m.; Glied, n.; **Lim'b|o,** n., |*es,* m. pl.; Vorhölle, f.; *l¦o,* m.
Lime, n., (fruit) *limon,* m.; |e, f.; |e, m.
Lime, n., (chem.) *chaux,* f.; Kalk, m.; *calce,* f. '|**stone,** n., *pierre calcaire,* f.; K|stein, m.; *pietra calcaria.* f.
Lime, '-**tree,** n., *tilleul,* m.; Linde, f.; *tiglio,* m.
Lim'it, n. & t., |e, f., |*er;* Grenze, begrenzen, (fig.) beschränk|en; *l¦e,* m., |*are.* |**a'tion,** n., |*ation,* f., B|ung, *l¦azione.*
Limp, i., *boiter,* hinken, *zoppicare.*
Lim'pid, a., |*e,* hell, |*o.*
Line, n., *ligne,* f., Linie, f.; *linea;* (in bk.) *l-;* Zeile; *riga, l-;* (fishing-) *l-,* Angelschnur, *lenza; &* v. rope, equator, (fig.) business, department; it is not in my —, *cela n'est pas de mon ressort,* das schlägt nicht in mein Fach, *questo non è di m¦a sfera.* **Line,** t., (coat,etc.) *doubler, garnir* (with, *de);* füttern (mit); *foderare (di);* (with soldiers) v. occupy. **Lin'e|age** (ié), n.. *lignée,* f.; Abkunft; *legnaggio,* m. |**al,** a., v. direct. |**ament** n., v. outline.
Lin'en, n., *toile,* f., Lein|wand, *tela;* (clothing) *linge,* m.; Wäsche, f.; *biancheria.* —, a., *de t-,* l|en, *di t-.*
Lin'ger (gh), i., *tard¦er,* zögern, *l¦are;* (in illness) *languir,* hinsiechen, *l¦e,* |ing, a., *lent,* langwierig, *lungo; &* v. slow.
Lin'guist, m., |*e,* Sprachkundige(r), *l¦a.*
Li'ning, n., *doublure,* f., garniture; Futter, n.; *fodera,* f.
Link, n., *cha¦non,* m.; Glied, n.; *anello,* m.;

(fig.) *lien*, m.; Band, n.; *legame*, m. —, t., v. join. [*nello.*
Lin'net, n., *linot*, m., |*te*, f., Hänfling, *fa-*
Lin'seed, n., *graine de lin*, f.; Leinsamen, m.; *seme di lino.*
Lint, n., *charpie*, f., C-, *faldella.*
Lin't|el, n., |*eau*, m.; Oberschwelle, f.; *architrave*, m.
Li'on, n., |ess, n., *l-*, m., |*ne*, f.; Löw|e,|in; *leone*, |*ssa.* |s, n. pl., v. sights, curiosi-
Lip, n., *lèvre*, f.; Lippe; *labbro*, m. |ties.
Liq'uid (ouïd), a. & n., |*e*, a. & m.; flüssig, keit,f.; *l,o*, a. & m. **Liq'uor** (lĭkor), n., *liqu,eur*, f.; geistiges Getränk, n.; *l,ore*, m.; & v. liquid, juice; in —, the worse for —, v. tipsy. [kritze, f.; *liquirizia.*
Liq'uorice (lĭkorĭs), n., *réglisse*, m.; La-
Lis'bon, n., |*ne*, f.; Lissabon, n.; *Lisbona*, f.
Lisp, i., *zézayer*, lispeln, *sibillare.*
List, n., |*e*, f.; *e*, Verzeichnis, n.; *l'a*, f.
List, n.; enter the |s, *entrer en lice*, in die Schranken treten, *entrare nella lizza.*
Lis'ten (lĭssn), i., |er, m. & f., *écout,er* (to, ac.), |*eur*, |*euse;* horch|en (auf, ac.), |er, |erin; *ascolta,re* (ac.), |*tore*, |*trice;* & v. hear, 'er.
List'less, a., v. indifferent, inattentive.
Lit'er,al, a., ,ature. n., |ary, a., *littér|al*, ,*ature*, f., |*aire;* buchstäblich, Littera|tur, |risch; *letter,ale*, |*atura*, |*ario;* |ary man, *homme lettré*, Gelehrter, *letterato.*
Līthe, a., v. flexible, (pers.) agile.
Lith'ograph, n., |*ie*, f., |*ie*, *litografia.*
Lit'ig|ate, i., *être en procès*, prozessieren, *l,are.* |a'tion, n., '*e*, m., Prozess, *l'amento.*
Lit'ter, n.. *litière.* f.. Sänfte, *lettiga;* (of straw) *l-;* Streu; *paglione*, m.; (of pigs, etc.) v. young; & v. rubbish, disorder.
Lit'tle (less, least), a. & ad., *petit*, *peu;* klein, wenig; *piccolo*, *poco;* a — (bread, etc.), *un peu de*, ein wenig, *un poco di;* — one, v. child.
Lit'urg,y, n., |*ie*, f., |*ie*, |*ia.*
Līve, i., *vivre* (on, *de*), leben (von), *vivere (di);* (dwell) *demeurer*, wohnen, *dimorare;* he has enough to — on, *il a de quoi v-*, er hat sein Auskommen, *ha da v-*. —, t., v. lead (life). **Līve**, a., *vivant*, lebendig, *vivente.* '|ihood, n., *existence*, f.; Lebensunterhalt, m.; *esistenza*, f. '|ly, a., *vif*, lebhaft, *vivace.*
Liv'er, n., *foie*, m.; Leber, f.; *fegato*, m.
Liv'ery, n., *livr,ée*, f., |ee, |*ea.* -stable, n., *écurie de loueur (de chevaux)*, f.; Mietstall, m.; *scuderia d'affitto*, f.
Liv'id, a., |*e*, bleifarben, *l,o.*
Liv'ing, a., v. live (a.), alive; (n.) v. livelihood, benefice, food, cheer.
Liv'|ly, m., |*e*, |ius, |*io.*
Liz'ard, n., *lézard*, m., Eidechse,f.; *lucerta.*
Lo, int., *voici*, *voyez;* siehe; *ecco!*
Load (ō), t., *charger*, beladen, *caric|are;*

(fig.) *accabler*, überhäufen, *c'are.* —, n., *charge*, f.; Ladung; *c|o*, m. [*mita*, f.
Load'stone, n., *aimant*, m.; Magnet; *calamita.*
Loaf (ō; pl. loaves), n.; — of bread, *pain*, m.; (Laib, m.) Brot, n.; *pane*, m.; — of sugar, *p- de sucre*, Hut Zucker, *p- di zucchero.*
Loam (ō), n., *glaise*, f.; Lehm, m.; *marga*, f.
Loan (ō), n., *prêt*, m., *emprunt;* Darlehen, n., Anleihe, f.; *prestito*, m.
Loath (ō), a., v. unwilling. |*e*, t., v. detest. ',some, a., v. disgusting.
Lob'by, n., *vestib|ule*, m., Flur, *v|olo.*
Lob'ster, n., *homard*, m., Hummer, *gambero marino.*
Lo'cal, a., *l-*, lokal, *locale.* '|ity, n., |*ité*, f.; Ort, m.; *l itá.* f.; & v. situation.
Lock, n., (of hair) *boucle*, f., L'|e; *riccio*, m.
Lock, t., *fermer à clef*, zuschließen, *chiudere a chiave;* (wheel) *enrayer*, hemmen, *fermare;* & v. inclose; — in, — up, *enfermer*, einschließen, *rinchiudere;* — out, *f- la porte à*, aussperren, *serrar fuori.* **Lock**, n., *serrure*, f.. (of gun) *platine;* Schloß, n.; *serratura*, f., *molla;* (of canal) *écluse*, f., Schleuse, *cateratta;* under — and key, *sous clef*, unter Verschluß, *sotto chiare.* '|et, n., *médaillon.* m.; M-, n.; *medaglione*, m. '-smith, m., *serrurier*, Schlosser, *magnano.*
Locomo'|tion, |tive, n., ,*tion*, f., |*tive;* Ortsbewegung, Lokomotive; *l,zione*, |*tira.*
Lo'cust, n., *sauterelle*, f., Heuschrecke, *l,a.*
Lodge, i. & t., *loger;* wohn|en, aufnehmen; *alloggiare;* & v. put, deposit; — a complaint against, *dénoncer*, anzeigen. *dinunziare.* '|er, m., *locataire*, Mieter, *pigionale.* '|ing, n., *logement*, m.; W|ung. f.; *alloggio*, m.; furnished |s, *garni*, m.; möblierte Zimmer, n. pl.; *camere mobiliate*, f. pl.
Loft, n., *grenier*, m.; Boden; *soffitta*, f. '|y, a., *haut*, *élevé;* hoch, erhaben; *alto*, *elevato.*
Log, n., *bûche*, f.; Klotz, m.; *ceppo;* (nav.) *loch*, m.; Log, n.; *lo(che)*, m. '|wood, n., *(bois de) campêche*, m.; Blauholz, n.; *campeggio*, m. [|sch; |*ca*, |*co.*
Log'ic (dj), n., |al, a., *logique*, f. & a.; |k,
Loin, n., *longe*, f.; Lende; *lombo*, m., (pl.) *reins*, m. pl.; Kreuz, n.; *reni*, m. & f. pl.
Loi'ter, i., v. linger, delay; (fam.) *flâner*, bummeln, *baloccarsi.*
Loll, i., v. lean, recline.
Lom'bard,y, n., |*ie*, f., |ei, |*ia.*
Lon'd,on (lă), n., ,*res*, m.; |on, n.; |*ra*, f.
Lone'ly, a., *solit,aire*, einsam, *s,ario.*
Long, a., *l-*, lang, *lungo;* (distance) v. great; 2 ft. —, *deux pieds de l- (l- de deux p-)*, zwei Fuß l-, *l- di due piedi;* in the — run, *à la l,ue*, auf die Dauer, *a l- andare.* **Long**, ad., *temps*, lang|e

(Zeit), *lungo tempo;* — ago, *il y a l¸temps,* vor l|er Zeit, *(1-) tempo fa;* all day —, v. the whole d-; be —, v. delay; before —, ere —, v. soon; how — has he been here, *depuis quand est-il ici,* seit wann ist er hier, *da quando è qui?* it is — since I saw him, *il y a l¸temps que je ne l'ai vu,* ich habe ihn l- nicht (mehr) gesehen, *è molto tempo che non l'ho reduto;* as — as, v. as; as — as he lives, *tant qu'il vivra,* so l- er lebt, *fintanto che vivrà.* **Long,** i., (for) *désirer vivement* (ac.), *soupirer (après);* sich sehn|en (nach); *bramare* (ac.); I — to see him, *il me* (dat.) *tarde de le voir;* ich s|e mich danach, ihn zu sehen; *bramo di vederlo.* '|er, a. & ad., *plus l-, plus l¸temps;* länger; *più lungo, più l- tempo;* (he comes, etc.) no —, *ne* .. plus, nicht mehr, *non* .. *più.* |ing, n., *vif désir,* m.; Sehnsucht, f.; *smania.* **Lon'-gitude,** n., *l-,* f., Länge, *longitudine.*
Look, i., *regarder,* blicken, *guardare;* (appear) *avoir l'air (de),* aussehen, *aver l'aspetto di;* & v. seem; — here! *regardez donc!* sehen Sie mal! *reda!* good-l|ing, v. pretty; (windows, etc.) — into (to, towards) the street, *donnent sur la rue,* gehen auf die Straße (gehen nach der S- hinaus), *danno sulla strada;* — after, *avoir soin de,* sorgen für, *aver cura di;* — at, *regarder,* ansehen, *guardare;* — down upon, v. despise; — for, chercher, suchen, *cercare;* — forward to, *s'attendre à,* entgegensehen (dat.), *aspettare;* — ill, *avoir maurvaise mine,* schlecht aussehen, *sembrare ammalato;* — in upon, *passer chez,* vorsprechen bei, *venir a trovare;* — into, v. examine; — like, v. resemble; it |s like rain, *le temps se met à la pluie,* es sieht nach Regen aus, *sta per piovere;* — on, *être spectateur,* zusehen, *star a guardare;* — on, upon (a pers., thg.), v. consider; — out, v. take care; — over, v. examine; — sharp, *se dépêcher,* s. eilen, *spicciarsi;* — to, *recourir à,* s. wenden an, *rimettersi a;* & v. — after; — through (bk., acct.), *parcourir,* durchsehen, *rivedere;* — up, *lever les yeux,* aufsehen, *levar gli occhi;* — up to, v. respect; — well, *avoir bonne mine,* gut aussehen, *aver buona cera.* **Look,** t.; — (o.) in the face, *regarder* (ac.) *en face,* (e-m) ins Gesicht sehen, *guardare* (ac.) *in viso;* — out, v. select; — up, v. — for, visit. **Look,** n., regard, m., Blick, *sguardo;* (appearance) air, mine, f.; Aussehen, n.; *aspetto,* m. '|er-on, m., v. spectator. "|ing-glass, n., *glace,* f.; Spiegel, m.; *specchio.* '|out, n.; be on the —, *être sur le qui-vive,* auf der Hut sein, *stare all' erta.*
Loom, n., *métier,* m., Webstuhl, *telajo.*

Loom, i., v. appear, threaten.
Loop, n., *bride,* f.; Schlinge; *lacciolo,* m. '-**hole,** n., *meurtrière,* f., Schießscharte, *feritoja;* (flg.) *échappatoire,*f.; Ausflucht; *scampo,* m.
Loose, a., *délié, détaché;* los; *sciolto;* (slack) *lâche;* lose, schlaff; *lento;* (wide) *ample,* weit, *largo;* & v. vague, careless, dissolute; break —, *se détacher, se dégager;* s. losmachen; *sciogliersi;* let —, *lâcher,* loslassen, *rilasciare.* —, |n, t., *délier, détacher;* losmachen; *sciogliere;* (earth, tooth, etc.) *ébranler,* auflockern, *smuovere.*
Lop, t., v. prune, cut. |re; & v. untie.
Loqua'c|ious (éch), a., '*e,* geschwätzig, *l|e.*
Lord, m., *Seigneur,* Herr, *Signore;* (title) *l-, s-;* L-; *l-;* & v. master; house of |s, chambre des pairs, f.; Haus der L|s, n.; *camera dei l¸i,* f.; L-'s prayer, *oraison dominicale,* f.; Vaterunser, n.; *paternostro,* **Lore,** n., v. knowledge, legend. [m.
Lorrain', n., |e, f., Lothringen, n.; *Lorena,*f.
Lose (louze; lost, l-), t., *perd¸re,* verlieren, p|ere; (watch) |s, *retarde,* geht nach. *ritarda;* — sight of, *p|re de vue,* aus dem Gesicht v-, *p|ere di vista;* lost in thought, *plongé dans ses pensées,* in Gedanken vertieft, *immerso ne' suoi pensieri.* **Loss,** n., *perte,* f.; Verlust, m.; *perdita,* f.; at a —, *embarrassé,* in Verlegenheit, *imbarazzato;* & v. not know, not find.
Lot, n., *sort,* m.; Schicksal, n.; s|e, f.; (of goods) *lot,* m.; Partie, f.; *quantità;* & v. great quantity, number; cast, draw |s for, *tirer au sort,* losen um, *tirare a s|e;* be o's —, v. happen to o. '|tery, n., |erie, f., |terie, |teria.
Lo'tion, n., *l-,* f.; Waschmittel, n.; *lozione,*f.
Loud, a., (voice) *haut, fort,* (noise) *grand;* lant; *alto, forte;* in a — voice, *à h¸e voix,* mit l|er Stimme, *ad alta voce.*
Lou'|is, m., |i'sa (īza), f., |is, |ise; Ludwig, Louise; *Luig|i,* |ia, *Luisa.*
Lounge, i., v. loiter, recline.   [docchio, m.
Louse (pl. lice), n., |y, *pou,* m.; Laus, f.; *pi-*
Lout, m., *lourdaud,* Lümmel, *zotico.*
Love (lăv), n., *amour,* m., Liebe, f.; *amore,* m.; (in letr.) give my —, *faites mes amitiés* (to, *à*), richten Sie (an, ac.) e-n herzlichen Gruß aus, *fate tanti saluti* (a); fall in — with, *être épris de,* devenir amoureux de; sich verlieben (in (ac.), *innamorarsi di;* make — to, *faire la cour à,* den Hof machen (dat.), *far la corte a.* **Love,** t., *aimer,* lieb|en, *amare.* '-**letter,** n., *billet doux,* m., L|esbrief. *biglietto amoroso.* '|**ly,** a., *charmant,* reizend, *incantevole.* '|**liness,** n., v. beauty. **Lov'er,** m., *prétendant,* Freier, *amante;* (of art, etc.) *amat¸eur,* L|haber, *a|ore.* **Lov'-ing,** a., v. affectionate.
Low (ō), a., *bas;* niedrig, (tone) tief, (voice)

leise; b'so; (bow) *profond*, t-, p'o; (fever) v. slow; (diet) v. simple; & v. mean, weak; — tide, water, *marée basse*, f., Ebbe. *marea bassa.* —, ad., *tas, en b-*; t-; *abbasso*; & v. low, cheap; (speak) *doucement*, leise, *piano*. '|er, a., *plus b-*, n|er, *più b'so*, etc.; & v. inferior. '|er, t., *baisser*; senken. (flag) streichen; *abbassare*; (price, & flg.) *abaisser*, herabsetzen, *abbassare*; & v. reduce, humble. '|est, a., *le plus b-*, n'st, *il più b'so*, etc. '|ly, a., v. humble. '|ness, n., *peu d'élévation*, m., (flg.) *bassesse*, f., (of price) *modicité*; N'- keit; *bassezza*, (of pr.) *discretezza*. '-spirited, a., *abattu*, niedergeschlagen, *abbattuto*.
Low'er (aou), i., v. be gloomy, threaten.
Loy'al, a., |ty, n., *fid'èle*, |*élité*, f.; treu, |e; *fedel'e*, |*tà*. [*pas'iglia*, f.
Loz'enge, n., *pastille*, f.; Plätzchen, n.;
Lub'ber, m., v. lout.
Lu'bri|cate, t., |*fier*, schmieren, *l|care*.
Lu'cid, a., |e, licht, *l'o*; & v. clear, distinct.
Lu'cifer, -**match**, n., v. match.
Luck, n., *chance*, f.; Geschick, n.; *fortuna*, f.; good, bad —, *bonheur*, m.; *malheur*; Glück, n., Unglück; *f-*, f., *mala sorte*. '|y, a., '|ily, ad., *heureu'x*, |*sement*; glücklich, |erweise; *f,to*, *f,tamente*.
Lu'crat|ive, a., |*if*, einträglich, *l'ivo*. Lu'- cr|e, n., 'e, m., Gewinn, *l'o*.
Lu'c|y, f., |ie, |ie, |ia.
Lu'dicrous, a., *risib le*, lächerlich, *ridevole*.
Lug'gage, n., *baga'ge*, m.; Gepäck, n.;
Lugu'brious, a., v. dismal, sad. [*b'glio*, m.
Luke, m., *Luc*, Lukas, *Luca*.
Luke'warm, a., *tiède*, lauwarm, *tiepido*.
Lull, t., *endormir*, einschläfern, *assonnare*. —, n., *accalmie*, f., (kurze) Windstille, *calma*. [m.; *lombaggine*, f.
Lumba'go, n., *courbature*, f.; Hexenschuß,
Lum'ber, n., *vieilleries*, f. pl.; Plunder, m., *vecchiume*; & v. timber. |ing, a., v. clumsy; (noise) *sourd*, dumpf, *sordo*.
Lu'min|ary, n., |*ous*, a., *lumi'ère*, f., |*neux*; Licht, n., leuchtend; *lum|e*, m., |*inoso*.
Lump, n., *mass'e*, f., Klumpen, m.; *m'a*, f.; & v. piece; in the —, *en bloc*; im Ganzen, in Bausch u. Bogen; *alla grossa*.
Lu'na,cy, n., v. insanity. |*tic*, m., *aliéné*, *fou*; Geisteskranker; *pazzo*, *matto*. |*tic* asy'lum, n., *maison d'aliénés*, f.; Irrenanstalt; *manicomio*, m.
Lunch (ch), 'eon, n., *goûter*, m., *second déjeuner*; Imbiß; *merenda*, f. [m.
Lung, n., *poumon*, m.; Lunge, f.; *polmone*,
Lurch (eur), n., (of ship) *embardée*, f.; (plötzliches) Umlegen, n., *barcollamento*, m.; leave in the —, *laisser là*, im Stiche lassen, *lasciar in asso*.
Lure, t., *leurrer*, locken, *allettare*.
Lu'rid, a., *sombre*, düster, *l'o*.

Lurk (eur), i., *se cacher*, versteckt liegen, *nascondersi*. [*simo*; & v. delicious.
Lus'cious, a., *très doux*, übersüß, *dolcis-*
Lus'tr|e, n., 'e, m., Glanz, *l'o*.
Lus'ty, a., v. strong, vigorous.
Lute (ou), n., *luth*, m.; Laute, f.; *l'uto*, m.
Lu'theran, a., *luthér'|ien*, |isch, *luterano*.
Lux'|ury (x), n., |*u'rious* (gz), a., 'e, m., *somptueux*; L|us, Üppig'keit, f., ü'|; *lusso*, m., *sontuoso*. |u'riant, a., |*uriant*, ü'|, rigo-
Lyd'ia, f., |ie, |ia, *Lidia*. [*glioso*.
Ly'ing, v. lie. —, n. & a., *men'songe*, m., *teur*; Lüg|en, n., nerisch; *m't're*, m.,
Lynx, n., *l-*, m., Luchs, *lince*. [*zognero*.
Lÿre, n., *l-*. f., Leier, *lira*. **Lÿr'ic**, |al, a., *lyr ique*, |isch, *lirico*.

M.

Macaroon', n., *macaron*, m.; Makrone, f.; *maccherone*, m.
Mace, n., (staff) *masse*, f.; Stab, m.; *mazza*, f.
Mac|e, n., (spice) |*is*, m.; Muskatblüte, f.; *macis*, m.
Machine' (Fr.), n., *m-*, f., Maschine, *macch'ina*; bathing —, *voiture de bains*, f.; Badekarren, m.; *baracca*, f. [ry (eurl), n., v. machine(s), mechanism; by —, *à la mécanique*, mechanisch, *a macchina*.
Mack'erel, m., *maquereau*, m.; Makrele, f.; *sgombro*, m.
Mad, a., *fou* (*fol*, |*le*); toll; *pazzo*, *matto*; (dog) *enragé*, t-, *arrabbia'to*; & v. insane, furious; drive —, |*den*, t., *rendre f-*, *faire enrager*; rasend machen; *far a're*. '-**house**, n., v. lunatic asylum. '|**man**, m., '**ness**, n., *pazz'o*, |ie, f.
Mad'am, f., *e*, *e*, *signora*. [*b'a*, f.
Mad'der, n., *garance*, f.; Krapp, m.; *robbia*, Made, imp. & pp. v. make.
Mad'ei'ra (éra), n., 'ere, f., |eira, n.; |*era*, f.
Mad'el|ine (ine), f., |eine, Magdalene, *Maddalena*.
Maga'zine' (in), n., '*sin*, m.; 'zin, n., (journal) Zeitschrift, f.; *m'zzino*, m., *giornale*
Mag'dalene, f., v. Madeline. [*periodico*.
Mag'got, n., *ver*, m.; Made, f.; *verme*, m.
Mag'gy, f., v. Margaret.
Mag'ic (dj), n., |*al*, a., '|ian (Ich), m., *mag'ie*, f., |*ique*, |*icien*; Zauber|ei, 'isch, |er; *mag'ia*, |*ico*. 'o. [Person, f.; *m'o*, m.
Mag'istrat|e (dj), m., m|; obrigkeitliche
Magnan'im'ity, n., '|*imous*, a., |*imité*, f., *ime*; Großmut, |mütig; *m|imità*, |*imo*.
Mag'nate, m., *magnat*, M-, |o.
Magne'sia, n., *magnés*|e, f., |a, |a.
Mag'net, n., *aimant*, m.; M'-; *calamita*, f. |*ism*, n., |*ize*, t., '|*ic*, a., *magnét*|*isme*, m., *iser*, |*ique*; |ismus, |isieren, |isch; |*ismo*, |*izzare*, |*ico*.
Mag'nif|y, t., *gross'r*, vergrößern, *m|icare*;

Magnitude — 97 — Man

& v. exaggerate. '|icent, a., '|icence, n.,
|ique, |icence, f.; prachtvoll, Pracht;
m|ico, |icenza. [dezza.
Mag'nitude, n., grandeur, f., Größe, gran-
Mag'pie (ai), n., pie, f., Elster, gazza.
Mahog'any, u., acajou, m.; Mahagoni, n.;
moyano, m.
Mah'om|et, m., '|etan, a., |et, |étan; Moham-
med, |anisch; Maomett|o, |ano.
Maid, '|en, f., bonne, domestique; Magd;
serva; & v. girl, virgin. '|en, a., de (jeune)
fille, virginal, jungfräulich, verginale;
— name, nom de demoiselle, m., Mäd-
chenname, n|e da ragazza; — (speech,
etc.), de début, Erstlings.., primo. '|enly,
a., v. modest.
Mail, n., courrier, m.; Briefpost, f.; post|a.
'-coach, n., malle-p|e, f.; P|wagen, m.;
legno di p|a. -train, n., t- p|e, m., P|zug,
treno di p|a.
Mail, n.; coat-of-m-, cotte de mailles, f.;
Panzer, m.; giaco (di maglie).
Maim, t., mutil|er, verstümmeln, m|are.
Main, a., v. chief; by — force, de toute sa
f-, mit aller Gewalt. di tutta forza; in
the —, pour la plupart, größtenteils, per
lo più. —, n., v. force, sea, & '|land, n.,
v. continent. '|spring, n., ressort, m.;
Feder, f.; molla.
Main|tain', t., |tenir, behaupten, mantene-
re; & v. support, (fig.) assert. '|tenance,
n., |tien, m.; Aufrechterhaltung, f.; man-
tenimento, m.; (livelihood) entretien;
Unterhalt; m-, sussistenza, f.
Maize, n., mais, m., Mais, grano turco.
Maj'est|y, n., '|ic, a., |é, f., |ueux; |ät, |ä-
tisch; maest|à, |oso.
Ma'jor, a., plus grand, (of age) majeur;
größer, mündig; più grande, maggiore.
—, m., major, chef (de bataillon, d'es-
cadron); M-; maggiore. '|ity, n., |ité, f.;
Mehrzahl, (age) Mündigkeit; pluralità,
maggiorità.
Make (made, m-), t., faire, machen, fare;
(fig.) rend|re, m-, r|ere; (a good sailor,
etc.) f-, abgeben, fare; & v. compel; —
amends for, v. — good; — away with,
v. kill; — a fool of, se moquer de, zum
Narren halten, burlarsi di; — good, ré-
parer, ersetzen, riparare; & v. maintain,
fulfil; — haste, se dépêcher, (s.) eilen,
spicciarsi; not — head or tail, v. — noth-
ing; — known, annoncer, bekannt ma-
chen, notificare; — light of, f- peu de cas
de, s. aus .. wenig m-, far poco caso di; —
much of, f- grand cas de, auf (ac.) große
Stücke halten, far gran caso di; — noth-
ing of, ne rien comprendre à, aus .. nicht
klug werden, non raccapezzare; — of,
entendre par, unter (dat.) verstehen, in-
tendere a; — o's escape, v. e-; — o's sf.
heard, understood, se f- entendre, com-

Conversation Dictionary.

prendre; s. vernehmlich, verständlich m-;
farsi sentire, intendere; — out, (acct.) v.
—, & v. understand, distinguish, prove;
— over, lirer, übergeben, consegna-
re; — ready, v. prepare; — shift, v. sh-, do
without; — sure of, s'assurer de, s. ver-
sichern (gen.), accertarsi di; & v. regard
as certain; — the best of. se soumettre
à, s. in (ac.) fügen, adattarsi a; — the best
of, most of, profiter de, benutzen, gio-
varsi di; — up, v. —, — good, adjust,
complete, compose; — up for, v. — good;
— up o's mind, se décider (à), s. ent-
schließen, risolversi (a); — it up, se ré-
concilier, s. wieder aussöhnen, riconci-
liarsi. **Make**, i., v. move, tend; — bold,
v. venture; — off, v. decamp. **Make**, n.,
fabri|que, f.; |kat, n., Verfertigung, f.;
fattura; & v. figure, construction. '-be-
lieve, n., v. pretence. |r, m., Créateur,
Schöpfer, Creatore; (of goods) fabri|-
cant, |kant, fabbricante. '-shift, n., v.
expedient. **Ma'king**, n., (cost of) façon,
f.; Macherlohn, m.; fattura, f.
Mal'achit|e (kaït), n., |e, f.; M|, m.; |e, f.
Mal'ad|y, n., |ie, f., Krankheit, malattia.
Mala'ria, n., m-, f., miasm|es, m. pl.; |a,
n.; malaria, f.
Mal'content, a., v. discontented. [maschio.
Male, a. & m., mâle; männ'lich, |chen, n.;
Mal'|efactor, m., |faiteur, Übelthäter, m|-
fattore. |ev'olent, a., |veillant, böswil
lig, m|evolo.
Mal'ic|e, n., '|ious (īch), a., |e, f., |eux;
Bos|heit, |haft; malizi|a, |oso.
Mal'ign' (aïn), t., diffam|er, verleumden,
d|are. |ig'nant, a., |in (|igne), bösartig,
m|igno; & v. malicious.
Mal'|leable (lia), a., |éable, hämmerbar,
m|eabile. |et, n., maillet, m., Schlägel,
maglietto.
Malt (ol), n., m-, m.; Malz, n.; malto, m.
Mal't|a (ol), n., |ese', a. & m., |e, f., |ais;
|a, n., |esisch, |eser; |a, f., |ese.
Mal'treat, t., |traiter, mißhandeln, m|trat-
Mam|ma' (ah'), f., |an, |a, |ma. [tare.
Man (pl. men), m., homme; Mann, (in gen.
sense) Mensch; uomo; (chess) pièce, f.,
Figur, pedina; (at draughts) pion, m.;
Stein; dama, f.; & v. servant; old —,
vieillard; alter Mann, Greis; vecchio; to
a —, v. all, every one. **Man**, t., (ship)
équip|er, bemannen, e|aggiare. '|ful, '|ly,
a., mâle, mann|haft, maschio; & v. brave,
vigorous, noble. '|hood, n., viril|ité, f.,
M|heit, r|ità; (age of) âge r|, m.; M|es-
alter, n.; età v|e, f. |kind', n., genre hu-
main, m.; Menschheit, f.; genere umano,
m. '|liness, n., v. courage, energy. -of-
war', n., vaisseau de guerre, m.; Kriegs-
schiff, n.; nave da guerra, f. '-servant,
m., domestique, Bedienter, servitore.

Man'age, t., *condu|ire, diriger;* führen; c|*rre*, d|*e;* (estate, etc.) *administrer,* verwalten, *amministrare;* (horse, & fig.) dresser, lenken, *maneggiare;* (succeed in doing) *venir à bout de,* fertig bringen, v|*e a capo di;* & v. arrange, control, contrive, wield. |able, a., v. easy to manage, docile, tractable. |ment, n., *direction*, f., *administration;* Führung, Verwalt|ung; *direzione, amministra'zione;* & v. skill, treatment. |r, m., *directeur, gérant*; Geschäftsführer. V|er; *direttore,* a|*tore;* (she is a) good —, *bonne ménagère,* gute Hausfrau, *buona economa.*
Man'date, n., *mandat,* m.; M-, n.; |o, m.; & v. order. [*giubba.*
Mane, n., *crinièr|e,* f.; Mähne; c|a, (lion's)
Män'g|er (éndj), n.. |*eoire,* f., Krippe, m|*iatoja.* |'n; *cilindr|o,* m., |*are.*
Man'gle, n.&t., *calandr|e,*f., |*er;* Mangel,f.,
Man'gle, t., v. tear, mutilate.
Man'gy (éndj), a., *galeux,* räudig,*scabbioso.*
Ma'nia, n., v. insanity; (for) *manie,* f., *raye (de);* Sucht (nach, or inf.); *passione (di).* |c, m., v. madman.
Man'ifest, a. & t.. |a'tion, n., |e, |er, |ation, f.; offenbar, |en, |ung; m|o, |are, |*azione.*
Man'ifold, a., *divers,* mannigfach, d'o.
Manip'ulate,t., |*uler,* handhaben, m|*olare.*
Man|kind', n., 'ly, a., etc., v. man.
Man'ner, n., *manièr|e,* f.; Weise, (style) Art u. W-; m|*a;* (demeanour) a|r, m.; Auftreten, n.; *contegno,* m.; & v. method, kind, degree; in a —, *en quelque sorte,* gewissermaßen, *in qualche modo;* in the same —, *de la même m|e,* auf dieselbe W-, *nello stesso modo.* [s, n. pl., m|*es,* f. pl., *mœurs;* Manieren, Sitten; *maniere, creanza,* f.
Manœu'vre (niouveur), n.. m-, f.; Manöver, n.; *manovra,* f.; (trick) m-; Kunstgriff, m.; *raggiro.*
Man'or, n.. *seign* urie, f.; Rittergut, n.; *terra signorile,* f. |or-**house**, n., v. |sion. |se, n., v. parsonage. '*sion,* n., *château,* m.; (in town) *hôtel;* Schloß, n.. Herrenhaus; *casa signorile,* f.
Man'slaughter (slaut), n., *homicide,* m., Totschlag. *omicidio.*
Man'telpiece, n., *(manteau,* m., *de) cheminée,* f.; Kaminsims, m.; *camminetto.*
Man't|le, n.. |*eau,* m., |el, |*ello.* [book.
Man'u|al, a., |*el.* Hand.., m|*ale;* (n.) v. hand-
Manufac'tl|ory, n.. *ure,* f., *fabri|que;* |k; *fabbrica.* 'ure, t., f|*quer;* |*ieren,* verfertig|en; *fabbrica|re.* |ure, n., |*ure,* f., V|ung, f|*zione;* & v. industry, product. |ürer, m., f|*cant,* m|*urier;* F|*kant;* fabbricante. [Düng|er, |en; *letam|e,* |*are.*
Manure', n. & t., *fum'ier,* m., *engrais, f|er;*
Man'uscri|pt, n.. |*t,*m.;|pt, n., Handschrift, f.; *manoscritto,* m.

Man'y (menni). a., *beaucoup (de), bien des;* viel(e); *molt|i,* |*e;* — a one, a time, *maint,* |*e(s) fois;* manch|er (|e, |es), |mal; *molt|i* (pl.), |*e volte;* as — as, *autant que,* so viel wie, *tant|i, e.. quant|i,* |*e;* a good —, assez *(de),* ziemlich v-, *parecchi(e);* a great —, *un grand nombre (de),* m.; sehr v|e, e-e große Menge, f.; *moltissim|i,* |*e;* how —, *combien (de),* wie v|e, *quant|i,* |*e?* too —, *trop (de),* zu v|e, *tropp|i,* |*e.*
Map, n., *cart|e (géogra|phique),* f., (Land)karte, c|*a (y|fica).*
Ma'ple, n., *érable,* m., Ahorn, *acero.*
Mar, t., v. spoil, damage, disfigure.
Marau'd|er, m., |*eur,* Plünderer,*predatore.*
Mar'|ble, n., |*bre,* m.. |mor, |mo. [May.
March, n., *mars,* m., März, *marzo;* in—, cf.
March, n. & i.. '*e,* f., |*er;* Marsch, m.. |*ieren; marcia,* f., '*re.* [*chesa.*
Mar'chioness (arch), f., *marquise,* M-, *mar-*
Mare, n., *jument,* f., Stute, *cavalla.*
Mar'g|aret, f., |*uerite,* |arete, |*arita.*
Mar'g|in (dj), n., |*e,* f.; Rand, m.; m|*ine,* f.; (of river, etc.) bord, m.; R-, Ufer, n.; *orlo,* m.. m|*ine,* f. (*fiorrancio,* m.
Mar'igold, n., *souci,* m.; Ringelblume, f.,
Mär|ine' (ïne), a., |*in,* See.., m|*ino.* |*ine',* n., |*ine,* f., |ine. |*ina;* (m.) *soldat de m|ine,* Seesoldat, *soldato di m|ina.* '|*iner,* m., |*in,* Seemann, m|*inajo.* '|it|*ime,* a., |*itime.* See.., m|*ittimo.*
Mark, n., *marque,* f.; Zeichen, n.; *segno,* m.; (in examin.) *point,* m., P-, *punto;* (butt) but, m.; Ziel, n.; s-, m., mira, f.; & v. line, distinction; up to the —, v. sufficient; strong. **Mark**, t., *marquer;* zeichnen, (with pen, etc.) anstreichen; *segnare;* (time. etc.) m-, markieren, *marcare;* & v. observe. |ed (ct), a., (diffce., etc.) *prononcé,* stark ausgeprägt, *pronunziate.* '|er, m., *marqueur,* M-, *segnatore.*|s'**man,** m., *tireur,* Schütze, *tiratore.*
Mar'ket, n., *marché,* m., Markt, *mercato;* (sale) *débit;* Absatz; *vendita,* f.; at —, *au* m-, auf den M-, *al* m-. -**garden**, n., *jardin maraicher,* m., Gemüsegarten, *orto.* -**place**, n., *marché,* m.; M-; *piazza di* m-, f. -**price**, n., *prix courant,* m., M|preis, *prezzo corrente.* [n., *conserra,* f.
Mar'malade, n., *marmelade,* f. —, Mus.
Mar'mot, n., |te, f.; Murmeltier, m., *marmotta.*
Mar'quis, m., m-, M-, *marchese.* [*motta,* f.
Mar'r|iage (idje), n., *mariage,* m.; Heirat, f., Ehe; *matrimonio,* m.; & v. wedding. |y, t., *épouser,* h|en, *sposar|e;* (give in m|*iage) marier,* verheiraten, *maritar|e.* |y, i., *se* m-; h|en, sich v-; m|*si, s'si.*
Mar'row, n., *moelle,* f.; Mark, n.; *midollo,* m.
Mars, m., *M-, M-, Marte.*
Marseill|es' (élz), n.. |*e,* f., |e, *Marsiglia.*
Marsh, n., 'y, a., *mar|ais,* m., |*écageux,* Sumpf, |ig; *palud|e,* f., |*oso.*

Mar'shal, m., *maréchal*, Marschall, *maresciullo*. —, t., *ranger*, aufstellen, *schierare*.
Mart, n., v. market. |*rare*.
Mar'|ten, n., |*t(r)e*, f.; |der, m.; |*tora*, f.
Mar'th|a, f., |e, |u, *Marta*.
Mar'tin, m., *M-*, M-, |o. [*ziale*.
Mar'tial (arch), a., *m-*, kriegerisch, *martyr*, m., |dom, n., *m-*, m., |e; Märtyrer, Martyrtum, n.; *martire*, m., |io.
Mar'vel, n. & i., |lous, a., *merveill|e*, f., s'étonner (at, *de*), m|*eux*; Wunder, n., sich (über, ac.) w|n, |bar; *maravigli|a*, f.,
Ma'r|y, f., |ie, |ie, |*ia*. ||*arsi* (*di*), |*oso*.
Mas'culine, a., *mâle*, (gr.) *masculin*; männlich; *maschile*, *mascolino*.
Mash, t., *écraser*, zermalmen, *pestare*; |ed potatoes, *purée de pommes de terre*, f.; Kartoffelmus, n.; *patate macinate*, f. pl.
Mask, n., *masque*, m.; Maske, f.; *maschera*.
Ma'son, m., *maçon*, Maurer, *muratore*; free-, *franc-m-*, Frei|m-, *franmassone*.
Mass, n., (eccl.) *mess|e*, f., |e, *'a*.
Mass, n., |e, f., |e, |a. '|*ive*, |*if*, |iv, |*iccio*.
Mast, n., *mât*, m., Mast, *albero*.
Mas'ter (ah), m., *maître*, Herr, *padrone*; (in trade) *m-*, *patron*; Meister; *p-*; (in school) *m-*, Lehrer, *maestro*; (artist) *m-*, M-, *m-*; (of ship) v. captain; — of arts, m|*-ès-arts*, Magister (Artium), *licenziato in arti*. —, t., (subject, etc.) *être m- de*, bemeistern, *imparare a fondo*; & v. subdue, overcome. |ly, a., *en m-*, *de m-*; meister|haft; *maestrevole*. |**piece**, n., *chef-d'œuvre*, m.; M|werk, n.; *capo d'opera*, m. |y, n., *empire*, m.; Herrschaft, f.; *impero*, m.; & v. skill, supe-
Mas'ticate, t., v. chew. [riority.
Mas'tiff, n., *dogue*, m., Bullenbeißer, *mastino*.
Mat, n., *natte*, f., (door-) *paillasson*, m.; Matte, f.; *stuoja*, *zerbino*, m. '|*ted*, a., (hair) *natté*, verwirrt, *aggarbugliato*.
Match, n., *allumette*, f.; Streichhölzchen, n.; *fiammifer|o*, m.; (for cannon, etc.) *mèche*, f., Lunte, *miccia*. '-*box*, n., *porte-a's*, m.; Feuerzeug, n.; *scatola da fil*, f.
Match, n., (equal) *pareil*, m.; Gleiche, n.; *pari*, m., (pers. to marry) *part|i*, m.; |ie, f.; |*ito*, m.; (game) *p|ie*, f., |ie, |*ita*; (contest) *concours*, m.; Wettstreit; *gara*, f.; & v. race, marriage; his —, *son pareil*, seines g|n, *il suo pari*; be a — for, *égaler*, gewachsen sein (dat.), *essere p- con*. —, t., *égaler*, gleichmachen, *pareggiare*; (cloth, colours, etc.) *appareiller*, *assortir*; passend zusammenstellen, zu (dat.) das p|e finden; *accompagnare*, *assortire*; & v. marry. — i., *s'accorder*, passen, *accordarsi*. '|*less*, a., *incomparab|le*, unvergleichlich, *ïile*.
Mate, m., *second*, Steuermann, *piloto*; & v. companion, (bird) male female.

Mate'rial, n., *matière*, f.; Stoff, m.; *materia*, f.; |s, *matéri|aux*, m. pl.; |alien, n. pl.; |*ali*, m. pl. —, a., m|*el*, |ell, |*ale*; & v. essential.
Mater'n|al, a., |*el*, mütterlich, m|*ale*.
Mathemat'ic|s, n., |al, a., '|*ian* (Ich), m., *mathématiques*, f. pl., |*ique*, |*icien*; |ik, f., |isch, |iker; *matematic|a*, f., |o, a. & m.
Matil'da, f., *Mathilde*, M-, *Matilde*.
Mat'in|s, n. pl., |*es*, f. pl.; Frühmette, f.; *mattutino*, m. [|*colare*.
Matric'ulate, t., *immatri|culer*, |kulieren,
Mat'rim|ony, n., |o'nial, a., *mariage*, m., *conjugal*; Ehe, f., |lich; *matrimoni|o*, m., |*ale*.
Ma'tron, f., |e, |e, |a. **Mat'ted**, a., v. mat.
Mat'ter, n., v. material; (pus) *pus*, m.; Eiter; *marcia*, f.; & v. subject, affair; what is the —, *qu'est-ce qu'il y a*, was giebt's, *che c'è*? (with you) *qu'avez-vous*, was fehlt Ihnen, *che cosa ha*? it is a — of course, *cela va sans dire*, es versteht sich von selbst, *ciò s'intende*; — of fact, *fait*, m.; Thatsache, f.; *cosa di fatto*; no —, v. it does not —; in |s of. *en matière de*, in Sachen (gen.), *in f- di*. —, i., *import|er*, wichtig sein. *i|are*; it does not —, *n'i|e*, es thut nichts, *non t|a*.
Mat'|thew (iou), m., |*hieu*, |*thäus*, |*teo*.
Mat'tock, n., v. pickaxe.
Mat'tress, n., |*elas*, m.; |ratze, f.; |*erassa*.
Matur|e', a. & t., |*ity*, n., *mûr*, |*ir*, *maturité*, f.; reif, |en, |e; *matur|o*, |*are*, |*ità*.
Maud, f., v. Madeline, Matilda.
Maud'lin, a., *gris*, benebelt, *quasi ubbriaco*.
Maul, t., v. beat, bruise.
Mau'rice, m., *M-*, Moritz, *Maurizio*.
Mausol|e'um, n., |*ée*, m.; |eum, n.; |*eo*, m.
Maw, n., v. stomach; (of bird) *jabot*, m., Kropf, *gozzo*. **Maw'kish**, a., v. nauseous.
Max'im, n., |e, f., |e, *massima*.
May, aux. (imp. might), *pouvoir*; dürfen, können; *potere*; it — be, *cela se peut*, es kann sein; *ciò può essere*; I — (perhaps) go, *il est possible que j'y aille*, ich werde vielleicht hingehen, *è possibile che ci vada*; — you be happy, *puissiez-vous être heureux*, mögen Sie glücklich sein, *possa essere felice*; he might have come, *il aurait pu venir*, er hätte kommen können, *avrebbe potuto v|e*.
May, n., *mai*, m., M-, *maggio*; in (the month of) —, *au mois de m-*, im (Monat) M-, *nel (mese di) m-*; (bot.) *aubépine*, f.; Weißdorn, m.; *biancospino*.
May'or, m., *maire*, Bürgermeister, *podestà*.
Maze, n., *labyrinth|e*, m.; L|, n.; *laberinto*, m.; & v. perplexity.
Me, prn., *me*, *moi*; mich, (gen.) meiner, (dat.) mir; *me*, *mi*; give it to —, *donnez-le-moi*; geben Sie es mir; *me lo dia*, *datemelo*. [*prato*, m.
Mead'ow (ĕd), n., *pré*, m., *prairie*, f.; Wiese;

7*

Mea'gre (igueur), a., v. lean. poor, scanty.
Meal, n., (flour) *farin|e*, f.; Mehl, n., *f|a*, f.
Meal, n., *repas*, m.; Mahlzeit, f.; *pasto*, m.
Mean (|t, |t; pr. mĕnnt), t., *vouloir (dire)*,
(sagen) wollen, *volere (dire)*; (signify)
signifi|er, bedeut|en, s|care; (sthg. for o.)
v. destine; & v. intend; really — sthg.,
v. be in earnest, do on purpose; what
does (all) this —, *qu'est-ce que cela s|e*,
was soll das heißen, *che s|ca (tutto)
questo?* what does this word —, *que
veut dire ce mot*, was b|et dieses Wort,
cosa vuol dire questa parola? '|ing, n.,
s|cation, f., B|ung, s|cazione; & v. sense,
intention.
Mean, a., *bas*, niedrig, *b|so*; & v. poor, sordid. '|ly, ad., '|ness, n., *basse|ment*, |sse,
f.; gemein, |heit; grett|amente, |ezza.
Mean, a., (average) *moyen*. mittel, *mezzano*;
(n.) *(juste-) milieu*, m.; M|straße, f.; *giusto mezzo*, m. |s, n. sg. & pl., *moyen*, m.,
(money) |s; Mittel, n., M-; *mezz|o*, m., |i,
facoltà, t. pl.; by — of, *au m- de*, m|s
(gen.), *per m|o di*; by that —, *par ce m-*,
dadurch, auf diese Weise,*per questo m|o;*
by all —, *certainement*, auf alle Fälle, *in
ogni modo;* by no—, *nullement*, durchaus nicht, *in verun modo;* there is no —
of (doing), *il n'y a pas m- de*, es ist unmöglich, *non è possibile (di);* find,
take —, v. measures.
Mean'der(miănn), i..*serpenter*,sich schlängeln, *serpeggiare*. [f. pl.; *rosolia*, f.
Meas'les (īz), n. pl., *rougeole*, f.; Masern,
Meas'ure (ĕjeur), n., *mesur|e*, f.; Maß, n.,
(fig.) |regel, f.; *misur|a;* & v. extent, degree; by —, *à la m|e*, nach dem M|e, *a
m|a;* (made)to —, *sur m|e*, n-M-, *a m|a;*
take o's.— for, *prend|re la m|e de .. à
qn.*, e-m M- zu .. nehmen, p|ere m|a
di .. a qd.; in some —, *en quelque sorte*,
gewissermaßen, *in qualche modo;* in a
great —, *en grande partie*, zum großen
Teil, *in gran parte;* beyond —, *outre
m|e*, über die M|en, oltre m|a; take |s,
prend|re des m|es, M|regeln treffen, p|ere
m|e. —, t., m|er, messen,*misur|are;* (land)
arpenter. vermessen, *m|are.* —, i.; it |s
ten feet long, *il a dix pieds de long*, es
ist zehn Fuß lang, *è lungo di dieci
piedi*. |ment, n., m|age, m.; Messung, f.;
m|amento, m.
Meat, n., *viande*, f.; Fleisch, n.; *carne*, f.
Mechan'ic(ĕk), m., *arti|san*, Handwerker,
a|giano. —, |al, a., |s, n., *mécanique*, a.
& f.; mechan'isch, |ik; *meccani'co*, |ca.
'|ian (Ich), Mech'an|ist, m., |ism, n., *mécan|icien*, |isme, m.; Mechan|iker, |ismus;
meccan|ico, |ismo.
Med'al, '|lion, n., *médaill|e*, f., |on, m.; |e,
f., Denkmünze, M|on, n.; *medagli|a*, f.,
|one, m.

Med'dle, i., *se mêler* (with, *de*), sich mengen (in, ac.), *impacciarsi (di)*.
Me'dia|tor, m., '|tion, n., *média|teur*, |tion,
f.; Vermittl|er, |lung, f.; m|tore, |zione, f.
Mediæ'val, a., *du moyen âge*, mittelalterlich, *del medio evo*.
Med'i|cal, a., *médi|cal*, |zinisch, |cale; —
man, *médecin*, Arzt, *medico*; — student,
v. s- of |cine. |cīne , n., *médecine*, f.,
Arznei, *medicina*. [ßigkeit, m|à.
Medioc'rity, n., *médiocrit|é*, f., Mittelmä-
Med'it|ate, i., |a'tion, n., *médit|er*, |ation,
f.; nachdenken, Betrachtung; m|are,
|azione. |ate, t., v. intend.
Mediterra'nean, n., *Méditerranée*, f.; Mittelländisches Meer, n.; *Mediterraneo*, m.
Me'dium, n., *milieu*, m.; Medium, n.; *mezzo*, m.; (fig.) *entremise*, f., Vermittlung,
mediazione; (a.) v. mean.
Med'lar, n., *nèfle*. f., Mispel, *nespola*.
Med'ley, n., *mélange*, m.; Gemengsel, n.;
mescuglio, m.
Meed, n., v. reward.
Meek, a., '|ness, n., *dou|x*, |ceur, f.; sanft,
|mut; *dolc|e*, |ezza.
Meer'schaum (chämm), n., *écume de mer*,
f.; Meerschaum. m.; *sciuma di mare*, f.
Meet (met, m-), t., *rencontrer*, begegn|en
(dat.), *incontrare;* (at party, etc.) *trouver*, (an)treffen, *i-;* (expenses) *faire face
à*, decken, *far fronte à;* (difficulty) *obvier à*, abhelfen (dat.), *ovviare;* (coach
|s train, etc.) *correspondre avec*, an
(ac.) Anschluß haben, *corrispondere con;*
& v. find, satisfy, answer, — with; go
to —, *aller à la rencontre de*, entgegengehen (dat.), *andar all' incontro di;* —
again, *revoir*, wiedersehen, *rivedere;*
we shall — (each other) again, good-bye
till we — again, *nous nous reverrons, au
revoir!* wir werden uns wiedersehen, auf
W-! *ci rivedremo, a rivederci!* **Meet**, i.,
se rencontrer,sich begegnen, *incontrarsi;*
(assemble) *s'assembler*, s. versammeln,
ra(g)unarsi; (ends, sides) *se joindre*, s.
zusammenfügen, *unirsi;* — again, v. —
(t.); — with, (pers.) v. —, (thg.) v. find;
(loss,etc.) *éprouver*, erleiden, *soffrire;* he
has met with an accident, *il lui est arrivé
un a-*, er ist verunglückt, *gli è accaduta
una disgrazia*. '|ing, n., *rencontre*, f.; Zusammen'treffen, n.; *incontro*, m.; (interview) *entrevue*, f., Z|kunft, *conferenza;*
(public) *assemblée*, f., Versammlung,
adunanza; & v. confluence, sitting.
Mel'anchŏly,n. & a.,*mélancoli|e*.f.,|que;Melancholi|e, |sch; *mal'nconi|a*, |co; & v. sad.
Mel'low, a., v. soft, ripe, rich, delicate.
Mel'ody, n., *mélod'ie*, f., |ie, |ia.
Mel'on, n., m-, m.; |e, f.; *popone*, m.
Melt, t. & i., *fondre, se f-;* schmelzen;
fonder|e, |si; (fig.) *attendrir, s'a-;* rühren, gerührt werden; *commuovere, es-*

sere commosso. [Mitglied; *membro*, m.
Mem'b|er, n., |*re*, m.; Glied, n., (pers.)
Mem'|oir, n., '|**orable**, a., *mém'oire*, m., |*orable*; Denk|schrift, f., |würdig; *memor|ia*, |*abile*. |**oran'dum**, n., *note*, f.; N-; *appunto*, m. |**o'rial**, n., *souvenir*, m.; Andenken, n.; *ricordo*, m.; & v. monument, petition. '|**ory**, n., *mémoire*. f.; Gedächtnis, n.; *memoria*, f.; by, from —, v. heart; call to —, v. recollect; commit to —, v. learn by heart; in — of, *en, à la m-de*, zur Erinnerung an (ac.), *in m- di*; to the best of my —, *si j'ai (bonne) m-*, wenn ich mich recht besinne, *per quanto mi sovrengo*. [*uomini*.
Men, m. pl. (v. **man**), *hommes*, Männer,
Men'ace, n. & t., v. threat, |en.
Menag'erie, n., *ménager|ie*, f., |ie, |*ia*.
Mend, t., *raccom|moder*, ausbessern, *r|odare;* (pen) *tailler*, schneiden, *temperare;* & v. improve, repair. —, i., *s'améliorer*, s. bessern, *migliorarsi;* (in health) *se rétablir*, s. erholen, *ristablirsi*. [*dace*.
Menda'cious, a., *menteur*, lügnerisch, *men-*
Men'di|cant, m., |*ant*, Bettler, m|*co*.
Me'nial, m., v. servant; (a.) v. servile, low.
Men't|al, a., *intell'ectuel, de l'esprit;* Geist|es.., |*ig;* i'*ettuale, di m'e;* — prayer, *prière m|ale*, f.; stilles Gebet, n.; *preghiera m'ale*, f.; — calculation, *calcul m|al*, m.; Kopfrechnen, n.; *calcolazione m|ale*, f.;—reservation, *restriction m|ale*, f.; geheimer Vorbehalt, m.; *riserva m|ale*, f.
Men'tion, t., |*ner*, *fa're m- de;* erwähn|en (gen. or ac.); *menzion|are;* & v. speak of, state; don't — it, *il n'y a pas de quoi*, bitte sehr, *non ne parli!* —, n., *m-*, f., E|ung, *m'e*. [*m-*.
Mer'cantile, a., *commercial*, kaufmännisch,
Mer'cen|ary, a., |*aire*, feil, *m|ario*.
Mer'chan|dise, n., *marchand'ise*, f., Ware, *mercanzia*. |t, m.. *négo|c|ant*, Kaufmann, n|*ziante*. |tman, |t-ship, n., *narire marchand*, m.; Kauffahrteischiff, n.; *bastimento mercantile*, m.
Mer'c|iful, a., |*y*, n., *misér'cord|ieux*, |e, f., barmherzig, |keit; *m'ioso*, |*ia*; & v. pity; at the |y of, *à la merci de*, in der Gewalt von, *in balia di;* for |y's sake, *par grâce*, um des Himmels willen, *per carità!* |*iless*, a., *impitoyable*, unbarmherzig, *spietato*. [Quecksilber. n., *m'io*, m.
Mer'cur|y, m., |*e*, Merkur, *M|io;* (n.) |*e*, m.;
Mere, a., *pur, simple;* bloß; *mero, puro*. '|*ly*, ad., *seulement;* b-, nur; *solamente*.
Merge, t., *fondre* (in, *dans*), verschmelzen (mit), *mescolare (con)*.
Merid'ian, n., *méridi|en*, m., |an, |*ano*.
Meri'no (I), n., *mérin|os*, m., |o, |o.
Mer'it, n. & t., *mérit e*, m., |*er;* Verdien|st, n., |en; *m|o*, m., |*are*. |o'**rious**, a., *m'oire*, f., (pers.) |*ant;* v|stlich, |stvoll; *m'orio*.

Mer'r|y, a., |*iment*, n., *gai, ga!té*, f.; lustig, |keit; *allegr'o*, |*ia*.
Mesh, n., *maille*, f., Masche, *mag|ia*.
Mess, n., (officers') *table des officiers*, f.; Offizierstisch, m.; *mensa degli uffiziali*, f.; (fig.) *gâchis*, m.; Durcheinander, n.; *imbroglio*, m.; & v. dish, dirt; be in a —, *être dans l'embarras*, in der Klemme stecken, *essere alle strette;* make a — of, *gâcher*, stümpern, *imbrogliare*.
Mes's|age, n., |*enger*, m., |*age*, m., |*ager;* Bot|schaft, f., |e; *messaggi'o*, m., |*ere*.
Messrs., m.pl., *messieurs*, Herren, *Signori*.
Met, imp. & pp., v. **meet**.
Met'al, n., '|*lic*, a., *métal*, m., |*lique;* |l, n., |*lisch;* |*lo*, m., |*lico*.
Me'teor, n., *météor|e*, m.; M|, n.; |*a*, f.
Me'ter, n., (gas-) *compteur*, m., Messer, *misuratore;* & v. metre.
Meth'od, n., '|*ical*, a., *méthod,e*, f., |*ique;* |e, |*isch;* *metod|o*, m., |*ico*.
Me'tre, n., *mesure*, f., (3 ft. 3 in.) *mètre*, m.; Versmaß, n., Meter, m.; *metro*. **Met'ri|cal**, a., *métri|que*, |*sch*, |*co*.
Metrop'olis, n., *capitale*, f., Hauptstadt, c-.
Met'tle, n., v. spirit, courage.
Mew (iou), i., *miau.ler*, |en, *miagolare*.
Mew, t., v. shut up. |s, n. pl., v. stables.
Mex'i|co, n., |*can*, a., |*que*, m., |*cain;* |*ko*, n., |*kanisch;* *Messi'co*, m., |*cano*.
Mias'm|a, n., |e, m., |a, n.; |*a*, m.
Mi'ca, n., *m-*, m.; Glimmer; *m-*, f.
Mice, n. pl., v. mouse.
Mi'chael (aikel), n., *Mich|el;* |ael, |el; |*ele*. |*mas* (ikkel), n., *la St-M|el*, f.; M|aelis-(fest), n.; *festa di San M'ele*, f.
Mi'croscope, n., *m-*, m.; Mikroskop, n.; *microscopio*, m.
Mid, a., *du milieu*, mittler, *mezzo*. '|**day**, n., *midi*, m., Mittag, *mezzodì*. '|**night**, n., *m'nuit*, m.; Mitternacht, f.; *mezzanotte*. '|**way**, ad., *à mi-chemin*, halbwegs, *a mezza strada*.
Mid'dle, n., *milieu*, m., Mitte, f.; *mezzo*, m.; in the — of winter, *au milieu de l'hiver*, mitten im W-, *nel cuore dell' inverno*. —, a., v. mid; — ages, n. pl., *moyen âge*, m.; Mittel|alter, n.; medio evo, m.; — class, n., *c,e m'ne*, f., M|*stand*, m.; *ceto medio*. -**aged**, a., *entre deux âges*, im mittlern Alter, *di mezza età*. -**finger**, n., *médius*, m., Mittel|finger, *dito med'o*. **Mid'ling**, a., *passable*, m|müßig, *mediocre*. [*dett, cadetto marino*.
Mid'shipman, m., *élève de marine*, Seeka-
Midst, n., v. middle. [*trice*.
Mid'wife, f., *sage-femme*, Hebamme, *leva-*
Mien (ine), n., *mine*, f., Miene, *aria*.
Might (aït), imp., v. may. —, n., *pouvoir*, m.; Macht, f.; *potere*, m.; & v. strength, force. '|*ly*, a., v. powerful, strong, great.
Mignonette' (Fr.), n., *réséda*, m.; R-, f.; *r-*, m.

Mi'grate, i., *émigrer*, wandern, *migrare*.
Mil'an, n., *M-*, m.; Mailand, n.; *Milano*, m.
Mild (ai), a., *doux;* mild, gelind; *dolce.*
Mil'dew, n., *rouille,* f.; Meltau, m.; *golpe,* f.
Mile, n., (1600 m.) *mill,e*, m.; Meil|e, f., *migli|o*, m. (a, f. pl.). '|stone, n., *borne miliaire,* f.; M|enstein, m.; *pietra m|are,* f.
Mil'it|ary, a., |*aire*, |ärisch, |*are;* — man, *m|aire,* |är, |*are.* |ary, n., |*aires,* m. pl.; |är. n.; |*ari,* m. pl. |ate, i., |*er*, streiten, *m|are.* '|ia (Ich), n., *milice,* f., Miliz, |'*a.*
Milk, n., *lait,* m.; Milch, f.; *latte,* m. —, t., *tra're,* melken, *mugnere.* '-jug, n., *pot au l-,* m.; M|kanne, f.; *vaso da l-*, m. '|maid, f., *l|ière;* M|mädchen, n.; *lattajuola,* f. '|y, a., *de l-,* |*leux;* m|ig; *latteo.*
Mill, n., *moulin,* m.; Mühl|e, f.; *mulino,* m. '-board, n., *carton,* m., Pappdeckel, c|e. '-dam, n., *barrage de m-,* m., M|wehr, n.; *chiusa,* f. "|stone, n , *pierre meulière,* f.; M|stein, m.; *macina,* f. '|er, m., *meunier*, Müller, *mugnajo.*
Mil'let, n., *m-,* m.; Hirse, f.; *miglio*, m.
Mil'liner, f., *modist|e,* Putzmacherin, *m|a.*
Mil'lion, n., *m-,* m., M-, f.; *milione,* m.
Mim"|ic, m. & t., |*icry,* n.. — |e, *contrefaire, m|ique,* f.; M|iker, nachaffen, M ik, f.; *m|o, contraff'are, m|ica,* f.
Minc|e, t., *hacher,* hacken, *tritolare;* not — matters, *parler net*, kein Blatt vor den Mund nehmen, *parlar chiaro.* '|ing, a., v. affected.
Mind, n., *esprit,* m., *intelligence,* f.; Geist, m., Verstand; *spirito, mente,*f.; be of one —, *être d'accord,* übereinstimmen, *essere d'a|o;* bear in —, *ne pas oublier,* denken (an,ac.), *rammentarsi di;* call to—,v. recollect; change o's —, *changer d'idée,* s. anders besinnen, *cambiare d'avviso;* I have a (good, great) — (to), *j'ai (bien) envie de,* ich habe (große)Lust, *mi viene (gran) voglia di;* know o's own —, *savoir ce qu'on veut,* wissen was man will, *sapere quel che si vuole;* make up o's —, *se décider,* s. entschließen, *decidersi;* out of o's —, v. insane; it has gone out of my—, *il m'est échappé,* es ist mir entfallen, *mi è sfuggito di mente;* put in —, v. remind; to my —, *à mon avis* (taste, *goût*), nach mein|er Meinung (m|em Geschmack), *a mio parere (a mio gusto)*.
Mind, t., *faire attention à,* beachten, *badare a;* & v. beware, take care, object to; do you — smoking, *est-ce que la fumée vous gène*, stört Sie vielleicht das Rauchen, *Le da noja il fumo?* would you — (doing), *ayez la bonté de*, wollen Sie gefälligst, *abbia la bontà di;* would you — my (doing), *permettez vous que je* (subj.), erlauben Sie, daß ich, *permettiche?* I don't — going. *je veux bien y aller.* ich gebe ganz gern, *vi andrò volontieri.*

'|ed,a., v. inclined. '|ful, a., (of) v. attentive (to).
Min|e, n., |o, f.; Berg|werk, n., (mil.) M|e, f.; |*iera.* |e, i., |*er*, graben, *m|are;* (in genl.) *exploiter des m'es,* B|bau treiben, *lavorare le m|e.* |er, m., |*eur,* B|mann, *m|a|ore.*
Mine, a.. *le mien. la m|ne, les m|s,* |*nes;* der, die, das meinige, die m|n; *il mio, la mia, i miei, le mie;* it is —, *c'est à moi,* es ist mein, *è mio.*
Min'eral, n. & a., *minéral,* m. & a.; M-, n., |isch; |e, m. & a. "ogy, n., |og'ical, a., *minéralog'ie,* f., |*ique;* |ie, |isch; |*ia,* |*ico.*
Min'gle, t. & i., *mêler, se m-;* mischen, s. m-; *mischiar|e,* |*si.*
Min'iatur|e (It), n.. *e,* f.; |bild, n.; |*a,* f.; in —, *en m|e,* im kleinen, *in piccolo.*
Mi'nor, a., v. inferior,unimportant;(mus.) *mineur,* moll, *minore.* —, m., '|ity, n., *min|eur, |orité,*f.; Minder|jährige, |jährigkeit, (in numb.) |zahl; *minor|e, |ità.*
Min'ist|er, i., (to) v. serve, relieve, contribute to. |er, m., |ry, n., (govt.) |*re,* |*ère,* m.; |er, |erium. n.; |*ro, lerio,* m.; (eccl.) v. clergyman. |*meuestrello.*
Min'strel, m., *ménestrel,* Minnesänger.
Mint, n., *monnaie,* f., Münze, *zecca.*
Mint, n., (bot.) *menthe,* f., Minze, *menta.*
Mi'nus, prp. & ad., *moins,* weniger, *meno.*
Min'ut|e (It), n., |*e,* f.; |e; |o, m.; (of meetg.) *procès-verbal,* m.; Protokoll, n.; *m|a,* f.; & v. note. |e' (mainiout), a., *menu, très petit;* sehr klein; *piccolo, m|o;* (precise) *minutieux*, genau, m'|o.
Mir'ac|le, n., "*ulous,* a., |*le,* m., |*uleux;* Wunder, n.. bar; *m|olo,* m., |*oloso.*
Mi'rag|e, n., |e. m., |o; Luftspiegelung, f.;
Mire, n., v. mud. [*m|gio,* m.
Mir'ror, n., *miroir,* m., (large) *glace,* f.; Spiegel, m.; *specchio.*
Mirth (eur), n., *gaité,* f., Fröhlichkeit, *allegrezza.* [kehrt; *m|e, a t|o.*
Mis-, in comp., *mal, à tort;* schlecht, ver-
Misadven'ture, n., v. accident.
Misan'|thropist, m., ,*thrope,* |throp. |*tropo.*
Misapply', t., *mal appliquer,* falsch anwenden, *applicar male.*
Mis|apprehend', t., v. |understand.
Mis|behave', i., v. b- badly.
Miscal'culate, t., *calculer mal* , falsch rechnen, *calcolare male.*
Miscar'r|iage, n., *fausse couche,* f.; Fehlgeburt; *aborto,* m.; & v. failure. y, i., v. fail; (letr.) v. not arrive.
Miscella'ne|ous, a., *rarié*, vermischt, *m|o.*
Mischance', n., v. accident, misfortune.
Mis'chie|f (tchif), n., *mal,* m.; Unheil, n.; *m|e.* m.; (in charac.) *m ice,* f.; Mutwille, m.; *m|izia,* f.; & v. damage; make —, *semer la discord,e.* Unfrieden stiften, *seminare la d|ia.* |vous, a., *méchant,* un-

gezogen, *malizioso;* (thg.) v. injurious.
Mis|concep'tion, n., v. |understanding. |con'duct, n., v. bad conduct. |con'strue, t.. v. |interpret. |scellerato.
Mis'creant (iä), m., *scélérat,* Bösewicht,
Misdeed', n., *méfait*, m.; Missethat, f.; *misfatto,* m. [d¡*to,* m.
Misdemea'nor, n., *délit*, m.; Vergehen, n.;
Mi'ser, m., |ly, a.. *avar*|*e;* Geiz|hals, |ig; a|o.
Mis'er|able, a., |y, n., *misérable*, *misère*, f.; elend, a. & n.; *miser|abile*, |*ia*, f.
Misfor'tüne, n., *malheur*, m.; Unglück, n.; *disgrazia*, f.
Mis¡gīve', t.; my heart |s me, *j'ai le cœur plein de crainte*, es ahnt mir nichts Gutes, *il cuore me lo dice*. |giv'ing, n., v. doubt, fear. [*mal consigl¡ato*.
Misgui'ded (ghai), a., *abusé*, getäuscht,
Mishap', n., *contretemps*, m.; Unfall; *sventura*, f.; & v. misfortune.
Misinformed', pp., *mal renseigné*, schlecht unterrichtet, *mal informato*.
Misinter'pret, t.. *interprét|er mal*, mißdeut|en, ¡*ar male*. |a'tion, n., *fausse* ¡*a*-*tion*, f., M|ung, ¡*azione falsa*. [*smarrire*.
Mis|lay' (|laid, ,laid), t., *égarer*, verlegen,
Mis¸lead' (|led, |led), t., *égarer*, irre führen, *sviare*; & v. deceive.
Misman'age, t.. *dirig|er mal*. schlecht leiten, *d'ere male*.
Misno'mer, n., *faux nom*, m.; falsche Benennung, f.; *falso nome*, m.
Misplace', t., *mal placer*; falsch stellen, (fig.) übel anbringen; *collocare male*.
Misprint', n., *faute d'impression*, f.; Druckfehler, m.; *errore di stampa*.
Misrepresent', t., *représenter mal*, falsch darstellen, *rappresentar male*.
Misrule', n., v. disorder, bad government.
Miss, t.. *manquer*, verfehlen, *mancare*; (fail to see) *remarquer l'absence de*, vermissen, *accorgersi dell' assenza di*; (feel loss of) *regretter*, schmerzlich vermissen, *sentir un voto senza (qc., qd.)*; (omit) *omett|re*, auslassen, o|*ere*; & v. not find; — fire, *rater*, versagen, *disdire*; — o's footing, *faire un faux pas*, ausgleiten, *sdrucciolare*. —, i.; be |ing, *manquer*, fehlen, *mancare*; & v. be absent. [*rina*, f.
Miss, f., *mademoiselle*; Fräulein, n., *signo*-
Mis's¦al, n., |*el*, m.; Meßbuch, n.; *messale*, m.
Mis'sīle, n., *proj|ectile*, m.; |ektil, n.; |*ettile*, m.   [M-, f., |är; |e, f., |*ario*.
Mis'sion (ĭch), n., |ary, m., *m*-, f., |*naire*;
Mis'spell' (|spelt, |spelt), t., *épeler (écrire) mal*, falsch buchstabieren (schreiben), *compitar m|e*. |spel'ling, n., *faute d'ortograph|e*, f.; o|ischer Fehler, m.; *errore ortografico*.
Mist, n., |y, a., v. fog, |gy.
Mis take', n., *erreur*, f.; Irrtum, m.; *errore*; (in a lesson, etc.) *faute*, f.; Fehler, m.;

sbaglio; (oversight) *méprise*, f.; Versehen, n.; *inavredutezza*, f.; by —, par e-, par m.; aus V-; *per isbaglio;* make a —. se *méprendre*, sich v-, *sbagliarsi;* & v. be |taken; (fam.) no —! v. (most) certainly. |take' (|took', |taken), t., (path, etc.) *se tromper de*, verfehlen, *smarrire;* (o. thg. for another) v. take (by —); & v. misunderstand, not recognise; be |taken, *se tromper* (in, *de*), s. irren (in, dat.). *aver torto (in)*. |take', i., v. be |taken. |ta'ken, a:, v. wrong, erroneous.
Mis'ter, m.. *monsieur*, Herr, *signore*.
Mis'tletoe (issl), n., *gui*, m.; Mistel, f.; *vischio*, m.
Mis'tress, f., *maîtresse*. Herrin, *padrona;* (teacher) *institutrice*, Lehrerin, *istitutrice;* (mal.) m-, M-, *druda;* (Mrs.; pr. missiz) *madame*, Frau, *signora*.
Mistrust', n. & t., *méfi|ance*, f.. *se m|er de;* Mißtrauen, n.. m (dat.); *diffid|enza*, f., |*arsi di*.
Misunderstand', t., |ing, n., *entendre mal*, *méprendre*, *malentendu*, m.; mißverst|ehen, |ändnis, n.; *capir male*. |inteso, m.
Mite, n., *denier*, m.; Scherflein, n.; *picciolo*, m.; (insect) *m*-, f.; (Käse)milbe; *tonchio*, m., *acaro*.
Mit'ig|ate, t., |a'tion, n., *adouc|ir*, |*issement*, m.; (penalty) *m|er*. |*ation*, f.; linder|n, |ung, milder|n, |ung; *mitig|are*, |*azione*.
Mi'tre, n., *m*-, f., Bischofsmütze, *mitra*.
Mit'ten, n., *mitaine*, f.; Halbhandschuh, m.; *guanto senza dita*.
Mix, t. & i., *mêler*. *se m*-; (ver)mischen, s. (ver)m-; *mischiar|e*, |*si*. |ed, a.. |*te*, gemischt, *misto*. '|türe, n., *mélange*, m. ; Mischung, f.; *mescolanza;* (med.) *mixture*, f., Mixtur, *mistura*.
Moan (õnc), i. & n., *gém|ir*, |*issement*, m.; stöhnen, S-, n., *gem|ere*, |*ito*, m.
Moat (ōte), n., *fossé*, m., Graben, *fosso*.
Mob, n., *foule*, f.; Haufen, m.; *folla*, f.
Mock, t., *se moquer de*, verspotten, beffarsi di. —, a., *contr|efait*, nachgemacht, *c|affetto*. '|ery, n., *moquerie*, f.; Spott, m.; *beffa*, f.; & v. delusion.
Mode, n., *m*-, m.; Art u. Weise, f.; *modo*, m.
Mod'|el, n. & t.., ¡*ele*, m., |*eler;* |ell, n., |ellieren; |*ello*, m., |*ellare;* & v. pattern.
Mod'|erate, a., |*éré*, |*ique*, (price) *raisonnable;* mäßig; m|*erato*, *discreto*. '|erate, t., |era'tion, n., |*érer*, |*ération*, f.; mäßig|en, |keit; *modera|re*, '|*zione*.
Mod'ern, a., |*e;* m-, (language) neuer; m|o. |ize, t., |*iser;* |isieren, neu herstellen, *rimodernare*. [|heit; m|o, |*ia*.
Mod'est, a., |y, n., |*e*, |*ie*, f.; bescheiden,
Mod'if|y, t., |*ier*. abändern, m|*icare*.
Mo'hair, n., *poil de chèvre*, m.; Ziegenhaar, n.; *pelo di capra*, m.

Moham'med, v. Mahomet.
Moist, a.. |en (sn),t., *hum'ide*, |*ecter;* feucht, befeuchten; *um|ido*, |*ettare*, (cloth, etc.) *inumidire*. '|ure, n., *h,idité*, f., F|igkeit, *umidità*. [m.; *melazzo*.
Molas'ses, n., *mélasse*, f.; M-, Zuckersirup,
Mole, n.. (anim.) *taupe*, f.; Maulwurf, m.; *talpa*. f. Mole, n., (mark) *tache*, f.; Mal, n.; *macchia*, f.
Molest', t., |er, belästigen, *m|are*.
Mol'lify, t., (fig.) v. appease.
Mo'ment, n., *m-*, m., Augenblick, *m,o*; & v. importance. |ary, a., |*ané*; |an,, a|lich ; m|*aneo*. 'ous, a., v. important. '|um, n., *moment*, m.; M-, n.; 'o, m.
Mon'arch (ark), m., |y, n., *monar'que*, '*chie*, f.; |ch, |chic; |*ca*, |*chia*.
Mon'ast'ery, n., |*ère*, m.; Kloster, n.; *m'ero*, m. '|ic, a., |*ique*, klösterlich, *m'ico*.
Mon'|day (änn), n., *lun|di*, m.. M|tag, *l'edi*.
Mon'etary, a., *monét,aire*, Geld..., *m,ario*.
Mon'ey (ănnĭ). n., *argent*, m.; Geld, n.; *danaro*, m.; (coin) *monnaie*, f., Münze, *moneta*; ready —. a- *comptant*, bares G-, *contanti*; small —, m-, Kleingeld, *spiccioli*. -changer (éndj), m., *changeur*, (G|)-wechsler, *cambiamonete*.
Mon'grel (ă), n., *métis*, m.. Bastard, |o.
Monk (ä), m., *moine*, Mönch, *monaco*.
Monk'ey (ä), n., *singe*, m.; Affe; *bertuccia*, f.
Monop'oly, n., |e, m.; M|, n.; |*io*, m.
Monosyl'lab|le, n.. |e, m.; einsilbiges Wort, n.; *monosillabo*, m.
Monot'on'ous,a., |y, n.., |e, |*ie*, f.; eintönig, |keit. (fig.) einförmig, |keit; *m'o*, |*ia*.
Mon'st|er, n., |rous, a., |*re*, m., '*rueux;* Ungeheuer, n. & a.; *mostr,o*, m.. |*uoso;* (a.) & v. dreadful, (utterly) absurd.
Month(ă).n., '|ly, a., *mois*, m., *mensuel*, *de tous les mois;* Monat, 'lich ; *mese*, d'*ogni m-*.
Mon'ument,n., *m-*,m.; Denkmal, n.; *m|o*,m.
Mood, n.. *humeur*, f.; Stimmung ; *umore*, m.
Moon,n., *lune*, f.; Mond, m.; *luna*. f. '|light (aït), n., *clair de l-.* m., M|schein, *chiaro di l-.* '|shine, n., v. |light; (fig.) v. nonsense, delusion.
Moor, n., *land e*, f.; M-, n.; *l'a*, f.; & v. heath.
Moor, t.., *amarrer;* (mit e-m Tau) befestigen, sorren ; *ormeggiare*.
Moor, m., "ish, a., *Maur|e*, '*esque;* Mohr, manrisch ; *mor'o*, *esco*.
Moot, t., v. discuss. -point, n.. *question (à discuter)*, f.; Streitpunkt. m.; *punto disputabile*.
Mop, n.., *balai à laver*, m. ; Schiffsbesen ; *spazzola*, f. Mope, i., v. be dull.
Mor'al, a., *m-*; |isch, sittlich; *m|e*. |s, n., *mœurs*, f. pl.; Sitten; *costumi*, m. pl. '|ity, n.., |*ité*, f., Sittlichkeit, *m'ità*.
Mora'v|ian, m., |e, Herrnhuter, *M'o*.
Mor'bid, a., |e, krankhaft, *m'o*.

Morass', n., v. marsh.
More, a. & ad., *plus* (than, *que;* folld. by numb., *de*), mehr (als), *più* (*che;* folld. by subst. or prn., *di*); (folld. by subst.) *p- de*, mehr, *p- di;* as much —, *une fois autant*, noch einmal so viel, *altrettanto;* have you (any) — wine, *arez-vous encore du vin*, haben Sie noch Wein, *c'è ancora del vino?* there is no —, *il n'y en a p-*, es giebt keinen m-, *non ce n'è più;* I want some —, *il m'en faut davantage*, ich brauche noch etwas, *ne vorrei dell' altro; —* and —, *de p- en p-*, immer m-, *di p- in p-;* no — (not again), = not —; once —, *encore une fois*, noch einmal, *ancor una rolta;* one —, *encore un;* noch ein; *ancor uno, un altro;* so much the —, *d'autant p-*, um so m-, *tanto p-;* the — (o. does, etc.) the —, *p- .. p-*, je m-.. desto m-, *p- .. p-.* 'o'ver, ad., *de plus*, überdies, *di più*.
Mor'ning, n., *matin*, m., (whole) |*ée*, f.; Morgen, M.; *mattina*, f.; every —, *tous les m's*, jeden M-, *ogni m-;* in the —, *le m-*, des M|s, *la m-;* next —, *le lendemain m-*, am folgenden M-, *l'indomani m-;* this —, *ce m-*, heute m-, *stamattina;* to-morrow —, *demain m-*, morgen früh, *domani m-*. [der. n.; *marocchino*, m.
Moroc'co, n., (leather) *maroquin*, m.; |le-
Morose', a., *m-*, mürrisch, *burbero*.
Mor'row, n., v. next day, to-m-.
Mor'sel, n., *morceau*, m.; Stückchen, n.; *pezzettino*, m.
Mor't'al, n.., |*al'ity*, n., |*el*, |*alité*, f.; sterblich, |keit, (hurt) tödlich ; *m'ale*, |*alità*.
Mor'tar, n., *mortier*, m.; Mörtel; *calcina*,f.; (gun,etc.) *m-*, Mörser, m.; *mortajo*. [*teca*.
Mort'gage (org), n., *hypothèque*, f., |ek, *ipo-*
Mor'tif,y, t., (fig.) |*er*, kränken, *m'icare*. |y, i., *se gangrener*, brandig werden, *cancrenarsi*.
Mosa'|ic, n., |*ïque*, f.; |ik, |*ico*, m.
Mos'|cow, n., |*cou*, m.; |kau, n.; |*covia*, f.
Mos|elle', n., *,elle*, f., |el, |*ella*.
Mo'ses, n., *Moïse*, Moses, *Mo(i)sè*.
Mosqu|e (sk), n., |*ée*, f., Moschee, *moschea*.
Mosqui'to (kī), n., *moustique*, m., *cousin;* Moskito, Stechmücke, f.; *zanzara*.
Moss, n.., *mousse*, f., Moos, n.; *musco*, m.
Most, a., *la plupart de;* der, die, das meiste ; *il più;* at —, *(tout) au plus*, höchstens, *al più;* for the — part, v. |ly ; — money, *le plus d'argent*, das m|e Geld, *il più danaro;* — of the money, *la plus grande partie de l'a-*, der größere Teil des G|es, *la maggior parte del d-;* — people, *la plupart des gens*, die m|en Leute, *il più degli uomini*. —, ad., *le plus*, am m|en, *il più;* (very) *très, fort;* sehr, höchst; *molto;* — of all, v. chiefly. '|ly, ad., *pour la p-*, m'entoils, *per lo più*.

Moth, n., *teigne*, f., Motte, *tignuol*|a. '|eaten, a., *mangé par les vers*, von M|cn zerfressen, *roso dalle t*|e.
Moth'er (ŭ), f., *mère*, Mutter, *madre*. -country, n., *mère patrie*, f.; M|land, n.; *patria d'origine*, f. -in-law, f.,*belle-* m-, Schwiegermutter, *suocera*. |ly, a., *matern*|el, mütterlich, m|o. -of-pearl, n., *nacre*, f., Perlmutter, *madreperla*.
Mo'tion, n., *mouvement*, m.; Bewegung, f.; *moto*, m., *morimento*; (parl.) *motion*, f.; Antrag, m.; *mozione*, f.; set in —, *faire aller, f- marcher*; in B- setzen; *mettere in moto*. |less, a., *immobile*, b|slos, i-.
Mo'tive, n., |*if*, m.; Beweg|grund, (mus.) Thema, n.; m|*iro*, m. |ive, a.; — power, *force motrice*, f., b|ende Kraft, *forza m-*.
Mot'ley, a., *rarié*, bunt, *svariato*. |tled, a., *tacheté*, scheckig, *macolato*.
Mot'to, n., *devise*, f.; M-, n.; *m-*, m.
Mould (ōl), n., *moule*, m.; (Gieß)form, f.; *form*|a; & v.kind, character. —, t., *mouler*; t|en, gießen; *f*|are. '|ing, n., (arch.) *moulure*, f.; Simswerk, n.; *modanatura*, f.
Mould (ōl), n., (carth) *terr*|eau, m.; Gartenerde, f.; *t*|*iccio*, m. '|er, i., *tomber en poussière*, modern, . *ridursi in polvere*. '|y, a., *moisi*, schimmelig, *muffato*.
Moult (ōl), i., *muer*, mausern, *mudare*.
Mound (aou), n., *butte*, f.; Erdbügel, m.; *monticello*.
Mount (aou), n., *mont*, m., Berg, m|e. —, t., *mont*|er, (horse) |er à; besteigen, steigen auf (ac.), (photo.) aufziehen; *salire*, m|are a, *collare*. '|ain, n., '|*ainous*, a., |*aineer*', m., *montagn*|e, f., |*eur*, |*ard*, m.; Berg, |ig, |bewohner; m|a, f., |*oso*, *montanaro*, m. '|ebank, m., v. quack, buffoon.
Mourn (ör), t. & i., *pleurer*; betrauern, trauer'n; *piangere*. '|er, m. & f., *parent*(e) *du défunt*; Leidtragende(r); *afflitt*|o, |a. '|ful, a., v. sad. '|ing, n., *affliction*, f., *deuil*, m., (dress) *d-*; T|, f., T|(kleidung); *cordoglio*, m., *bruno*; be in — for, *port*|er *le d- de*, t|n um, p|*are il lutto di*.
Mouse (pl. mice), n., *sour*|*is*, f.; Maus; *sorcio*, m. '-trap, n., s|*icière*, f., Mäusefalle, *trappola*.
Moustache' (Fr.), n., *m-*, f.; Schnurrbart, m.; *mustacchi*, m. pl.
Mouth, n., *bouche*, f.; Mund, m., (of anim.) Maul, n.; *bocca*, f.; (of beast of prey) *gueule*, f.; Rachen, m.; *gola*, f.; (of river) *embouchure*, f., Mündung, *foce*; & v. opening, entrance; by word of —, *de rive voix*, mündlich, *a voce*. '|ful, n., '|piece, n., *bouchée*, f., *embouchure*; Mund|voll, m., |stück, m.; *bocc*|one, m., |*tuolo*.
Mo'v(e)able (ou), a., |s, n. pl., *mobile*, (*biens*) *meubles*, m. pl.; beweglich, |es Gut, n., Mobilien, f. pl.; *mobil*'e. *beni m*|i, m. pl.
Move, t., *mouvoir*, bewegen , *muovere*;

(from its place, a limb) *remuer*; (weg)-rücken, rühren; *m-*; (furnit.) *déménager*, fortschaffen, *sgomberare*; (at chess, etc.) *jouer*, ziehen, *m-*; (affect) *émouvoir*, rühren, *commuovere*; (resolut.) *proposer*, (e-n Antrag) stellen, *proporre*; & v. set in motion, induce. **Move**, i., *se m-*, *faire un mouvement*, (mach.) *aller*, *marcher*, (fr. spot) *se remuer*, *bouger*; s. bewegen; *muoversi*; (fr. house) *déménager*, ausziehen, *sloggiare*; — away, off, *s'éloigner*, s. entfernen, *partire*; — back, reculer, zurückgehen, *retrocedere*; — forward, on, v. advance. **Move**, n., (at chess, etc.) *coup*, m.; Zug; *mossa*, f.; & v. |ment, (fig.) step. '|ment, n., *mouvement*, m.; Bewegung, f.; *moto*, m., *movimento*.
Mow (ō; pp. |ed & |n), t., *faucher*, mähen, *falciare*.
Mr. (mĭs'tˀr), m., *monsieur*, Herr, *signor*|e.
Mrs. (mĭs'sĭz), f., *madame*, Frau, s|a.
Much (compar. more, superl. most), a., *beaucoup*, (folld. by subs.) *b- de*, *bien de* (*du*, *de la*, *des*); viel, |c, |es (etc.); *molt*|o, |a; as (so) —, *tant*, *autant* (as, *que*); so v- (wie); *tant*|o, |a (*quant*|o, |a); as — more, *une fois autant*, noch einmal so v-, *altrettanto*; make — of, *faire grand cas de*, auf (ac.) große Stücke halten, *far gran caso di*; too —, *trop (de)*, zu v-, *tropp*|o, |a; very —, *beaucoup (de)*, sehr v-, *moltissim*|o, |a. **Much**, ad., *beaucoup*, *très*, *fort*; sehr, viel; *molto*, *assai*; & v. nearly; inasmuch as, v. in-, seeing that; so —, *tant*, so sehr, t|o; so — the better, worse, *tant mieux*, *t- pis*; desto besser, schlimmer; t|o *meglio*, *peggio*; so — the more, *d'autant plus*, um so mehr, *tanto più*; too —, *trop*; zu v-, zu sehr; t|po; very —, v. —, nearly.
Mu'cilag|e, n., |e, m., Pflanzenschleim, (for pasting) Gummilösung, f.; m|*gine*, *gomma in liquido*.
Mud, n., *boue*, f.; Schmutz, m.; *fango*; (in river, etc.) *limon*, Schlamm, *limo*. '|de, t., v. confuse; — away, v. waste; (n.) v. mess (fig.). '|dy, a., *boueux*, schmutzig, *f*|*so*; (splashed) *crotté*, beschmutzt, *pillaccherato*; (water) *troublé*, trübe, *torbido*.
Muff, n., *manchon*, m., Muff, *manicotto*; (m., fam.) *niais*, Gimpel, *balocco*. '|le, t., (up) v. wrap up, conceal; (sound) *assourdir*, dämpfen, *assordire*.
Mug, n., *pot*, m., Kanne, f.; *ciotola*. |*to*, |*ta*.
Mulat'to, m. & f., *mulât*|*re*, |*resse*; |te, |tin;
Mul'berry, n., *mûre*, f., Maulbeere, *mora*.
Mule, n., |teer', m., |*t*, m., |*tier*; Maultier, n., |treiber; *mul*|o, m., |*attiere*.
Mulled (ăld), a.; — wine, *vin chaud*, m., Glühwein, *vino scaldato*.
Mul'let, n., *mulet*, m.; Seebarbe, f.; *triglia*.
Mul'tipl|ỹ, t. & i., |*ier*, *se* |*ier*; vermehr|en,

Multitude — 106 — Narrative

(arith.) m|izieren, sich v|en; moltiplica|-re, |rsi. |ica'tion, n., |ication, f.; V|ung,
M|ikation; m|zione. |ica'tion-table, n., table de m|ication, f.; Einmaleins, n.; tavola pitagorica, f.
Mul'titude, n., m-, f., Menge, moltitudine.
Mum'ble, t. & i., v. mutter.
Mum'my, n., momie, f., Mumie, mummia.
Mu'nich (Ik), n., M-, m.; München, n.; Monaco, m.
Münic'ipal, a., '|ity, n., m-, |ité, f.; Gemeinde.., G-; m|e, |itú.
Münif'icent, a., libéral. freigebig, m|e.
Mur'der (meur), t., tuer, assassiner; morden; uccidere; (language) écorcher, radebrechen, rovinare. —, n., |er, m., meurtr|e, m., |ier; Mord, Mörder; omi-
Mur'ky (eur), a., v. dark. [cid|io, |a.
Mur'mur (eur), n. & i., |e, m., |er; Murren, n., m-; mormor|io, m., |are. |dello.
Mus|catel', n., |cat, m., |kateller, mosca-
Mus|cle (ässl), n., |cle, m., |kel, |colo; & v. |sel. '|cúlar, a., |culaire, |kel.., |colare; (limb) |culeux, |kulös, |coloso.
Mus|e, i., rêver (on, à), sinnen (über, ac.), meditare (sopra). |e, f., |e, |e, |a. |e'um, n., |ée, m.;|eum, n.; |eo, m. '|ic, n., '|ical, a., |ic'ian (Ich), m., |ique, f., |ical, |icien; |ik, f., |ikalisch. |iker; |ica,f., |icale, |ico.
Mush'room, n.. champignon, m.; C-, Pilz, Schwamm; fungo.
Musk, n., musc, m., Moschus, muschio.
Mus'ket, n., fusil, m.; M|e, f.; fucile, m.
Mus'lin (z), n., mousseline, f.; Musselin, m.; mossolina, f. [tero di mare, m.
Mus'sel, n., moule, f.; (Mies)muschel; dat-
Must, i., falloir, devoir; müssen; bisognare, dovere; I — have it, il me le faut, ich muß es haben, bisogna che io lo abbia; I — go (away), il faut que je m'en aille, ich muß gehen, devo andarmene; it — be done, il faut le faire, es muß geschehen, va fatto; you — have seen it, vous avez dû le voir, Sie müssen es gesehen haben, ha dovuto vederlo.
Mus'tard, n., moutarde, f.; Senf, m.; mostarda, f. [rassegnare; & v. collect.
Mus'ter, t., (mil.) passer en revue, m|n,
Mus'ty, a., v. mouldy. stale, (air) close.
Mùtabil'it|y, n., instabilité, f., Veränder-
Mute, a., v. dumb. [lichkeit, m|à.
Mu'til|ate, t.,|er, estropier; verstümmeln; m|are.
Mu'tin|y, n., |erie, f.; Meuterei; ammutinamento, m. [tare.
Mut'ter, t., marmotter, murmeln, borbot-
Mut'ton, n., mouton, m., |Hammel|fleisch, n.; castrato, m. -chop, m., côtelette de m-, f.; H|kotelett, n.; costoletta di c-, f.
Mu'tù|al, a., |el, gegenseitig, m|o.
Muz'zle, n., mus|eau, m.; Schnauze, f.; m|o, m.; (for dogs) m'eliere. f.; Maulkorb,

m.; m,oliera, f.; (of gun) bout, m., (cannon) bouche, f.; Mündung; bocca.
Mỹ, a., mon, ma, mes; mein, |e, m-; (il) mi,o, (la) |a, (i) |ei, (le) |e; I have cut — finger (arm, etc.), je me suis coupé le doigt, ich habe mich in den F- geschnitten, mi sono tagliato il dito. |self, prn., moi-même, moi, me; ich selbst, mich (s-), mir (s-); io stesso, me (s-), mi (s-); by —, v. alone; I have hurt —, je me suis fait mal, ich habe mir weh gethan, mi sono fatto male.
Myr'iad (ir), n., |e, f., |c, miriade.
Myr'tle (eur), n., myrte, m.; M-, f.; mirto, m.
Mys't|ery, n., |e'rious, a., |ère, m., |érieux; Geheimnis, n., |voll; mister|o, m., |ioso.
Mỹth, n., |e, m.; |e, f.; mito, m. Mythol'og|y, n., '|ical, a., |ie, f., |ique; |ie, |isch; mitologi'a, |co.

N.

Nag, n., bidet, m.. Klepper, b|to; & v. horse.
Nail, n., clou, m., (finger-, etc.) ongle; Nagel; chiodo, unghia, f. —, t., c|er, n|n, inchiodare.
Na'ked, a., |ness, n., nu, |dité, f.; nackt, |heit; (ig)nudo, nudità; & v. bare, simple; with the — eye, à l'œil nu, mit bloßem Auge, a occhio nudo.
Name, n., nom, m., Name, nome; & v. reputation; Christian —, n- de baptême, Vor|n-, n- di battesimo; famil|y —, n-de f|le. |ienname, cognome; maiden —, n- de demoiselle, Mädchen|n-, n- da ragazza; prop|er —, n-p|re, Eigen|n-, n-p|rio; by, in —, de n-, dem N|n nach, di n-; by the — (of), v. under; in the — (of), au n-, im N|n, al n-; call o. |s, v. insult; what is your —, comment vous appelez-vous, wie heißen Sie, come si chiama? Name, t., nommer, appeler; nennen; nominare, chiamare; & v. mention. '|ly, ad., savoir, c'est-à-dire; nämlich, das heißt; cioè, vale a dire. '|sake, m., homonyme, Namensvetter, omonimo.
Nan''cy, f., |nette, |nette, |netta.
Nap, n.. (petit) somme, m.; Schläfchen, n.; sonnellino, m.; take a —, faire la sieste, ein Sch- machen, far la siesta.
Nap, n., (of cloth, etc.) poil, m.; Haar, n.; pelo, m. |n.; nuca, f.
Nape, n., (of the neck) nuque, f.; Genick,
Naph'|tha, n., |te, m., |tha, n.; nafta, f.
Nap'kin, n., (table-)serviette, f., S-, salvietta.
Na'ples, n., N-, m.; Neapel, n.; Napoli, m.
Narcis's|us, n., |e, m., |e, f.; |o, m.
Narcot'|ic, a., |ique, narkotisch, n|ico.
Nar'r|ative, n., |ate', t., |a'tor, m., |ation, f., |er, |ateur; Erzähl|ung, f., |en, |er; n,atica, f., |are, |atore.

Nar'row, a., *étroit;* schmal, (entrance, etc.) enge; *stretto; & v.* -minded, limited, selfish; have a —escape, *l'échapper belle,* mit genauer Not entkommen, *scamparla bella. —, t., rétrécir,* schmaler machen, *rendere stretto; & v.* contract, limit; (i.) *se r-, s-* werden, *divenire s-.* |ly, ad., (watch) *de près,* genau. *minutamente;* escape —, v. have a narrow e-. -mind'ed, a., *borné,* beschränkt, *di mente stretta.* |ness, n., *étroitesse.* f., Schmalheit, *strettezza; & v.* smallness. poverty.
Nas'ty, a., *vilain,* garstig, *brutto.*
Nathan'iel, m., N-, N-, *Nataniele.*
Nat;ive, a., *if;* angeboren, (ore) gediegen; n|*iro;* (product) *indigèn*|e, einheimisch, i|o; (place) n|al, Geburts.., n|ivo; (lang.) v. maternal; & v. natural. |ive, m., |*if,* Eingeborne, n|*ivo;* he is a — of England, *il est d'origine anglaise,* er ist ein geborner Engländer, *è* n|*ivo d'Inghilterra.* |iv'ity, n., |*irité,* f., Geburt (Christi) n|*ività.*
Na'türe, n., Nat'ür|al, a., |e, f., |*el;* N|, natürlich; *n.a.* |*ale.* |al, n., (mus., ♭) bécarre, m.; Auflösungszeichen, n.; bequadro, m. |alist, m., |*aliste,* |forscher, |*alista.* |alize, t.. |*aliser,* |alisieren, |*alizzare.*
Naught (aut), n., *rien,* m., (arith.) *zéro;* Nichts, n., Null, f.; *niente,* m., z-; set at —. v. despise. defy. '|y, a., *méchant,* unartig, *cattivo.*
Nau's|ea (chïa), n., |*ée,* f., Übelkeit, n|*ea.* |eous, a., v. disgusting.
Nau'ti|cal, a., |*que;* |sch, See.., n|*co.*
Na'v|al, a., |*al,* (officer) *de marin*|e; zur See gehörig. See..; n|*ale, della* m|a.
Nave, n., (arch.) *nef,* f.; Schiff, n.; *nave,* f.; (wheel) *moyeu,* m.; Nabe, f.; *mozzo,* m.
Nav'ig|able, a., |a'tion, n., |*able,* |*ation,* f.; schiff|bar, |fahrt; n|*abile,* |*azione.* Na'vy, n., *marin*|e, f.; Flotte, Seemacht; m|a.
Nay, ad., *bien plus;* ja, sogar; *anzi; & v.* no.
Neapol'itan (nia), m. & a., *napolitain;* Neapolitan|er, |isch; *napolitano.*
Near, a.. *proche;* nahe; *vicino,* (relat.) *prossimo, stretto,* (route) v. short. Near, prp., (au)près de; n-, bei, neben (go, ac.; be, dat.). (nahe) an (ac.; dat.); v- a, *presso;* — ten o'cl., *près de dix heures,* bald zehn Uhr. *quasi le dieci;* I was — being killed. *j'ai failli être tué,* ich wäre beinahe getötet worden, *poco mancò che non fossi ucciso.* Near, ad.. *près,* n-, v- / quite —, *tout p-,* ganz in der Nähe, *vicin* |o; & v. |ly: come. draw —, v. approach. '|ly, ad., (affect) *de près,* n-, *di presso;* (almost) *à peu près, presque;* beinahe, fast; *presso a poco, quasi;* (related) v. near relation. '|ness, n.. *proximité,* f., Nähe, *prossimità.*

Neat, a., *propre;* sauber; *netto, assettato;* (nice, tasteful) *gentil,* nett, *grazioso.* '|ness, n., p|*té,* f.. S|keit, *nettezza.*
Nec'ess|ary, a., *nécess*|*aire;* notwendig, nötig; n|*ario.* |aries, n. pl., n|*aire,* m.; Bedürfnisse, n. pl.; n|*ario,* m. |arily, ad., n|*airement,* notwendig(erweise), n|*ariamente.* '|ity, n., n|*ité,* f., Notwendigkeit, n|*ità.*
Neck, n., *cou,* m., *col;* Hals; *collo,* m.; (of land) v. tongue. '|lace, n., *collier,* m.; H|band, n.; *collana,* f. '-tie, n., *cravat*|e, f.; H|tuch, n.; c|*ta,* f.
Nec'tar, n., *n-,* m., Nektar, *nettare.* |Ine, n., *brugnon,* m.; Blutpfirsich, f.; *pesca liscia.*
Ned, m., v. Edward.
Need, n., *besoin,* m.; Bedürfnis, n., Not, f.; *bisogno,* m.; & v. poverty; in case of —, if — be, *au b-,* im N|fall, *in caso di b-;* be (stand) in — of, v. — (t.); there is no — of it, *ce n'est pas nécessaire,* es ist nicht nötig, *non ce n'è b-.* Need, t., *avoir b- de;* nötig haben, brauchen; *aver b- di;* & v. require; — I come, *dois-je venir,* soll (muß) ich kommen, *devo io v|e?* you — not do it, *vous n'avez pas besoin de le faire,* das brauchen Sie nicht zu thun, *non importa che lo faccia.* '|ful, a., '|less, a., |s, ad., v. necessar|y, un|n-, n|ily. '|y, a., *indigent,* dürftig, |e.
Nee'dle, n., *aiguille,* f.; Nadel; *ago,* m.
Neg'ative, a. & n., *négat*|*if,* |*ive.* f.; verncin|end, |ung; n|*ivo,* |*iva;* in the —, v. —, a. & |ly, ad., n|*ivement,* v|end, n|*ivamente.*
Neglect', n. & t., *néglig*|*ence,* f., |*er;* Nachlässigkeit, vernachlässigen; n|*enza,* |*ere.* |ful, v. negligent. Neg'lig|ence, n., v. neglect. |ent, a., n|*ent,* nachlässig, n|*ente.*
Nego'ti|ate, t., |a'tion, n., *négoci*|*er,* |*ation,* f.; unterhandeln, |lung; *negozi*|*are,* |*azione.* [*ger,* |in; *negr*|o, |*a-*
Ne'gr|o, m., |ess, f., *nègre, négresse;* Neigh (ne), t., *hennir,* wiehern, *nitrire.*
Neigh'bo(u)r (né), m. & f., *voisin,* f.; Nachbar, |in; *vicin*|o, |*a;* (fig.) *prochain,* m., Nächste, *prossimo.* |hood, n., |ing, a., *voisin*|*age,* m., v|; Nachbarschaft, f.. benachbart; *vicin*|*anza,* |o. |ly, a., v. kind. social.
Nei'ther (nī, naī), cj., *ni* (nor, *ni;* with *ne* before vb.); weder (noch), *nè* (*nè;* vb. with *non*); — am (do, can, &c.) I, *ni moi non plus,* ich auch nicht, *nemmeno io. —,* prn., *ni l'un*(e) *ni l'autre;* keiner, |e, |s von beiden, *nè l'un*|o, '*a, nè l'altr*|o, |a.
Neph'ew (nĕvĭou), m., *neveu,* Neffe, *nipote.*
Nerv|e, n., *nerf,* m., Nerv, |o. |ous, a.. |*eux,* |ös, |*oso; & v.* timid.
Nest, n., *nid,* m., Nest, n.; *nido,* m.; (of robbers) *repaire;* Schlupfwinkel; *spe-*

lonca, f. |**le**(ssl), i., *(se) nicher*, (sich ein)-nisten, *annidarsi*.
Net, a., *n-*, |to, |*to*.
Net, n., *filet*, m.; Netz, n.; *rete*, f.; (muslin) *tulle*, m., Tüll, *tulle*. **Net**, t., *faire du f-*, stricken, *lavorare a modano*.
Neth'er, a.. *inféri|eur*, unter, i'*ore*. |lands, n. pl., *Pays-Bas*, m. pl.; Niederlande, n. pl.; *Paesi bassi*, m. pl. |**most**, a., *plus bas*, n|ste, *infimo*.
Net'tle, n., *ortie*, f., (Brenn)nessel, *ortica*. —, t., (fig.) v. irritate. [*nevralgia*.
Neural'gia, n., *névralgie*, f., Neuralgie,
Neu't|er, a., |*re*, sächlich, n|*ro*. '|**ral**, a.. |*re*, |ral, |*rale*. **Neu'tral|ize**, t., '|**ity**, n.. |*iser*, |*ité*, f.; |isieren, |ität; |*izzare*, |*ità*.
Nev'er, ad., *jamais* (vb. with *ne*), nie(mals), *(non) mai*; & v. not, ever. |**theless'**, ad., *néanmoins*, nichtsdestoweniger, *nulla-dimeno*.
New (iou), a., (|ly made) *neuf*, (later, difft.) *nouveau*; neu; *nuovo*; & v. fresh. **-com'-er** (că), m., *noureau venu*; neuer Gast (etc.), Fremder; *nuovo arrivato*. '-**laid**, a., v. fresh. '|**ly**, ad., *nouvellement*, neu, *nuoramente*. '|**ness**, n., *nouveauté*, f., Neuheit, *novità*. |**s**, n., sg. & pl., *nouvelle(s)*, f. (pl.); Neu|es, n., |igkeit, f.; *nuova*, *novella*; good —, *bonnes n|s*, gute Nachricht, *buona nuora*; what is the —, *qu'y a-t-il de nouveau*, was giebt es Neues, *che nuove abbiamo?* |**s'paper**, n., *journal*, m.; Zeitung, f.; *giornale*, m. **-year's-day**, n., *jour de l'an*, m., Neujahrstag, *capo d'anno*.
Next, a., *voisin*, nächst, *vicino*; (follg.) *suivant*; n-, folgend; *seguente*; (fut. time) *prochain*, n-, *prossimo*; the — day, *le lendemain*; am andern Tage, den Tag darauf; *l'indomani*; — **house**, *maison v|e*, Nebenhaus, *casa contigua*; — **door**, *à côté*, nebenan, *accanto*. **Next**, ad., *ensuite*, nachher, *dopo*; what —, *et ensuite*, was nun, *e poi? —* to, v. almost. **Next** (**to**), prp., *près de*, *à côté de*; neben (go, ac.; be, dat.), bei; *presso di*, *accanto a*; & v. after.
Nib'ble, t., (grass) *brouter*, abweiden, *pascolare*; & v. gnaw; (at bait) *mordre*, anbeißen, *morsicare*.
Nice, a., *gentil*, nett. *g|e*; & v. good, agreeable, delicate, precise, fastidious. '|**ly**, ad., *bien*, *gentiment*; gut, n-, sorgfältig; *bene*, *esattamente*. |**ty** (ti'l), n., *précision*, f., Genauigkeit, *esattezza*.
Niche (ltch), n., *n-*, f.; Nische, Blende; *nicchia*.
Nick, n.; in the (very) — of time. *fort à propos*, (gerade) zur rechten Zeit, *proprio a proposito*. —, n.. v. notch.
Nick'el, n., *n-*, m., N-, *n-*. [*soprannome*.
Nick'name, n., *sobriquet*, m., Spitzname,

Niece (nice), f., *nièce*. Nichte. *nipote*.
Nig'gardly, a., *parcimonieux*, knauserig, *taccagno*. [v. near.
Nig'ger, m., v. negro. **Nigh** (ai), a. & ad.,
Night (ait), n., *nuit*, f., Nacht, *notte*; a —, per —, *par soirée*, die N-, *per sera*; at —, by —, *(pendant) la n-*; in der N-, des N|s; *di n-*; ten at —, *dix heures du soir*, abends um zehn Uhr, *le dieci della sera*; good —, *bon soir*, b|ne n-; gute N-; *felice n-*; it is —, *il fait n-*, es wird N-, *si fa n-*; last —, *hier soir*; gestern abend; *iersera*, *la n- scorsa*; to —, *ce soir*, heute a-, *sta'sera*, |*notte*; to-morrow —, *demain soir*, morgen a-, *domani sera*. '-**cap**, n., *bonnet de n-*, m.; N|mütze, f.; *berretta da n-*. '|**fall**, n.; at —, *à la brune*, bei einbrechender N-, *sul far della n-*. '-**gown**, '-**shirt**, n., *chemise de n-*, f.; N|hemd, n.; *camicia da n-*. f. '|**ingale**, n., *rossignol*, m.; N|igall, f.; *rosignuolo*, m. '|**ly**, a., *de n-*, *nocturne*; nächtlich; *notturno*; (ad.) *toutes les nuits*, alle Nacht, *ogni notte*. '|**mare**, n., *cauchemar*, m.; Alp, |drücken, n.; *incubo*, m.
Nil, n., v. nothing. **Nile**, n., *Nil*, m., N-, |o.
Nim'ble, a., *agile*, flink, *lesto*.
Nine, a., **Ninth** (ai), a., *neuf*, |*rième*; neun, |te; *nove*, *nono*. **Nine-pins**, n. pl., *quilles*. f. pl.; Kegel, m. pl.; *birilli*. m. **Nine'-teen**, a., |**th**, a., *dix-neuf*, |*rième*; neunzehn, |te; *diecinove*, *decimonono*. **Nine'-t|y**, a., |**ieth**, a., *quatre-vingt-dix*, |*tième*; neunzig, |ste; *norant|a*, |*esimo*.
Nip, n.. *petit verre*, m.; Gläschen, n.; *bicchierino*, m.
Nip, t., (by frost) *brûler*, erfrieren, *bruciare*; & v. pinch; — off, *couper*, abzwicken, *spiccare*. '|**pers**, n. pl., v. pincers. [*capezzolo*, m.
Nip'ple, n., *mamelon*, m.; Brustwarze, f.;
Ni'tr|e (teur), n., |**e**, m., Salpeter, n|o. |**ogen**, n., |*ogène*, m., Stickstoff, n|*ogeno*.
No, ad., *non*, nein, *no*; — better, — worse, = not b-, etc. **No**, a., *pas de*, *nul (ne)*, *aucun (ne)*; kein; *punto* (vb. with *non*), *non .. alcuno*, (pers.) *nessuno*, *veruno*; & v. none; by — means, *pas du tout*, durchaus nicht, *in verun modo*; — matter, *n'importe*, es schadet nichts, *non importa*; I have — money, *je n'ai pas d'argent*, ich habe k-Geld, *non ho (punto) danaro*. '|**body**, n., *personne* (verb with *ne*); niemand; *niuno*, *nessuno*.
No'ah, m., *Noé*, Noah, *Noè*.
No'b|le, a., |il'**ity**, n., |*le*, |*lesse*. f.; edel, Adel, m.; n|*ile*, |*ilità*, f. **No'bleman**, m., *noble*, Adliger, *nobile*.
Noctur'n|al, a., |*e*, nächtlich, *notturno*.
Nod, i. & n., *incliner la tête*, *signe de t-*, m.; nicken, N-, n.; *chinare la testa*, *inchino colla t-*, m.

Nod'ule, n., *rognon*, m.; Niere, f.; *nodo*, m.
Noise, n., *bruit*, m.; Geräusch, n.; *romore*, m.; (loud) *fracas*, (fam.) *tapage*; Lärm; *strepito*; (din, crash) *f-*; Getöse, n.; *f|so*, m.; (report) *éclat*, Knall, *scoppio*. **Noi'sy**, a., *bruyant*, geräuschvoll, *strepitoso*; (person) *tapageur*, lärmend, *che fa romore*.
Noi'some, a., v. injurious, offensive.
Nomad'|ic, a., |e, |isch, |e.
No'menclatur|e, n., |e,f., Nomenklatur, n|a.
Nom'in|al, a., |el; |ell, dem Namen nach; *n'ale*. |ate, t., |a'tion, n., *nommer, nomin|ation*, f.; ernenn|en, |ung; *n|are*, |*azione*. |ative, n., |*atif*, m., |*atif*, |*ativo*.
Non-, in comp., *non..*, *manque de*; nicht.., un..; *non..*, *mancanza di*. **-appear'ance**, n., **-atten'dance**, n., v. absence. **-compli'ance**, n., v. refusal. **-confor'mist**, m., *non-c|e*, Dissident, *non-c|a*. '|**descript**, a., v. without name, odd. '|**plus**, t., v. embarrass. '|**sense**, n., *absurdité*, f.; Unsinn, m.; *assurdità*, f.; talk —, *dire des bêtises*, dummes Zeug reden, *dirne delle grosse*. |sen'sical, a., v. absurd.
None (ä), a., v. no, (pers.) nobody; I have —, *je n'en ai pas*, ich habe kein|en (|e, |es), *non ne ho punto*.
Noo'dle, m., v. simpleton.
Nook, n., (*re)coin*. m., Winkel, *cantuccio*.
Noon, '|**day**, '|**tide**, n., midi, m., Mittag, *mezzogiorno*.
Noose, n., *nœud coulant*, m.; Schlinge, f.; *laccio*, m.
Nor, cj., *ni*, noch, *nè*; & v. neither; —(do, can, etc.) I, — I (either), v. neither.
Nor'mal, a., *n-*, *n-*, |e.
Nor'man, a., |d, |nisch, |*no*.
North, n., *nord*, m.; N-, |en; *settentrion|e*, *norte*. —, '|**erly**, '|**ern**, a., *du n-*, nördlich, *s|ale*. '|**wards**, ad., *vers le n-*, *au n-*; |würts; *verso s|e*. **-wind**, n., *vent du n-*, m.; |wind; *tramontana*, f.
Nor'|way, n., |we'**gian**, m. & a., |*vège*, f., |*végien*; |wegen, n., |weger, |wegisch; |*regia*, f., |*vegio*.
Nose, n., *nez*, m.; Nase, f.; *naso*, m.; blow o's —, *se moucher*, sich schnauben, *soffiarsi il n-*; turn up o's — *at*, *faire fi de*. über (ac.) die N- rümpfen, *far il muso a*. '|**gay**, n., *bouquet*, m., Blumenstrauß, *mazzo*. [*rice*, f.
Nos'tril, n., *narine*, f.; Nasenloch, n.; *na-*
Nos'trum, n., v. (secret) medicine, remedy.
Not, ad., *non*, *ne .. pas*; nicht; *non*, *no*; — at all, *pas du tout*, durchaus n-, *non punto*; — in the least, *pas le moins du monde*, n- im geringsten, *niente affatto*; is (will, can, etc.) it —? *n'est-ce pas*, n- wahr, *non è vero*? I think —, *je crois que non*, ich glaube n-, *credo di no*.
No'tab|le, a., |*le*, bemerkenswert, *n|ile*.
No't|ary, m., |*aire*; |ar; |*ajo*, |*aro*.

Notch, n. & t., *coche*, f., *entailler*; Kerb|e, |en; *tacca*, *intaccare*.
Note, n., *n-*, f., N-, *nota*; (letr.) *billet*, m.; B-. n., Briefchen; *biglietto*, m.; (of interrog., etc.) *point*; Zeichen, n.; *punto*, m.; & v. distinction, notice; take |s, *prendre des n|s*, sich Notizen machen, *far degli appunti*. **Note**, t., *not|er*, |ieren, |*are*; & v. observe. '|**book**, n., *carnet*, m.; Notizbuch, n.; *taccuino*, m. '|**paper**, n.; *papier à lettres*, m.; Briefpapier, n.; *carta da lettere*, f. **No'ted**, a., v. famous, eminent.
Noth'ing (nä), n., *rien* (vb. with *ne*), m.; Nichts, n.; *niente*, m., *nulla* (vb. with *non*); — at all, *r- du tout*, gar n-, *niente affatto*; for —, *pour r-*, umsonst, *gratuitamente*; do — but, *ne faire que*, weiter n- thun als, *non fare (altro) che*; it is good for —, *cela ne vaut r-*, es taugt n-, *non è buono a n-*; it is — to me, *cela (ça) ne me regarde pas*; es ist mir einerlei, geht mich nichts an; *non mi fa nulla*; — of the sort, *il n'en est r-*, es ist n- daran, *è niente di simile*; next to —, *si peu que r-*, so gut wie n-, *quasi niente*. —, ad., *nullement*, keineswegs, *in nessun modo*.
No'tice, n., (intimation) *avis*, m.; Nachricht, f.; *notizia*; & v. observation, attention, account; at a moment's —, v. immediately; give —(to serv., etc.) *donner congé à*; kündigen (dat.); *licenziare* (ac.), (to landld.) *disdire (l'affitto)*; give — of, *avertir (qn. de)*, benachrichtigen (j. von et.), *avvertire (qd. di)*; take — of, —, t., *remarquer*, bemerken, *osservare*; & v. pay attention to. regard.
No'tion, n., *n-*, f.; Begriff, m.; *nozione*, f.; & v. idea.
Noto'ri|ous, a., *not|oire*, |*orisch*, |*orio*; (thief, etc.) *insigne*, berüchtigt, *solenne*. '|**ety**, n., |*été*, f., Offenkundigkeit, *n|età*.
Notwithstan'ding, prp., *malgré*, trotz (dat.), *nonostante*; (ad.) *néanmoins*, dennoch, *nulladimeno*.
Nought (aut), n., v. naught.
Noun (aou), n., *nom*, m.; Hauptwort, n.; *nome*, m.
Nour'ish (nä), t., *nourrir*; (er)nähren, (fig.) hegen; *nudrire*. |ing, u.., |ment, n.., *nutritif*, *nourriture*, f.; nahr|haft, |ung; *nutri|tivo*, |*mento*, m.
Nov'el, a., v. new, strange. —, n., *roman*, m., R-, |*zo*. |ist, m., r|*cier*, |schreiber, |*ziere*. |ty, n., *nouveauté*, f.; Neuheit, Novität; *novità*. [in May.
Novem'b|er, n., |*re*, m., |er, |*re*; in —, cf.
Nov'ice, m. & f., *n-*; Novize, (fig.) Neuling, m.; *novizi|o*, |a.
Now (aou), ad., *maintenant*, jetzt, *adesso*; (explanatory, etc.) *or*, nun, *ora*; & v. at present, (past time) then; before —, v.

Nowhere — 110 — Obsolete

already; just —, *à l'instant*, soeben, *or ora*; not —, (no longer) *ne .. plus*, nicht mehr, *non .. più*; — .. —, *tantôt .. t*-, bald .. b-, *quando .. q-*; — a-days, *aujourd'hui*, heutzutage, *oggigiorno*; — and then, *de temps en t-*, von Zeit zu Z-, *di quando in q-*; — then, *royons*, nun, *ebbene!*
No'where, ad., *nulle part*, nirgends, *in niun luogo*. |*nociro*.
Nox'ious (ok'ch), a., *nuisible*, schädlich,
Nu'cleus (iăce), n., *noyau*, m., Kern, *nucleo*. |*nud*|o. |*itú*.
Nud e, a., |**ity**, n., *nu*, |*dité*. f.; nackt, |heit;
Nudge, t., v. touch, push (with elbow).
Nu'gatory, a., v. vain. **Nug'get**, n., v. lump.
Nui'sance (iouss), n., *incommodité*, f., Unannehmlichkeit, *noja*; & v. plague, bore.
Null, a., *nul*, |l, |*lo*. |*rizzito*.
Numb (ămm), a., *engourdi*, erstarrt, *intirizzito*.
Num'ber, n., *nombre*, m.; Zahl, f.; *numero*, m.; (on door, parcel. etc.) *numéro*, m.; Nummer, f.; *n-*, m.; (of periodic.) *livraison*, f.; Lieferung; *fascicolo*, m.; & v. numeral; ten in —, *au nombre de dix*, zehn an der Z-, *in dieci*; |s of, v. (a great) many, numerous. —, t., *numér*|*oter*, |ieren, |*are*; & v. count. —, i., v. amount to. **Nu'mer**|al, a., *chiffre*, m.; Ziffer, f.; *cifra*, n|o, m. |ous, a., *nombreux*, zahlreich, *numeroso*.
Nun, f., *religi*|*euse*; Nonne; *monaca*. r|o-sa. '|nery, f., *couvent de r*|*euses*, m.; N|nkloster, n.; *convento di r*|*ose*, m.
Nup'tial, a., *n-*, hochzeitlich, *nuziale*. |s, n. pl., v. wedding.
Nurse (eur), f., (wet-) *nourrice*, Amme, *balia*; (-maid) *bonne*, Kinderwärterin, *bambinaja*; (sick-) *garde-malade*, Krankenwärterin, *infermiera*. —, t.. *soigner*; pflegen; *assistere*, *baden* & (infant) *nourrir*, nähren, *nutrire*, |ry, n., *chambre des enfants*, f., Kinderstube, *camera dei fanciulli*; (-garden) *pépinière*, f.; Baum| (llg. Pflanz)schule; *semenzajo*, m.
Nur'ture (nenr), t. & n., v. educa|te, |tion.
Nut, n., *noix*, f., Nuß, *noce*; (hazel-) *noisette*, Haselnuß, *nocciuola*; (screw) *écrou*, m.; Mutter. f.; *cavo*, m. '**-crackers**, n. pl., *casse-noix*, m.; N|knacker, *acciaccanoci*. '|**meg**, n., *muscade*, f., Muskatnuß, *noce moscada*. [ment, |ing.
Nütri'|**tion** (Ich), n., '|**tious**, a., v. nourish|-
Nÿmph, f., |e, |e, *ninfa*.

O.

O, intj., *oh, ó*; o, ah; *oh, ahi!*
Oak (ōke), n., *chêne*, m.; Eich|e, f.; *quercia*. —, '|**en**, a.. *de c-*. e|en, di *q-*. [*pa*, f.
Oa'kum (ōk), n., *étoupe*, f.; Werg, n.; *stop-*
Oar (ōre). n., '|sman, m., ram'e, f. (*aviron*,

m.), r|*eur*; Ruder, n., |er; *rem*|o, m., |*atore*.
Oas|**is** (o'ah & oē'; pl. |es), n., |*is*. f.. |e, |*i*.
Oath (ōth), n., *serment*, m., Eid, *giuramento*; & v. curse; take an —, *prêter s-*, e-n E- leisten, *prestare g-*; put on —, *faire p- s- (à)*, vereidigen, *far p- g- (a)*.
Oat|**s** (ōtes), n. pl., *avoine*, f.; Hafer, m.; *avena*, f. '|**meal**, n., *farin*|*e d'a-*, f., H|-grütze, *f*|*a di a-*.
Ob'dūrate, a., v. callous, obstinate.
Obe'dien|**t**, a., |ce, n., *obéissan*|*t*, |ce, f.; gchorsam, G-, m.; *ubbidien*|*te*, |*za*, f.; in — to, *selon*, gemäß, *secondo*. **Obey**'(obé), t., *obéir à*, gehorchen (dat.), *ubbidire a*.
Obeis'ance (béss), n., *salut*, m.; Verbeugung, f.; *inchino*, m.
Ob'elisk, n., *obél*|*isque*, m., |isk. |*isco*.
Obit'uary, n., — notice, *nécrolog*|*ie*, f.; Nekrolog, m.; n|*ia*, f.
Ob'ject, n., *objet*, m.; Gegenstand; *obbietto*, *oggetto*; (aim) but, Zweck, *scopo*. **Object'**, t., |*ter*, einwenden, *obbiettare*. |t', i., *s'opposer* (to, *à*). abgeneigt sein (dat.), *oppor*|*si (a)*; do you — to smoking. (*est-ce que) la fumée vous gêne*, stört Sie vielleicht das Rauchen, *Le da noja il fumo?* '|tion, n., |*tion*, f., Einwendung. *obbiezione*; I have no —. *je n'ai rien à dire*, ich habe nichts dawider, *non ho difficoltà*; I have a great — (to do it), *il me répugne (de)*, es widerstrebt mir, *mi ripugna (di farlo)*. '|tionable, a., v. disagreeable, blamable.
Oblig|**e**', t.. |*er*; verbind|en, (force) nötigen; *obbligare*, *costringere*. |**a'tion**, n., |*a-tion*, f.; V|lichkeit; *obblig*|o, m., |*azione*, f. |**ing**, a., |*eant*, gefällig, *compiacente*.
Oblique' (Fr.), a., *o-*; schräg, schief; *obbliquo*. [*cellare*.
Oblit'erate, t., *effacer*, auslöschen, *scan-*
Obliv'i|**on**, n., |ous, a., *oubli*. m. (fall into, *tomber dans l'*), *oblirieux*; Vergess|enheit, f. (in .. geraten), |lich; *obblì*|o, m. (*cadere nell'*), |oso.
Ob'long, a., *o-*, länglich, *oblungo*.
Ob'loquy, n., v. reproach, censure.
Obnox'ious, a., *odieux*, verhaßt, *odioso*.
O'boe (bō), n., *hautbois*, m., O-, f.; *o-*, m.
Obscene', a., *obscène*, unzüchtig, *osceno*.
Obscur|**e'**, a. & t., o|, |*cir*; dunkel. (pers.) niedrig, verdunkeln; *oscur*|o, |*are*. |**ity**, n., |*ité*, f., D|heit; *o*|*scurità*.
Obse'quious, a., *obséquieux*, unterwürfig, *ossequio*.
Observ|**e'** (z), t., |*er*; beobacht|en, (festival) feiern; *osserva*|*re*; & v. remark. |er, m., |*ateur*, B|er, o|*tore*. '|**able**, a., *sensible*, bemerkbar, *o*|*bile*. |**a'tion**, n., |*ation*, f., B|ung, o|*zione*; & v. remark. '|**atory**, n., |*atoire*, m.; |*atorium*, n.; o|*torio*. m.
Ob'solete, a., *vieilli*, veraltet, *in disuso*.

Ob'stacle, n., *o-*, m.; Hindernis, n.; *ostacolo*, m.
Ob'stin|ate, a., |**acy**, n., |é, |*ation*. f., *opiniâtre*, |*té*, (light) *acharn'é*, |*ement*, m.; halsstarrig, |keit, f., (disease, fight, etc.) hartnäckig, |keit; *ostinat|o*, (light) *accanito, o|ezza*.
Obstruc|t', t., *obstruer, boucher;* ver|stopfen, |sperren; *ostruire;* (view, light) inter|cepter, versperren, i|*cettare;* & v. impede, hinder. '|tion, n., |*tion*, f., Verstopfung, *ostruzione;* & v. obstacle.
Obtain', t., *obtenir,* erhalten, *ottenere;* & v. get, gain, procure.
Obtru|de', t., *imposer* (upon, à), aufdring|en (dat.), *intrudere (in)*. '|**sive**, a., *importun,* a|lich, i|o.
Obtuse' (iouce), a., *obtus,* stumpf, *ottuso.*
Ob'vi|ate, t., |*er à,* vorbeugen (dat.), *ovviare a.* **ous,** a., *évident,* einleuchtend, *ovvio.*
Occa'sion, n., *o-,* f., Gelegenheit, o|e; & v. occurrence, cause, need; on that —, *à cette o-,* bei dieser G-, *in questa o|e*; I have no — (for sthg.; to do, etc.), *je n'ai pas besoin de,* ich brauche nicht, *non mi occorre di.* —, t., |*ner,* veranlassen, *cagionare;* & v. cause. |al, a., *d'o-, accidentel;* gelegentlich, zufällig; o|*ale, casuale.* |**ally**, ad., v. now and then, sometimes.
Oc'cüp|ant, m., |*ant,* Inhaber, o|*ante;* & v. possessor, tenant. |**a'tion,** n., |*ation,* f.; Besitznahme, (mil.) Besetzung; o|*azione;* (calling) *état,* m., Stand, *stato;* & v. employment, possession. |**Ter**, m., v. |*ant.* |**ÿ**, t., |*er,* innehaben, besetzen; o|*are;* (with, in) o|*er (à);* beschäftigen(mit); o|*are (di, a), impiegare (di, con).*
Occur', i., *venir à l'idée* (to, *de qn.),* einfallen (dat.), r|e *in mente (a);* (be found) *se trouver,* vorkommen, *trovarsi;* & v. happen. '|**rence,** n., |*rence*. f., *événement,* m.; Ereignis, n.; *avvenimento,* m.
O'cean (chänn), n., *océan,* m., O-, |o.
O'clock, v. clock.
Oc'tag|on, n., '|**onal**, a., *octogon|e,* m. & a.; Achteck, n. |ig; *ott|agono,* m., |*angolare*.
Octa'vo, n., *in-octavo,* m.; Oktav, n.; *ottavo,* m. [—, cf. May.
Octo'b|er, n., |*re,* m., Oktober, *ottobre;* in
Oc'ülist, m., |e, Augenarzt, o|*a*.
Odd, a., (nr.) *impair,* ungerade, *caffo;* (pence, etc.) *d'appoint,* übrig, *di resto;* (glove, etc.) *déparié,* einzeln, *spajato;* (strange) *étrange,* seltsam, *strano;* & v. eccentric; at — times, v. now and then, from time to t-. '|**ness,** n., *singularité,* f., Seltsamkeit, *stranezza*. |s, n. pl., chances, f. pl., Aussichten, *probabilità;* & v. difference, advantage, superiority; at —, *brouillé,* uneinig, *imbrogliato;* lay —, v. bet; — and ends, *petites choses, rebuts;* Kleinigkeiten; *bagattelle*.

Ode, n., *o-,* f., O-, *o-*.
O'di|ous, a., |*eux,* gehässig, o|*oso;* & v. abominable. |**um**, n., v. hatred, blame.
O'do(u)r, n., *odeur,* f.; Geruch, m.; *odore*.
Of (ov), prp., *de (du, de la, des);* von (vom, von dem, der, den); *di (del, |la, dei, degli, delle);* (die —) *de;* au (dat.), (— hunger) vor (dat.); *di;* (among) *parmi;* unter; *fra, tra;* a friend — mine, *un de mes amis,* ein Freund von mir, *un mio amico;* (doctor, student) — law, *en droit,* der Rechte, *di legge;* he is six years — age, *il a six ans,* er ist sechs Jahre alt, *ha sei anni;* how much — it (many — them) have you, *combien en avez-vous,* wieviel haben Sie davon, *quanto (|a, |i, |e) ne ha?* — an evening, *le soir,* abends, *la sera;* (all) — a sudden, v. s-; — course, *natur|ellement,* versteht sich, n|*almente! —* late, v. l|ly; — old, *jadis,* ehemals, *altre volte;* — o's own accord, v. a-; o. — us, *un d'entre nous,* einer von uns, *uno di fra noi*.
Off, ad., *de dessus, loin;* ab, weg, fort; *staccato, via;* (a mile, etc.) *à .. (de distance),* entfernt, *distante;* (gone) *parti,* fort, p|*to;* & v. break. come, go, take, etc.; be —, *allez-vous-en,* fort, *via!* (I must) be —, v. go, start; far —, *loin (d'ici),* weit weg, *lungi, lontano;* hats —, *chapeau bas,* Hut ab, *abbasso i cappelli! —* and on, *de ci de là,* ab u. zu, *su e giù;* — with ..! v. take —; see o. —, *voir partir,* bis an den Bahnhof (etc.) begleiten, *veder partire;* well, ill —, *bien, mal dans ses affaires;* in guten, schlechten Verhältnissen; *agiato, di pochi mezzi;* well, badly off (for), v. provided (with). **Off**, prp., *(loin, hors) de, de dessus;* (weg) von, v- (.. ab); *da;* (nav.) *à la hauteur de,* auf der Höhe v-, *all' altezza di;* (it fell) — the table, *de la t-,* vom Tische herunter, *dalla tavola*. '-hand, a., *prompt,* ungeniert, *alla mano;* (ad.) *sur-le-champ,* aus dem Stegreif, *sul momento*.
Of fal, n., (of meat) *restes,* m. pl.; Abfall, m.; *frattaglie,* f. pl.; & v. rubbish.
Offen|ce', |**se'**, n., |*se*, f., Beleidig|ung, *offesa;* (agst. law) *infraction (de),* Übertretung (gen.), *infrazione (di);* & v. crime, sin, attack; give — to, *blesser,* (bei j.) Anstoß erregen, *dispiacere a;* & v. |d (t.); take — at, *s'o|ser (se fâcher) de,* übelnehmen, *aver per male*. |d', t., |*ser,* b|en, o|*dere;* be |ded at, v. take |ce at. |d', i., *commettre une faute,* s. vergehen, *fallire;* — agst. a law, v. violate. '|**der,** m., *conpable,* Schuldige, *colpevole;* & v. delinquent. '|**sive**, a., |*sant* (to, *pour),* b|end (für), *spiacevole (a);* (war) o|*sif,* |**siv**, |*sivo;* (smell, etc.) v. disagreeable.
Of'fer, t., *offrir, présent|er;* (an)bieten,

Office — 112 — One

(sacrifice) darbringen; *offerire*, p|are; (violence) *faire*, anthun, *fare*. —, i., *s'o-*, *sep|er*; s. darbieten; *offrirsi,p|arsi*; (to do sthg.) *o- de*, *s'o- à*; s. erbieten; *offrirsi a*. —, n., *offre*, f.; Anerbieten, n.; *offerta*, f. |ing, n., *offrande*, f., (Opfer)gabe, *offerta*.
Of'fic|e, n., |e, m.; Amt, n.; *uffizio*, m.; (employment) *emploi*; Stelle, f.; *impiego*, m.; (of merchant, etc.) *bureau*,m.; Comptoir, n.; *burò*, m.; (of notary, etc.) *étude*, f.; Schreibstube; *studio*, m.; & v. duty; |es, *dépendances*, f. pl.; Nebengebäude, n.pl.; *dipendenze*, f. pl.; kind |es, v. services; get into —, *entrer en fonctions*, ans Ruder gelangen, *pervenire all' autorità*. |er, m., |ier, Offizier, *uffiziale*; (civil) v. |ial. |ered, pp., v. commanded. '|ial (ich), m., *fonctionnaire*, Beamter, *impiegato*; (a.) o|iel; amtlich, Amts..; *uffiziale*. '|iate, i., |ier, den Gottesdienst verrichten, *ufñziare*; & v. act. '|ious, a., *importun*, zudringlich, t|o. [*prole*, f.
Off'spring, n., *rejeton*, m.; Abkömmling;
Oft, |en (ōfn), ad., *souvent*, oft, *spesso*; how —, *combien de fois*, wie oft, *quante volte*?
O'gle, t., *lorgner*, beäugeln, *occhieggiare*.
O'gre, m., *o-*, Oger, *orco*.
Oh, intj., *oh. hélas*; oh, ach; *oh, ah!*
Oil, n. & t., *huil|e*, f., |er; Öl, n., |en; *olio*, m., *ugnere d'o-*. '-cloth, n., *toile cirée*, f.; Wachstuch, n.; *tela cerata*, f. '|col-o(u)r, n., *couleur à th|e*, f.; Ölfarbe; *colore a o-*, m. ed-silk, n., *taffetas ciré*, m., Wachstaffel, *incerato*. '-painting, n., *peinture à l'h|e*, f.; Ölgemälde, n.; *quadro dipinto a o-*, m. '|y, a., *h|eux*, ölig, *oleoso*. [*guento*, m.
Oint'ment, n., *onguent*, m.; Salbe, f.; *un-*
Old (ō), a., *vieux, vieil (|le)*, (aged six, etc.) *âgé (de)*, (former. ancient) *ancien*; alt; *vecchio, antico*; grow —, *se faire vieux*, (thgs.) *vieillir*; alt werden; *invecchiare*; how — are you, *quel âge avez-vous*, wie alt sind Sie, *quanti anni ha?* of —, v. of; — age, *vieillesse*, f.; Alter, m.; *vecchiaja*, f.; — man, m., *vieillard*, Greis, *vecchio*. -fash'ioned, a., *à l'ancienne mode*, altmodisch, *all' antica*. [|ro.
Olean'd|er (iä), n., *laurier-rose*, m., Ö|er,
Ol'igarch|y (k), n., |ie, f., |ie, |ia.
Ol'iv|e, n., |e, f.; |e; |a, *ulir|a*. |e-oil, n., *huile d'o|e*, f.; O|enöl, n.; *olio d'o|a (u|a)*, m. |e-tree, n., |ier, m., Ölbaum, *ulivo*.
Olym'p|us, n., |e, m., O|, *Olimpo*. |tata, f.
Om'elet, n., |te, f.; Eierkuchen, m.; *frit-*
O'men, n., *augur|e*, m.; Vorbedeutung, f.; a|io, m. Om'inous, a., *de mauvais a|e*, unheilverkündend, *malauguroso*.
Omis'sion, n., *o-*, f., Auslass|ung, o|e.
Omit', t., *omett|re*, a|en, o|ere; & v. forget, neglect.

Om'nibus, n., *o-*, m., O-, *o-*.
Omnip'oten|t, a., |ce, n.; *tout-puissan|t*, t|e-p|ce, f.; all'mächtig, |macht; *onnipoten,te*, |za.
On, prp., *sur, à*; auf (go, ac.; be, dat.), an (ac.; dat.); *sopra, su, a*; be — o's guard, *être sur ses gardes*, auf der Hut sein, *stare a bada*; (Paris lies) — the Seine, *sur la S-*, an der S-, *sulla S-*; — account of, — no a-, v. a-; — a journey, *en royage*, auf der Reise, *in viaggio*; — an average, *en moyenne*, durchschnittlich, *a un di presso*; — arriv|al, *à l'a|ée*, bei der Ankunft, *al (mio) a|o*; — asking (enquiring, etc.), *en demandant*, als ich fragte, *domandando*; — a visit, *en v|e*, auf Besuch, *in v|a*; — board, *à bord*, an B-, a b|o; — business, *pour affaires*, in Geschäften, *per affari*; — condi|tion, *à c|tion*, unter der Bedingung, *a c|zione*; — duty, *de servi|ce*, im Dienste, *di s|zio*; — fire, *en feu*, in Flammen, *in fiamme*; — foot, horseback, *à pied, cheval*; zu Fuß, Pferd; *a piedi, cavallo*; — his honour, *sur l'honneur*, bei s-r Ehre, *in sua fede*; — (Monday, — 1st May), *le*, am, il; — princip|le, — that p|le, *par p|e*, *d'après ce p|e*; grund|sätzlich, nach diesem G|satz; *per p|io, secondo quel p|io*; — purpose, *à dessein*, absichtlich, *à posta*; — that occasion, *a cette o-*, bei dieser Gelegenheit, *in quell' o|e*; — the o. hand, — the other h-, *d'une part, d'autre p-*; einerseits, andrerseits; *d'una parte, d'altra p-*; — the right, *à droite*, rechts, *a destra*; — the way, *en route*, unterwegs, *per istrada*; play — an instrument, v. p-. On, ad., *dessus*; (dar)auf, (dar)an; *su, a* (folld. by subs.), *lassù*; (forwards) *en avant*, vorwärts, a|i; (continu|ing) *en c|uant*; weiter, fort; a|i; & v. advanced, bring, get, go, put, etc.; and so —, *et ainsi de suite*, und so weiter, *e così di seguito*; his hat is —, *il a son chapeau sur la tête*, er hat den Hut auf, *tiene il cappello in testa*; sing —, *chantez toujours*, s|en Sie (nur) weiter, *seguiti a cantare!* what has he —, *qu'a-t-il*
Once (ouä), ad., *une fois* (a day, *par jour*), einmal (täglich), *una volta (per giorno)*; & v. formerly; at —, *tout de suite*, gleich, *subito* (at same time) *à la f-*, auf e-, *ad una v-*; all at —, v. suddenly.
One (ouänn), a., *un*, |e; ein|(er), |e, |(s); *un*, |o, |a; at —, *d'accord*, einig, *d'a|o*; a quarter past —, *une heure un quart*, ein Viertel nach eins, *un' ora ed un quarto*; at — time .. at another, *tantôt .. t-*, bald .. b-, *quando .. q-*; I for —, v. as for me; it is all —, *c'est égal*, ist einerlei, *è tutt' uno*; on the — hand,

d'une part, einerseits, *d'una p'e;* — and the same thg., *une seule et même chose*, eine u. dieselbe Sache, *la stessa cosa;* — by —, *un à un*, einzeln, *uno ad uno;* — day, *un jour*, eines Tages, *qualche giorno;* — with another, *l'un dans l'autre*, eins ins andere, *l'uno coll' altro*. One, prn., (people) *on;* man; *si, uno;* (ac., gen., dat.) *se, de soi, à soi;* sich, seiner, (von, zu) sich; *si, se, di se, a se;* (a certain pers.) *un certain*, ein gewisser, *un tale;* any —, some —, *quelqu'un*, jemand, *qualcheduno;* every —, v. e·; (has he a knife? yes) he has —, *il en a un*, er hat eins, *ne ha uno;* here are better |s, *en voici de meilleurs*, hier sind bessere, *eccone dei migliori;* it does — good, *cela vous fait du bien*, es thut e-m wohl, *ciò vi fa bene;* no —, *personne* (verb with *ne*), niemand, *nessuno;* — another, *l'un l'autre*, einander, *l'un l'altro;* — who, v. person; the —, |s, I want, *celui (ceux) que je désire*, derjenige welch|en (diejenigen w|c) ich wünsche, *quello (quegli) che voglio;* the best —, |s, *le(s) meilleur(s)*, der beste, die b|n, *il miglior'e, i m'i;* (two new hats and) an old —, *un vieux*, ein alter, *un vecchio*. One, u., *un*, m.; Eins, f.; *uno*, m. One's, a., *son, sa, ses;* sein, |e, s·; *su|o, 'a, |oi, |e;* it makes — head ache, *cela vous fait mal à la tête*, es macht einem Kopfweh, *ciò vi da mal di testa*. One's self, prn., *se, sol(-même);* sich (selbst); *se (stesso);* beside —, *hors de soi*, außer sich, *fuor di se;* by —, v. alone. One'-eyed, a., *borgne*, einäugig, *cieco d'un occhio*. -horse, a., *un cheval*, cinspänn'ig (— carr., E|er, m.), *a un carallo*. '-sided, a., *à un côté*, (fig.) *partial, injuste;* einseitig; *unilaterale, parziale*. On'ion (äne), n., *oignon*, m.; Zwiebel, f.; *cipolla*. On'ly (ō), a., *seul*, (child, & fig.) *unique;* einzig; *solo, unico;* the — o., *le s-*, der e|e, *il s-*. —, ad., *seulement, ne .. que;* nur, bloß, (not till) erst; *solamente, soltanto, non .. che;* — think, *pensez donc, p- un peu*, denken Sie nur, *pensi un momen*- On'|set, |slaught (aut), n., v. assault. [*to!* On'ward, a., v. further, advancing. —, |s, ad., *en avant*, vorwärts, a|í; from that day —, *dès ce jour*, von dem Tage an, *di questo giorno in poi*. O'nyx, n., o·, m., O-, *onice*. Ooze (ou), i., *suinter*, durchsickern, *trasudare*. O'pal, n., |e, f.; O|, m.; |e. [*pelare*. Opaque' (ěk), a., o-, undurchsichtig, *opaco*. O'pen, a., *ouvert*, offen, *apert|o;* (carr., boat, etc.) *découvert;* o-, unbedeckt; a|o, *scoperto;* (rail., route) *livré à la circulation*, eröffnet, a o; (to visitors) v. accessible; (weather) v. mild; & v. *d'une part*, einerseits, *d'una p'e;* — and public, free, disposed; break —, v. b-·; cut, sci, tear —, v. open (t.); half —, *entr' ouvert*, halb o-, *mezzo a|o;* in the — air, *en plein air*, im Freien, *all' aria a|a;* lay —, v. expose; wide —, *tout grand o-*, ganz o-, *spalancato*. —, t., *ouvrir;* öffnen, aufmachen; *aprire;* (negotiat.) *entamer*, eröffnen, *cominciare;* & v. begin, establish. —, i., *s'ouvrir;* s. öffnen, aufgehen; *aprirsi*. -han'ded, a., v. liberal. -hear'ted, a., v. open, frank. |ing, n., *ouverture*, f., (Er)öffnung, *apertura;* & v. beginning. |ly, ad., *ouvertement;* offen, frei heraus; *apertamente*. -work, n., *travail à jour*, m.; durchbrochene Arbeit, f.; *straforo*, m. Op'era, n., *opér'a*, m.; O|, f.; |a. -glass, n., *jumelles*, f. pl.; O|ngucker, m.; *lenti*, f. pl. -house, n., o|a, m.; |nhaus, n.; |a, f. Op'er|ate, i., *opér|er* (on, *sur*), *agir;* wirk|en (auf, ac.); o|are (su), a|e; — on (a patient), o|er, lieren, |are. |a'tion, n., *opér|ation*, f.; W|ung, (med.) O|ation; |azione. |ative, m., *ourrier*, (Fabrik)arbeiter, *operajo;* (a.) v. active, efficien.. |ator, m., *opér'ateur*, Wundarzt, o|atore. O'piat|e, n., o|, m.; O|, n.; *oppiato*, m. Opin'ion, n., o-, f.; Meinung, Ansicht; o|e; in my —, *à mon avis*, nach meiner A-, *a mio parere*. O'pium, n., o-, m.; O-, n.; *oppio*, m. [m. Opos'sum, n., *sarigue*, m.; Beuteltier, n.; *o-*. Oppo'nent, m., *adversaire*, Gegner, o|e. Opport|une', a., *à propos*, gelegen, o|uno. |u'nity, n., *occasion*, f., G|heit, *occasione*. Oppose', t., *s'o'r à*, sich widersetzen (dat.), *opporsi* a; & v. resist. Op'posĭte, ad., *en face* (to, de), *vis-à-vis (de);* gegenüber (dat.); *in faccia (di), dirimpetto (a)*. —, a., *situ'é en f·;* g|stehend; *dirimpetto, s'ato in faccia;* (contrary) *oppos|é*, entgegengesetzt, o|to. —, prp., v. — to. Opposi'tion, n., o-, f.; Widerspruch, m.; *opposizione*, f.; & v. resistance, competition. Oppress', t., *[er, accabler;* beengen, drücken; *opprimere*, (with heat) *fiaccare;* (the poor, etc.) *opprimer*, unterdrücken, o-. |ion, n., |ion, f.; Beklemmung, Druck, m., (of poor) Bedrückung, f.; *o'lone*. |ive, a., |*if*, bedrückend, *opprimente;* (heat) *étouffant*, drückend, *eccessivo*. |or, m., |*eur*, Bedrücker, o|*ore*. Oppro'brious, a., *injurieux*, schimpflich, *obbrobrioso*. Opti'|c'ian (ĭch), m., |*cien*, |ker, *ottico*. Op'tion, n., o-, f., Wahl, *opzione*. |a|, a., *facultatif*, beliebig, *a discrezione*. Op'ulen|t, n., |*ce*, n., |*t*, |*ce*, f.; reich, |*tum*, m.; o|*to*, |*za*, f. |*soit;* respektive; *cioè*. Or, cj., —, else, *ou*, oder, o; (that is) *ou bien*, Or'a|cle, n., |*cle*, m., |kel, n.; *colo*, m. |c'u-lar, a., *d'o'c|le*, o|kelmäßig, *d'o|colo*.

Conversation Dictionary. 8

O'ral, a., o-, mündlich, o'e.
Or'ange, n., -tree, n., o-, f., |r', m.; Apfelsine, f., O,nbaum, m.; arancí|a, f., |o, m. |ry(eur¹),n., |rie,f.; |rie; piantato d'a|e,m.
Or'a¦tor, m., 'ition, n., |teur, discours,m.; Red|ner, |e, f.; ora|tore, |zione, f. |to'rio, n., |torio, m.; |torium, n.; |torio, m. Or'a|-tory, n., art o|toire, m.; Redekunst, f.; arte o'toria; (chap.) o|toire, m.; Betzimmer, n.; |torio, m.
Orb, n., |e, m.; Kugel, f.; globo, m. '|it, n., |e, m., |ite, f.; Kreislauf, m.; o|ita, f.
Or'chard (tch), n., verger, m., Obstgarten, verziere.
Or'chest|ra (k), n., |re, m.; |er, n.; |ra, f.
Or'chi|s (k), n., |s, m.; Knabenkraut, n.; o|de, f. |& v. order, establish.
Ord|ain', t., (priest) |onner, |inieren, |inare;
Or'deal, n., (fig.) épreuve, f., Prüfung, prova.
Or'd|er, n., |re, m.; |nung, f., (command) Befehl, m., (eccl., badge, etc.) O|en; |ine; (of judge, etc.) |onnance, f., Verordnung, o'inazione; (for goods) commande (to —, sur c-); Bestellung (auf B-); o'ine (per o|ine), m., (money-) mandat, Anweisung, f.; m|o, m.; (of admission) permis; Einlaßkarte, f.; permesso, m.; (condition) état, Zustand, stato; & v. class; by —, par o|re, auf Befehl, per o|ine; (com.) d'o|re, im Auftrag, all' o|ine; in — to, afin de, um, affine di; out of —, dérangé, in Unordnung, in disordine; & v. unwell, indisposed. |er, t., |onner (a pers., à), (goods) commander, (carriage, dinr., etc.) demander; befehlen (dat.), bestellen; comandare (a), o|inare, c-; & v. arrange; he was |ered to, il avait l'o|re de, es wurde ihm befohlen, gli fu comandato; — off, renvoyer, dire à qn. de s'en aller; en fortschicken; dar o|ine a qd. di partire. |erly, a., en bon o|re, (pers.) rangé; o|entlich; regolato, (house) bene in assetto, (pers.) costumato; (m., mil.) o|onnance, f., |onnanz, |inanza. |inal, a., |inal, |nungs..., |inale. |inance, n., v. |er (of judge), decree, rite. |inary, a., |inaire; gewöhnlich; o|inario, solito; in —, o|inaire; |entlich, permanent; di servizio; — (n.), table d'hôte, f., T-d'h-, t-d'h-. |ina'tion, n., |ination, f., |inierung, |inazione. '|nance, n., v. artillery; piece of —, v. cannon; — -map == official m-.
Ore, n., mineral, m.; Erz, n.; miniera, f.
Or'gan, n., |e, m., (mus.) orgue; Organ, n., Orgel, f.; organo, m. |ist, m., |iste, |ist, |ista. |ize, t., |iser, |isieren, |izzare. '|ic, a., |ique, |isch, |ico.
O'riel, n., v. bow-window.
Or'gi|es (dj), n. pl., |es, f. pl., |en, |e.
Orien'tal, a., o-, |isch, |e.
Or'ifice, n., v. mouth, opening.

Or'ig|in, n., |ine, f.; Ursprung, m.; o|ine, f. '|inal, n., |inal, m.; |inal, n.; |inale, m. '|inal, a., '|inally, ad., |inel, '|inairement; ursprünglich; o|inale, |inalmente; |inal work, text, etc., v. |inal, n. '|inate, t., faire naître, hervorbringen, o|inare; & v. be the author of. '|inate, i., tirer son o|ine (in, with, de), entspringen (dat.), provenire (di).
Or'n|ament, n. & t., |ement, m., |er (with, de); Schmuck, schmücken (mit); o|amento, |are (di). |ate, a., |é,verziert, o|ato.
Or'phan, m. & f., |age, n., orphelin, |e, |at, m.; Wais|e, f., |enhaus, n.; orfan|o, |a, casa degli o|i, f.
Or'ph|eus, m., |ée, |eus, Orfeo. [|ario, m.
Or'rery, n., planét|aire, m.; |arium, n.;
Or'thodox, a., |e, o-, ortodosso.
Orthog'raph|y, n., |e, f., |ie, ortografia.
Os'cill|ate, i., |er, |ieren, |are. [vetrice.
O'sier (ojeur), n., o-, m.; Korbweide, f.;
Os'prey, n., orfraie, f.; Fischadler, m.; aquila marina, f.
Os'sif|y, t., |ier, verknöchern, o|icare.
Osten'|sible, a., |sible, vorgeblich, o|sibile. |ta'tion, n., |tation, f., Prahlerei, o|tazione. |ta'tious, a., somptueux, prunkliebend, fastoso.
Os'tler (ossl), m., v. hostler. [zo, m.
Os'trich, n., autruche, f.; Strauß, m.; struzOth'er (ä), a., autre, ander, altro; every — day, tous les deux jours, e-n Tag um den a|n, un giorno sì l'a- no (e uno no); the — day, l'a- jour, neulich, poco fa. |wise, ad., a|ment, sonst, altrimente.
O'tho, m., |n, Otto, |ne.
Ot'ter, n., loutre, f., O-, lontra.
Ot't|o, |ar, n., (of roses) essence de roses, f.; Rosenöl, n.; olio di rose, m.
Ot'toman, a., o-, |isch, |o.
Ought (aut), n., v. aught.
Ought (aut), aux.; you — to do (have done) it, vous devriez (auriez dû) le faire, Sie sollten es thun (hätten es t- sollen), dovrebbe (arrebbe dovuto) farlo.
Ounce (aou; 28¹/₃ grammes), n., once, f., Unze, uncia.
Our (aour), a., notre, unser, nostro. |s, a., le (la, etc.) nôtre, der (die, das) unsrige, il (la, etc.) nostr|o (|a); & comp.my,mine; a friend of —, un de nos amis, ein Freund von uns, un nostro amico; it is —, c'est à nous, es gehört uns, è nostro; it is no business of —, cela ne nous regarde pas, es geht uns nicht an, non ci riguarda. |selves', prn., nous-mêmes, (with vb.); dat. & ac.) n-; wir selbst, uns; noi stessi, ci, ce.
Oust, t., déposséder, vertreiben, scacciare.
Out, ad., (de)hors; aus, hier|, her|aus; fuori; (of house) sorti, ausgegangen, uscito; (tire) éteint, aus, spento; (finished) fini, alle, f|to; (to the end) jusqu'au bout,

Out — 115 — Over

aus, bis ans Ende, *sino alla fine;* (river) *débordé,* ausgetreten, *traboccato;* (secret, etc.) *découvert,* entdeckt, *scoperto;* (cry) v. aloud; (spk.) v. distinctly, freely; (in reckoning) v. mistaken; & v. break, bring, come, etc.; on the way —, *en y allant,* auf dem Hinwege, *nell' andarvi;* — and —, a. & ad., v. thorough, complete; — with it, *dites-le donc,* heraus damit, *dica su!* — with you, *hors d'ici,* hinaus, *ria di qua!* she is —, v. grown up (goes into society); (the bk.) is just —, *vient de paraitre,* ist soeben erschienen, *è comparso ora proprio;* (the leaves) are —, *poussent,* kommen hervor, *spuntano.* Out of, prp., *hors de;* aus (dat.), (breath, house, service, etc., & genly. fig.) außer (genly. dat.); *fuori di;* (window, door) *par,* durch, *fuori da;* (— 20, etc.) *sur,* unter (dat.), *di;* (pay —) *de,* mit, *con;* (drink —) *dans,* aus, *da;* (— pity, love) *par,* aus, *per;* (proceed —) v. from; (— money, provisions) v.without; (measure) v. beyond; — date, v. oldfashioned, obsolete; — doors, *dehors,* draußen, *fuori;* — hand, v.immediately; — o's mind, v. insane; — order, v. o-; — print, *épuisé,* vergriffen, *fuor di stampa;* — sorts, v. unwell; — temper, *de mauvaise humeur,* schlecht gelaunt, *di cattico umore;* — the way, (ad.) v. away, not to be found, (a.) v. remote, (fig.) rare, curious; get — the w-, *se ranger,* aus dem Wege gehen, *andar ria (di qua);* go — o's w-, *faire un détour,* einen Umweg machen, *far un giro;* put — the w-, *ranger,* wegräumen, *mettere da parte;* — tune, *pas d'accord,* verstimmt, *scordato.* |bid', t., *enchérir sur,* überbieten, *offrire più che.* '|break, n., *éruption,* f., (genly. fig.) *éclat,* m.; Ausbruch; *eruzione,* f.; & v. beginning. '|cast,m., *exilé,* Verbannte, *bandito.* '|cry, n., *clam|eur,* f.; Geschrei. n.; *c|ore,* m. |do' (ou), t., v. surpass. '|er, a., *de dehors, extérieur;* äußer; *ester|iore,* |no. '|fit, n., *équip|ement,* m.; Ausrüstung, f.; *e|aggiamento,* m.; (of bride) *trousseau;* Ausstattung, f.; *corredo,* m. |grow', t., (coat) *devenir trop grand pour,* aus|, ver|wachsen, *divenire t|po g|e per;* (an illness, etc.) *se défaire de . . avec l'âge,* mit der Zeit los werden,*disfarsi di..col tempo.* '|house,n., *dépendance,*f.; Schuppen,m.;*dipendenza,* f. |land'ish, a., *étrange,* seltsam, *fantastico.* '|law,m.,*proscrit,*Geächteter,*p|to.* '|lay, n., *dépense,*f., Auslage, *spesa.* '|let, n.,*issue,* f.; Ausgang, m.; *uscita,* f. '|lIne, n.,*contour,* m., Umriß, *contorno.* |live', t., v. survive. '|lying, a., v. remote. |num'ber, t., *surpasser en nombre,* an Zahl übertreffen, *sorpassare in numero.*

'|post, m., *avant-poste,* m.; Vorposten; *guardia avanzata,* f.
Out'rage, n., *violen|ce,* f., *attentat,* m.; Gewaltthätigkeit, f.; *v|za, eccesso,* m.; (on decency, etc.) *o-,* m. *(à),* grober Verstoß (gegen), *oltraggio (a).* '|ous, a., v. violent, furious, excessive.
Out'|rider,m.,*piqueur,*Vorreiter,*picchiere.* '|right (aït), ad., v. suddenly, openly. |run', t., *dépasser,* überholen, *avanzare nel correre.* '|set, n.; at the —, *de prime abord,* von vornherein, *dal principio.* '|side, n.,*extérieur,* m., *dehors;* Äußere, n., Außenseite, f.; *esteriore,* m., *di fuori;* (ad.) *en d-,* draußen, *di f-;* (of coach) *sur, à l'impériale,* oben, *al di fuori;* (a.) v. external. '|skirts, n. pl., *bord,* m., (of wood) *lisière,* f.; Rand, m., Saum; *orlo;* (of town) v. suburb. |spo'ken, a., *franc,* offenherzig, *schietto.* |stan'ding, a., (debts) *arriéré,* rückständig, *arretrato.* |strip', t., v. |run. '|ward, a., v. exterior. '|wardly, ad., *extérieurement, au dehors;* äußerlich; *esternamente.* '|wards, ad., *au dehors,* nach außen, auswärts, *al di fuori.* |weigh' (oué), t., *l'emporter sur,* überwiegen, *la vincere sopra.* |wit', t.,*duper,*überlisten,*soperchiare.* '|works, n. pl., *ouvrages avancés,* m. pl.; Außenwerke, n. pl.; *fortificazioni esteriori,* f.
O'val, a., |e, o-, |e. |pl.
Ov'en (ä), n., *four,* m., Ofen, *forno.*
O'ver, prp., *sur, au-dessus de,* (leap, get, cover, etc.) *par-dessus;* über (be, dat.; go, put, ac.); *sopra;* (travel, etc.) *par,* durch, *per;* (more than) *plus de,* ü-(ac.), *più di;* (winter, etc.) v. during; & v. across, beyond; — night, *la veille,* am Abend vorher, *la sera avanti;* — the way, v. opposite (ad.). Over, ad., *de l'autre côté, au delà;* her|, hin|über; *dall' altra (all' a-) parte;* (finished) *fini, pas|sé;* vor|über, |bei; *f|to, p|ato;* (remaining) *de reste,* übrig, *d'avanzo;* (too) *trop,* zu, *t|po;* & v. above; covered all — with, *tout couvert de,* ganz mit . . bedeckt, *tutto coperto di;* it is all — with him, *c'est fait de lui,* es ist um ihn geschehen, *è spacciato;* — and above, *en outre,* außerdem, *oltre di ciò;* — again, v. a-, once more; — and — again, v. repeatedly; — against, v. opposite (prp.). |awe', t., intimider, in Furcht halten, *intimorire.* |bal'ance, t., v. outweigh; (r.) *faire la bascule,* umkippen, *perdere l'equilibrio.* |bear'ing, a., v. imperious, arrogant. |board, ad., (throw, etc.) *par-dessus bord, à la mer;* über B-; *in mare.* |cast', a., (cloudy) *couvert,* bewölkt, *annuvolato.* |charge,t.,*surfaire.faire payer trop cher;* überfordern; *far pagare troppo;* & v. |load. |come', t.,*surmonter,* überwinden,

8*

superare; & v. conquer, overwhelm. |do',t., *exagérer,* übertreiben, *esagerare.* |done', pp., (meat) *trop cuit,* übergar, *tfpo cotto.* |es'timate, t., v. |rate. |flow', t., *inond,er,* überschwemmen, *i'are;* (i.) *déborder,* überfließen, *traboccare.* |flow'-ing, a., *trop plein,* übervoll, *t|po pieno;* (fig.) *surabondant,* überschwenglich, *soprabbondante.* |sopraccaricare. |grown', pp., *trop grand,* übermäßig, *t,po g'e;* (with) *couvert (de),* uberwachsen (mit), *coperto (di).* |hang', i., *surplomber,* überhangen. *sporgere in fuori;* & = hang over. |hear', t., *entendre par hasard,* zufällig hören, *udire (per caso).* |joyed', a., *ravi,* entzückt, *lietissimo.* |load', t., *surcharger,* überladen, *sopraccaricare.* |look', t., *dominier,* übersehen, *d,are;* (not see) *ne pas remarquer,* ü-, *lasciar passare;* & v. excuse, superintend. |pow'er, t., v. |whelm, conquer. |pow'ering, a., *écrasant,* erdrückend, *opprimente.* |rate', t., *estimer trop,* zu hoch anschlagen, *stimare t,po.* |reach', t., v. cheat. |rule', t., *maîtriser,* beherrschen, *dominare.* |run', t., v. invade, infest. |seer, m., *surveillant,* Aufseher, *sopraintendente.* |shad'ow, t., v. shade. [shoe, n., *caoutchouc,* m.; Überschuh; *galoscia,* f. |shoot', t., *dépasser,* über.. hinausgehen, *oltrepassare.* |sight, n., *oubli,* m.; Versehen, n.; *inavvertenza,* f. sleep', r., *dormir trop longtemps,* s. verschlafen, *d,e t po.* |stock', t., *encombrer* (with, *de),* überfüllen (mit), *ingombrare (di).* |take', t., *attraper,* einholen, *raggiungere;* (fig.) v. surprise, attack. throw, n., throw', t., *ruin e,* f., |er, *renvers'ement,* m., |er; Umjsturz, m.; |stürzen; *rovesci|o,* |are. |turn', t., v. upset. 'weight, n.. *excédent,* m.; Übergewicht, n.; *soprappeso,* m. |whelm', t., *accabler.* überwältigen, *opprimere;* & v. crush, bury. |work', t., *faire trop travailler,* zu viel arbeiten lassen, *far lavorare troppo.*
O'verture, n., (mus.) *ouvert'ure,* f., |üre, *sinfonia;* & v. proposal.
Ov'id, m., |e, O|(ius), |io.
Owe (ō), t., *devoir* (a pers., *à); schulden* (dat.), (fig.) verdanken (dat.); *dovere (a), esser debitore (a qd.) di.* '|ing, a., *dû,* schuldig, *doruto;* — to, prp., *à cause de,* wegen (gen.), *a cagione di;* what is it — to, *d'où cela provient-il,* woher rührt das, *donde provien ciò?*
Owl (aoul), n., *hibou,* m.; Eule, f., *civetta.*
Own (ō), a., *propr,e,* eigen, *p'io;* it is my —, *c'est à moi,* es gehört mir, es ist mein Eigentum, *è p|io mio;* of o's — accord, v. a-; on my —account, *pour mon compte,* für mich selbst, *a conto mio.* Own, t., v. acknowledge, confess, possess. '|er,

m., *p|iétaire,* Eigentümer, *p|ietario.* '|ership, n., v. property.
Ox (pl. |en), n., *bœuf,* m., Ochs, *bore, bue.*
Ox'y|gen (dj), n., |gène, m., Sauerstoff, *ossigen|o,* |e.
Oys'ter, n., *huître,* f., Auster, *ostrica.*

P.

Pace, n., *pas,* m., Schritt, *passo;* at a quick, slow —, *d'un p- rapid|e, à p- lent,s;* im schnellen S-, langsamen S|es; *a passo r|o, a p- l|o;* keep — with, *marcher de pair avec,* S- halten mit, *andar a pari p- con.* —, i., (up and down) *marcher de long en large,* auf und ab schreiten, *camminare su e giù.*
Pac'if|y, t., *|ier, apaiser;* beruhigen; *p|icare.* '|ic, a., |ique, friedfertig, *p|ico;* — Ocean, *l'océan P|ique,* das Stille Meer, *l'o|o p|ico.*
Pack, n., *ballot,* m.; Bündel, n.; *involto,* m.; (of hounds) *meute,* f., Koppel, *muta;* (of cards) *jeu,* m.; Spiel, n.; *mazzo,* m.; (of thieves, etc.) Haufen; *banda,* f. Pack, t., *emballer, empaqueter;* (ein)packen; *imbaulare,* (com.) *imballare;* (in cases) *encaisser,* p-, *incassare;* — up, *faire ses malles,* einpacken, *far i bauli.* '|age, n., *colis,* m.; Collo, n., Stück; *collo,* m. '|et, n., *paquet,* m.; Packet, n.; *involto,* m.; & v. ship. '-horse, n., *cheval de bât,* m.; Saumpferd, n.; *cavallo da basto,* m. '|ing-case, n., *caisse d'emballage,* f., Kiste, *cassa.* '-thread, n., *ficelle,* f.; Bindfaden, m.; *spago.*
Pad, t., *rembourrer,* auspolstern, *imbottire.*
Pad'dle, n., *pagaie,* f.; Ruder, n.; *pagaja,* f.; (of steamer) *aube,* f.; Schaufel; *albo,* m. -box, n., *tambour,* m.; Radkasten; *cassa,* f. -wheel, n., *roue à a|s,* f.; S|rad, n.; *ruota d'a-,* f. [*cinto,* m.
Pad'dock, n., *enclos,* m.; Gehege, n.; *re-*
Pad'lock, n., *cadenas,* m.; Vorlegeschloß, n.; *lucchetto,* m.
Pa'gan, a., *païen,* heidnisch, *pagano.*
Page, n., *p-,* f., Seite, *pagina.*
Page, m., *p-,* P-, *paggio.* [Prunk, *fasto.*
Pa'geantry (édj & ädj), n., *apparat,* m.,
Paid, imp. & pp., v. pay.
Pail, n., *seau,* m.; Eimer; *secchia,* f.
Pain, n., *douleur,* f.; Schmerz, m.; *dolore;* be in —, *souffrir,* S|en haben, *soffrire;* it gives me —, *cela me fait mal,* (fig.) *me fait de la peine;* es macht mir S|en, s|t mich; *mi fa male, mi da della pena;* on — of death, *sous p- de mort,* bei Todesstrafe, *sotto p- della vita;* — in the head, *mal de tête,* m.; Kopfweh, n.; *m- di testa,* m.; take |s, *se donner de la p-,* sich (dat.) Mühe geben, *darsi premura.*
Pain, t., *faire de la p- à,* e-m S|en ma-

chen, dar della pena a; & v. grieve. '|ful, a.. douloureux, (fig.) pénible; s|lich, peinlich; doloroso, penoso.
Paint, n., couleur, f., (laid on) peinture; Farbe, Anstrich, m.; color|e, tinta, f. —, t., peindre; malen, (house) anstreichen; (di)pingere, c|ire; (the face) farder, schminken,imbellettare;—in fresco, oils,water-colours, p-à fresque, à l'huile, à l'aquarelle; al fresco, in Öl, in Wasserfarben m-; d- a fresco, ad olio, ad acquerello; — red, p- en rouge; rot a-, r- färben: dipingere di rosso. '-box, n., boîte à c|s, f.; Farbenkasten, m.; cassetta da c|i, f. '|brush, n., pinceau, m., Pinsel, pennello. '|er, m., peintre; Maler, Anstreicher; pittore, tintore. '|ing, n., peinture. f., (picture) tableau, m.; Malerei, f., Gemälde, n.; pittura, f., quadro, m.
Pair, n., |e, f., (pers.) couple, m.; Paar, n.; pajo, m., coppia, f.; — of scissors, v. s-; — of spectacles, v. s-; — of stairs, v. flight; — of trousers, v. t-; carriage and —, v. c-. —, i., s'accoupler, s. paaren, accoppiarsi. [m.
Pal'|ace, n., |ais, m.;|ast, Schloß, n.; p|azzo,
Pal'|ate, n., |ais, m., Gaumen, p|ato. |atable, a., bon, schmackhaft, saporito; (fig.) v. agreeable.
Pala'ver (ah), n., bavardage, m.; Geschwätz, n.; filastrocca, f.
Pale, n., pieu, m., Pfahl, palo; (of church) giron, Schoß, grembo; (fig.) v. limit, enclosure.
Pale, a., pâle; blaß, bleich; pallido; grow, turn —, pâlir; erblassen, b- werden; impallidire. '|ness, n., pâleur, f.; Blässe; pallore, m.
Pal'ette, n., v. pallet.
Pa'l|ing, n., |issade', n., |issade, f.; Bretterzaun, m., Palissade, f.; p|izzata.
Pall(au), n., v. cloak; (funeral-) poéle, m.; Leichentuch, n.; panno da morto, m.
Pall, i., — upon, v. cloy. [bed.
Pal'|let, n., |ette, f., |ette, tavolozza; & v.
Pal'li|ate, t., |er, bemänteln, p|are; & v. mitigate.
Palm (ahm), n., |ier, m., (branch of, & fig.) |e, f., |baum, m., |e, f.; |izio, m., |a, f., (of hand) paume,f., flache Hand, p|a; carry off the —, remporter la palme, den Sieg davontragen, riportare la p|a. —, t.; — off, faire accroire (upon, à), aufbinden (e-m et.), dare (a qd. per).
Pal'pab|le, a., |le, handgreiflich, p|ile.
Pal'pit|ate, i., |a'tion, n., |er, |ation, f.; (heftig) schlagen, Herzklopfen, n.; p|are, |azione, f. [p|isia.
Pal'sy (aulz), n., paral|ysie, f., Lähmung,
Pal'try (aul), a., chétif, armselig, meschino.
Pam'per, t., dorloter, verhätscheln, accarezzare; & v. spoil.

Pam'phlet, n., brochure, f.; Broschüre, Flugschrift; opuscolo, m.
Pan, n., (earthen) terrine, f.; Topf, m.; tegame; (stew-) casserol|e, f., Schmorpfanne, c|a; (frying-) poêle, Pfanne, padella; warming-, bassinoire; Bettwärmer, m.; scaldaletto. '|cake, n., crêpe, f.; Pfannkuchen, m.; frittella, f.
Panac|e'a, n., |ée, f., |ee, |ea.
Pan'der, i., (fig.) se prêter, s. hergeben, prestarsi.
Pane, n., (of glass) carreau, m., vitre, f.; Scheibe; retro, m., cristallo di finestra.
Pan'el, n., panneau, m.; Füllung, f.; quadrello, m. |ling, n., boiserie, f.; Getäfel, n.; intavolato, m.
Pang, n., angoisse, f., Angst, angoscia.
Pan'|ic, n., |ique, f.; |ischer Schrecken, m.; p|ico.
Panora'ma (ah), n., p-, m.; P-, n.; p-, m.
Pan'sy (z), n., pensée, f.; Stiefmütterchen, n.; suocera e nuora, f.
Pant, i., haleter, keuchen, ansare; (fig.) soupirer (for, après), avoir soif (de), lechzen (nach), anelare (ac.).
Pantaloons', n. pl., v. trousers.
Pan'|ther, n., |thère, f.; |ther, m.; |tera, f.
Pan'tomim|e, n., |e, f., |e, |a.
Pan'try, n., garde-manger, m.; Speisekammer, f.; dispensa. [f.
Pap, n., (food) bouillie, f.; Brei, m.; pappa,
Papa' (ah'), m., p-, P-, babbo. Pa'p|acy, n., |al, a., |auté, f., |al; Papsttum, n., päpstlich; pap|ato, m., |ale.
Pa'per, n., papier,m.; P-,n.; carta,f.;(wall-) p- peint, m.; Tapete, f.; tappezzeria; & v. newspaper; brown —, p- d'emballage, p- gris, Packpapier, c- da involti; waste —, p- de rebut; Makulatur, f.; scarti, m. pl. —, t., tap|isser (with, de), |ezieren, |pezzare. -hang'er, m., colleur (de p-), T|ezier, |pezziere. -knife, n., couteau à p-. m.; P|messer, n., Falzbein; stecca, f. -mill, n., papeterie, f., P|mühle, cartiera. -mon'ey, n., papier-monnaie, m.; P|geld, n.; carta moneta, f.
Par (ah), n., pair, m.; Pari, n.; pari, m.; on a — with, de p- avec, gleich (dat.), uguale a.
Pär'a|ble, n., |bole, f., |bel, |bola.
Parade', n., p-, f., P-, parata; (ground) place d'armes; P|platz, m.; piazza d'armi, f.; (fig.) p-; Prunk, m.; mostra, f.; & v. promenade.
Par'a|dise (aïce), n., |dis, m.; |dies, n.; |diso, m. |dox, n., |dox'ical, a., |doxe, m., |doxal; |doxon, n., |dox; |dosso, m. & a. |gon, n., modèle (parfait), m.; Muster, n.; modello (perfetto), m. |graph, n., |graphe, m., |graph, paragrafo; (in newsp.) entrefilet, m., kurzer Artikel, piccolo articolo. |llel,a., |llèle, |llel, |letto.

Par'a|lyze, t., |l'ysis, n., |lyt'ic, a., |lyser, |lysie, f., |lytique; lähm|en, |ung, gelähmt; p|lizzare, |lisia, |litico.
Par'amount, a., v. superior, supreme.
Par'amour, m. & f., amant, |e; Liebhaber, Geliebte; drud,o, |a.
Par'apet, n., p-, m.; Brustwehr, f.; p|to, m.
Par'aphrase, n., p-, f.; P-, Umschreibung; parafrasi.
Par'asite, n., p-, m., Schmarotzer, parassito. [m.; ombrellino.
Par'asol, n., ombrelle, f.; Sonnenschirm,
Par'cel, n., paquet, m.; Packet, n.; involto, m.; & v. part, lot.
Parch'ed, pp., desséché, gedörrt, arsicciato.
Parch'|ment, n., |emin, m.; Perga|ment, n.; |mena, f.
Par'don, n. & t., p-, m., |ner à; Verzeih|ung, f., |en (dat.); |perdon,o, m., |are a; I beg your —, (je vous demande)p-, bitte, entschuldigen (v|en) Sie, (mi) scusi!
Pare, t., peler, schälen, scortecciare; (clip) rogner, (be)schneiden, tagliare.
Pa'rent, m. & f., v. father, mother; |s, p's, m. pl., Eltern, genitori. |age, n., v. birth, family.
Paren'|thesis, n., |thèse, f., |these, |tesi.
Par'is, n., P-, m.; P-, n.; Parigi, m.
Pär'ish, n., '|ioner, m., paroiss|e, f., |ien, m.; Kirchspiel, n., Pfarrkind; parrocchia, f., |no, m.
Park (ah), n., parc, m., Park, parco.
Par'l|ey (ah), n., pourparler, m., Unterhandlung, f.; conferenza. |iament (īmc), n., |ement, m.; |ament, n.; |amento, m. |our, n., (petit) salon, m.; Wohnstube, f.; salotto, m. [del comune.
Paro'chial (k), a., paroissial, Gemeinde..,
Pär'od|y, n., |ie, f., |ie, |ia.
Parol|e', n.; on —, sur p|e, auf Ehrenwort, sopra la sua p|a.
Pär'oxysm, n., |e, m., |us, parossismo.
Pär'rot, n., perroquet, m., Papagei, pappa-
Pär'ry, t., par|er, |ieren, |are. [gallo.
Parse, t., v. analyze.
Par'sim|ony, n., |o'nious, a., parcimoni|e, f., |eux; Knauser|ei, |ig; parsimonia, sordido. [trosello, m.
Pars'ley, n., persil, m.; Petersilie, f.; pe-
Pars'nip, n., panais, m.; Pastin|ake, f.; |aca.
Par'son, m., v. clergyman. |age, n., cure, f.; Pfarrhaus, n.; casa del prete, f.
Part, n., |ie, f.; Teil, m.; p|e, f.; (share) p|; T-. m., Anteil; p|e, f.; (side, party) p|i, m.; |ei, f.; |ito, m.; (of actor) rôle; Rolle, f. p|e; (of bk.) n. number; (of town) v. quarter; & v. duty; |s, v. ability, district; for my —, quant à moi, was mich betrifft, in q|o a me; for the most —, pour la plupart, meistenteils, per lo più; in —, en p|ie, t|weise, in p|e; take — in, v. t-, p|icipate; take in good

—, prendre en bonne p|, wohl aufnehmen, pigliare in buona p|e. Part, t., v. divide, (pers.) v. separate; (hair) séparer, scheiteln, spartire. —, i., se séparer, scheiden, separarsi. Par|take' (|took, |taken), i.; — of (food, etc.), v. take, eat, drink; — of (character), v. have.
Par'tial (chăl), a., |ly, ad., |'ity (chial), n., part|iel, |iellement, (unfair) |ial, |ialité, f.; |iell, teilweise, p|eiisch, |eilichkeit; parzial|e, |mente, |ità; be p| to, v. like, p|ity for, v. inclination, preference.
Partic'ip|ate, i., |er (in, à), teilnehmen (an, dat.), p|are (a).
Par'ti|ciple, n., |cipe, m.; |cipium, n.; |cipio, m. |cle, n., |cule, f.; Teilchen, n., (gr.) P|kel, f.; |cella. [c'ūlar, a., |culier, besonder, p|colare; (fastidious) difficile, eigen, fastidioso; & v. special, exact, precise; (friend) v. intimate; in —, en p|culier, besonders, in ispecie. |c'ūlars, n. pl., détails, m. pl.; Nähere(s), n., Einzelheiten, f. pl.; p|colari, m. pl.
Par't|ing, n., sépara|tion, f.; Abschied, m.; s|zione, f. |isan, m., |isan; |eigänger, Anhänger; p|igiano. 'i'tion (īch), n., |age, m.; Teilung, f.; p|izione; (wall) cloison, f., Scheidewand, p|izione. '|ly, ad., en p|ie, zum Teil, in p|e. '|ner, m., (com.) associé, Teilhaber, socio; (in dance) dans|eur (|euse),Tänzer(|in), compagn|o (|a); (in game) p|enaire, |ner, socio; & v. companion, husband, wife. '|nership, n., associa|tion, f., (Handels)gesellschaft, a|zione. [pernice, f.
Par'tridge, n., perdrix, f.; Rebhuhn, n.;
Par't|ly, n., (polit.) |i, m., |ei, f.; |ito, m., (social) réunion, f., Gesellschaft, conversazione; (shooting, etc.) p|ie, |ie, compagnia; (jur.) p|ie, |ei, |e; & v. company, individual; a third —, un tiers, ein Dritter, un terzo; be a — to, v. p|icipate in; evening —, soirée, f., Abend|g-, serata.
Pass, i., (into, by) |er; über|gehen, vorbei|g-; p|are; (elapse) p|er; verfließen; p|are, scorrere; (be current) avoir cours, gelten, avere corso; (for) p|er, gelten, essere stimato; (take place) se p|er, vorfallen, accadere; (be tolerable) p|er, angehen, p|are; (by a name) = be known, be called; let — (unnoticed), v. excuse, not consider, not notice; — away, p|er, vergehen, p|are; — by, v. —, i. & t.; — off, v. — away; (well, ill) terminer; ablaufen; p|are, andare; — on, p|er son chemin, weitergehen, andare avanti; — over, p|er, (hin)übergehen, p|are, & v. — away; — over (a bridge, etc.) v. cross.
Pass, t., (house, pers., etc.) p|er à, devant, vorbeigehen an (dat.), p|are; (too far) dépasser, über (ac.) hinausgehen, oltrepassare; (time) p|er, zubringen, p|are;

(a plate, etc.) p|er, reichen, mandare; (exam.) p|er, bestehen, p|are a; (muncy) p|er, ausgeben, far circolare; (law) a-dopter, annehmen, adottare; (sentence) prononcer, fällen, dare; & v. exceed; — each other, se croiser, s. kreuzen, incrociarsi; — o's sf. off, se faire p|er, s. ausgeben, darsi; — over, v. omit, excuse. **Pass**, n., défilé, m., (Eng)paß, p|o; (permission) laisser- p|er, m., Passierschein, permesso; & v. p|port, (fig.) state. '|able, a., |able, leidlich, p|abile; (road, etc.) praticable; fahrbar, gangbar; praticabile. '|age, n., (act of, & place) |aye, m.; Durch|gang, |fahrt, f.; p|aggio, m.; (in house) couloir, Gang, corridojo; (by sea) traversée, f.; Überfahrt; tragitto, m.; (in bk.) p|age; Stelle, f.; p|o, m., take o's —, prendre son p|age, s. einschiffen, prendere posto. '|enger, m., voyageur; P|agier, Reisender; p|eggiere. '|ing, a., |ager, vorübergehend, p|eggiero. **Pas'sion** (äch), n., p-, f., Leidenschaft, p|e; & v. anger; in a —, en colère, aufgebracht, in collera. |ate, a., emporté, jähzornig, irascibile; (poem,etc.) p|né, leidenschaftlich, appassionato. **Pas's|ive**, a., |if, |iv, |ivo. **Pass**'|port, n., |eport, m., Paß, |aporto. **Past**, a. & n., pass|é, a. & m.; vergangen, |heit, f.; p|ato, a. & m.; for some time —, depuis quelque temp|s, seit einiger Zeit, da qualche t|o. **Past**, prp., au delà de, (fig.) hors de; jenseit (gen.), über (ac.) hinaus; al di là di, oltre; go (run, etc.) —, pass|er devant, p|er auprès de, à; un (dat.) vorbeigehen; p|are; it is — one, il est une heure p|ée, es ist ein Uhr vorbei, è un' ora p|ata; a quarter — two, deux heures et quart, ein Viertel nach zwei (in V- auf drei), due e un quarto; half — three, trois heures et demie, halb vier, tre e mezzo. **Past**, ad., pass|é; vorbei, vorüber; p|ato. **Paste**, (e), n., coll|e, f.; Kleister, m.; c|a, f.; (false gem) stras, m.; Straß; gemma falsa, f.; & v. dough. —, t., c|er, k|n, incollare; — up (bills, etc.), afficher, anschlagen, affiggere. '|board, m., Pappe, m., Pappdeckel, c|e. [treib, p|atempo. **Pas'time**, n., pass|e-temps, m., Zeitvertreib. **Pas't**|or, m., |eur, |or, |ore. **Pas'try** (éce), n., -cook, m., pâtiss|erie, f., |ier; (feines) Backwerk, n., Pastetenbäcker; pasticcier|ia, f., p|e. **Pas'ture**, n. & t., pâture, f., faire paitre; Weid|e, |en; pas|tura, |colare. **Pat**, n. & t., tap|e, f., |er; Klaps, m., |en; tocc|o, m., |are; (of butter) v. piece. **Pat**, a., v. ready, suitable. **Pat**, m., v. Patrick. **Patch**, n. & t., pièce, f., rapiécer; Flicken, m. & t.; pezza, f., rappezzare.

Pate, n., v. head.
Pat'ent (păt & pét), a., p-, offen, p|e. —, n., |ed, a., brevet, m., |é; P-, n., |iert; |e, f., |ato. -leather, n., veau verni, m.; Glanzleder, n.; cuojo verniciato, m.
Pater'n|al, a., |ity, n., |el, |ité, f.; väterlich, Vaterschaft; p|ale, |ità.
Path (ah), n., sentier, m., Pfad, s|o; (garden-) allée, f.; Weg, m.; s|o, ajuola, f.; (fig.) v. way.
Pa'th|os, n., |et'ic, a., |étique, m. & a.; |os, n., |etisch; patetico, m. & a.
Pa'tien|ce (ëch), n., |t, a., |ce, f., |t; Geduld, f., |ig; pazien'za, |te. |t, m. & f., malade; Krank|er, |e; ammalat|o, |a.
Pa'triar|ch (k), m., '|chal, a., |che, |cal; |ch, |chalisch; |ca, |cale.
Patri|c'ian (ïch), m. & a., |cien; |zier, |zisch; |zio.
Pat'ri|ck, m., |ce, |zius, |zio. [nio, m.
Pat'rim|ony, n., |oine, m.; Erbteil, n.; p|o-
Pa'triot, m., |ism, n., "|ic, a., |e, |isme, m., |ique; P-, |ismus, |isch; |to, |tismo, |tico.
Pat|rol' (ö), n., |rouille, f., rouille, |tuglia.
Pa'tron, m., |ess, f., p-, |ne, protect|eur, |rice; Patron, |in, Gönner, |in; p|e, ,a, protett|ore, |rice. |age, n., |age, m., protection, f.; Beschütz|ung; patrocinio,m. |ize, t., |ner, b|en, proteggere.
Pat'ten, n., pa'tin, m., Holzschuh, zoccolo.
Pat'ter, i., battre, peitschen, battere.
Pat'tern, n., modèle, m.; Muster, n.; modello, m.; (paper-,etc.) patron, m.; Form, f.; modello, m.; (design) dessin, m.; M-, n.; disegno, m.; (specimen) échantillon, m.; M-, n., Probe, f.; campione, m.
Pat'ty, n., petit pâté, m.; Pastetchen, n.; pasticcetto, m.
Pau'cit|y, n., manque, m.; Mangel; p|à, f.
Paul, m., P-, P-, Paolo.
Paunch, n., panse, f.; Wanst, m.; pancia, f.
Pau'per, m. & f., pauvre; Arm|er, |e; pover|o, |a.
Pause, n. & i., p-, f., faire une p-; P-, e-e P- machen; pausa, |re; & v. hesitate.
Pave, t., '|ment, n., par|er, |é, m., (foot-p|ment) trottoir; pflaster|n, P|, n., T-; lastricare, parimento, m., marciapiede; p| the way, (fig.) frayer le chemin, den Weg bahnen, farsi strada.
Pavil'|ion, n., |lon, m.; |lon, Lust|, Garten|-haus, n.; pa|iglione, m.; & v. tent.
Paw, n., patte, f., Pfote, zampa.
Pawn, n., (chess) pion, m.; Bauer; pedina,
Pawn, t., mettre en gage, verpfänden, impegnare. '|broker, m., prêteur sur gages, Pfandleiher, prestatore; — 's (office), mont-de-piété, m.; Leihhaus, n.; m|e di pietà, m.
Pay (paid, p-), t., |er, (be)zahlen, pagare; (5 per cent, etc.) rapporter; tragen, einbringen; rendere; (visit) faire, machen,

fare; — attention (to), *faire a- (à)*, achtgeben (auf, ac.), *badare (a)*; — back, *rendre*, zurückzahlen, *restituire*; — off (debt), *p er*, *acquitter*; entrichten; *pagare*; (crew, etc.) v. dismiss; I will — him off, *il me le paiera*, dafür soll er mir zahlen, *melo paghera*; — o's addresses to, *rechercher en mariage*, s. bewerben um, *far la corte a*. **Pay**, i., *rendre*, *rapporter*; s. rentieren; *mettere conto*; — for, p|er, bezahlen, *pagare*. **Pay**, n., |e, f., Löhnung, *paga*; (soldier's) *solde*; Sold, m.; |o. '|able, a., |able, zahlbar, *pagabile*. '|master, m., |eur, *trésorier*; Zahlmeister; *pagatore*. '|ment, n., *paiement*, m.; Zahlung, f.; *pagamento*, m.
Pea (T; pl. |s, |se), n., *pois*, m.; Erbse, f.; *pisello*, m. '-soup, n., *purée de pois*, f., E|nsuppe, *minestra di piselli*.
Peace, n., *paix*, f.; Friede(n), m.; *pace*, f.; & v. silence; break the —, *troubler l'ordre public*, die öffentliche Sicherheit gefährden, *creare un disturbo*; hold o's —, v. be silent. '|able, '|ful, a., *paisible*, friedlich, *pacifico*; & v. quiet. '|maker, m., *pacificateur*, Friedensstifter, *paciere*.
Peach, n., *pêche*, f.; Pfirsich, m.; *persica*, f., *pesca*.
Pea'|cock, |hen, n., *paon*, m., |ne, f.; Pfau, |henne; *paron'e*, |essa. [summit.
Peak, n., *pic*, m.; Spitze, f.; *cima*; & v.
Peal, n., (of bells) *carillon*, m.; Geläute, n.; *scampanata*, f.; (thunder) *coup*, m., Schlag, *rimbombo*; — of laughter, *éclat de rire*, m.; schallendes Gelächter, n.; *scoppio di risa*, m. **Peal**, i., *retentir*, schallen; *risonare*; (thund.) *gronder*, (g)rollen; *rimbombare*.
Pear (é), n., '|tree, n., *poir|e*, f., |ier, m.; Birn|e, f., |baum, m.; *per'a*, f., |o, m.
Pearl (eur), n., *perl e*, f., |c, |a.
Peas'ant (ëz), m. & f., '|ry, n., *paysan*, |ne, |s, pl.; Bauer, Bäuerin, Bauern; *contapease* (z), n. pl., v. pea. [din'o, |a, |i.
Peat, n., *tourbe*, f.; Torf, m.; *torba*, f.
Peb'ble, n., *caillou*, m.; Kiesel; *selce*, f.
Peck, t., *becqueter*, (mit dem Schnabel) hacken, *beccare*; — up, *ramasser*, aufpicken, *raccogliere (col becco)*.
Peck, n.. *picotin*, m.; Metze, f.; *profenda*.
Pecu'liar, a., *partic'ulier*, eigen|tümlich, p|olare. '|ty, n., *partic'ularité*, f.; E|tümlichkcit, |heit; p|olarità.
Pecu'niary, a., *pécuni'aire*; pekuniär, Geld..; *p'ario*.
Ped'agogue, m., *pé-*, Pädagog, *pedagogo*.
Ped'al, n., *pédale*, f.; Pedal, n.; *e*, m.
Ped'ant, m., '|ic, a.. *péd'ant*, |esque; P-, |isch; |e, |esco. **Ped'dler**, m., v. pedlar.
Ped'estal, n., *piédestal*, m.; Fußgestell, n.; *piedestallo*, m.

Pedes'trian, m., *piéton*, Fußgänger, *pedone*.
Ped'igree, n., *généalogi|e*, f., Abkunft, g'a.
Ped'iment, n., *fronton*, m., Giebel, f|e.
Ped'lar, m., *colporteur*, Hausierer, *merciajuolo*.
Peel, t. & i., *peler*, *se p-*; schälen, s. abschälen; *scortecciar'e*, |si; — off, v.—(i.).
—, n., *écorce*, f.; Schale, Rinde; *scorza*.
Peep, i., *regarder (à la dérobée)*, gucken, *guardare (di segreto)*; & v. appear. —, n., *coup d'œil*, m., Blick, *sguardo*; (of day) v. break. **Peer**, i., v. appear, peep.
Peer, m., *pair*, P-, *pari*; his |s, *ses égaux*, s-e Standesgenossen, *i suoi p-*. '|age, n., *pair|ie*, f., |swürde, *dignità dei pari*. '|less, a., *sans pareil(le)*, ohne (seines) gleichen, *senza pari*; & v. incomparable.
Pee'vish, a., '|ness, n., *bourru*, *mauraise humeur*, f.; verdrießlich, |keit; *uggi'oso*, |a.
Peg, n., *cheville*, f., (hat-) *patère*; Pflock, m., Haken; *cavicchio*, *uncino*.
Peg, '|gy, f., v. Margaret.
Pelf, n., v. money, riches.
Pel'ican, n., *pé-*, m., Pelikan, *pellicano*.
Pelisse' (Fr.), n., *p-*, f.; (Pelz)mantel, m.; *pelliccia*, f. [*lottola*, f.
Pel'let, n., *boulette*, f.; Kügelchen, n.; *palPell-mell*, ad., *pêle-mêle*, durcheinander, *alla rinfusa*.
Pelt, t.; — o. with stones, *jeter des pierres à qn.*, j. mit Steinen bewerfen, *colpire con sassi*; |ing rain, *pluie battante*, f.; Platzregen, m.; *pioggia violenta*, f.
Pen, n. & t., (sheep) *par|c*, m., |quer; Schafhürde, f., einpferchen; *ovile*, m., *rinchiudere*.
Pen, n., *plume*, f., Feder, *penna*. **Pen**, t., v. write. '-holder, n., *porte-plume*, m., F|halter, *porta-penna*. '|knife, n., *canif*, m.; F|messer, n.; *temperino*, m. '|man, m., v. writer.
Pe'nal, a., *pénal*, Straf.., p|e. **Pen'alty**, n., *peine*, f., Strafe, *pena*.
Pen'ance, n., *péniten|ce*, f., Buße, p|za.
Pence, n. pl., v. penny. [& v. brush.
Pen'cil, n., *crayon*, m., Bleistift, *lapis*;
Pen'd|ant, n., |ant, m.; Gehänge, n.; p|ente, m.; (to picture, etc.) p|ant, Gegenstück, n.; *riscontro*, m. |ent, a., |ant, *suspendu*; (herab)hängend; p|ente. |ing, prp., v. during; (a.) p ant, schwebend, p|ente.
Pen'd'ulum, n., |ule, m.; |el, n.; |olo. m.
Pen'etr|ate, t. & i., *pénétr|er*; durchdringen, eindringen in; p|are. |a'tion, n., p|ation, f.; D-, n., E-, (fig.) Scharfblick, m.; p|azione, f.
Penin'sula, n., *péninsule*, f., *presqu'île*; Halbinsel, *penisola*.
Pen'iten|ce, n., |t, a., *péniten|ce*, f., *repentant*; Reue, |voll; p|za, |te. '|tiary, n., p|cier, m.; Strafanstalt, f.; *prigione*.
Pen'|knife, n., v. pen-. |man, m., v. writer.

Pen'nant, n., *flamme*, f.; Wimpel, m.; *famma*, f.
Pen'ny (pl. pence), n., *dix cent|imes*, m. pl., *deux sous*; acht Pfennige; *dieci c|esimi*, *due soldi* (v. Money Table). |weight, n., *un gramm|e et demi*, anderthalb G|, *un g|a e mezzo*. |worth, n., *pour dix c|imes*, für acht P-, *per dieci c|esimi*; (fig.) v. bargain.
Pen'sion, n., *p*-, f.; P-, Jahrgeld, n.; *p|e*, f. |er, m., (mil.) *invalid|e*, |e, |o.
Pen's|ive, a., |*if*, gedankenvoll, *p|(ier)oso*.
Pent (up), a., *renfermé*, eingeschlossen, *rinchiuso*. [poverty.
Pen|u'rious, a., v. miserly. '|üry, n., v.
Pe'ony, n., *pivoine*, f., Päonie, *peonia*.
Peo'ple (ī̆p), n., *peuple*, m.; Volk, n.; *popolo*, m.; & v. nation; —, pl., *gens*, m. & f. pl., *mond|e*, m. sg.; Leute, m. pl.; *gente*, f. sg., *m|o*, m. sg.; (one, they) *on*, man, *si.* —, t., *peupler*, bevölkern, *popolare*.
Pep'per, n., -box, n., *poivr|e*, m., |*ière*, f.; Pfeffer, m., |büchse, f.; *pep|e*, m., |*iera*, f. —, t., *p|er*, (with shot) *cribler*; p|n, durchlöchern; *impepare*, *crivellare*.
Per, prp., *par*, per, *per*; three — cent, *trois pour c-*, drei Prozent, *tre per c|o*; — annum, *par an*, jährlich, *all' anno*.
Peram'būla|te, t., *parcourir*, durchwandern, *percorrere*. |tor, n., *voiture d'enfant*, f.; Kinderwagen, m.; *carrozzino da bimbi*.
Perceive', t., (see) *apercevoir*; wahrnehmen; *osservare*, (fig.) *percepire*; (note, remark) *s'a- de*; merken, s. (dat.) et. m-; *accorgersi di*.
Percen'tage, n., v. proportion, (com.) commission, profit, per cent.
Percep'|tible, a., |*tible*, bemerkbar, *percettibile*. '|tion, n., |*tion*, f., Wahrnehmung, *percezione*.
Perch, n., (fish) |*e*, f.; Barsch, m.; *perca*, f.
Perch, n., (of bird) |*oir*, m.; Stange, f.; *posatojo*, m. —, i., |*er*, s. setzen, *posarsi*.
Perchance', ad., v. perhaps. [*pelare*.
Per'colate, i., *filtrer*, durchsickern, *tra*-
Percus'sion|-cap, n., *capsul|e*, f.; Zündhütchen, n.; *c|a*, f. -gun, n., *fusil à p-*, m.; Perkussionsgewehr, n.; *fucile a percussione*. m.
Perdī'|tion (īch), n., |*tion*, f., Verdammnis, *p|zione*. [*rentorio*.
Per'emptory, a., *péremptoire*, |*orisch*, *pe*-
Peren'n|ial, a., (bot.) *vivace*, p|ierend, |*e*; & v. perpetual.
Per'fec|t, a. & n., *parfait*, a. & m.; vollkommen, Perfektum, n.; *perfetto*, a. & m. |t, t., |*tionner*, vervollkommnen, *perfezionare*. '|tion, n., *p-*, f., Vollkommenheit, *perfezione*.
Per'fĭd|y, n., '|*ious*, a., |*ie*, f., |*e*; Treu|losigkeit, |*los*; p|*ia*, |*o*.

Per'forate, t., *percer*, durchbohren, *forare*.
Perform', t., (duty) *faire*, thun, *fare*; (journey) *faire*; machen, zurücklegen; *fare*; (function) *remplir*; verrichten; *fare*, *eseguire*; (a play, part) *jouer*; aufführen, spielen; *rappresentare*; & v. execute, accomplish. —, i., v. play. '|ance, n., *accomplissement*, m.; Verrichtung, f.; *compimento*, m.; (theat.) *représentation*, f., Vorstellung, *rappresentazione*; & v. action, deed, (mus.) execution. '|er, m., (mus.) *exécutant*, Spieler, *suonatore*; & v. actor.
Per'fum|e, n., |*e'*, t., *parfum*, m., |*er*; Wohlgeruch, parfümieren; *profum|o*, |*are*.
Perfunc'tory, a., v. careless, superficial.
Perhaps', ad., *peut-être*, vielleicht, *forse*.
Per'il, n., |*ous*, a., *péril*, m., |*leux*; Gefahr, f., gefährlich; *pericolo*, m., |*so*.
Pe'riod, n., *période*, f.; |*e*; |*o*, m.; (full stop) *point*, m., Punkt, *punto*; & v. era, end. '|*ical*, a., *p|ique*, |isch, |*ico*. '|ical, n., *recueil*, m.; Zeitschrift, f.; *p|ico*, m.
Per'ish, i., *périr*, umkommen, *perire*. |able, a., *périssable*, vergänglich, *caduco*.
Per'jur|e, r., |y, n., |er, m., *se parjur|er*, |*e*, m., |*e*; falsch schwören, Meineid, |*ige*; *spergiur|are*, |o, |*atore*.
Per'manen|t, a., |*t*; |t, bleibend; p|*te*. |*ce*, n., |*ce*, f., |z, |*za*.
Permis'|sible, a., |sion (ich), n., *p|*, |*sion*, f.; erlaub|t, |*nis*; *p|sibile*, |*sione*. Permit', t., *permett|re (à)*, e|en (dat.), *p|ere(a)*. Per'-mit, n., *permis*, m., E|nisschein, *permesso*.
Perni|c'ious (īch), a., |*cieux*, verderblich, *p|zioso*. [p|olare.
Perpendic'|ular, a., |*ulaire*, senkrecht, Per'petra|te, t., v. commit. |tor, m., *auteur*, Thäter, p|*tore*. '|tion, n., *perpétration*, f., Verübung, *p|zione*.
Perpet'ŭ|al, a., *perpétu|el*, immerwährend, *p|o*. |ate, t., *p|er*; fortwährend erhalten, (fame) verewigen; *p|are*. '|ity, n., *p|ité*, f., Fortdauer, *p|ità*; in —, *à p|ité*, auf immer, *a p|ità*.
Perplex', t., |ed, a., |ity, n., *embarr|asser*, |*assé*, |*as*, m., *p|ité*, f.; verwirren, verlegen, |*heit*; *imbarazz|are*, |*ato*, *perpless|o*, |*ità*. [bengewinn, m.; *profitto casuale*.
Per'quisite, n., *petits bénéfices*, m. pl.; Ne-
Per'ry, n., *poiré*, m., Birnwein, *sidro di pere*.
Per'secū|te, t., '|*tor*, m., '|tion, n., *persécu|ter*, |*teur*, |*tion*, f.; verfolg|en, |er, |*ung*; *perse|guire*, |*cutore*, |*cuzione*.
Perseve'r|ance, n., |*e'*, i., *persévér|ance*, f., |*er* (in, *dans*; in doing, *à faire*); Ausdauer, beharren (in), verharren, bleiben (bei); *p|anza*, |*are (a)*. |*ing*, a., *p|ant*, beharrlich, *p|ante*.
Per's|ia, n., |*ian* (cha), m. & a., |*e*, f., |*an*; |*ien*, n., |er, m., |isch; |*ia*, f., |*iano*.

Persist', i., |er (in, *dans;* à *faire*), bestehen (auf), p|ere *(a).* |ent, a., |ence, |ency, n., |ant, *ance*, f.; beharrlich, |keit; p'ente, |enza.
Per'son (eur), n., m. & f., |ne, f., P-, |a; a—, no —, v. some|, no|body. |age, m. & f., |nage, m.; P-, f.; |aggio, m. |al, a., |nel, persönlich, p|ale; — property, *biens mobiliers*, m. pl.; M|iarvermögen, n.; *beni m'i*, m. pl. |ally, ad., |nellement, persönlich, p|almente; (as for me) *quant à moi*, für meine P-, *in q|o a me.* |al'ity, n., |nalité, f., Persönlichkeit, p|alità. |ate, t., *se donner pour*, s. ausgeben für, *darsi per;* & v. represent. '|ify, t., |ifica'tion, n., |nifier, |nification, f.; |ifizieren, |ifikation; |ificare, ificazione.
Perspec't|ive, n., |ive, f., |ive, *prospettiva.*
Perspic'ū|ous, a., '|ity, n., v. clear, |ness, distinct, |ness.
Perspir|a'tion, n., |e', i., *transpir|ation*, f., |er; Schweiß, m., schwitzen; *sud|ore, 'are.*
Persua|de', t., '|sion, n., |der (à), |sion, f.; überred|en, |ung; *p'dere*, |sione, f.; & v. con|vince, |viction, (relig. p|sion) v. belief. '|sive, a., *sif*, ü|end, *p|sivo.*
Pert, a., v. impudent. **Pertain'**, i., v. belong.
Pertina'c|ious, a., '|ity, n., v. obstina|te, |cy.
Per'tinent, a., *p-*, treffend, *p'e.*
Perturb', t., *troubler*, beunruhigen, *p|are.*
Per|u' (ou), n., |u'vian, m. & a., *le Pér'|ou*, |urien; |u, n., |uaner, |u(vi)anisch; |ù, m.. '*uriano.*
Peruke', n., v. wig. **Peruse'**, t., v. read.
Pervade', t., *pénétrer dans*, durchdringen, *permeare.*
Perver'se', a., '|sity, n., *opiniâtre*, |té, f.; halsstarrig, |keit; *caparbio.* a. & m. |t', t., '*tir*, verkehr|en, *p|tire.* **Per'vert,** m., |i, V|ter, p|ito. [*perrio.*
Per'vious, a., *perméable*, durchdringlich, **Pest,** n., v. plague.
Pes'ter, t., *tourmenter*, plagen, *seccare.*
Pes'tilen|ce, n., |t, '|tial, a., *pest|e*, f., |ilentiel; Pest, |artig; |e, '|lenziale.
Pes'tle, n., *pilon*, m., Stößel, *pestello.*
Pet, n.; in a —, v. peevish, angry.
Pet, n., *favori*, m., Liebling, *f|to.* **Pet,** t., *choyer*, verhätscheln, *accarezzare.*
Pet'al, n., *pétal|e*, f.; Blumenblatt, n.; *p'o,* m.
Petard', n., *pétard*, m.; |e, f.; |o, m.
Pe'ter, m., *Pierre,* Peter, *Pietro.*
Peti'tion (Ich), n. & t., |er, m., *pétition*, f., |ner, |naire, m.; Bitt|e, f., |schrift, |en, |steller, m.; *suppli'c|a*, t., |are. |ante, m.
Pet'rif|y, i., |ac'tion, n., *pétrif|ier*, |ication, f.; versteiner|n, |ung ; *p'icare*, |icazione.
Petro'leum, n., *pétrol|e*, m.; Steinöl, n.; *p|io,* m.
Pet'ticoat, n., *jupe*, f., (short, under-) *jupon*, m.; Unterrock; *gonnella*, f.

Pet'tifogg|er, m., |ing, a., *chican|eur*, |ier; Rechtsverdreher, ränkesüchtig; *avvocatuccio, artifizioso.*
Pet'tish, a., v. peevish, irritable.
Pet'titoes, n. pl., *pieds de cochon*, m. pl., Schweinsfüße, *zampetti di porco.*
Pet'ty, a., v. small, trifling.
Pet'ulant, a., *pétulant*, unbändig, *p|e.*
Pew (iou), n., *banc d'église*, m., Kirchenstuhl, *b|o d'una chiesa.*
Pew'ter, n., *étain*, m.; Zinn, n.; *stagno*, m.
Pha'|eton, n., |éton, m., offener Wagen, *faetone.* [*spettro*, m.
Phan'tom, n., *fantôme*, m.; Gespenst, n.;
Phase, n., *p-*. f., P-, (fig.) Wandlung; *fase.*
Pheas'ant (fĕz), n., *faisan*, m., Fasan, *fagiano.*
Phi'al, n., *fiole*, f.; Fläschchen, n.; *fiala*, f.
Philan'throp|ist, m., |y, n., '|ic, a., |e, m., '|ie, f., '|ique; Menschen|freund, m., |liebe, f., |freundlich; *filantrop'o*, m., |ia, f., *ico.*
Phil'ip, m., *|pe*, p(us), *Filippo.*
Philol'og|ist, m., |y, n., '|ical, m., |ue, m., |ie, f., |ique; P|, |ic, |isch; *filolog|o*, |ia, |ico.
Philos'oph|er, m., |y, n., '|ical, a., |e, |ie, f., *ique;* P|, |ic, |isch; *filosof'o*, |ia, |ico.
Phlegm (flemm), n., |at'ic (egh), n., *flegm|e,* m., |atique; P|a, n., (med.) Schleim, m., p|atisch; *flemm'a*, f., |atico.
Phœ'be (fĭbi), f., *Phébé*, Phöbe, *Febe.*
Phœ'nix, n., *Phénix*, m., Phönix, *Fenice.*
Phos'phor|us, n., '|ic, a., |e, m., |ique; P|, |isch; *fosfor'o*, |ico.
Pho'tograph, n. & t., |e, f., |ter; |ie, |ieren, *fotograf|ia,* |are. **Photog'raph|er,** m., |y, n., |e, m., |ie, f.; P|, m., |ie, f.; *f|o*, m.; |ia, f.
Phras|e, n., '|e, f., Redensart, *fras'e.* |eol'-ogy (iol), n., *éologie*, f., |eologie, *f|eologia.*
Phys'ic (ĭz), n., v. medicine. |al, a., |s, n., *phys'ique*, a. & f.; |isch, |ik; *fisic'o.* |a. '|ian (ĭch), m., *médecin,* Arzt, *medico.*
Physiol|og'nomy, n., |onomie, f., |ognomie, *fisionomia.* |ol'ogy, n., |ologie, f., |ologie, *fisiologia.*
Pian'o, n., *p-*, m.; Klavier, n.; *p|forte*, m.; grand —, *p- à queue*, Flügel, *p- a coda.*
Pi'anist (i), m. & f., |e; P|, |in; |a.
Pick, t., (locks) *crocheter*, aufmachen, *aprire;* (bones) *ronger*, abnagen, *rosicchiare;* (teeth) *se curer*, s. stochern, *stuzzicarsi;* & v. choose, cleanse, (fruit, etc.) gather, (quarrel) seek; — holes in, (fig.) v. censure, criticize; — o's way, *regarder où on met les pieds*, den Schmutz vermeiden, *evitare il fango;* — out, v. choose; (dirt, etc.) *ôter*, entfernen, *togliere;* — pockets, v. empty, steal from; (dress) to pieces, *découdre,* (zer)trennen, *sdrucire;* — up, *ramasser*, aufheben, *raccogliere;* (fig.) v. learn (hastily,

imperfectly); (i.) v. recover (i.). Pick, n., (fig.) v. choice. —, |axe, n., *pioche*, f.; Kreuzhacke; *piccone*, m. '|ings, n. pl.. v. perquisite. '|lock, n., *crochet*, m., Dietrich, *grimaldello*. '|pocket, m., *filou*; Taschendieb; *ladro*, *tagliaborse*.
Pick'et, n., (mil.) *piquet*, m.; Pikett, n.; *picchetto*, m.
Pick'le, t., *conserv|er au vinaigre*, (salt) *saler*, *marin|er*; in Essig legen, pökel|n, m|ieren; *c|are nell' aceto*, *salare*, *m|are*; |d (vegetables), *au v-*, E-.., *nell' a-*. —, n., *saumure*, f.; P|, m.; *salamoja*, f.; in a (pretty) —, *dans de beaux draps*, in der Patsche, *alle strette*. |s, n. pl., *c|es au v-,-f*. pl.; in Essig Eingemachtes, n.; *c|e nell' a-*, f. pl. [*picnic*, m.
Pic'nic, n., *pique-nique*, m.; Picknick, n.;
Picto'rial, a., *de peintre*, Maler.., *di pittore*; & v. illustrated. Pic'tūr|e, n., *tableau*, m.; Bild, n.; *quadro*, m.; & v. painting. |e, t., v. represent; — to o's sf., *se figur|er*, s. vorstellen, *f|arsi*. |esque', a., *pittores|que*, malerisch, p|co.
Pie (ai), n., *pâté*, m.; Pastete, f.; *pasticcio*, m.
Pie'bald (païbold), a., *pie*, scheckig, *pezzato*.
Piece (ice), n., *pièce*, f., (bit torn or broken off, & mus., etc.) *morceau*, m.; Stück, m.; *pezzo*, m.; & v. picture, gun; a —, v. apiece; by the —, *à la p-*, s|weise, *per pezzo*; of a — with, *à l'avenant de*, entsprechend (dat.), *corrispondente a*; — of news, *une nouvelle*, e-e Neuigkeit, *una novella*; — of ordnance, v. cannon; take to |s, *défaire*, *démonter*; auseinandernehmen; *disfare*; (dress) v. pick; (tear, break) in |s, to |s, *en p|s*, *en m|x*; in S|e; *in pezzi*. Piece, t., v. patch, join. '|meal, ad., *p- à p-*, *par m|x*; s|weise, *pezzo a pezzo*.
Pier (ïr), n., *jetée*, f.; Hafendamm, m.; *molo*; (of bridge) *pile*, f.; Pfeiler, m.; *pila*, f. '-glass, n., v. mirror.
Pierc|e (ïr), t., *percer*, durchstechen, *forare*. |ing, a., (sound) *perçant*, durchdringend, *stridulo*.
Pi'ety, n., *piété*, f., Frömmigkeit, *pietà*.
Pig, n., *porc*, m., *cochon*; Schwein, n.; *porco*, m. '|gery, n., v. -sty. '|headed, a., v. stupid, obstinate. '|iron, n., *fonte*, f.; Gußeisen, n.; *ferro fuso*, m. '-sty, n., *toit à porcs*, m., S|estall, *porcile*. '|tail, n., (hair) *queue*, f.; Zopf, m.; *codino*; (a.; tobacco) *en corde*, gesponnen, *in corda*.
Pig'eon (īdj), n., *p-*, m.; Taube, f.; *piccione*, m. -hole, n., *boulin*, m.; T|nloch, n.; *buco della colombaia*, m.; (for letters) *case*, f.; Fach, n.; *casella*, f. -house, n., *colomb|ier*, m.; T|nschlag; *c|aja*, f.

Pig'ment, n., v. paint.
Pig'my, n., *pygm|ée*, m.; |üc, *pigmeo*.
Pike, n., *pique*, f., Pike, *picca*; (fish) *brochet*, m., Hecht, *luccio*. '|staff, n.; it is as plain as a —, *cela saute aux yeux*, das leuchtet ein, *è molto chiaro*.
Pilas't|er,n., |re,m.;|er,Wandpfeiler;p'ro.
Pile, n., (nap) *poil*, m.; Haar, n.; *pelo*, m.
Pile, n., (stake) *pieu*. m., Pfahl, *palo*.
Pile, n., (heap) *p-*, f., (rough, irreg.) *tas*, m.; Haufen; *mucchio*; (of ruins) *monceau*, Il-, *monte*; (of papers) *liasse*, f.; Stoß, m.; *stiva*, f.; (funeral-) *bûcher*, m., Scheiterhaufen, *rogo*; (of buildings) v. edifice. Pile, t., *entasser*, (in layers) *empiler*; auf|häufen, |schichten; *ammucchiare*.
Piles, n. pl., *hémorroïdes*, f. pl., Hämorrhoiden, *emorroidi*.
Pil'fer, t., *dérober*, mausen, *rubacchiare*.
Pil'grim, m., |age, n., *pèlerin*, |*age*, m.; Pilger,|schaft, f.,Wallfahrt;*pellegrin|o*,
Pill, n., *pilule*, f., Pill|c, |*ola*. ||*aggio*,m.
Pill'|age, t. & n., |er, |*age*, m.; plünder|n, |ung, f.; *saccheggi|are*, |o, m.
Pil'lar, n., *pilier*, m., Pfeiler, *pilastro*; & v. column. [n.; *cuscinetto*, m.
Pil'lion, n., *coussin(et)*, m.; Sattelkissen,
Pil'lory, n., *pilori*, m.; Pranger; *berlina*, f.
Pil'low, n., *oreiller*, m., Kopfkissen, n., *guanciale*, m. -case, n., *taie d'o-*, f.; Überzug, m.; *foderetta di g-*, f.
Pi'lot, m., |e, Lotse, p|a.
Pim'ple, n., *bouton*, m.; Pickel, Bläschen, n.; *pustoletta*, f.
Pin, n., *épingle*, f., Stecknadel, *spilla*; (rolling-) *rouleau*, m., Teigrolle, f.; *matterello*, m.; (linch-) *esse*, f.; Achsennagel, m.; *chiodo di ruota*; (of iron) *cheville*, f.; Stift, m.; *chiodo*; & v. peg; I don't care a —, *je n'en donnerais pas une é-*, darauf gebe ich gar nichts, *non mene curo un fico*. Pin, t., *attacher (avec une é-)*, anstecken, *appuntare (con spille)*; (down, fig.) *clouer*; festhalten, drücken; *inchiodare*; — up, *fixer*, (dress) *retrousser*; aufstecken; *appuntare*. '|afore, n., *tablier (d'enfant)*, m.; (Kinder)schürze, f.; *bavaglio*, m. '|cushion, n., *pelote*, f.; Nadelkissen, n. '|torsello, m.
Pin'cers, n. pl.; pair of —, *tenailles*, f. pl.; (Zwick)zange, f.; *tanaglı|a*, f., |e, pl.
Pinch, t., *pincer*, kneipen, *pizzicare*; (be too tight, & fig.) *gêner*; drücken; *stringere*, *angustiare*; (fig.: place where) the shoe |cs, *le bât blesse*, der Schuh drückt, *il dente duole*. —, i., *se gêner*, knausern, *avarizzare*. —, n., *pin|çon*, m., (of salt, etc.) |*cée*, f.; Kniff, m., Fingerspitze voll, f.; *pizzico*, m.; (of snuff) *prise*, f., P-, *presa*; at a —, *au besoin*, im Notfall, *al bisogno*. |ers, n. pl., v. pincers.

Pine — 124 — **Plant**

Pine, i.. — away, *languir*, dahinschmachten, *l'e;* (for) *l'-, soupirer (après)*, schmachten (nach). *anelare.*
Pine, n., *pin*, m.; Fichte, f., Tanne; *pino*, m., *abete.* |apple, n., *ananas.* m.; A-, f.; |*so.* m. |cone, n., *pomme de pin*, f.; Zapfen, m.; *pigna,* f.
Pin'ion, n., v. wing; (t.) v. bind.
Pink, n., *œillet,* m.; Nelke, f.; *garofano,* m.; (fig.) *modèle,* m.; Muster, n.; *modello,* m. —, a., *ros e.* |afarben, |*ato.*
Pin'|nacle, n., |*acle,* m.; Zinne, f.; *p'|nacolo,* m. |*mezzo litro.*
Pint (ai), n., *demi-litre,* m.. Schoppen,
Pion|eer', m., |*nier.* |ier, *guastatore.*
Pi'ous, a., *pieux*, fromm, *pio.*
Pip, n.,(in fruit)*pépin.* m., Kern, *granello.*
Pipe, n., *tuyau,* m., *tube;* Röhre, f.; *tubo,* m.; (of wine) *p-,* f.; großes Faß, n.; *botte,* f.; (tobacco-)*p-,* Pfeif|e, *pipa.* '-clay, n., *terre de p-,*f.; P|enthon,m.;*terra da pipe,* f. **Pi'per**, m., *joueur de cornemuse,* Dudelsackpfeifer, *pifferaro.* |*pignatta,* f.
Pip'kin, n., *petit pot,* m.; Töpfchen, n.;
Pip'pin, n., *reinette,* f., Renette, *appiuola.*
Pique (Fr.), n.; out of —, *par rancune,* aus Groll, *per dispetto.* —, r., *se p'r* (on, *de*), s-n Stolz (in et.) setzen, *piccarsi (di).*
Pi'r|ate, m., |*ate,* Seeräuber, p|*ata.* |acy, n., |*aterie,* f., (of authors) *contrefaçon;* S|ei. Nachdruck, m.; *p|ateria,* f.
Pis'tol, n., |*et,* m.; |e, f.; |a.
Pis'ton, n., *p-,* m.. Kolben, p|e.
Pit, n., *foss|e,* f., Grube, *f|a;* (theat.) *parterre,* m.; P-, n.; *platea,* f.; (of stomach) *creux,* m.; Herzgrube, f.; *carità;* & v. shaft, (coal-) mine, (fig.) grave, hell.
Pit, t., (agst.) *opposer (à),* entgegenstellen (dat.), *opporre (a);* |ted with smallpox, *marqué de petite vérole, grêlé;* blatternarbig; *butterato.*
Pitch, n., *poix,* f.; Pech, n.; *pece,* f. —, t.. *enduire de p-,* verpichen, *impeciare.*
Pitch, t., v. throw; (tent) dresser, aufschlagen. *piantare;* — a note, *donner le ton,* den T- angeben, *dare il t'o;* |ed battle, *bataille rangée.* regelmäßige Schlacht, *battaglia campale.* —, i., (nav.) *plonger,* stampfen, *barcollare;* & v. fall; — upon, v. choose. —, n., *degré,* m., Grad, |o; (mus.) *ton.* m.; |stufe, f.; |o, m.; & v. point, slope. '|fork, n., *fourche,* f., Heugabel, *forca da fieno.*
Pitch'er, n.. *cruche,* f.; Krug, m.; *brocca,* f.; (open. with handle) v. bucket.
Pit'eous, a., (cry, etc.) *lament|able, déchirant;* jämmerlich; *l'evole, pietoso;* & v. sad, piti|able, |ful.
Pith, n., *moelle,* f.; Mark, n.; *midollo,* m.; (fig.) v. force, essence. '|y, a., (style) *ner-r'|eux,* kernig, n'*oso.* |*to,* m.
Pit'fall, n., *piège,* m.; Falle, f.; *trabocchet-*

Pit'|iable, a., *digne de pit|ié,* erbarmungswürdig, *miserando;* & v. miserable. '|iful, a.. (full of |y) *compatissant,* mitleidig, *pietoso;* (paltry) *p|oyable.* erbärmlich, *meschino.* '|iless, a.. *impitoyable,* unbarmherzig, *spietato.* '|y, n.. |*ié.* f.; Mitleid, n.; *pietà,* f.; it is a —, *c'est dommage,* es ist schade, *è peccato;* have — on, *avoir p|ié de,* mit j-m M- haben, *aver pietà di.* '|y, t., *plaindre,* avoir pitié *de;* bemitleiden; *compiangere.*
Pit'|tance, n., |*ance,* f., kleine Portion, *porzioncella.*
Pit'ted, pp. & a., v. pit.
Piv'ot, n., *p-,* m.; Angel. f.; *perno.* m.
Placard', n., *p-,* m.; Plakat, n.; *affisso.* m.
Place, n., (spot, part of country, etc.) *lieu,* m., (& in bk., on body) *endroit;* Ort. Stelle,f.; *luogo,* m.;(space, proper—, seat in carr.) *place,* f.; Platz, m.; *posto;* (open space, market-, & mil.) *p-,* P-. *piazza,* f.; (office)*p-*,S-,*posto,*m.;& v. town.country-house, rank, duty; in the first —, *en premier lieu,* erstens, *in primo luogo;* in the next —, *ensuite,* ferner, *di più;* take —, *avoir l-,* stattfinden, *aver luogo.* **Place**, t., |r, *mettre;* stellen, setzen; *porre, mettere.*
Plac'id, a., v. calm.
Pla'gi|arism, n., |*at,* m.; |at, n.; |o, m.
Plague (égh), n. (& t., *peste,* f., (fig.) *fléau,* m., *tourmenter;* Pest, f., Plag|e, |en; *peste,* torment|o, m., |*are.*
Plaice, n., *carrelet,* m.; Butte, f.; *passera.*
Plaid (ä), n., *p-,* m., Überwurf, *mantello.*
Plain, a., (without pattern) *uni.* glatt, *liscio;* (dish) *au naturel,* ohne Sauce. *semplice;* & v. level, (fig.) clear, evident, simple, frank, ugly; in — clothes, *en* (habit) *bourgeois,* in Civil. *in abito civile;* — dealing, speaking, *franchise,* f., Offenheit, *schiettezza.* **Plain**, n., |e, f.; Ebene, *piano,* m.
Plain't|iff, m., *plaignant,* Kläger. *querelante.* |ive, a., |*if,* klagend, *dolente.*
Plait (é), n. & t., *tress|e,* f., |er; Flecht|e, |en; *treccia, intrecciare;* & v. fold.
Plan, n., *p-,* m., P-, *piano;* (ground-) *p-;* Grundriß; *pianta,* f.; & v. design, project. **Plan**, t., *projeter,* entwerfen, *progettare.*
Plane, n.. *plan,* m.; Fläche, f.; *piano.* m.; (tool) *rabot;* Hobel; *pialta,* f. —, t.. *r'er,* h|n. *piallare.* —, a., v. flat, level.
Plan|jet, n., |*ète,* f.; |et, m., *pianeta.*
Plane-tree, n., *platan|e,* m.; |e, f.; |o, m.
Plan|k, n., |*che,* f., *ais,*m.; P|ke, f.; *asse.*
Plant, n., |e, f., Pflanze, *pianta;* (com.) *matériel d' exploitation,* m.; Betriebsmaterial, n.; *m'ali d'industria.* m. pl. —, t., |a'tion, n., |er, m., |er, |ation, f., |eur, m.; pflanz|en. |ung, f., |er, m.; *pian-ta|re,* |*gione,* f., |*tore,* m.

Plan'tain, n., *p-*, m., (tree) *banan|ier;* Wegerich, Pisang; *piantaggine*, f., *b|o*, m.
Plash, i., v. splash.
Plas'ter, n., *plâtre*, m., Gips, *gesso;* (med.) *emplâtre*, m.; Pflaster, n.; *impiastro*, m.; (sticking-) *taffet|as d'Angleterre*, m.; englisches P-, n.; *t|tà d'Inghilterra*, m.; (mason's) v. mortar. —, t., |er, m., *plâtr|er*, |ier; gips|en, |arbeiter; *intonicare*, *stuccatore*.
Plas't|ic, a.. |*ique*, |isch, |*ico*.
Plat, t., v. plait. —, n., v. piece of ground.
Plate, n., *assiett|e*, f., (-ful, |ée); Teller, m. (T- voll); *tondo (t-pieno)*; (silver-) *argenter|ie*, f., *vaisselle plate;* Silberzeug, n.; *vasellame*, m., *a|ia*, f.; (of metal) *plaque*, f.; Platte; *piastra, lamina;* & v. dish, engraving. —, t., *plaquer;* belegen, bekleiden; *coprire con l-*, *l|re*.
'-glass, n., *glace*, f.; Spiegelglas, n.; *cristallo*, m.
Plat'|form, n., (terrace, etc.) |*e-forme*, f.; Terrasse, (build.) P|tform; *piattaforma*, *battuto*, m.; (for speakers,etc.) *estrade*,f., *trib|une;* Bühne, T|üne; |*una, palco*, m.; (rail.) *quai;* Perron; *piattaforma*, f.
Plat'in|a, n., |*e*, m.; |a, n.; |o, m.
Plat'itude, n., *p-*, f., Plattheit, *inezia*.
Platoon', n., *pelot|on*, m.; |on, n.; |*tone*, m.
Plat'ter, n.. v. dish. [*p|ile, specioso*.
Plau'sib|le, a.. |*le* , *spécieux;* scheinbar;
Play (é), t., *jouer*, (instrum., j- de; piano, *toucher de*); spielen, (wind-instr., s-. blasen); *giocare a*, *sonare;* (drama) *j-*, *représenter*, (part) *j-*, *faire;* vorstellen, s-; *rappresentare*,*fare;* — the fool, *faire la bête*, s. albern stellen, *far il pazzo*: — a game of, at, *faire una partie de*, e-e P-... spielen. *fare una partita di;* — o. a trick, *j- un tour à*, j-m e-n Streich s-. *fare una celia a.* **Play**, i., *jouer* (à, à; at cards, *aux cartes;* on instr., v. —, t.), spielen (ac.), *gio are (a; alle carte;* on, v. —, t.); (fountain) *j-*, springen, *zampillare;* — false with, v. deceive. **Play**, n., jeu, m.; Spiel, n.; *giuoco*, m.; (drama) *pièce*, f.; Schauspiel, n.; *spettacolo*, m.; (fig.) v. scope; be at —, *être à jouer*, am Spielen sein, *giocare;* fair —, (fig.) v. justice; (go) to the —. *au spectacle*, ins Theater, *a teatro.* '|bill, n.. *affiche de théâtre*, f.; Theaterzettel, m.; *scenario.* '|er, m., *joueur;* Spieler; *giocatore*, (of instrum.) *sonatore;* & v. actor. '|fellow, m., *camarade de jeu*, Spielkamerad, *camerata di giuoco*. '|ful, a., |*jy*, n., *badino*, schäkernd, *giocoso.* '|ground, n., *cour de récréation*, f.; Spielplatz. m.; *piazza di ricreazione*, f. '|mate, m., v. |fellow. '|thing, n., *jouet*, m.; Spielzeug, n.; *giocattolo*, m.
Plea (I), n., (jur.) *exception*, f., Einrede, *eccezione;* & v. argument, excuse, lawsuit. **Plead**, t., (a cause) *plaider*, führen, *patrocinare;* (an excuse, etc.) *allég|uer*, vorgeben, *a|are.* —, i., *p-*, plaidieren, *piatire;* — guilty, *s'avouer coupable*, s-e Schuld eingestehen, *confessarsi reo*.
Pleas'ant (ĕz), a.. *ajréable*, angenehm, *piacevole;* & v. gay, cheerful. |ry, n., v. gaiety, |est. **Please** (īz), t., *plaire à*, gefallen (dat.), *piacere a;* I am |d with it, *j'en suis content*, das freut mich, *ciò mi piace;* he was |d (to say so, etc.), *il arait la bontà de*, er hatte die Gefälligkeit, *aveva la bontà di;* the king was |d to.., v. deigned; — yourself, *comme vous voudrez*, wie Sie wollen, *come vuole*. **Please**, i.; as I —, *comme bon me semble, comme je voudrai;* wie es mir gefällt; *come mi piace;* if you —, *s'il vous plaît;* wenn es Ihnen gefällig ist, w- es beliebt; *se Le piace;* —, *je vous en prie*, bitte, *di grazia!* — come, *veuillez venir;* bitte kommen Sie, k- Sie gefälligst; *La prego di venire!* **Pleas|ed**, a., v. content, glad. '|ing, a., |ant. **Pleas'|ure** (ějeur), n., *plaisir*, m.; Vergnügen, n.; *piacere*, m.; & v. will, favour; at —, *à discrétion*, nach Belieben, *a p-;* at your —, *à votre gré*, nach Ihrem B-, *come Le piace;* is it your —, *désirez-vous*, beliebt es Ihnen, *Le aggrada?* -grounds, n. pl., *parc*, m.; Anlagen, f. pl.; *giardino*, m. -trip, n., *partie de plaisir*, f., Vergnügungsfahrt, *gita di piacere*. |ejisch; |*eo*.
Plebei'an (bī), m. & a., *plébéien;* Pleb|ejer, Pledge, n., *gage*, m.; Pfand, n.; *pegno*, m.; & v. promise, vow. —, t., *engager*, verpfänden, *impegnare;* & v. drink o's health.
Plenipoten'tiary, m., *plénipoten|tiaire*, Bevollmächtigter, *p|ziario*.
Plen't|iful, a., |*y*, n., *abondan|t*, |*ce*, f.; reichlich, Überfluß, m., Fülle, f.; *abbondan|te*, |*za;* |y of ink, pens, etc., v. (quite) enough, much, many.
Ple'onasm, n., *pléonasm|e*, m., |us, |o.
Pleth'ora, n., (fig.) v. superabundance.
Pleu'r|isy (ou), n., |*ésie*, f., Brustfellentzündung, *plisia*.
Pli'|able, |ant, a., |abil'ity, '|ancy, n.,*flexib|le, pliant, f|ilité*, f.; biegsam, |keit; *flessibil|e*, |*ità.* |ers, n. pl., v. pincers.
Plight (ai't), n., v. state; (t.) v. promise.
Plin'|y, m., |*e*, |*ius*, *lo*.
Plod, i., *marcher péniblement*, schwerfällig gehen, *camminare con fatica;* & v.
Plot, n., v. piece of ground. [toil.
Plot, n. & t., *complot*, m., |er; Komplott, n., anzetteln; *c|to*, m., *tramare*. —, i., *c|er, conspirer;* s. verschwören, ein K- machen; *cospirare.*
Plough (aou), n. & t., '|man, m., *charrue*, f., *labour|er*, |*eur*, m.; Pflug, pflüg|en,

|er; ara'tro, |re, |tore. "share, n., soc (de ch-), m.; Pflugschar, f.; coltro, m.
Plov'er (äv), n., plurier, m., Regenpfeifer, piviere.
Pluck, t., arracher, ab|, aus|reißen, strappare; (fowls) plumer, rupfen, spennare; (fruit) cueillir, pflücken, cogliere; (in exam.) refuser, durchfallen lassen, rigettare; — up courage, reprendre c-, wieder Mut fassen, farsi animo. **Pluck**, n., (fig.) v. courage.
Plug, n., tampon, m., Zapfen, zaffo. —, t., — up, boucher, zustopfen, turare.
Plum, n., prune, f., Pflaume, prugna; & v. raisin. [f. pl.
Plu'mage, n., p-, m.; Gefieder, n.; piume,
Plumb (âme), ad., '-line, n., à plomb, plomb, m.; senkrecht, Lot, n.; a piomb|o, |o, m. |a'go, n., mine de p-, f.; Reißblei, n.; p|aggine, f. '|er (l̂meur), m., p|ier, Bleiarbeiter, p|ajo.
Plume, n., |t, m., Federbusch, pennacchio. —, r., (fig.) v. pique.
Plump, a., dodu, dick, grassotto. —, ad., v. suddenly, heavily. —, i., (in election) = vote for one pers. only.
Plun'der, t. & n., piller, butin, m.; plündern, Beute, f.; depredare, preda.
Plunge, t. & i., plonger; (unter)tauchen, hineinstürzen; tuffar|e, |si.
Plu'r|al, n.. (in the —, au) |iel, m., (im) |al, (al) |ale.
Plush, n., peluche, f.; Plüsch, m.; felpa, f.
Ply, t., exercer, führen, esercitare; & v. handle, nse (with diligence), (fig.) press, (with wine) supply (freely). **Ply**, i., (boat, etc.) aller, fahren, andare.
Po, n., Pô, m., Po, Po.
Poach (ôtch), t., (eggs) pocher, einschlagen, affogare. —, i., '|er, m., braconn|er, |ier; wilddieb|en, W|; cacci|are furtiramente, chi c|a f-.
Pock'et, n., poche. f., Tasche, tasca; (billiard-) blouse, f.; Loch, n.; buca, f.; be out of —, v. lose. —, t.. empocher, einstecken, intascare.-book, n., portefeuille, m.; T|nbuch, n.; taccuino, m. -hand'kerchief, n., mouchoir, m.; T|ntuch, n.; fazzoletto, m. -money, n., argent de poche, m.; T|ngeld, n.; danaro da divertirsi, m.
Pock-marked, a., v. pitted.
Pod, n., cosse, f.; Hülse; guscio, m.
Po'em, n., Po'et, m.. |ry, n., poème, m., poète, poésie, f.; Gedicht, n., Dicht|er, m., |kunst, f.; poe|ma, m.. |ta, |sia. f. '|ic, '|ical, a., poét|ique; |isch, d|erisch; p|ico.
Poignant (oïn), a., p-, scharf, pugnente.
Point, n., (sharp) |e, f., Spitze, punta; (dot, place, & fig.) p-, m.. Punkt, punto; (in dispute) question, f., Frage, quistione; (in charac.) trait. m., Zug, tratto; (of joke) p|e, f.; |e, Spitze, Treffende, n.;

frizzo, m.; (of compass) quart de rent, m., Windstrich, rombo; at the — of death, à (l'article de) la mort, am Sterben, al punto della m|e; come to the —, venir au fait, zur Sache kommen, v|e al punto; gain o's —, parvenir à ses fins, s-n Willen durchsetzen, ottenere il suo intento; in —, à propos, treffend, a p|ito; in — of (age, etc.), en fait de, in Hinsicht auf (ac.), in quanto a; in — of fact, en effet, in der That, di fatti; make a — of, se faire une règle de, s. zur Aufgabe machen, avere per regola di; on the — of, sur le point de, im Begriff, sul punto di; — of view, p- de vue, m.; Aussichtspunkt, (fig.) Standpunkt; punto di rista; stretch a —, v. yield, relax a rule.
Point, t., (sharpen) aiguiser, tailler; (zu)spitzen; appuntare, aguzzare; (at, towards) diriger, (cannon) pointer; richten; d|e, appuntare; (gr.) ponctuer, punktieren, puntare; — out. indi|quer, zeigen, i|care; (fig.) faire remarquer (qc. à qn.), (j. auf et.) aufmerksam machen, far osservare (a qd.); — the finger at, montrer du doigt, mit dem F- zeigen auf (ac.), mostrare a dito. **Point**, i., se diriger (towards, vers), weisen (nach), dirizzarsi (verso); (of dogs) arrêter, stehen (vor, dat.), fermarsi; — at, to, montrer, zeigen auf (ac.), additare a. -**blank**', ad., de but en blanc, gerade heraus, di punto in bianco. '|ed, a., |u, spitzig, appuntato; (fig.) piquant, direct; treffend; a proposito; (arch.) ogival, spitzbogig, gotico. '|er, n., index, m., Zeiger, indice; (dog) chien d'arrêt, Hühnerhund, cane da fermo. |s, n. pl., |sman, m., (rail.) aiguil|es, f. pl., |eur, m., |Weiche, f., |ensteller, m.; aghi, m. pl., guardiano, m.
Poise, t. & n., v. balance.
Poi'son, n. & t., p-, m., empoisonn|er; Gift, n., vergiften; veleno, m., avvelena|re. |er, m., e|eur, G|mischer, a|tore. |ous, a., vénéneux, g|ig, velenoso; & v. deleterious, venomous.
Poke, n., v. bag.
Poke, t., v. thrust, push; (fire) attiser, (an)schüren, attizzare. —, i. ;— about, fureter, umherspüren, frugare. |r, n., tisonnier, m.; Schüreisen, n., attizzatojo, m.
Po'land, n., Pole, m., Pol'ish, a., |ogne, f., |onais; |en, n., |e, |nisch; |onia, f., |acco.
Po'l|ar, a.. '|aire, |ar, |are. **Pole**, n., pôle, m., Pol, polo.
Po'le, n.. perche, f., Stange, pertica; (fixed, of tent, etc.) mât, m., (Zelt)stange, f.; perticone, m.; (carr.-) timon, m.; Deichsel, f.; t|e, m.; (curtain-) tringle, f., Gardinenstange, rerga.
Pole'cat, n., putois, m.; Iltis; puzzola, f.
Police' (Fr.), n., |man, m., -**office**, n., p-,

f., *agent de p-*, m., *bureau de p-;* Poliz|ci, f., |list, m., |eiamt, n. ; *polizia*, f., *agente di p-*, m., *ufficio di p-*.
Pol'i|cy, n.,|*tique*,f.,|tik,|*tica;* (insurance-) |ce, |ce, |*zza;* & v. system, prudence.
Po'lish, a., v. Poland.
Pol'ish, t., |*ir;* |ieren ; *pulire*, (wood) *lustrare;* (boots)*cirer*,wichsen, *p-*, *l-*. |ish, n., |*i*, m.; |itur, f.; *pulitura, lustro*, m.; & v. varnish. ||keit; *cortes*|e, |*ia*.
Polite', a., |ness, n., *poli*, |*tesse*, f.; höflich, Pol'it|ic, '|ical, a., |*ique*, 'isch, |*ico*. |ics, n., |ic'ian (ich), m., |*ique*, f. & m.; |ik, f., |iker, m.; |*ica*, f., |*ico*, m.
Pöl'ka, n., *p-*, f., P-, *p-*.
Pöll, n., v. head; (of votes) *list*|e *électorale*, f., Wahlliste, *l*|*a degli elettori*. —, i., v.vote, (t.) obtain v|s ; (tree) v. prune.
Pol'lard, n., (tree) *tétard*, m., gekappter Baum, *albero scapezzato*.
Pollu|te', t., *salir*, (fig.) p|er; verunreinig|en, entweih|en; *sporcare, profanare*. '|tion, n., *souillure*, f.; V'ung, E|ung; Pol'ly, f., v. Mary. |*contaminazione*.
Poltroon', m., *poltron;* Memme, f.; *p*|e, m.
Polyg'am|y, n., |*ie*, f., |ie, *poligamia*.
Pol'yglot, a., |*te*, vielsprachig, *poliglotto*.
Polyg'on|al, a., |e, vieleckig, *poligono*.
Polysyl'lab|le, n., |e,m.; vielsilbiges Wort, n.; *polisillabo*, m.
Polytech'n|ic (k),a.,|*ique*,|isch, *politecnico*.
Pom|ade' (ahd), n., |*made*, f., |ade, |*ata*.
Pomegran'ate, n., *grenade*, f.; Granatapfel, m.; *melagrana*, f.
Pom'm|el (ä), n., |*eau*, m., Sattelknopf, *pomo;* (t.) v. beat.
Pomp, n., '|ous, a., |e, f., |*eux;* P-, m., Prunk, |voll, (style) hochtrabend; *pomp*|a, f., |*oso*.
Pom'p|ey (i), m., |*ée*, |ejus, |*eo*.
Pond, n., *étang*, m., Teich, *stagno*.
Pon'der, t., v. consider; (i.) v. muse. |ous, a., v. heavy, clumsy. Pon'iard, n., v. dagger.
Pon'tif|f, m., '|ical, a., |e, |*ical;* Papst, päpstlich ; *pontefice, pontificale*.
Pontoon', n., *ponton*, m., P-, |e.
Po'ny, n., *poney*, m.; Pony; *p-*, *cavallino*.
Poo'dle, n., *caniche*, m., Pudel, *barbone*.
Pooh, int., *bah*, pah, *via!* -pooh, t., v. ridicule.
Pool, n., v. pond, (small, dirty) v. puddle. —, n., (stake) *poule*, f.; Satz, m.; *posta*, f.
Poop, n., *poupe*,f.; Hinterdeck, n., *poppa*,f.
Poor, a., *pauvre*, arm, *pover*|o; & v. inferior, bad, weak, miserable; the —, *les p*|*s*, die A|en, *i p*|*i*. '-house, n., *hospice*, m.; A|enhaus, n.; *ospedale de' p*|*i*, m. '|ly, a., *indispos*|*é*, unpäßlich, *i*|*to*. '|ly, ad., *p*|*ment*, ärmlich, *p*|*amente*. '|ness, n., v. poverty.
Pop, n., *crac*, m., Krach, *scoppio*. —, i.;

— in, out, v. enter, go out, appear (suddenly). —, t., v. put (suddenly).
Pope, m., |ry (eurï), n., Po'pish, a., *pap*|e, |*isme*, m., |*iste;* Pap|st, |ismus, päpstlich ; *pap*|*a*, |*ismo*, |*istico*. [*po*, m.
Pop'lar, n., *peuplier*, m.; Pappel, f.; *piop*- Pop'|lin, n., |*eline*, f.; |clin, m.; |*elina*, f.
Pop'py, n., *pavot*, m., Mohn, *papavero*.
Pop'ul|ace, n., |*ace*, f.; Pöbel, m.; *plebe*, f. |ar, a., |ar'ity, n., |*aire*, |*arité*, f. ; |är, volkstümlich, P|arität; *popolar*|e, |*ità*. |ate, t., v. people. |a'tion, n., |*ation*, f., Bevölkerung,*popolazione*. |ous,a., |*eux*, volkreich, *popoloso*. [*lana*, f.
Por'celain, n., |e, f.; Porzellan, n. ; *porcellana*.
Porch, n., |e, m.; Vorhalle, f.; *portico*, m.
Por'c|upine, n.,| -*épic*, m.; Stachelschwein, n. ; *p*|*o spinoso*, m.
Pore, n., *p-*, m.; P-, f.; *poro*, m. Pore, i.; — over, *avoir les yeux fixés sur*, fest, starr ansehen, *guardare fissamente*.
Pork, n., *porc*, m. ; Schweinefleisch, n. ;
Po'r|ous, a., |*eux*, |ös, |*oso*. [*porco*, m.
Por'phyr|y, n., |e, m., P|, *porfido*.
Por'poise (äce), n., *marsouin*, m.; Meerschwein, n.; *porco marino*, m. [f.
Por'ridge; n., *bouillie*, f.; Brei, m.; *polenta*, Port, n., *p-*, m., Hafen, *p*|*o*. Port, n., (left side of ship) *bâbord*, m.; Backbord, n.; *orza*, f. Port, n., (wine) |o, m., |wein, *vino di Oporto*.
Por'ta|ble, a., |*tif*, tragbar, *p*|*tile*.
Por't|al, n., |*ail*, m., |al, n.; |*one*, m.
Portcul'lis, n., *herse*, f.; Fallgatter, n.; *saracinesca*, f.
Porten|d', t., *présager*, vorbedeuten, *presagire*. '|tous, a., v.ominous, prodigious, Por't|er, m., (hall-) |*ier, concierge;* P|ier; |*iere*.
Por't|er, m., |*eur*, (rail.) *facteur;* (Gepäck)- träger; *facchino;* (n.; beer) *p*|*er*, m., |er, |*er*. |*erage*, n., *factage*,m., Trägerlohn, *porto*. |fo'lio, n., |*efeuille*, m.; Mappe,f.; *p*|*a foglio*, m.
Por'tico, n., |*ique*, m.; Säulenhalle, f.; *p*|*ico*, m. [dowry.
Por'tion, n., *p-*, f., P-, *porzione;* & v. part, Port'ly, a., v. dignified, corpulent.
Port|man'teau (to), n., |*e-manteau*, m.; Mantelsack; *valigia*, f.
Por'trait, n., *p-*, m. (full-length, *en pied*); P-, n., Bild(nis) (in ganzer Figur); *ritratto*, m. (*in piede*); get o's — taken, *faire f- son p-, se f- peindre;* s. abbilden lassen ; *farsi ritrarre*. Portray' t., v. paint, represent.
Por'tug|al, n., |uese' (ghiz), a., |*al*, m., |*ais;* |al, n., |iesisch; *Porto*|*gallo*, m., |*ghese*.
Pose, n., *p-*, f., Haltung, *positura;* (t.) v. puzzle.
Posi'tion (zich), n., *p-*, f., Stellung, *posizione;* & v. situation, proposition. Po-

s'it|ive, a., '*if;* |iv, bestimmt; *p|ivo;* & v. certain, absolute.
Possess'(oz), t., *posséd|er,* besitz|en, *p|ere.* |or, m.. |ion, n.. *eur.* |*ion,* f.; B'|er, |ung, f.; *possess|ore.* |*ione,* f.
Pos'sib|le, a., |il'ity, n., |*le,* |*ilité,* f.; möglich, |keit; *p'|ile,* |*ilità.*
Pŏst, n.. (mil.. etc.) |e, m., |en, |o; (mail) '*e.* f., P-, |*a;* (wooden) *poteau,* m.. Pfahl, *pa!o;* (bed-) *colonn|e,* f.; Pfosten, m.; *c|a,* f.; (door-) *montant,* m.., Thürpfosten, *stipite;* by —, *par la p|e,* mit der P-, *per la p|a;* by book —, v. book; by return of —, *par le retour du courrier,* umgehend, *a p'a corrente.* Pŏst, t., *mettre à la p|e,* auf die P- tragen. *mettere alla p|a;* (mil.) *p'er,* aufstellen. *collocare;* (an acct.) *porter au grand livre.* einschreiben, *trascrivere; —* up, (a bill) *afficher,* anschlagen, *affiggere;* |ed up, (fam.) *au fait,* gut unterrichtet, *ben informato.* Pŏst, i.. *voyager en p|e,* mit Extrapost reisen, *andare in p'|a;* & v. hasten. '|age, n., *port.* m.; |o, n.; |o, m. '|age-stamp, n., *timbre-p|e.* m.; Freimarke, f.; *francobollo,* m. "|al, a., |*al,* Post.., |*ale.* '-boy, m., v. postilion. '-captain, n.., v. c-. "|er, n., v. placard.
Pŏste'r|ior, a., *postér|ieur,* hintere. *p|iore.* |iors, n. pl.. *p|ieur,* m.., H-, *deretano.* '|ity, n., *p|ité,* f.; Nach|kommenschaft, (in genl. sense) |welt; *p|ità.*
Pŏst'hum|ous (tiou), a., |e; nach|geboren, (works) |gelassen; *postumo.*
Pŏsti|l'ion, m., |*llon,* |llon. |*glione.*
Pŏst'|man, m.., *facteur,* Briefträger. *portalettere.* '-mark, n., *timbre (de la p|e),* m.; P|zeichen, n.; *bollo p'|ale,* m. '|master, m.. *directeur des p|es.* P'|meister, *maestro di p'a.* '-office, n., |e, f.. *bureau de p|e,* m.; P-, f., |amt, n.; *p'a,* f., *ufficio della p|a,* m.; — order, *mandat de p|e,* m.; P|anweisung. f.; *mandato p'|ale,* m.
Pŏstpone', t.. *ajourner, remettre* (till, *à), différer* (for. *de);* aufschieben (auf, ac., um); *rimettere, posporre (a; di).*
Pŏst'script, n.. |um, m.; Postskript(um), n.; *poscritta.* f. [position.
Pos'tür|e, n., |e, f., Haltung, *p'a;* v. state,
Pot, n., *pot,* m.. Topf, *vaso.* Pot, t., v. preserve, plant (in a pot). '-boy, m., *garçon de cabaret.* Schenkjunge, *ragazzo di bettola.* '-herb, n., *plante potagère,* f.; Gemüse. n.; *erbaggio,* m. '-house, n.. *cabaret,* m.; Kneipe, f.; *bettola.* '-luck, n.; take —. *courir la fortune du pot,* vorlieb nehmen, *prendere (qd.) alla buona.*
Pot'|ash, n., '*asse,* f.. |*tasche,* |*assa.* '|ash-water, n., v. soda-. |as'sium, n., |*assium,* m.; Kalium, n.; *p assio,* m.
Pota'tion, n., *libation,* f.; Zechen, n.; *potagione,* f.

Pota'to (pl. |es), n., *pomme de terre,* f., Kartoffel, *patata.*
Po'tent, a., *puissant,* (remedy) *énergique;* mächtig, wirksam; *potente.* |ate, m., |*at,* Machthaber, *p|ato.* [*zione,* f.
Po'tion, n., *p-,* f.; (Arznei)trank, m.; *po-*
Pot'sherd, n., *tesson,* m.; Scherbe, f.; *coccio,* m.
Pot'tage, n., v. soup. [*cio,* m.
Pot'ter, m., |y, n., *pot|ier,* |*erie,* f.; Töpfer, |ware, f.; *pentolajo, storiglie,* f. pl.
Pouch (aou). n., *poche,* f., Tasche, *scarsella.*
Poul'tice (ōl). n., *cataplasm|e,* m., (Brei)umschlag. *c|a.*
Poul'try (ōl), n., *volaille,* f.; Geflügel, n.; *pollame.* m. -yard, n., *basse-cour,* f.; Hühnerhof, m.; *pollajo.*
Pounce, i., (on) *fondre (sur),* herabstürzen (auf, ac.), *gettarsi (sopra).*
Pound (aou), n., *livre,* f., (25 fr.) *l-sterling;* Pfund, n.. P. S-; *libbra,* f.. *lira sterlina.*
Pound, n., (for cattle) *fourrière,* f.; Pfandstall, m.; *rinchiuso (per il bestiame randaggio).*
Pound, t., *broyer,* (zer)stoßen, *pestare.*
Pour (ōr), t., *vers|er,* gießen, v|*are; —* forth, out, *répandre,* ausgießen. *spandere; —* out, (wine) *v'er,* einschenken, v|*are. —*, i., *couler,* strömen, *scorrere;* (rain) *pleuvoir à verse,* gießen, *diluviare.*
Pourtray', t., v. portray. [*grugno.*
Pout (aou), i., *bouder,* schmollen, *far il*
Pov'erty, n., *pauvreté,* f., Armut, *povertà.*
Pow'der (aou), n. & t., *poudre,* f., *pulvériser,* (hair) *poudrer;* Pulver, n., |(isiere)n, pudern; *polver|e,* f., |*izzare, incipriare;* & v. sprinkle. -flask, n., -magazine, n., -mill, n., *poire à poudre,* f., *poudr|ière,* |*erie;* Pulver|horn. n.. '|magazin, |mühle. f.; *fiaschetta da polver|e,* f., *p|iera, mulino da p|e,* m.
Pow'er (aou), n., *pouvoir,* m., (nation, etc.) *puissance,* f.; Macht; *pot|ere.* m., |*enza,* f.; (horse-) *force,* Kraft, *forza;* & v. strength; authority, (of mind) faculty, ability; — of attorney, *pouvoir,* m., *procuration,* f.; Vollmacht; *procura;* do all in o's —, *faire son possib|le,* sein Möglichstes thun, *fare il suo p|ile;* (party, etc.) in —, *au pouvoir,* herrschend , *al governo;* it is not in (is out of) my —, *il n'est pas en mon pouvoir,* es steht nicht in meinen Kräften, *non è in mio potere.* |ful, a., *puissant,* mächtig, *potente.* |less, a., *impuissant,* machtlos, *impotente.*
Prac'tic|able, a., *praticab|le;* thunlich, (road) fahrbar; *p|ile.* |al, a., *pratique,* praktisch, *pratico;* play a — joke, v. play a trick. |ally, ad., (learn. etc.) *par la pratique,* praktisch, *per pratica;* (in reality) *en effet,* in Wirklichkeit, *in e to.* |e (īss). n.. *pratique.* f., Praxis. *pra'tica;* (performance) *exercice,* m.; Ausübung, f.;

esercizio, m.; (of doctor, lawyer) *clientèl,e.*f., P-,*c*|*a*; (shooting-) *tir*,m.; Schießübung, f.; *esercizio al tiro*, m.; & v. custom, habit; in (professional) —, *en exercice;* im Amte, in Thätigkeit; *esercitante*; be out of —, *n'avoir plus l'habitude*, außer Übung sein, *essere fuor d'esercizio;* — makes perfect, *à forger on devient f*|*on*, Übung macht den Meister, *l'esercizio rende maestro*; put in —, *mett*|*re en pratì*|*que*, ausführen,m|*ere in p*|*ca*. Prac'tise, t., *prati*'*quer, exercer;* (aus)üben; *p*|*care, esercitare;* (singing, etc.) s'e- *a*, s. üben in, *esercitarsi in.* —, i., *s'e-,* sich ü-, *studiare;* (as doctor, etc.) *p*|*quer*, praktizieren, *p*'*care*. Practi'tioner(Ich), m., (legal, medical) v. lawyer, doctor.
Prague (égb), n., *P-*, m.; Prag, n.; |*a*, f.
Prai'rie, n., *p-*, f., P-, *prateria*.
Praise, t., *louer*, (extol) *vant*|*er;* loben, rühmen; *lodare, v*|*are;* (God) *glorifi*|*er*, preisen, *g*|*care*. —, n., *louange*, f.; Lob, n.; *lode*, f.; (exprn. of) *éloge*, m.; Lob, m. |eserhebung,f.; *lode, elogio*, m. '-worthy, a., *louable, digne d'é-;* lobenswert; *lodevole*. |*narsi*.
Prance, i., *se cabrer*, s. bäumen, *impen*-
Prank, n., *tour*, m.; Streich; *burla*, f.; play |s, *faire des farces*, Possen treiben, *far le buffonate*.
Prat|e, '|tle, i., *babiller*, schwatzen, *cicalare*. [*lino*, m.
Prawn, n., *crevette*, f.; Garneele; *granchio*-
Pray, t. & i., '|er, n., *pri*'*er*, |*ère*, f.; bitten (t.), beten (i.), Gebet,n.; *pre*|*gare*, |*ghiera*, f.; & v. request; — (come, etc.), *je vous prie*, bitte, *La prego, di grazia!* Lord's |er, *oraison dominicale*, f.; Vaterunser, n.; *orazione domenicale*, f.
Preach, t. & i., '|er, m., *prêch*'*er*, (sermon, *prononcer*), *prédicateur;* predig|en, |er; *predica*|*re, (fare)*, *p*|*tore*.
Préam'ble, n., *préamb*'*ule*, m.; Einleitung, f.; *p*|*olo*, m.
Preb'end, n. |ary, m., *prébend*|*e*, f., |*é;* Pfründ|e, f., |ner; *prebend*|*a*, f., |*ario*.
Preca'rious, a., *précaire*, prekär, *precario*.
Precau'tion, n., *précau*'*tion*, f., Vorsichtsmaßregel, *p*|*zione*.
Preced'e', i., |ent, a., *précéd*|*er*, |*ent;* vorhergehen, |d, vorig; *p*|*ere*, |*ente*. |ence, n., *préséance*,f.; Vorrang, m.; *precedenza*, f. Prec'edent (ës), n., *précédent*, m., Präcedenzfall, *esempio (precedente)*.
Precen'tor, m., *chantre*, Vorsänger, *cantatore*.
Pre'cept, n., '|or, m., *précept*|*e*, m., |*eur;* Vorschrift, f., Erzieher; *precetto*,m., |*re*.
Pre'cinct(s), n. (pl.), *enceinte*, f.; Bezirk, m.; *ricinto;* & v. boundary.
Prec'ious (ëch), a., *précieux;* kostbar, (metal) edel; *prezioso*.

Prec'ip|ice, n., *précip*.*ice*, m., Abgrund, *p*|*izio.* '|itate, t. & a., *p*|*iter*. *ité;* hinabstürzen, übereilt; *p*|*itare*, |*itoso*. '|*itous*, a., *escarpé;* jäh; *erto, scoscesco*.
Precis|e', a., '|ion (sī|j), n., *précis*, |*ion*. f.; genau, |igkeit; *p*|*o*, |*ione;* (pers.) v. formal, punctilious. |e'ly, ad., *p*|*émeni*, genau, *p*|*amente;* at ten —, *à dix heures p*|*es*, Punkt zehn Uhr, *alle dieci p*|*e*.
Preclude', t., v. prevent, exclude.
Preco'cious (ōch), a., '|ity (ŭs),n.,*précoc e*, |ité, f.; frühreif, |e; *p*|*e*, *ità*.
Préconceived', a.; — idea. v. prejudice.
Préconcert', t., *concert*|*er*, verabreden, *c*|*are*. [*p*|*ore*.
Precur'sor, n., *précurs*|*eur*, m., Vorbote,
Pred'ator|y, a., *rapace*, Raub.., *p*|*io*.
Predeces'sor, m., *prédécess*|*eur*, Vorginger, *p*|*ore*.
Predic'ament, n., v. state, position; in an awkward —, *dans le pétrin*, in der Klemme, *in brutto basso*. Pred'icate, n., *attribut*, m.; Prädikat, n.; *predicato*, m.
Predic|t', t., '|tion, n., *prédi*'*re*, |*ction*, f.; vorhersag|en, |ung; *predi*|*re*, |*zione*.
Predilec'tion, n.,*prédil*'*ection*, f., Vorliebe, *p*|*ezione*. [*p*|*to*.
Predisposed', a., *prédispos*|*é*, empfänglich,
Predom'in|ate, i., |ance, n., |ant, a., *prédomin*|*er*, |*ance*, f., |*ant;* vorherrschen, V-, n. |d; *p*|*are*, |*io*, m., *ante*.
Pre-em'inent, a., *prééminen*|*t*, hervorragend, *p*|*te*. [|*tory*, a., v. preliminary.
Pref'a|ce, n., *préfa*'*ce*, f., Vorrede. *p*|*zione*.
Pre'fect, m., *préfet*, Präfekt, *prefetto*.
Prefer', t.. *préfér*|*er* (to,*à*), vorziehen (dat.), *p*|*ire (a);* (petn.) v. present; (to benefice) v. promote. Prefer|able, a.. |ence, n., *p*|*able*, |*ence*, f.; vor|zuziehen, |zug, m.; *p*|*ibile*, |*enza*. f.; in |ence, *de p*|*ence*, vorzugsweise, *a p*|*enza;* |ence-share, *action privilégi*|*ée*,f., Prioritätsaktie,*azione p*|*ata*.
Pre'|fix, n., |fix', t.. *préfix*|*e*, m., |*er;* Vorsilbe, f., vorn ansetzen; *pre*|*fisso*, m., |*figgere*.
Preg'nan|t, a., |cy, n., *enceinte. grossesse*, f.; schwanger, |schaft; *pregn*|*a*, |*ezza;* (|t, fig.) *gros* (with, *de*), s- (mit), *pieno (di)*.
Prejudge', t., *préjuger.* vorläufig entscheiden, *antigiudicare*. Prej'udice, n., *préju*|*gé*, m., (detriment) |*dice;* Vorurteil, n., Nachteil, m.; *pregiudizio.* —, t., *prévenir*, vorher einnehmen, *preoccupare;* (injure) *nuire à*, schaden (dat.), *pregiudicare*.
Prel'a|te, m., |cy, n., *prélat*, |*ure*, f.; Prälat, |*ur*, f.; *prelat*|*o*, |*ura*, f.
Prelim'inary, a. & n., *préliminaire*. a. & m.; einleitend, vorläufige Bedingung, f.; *p*|*are*, a. & m.

Conversation Dictionary. 9

Prel'ude, n., prélud|e, m.; Vorspiel, n.; p|io, m. [früh; p|o.
Premature', a., prématur|é; verfrüht, zu
Premed'it|ated, pp., |a'tion, n., prémédit|é, |ation, f.; vorsätzlich, Vorbedacht, m.; p|ato, |azione, f.
Pre'mier (& prem'), m., p-minist|re, erster M|er, primo m|ro.
Premise',t..dire d'avance,vorausschicken, premettere. Prem'ises, n. pl., prémisses, f.pl., Prämissen, premesse; (house, etc.) lieux, m. pl.; Gebäude, n.; locale, m.
Pre'mium, n., prime, f.; Prämie; premio, m.; & v. prize. [gen, preoccupato.
Preoc'cûpied (aïd), pp., prévenu, befan-
Prepaid', pp., affranchi, frankiert, franco.
Prepar'e', t. & i., prépar|er, se p|er; (vor-) bereit|en, (food) zubereit|en, sich v|en; p|are, |arsi. |a'tion, n., p|ation, f., V|ung, Z|ung, p|azione.
Prepay', t., (letr.) affran'chir, frankieren, a|care; & = pay in advance.
Prepon'der|ate, i., l'emporter, überwiegen, p|are. |posizione.
Preposi'tion (ïch), n., pré-, f., Prä-, pre-
Prepossess' (zès), t., |ing, a., préven|ir, |ant; einnehmen, |d; far buona impressione, attraente.
Prepos'terous, a., v. absurd.
Prerog'ative, n., pré-,f., Prä-, prerogativa.
Pre|s'age, n.. |sage', t., présag|e, m., |er; Vorbedeut|ung, f., |en; p|io, m., |ire.
Pres'byt|er, m., v. elder, priest. |e'rian, a., |érien, |erianisch, presbiteriano.
Prescri'be', t., |re, (med.) ordonner; vor|. ver|schreiben; p|rere, ordinare. |p'tion, n., (jur.) |ption, f., Verjährung, p|zione; (med.) ordonnance, f.; Rezept, n.; ricetta. f.
Pres'en|ce (z), n., présen|ce, f., Gegenwart, p|za; & v. mien; — of mind, p|ce d'esprit, Geistes g-. p|za di spirito. |t, a., p|t; (time, p rs.) gegenwärtig, (pers.) anwesend; p.te; (existing, current) actuel, jetzig, attuale; be — at, assist|er à, beiwohnen (dat.), a'ere a. |t, n., (time) présent, m.; Gegenwart, f.. Jetztzeit, (gr.) Präsens, n.; p|te, m.; (gift) p|t, (small) cadeau; Geschenk, n.; regalo, m.; at —, à p't, actuellement; jetzt; ora, adesso; for the —. pour le moment, für jetzt, per ora; make o. a — of, faire p|t de qc. à qn., j-m ein Geschenk mit et. machen, regalare qc. a qd. |t', 1., présen|ter; (dar)bieten, (petn.)einreichen, (cheque, arms) präsentieren, (respects) bezeigen; p|tare; (o. with) p|er (qc. à qn.); darreichen (e-m et.); regalare (qc. a qd.); (to benefice) p|ter (à), vorschlagen (zu), conferire (qc. a qd.); & v. give, offer, introduce; (o's sf. as candidate, etc.) se p|ter, s. melden, p'tarsi. |ta'tion, n., p|tation,

f., Überreichung, p|tazione. |tly, ad., v. soon. |presentimento, m.
Presen'timent, n., press-, m.; Ahnung, f.;
Preserv|a'tion, n., conserv|ation, f., (agst.) préserv|ation; Erhaltung, Bewahrung; c|azione, p|azione. |e', t., c|er, p|er (agst., de); erhalten, bewahren (vor, dat.); c|-are (contro); (fruit, etc.) confire, einmachen, confettare. |e', n., conserv|es, f. pl.; Eingemachtes, n.; c|a. |'(for game) chasse (réservée), f.; Jagdgehege, n.; caccia (riservata), f. '|er, m., v. saviour.
Pre|side' (z), i., |s'ident, m., présid'er (at, à; over, p|er, t.), |ent; präsid|ieren (in; p|ieren, dat.), |ent; presedere (in), presidente. |s'idency, n., présiden|ce, f.; Vorsitz, m.; p|za, f.
Press, t., |er, serrer; drücken; premere, (the hand)stringere; (o. to do sthg.) engager, nötigen, costringere; (grapes) p|u-rer, auspressen, spremere; (with business, etc.) surcharger, überhäufen, opprimere; & v. urge, force, insist; I am |ed for time, je suis p|é, ich habe Eile, tempo preme. —, i., |er, drängen, premere; — forward, on, se p|er, se dépécher; s. drängen, eilen; spingersi innanzi, affrettarsi. —, n., (machine) p|e, f.; |e; strettojo, m., (printing-) torchio; (wine-) p|oir, m.; |e, f., Kelter; torcolo, m.; (newspaper-) p|e, f., |e, stampa; (crowd) p|e, f.; Gedränge, n.; p|a, f.; (of business) urgen|ce, f.; Drang, m.; u|za, f.; & v. cupboard, wardrobe; (bk.) in the —, sous p|e, unter der P|e, sotto il torchio; liberty of the —, liberté de la p|e, f., P|freiheit, l|à di stampa; error of the —, v. misprint. '|ing, a., v. urgent; the matter is not —, rien ne press|e, es p|iert nicht, non preme. '|ure (échär), n., |ion, f.; Druck, m.; p|ione, f.; & v. weight, force.
Presum'e' (z), t., présum|er, mutmaßen, p|ere; (i.) se permettre, s. (dat.) erlauben, presumere; (upon) présum|er trop (de), zu viel zutrauen (dat.), p|ere troppo (di). |p'tion, n., |p'tive, a., |p'tûous, a., présomp|tion, f. |tif, |tueux; Mut|, (arrogance) Au|maßung, mutmaßlich, anmaßend; presun|zione, |tiro, |tuoso.
Prèsup|pose', t., (pré)supposer, voraussetzen, p|porre.
Preten|ce',n., prétexte, m., Vorwand, pretesto. |d', t., prétexter, vorschützen, pretendere; & v. feign. |d', i., (to) préten|dre (à), Anspruch machen (auf, ac.), p'dere (a); — to be ill, feindre d'être malade, faire le m-,s. krank stellen, fingere d'esser ammalato; — to be (a doctor, etc.), se faire passer pour, sich ausgeben für, spacciarsi per. '|sion, n., '|tious, a., pré-

ten|tion, f., |tieux; Anspruch, m., |svoll; p|stone, f., |zioso. [testo.
Pretext', n., prétexte, m., Vorwand, pre-
Pret't|y (it), a., joli, gentil; hübsch, nied-lich; bell|o, |ino. |y, ad., assez, ziemlich, piuttosto;—nearly,v. n-. |ily, ad., |iness, n., genti|ment, |llesse, f.; hübsch, Artigkeit; gentil|men'e, |ezza.
Prevail', i., (over) prérat|oir (sur, contre), die Oberhand behalten (über, ac.), p|ere (sopra); (wind, disease, etc.) régner, herrschen, predominare; (custom) v. exist; (upon o.) engager (qn. à), vermögen, indurre (qd. a). |ing, Prev'alen|t, a., |ce, n., dominant, règne, m., durée, f.; herrsch|end, |aft, Dauer; prevalen|te, |za. [machen, p|care.
Prevăr'icate, i., prérari|quer, Ausflüchte
Preven|t', t., empéch|er (from doing, de faire, qu'on ne fasse), verhinder|n (daß ..), impedi|re (di fare). '|tion, n., e|ement, m.; V|ung, f.; i'mento, m. '|tive, n., préserrat'if, m.; Schutzmittel, n.; p|iro, m.
Pre'vious, a., |ly, ad., antérieur, |ement; früher; antecedente, |mente; & v. former, |ly ; —, |ly to, v. before.
Prey (é), n., proie, f.; Raub, m.; preda, f.; a — to, en p- à, preisgegeben (dat.), in p-a; beast of—, bête féroce, f.; Raubtier, n.; animale di rapina, m. —, i.;—upon, v. plunder, devour, undermine.
Price, n., prix, m., Preis, prezzo; fixed —, p- fixe, fester P-, p- fisso; the lowest —, le dernier p-, der äußerste P-, l'ultimo p-; what is the — of, combien coûte, was kostet, quanto costa? '|less, a., v. invaluable.
Prick, t., piquer, stechen, pungere; — up (the ears), dresser, spitzen,drizzare. —, n., piqûre, f.; Stich, m.; punta, f. '|le, n., '|ly, a., épin|e, f., |eux; Stachel, m., |ig; spin|a, f.. |oso.
Pride, n., fierté, f., orgueil, m.; Stolz; orgoglio, superbia, f.; take — in, — (t.) o's sf. upon, se faire gloire de, se piquer de; auf et. stolz sein; rantarsi di.
Priest (I), m., prêtre, Priester, prete.
Prig, m., fat, Laffe, ranerello.
Prim, a., affecté, geziert, affettato. Pri'm|ary, a., v. principal, original; (educat.) primaire, Elementar.., |are. |ate, m., |at, |as, |ate. |e, a., v. first, best. |e, n., (fig.) fleur, f.; Blüte; fiore, m. |e, t., amorcer, mit Zündpulver versehen, mettere il polverino; (paint) imprimer, gründen, mesticore. Prim'er, m., abécéd,aire, m.; Abcbuch, n.; a'ario, m. Prime'val, a., v. primitive, original. Prim'it|ive, a., |if; |iv, Ur..; p'iro. Primogen'itŭre, n., primogénitur|e, f.; P|, Erstgeburt; p|a.
Prim' rose, n., 'evère, f., |el, |arera.

Prin|ce, m., 'less, f., |e, |esse; Fürst, |in, Prinz, |essin; p|ipe, '|ipessa. |e'ly, a., |ier, de p|e; f|lich; p|ipesco; & v. splendid, munificent. '|ipal, a., |ipal; crst,Haupt.., |sächlichst; p|ipale. '|ipal, m., (com.) |ipal, Prinzipal, p|ipale; (of college) v. rector; (n.) p|ipal, m., capital; Kapital, n.; c|e, m. |ipal'ity, n., |ipauté, f.; Fürstentum, n.; p|ipato, m. '|iple, n., |ipe, m.; |ip, n., Grundsatz, m.; p|ipio; (a man) of —, à p|ipes, charakterfest, di buoni p|ipj; on —, par p'ipe, grundsätzlich, per p'ipio.
Print, t., imprim|er, drucken, stampare; (a nr. of copies, photos.) tirer,abziehen, t|ere. —, n., (small, large) caractère,m.; Schrift, f.; carattere, m. (engrav.) gravure, f.; Stich, m.; stampa, f.; (cotton) indienne, f.; gedruckter Zitz, m.; indiana, f.; & v. impression, (printed) sheet; in —, =|ed; out of —, épuisé, vergriffen, esaurito. '|er, m., i eur, (Buch)drucker, stampatore. '|ing, n., (art) i'erie, f., Buchdruckerkunst, tipografia. '|ing-office, n., i'erie, f., Drucker|ei, stamperia. '|ing-press, n., presse à i,er, f.; (D|)-presse; torchio, m.
Pri'or, a..v. previous. —, m., |y, n., prieur, |é, m.; Prior, |ei, f.; 'e, |ia, f. '|ity, n., |ité,f., |ität, |ità.
Prism, n., |at'ic, a., |e, m., |atique; |a, n., |atisch; |a, m., |atico.
Pris'on (2), n., p-, f.; Gefängnis, n.; prigione, f. |er, m., |nier, Gefangener; prigioniere; (at bar) prévenu, Angeklagter, accusato; (condemned) v. convict.
Priv'|acy, n., retra'ite, f.; Zurückgezogenheit; ritiro, m.; & v. secrecy. |ate, a., particulier, Priv|at.., |ato; (letr.) confiden'tiel, konfidentiell, c|ziale; & v. secret, domestic; in —, en particulier, priv|atim, |atamente; — soldier, |ate, m., simple soldat, gemeiner S-, semplice s'o. |ateer', n., corsaire, m., Kaper, corsaro (patentato). |a'tion, n., |ation, f., Entbehrung, p|azione.
Priv'et, n., troène, m., Liguster, ligustro.
Priv'i|lege, n. & t., |lège, m., |légier; |legium, n.,Vorrecht, p|legieren; |legio, m., |legiare. |ty, n., v. (private) knowledge.
Priv'y, a., v. private; be — to, v. know.
Prize, n., prix, m.; Preis, (school-)Prämie, f.; premio, m.; (lottery-) lot; Gewinn; vincita, f.; (captured ship, etc.) prise, f., P-, presa. —, t., v. value, esteem. '-fighter, m., boxeur, Faustkämpfer, pugilatore.
Prob'ab|le, a., |il'ity, n., |le. |ilité, f.; wahrscheinlich, |keit; p'ile, |ilità. |ly, ad., |lement, w-, p|ilmente.
Proba'tion, n., v. trial,examination, proof.
Probe, t., sond|er, |ieren, tentare.

Prob'it|y, n., ,é, f., Redlichkeit, p|à.
Prob'lem, n., problèm|e, m. ; P|, n.; |a, m. |at'ical, a., problémati'que, |sch, |co.
Probos'c|is, n., trompe, f.; Rüssel, m.; p|ide, f.
Pro|ce'dure, n., |cédure, f.; |zeßverfahren, n.; |cedura, f. |ceed', i., |céder, weitergehen, p'cedere; (from) p venir (de), herrühren (von), p renire (da); & v. continue. |ceed'ing, n., |cédé, m.; \erfahren, n.; p cedimento, m.; (pl.) (of meetg., etc.) actes, m. pl.; Verhandlungen, f. pl.; atti, m. pl.; (fam.) faits, m. pl.; Treiben, n.; fatti, m. pl. |c'eeds (öss), m. pl., produit, m., Ertrag, prodotto. |c'ess (öss), n., |cès, m.; Verfahren, n.; p cesso, m.; (of time) v. course ; & v. procedure, lawsuit. |cess'ion (ĕch), n., |cession, f.; |zession, Zug, m.; p cessione, f.
Proclaim', t., **Proclam|a'tion**, n., |er, 'ation, f.; ausruf en, |ung, (fig.) verkündigen, Bekanntmachung ; p'are, 'azione.
Procliv'ity, n., v. inclination, propensity.
Procras'tina|te, i., 'tion, n., v. delay.
Procur|e', t., |er, verschaffen, p'are.
Prod'ig|al, a.,   ue; verschwenderisch, (Bib.) verloren ; p'o. |y, n., |e, m.; Wunder, n.; p io, m. 'ious (ïdj), a., |ieux, gewaltig, p ioso.
Pro duce', t., 'duire ; hervorbringen, (passport, letr.) vor|zeigen, |legen ; produrre; & v. yield, cause, manufacture. |d'uce, |d'uct, n., |duit, m.; Erzeugnis, n., Produkt, (fig.) Ergebnis; prodotto, m. |duc'tion, n., duction, f.; Erzeugung, Vorlegung ; produzione. |duc'tive, a., ductif, ergiebig, produttivo.
Profan''e, a. & t., 'e, 'er; p', weltlich, (wicked) gottlos, entweihen ; p o, |are. 'ity, n., impiété, f., G|igkeit. p ità.
Profess', t., 'er; (religion) (s. zu e-r R-) bekenn en, (teach) lehren, (an art) üben, treiben ; p are, (art, etc.) esercitare; & v. declare, pretend. '|ion (ĕch), n., 'ion, f.; B tnis, n., (calling) Stand, m.; p ione. f.; by —, de p ion; von P ion, dem Berufe nach; di p ione. '|ional, a., de p ion, berufsmäßig, di p ione; — man, |ional, m.. homme du métier, Fachmann, uomo della professione. '|or, m., |eur, |or, |ore. ',orship, n., v. chair.
Proffer, t., v. offer. [skilled.
Profic'ien cy (ich), n., |t, a., v. progress, **Pro'file** (i), n., profil, m.; P-, n.; ,o, m.
Profit, n., p-, m., bénéfice; Gewinn, Nutzen ; p to. —, t., 'er à, nützen (dat.), giovare a. —, i., er (by, de); g'en, (by opportunity, etc.) benutzen (t.) ; p tare, prevalersi (di). |able, a., 'able, einträglich, p terole; & v. advantageous. |less, a., v. useless. [dissoluto.
Prof'ligate, a., libertin, ausschweifend,

Profound', a., v. deep.
Profus|e' (ce), a., v. lavish, excessive; in a — perspiration, baigné de sueur, triefend von Schweiß, bagnato di sudore. |ion (iouj), n., 'ion, f.; Überfluß, m. ; p ione, f. ; & v. extravagance.
Prog'en|y(dj), n., descendants, m. pl.; Nachkommenschaft, f.; p|ie. '|itor, m., v. ancestor.
Prognos'tic, n., |ate, t., pronost|ic, m., |iquer; Vorhersag ung, f., |en; p,ico, m., |icare.
Pro'gramm|e, n., |e, m.; P|, n.; ,a, m.
Prŏg'ress (& ō), n., progrès, m. , Fortschritt, p,so; & v. course, journey; make —, Progress', i., faire des p-, F|e machen, far progressi ; & v. advance. '|ive, a., |if, fortschreitend, p|ivo.
Prohib'|it, t., '|i'tion (ich), n., défen dre, 'se, f., (at custom-ho.) p|er, |ition ; ver|bieten, |bot, n.; proibi re, |zione, f. '|itory, a., |itif, proibitivo.
Proj'ect, n., |jet, m.; |jekt, n., Plan, m.; progetto. |ject', t., |jeter, entwerfen, progettare. |ject', i., faire saillie, hervorragen, sporgere in fuori. |jec'ting, a., saillant, vorspringend, sporgente. |jec'tile, n., 'jectile, m.; |jektil, n., Geschoß; projettile, m. |jec'tion, n., saillie, f., ressaut, m.; Vorsprung, Jettura, f., aggetto, m. |jec'tor, m., auteur, Erfinder, disegnatore.
Prolif'ic, a., |ique, fruchtbar, p'ico.
Pro'lix, a., |e, weitschweifig, prolisso.
Pro'logue, n., p-, m., Prolog, |o.
Prolong', t., |a'tion, n., 'er, |ation, f.; verlänger|n, |ung; prolunga re, 'mento, m.
Prom'inen|t, a., ,ce, n., proéminen't, 'ce, f., hervorrag|end, |ung; prominen|te. |za; & v. eminent, projecting, etc. [p uo.
Promis'c|uous, a., mêlé, confus ; vermischt;
Prom'ise, t. & n., prom|ettre, |esse, f.; versprechen, V-, n.; prom ettere, |essa, f.; it |s well, is promising, cela promet, es läßt sich gut an, promette molto. Prom'ising, a., qui promet, hoffnungsvoll, promettente. [p|orio, m.
Prom'ont|ory, n., |oire, m.; Vorgebirge, n.;
Promo|te', t., '|tion, n., avanc er, |ement, m., p,tion, f.; befördern, |ung ; pro|muovere, 'mozione, avanza re. mento, m.
Prompt, t., v. incite, suggest ; (actor) souffl|er, |ieren. suggerire a., '|itūde, n., p-, |itude, f.; behend, |igkeit; pront|o, ,ezza; & v. quick, ready. '|er, m., souffleur, S-, suggeritore. [p|are.
Promul'g|ate, t., |uer, bekanntmachen,
Prone, a., 'ness, n., porté, penchant, m.; geneigt, Neigung, f.; inclina|to, |zione.
Prong, n., fourchon, m.; Zinke, f.; rebbio, m.
Pro'noun (aou), n., pronom, m.; |en, n., Fürwort ; p'e, m.

Pro|nounce' (aou), t., ;nuncia'tion, n., pro-
nonc|er, |iation, f.; aus|sprechen, |spra-
che; pronunzi|are, |a; & v. declare.
Proof, n., preuve, f.; Beweis, m.; prova,
f.; & v. test, trial; in —, pour p-, zum
B-, per p-. —, a., (agst.) à l'épreuve (de),
fest (gegen), a prova (di). '-sheet, n.,
épreuve, f.; (Korrektur)abzug, m.; prova,
f., bozza.
Prop, n. & t., ét|ai, m., |ayer, (fig.) app|ui,
|uyer; Stütz|e, f., |en; appoggi|o, m.. |are.
Prop'ag|ate, t. (& i.), (se) p|er; (s.) fort-
pflanzen, (fig.) verbreiten; p|are ('|arsi).
Propel', t., faire mouvoir, treiben, lavorare.
Propen'si|ty, n., on, f.; Hang, m.; p|one, f.
Prop'er, a., propre; eigen, (sense) |tlich,
(word) passend; proprio, giusto, adatto;
(conduct) conven'able, schicklich, c|evole;
& v. right, suitable; think —, juger à
propos (de), für gut finden, creder bene.
|ly, ad., proprement (— speaking, à p-
parler); gebörig, ordentlich, (eigent-
lich); a modo, giustamente (propriamente
parlando). |ty, n., propriét|é, f.; Eigen|-
tum, n., (quality) |schaft, f.; p|à; (man)
of —, v. rich, wealthy.
Proph'e|cy, n., |sy, t., prophé.tie, f.. |tiser;
|zeiung, |zeien; profe'zia, |tizzare. |t,
m., |t'ical, a., proph'ète, |ét'que; |ct,
|etisch; profet'a, |ico.
Propit'i|ous (ich), a., |ate, t., propice, ren-
dre p-; günstig, g- machen, versöhnen;
propizi|o, |are.
Propor'|tion, n., |tion, f.; Verhältnis, n.;
p|zione, f.; & v. portion; in —, |tionate,
a., |tionné (à), angemessen (dat.), p|zio-
nato (a). |tionally, ad., |tionnellement,
v|mäßig, p|zionalmente.
Propos|e', t., |er, vorschlagen, proporre;
— o's health, porter la santé de, j-s Ge-
sundheit ausbringen, far un brindisi.
|e', i., se p|er, beabsichtigen, intendere;
(to a lady) demander en mariage, anhal-
ten um, chiedere in matrimonio. |al,
|i'tion (ïch), n., |ition, f.; Vorschlag, m.;
p'izione, f.
Propri'|etor, m., étaire, Eigentümer, p'e-
tario. |ety, n., convenance, f.; Anstand,
m.; decoro; (of lang., exprn.) correct'on,
f., Richtigkeit, giustezza.
Prorog|ue' (õgh), t., |er, vertagen, p|are.
Prosa'|ic, a., |ique, |isch, |ico.
Proscri|be', t., (fig.) |re, verwerfen, p|vere.
Pros|e, n., |e, f., |a, |a.
Pros'ecū|te, t., |'tion, n., poursui'vre, |te,
f.; verfolg'en, |ung; prosegui,re, |mento,
m.; (crimin|al) p|rre (c|ellement), procès
c|el, m.; (peinlich) anklagen, Kriminal-
prozeß; accus|are, |a, f.; & v. contin|ue,
|uation. |tor, m., plaignant, Kläger, que-
relante.
Pros'|elyte, m., |élyte, |elyt, |elito.

Pros'pec|t, n., vue, f., (fig.) perspective;
Aussicht; veduta, probabilità; in —,'|tive,
a., en p-, in A-, in prospettiva. '|tus, n.,
|tus, m., Prospekt, prospetto.
Pros'per, i., prospér|er, gedeihen, (he |s,
es geht ihm gut), p|are. |ous, a., pros-
pèr|e; blühend, (pers.) glücklich; p|o.
'|ity, n., prospér|ité, f.; Glück, n., Wohl-
stand, m.; p|ità, f. |'ire, |ita.
Pros'titū|te, t. & f., |er, |ée; |ieren, |ierte;
Pros'trate, a. & r., prosterné, se p|er; hin-
gestreckt, s.niederwerfen; prostr|ato,
|arsi. —, t., v. overthrow, (fig.) depress.
Pro'sy, a., ennuyeux, langweilig, seccante.
Protec|t', t., '|tion, n., '|tor, m., protéger
(from, agst., contre), protec|tion, f., |teur;
bewahren (vor, dat.), schützen (gegen),
Schutz, m.. Beschützer; pro|teggere (da),
|tezione, f., |tettore; & v. shelter, defend.
Protest', t., (o's innocence) |er de, feier-
lich beteuern, p|are. —, i., Pro'test, n.,
|er, |ation, f.; Einspruch thun, E-, m.;
p|are, |a(zione), f. Prot'estant, m. & a.,
p-; P-, |isch; |e.
Protract', t., v. prolong, defer.
Protrude', i., s'avancer, hervortreten, spor-
gere. [m.; p|eranza, f.
Protu'b|erance, n., |érance, f.; Auswuchs,
Proud (aou), a., orgueilleux, (of) fier (de);
stolz (auf, ac.); orgoglioso, superbo (di).
Prove (ou), t., prouver, beweisen, provare;
& v. test. —, i., se montrer, s. erweisen,
mostrarsi.
Prov'ender, n., fourrage, m.; Futter, n.;
foraggio, m.
Prov'erb, n., '|ial, a., |e, m., |ial; Sprich|-
wort, n., |wörtlich; p|io, m.. |iale.
Provid,e', t., pourvoir (with, de), versehen
(mit), provvedere (di); & v. prepare,
procure. —, i.; — for, pourvoir, versor-
gen, provvedere a; — against, se prému-
n|ir contre, s. sichern vor (dat.), p|irsi
contro. |ed (that), cj., pourvu que, vor-
ausgesetzt daß, purchè. Prov'id|ence,
n., |en'tial, a., |enza, f., |entiel; Vorse-
hung, von der V- bestimmt; provviden-
z|a, |iale. |ent, a., prévoyant, vorsor-
gend, provvidente; & v. prudent.
Pro'vin|ce, n., |ce, f., |z, |cia; it is in my
—, c'est de mon ressort, de ma compé-
ten'ce; das schlägt in mein Fach; è della
mia c|za, nella mia sfera. '|cial, a., |cial,
|ziell, |ciale.
Provis'ion (ïj), n., (store) p-, f., (prepara-
tion) prévoyance; Vor|rat, m., |sorge, f.;
provvisione; & v. precaution, stipula-
tion; make — for, agst., v. provide; |s,
vivres, m. pl.; Proviant, m.; provvisioni,
f. pl. |al, a., provis|oire, |orisch, provvi-
sorio. Provi'so, n., v. condition.
Provo|ke', t., |ca'tion, n., |quer, |cation, f.;
herausforder|n, |ung; p|care, |cazione, f.

& v. irritate. '|king, a., *fâcheux*, ärgerlich, *nojoso*.
Prov'ost, m., v. rector, (of town) v. mayor.
Prow (aou), n., *proue*, f.; Schiffsvorderteil, n.; *prora*, f.
Prow'ess (aou) n., v. valour, bravery.
Prowl (aou), i., *róder*, umherschleichen, *andare intorno*.
Proxim'it|y, n., |*é*, f., Nähe, *prossimità*.
Prox'y, m., v. deputy; by —, *par procur|ation*, per Prokura, *per p|a*.
Prud|e, f., |ish, a., |*e*, Spröde, *schizzinosa*.
Pru'den|t, a., |ce, n., |*t*, |ce, f.; klug, |heit; *p|te*, |*za*. [*prugna (secca)*.
Prun|e, n., |*eau*, m.; (gedörrte) Pflaume, f.;
Prune, t., *tailler*, *élaguer*; beschneiden; *potare*.
Pruss'|ia (äch), n., |ian, m. & a., |*e*, f., |*ien*; Preuß|en, n., |*e*, |isch; *Pruss|ia*, f., |*iano*.
Pry, i., *espionner*, spionieren, *spiare*; — into, *épier*, auskundschaften, *spiare*.
'|ing, a., v. inquisitive. [*mo*.
Psalm (sahm), n., *psaume*, m., Psalm, *salmo*.
Pseudo- (siou), in comp., *p-*, p-, *p-*; & v. false.
Ptol'|emy, m., |*émée*, |emäus, *Tolomeo*.
Pub'l|ic, a. & n., |*ic*, a. & m.; öffentlich, P|kum, n.; *pubblico*, a. & m.; in —, *en p|ic*, ö-, *pubblicamente*. |ic-house, n., v. tavern. |ic'ity, n., |*icité*, f., Ö|keit, *pubblicità*. |ish, t., |ica'tion, n., |*ier*, |*ication*, f.; veröffentlichen, Bekanntmachung, (of bk.) Herausgabe; *pubblica|re*, |*zione*. |isher, m., *éditeur*, Verleger, *editore*.
Puck'er, t., *froncer*, aufbauschen, *raggrinzare*. —, n., v. crease, wrinkle.
Pud'ding (ou), n., *pouding*, m., Pudding, *bodino*.
Pud'dle, n., *flaque*, f., Pfütze, *pozzanghera*.
Pu'erile, a., *puéril*, kindisch, *p|e*.
Puff, i., *souffler*, pusten, *soffiare*; & v. blow, pant. swell. —, n., *bouffée*, f.; (leichter) Windstoß, m., (of tobaccosmoke) Paff; *buffa*, f., *boccata*; (gentle) *souffle*, m., Hauch, *soffio*; (advertmt.) *réclame*, f.; Reklame; *annunzio ampolloso*, m. —, t., v. swell, praise(unduly); |ed up, *gonflé*, aufgeblasen, *gonfio*.
Pug, n., (dog) *carlin*, m., Mops, *cagnolino*.
Pu'gil'ist,m., |*iste*, Faustkämpfer, *p|atore*.
Pugna'cious, a., *querelleur*, streitsüchtig, *pugnace*.
Pull (ou), t., *tirer*, ziehen, *tirare*; & v. pluck, row; — down, *abattre*, abschlagen, *abbattere*; & v. weaken; — off, *arracher*, (clothes) *ôter*; ab|, aus|ziehen; *tirar via. cavare*; — out, *tirer*, ausziehen, *cavare*; — the bell, v. ring; — up (weeds, etc.), *arracher*, ausrotten, *svellere*; & v. — out, stop, scold. —, n., (fig.) v. effort.
"ey (I), n., *poulie*, f., (Block)rolle, *carruco|a*.

Pul'mon|ary, a., |*aire*, Lungen.., *polmonario*. [n.; *polpa*, f.
Pulp, n., |*e*, f.; Brei, m., (of fruit) Fleisch,
Pul'pit (ou), n., *chaire*, f.; Kanzel; *p|o*, m.
Puls|a'tion, n., |*ation*, f.; |schlag, m.; |*azione*, f. |*e*, n., *pouls*, m., Puls, *polso*; feel o's —, *tâter le p- à qn.*, j-m an den P- (fig.: auf den Zahn) fühlen, *tastare il p- a qd*. [stein, m.; *pomice*, f.
Pum'ice-stone, n., *pierre ponce*, f.; Bims-
Pump, n. & t., *pomp|e*, f., |er, (pers.) *sonder*; Pump|e, |en, ausfragen; *pompa, tromba. far giocare la t-,scalzare*. '-room, n., *burette*, f., Trinkhalle, *sala delle terme*. [*ca*, f.
Pump'kin, n., *courge*, f.; Kürbis, m.; *zuc-
Pun, n., *calembour*, m.; Wortspiel, n.; *bisticcio*, m.
Punch, n., *polichin|elle*, m., |el, *pulcinella*.
Punch, n., (drink) *p-*, m., Punsch, *punch*.
Punch, t., *percer*, stechen, *forare*; (fam.) v. strike. —, n., *emporte-pièce*, m.; Locheisen, n.; *verrina*, f. '|eon, n., v. cask.
Punctil'ious, a., *pointilleux*, krittelig. *puntiglioso*.
Punctu'|al, a., |al'ity, n., *ponctu|el*, '*alité*, f.; pünktlich, |keit; *puntual|e*, |*ità*. |ate, t., |a'tion, n., *ponctu|er*, |*ation*, f.; interpunk|ticren,|tion; *punt|eggiare*,|*uazione*.
're, n., *piqûre*, f., Stich, m., *puntura*, f.
Pun'gen|t (dj), a., |cy, n., *âcre*, |*té*, f., (fig.) *piquant*, a. & m.; beißend, |e, n.; *pungente*, *piccante*, m., *frizzo*.
Pun'ish, t., |ment, n., *puni|r*, |*tion*, f.; bestraf|en, Strafe, B|ung; *puni|re*, |*zione*.
Punt, n., *bachot*, m.; Nachen; *barchetta*. f.
Pu'ny, a., *très petit*, winzig, *picciolo*.
Pu'pil, m. & f., *élève*; Schüler, |in; *alunn|o*, |*a*. —, n., |*le*, f., |le, |*la*.
Pup'pet,n., *poupée*, f.; Puppe; *burattino*, m.
Pup'py, n., *petit chien*, m., kleiner Hund, *cagnolino*; (m.) *fat*, Laffe, *zanerello*.
Pur, i., *faire ron-ron*, schnurren, *tornire*.
Pur'blind, a., *myope*, kurzsichtig, *miope*.
Pur'chase, t., v. buy. —, n., *achat*, m., Kauf; *compra*, f.; make (some)|s, *faire des emplettes*, Einkäufe machen, *far delle compre*.
Pure, a., *pur*; rein, (gold, etc.) echt; *puro*. '|ly, ad., (fig.) v. quite, merely. '|ness, n., v. purity.
Pur'gative, n., |*e* (dj), t., |*atif*, m., |*er*; Abführmittel, n., j-m ein A- eingeben, (fig.) säubern; *p|ativo*, m., |*are*. |atory, n., |*atoire*, m.; Fegefeuer, n.; *p|atorio*, m.
Pu'ri|fy, t., |*fier*, reinigen, *p|ficare*. |tan, m., |tan'ical, a., |*tain*, m. & a.; |taner, |tanisch; |*tano*, m. & a. |ty, n., *pureté*, f., Reinheit, *purità*.
Purl, i., v. murmur. **Pur'lieus** (iouze), n. pl., v. outskirts, environs. **Purloin'**, t., v. steal.

Pur'ple, n. & a., *pourpre*, m., f., & a.; Purpur, m., 'u; *porpor|o*, m. & a., (robe)|a, f.
Pur'port, t. & n., *signif|er, sens*, m., *portée*, f.; bedeut|en, |ung; s|*care*, |*cato*, m.
Pur'pose, n., *but*, m., Zweck, *scopo*; (intent.) *dessein*; Absicht, f.; *disegno*, m.; for the —, *à cet effet*, zu diesem Zwecke, *a quest' e|to*; (made) for the —, *exprès*, eigens, *espressamente*; for the — of, *dans le but de*, um zu (inf.), *per, a fine di*; on —, *à dessein*, absichtlich, *apposta*; (act) to good —, *efficacement*, wirksam, *e|e*; to no —, *inutil|ement*, vergeblich, *i|mente*; (spk.) to the —, *à propos*, zur Sache, *a p|ito*; to what —, *à quoi bon*, was nützt es, *a che serve?* —, i., *se proposer (de)*, beabsichtigen, *proporsi (di)*. |ly, ad., v. on purpose.
Purs'e, n., *bourse*, f., Börse, *borsa*; (modern) *port|e-monnaie*, m., |*emonnaie*, n., |*a-monete*, m. |e, t., (up) *froncer*, runzeln, *increspare*. '|er, m., *commissaire*, Proviantmeister, *provveditore*; & v. cashier.
Pursu'|ance, n.; in — of, *suivant*, gemäß (dat.), *secondo*. |e', t., *poursuivre*, verfolg|en, *inseguire*; & v. follow. |it' (siout), n., *poursuite*, f.; V|ung; *perseguito*, m., (of truth, etc.) *ricerca*, f.; |its, v.occupation. [fat.
Purs'y, a., *poussif*, engbrüstig, *bolso*; & v.
Purvey'or (vé), m., *fournisseur*, Lieferant, *provveditore*.
Push (ou), t., *pousser*; schieben, stoßen, (fig.) treiben; *spingere*; — away, back, *repousser*; wegschieben, zurückstoßen; *respingere*; — forward, on, *hâter*, beschleunigen, *spicciare*; — o's way, *se pousser*, s. (dat.) vorwärts helfen, *inoltrarsi*. —, i., (on, forward) v. hasten. —, n., *coup*, m.; Stoß; *spinta*, f. '|ing, a., v. active, enterprising.
Puss (ou), n., *minet*, m., |*te*, f.; Miezchen, n.; *micino*, m.
Put (ou; put, —), t., *mett|re, poser, placer*; setzen, stellen, legen, stecken; *mett|ere, porre, collocare*; (question) *adresser*, richten, *fare*; (a case) *supposer*, annehmen, *porre*; — in mind, v. remind; — in practice, *m|re en pratique*, ausführen, *m|ere in pratica*; — on oath, *faire prêter serment à*, vereidigen, *far prestare giuramento a*; — (o.) on (his) trial, *m|re en jugement*, anklagen, *tradurre in giudizio*; — the blame on, *rejeter le blâme sur*, — em zur Last legen, *dar colpa a*; — to death, *m|re à mort*, umbringen, *m|ere a morte*; — to flight, *m|re en fuite*, in die Flucht schlagen, *m|ere in fuga*; — to it (fig.), v. embarrass; — to silence, *faire taire*, zum Schweigen bringen, *far tacere*; — to the vote, *m|re aux voix*, ab-
stimmen lassen über (ac.), *m|ere alle voci*; — to trouble, *déranger*, (e-m) Mühe machen, *incomodare*; — al out (ship), *virer*, wenden, *voltare*; (fam.) v. inconvenience; — aside, — away, *m|re de côté*, weglegen, *m|ere da parte*; & v. remove, dismiss, repudiate; — back, *remettre*, wieder hinstellen, *rimettere*; (clock) *retarder*, zurückstellen, *mettere indietro*; & v. turn back; — by, v. — aside; — down, *déposer*, hin|stellen, |legen, *posare*; (in writing) *noter*, aufschreiben, *notare*; (to acct.) *por|er (au compte de)*, (e-m auf die Rechnung) schreiben, *portare (al conto di)*; (revolt) *réprim|er*, unterdrücken, r|*ere*; & v. suppress, abolish; — forth, *avancer*, ausstrecken, *porgere aranti*; (strength) *déployer*, aufbieten, *esercitare*; (buds) *pousser*, treiben, *m|ere fuori*; & v. publish; — forward, v. — forth, advance; — in, *m|re dedans*, hinein|setzen, |legen, *m|ere dentro*; (a word) *placer*, mitreden, *introdurre*; (horse) v. — to; & v. introduce; — in (a claim) for, v. claim, apply for, put in (i.); — off, ôter, ablegen, *deporre*; & v. delay; — off (with promises, etc.), *payer (de)*, abspeisen (mit), *tenere a bada*; — on, *m|re*; auf|setzen, |stellen, (clothes) anziehen; *m|ere su, m|ersi addosso*; (clock) *avancer*, vorstellen, *m|ere avanti*; (steam) *m|re*, donner, anlassen, *m|ere*; (an air) *prend|re*, s. geben, *darsi*; — out, *m|re dehors*, hinausseuzen, *m|ere fuori*; (eye) *crever*, ausstechen, *cavare*; & v. extend, extinguish, eject, (money) invest, (joint) dislocate, (fig.) confuse, provoke; — to, (horse) *atteler*, anspannen, *attaccare*; — together, *m|re ensemble*, (mech.) *montter*; zusammensetzen; *m|ere insieme*; — up, *m|re (en haut)*; auf|setzen, |hängen; *porre sopra*; (parasol) *ouvrir*, aufspannen, *aprire*; & v. raise, build, offer, put away, pack; — up (to sthg.), *m|re au fait de*, einweihen in, *mostrare il modo*; & v. incite. Put, i.; — back, v. return; — in, *entrer (dans le port)*, einlaufen, *entrare (in porto)*; — in for (an office), rechercher, s. bewerben um, *sollecitare*; — out (to sea), partir, *démarrer*, auslaufen, *uscire (del porto)*; — up, *loger*, einkehren, *alloggiare*; — up with, *se content|er de*, vorlieb nehmen mit, *c|arsi di*; & v. **endure**.
Pu'tr|id, a., |*efy*, i., |*efac'tion*, n., |*ide, se p|éfier*, |*éfaction*, f.; faul, |en, Fäulnis; *p|ido*, |*efarsi*, |*efazione*.
Put'ty, n., *mastic (de vitrier)*, m.; Glaserkitt; *pasta dei vetrai*, f.
Puz'zle, t., *intriguer*, verwirren, *imbrogliare*; & v. embarrass. —, n., *jeu de patience*, m.; Vexierspiel, n.; *giuoco di pa-*

zienza, m.; (fig.) *casse-tête*, m.; kopfbrechende Frage, f.; *imbroglio*, m.
Pyr'amid, n., |e, f., |e, *piramide*.
Pyre, n., *bûcher*, m., Scheiterhaufen, *rogo*.
Pyr'|enees, n. pl., |*énées*, f. pl.; |enäen; *Pirenei*, m. pl. [|*te*, f.
Pýri't,ès, n., ,e, f.; Schwefelkies, m.; *pirì-*

Q.

Quack, i., *caqueter*, quäken, *gracidare*.
Quack, m., "ery, n., *charlatan*, |*isme*, m.; Marktschreier, |ci, f.; *ciarlatan'o*, |*eria*, f. -doctor, m., -med'icine, n., ch-, remède de ch-, m.; Q|salber, Universalmittel, n.; *medicastro, orvietano*, m.
Quadrang'|le (od), n., |ular, a., *carré*, m., *q|ulaire;* Viereck, n., |ig; *q'olo*, m., |*olare*.
Quad'rant (od), n., *quart de cercle*, m., Quadrant, *quadrante*.
Quadrille' (od),n., *q-,* m.; Q-, f.; *quadriglia*.
Quad'rup,ed (od), n., |*éde*, m.; vierfüßiges Tier, n.; *q'ede*, m.
Quadru'pl,e (od), a. & t., |e, |*er*; vierfach, vervierfachen; *q'o*, |*icare*.
Quaff (ah), t., v. drink, swallow.
Quag'mire, n., *fondrière*, f.; Sumpfboden, m.; *pantano*. [*tarsi*.
Quail, i., *se décourager*, verzagen, *sgomen-*
Quail, n., *caille*, f., Wachtel, *quaglia*.
Quaint, a., *original*, seltsam, *bizzarro*.
Quak'e, i., *trembler*, zittern, *tremare*. |er, m., |er, Quäker, *quacchero*.
Qual'if|ÿ (ol), t., *rendre apte*, geeignet machen, *rendere atto;* & v. prepare, modify, moderate, entitle; be q|ied for, *avoir qualité pour*, berechtigt sein (et. zu thun), *aver il diritto di*. |ica'tion, n., |*ication*, f., Befähigung, *q'icazione;* & v. quality, capacity.
Qual'it'y (ol), n., |*é*, f.; Eigenschaft, (of goods) Q'ät; *q'à*; & v. rank.
Qualm (kouahm), n., *nausée*, f., Übelkeit, *nausea;* & v. scruple. [etc.) Q'ät; *q|à*.
Quan'tit|y (öne), n., |*é*, f.; Menge, (gram., **Quar'ant,ine** (inc), n., |*aine*, f., |äne, |*ena*.
Quar'rel (ör), n. & i., ,some, a., *querell,e*, f., *se q'er*, |*eur;* Zank, m., sich z|en, zänkisch ; *lite*, f., *litig'are*, |*ante*.
Quar'ry (or), n., *carrière*, f.; Steinbruch, m.; *cava di pietre*, f.; (prey) *curée*, f., Beute, *preda*.
Quart (or), n., *litre*, m., Liter, *litro*.
Quar't,er (or), n., ,*ier*, m.; Viertel, n., (mil.) Gnade, f.; *q'iere*, m.; (fourth) *quart*, m.; V-, n.; *q'o*, m.; (of year) *trimestre*, m.; V|jahr, n.; *t-,* m.; (weight) *12.7 kilogrammes*, 12.7 Kilogramm, *12.7 chilogrammi;* (corn) *2.9 hectolitres*, 2.9 Hektoliter, *2.9 ectolitri;* & v. part, direction; — of an hour, *un quart d'heure*, e-e V|stunde, *un q|o d'or r*. 'er, t., *loger* (ou, chez), ein-

quarticrcn (bei), *al'oggiare (da)*. |erly, a. & ad., *trimestr'iel, par t,e, tous les trois mois;* vierteljährlich ; *t,ale, ogni t,e, ogni tre mesi*. |ers, n. pl., *logement*, m., (mil.) *q'ier;* Q|ier, n.; *alloggiamento*, m.
Quar'to (or), n., *in-q-,* m., Quartband, *volume in quarto*.
Quartz (or), n., *q-,* m., Quarz, |o.
Quash (o), t., (jur.) *casser*, aufheben, *annullare*.
Qua'ver, n., (note) *croche*, f.; Achtel, n.; *croma*, f. —, i., v. tremble.
Quay (kï), n., *quai*, m., Q-, *molo*.
Queen, f., *reine*, Königin, *regina;* (of cards) *dame*, D-, *dama*.
Queer, a., *étrange*, seltsam, *strano*.
Quell, t., *réprim|er*, unterdrücken, *r|ere*.
Quench, t., *éteindre*, (thirst) *étancher;* löschen, stillen ; *spegnere*.
Quer'ül|ous, a., *plaintif*, kläglich, *q|o*.
Que'ry, n.,v. question. **Quest**, n..v. search.
Ques'tion, n., *q-,* f., *demande;* Frage; *domanda*, (at issue) *quistione;* (parl.) *interpella,tion,* |*tion*, |*zione;* (matter) in —, *en q-,* *dont il s'agit;* fraglich ; *in q-, di cui si tratta;* call in —, mettre en doute, in Zweifel ziehen, *far dubbio di;* out of the —, v. impossible. —, t., *interrog|er,* (be)fragen, *i,are;* & v. doubt, call in—. |able, a., *douteux,* fraglich, *dubbioso*.
Quib'ble, n. & i., *chican|e*, f., |*er*, ergoter; Rechtskniff, m., kritteln, schikanieren ; *carill'azione*, f., |*are*.
Quick,a., *rapid,e*, (pulse) *fréquent;* schnell; *r|o, f,e;* (brisk) *vif*, lebhaft, *vivace;* be —! *vite, dépêchez-vous;* machen Sie schnell; *spicciatevi!* to the—, (fig.) *auvif*, empfindlich ; *al vivo*. —, |ly, ad. , *vite*, schnell, rasch, *presto*. '|en, t., *accéler|er*, beschleunigen, *a,are*. '|lime, n., *chaux vive*, f.; ungelöschter Kalk, m.; *calce riva*, f. '|ness, n., *vitesse*, f., Schnelligkeit, *prestezza;* & v. activity, sagacity. '|sand, n., *sable mourant*, m.; Triebsand ; *sabbia mobile*, f. '|set, a.; — hedge, *haie vire*, f., lebendige Hecke, *siepe*. '|silver, n., *vif-argent*, m.; Quecksilber, n.; *a|o vivo*, [*di tabacco*, m.
Quid, n., *chique*, f.; Priemchen, n.; *pezzo*
Quies'cent, a., *en repos*, in Ruhe, *tranquillo*. **Qui'et**,a., *tranquill,e*, ruhig, *t|o;* & v. calm, still, (dress, etc.) modest, sober; be—! *taisez-vous;* ruhig, seien Sie still; *tacete!* —, |ness, n., *tranquillité*, f., Ruhe, *t,ità*.
Quill, n., *plume* (d'oie), f., (of porcupine) *piquant*, m.; (Kiel)feder, f., Stachel, m.; *penna*, f.
Quilt, t. & n., *piquer, courtepointe*, f.; stepp|en, |*decke;* *trapuntare, coltre*.
Quince, n., *coing*, m.; Quitte, f.; *cotogna*.
Quinine', n., *q-,* f.; Chinin, n.; *chinino*, m.

Quin'sy, n., *esquinancie*, f., Bräune, *squinanzia*.
Quire, n., *main*, f.; Buch, n.; *quinterno*, m.
Quirk, n., v. quibble.
Quit,t., |*ter*,verlassen, *lasciare*; & v. leave, acquit; give notice to —, donner *congé*, aufkündigen, *disdire l'affitto*, (servant) *licenziare*. —, a.; get — of, *se débarrasser de*, loswerden, *sbrigarsi (di)*. |s, ad., |*te*, t, abgemacht, *pace*; we are —, *nous voilà q|tes*, wir sind q|t, *siamo in pari*.
Quite, ad., *tout (à fait)*, ganz, *affatto*; — right, *très bien*, ganz recht, *benissimo*.
Quiv'er, n., *carquois*, m., Köcher, *turcasso*.
Quiv'er, i., v. tremble.
Quiz, t., *mystifier*, aufziehen, *burlarsi di*.
Quoit (köit), n., *palet*, m.; Wurfscheibe, f.; *morella*. [*tempo passato*.
Quon'dam, a., *ci-derant*, ehemalig, *del*
Quot|e, t., citer, anführen, *citare*; (prices) *coter*, notieren, *notare*. |a'tion, n., *citation*, f.; angeführte Stelle, Citat, n.; *citazione*, f.; (price) *cote*, f., Notierung, *notazione*; (ofexchange) *cours*, m., Kurs, *corso*.
Quoth, imp. ind., = (he, she) said.

R.

Rab'bit, n., *lapin*, m.; Kaninchen, n.; *coniglio*, m.; Welsh —, *rôtie au fromage*, f.; gerösteter Käse, m.; *formaggio arrostito*. |*naglia*, f.
Rab'ble, n., *canaille*, f.; Gesindel, n.; *canaglia*.
Rab'id, a., *enragé*, wütend, *arrabbiato*.
Race, n., *r-*, f.; Rasse, Geschlecht, n.; *razza*, f.
Race, n., (horse-) *course (de chevaux)*, f.; (Pferde-)Wett|rennen, n.; *corsa (di cavalli)*, f.; boat —, *régates*, f. pl.; W|fahren, n.;*corsa(gora)di barche*,f.,*regata*; foot —, *c- à pied*; W|laufen, n.; *corsa a piedi*, f.; win a —, *remporter le prix*, den W|preis davontragen, *vincere la corsa*. —, i., (con)courir, wettlaufen, *correre a gara*. '-**course**, n., champ de *courses*, m.; Rennbahn, f.; *corriera*. '-**horse**, n., *cheval de course*, m.; Rennpferd, n.; *cavallo da corsa*, m. **Ra'cing**, n., v. race.
Ra'chel, f., *R-*, Rahel, *Rachele*.
Rack, n., (in stable, etc.) *râtelier*, m.; Raufe, f., (clothes-) Kleiderleiste; *rastrelliera*, *cappellinajo*, m.; (instrum. of torture) *chevalet*, m.; Folter, f.; *sveglia*; (fig.) *torturje*, F-, t'a. —, t., *torturer*, foltern, *tormentare*; (wine) *soutirer*, abziehen, *travasare*. -rent, n., *loyer excessif*, m.; übermäßige Miete, f.; *affitto esorbitante*, m.
Ra'cy, a., *piquant*, pikant, *piccante*.
Ra'di|ance, n., |ate ,i., |ant, a., *éclat*, m.,

rayonn|er, |*ant*; Glanz, strahlen, |d; *splendore*, *raggiare*, *radi"are*, |*ante*.
Rad'ical, a. & m., *r-*; Wurzel.., gründlich, Radikaler; *radicale*.
Rad'ish, n., *radis*, m.; Radieschen, n.; *ravanello*, m.; horse —, *raifort*, Meerrettich, *ramolaccio*.
Ra'dius, n., *rayon*, m., Radius, *raggio*.
Raffle, n., *loterie*,f.; Ausspielen, n.; *riffa*,f.
Raft (ah), n., *radeau*, m.; Floß, n.; *zattera*, f. [*ricello*.
Rafter (ah), n., *chevron*, m., Sparren, *trave*
Rag, n., *chiffon*, m., Lumpen, *cencio*; in |s, *en guenilles*, zerlumpt, *lacero*. '-**gatherer**, m. & f., *c'nier*, |*nière*; L|sammler(in); *cenciajuol|o*, |a. '|**ged**, a.,v. in rags, rough, rugged.
Rage, n., *r-*, f., *fureur*; Wut, (fig.) Mode; *rabbia*,*furore*, m., *gran moda*, f.; in a —, *furieux*, wütend, *furioso*. —, i., *être furieux*, (plague, etc.) *sévir*; wüten; *infuriare*. [*ria*, f.
Raid, n., *razzia*, f.; Raubzug, m.; *scorreria*.
Rail, i., (at) *injurier*, beschimpfen, *ingiuriare*. '|**lery**, n., |*lerie*, f.; Neckerei; *motteggio*, m.
Rail, n., *barre*, f.; B-, Stab, m.; *sbarra*,f.; (hand-) v. r|ing; (on r|way) *r-*, m.; Schiene, f., *rotaja*; run off the r|s, *dérailler*, entgleisen, *uscire dalle rotaje*. —, t.; — in, off, *fermer d'une grille*, vergittern, *chiudere con cancelli*. '|**ing**, n., *grille*,f.; Gitter, n.; *inferriata*, f.; (on stairs) balustrade, f.; Geländer, n.; *balaustrata*, f. '|**road**, '|**way**, n., *chemin de fer*, m.; Eisenbahn, f.; *strada ferrata*, *ferrovia*.
Rai'ment, n., *vêtement*, m.; Kleidung, f.; *vestimento*, m.
Rain, n. & i., '|**y**, a., *pluie*, f., *pleuvoir*, *plurieux*; Reg|en, m., |nen, |nerisch; pio|ggia, f., |*rere*, |*voso*. '|**bow**, n., *arc-en-ciel*, m., Regenbogen, *arcobaleno*.
Raise, t., *lever*, (weights) *soulever*; heben, (troops) ausheben, (tax, & fig.) erheben, (siege) aufheben; *levare*; (standard, etc.) *lever*, aufrichten, *alzare*; (voice) *élever*, erheben,*alzare*; (price) *hausser*,erhöhen, *alzare*; (money) *se procurer*, auftreiben, *procacciare*; (loan) *faire*, machen, *fare*; (in rank, & fig.) *élever*, erheben, *innalzare*; (in revolt) *soulever*, aufwiegeln, *sollevare*; (a question) *soulever*, aufwerfen, *mettere in campo*; (the dead) *ressusciter*, erwecken, *risuscitare*; — o's spirits, *ranimer*, aufmuntern, *rallegrare*; & v. build, erect, heighten, increase, cultivate, rear, excite.
Rai'sin, n., *r- sec*, m.; Rosine, f.; *uva secca*, f.
Rake, n., *râteau*, m., Rechen, *rastrello*. —, t., *râteler*, (in gard.) *ratisser*; harken, *rastrellare*; (a ship) *enfiler*, be-

schießen, *bombardare;* — up, (fig.) *déterrer,* auskundschaften, *raccogliere.*
Rake, m., *libertin,* Wüstling, *dissoluto.*
Ral'ly, t. & i., *rallier, se r-;* wieder versammeln, sich w- sammeln; *riunir|e, |si;* (from illness) *se remettre,* s. erholen, *rimettersi.*
Ral'ly, t., (o. upon stbg.) *railler (de),* aufziehen (mit), *motteggiare (sopra).*
Ralph, m., *Rodolphe,* Rudolf, *Rodolfo.*
Ram, n., *bélier,* m.; Widder, (mil.) Sturmbock; *ariete.*
Ram, t., (in, down) *enfoncer,* (gunpowder) *bourrer;* (ein)rammen, ansetzen; *pigiare.*
Ram'ble, i., *errer (à l'aventure), courir çà et là;* herumschweifen; *andar vagando;* (fig.) *divaguer,* abschweifen, *digredire;* — about, through (a country, etc.), *parcourir,* durchwandern, *trascorrere.* —, n., *course,* f., Wanderung, *scorsa;* & v. excursion. **Ram'bling,** a., (speech, etc.) *décousu,* unzusammenhängend, *incoerente.*
Ram'if'ȳ, i., |ica'tion, n., *se r|ier,* |ication, f.; s. verzweig|en, V|ung; *r|icarsi,* |ica*zione.*
Ram'pant, a., *r-,* aufgerichtet, *r|e;* (fig.) *dominant,* überhandnehmend, *predominante.*
Ram'part, n., *rempart,* m., Wall, *baluardo.*
Ran'|cid, a., |ce, |zig, |cido.'|cour, n., '|corous, a., |cune, f., |cunier; Groll, m., |end; *r|core, maligno.* |*dolfo.*
Ran'd|al, |olph, m., *Rodolphe,* Rudolf, *Rodolfo.*
Ran'dom, n.; at —, *au hasard,* aufs Geratewohl, *a caso.*
Rang, impf., v. ring.
Range (éndj), n., (of hills) *chaîne,* f., Kette, *catena;* (of gun) *portée,* Schußweite, *portata;* (kitchen-) *fourneau,* m., Herd, *fornello;* (rifle-) *tir,* Schießplatz, *luogo di bersaglio;* (extent) *étendue,* f.; Umfang, m.; *estensione,* f.; & v. row, class. —, t., *ranger,* ordnen, *ordinare.* —, i., v. rove, vary. **Ran'ger,** n., v. forester.
Rank, n., *rang,* m., (of officer) *grade;* Rang; *grado;* (of troops) *r-;* Reihe, f.; *fila;* (a man) of —, *de haut r-, de qualité,* von Stande, *di alto g-;* & v. class. —, t., v. range. —, i., *être rangé, ê- classé;* in e-e Klasse gestellt sein; *essere collocato;* (high, etc.) v. be esteemed, have high —; (with) v. have the — of.
Rank, a., *fort,* stark, *f|e;* & v. luxuriant, utter, gross.
Rank'le, i., v. fester; — in o's mind, *ronger le cœur,* das Herz abfressen, *consumare il cuore.*
Ran'sack, t., *fouiller,* durchwühlen, *frugare;* & v. plunder.
Ran'som, n. & t., *rançon,* f., |ner; Lösegeld, n., loskaufen; *riscatt|o,* m., |are.

Rant, i., *déclamer, extravaguer;* heftig reden; *parlare con violenza.*
Rap, t., i., & n., v. knock. |t, pp., *ravi* (with, in, into, *de*), hingerissen (von), *rapito (di).*
Rapa'c|ious (éch), a., '|ity (äs), n., |e, |ité, f.; raub|gierig, |gier; *rapac|e,* |*ità.*
Rape, n., *viol,* m.; Notzucht, f.; *stupro,* m.; & v. abduction. |*rapa,* f.
Rape, n., (bot.) *navette,* f.; Rübsen, m.;
Raph'ael, m., *Raphaël,* R-, *Raffaele.*
Rap'id, a., '|ity, n., |e, |ité, f.; schnell, |igkeit; *r|o,* |*ità.* |ly, ad., |ement, sch-, *r|amente.* |Rapier, m., *spada lunga,* f.
Ra'pi|er, n., |ère, f.; langer Degen, m.,
Rap'ine, n., *r-,* f.; Raub, m.; *rapina,* f.
Rap'tūre, n., *ravissement,* m.; Entzücken, n.; *rapimento,* m.
Rare, a., *r-;* selten, rar, (air) dünn; *rado, raro.* '|ly, ad., |ment, s-, *di rado.* **Ra'r|ity,** n., *e|té,* f., S|heit, *rarità.*
Ras'cal, m., |ly, a., '|ity, n., *coquin, de c-, c|erie,* f.; Schurk|e, |isch, |erei, f.; *bric con|e, di (da) b|e, b'eria,* f. |*zione,* f.
Rash, n., *éruption,* f.; Ausschlag, m.; *eruRash,* a., *|ness,* n., *témér|aire, |ité,* f.; unbesonnen, |heit; *sconsiderat|o,* |*ezza.*
Rash'er, n., v. slice. |*spa,* *re.*
Rasp, n. & t., *râpe,* f., |r; Raspel, |n; *ra-*
Rasp'berry, n., *framboise,* f.; Himbeere |; *lampone,* n.
Rat, n., *r-,* m.; |te, f.; *topo,* m.; smell a —, *flairer qc.,* den Braten riechen, *aver sentore di qc.* '-catcher, m., *preneur de r|s,* R|tenfänger, *acchiappatopi.*
Rate, n., *taux,* m.; Taxe, f., (of interest) Zinsfuß, m.; *tassa,* f.; (of exchange) *cours,* m., Kurs, *corso;* & v. price, speed, tax, proportion; at any —, *en tout cas,* jedenfalls, *in ogni caso;* at that —, (fig.) *à ce compte-là,* auf diese Art, *a questo passo;* at the — of six francs, *à raison de six f-,* zu sechs Franken, *a ragione di sei lire;* first —, *de premier ordre,* ersten Ranges, *di primo ordine,* & v. excellent. —, t., v. value, tax; & v. scold.
Ra'ther (ah), ad., *plutôt;* lieber, eher, *piuttosto;* (better, worse, etc.) *un peu,* etwas, *p-, un poco;* (hot, cold) *assez,* ziemlich, *alquanto;* I had —, I would —, *j'aimerais mieux,* es wäre mir lieber, *amerei meglio;* I had — not, *plutôt pas, je préfère ne pas..;* ich möchte l- nicht, *preferisco di no;* I — think, *je crois plutôt,* ich sollte meinen, *credo piuttosto.*
Rat'if|ȳ, t., |ica'tion, n., |ier, |ication, f.; bestätig|en, |ung; *r|icare, |icazione.*
Ra'tio (éch), n., *proportion,* f.; Verhältnis, n.; *ragione,* f. |n, n., |n, f., |n, *razione.*
Rā'tional (äch), a., *raisonnable,* vernünftig, *ragionevole.* |*lisbona,* f.
Rat'isbon, n., *ne,* f.; Regensburg, n.; Ra-

Rat'tle, n., *bruit*, m.; (of chain, etc.) *cliquetis*; Gerassel, n.; *strepito*, m., *cigolio*; (child's) *hochet*, m.; Kinderklapper, f.; *sonaglio*, m.; (policeman's, etc.) *crécelle*, f., Rassel, *tabella*; (in throat) *râle*, m.; Röcheln, n.; *rantolo*, m. —, i. & t., *battre*, *résonner*, (t.) *faire sonner*; rasseln, klappern, (t.) r-, k- mit; *'strepitare, scuotere (con strepito)*. |snake, n., serpent à sonnette, m.; Klapperschlange, f.; *serpente a sonagli*, m.
Rav'ag|e, t. & n., |er, |e, m.; verwüst|en, |ung, f.; *devasta're*, |zione.
Rave, i., *avoir le délire*, rasen, *delirare*; (about sthg.) *se prendre de passion (pour)*, schwärmen (für), *esser appassionato (per)*.
Rav'el, t., v. undo, (thread) entangle. —, i.; — out, *s'effiler*, s. ausfasern, *sfilacciarsi*.
Ra'ven, n., *corbeau*, m., Rabe, *corvo*.
Rav'enous, a., *vorace*, gefräßig, v-; — appetite, *faim dévorante*, f.; Heißhunger, m.; *fame canina*, f. |*borrone*, m.
Ravine' (ī), n., *ravin*, m.; Schlucht, f.;
Rav'ish, t., *ravir*; entführen, (fig.) entzücken; *rapire*.
Raw, a., *cru*, roh, *crudo*; (material) *brut*, roh, *greggio*; (sore) *écorché*, wund, *scorticato*; (weather) *froid et humide*, naßkalt, *freddo e umido*; (spirits) *pur*, unvermischt, *puro*; (fig.) v. inexperienced.
Ray, n., |on, m., Strahl, *raggio*.
Raze, t., *raser*, schleifen, *radere*.
Ra'zor, n., *rasoir*, m.; Rasiermesser, n.; *rasojo*, m. **-strop**, n., *cuir à r-*, m., Streichriemen, *cuojo da r-*.
Reach, t., *atteindre à*, (destination) *arriver à*, *parvenir à*; erreichen; *arrivare a*, *pervenire a*; (a dish) *passer*, reichen, *dare*; (extend to) *s'étendre à*, reichen bis an (ac.), *stendersi fino a*; (o's hand) v. extend. —, n., *port|ée*, f.; Bereich, m.; *p|ata*, f.; & v. extent; within, out of —, à, *hors de p|ée*, (escaped) *h- d'atteinte*; erreichbar, nicht e-; *alla*, *fuori della p|ata*, *fuori del potere*.
Reac|t', i., '|tion, n., *ré|agir*, |*action*, f.; zurückwirken, Reaktion; *re|agire*, |*azione*.
Read (ī; read, r-; ĕd), t., *lire*, lesen, *leggere*; (— aloud, repeat) *faire la lecture de*, vorlesen, *l- ad alta voce*, *recitare*; well-read (ĕd), *qui a beaucoup lu*, belesen, *che ha letto molto*, & v. learned; — again; *relire*, wieder l-, *rileggere*; — on, *continuer de l-*, weiter l-, *seguitare a l-*; — over, through, *parcourir*, durchlesen, *trascorrere*. —, i., v. —, t., study; (be expressed) *se lire*, s. lesen, *essere detto*. |able, a., *lisible*, lesbar, *leggibile*. |er, m. & f., *lect|eur*, |*rice*; (Vor)leser,

|in; *che legge (molto)*. |ing, n., *lecture*, f., Lektüre, *lettura*; (version) *leçon*, *variante*; Lesart; *lezione*. |ing-**desk**, n., *pupitre*, m.; Lesepult, n.; *leggio*, m. |ing-**room**, n., *salle de lecture*, f.; Lesezimmer, n.; *gabinetto di lettura*, m.
Read'|y (ĕd), a., *prêt*; fertig, bereit; *pronto*; & v. easy, disposed, willing, quick; get —, i., *s'apprêter*, s. f- machen, *prepararsi*; get, make —, v. prepare; — made, *tout fait*, *confectionné*; f-; *fatto*; — money, *argent comptant*, m.; bares Geld, n.; *danari contanti*, m.pl. '|**iness**, n., *bonne volonté*, f., Bereitwilligkeit, *prontezza*; & v. ease, quickness; in |iness,v. |y.
Re'al, a., *réel*, *effectif*; wirklich; *effettivo*; (estate) *immeuble*, unbeweglich, *immobile*; & v. true, genuine. |ize, t., *realiser*, verwirklichen, *realizzare*; & v. acquire, comprehend; be |ized, *se r-*, in Erfüllung gehen, *adempirsi*. |ly, ad., *réellement*, *vraiment*; w-, wahrhaftig; *realmente*, *veramente*. |*regno*, m.
Realm (el), n., *royaume*, m.; Reich, n.;
Ream, n., *rame*, f.; Ries, n.; *risma*, f.
Reap, t., *moissonn|er*, (fig.) *retirer*; ernten; *mietere*, *raccogliere*. |er, m., *m|eur*, Schnitter, *mietitore*. |ing-**hook**, n., *faucille*, f.; Sichel; *falcetto*, m.
Rear, t., *élever*; aufziehen, (animals, plants) ziehen; *allevare*; & v. raise, erect. **Rear**, i., *se cabrer*, s. bäumen, *impennarsi*.
Rear, n., *arrière-garde*, f.; Nachtrab, m.; *retroguardia*, f.; & v. back; bring up the —, *fermer la marche*, den Zug schließen, *andare di r-*. **-ad'miral**, m., *contreamiral*, Konteradmiral, *contrammiraglio*. '-**guard**, n., v. rear.
Rea'son, n., *raison*, f.; Vernunft, (cause) Grund, m.; *ragione*, f.; by — of, *à cause de*, wegen (gen.), *a cagione di*; it stands to —, *la r- le dit*, es versteht sich von selbst, *ciò s'intende da sè*; there is — (to), *il y a lieu (de)*, es ist G- vorhanden (zu), *c'è luogo di*; with good —, *à bon droit*, mit Fug und Recht, *a buona ragione*. —, i., *r|ner*, (with) *débattre*; (vernünftig) denken, debattieren; *ragionare*. |**able**, a., *r|nable*, vernünftig, *ragionevole*; (price) *modique*, mäßig, *moderato*. |er, m., *dialecticien*, Dialektiker, *ragionatore*. |*curare*.
Réassure', t., *rassurer*, beruhigen, *rassicurare*.
Rebec'ca, f., *Ré-*, Rebekka, *Rebecca*.
Rebel', i., |**lion**, n., Reb'el, m., '|**lious**, a., *se révolter*, *rébellion*, f., *rebelle*, m. & a.; s. empör|en, E|ung, Aufrührer, |isch; *ribell|arsi*, |*ione*, |e, m. & a. |*balzare*.
Rebound', i., *rebondir*, zurückprallen, *rimbalzare*.
Rebuff', n. & t., |*ade*, f., *repousser*; (derbe) Abweis|ung, |en; *rabbuff|o*, m., |*are*.

Rebuke', n. & t., *réprimand e*, f., |er; Verweis, m., tadeln; *ripren'sione*, f., |dere.
Rebut', t., *repousser*, zurückweisen, *ributtare*.
Recal(l)', t., *rappeler*, zurückrufen, *richiamare*; & v. revoke, recollect.
Recant', t., |a'tion, n., *rétract'er*, |ation, f.; widerruf|en,W|, m.; *ritratta,re*, |zione, f.
Recapit'ülate, t., *récapituler*, (kurz) wiederholen, *recapitolare*.
Rēcast', t., *refondre*, umschmelzen, *rifondere*. |*recedere*.
Recede', i., *se retirer*, s. zurückziehen,
Receipt' (cīte), n., *reçu*, m.; Empfang; *riceruta*, f.; (discharge) *acquit*, m., *quit|tance*, f.; |tung; |anza; (for making sthg.) *recette*; Rezept, n.; *ricetta*, f.; (money received) *recette*; Einnahme; *riscosso*, m.; acknowledge —, *accus'er réception*, den Empfang bescheinigen, *a,are ricevimento*. —, t., *acquitter*, quit|tieren, |are.
Receiv|e', t., *recevoir*; empfangen; *ricevere*, (pers.) *accogliere*; (stolen goods) *recéler*, hehlen, *ricettare*. '|er, m., (collector) *receveur*, Einnehmer, *ricevitore*; (of letr., etc.) *destinataire*, Empfänger, *r-*; (of stolen gds.) *recéleur*, Hehler, *ricettatore*.
Re'cent, a., |ly, ad., *réc|ent*, |*emment*; neu, frisch, (ad.) n lich; *recente*, |*mente*.
Recep'tion, n., *ré-*, f.; Empfang, m.; *ricezione*, f.; (welcome) *accueil*, m.; Aufnahme, f.; *accoglienza*.
Recess', n., *enfoncement*, m.; Vertiefung, f.; *r'o*, m.; & v. vacation; |es, *replis*, m. pl.; Geheimste, n. sg.; *ripostigli*, m. pl.
Rec'ipe (pī), n., *recette*, f.; Rezept, n.; *ricetta*, f. [*cevitore*.
Recip'ient, m., *qui reçoit*, Empfänger, *ri-*
Recip'ro'cal, a., |cate, t., |c'ity, n., *récipro'que*, *échanger*, *r,cité*, f.; wechselseitig, erwidern, W|keit; *r,co*, *contraccambiare*, *r,cità*.
Reci't'al, n., *récit*, m.; Erzählung, f.; *narrazione*. |e, t., *réciter*, vortragen, *r'are*.
Reck, i., v. care. '|less, n., v. careless, negligent.
Reck'on, t.&i., *compter*, rechnen, *contare*; & v. calculate, consider; — up, v. add up. |ing, n., *compte*, m.; Rechnung, f.; *conto*, m.
Reclaim', t., *réclamer*, zurückfordern, *raddomandare*; (pers.) *corriger*, bessern, *correggere*; (land) *défricher*, urbar machen, *dissodare*. [*sarsi*.
Recline', i., *se reposer*, ausruhen, *riposarsi*.
Recluse', m., *reclus*, Einsiedler, *eremita*.
Rec'ogn|ise, t., l'tion (īch), n., *recon n,a'tre, |aissance*, f.; erkennen, Wiedererkennung; *riconoscere*, *ricognizione*.
Recoil', i., *reculer*, zurückweichen, *rinculare*.

Recollec|t', t., '|tion, n., *se souvenir de*, *s-*, m.; s. erinner|n (gen.), E|ung, f.; *ricord'arsi di*, |anza. [*ricominciare*.
Rēcommenc|e', i., |er, wieder anfangen,
Recommend', t., |a'tion, n., *recommand,er*, |ation, f.; empfehl|en, |ung; *raccomandare*, |zione.
Rec'ompense, n. & t., *récompens e*, f., |er; Belohn|ung, |en; *ricompensa*, |re.
Rec'oncil|e, t., |ia'tion, n., *réconcili,er*, |ation, f.; versöhn|en, (fig.) in Einklang bringen, V|ung; *riconcilia're, metter d'accordo,r,zione;* become r,ed (to sthg.), *se résigner (à)*, s. fügen (in), *rassegnarsi (a)*. |*riconoscere*.
Reconn|oi'tre, i., |*a'tre*, rekognoszieren,
Rēconsid'er, t., *considérer de nouveau*, wieder erwägen, *riconsiderare*.
Rec'ord, n., *registre*, m.; Verzeichnis, n.; *registro*, m.; & v. narrative; on —, v. historical; (pl.) *archives*, f. pl., Archiv, n.; *i*, m. pl. **Record'**, t., *enregistrer*, aufzeichnen, *registrare*. |er, m., *archi'|iste*, |ar, |*ista*; & v. judge.
Recount', t., v. relate.
Recoup' (ou), r., *se rattraper* (by, *sur*), s. entschädigen(durch), *indennizza'rsi(per)*.
Recourse' (ō), n., *recours*, m.; Zuflucht, f.; *ricorso*, m.; have — to, *recourir à*, seine Z- nehmen zu, *ricorrere a*.
Recov'er (ŭv), t., *recouvrer*; wiedererlangen, (debts) eintreiben; *ricoverare*, *riscuotere*; — o's breath, *reprendre haleine*, wieder Atem schöpfen, *ripigliar fiato*; — o's sf., *se remettre*, s. erholen, *riaversi*; (damages) v. obtain. —, i., *se rétablir*, genesen, *guarire*; (from a loss) *se relever*, s. erholen, *ristabilirsi*. |y, n., *recouvrement*, m.; W|erlangung, f.; *ricuperazione*; (of health) *rétablissement*, m.; Genesung, f.; *guarigione*.
Rec'reant, n., v. coward, traitor.
Recrea'tion, n., *récréation*, f., Erholung, *ricreazione*. [beschuldigung,f., *r|zione*.
Recrimina'|tion, n., *récrimina'tion*, f.,
Recruit' (out), t., *rétablir*, (i.) *se r-*; wiederherstellen, (i.) s. erholen; *ristabilire*, *rimettersi*; (mil.) *recruter*, rekrutieren, *reclutare*; & v. enlist. —, m., *recrue*,f.; Rekrut, m., *recluta*, f. |ing-officer, m., *recruteur*, Werbeoffizier, *ingaggiatore*.
Rec'tang|le,n., '|ūlar,a., |*le*,m.&a.; Recht|eck, n., |winklig; *rettangolo*, m. & a.
Rec'ti|fy, t., |*fier*, berichtigen, *rettificare*. |*tüde*, n., *droiture*, f., Geradheit, *rettitudine*.
Rec'tor, m., *recteur*, Rektor, *rettore*; (of parish) *curé*, (Prot.) *pasteur*; Pfarrer; *parroco*, *pastore*. |y, n., *cure*, f., Pfarrhaus, n.; *casa del p-*, f.
Recum'bent, a., *couché*, ruhend, *giacente*.
Recur', i., *revenir*; wieder|kehren, (to the mind) e-m wieder einfallen; *ritornare*,

venir in mente; & v. have recourse.
'rence, n., *retour,* m.; W,kehr, f.; *ritorno,* m.
Red, a., *rouge,* (hair) *roux;* rot; *rosso.*
'breast, n., r¡-*gorge,* m.; R kehlchen, n.;
pettirosso, m. "¡den, t. & i., *rougir;* röten, erröten; *tignere di rosso, arrossire.*
'dish, a., *rougeâtre,* rötlich, *rossiccio.*
-her'ring,n., *hareng saur,* m.; Bückling;
aringa affumata, f. -hot, a., *(chauffé au)
rouge,* glühend, *rovente.* -lead (ëd), n.,
minium, m., Mennig, *minio.* "¡ness, n.,
rougeur, f., Röte, *rossezza.* -tape, n.,
(fig.) *bureau¦cratie,*f., ¦kratie, *burocrazia.*
Redeem', t., *racheter;* loskaufen, (a bond)
ablösen, (theol.) erlösen; *riscattare, redimere;* (thg. pledged) *retirer,* einlösen,
cavare di pegno. ¦er, m., *rédempteur,* Erlöser, *redentore.* Redemp'tion, n., *ré-,*
f., Erlösung, *redenzione;* (com.) *rachat,*
m.; Auslösung, f.; *riscatto,* m.
Red'olent, a., (of) *qui sent (le),* riechend
(nach), *chi (che) sente di.* ¦*piare.*
Redoub'le (äb), t., ¦r, verdoppeln, *raddoppiare.*
Redoubt'able (aout), a., v. formidable.
Redound' (aou), i., (fig.) v. contribute.
Redress', n. & t., *remède,* m., *redresser,
réparer;* Ab¦hülfe, f., ¦helfen (dat.); *rimedi¡o,* m., 'are a.
Reduc¦e', t., *réduire;* reduzieren, zurückführ¦en, (price) herabsetzen, (to powder, etc.) verwandeln (in), (lessen) vermindern; *ridurre, abbassare, r- (in), diminuire;* in r¦ed circumstances, *tombé dans
la gêne,* verarmt, *impoverito.* ¦ible, a.,
réductible; z¦bar, zu reduzieren, etc.;
riducibile. "¦tion, n., *réduction,* f.; Reduktion, Z¦ung, (of price) Ermäßigung,
riduzione. [*ridondante.*
Redun'dant, a., *redondant,* überflüssig,
Reed, n., *roseau,* m.; Schilfrohr, n.; *canna,* f.
Reef, n., *récif,* m.; Riff, n.; *catena di scogli,*
f.; (of sail) *ris,* m.; Reff, n.; *terzaruolo,*m.
Reek, i., v. smoke.
Reel, n., *bobine,* f., *dévidoir,* m.; Haspel, *rocchetto;* (dance) *danse écossaise,* f.;
schottischer Tanz, m.; *danza scozzese,*
f. —, i., *chanceler,* taumeln, *barcollare.*
Re-'elect', t., *réélire,* wieder wählen, *rieleggere.* ¦embark', i., *se rembarquer,* s.
wieder einschiffen, *rimbarcarsi.* ¦en'ter,
i., *rentrer,* wieder eintreten, *rientrare.*
¦estab'lish, t., *rétablir,* wiederherstellen, *ristabilire.*
Refer', t., *renvoyer (à),*verweisen (an,ac.),
rimandare (a). —, i., *se rapporter (à).*
s. beziehen (auf, ac.), *riferirsi (a);* (—,
allude to) *vouloir dire,* meinen, *voler
dire;* (to a bk.) v. consult. Ref'erence,
n., *renvoi,* m.; Verweisung, f.; *rimando,*
m.; (relation) *rapport;* Beziehung, f.;

rapporto, m.; & v. allusion, recommendation; (bks.) of —, *à consult¡er,* zum
Nachschlagen, *da c¦are.*
Refine', t., (metal) *affin¡er,* abtreiben, *a,a-
re;* (sugar) *raffin¡er,* ¦ieren, ¦are; (fig.)
épurer, veredeln, r'*are.* ¦d, a., 'ment,
n., (pers.) *poli, tesse,* f.; fein, ¦heit; *garbat¦o, ¦ezza;* & v. pur¦e, ¦ity.
Reflec¦t', i. & t., *réfléchir;* nachdenken,
zurückstrahlen (be r¦ted, s. spiegeln);
riflettere; (upon a pers.) v. blame; (credit, etc.) v. do. '¦tion, n., *réflexion,* f.;
N-, n., Wiederschein, m.; *riflessione,* f.
Reform', n., t., & i., *réform¦e,* f., ¦er, se
corriger; R¦, f., ¦ieren, verbesser¦n, (i.)
s. bessern; *riform¡a,* f., ¦are, ¦arsi. '¦er,
m., ¦a'tion, n., r'*ateur,* ¦ation, f.; ¦ator,
¦ation, f., V¦ung; r¦*atore,* ¦*azione,* f.
Refrac¦t', t., '¦tion, n., *réfrac¦ter,* ¦*tion,* f.;
brechen, R¦tion; *rifrang¦ere,* ¦*imento,* m.
'¦tory, a., *intraitable, indocile;* widerspenstig; *caparbio;* (horse) v. restive.
Refrain', i., *s'abstenir,* s. enthalten, *astenersi.*
Refresh', t., '¦ment, n., *rafraîch¦ir,* ¦*issement,* m.; erfrisch¦en, ¦ung, f.; *rinfresca¦re,* ¦*mento,*m. ¦ment-room,n., *buffet,*
m.; Restauration, f.; *b¦to,* m.
Refug¦e, n., ¦e, m., ¦iate, t., *refuge,* f.; *rifugi¡o;*
m.; take—(with, in), *se réfugier (auprès
de, dans);* s. flüchten(zu), seine Z- nehmen (zu); r'*arsi (da, a).* ¦ee', m., *réfugié,* Flüchtling, *rifugiato.* [*sare.*
Refund', t., *rendre,* zurückzahlen, *rimbor-*
Refu's¦al, n., ¦e, t. & i., *refus,* m., (& =
first offer), ¦er; Weiger¦ung, f., abschlägige Antwort, abschlagen, verweigern,
(i.) sich w¦n; *rifiut¡o,* m., ¦*are.* Refüse
(iouce), n., *rebut,* m., Ausschuß, *rifiuto.*
Refute', t., *réfuter,* widerlegen, *confutare.*
Regain', t., *regagner,* wiedererlangen,
riguadagnare.
Re'gal, a., *royal,* königlich, *re(g)ale.* Regale', t., *régal¦er,* ¦ieren, ¦*are.*
Regard', t., ¦er, betrachten, *riguardare;*
as ¦s, *quant à,* was.. betrifft, *in q¡o a.*
—, n., *égard,* m.; Rücksicht, f.; *riguardo,* m.; & v. look, respect; kind ¦s, *amitiés,* f. pl.; Empfehlungen; *complimenti,*
m. pl.; in—to, v. as ¦s. '¦less, a., *sans é-*
(of, à), ohne R- (auf, ac.), *senza r- (per).*
Regat'ta, n., *régate,* f., Regatta, *regata.*
Re'gent, n., *régent,* R-, *reggente.*
Reg'imen, n., (med.) *régime,* m.; Diät, f.;
dieta. ¦t, n., *régiment,* m.; R-, n.; *reggimento,* m. '¦tals, n. pl., v. uniform.
Re'gion, n., *région,* f.; R-, Gegend; r¦e.
Reg'ist¦er, n., ¦re, m.; ¦er, n.; ¦ro, m.; & v.
list, tonnage. 'er, t., *enregistrer,* (letr.)
charger; eintragen, (letr.) luggage, etc.)
einschreiben; r'*are,raccomandare.* ¦rar,
m., (of births, etc.) *officier de l'état civil,*

R|rator, |ratore; (of records) archiv|iste, |ar, |ista.
Regret', n. & t., r-, m., |ter; Bedauern, n. & t.; rammarico, m., rincrescersi (impers.).
Reg'ul|ar, a., régulier, en règle; regel|mäßig, |recht; regol|are; (in habits) réglé, ordentlich, r|ato; (fig.) v. true. |ar'ity, n.', régularité, f.; R mäßigkeit, Ordnung; regolarità. |ate, t., régler; ordnen, regeln; regolare.
Rehears'e' (eur), t., |al, n., répét|er, |ition, f.; prob|ieren, |e; pror|are, |a.
Reign (éne), i. & n., régner, règne, m.; regier|en, |ung, f.; regn|are, |o, m.
Reimburse', t., rembourser, j-m seine Kosten wiedererstatten, rimborsare; (money) v. refund.
Rein (éne), n., rêne, f.; Zügel, m.; redina, f. —, t.; — in, retenir, zügeln, raffrenare.
Rein'deer (éne), n., renne, m.; |tier, n.; |e, f.
Reinforce', t., |ment, n., renfor|cer, |t, m.; verstärk|en, |ung, f.; rinforza|re, |mento, m. |ristabilire.
Reinstate', t., rétablir, wiedereinsetzen, Reis'sue, n., (of bk.) v. new edition.
Reit'erate, t., réitér|er, wiederholen, r|are.
Rejec|t', t., '|tion, n., rejeter, rejet, m.; verwerf|en, |ung, f.; rigetta|re, |mento, m.
Rejoic|e', i., se réjou|ir (at, de), s. freuen (über, ac.), rallegrarsi (di). |ings, n. pl., r|issances, f. pl., Festlichkeiten, feste (pubbliche).
Rejoin', t., rejoindre, wiedertreffen, raggiungere. —, i., répartir, erwidern, riprendere.
Relapse', i. & n., retomber, rechute, f.; zurückfallen, Rückfall, m.; ricad|ere, |imento.
Rela|te', t., raconter, erzählen, raccontare. |te, i., avoir rapport (à), s. beziehen (auf), rapportarsi (a). '|ted, a.. parent (to, de), verwandt (mit), p|e (di). '|tion, n., |ation, f., rapport, m.; Beziehung, f.; relazione; & v. narrative; (pers.) parent, m., Verwandt|er, p|e. '|tionship, n., p|é, f., V|schaft, p|ela. Rel'ative, a., relat|if; |iv, bezüglich; r|ivo; (m.) v. relation.
Relax', t., relách|er, nachlassen, rilassare. |a'tion, n., (from work) r|ement, m.; Erholung, f.; riposo, m. '|ing, a., (climate) énervant, erschlaffend, snervante.
Relay', n., (of horses) relais, m.; Wechselpferde, n. pl.; caralli di cambio, m. pl.
Release', t. & n.. libér|er, |ation, f., délivr|er, |ance; befrei|en, |ung; libera|re, |azione; (fr. prison, etc.) élarg|ir, |issement, m.; entlass|en, |ung, f.; mettere in liber|-tà, |azione; & v. discharge.
Relent', i., s'attendr|ir, s. erweichen lassen, ammollirsi. |less, a., impitoyable, unbarmherzig, spietato. [rig, a p|ito.
Rel'evant, a., à propos, zur Sache gehö-

Reli'|able, a., v. trustworthy. '|ance, n., confiance, f.; Vertrauen, n.; fede, f.
Rel'ic, n., reliqu|e, f., |ie, |ia; & v. remnant, remains.
Relief' (ife), n., soulagement, m.; Erleichterung, f.; sollievo, m.; (to poor, of garrison) secours; Unterstützung, f., Entsatz, m.; soccorso, m.; (sculpture) r-, m.; R-, n., erhabene Arbeit, f.; rilievo, m.; & v. redress; stand out in —, ressortir, hervortreten, spiccare. Relieve', t., soulager, secourir; erleichtern, unterstützen; soccorrere, sollevare; (a sentry) relever, ablösen, cambiare; (by contrast) mettre en relief, heben, dar rilievo a.
Relig'i|on, n., |ous, a., |on, f., |eux; |on, |ös; |one, |oso.
Relin'quish, t., v. abandon, give up.
Rel'ish, n., goût, m., Geschmack, gusto; & v. appetite. —, t., manger de bon appétit, mit gutem A- essen, mangiare con g-; (fig.) v. enjoy.
Reluc'tan|ce, n., répugnance, f.; Widerstreben, n.; ripugnanza, f. |t, a., hésitant, w|d, arrerso. |tly, ad., à contre-cœur, ungern, con r-.
Rely', i., compter (on, upon, sur), s. verlassen (auf, ac.), fidarsi (di).
Remain', i., rest|er; bleiben; rimanere, (arithm., etc.) r|are; (at end of letr.) être, verbleiben, rimanere; it |s to be seen, r|e à savoir, es fragt sich noch, sta a vedere. '|der, n., rest|e, m., (Über)rest, r|o. |s', n. pl., restes, m. pl.; Überbleibsel, n. pl., (corpse) (sterbliche) Hülle, f.; avanzi, m. pl., ceneri, f. pl.; & v. ruins.
Remark', t. & n., remarqu|er, |e, f.; bemerk|en, |ung; osserva|re, |zione. '|able, a., r|able, merkwürdig, notabile.
Rem'edy, n. & t., rem|ède, m., |édier à; (Heil)mittel, n., abhelfen (dat.); remedi|o, m., |are. Reme'diable, a., réparable, wieder gut zu machen, r|abile.
Remem'b|er, t., se souvenir (de), s. erinner|n (gen.), ricord|arsi (di); — me (to..), mes amitiés (à), grüßen Sie.. von mir, i miei complimenti (a). '|rance, n., souvenir, m.; E|ung, f.; r|anza; my kind |rances (to), bien des choses (de ma part à), meinen freundlichen Gruß (an, ac.), tanti saluti (a); & v. r|er, regard.
Remind' (ai), t., faire souvenir (of, de), erinnern (an, ac.), rammentare (di).
Remiss', a., v. careless, negligent.
Remit', t., remettre; (fine, etc.) erlassen, (money) zustellen, einsenden; rimettere; & v. relax. '|tance, n., remise, f., Geldsendung, rimessa.
Rem'nant, n., v. remainder; (of cloth, etc.) coupon, m., (Tuch)rest, scampolo.
Remod'el, t., refondre, umgestalten, rimodellare.

Remon'str|ance, n., |ate,i., *remontrance,* f., *faire des* r|s (with, *à*); Vorstellung, |en machen (dat.); *rimonstranz|a, fare* r|e *(a).*
Remorse', n.., *remords,*m.; Gewissensbisse, m. pl.; *rimorso,* m. '|less, a., *impitoyable,* unbarmherzig, *senza* r-.
Remote', a., *éloigné,* (age) *reculé;* entlegen, fern; *rimoto.* [*rimontare.*
Remount', t., *remonter,* wiederbesteigen,
Remov|e' (ou), t., *ôter, enlever;* wegnehmen, entfernen; *levare, togliere;* (chair, table, etc.) *déplacer,* fortrücken, *slogare;* (goods, etc.) *transporter,* fortschaffen, *trasportare;* (difficulty) *lever,* heben, *togliere;* & v. transfer, dismiss. |e', i., (fr. house) *déménager,* ausziehen, *sgomberare;* & v. move. |e', n., v. |al, step, interval. '|al, n., *enlèvement,* m.; Wegnahme, f.; *rimuovere,* m.; (of goods, etc.) *transport,* m.; Fortschaffung, f.; *trasporto,* m.; (fr. house) *déménagement,* m., Auszug, *sgombero;* & v. departure, dismissal.
Remu'ner|ate, t., |a'tion, n., *rémunér|er,* |ation, f.; belohn|en, |ung; *rimuner|are,* |azione.
Rend (rent, r-), t., v. tear, split.
Ren'd|er, t., (service) r|re, (aid) *prêter;* leisten; r|ere, *prestare;* (make) r|re, *faire;* machen; r|ere, *fare;* & v. restore, translate; — up, *livrer,* überliefern, *consegnare.*
Renew' (iou),t., |al, n., *renouvel'er,|lement,* m.; erneuer|n, |ung, f.; *rinnovare,* t. & m.
Ren'net, n., *reinette,* f., Renette, *appiuola.* —, n., (for cheese) *présure,* f.; Lab, n.; *caglio,* m.
Renounce', t., *renoncer à;* entsagen (dat.), verzichten (auf, ac.); *rinunziare a.*
Ren'ovate, t., v. renew.
Renown' (aou), n., |ed, a., *renomm|ée,* f., |é; Berühmt|heit, b|; *rinom'anza,* |ato.
Rent, n., *déchirure,* f.; Riß, m.; *stracciatura,* f.; & v. fissure. —, pp., v. rend.
Rent, n., *loyer,* m., (of land) *fermage;* Miet|e, f., Pacht|geld, n.; *pigione,* f., *fitto,* m. —, t., *prendre à l-, p- à ferme;* m|en, p|en; *prendere a pigione, p-* in *affitto.* '|al, n., *état des revenus,* m.; Zinsregister, n.; *libro delle rendite,* m.; & v. rent.
Renuncia'tion, n., *renonciation,* f.; Entsagung; *rinunziamento,* m.
Repair', t., *répar|er;* ausbesser|n, r|ieren; *racconciare;* (loss) r'er, ersetzen, *riparare;* & v. mend, restore. —, n., r|ation, f.; |atur, A|ung; *racconciamento,* m.; in good —, *en bon état,* in gutem Zustand, *in buono stato;* under —, *en r|ation,* in der Herstellung begriffen, *in stato di riparazione.*
Repair', i., *se rendre,* s. begeben, *rendersi.*

Repara'tion, n., *ré-,f.,dédommagement,*m.; Entschädigung, f.; *soddisfazione.* |m.
Repast', n., *repas,* m.; Mahlzeit, f.; *pasto,*
Repay' (repaid, r-), t., *rembourser,* zurückerstatten, *rimborsare;* (fig.) v. return.
Repeal', t. & n., *abrog|er,* |ation, f.; aufheb|en, |ung; *abrog'are,* |azione.
Repeat', t., *répéter,* (lesson) *réciter;* wiederhol|en, hersagen; *ripetere.* |edly, ad., *à plusieurs reprises,* zu w|ten Malen, *ripetutamente.*
Repel', t., *repousser;* zurückdrängen, (attack) abweisen; *respignere.*
Repent', i., *se r|ir* (of, *de*); bereuen (ac.); *pentirsi (di).* '|ance, n., |ir, m.; Reue, f.; *pentimento,* m.
Repeti'tion (Ich), n., *répétition,* f., Wiederholung, *ripetizione.*
Repine', i., *se plaindre* (at, *de*), s. beklagen (über, ac.), *lagnarsi (di);* & v. murmur.
Replac|e', t., |er, (substitute) *remplacer;* wieder hinstellen, ersetzen; *ricollocare, rimpiazzare.*
Replen'ish, t., *remplir,* wieder (an)füllen, *riempiere.* **Replete',** a., *rempli* (with, *de*), angefüllt (mit), *(ri)pieno (di).*
Reply', t. & n., *répliqu|er,* |e, f.; erwider|n, |ung; *replic|are,* |a; & v. answer.
Report', n., *rapport,* m., *exposé;* Bericht; r|o; (jur.) *procès-verbal;* Proto|koll, n.; |collo, m.; (of gun) *coup,* Knall, *scoppio;* & v. rumour, reputation; there is a —, *on dit,* man sagt, *si dice.* —, t., *rapport'er, rendre compte de;* b|en, e-n B- abstatten; r|are, *riferire, rendere conto di;* it is |ed, *le bruit court,* es heißt, *corre voce,* & v. there is a —; — o's sf., *se présent|er,* s. melden, p|arsi. '|er, m., r|eur, B.erstatter, *relatore;* (for newspaper) *sténogra'phe,* |ph, |fo.
Repose', n. & i., *repos,* m., *se r|er;* Ruhe, f., |n; *ripos|o,* m., |are. —, t., (confidence) v. place. **Repos'itory,** n., *dépôt,* m.; Niederlage, f.; *ripositorio,* m.
Reprehen'sible, a., v. blamable.
Represent', t., |a'tion, n., *représent|er,* |a- *tion,* f.; darstell|en, |ung, (in parl., etc.) vertret|en, |ung; *rappresent'are,* |*azione.* '|ative, a. & m., r|atif, |ant, (parl.) *député;* v|end, |er, Abgeordneter; r|ativo, |ante, *delegato.*
Repress', t., *réprim|er,* unterdrück|en, r|ere. '|ion (éch), n., *répression,* f., U|ung, *repressione.* [*differimento,* m.
Reprieve (ive), n., *sursis,* m., Frist, f.;
Rep'rimand, n. & t., *réprimand|e,* f., |er; Verweis, m., |en; *ripren'sione,* f., |dere.
Reprint', n. & t., *réim'pression,* f., *primer;* neuer Abdruck, m., neu a|en; *ristampa,* f., |re.
Reproach', n. & t., '|ful, a., *reproch|e,* f., |er

à, plein de r|es; Vor|wurf, m., |werfen (dat.), |wurfsvoll; r|improver|o, m., |are, |ativo. [reprobo.
Rep'robate, m., réprouvé, Verworfener,
Rèpro|duce', t., |duire, wiedergeben, riprodurre. [mand, n. & t.
Reproof', n., Reprove' (ou), t., v. repri-
Rep'tile, n., r-, m.; Reptil, n.; rettile, m.
Repub'lic, n., répub|lique, f., |lik, |blica. |an, a. & m., r|licain; |likanisch, |likaner; |blicano. [pubblicare di nuovo.
Repub'l|ish, t., |ier, wieder herausgeben,
Repu'di|ate, t., |a'tion, n., répudi|er, |ation, f.; verwerf|en, |ung; ripudi|are, |o, m.
Repug'nan|ce, n., |t, a., répugnan|ce, f., |t; Wider|wille, m., |strebend; ripugnan|za, f., |te.
Repüls|e', t. & n., repousser, échec, m.; zurückschlagen, Schlappe, f.; repuls|are, |a; & v. repel, refusal. |ive, a., repoussant, abstoßend, r|ivo.
Rep'ütable, a., v. respectable,honourable.
Reput|e', |a'tion, n., |ed, pp., réput|ation, f., |é; Ruf, m., gehalten; r|azione, f., |ato; |ed (father, etc.), putat|if, vermeintlich, p|ivo.
Request', t., demand|er (qc. à qn.; de faire qc.), ersuchen (um etw.; etw. zu thun), richiedere (qc. a qd.; di fare); & v. ask, beg, invite. —, n., d|e, f.; Gesuch, n.; richiesta, f.; in—, d|é, g|t, ricercato.
Require', t., exiger, requérir; erfordern, (o. to do sthg.) auffordern; esigere, (ri)chiedere; & v. need, (impers.) must. 'ments, n. pl., exigences, f. pl., Anforderungen, esigenze. Req'uisite, a. & n., requis, condition r|e, f.; erforder|lich, |nis, n.; r|ito, a. & m.; & v. necessary, article. [compensare.
Requite', t., récompenser, vergelten, ri-
Rescind', t., annuler, aufheben, r|ere.
Res'cüe, t. & n., délivr|er, |ance, f.; befrei|en, |ung; campare, salvamento, m.; v. save; to the —, au secours, zu Hülfe, all' ajuto. [ricerca.
Research', n., recherche, f., Forschung,
Resem'bl|e (z), t., |ance, n., ressembl|er à, r|ance, f.; gleichen, ähnlich sein, Ä|keit; rassomigliare, somiglianza.
Resent' (z), t., 'ment, n., se ressent|ir de, r|iment, m.; über et. empfindlich sein, Groll; risent|irsi di, r imento.
Reserv|a'tion (z), n., réserv|e, f.; Vorbehalt, m.; riserva, f.; mental —, restriction m|e, f.; geheimer V-, m.; restrizione m|e, f. |e', n., r|e, f., V-, m., (mil., etc.) R|e, f., (fig.) Zurückhaltung; riserva, (fig.) ritenutezza. |e', t., r|er, v|en, r|ieren; riservare.
Reside' (z), i., résid|er, wohn|en, risiedere.
Res'id|ence, n., r|ence, f.; W|sitz, m., (of prince) R|enz, f.; |en:a. ent, m., habitant, Einwohner, abitante; (minister) r|ent, |ent, 'ente. |ent, a., r|ant, w|haft, r|ente.
Res'idüe (z), n., v. remainder, rest.
Resign' (zaïne), t., se démettre de, (a benefice) résigner; niederlegen; rassegnare; & v. renounce, give up; — o's sf., se r-, s. ergeb|en, rassegnarsi. —, i., donner sa démission, s-n Abschied nehmen, dare la sua dimissione. |a'tion (iggnéch'n), n., résignation, f., E|ung, rassegnazione; (of office) démission; A-, m.; dimissione, f.
Res'in (z), n., résin|e, f.; Harz, n.; r|a, f.
Resist' (z), i., |ance, n., résist|er à, r|ance, f.; wider|stehen (dat.), |stand, m.; r|ere a, r|enza, f.
Res'olü,te (z), a., '|tion, n., résolu, |tion, f.; entschlossen, (firmness) |heit, (decision) Entschluß, m., (public) Beschluß; risolu|to, |zione, f. Resolve', t., résoudre, auflösen, risolver|e; & v. explain, solve. —, i., se r-, se décider (on, à); s. entschließen (zu); r|si (a).
Resort' (z), n., (place) rendez-vous, m., Sammelplatz, luogo d'adunanza; (jur.) ressort, m.; Instanz, f.; istanza; & v. haunt, recourse, resource. —, i., se rendre, s. begeben, rendersi; (for help, etc.) avoir recours, s-e Zuflucht nehmen, ricorrere.
Resound' (z), i., résonner, retentir (with, de); wiederhallen, erschallen (von); risuonare (di). [n.; risorsa, f.
Resource (ô), n., ressource, f.; Hülfsmittel,
Respect', n., r-, m.; Achtung, f.; rispetto, m.; (relation) rapport; Beziehung, f.; r|o, m.; in this —, sous ce rapport, in dieser B-, in questo r|o; in no —, sous aucun r-, in keiner B-, in verun modo; in all |s, in some |s, sous tous les rapports, sous certains r|s, in jeder Hinsicht, in einigen H|en, in tutti i r|i, in certi r|i; in — to, with — to, à l'égard de, in B-auf (ac.), riguardo a; pay o's |s, présent|er ses hommages (à), seine Aufwartung machen (bei), p|are i suoi rispetti(a)., t., |er, (relate) avoir égard à; achten, betreffen; rispettare; as |s, v. |ing. '|able, a., |abil'ity, n., |able, considéra|tion, f.; anständig, achtbar, |keit; rispettabile, c|zione. '|ful, |ueux, ehrerbietig, rispettoso. '|ing, prp., quant à, in betreff (gen.), rispetto a; & v. in respect to. '|ive, a., '|ively, ad, |if, |ivement; betreffend, beziehungsweise; rispettiv|o, |amente. [razione|o,
Respira'tion, n.. r-, f.; Atmen, n.; respi-
Res'pite, n., répit, m.; Frist, f.; rispitito, m.; & v. reprieve. [splendente.
Resplen'd,ent, a., |issant, glänzend, ri-
Respon|d', i., |se', n., v. answer. '|sible, a., |sibil'ity, n., |sable, |sabilité, f.; verantwortlich, |keit; risponsabil|e, |ità.

it, u., |e, m., R-, |o; the — (of them), s autres, die übrigen, gli altri. '|ive, , rétif, statisch, restio.
t, n., repos, m.; Ruhe, f., riposo, m.; upport) appui; Stütze, f.; appoggio, m.; aus.) pause, f., P-, pausa; at —, au r-, R-, in r-; (pers., & fig.) en r-, in Frieden, in r-, in pace; go to —, se retirer, hlafen gehen, andare a dormire; set —, (quest.) vider, (doubt) lever; erlegen; terminare, togliere; take a—, v. , i., go to —. Rest, i., se reposer, us)ruhen, riposarsi; (lean) s'appuyer; then, s. stützen; posare, appoggiarsi; g.) reposer, ruhen, riposare; it |s with in, c'est à lui (à faire), es steht bei ihm u thun), spetta a lui (il fare). Rest, , reposer, appuyer; stützen; appoggia-, (fig.) fondare; (horse) faire r-, auslhen lassen, far riposare. '|ing-place, , lieu de repos, m., Ruheplatz, luogo riposo. '|less, a., sans repos, inquiet; iruhig, rastlos; i|o, irrequieto; (night) rit|é, u-, schlaflos, a|ato; (fig.) v. turlent. '|lessness, n., a|ation, f., Unruhe, quietudine. [zione, f. titu'|tion, n., |tion, f.; Ersatz, m.; r|-tor e', t., |a'tion, n., restaur|er, |ation, (health, etc.) rétabl|ir, |issement, m.; iederherstell|en, |ung, f., (dynasty) re-aur|ieren, |ation; ristaura|re, |zione, iealth) ristabili're, |mento, m., (dynasty) stora're, |zione; (give back) rendre, stitution, f.; wiedererstatt|en, |ung; ndere, restituzione. '|ative, a. & n., re-zurant, a. & m.; stärk|end, |ungsmit-l, n.; ristorativo, a. & m.
train', t., retenir, zurückhalt|en, rite-re; (passions) contenir, beherrschen, iffrenare; & v. prevent, repress. |t', , contrainte, f.; Z|ung, Zwang, m., tegno; under —, détenu, in Haft, sotto tardia.
tric|t', t., '|tion, n., restreindre, restric-on, f.; einschränk|en, |ung; restringere, istrizione.
ult' (z), i. & n., résult|er, |at, m.; s. er-:b|en, |nis, n., R|at; risult|are, |ato, m. ume' (z), t., reprendre, wieder|(auf)-:hmen, ripiglia|re; & v. continue. Re-imp'tion, n., reprise, f.; W|aufnahme; mento, m. [surrezione. urrec'tion, n., ré-, f., Auferstehung, ri-ail', n., détail, m.; Klein|handel; ven-ita a minuto, f.; by —, en d-, im einzeln, a m-. —, t., d|ler, im k|en verkau-n, vendere a m-; (repeat) débiter, aus-reuen, spacciare.
ain', t., retenir, behalten, ritenere; hape, etc.) conserver, beibehalten, ser-ire. |er, m., partisan, Anhänger, ade-inte.

Retal'i|ate, i., |a'tion, n., user de repré-sailles, r-, f. pl.; Gleich|es mit G|em ver-gelt|en, V|ung, f.; rend|icarsi, etta. Retard', t., |er, aufhalten, ritardare. Retch, i., avoir mal au cœur, s. erbrechen wollen, star per recere. Reten'|tion, n., action de retenir, f., etc. (v. retain), (Bei)behaltung, riten|zione. '|tive, a., (memory) fidèle, treu, r|tivo. Ret'icūle, n., ridicule, m., Strickbeutel, sacchetto. [m. Ret'inue, n., suite, f.; Gefolge, n.; seguito, Retir|e', i., se r|er, s. zurückziehen, riti-rarsi. |ed, a., |é, (officer, etc.) retraité; (place) abgelegen, (life) eingezogen, (officer) pensioniert, (merchant) im Ruhe-stand lebend; rimoto, ritirato, in riposo. |e'ment, n., retraite, f.; Zurückziehung; ritirarsi, m.; & v. solitude, retreat. |ing, a., v. modest, reserved; (pension) de retraite, Abschieds.., di quiescenza. Retort', i. & n., répliqu|er, |e, f., (chem.) cornue; (scharf) erwider|n, |ung, Retorte; rispondere brusc|amente, risposta b|a, storta. [toccare. Retouch' (ŭtch), t., |er, retouchieren, ri-Rētrace', t.; — o's steps, revenir sur ses pas, zurückgehen, tornare indietro. |tare. Retract', t., rétracter, widerrufen, ritrat-Retreat', i., se retirer, s. zurückziehen, ritirarsi. —, n., retraite, f.; Rückzug, m., (place) Zufluchtsort; ritir|ata, f., |o, m. [schränken, economizzare. Retrench', i., réduire ses dépenses, s. ein-Retribu'tion, n., rétribu|tion, f., Vergel-tung, r|zione. Retrieve', t., v. recover, repair. Re'trospect, n., coup d'œil en arrière, m., Rückblick, colpo d'occhio sul passato. Return', t., rendre, (send back) renvoyer; zurück|geben, |schicken; rendere, ri-mandare; & v. restore, elect. —, i., re-venir, (go back) retourner; zuruckkeh-ren, umkehren; (ri)tornare, voltare. —, n., retour, m., (to house, etc.) rentrée, f.; Rückkehr; ritorno, m.; (of kindness, etc.) retour, m.; Erwiderung, f.; contraccambio, m.; (of thg. lost, etc.) resti-tu|tion, Wiedererstattung, r|zione; by — of post, par le retour du courrier, um-gehend, col ritorno del corriere; in — for, en retour de, für, gegen, in cambio di; in — (for kindness, etc.), en récom-pense, en revanche, zur Vergelt|ung, in contraccambio; make a —for, reconnaître, v|en, ripagare. -ticket, n., billet d'aller et retour, m.; |billet, n., Rückfahrkarte, f.; biglietto d'andata e ritorno, m. Reveal', t., Revela'tion, n., révél|er, |ation, f.; enthüll|en, |ung, (theol.) offenbar|en, |ung; rivela|re, |zione. Rev'el, i., fest|iner, schwelgen, f|eggiare

(fig.) *avoir une passion* (in, *pour*), schwärmen (für), *aver una p*|*e (per)*. |ry, n., *orgie*, f. ; Schwelgerei; *o*-, f. pl.
Revenge', t., *venger*, rächen, *vendicar*|*e;* o's sf., be |d, *se v*-, sich r-, *v*|*si*. —, n., *vengeance,* f., Rache, *vendetta;* (at play, etc.) *revanche,* Revanche, *ririncita.*
Rev'en|**ue** (iou), n., |*u,* m.; Einkünfte, f. pl.; *rendita,* f.
Rever'ber,**ate,** i., v. resound. |a'tion, n., *répercussion,* f.; Wiederhallen, n.; *rimbombo*, m.; (of light, etc.) *réverbération,* f., Rückstrahlung, *riverberazione.*
Revere', **Rev'eren**|**ce,** t., *révér*|*er,* verehren, *river*|*ire*. |ce, n., r|*ence,* f.; Ehr|furcht, (title) |würden, (bow) Verbeugung; r|*enza*. |d, a., r|*end,* ehrwürdig, *reverendo*. |t, |*tial,* a., r|*encieux,* ehrerbietig, *riverente*. [*neggiamento*, m.
Rev'erie, n., *rêverie,* f.; Träumerei ; *ra-*
Reverse', t., *renverser,* umkehren, *ribaltare;* (jur.) ca*s*|er, aufheben, c|*are*. —, n., *revers,* m.; Rückseite, f., (of fortune) Unglücksfall, m.; *rovescio;* quite the—, the very —, *tout l'opposé,* gerade das Gegenteil, *tutto l'opposto.*
Revert', i., *retourner,* zurück|fallen, *ricadere;* (to subject) *revenir (sur),* z|kommen (auf, ac.), *ritornare (a).*
Review' (iou), n., (mil., etc.) *revue,* f.; R-, Heerschau, (journal) Zeitschrift; *rivista;* (of bk.) *compte rendu,* m.; Recension, f.; *critica;* (of events) *examen,* m.; Prüfung, f.; *esame,* m. —, t., *passer en r-*, mustern, *far la r- di;* (bk.) *rendre c- de,* recensieren, c|*re;* & v. examine.
Revile', t., *injurier,* schmähen, *inguriare.*
Revis|**e'**, t., |*er;* durch|sehen, revidieren; *rivedere.* '|ion (īj), n., *revision,* f., D|sicht, r|*e.*
Rēvis'it, t., *visiter de nouveau,* von neuem besuchen, *rivisitare.*
Revive', t., *ranimer,* (a scheme) *faire revivre,* (art)*f*- *renaitre;* wieder beleben, w- insLeben rufen, w- aufblühen lassen; *ravvivare;* (colour, etc.) *raviver,* auffrischen, *rinnovare;* (custom) *rétablir,* w- einführen, *ristabilire.* |e', i., *se ranimer,* w- auflcben, *rivivere;* (art) *renaitre,* aufblühen, *rinasc*|*ere*. |al, n., (of art, etc.) *renaissance,* f.; R-; r|*imento*, m.
Revo'ke', t., |ca'tion, n., *révo*|*quer,* |*cation,* f.; widerrufen, |ung; *rivoca*|*re,* |*zione*.
Revõlt', n. & i., *révolt*|*e*, f., *se r*|*er;* Empör|ung, sich e|en; *rivolt*|*a,* |*arsi.*
Revolu'tion, n., (polit., of planet, etc.) *ré-*, f., (of wheel) *tour,* m.; R-, f., (of plan.) Umlauf, m., (of wheel) Umdrehung, f.; *rivoluzione.* **Revolv**|**e',** i., *tourner,* s. drehen, *rivolgersi.* |er, n., |*er,* m., |er, *rivolver.* [*vulsione*.
Revul'sion, n., *ré-,* f., Gegenreizung, *ri-*

Reward', t. & n., *récompens*|*er, *|*e,* f.; belohn|en, |ung; *ricompens*|*are, *|*a.*
Rhen'ish, a., *du Rhin,* (province) *rhénan;* Rhein..; *del Reno.*
Rheu'mat|**ism** (rou), n., '|*ic,* a., *rhumat*|*isme,* m., |*ismal;* Rhcumat'ismus, m., |isch; *reumat*|*ismo,* m.. |*ico.*
Rhine, n., *Rhin,* m., Rhein, *Reno.*
Rhone, n., *Rhône,* m.; R-, f.; *Rodano,* m.
Rhu'barb (rou), n., |e, f. ; Rhabarber, f., *rubarbaro.* [sich r|en; *rima,* f., |*re.*
Rhyme, n. & i., *rim*|*e,* f., |*er;* Reim, m., **Rib,** n., *côte,* f., Rippe, *costola.*
Rib'ald'**ry,** n., *obscénité,* f., Unzüchtigkeit, r|*eria.* [*nastro,* m.
Rib'and, Rib'bon, n., *ruban,* m.; Band, n.;
Rice, n., *riz,* m., Reis, *riso.*
Rich', a., |es, n. pl., |e, |*esse,* f.; reich, |tum, m.; *ricco, ricchezza,* f.; & v. delicious, splendid, (too — food) fat.
Rich'ard, m., *R-,* R-, *Riccardo.*
Rick, n., *meule,* f.; Schober, m.; *mucchio.*
Rick'ety, a., (chair, etc.) *boiteux,* wackelig, *tentennante.*
Rid (—, —), t., *débarrasser* (of, *de*), befreien (von), *sbarazzare;* —o's sf. of, get — of, *se défaire de,* loswerden, *disfarsi*
Rid'den, pp., v. ride. |*di.*
Rid'dle, n., *énigme,* f.; Rätsel, n.; *enimma,* m., *indovinello.*
Rid'dle, t., *cribler,* sieben, *crivellare.*
Ride (rode, rid'den), i., *aller (monter) à cheval;* reiten; *andare a cavall*|*to,* |*care;* (fig.) *être port*|*é,* getragen werden, *essere p*|*ato;* — at anchor, *être à l'ancre,* vor Anker liegen, *essere all' ancora;* & v. drive; — well, *être bon caval*|*ier,* gut r-, *stare bene a c*|*lo.* |r, m., *caval,ier,* Reiter, c|*cante;* (fig., n.) *annexe,* f.; Anhang, m.; *aggiunta,* f.
Ridge, n., *sommet (de montagne),* m., Bergrücken, *giogo;* (sharp, of rock, etc.) *crête,* f.; Grat, m.; *cresta,* f.; (of roof) *faîte,* m., First, *comignolo.*
Rid'ic|**ūle,** n. & t., |*ule,* m., *tourner* r|*ule;* Spott, verspotten, *ridicolo, porre in r-.* |*ulous,* a., |*ule,* lächerlich, r-.
Ri'ding, n., *équita,tion,* f.; Reit|en, n.; *cavalcare,* m., *e*|*zione,* f. **-Ride,** n., *ama zone,* f.; R'kleid, n.; *amazzone,* f. **-mas'ter,** m., *maître d'é*|*tion,* R|lehrer, *caballerizz*|*o.* **-school,** n., *manège,* m.; R'schule, f.; c|*a.* **-whip,** n., *cravache,* f.; R|peitsche; *frustino,* m.
Rife, a., v. general, abundant.
Ri'fle, t., v. plunder.
Ri'fle, n., *carabin*|*e,* f.; Büchse; c|*a.* |man, m., c|*ier,* Karabinier, c|*tiere.*
Rig,t., *grée*|*r,* takel|n, *attrazzare.* '|ging, n., *g*|*ment,* m.; T'werk, n.; *sartiame,* m.
Right (aïte), a., (straight, angle, hand, etc.) *droit;* recht, *retto,* (hand) *destro;*

(good) *bon, r-, buono;* (correct) *juste, r-,
richtig, giusto;* (road, etc.) *qu'il faut,
vrai;* richtig; *diritto, g-;* & v. proper,
regular, *true;* all —, *c'est bien,* es ist
gut, *ra bene;* (be it so) *soit,* abgemacht,
ebbene;* (ready) *tout prêt,* fertig, *tutto è
all' ordine;* I am all —, *je me trouve bien,*
es geht mir gut, *sto benissimo;* be — (in
the —), *avoir raison,* recht haben, *avere
ragione;* (clock) *aller bien,* richtig gehen,
andare bene; (he) — (of, in, for o. to do
sthg.), *bien (à qn. de faire),* recht (von),
(stare) bene (di qd. di fare); in o's —
mind, *dans son bon sens,* bei Verstand,
in buon senno; make, put, set —, v. cor-
rect, arrange; — side (of cloth, etc.), *en-
droit,* m.; rechte Seite, f.; *diritt|o,* m.
Right, ad., *direct,* gerade, *d'|amente;*
(well, correctly) *bien, justement;* gut,
richtig; *bene, giustamente;* & v. very,
quite; — off, v. immediately; — on, *tout
droit,* geradeaus, *d'o innanzi;* it ser-
ves him —, *il le mérite bien,* es geschieht
ihm recht, *gli sta il dovere.* Right, n.,
droit, m.; Recht, n.; *diritto,* m.; (good)
bien; Gutes, n.; *bene,* m.; (the — hand,
side) *d'|e,* f., R|e, *destra;* & v. justice;
be in the —, v. be — (a.); by |s, *de (bon)
d-,* von R|s wegen, *di ragione;* in — of,
du chef de, von seiten (gen.), *in diritto
di;* set to |s, v. arrange, adjust; to the
—, *à d'|e,* r|s, *a destra.* Right, t., *rendre
justice à,* e'm R| verschaffen, *rendere
giustizia a;* (a ship) *redresser,* aufho-
len, *raddrizzare;* & v. remedy. *|eous,* a.,
v. just, virtuous. *|ful,* a., *légit'|ime,* r|mä-
ßig, *l'|timo.* *|ly,* ad., v. well, right (ad.).
Rig'id, a., *raide,* (fig.) *rigide;* starr,
strenge; *rigido.*
Rig'|o(u)r, n., *|orous,* a., *|ueur,* f., *|oureux;*
Strenge, f. & a.; r|*ore,* m., *|croso.*
Rill, n., *petit ruisseau,* m.; Bächlein, n.;
ruscelletto, m.
Rim, n., *bord,* m., Rand, *orlo.*
Rime, n., *frimas,* m.; Reif; *brina,* f.
Rind (ai), n., *écorce,* f., R|e, *scorza;* (of
cheese, etc.) v. crust.
Ring (rang, rung), t. & i., *sonner;* (t. & i.)
läuten, (i.; with small bell) schellen,
klingeln; *suonare;* (as a coin, etc.) tin-
t'|er, klingen, *t'|innire.* —, n., *son,* m.,
t'|ement; Klang, Klingen, n.; *suono,* m.,
t'|innio. *|er,* m., *sonneur,* Glöckner, *suo-
natore.*
Ring, n., *anneau,* m., (finger-) *bague,* f.;
R-, m.; *anello;* (circle) *cercle,* Kreis, *cer-
chio.* -dove, n., *pigeon ramier,* m.; R|el-
taube, f.; *palombo,* m. *|leader,* m., *chef,*
meneur, Rädelsführer, *caporione.* *|let,*
n., *boucle,* f; Löckchen, n.; *riccio,* m.
Rinse, t., *rincer,* ausspülen, *sciacquare.*
Ri'ot, n., *émeut'|e,* f.; Aufruhr, m.; *tumulto;*

& v. excess; run —, *se déchainer,* los-
brechen, *scatenarsi.* —, i., *faire une é|e,*
e-n A- machen, *fare un t-.* |er, m., |ous,
a., *é|ier, séditieux;* Unruhstifter, aufrüh-
rerisch; *sedizioso,* m. & a.
Rip, t.; — up, open, *ouvrir, fendre;* auf-
schneiden; *tagliare.*
Ripe, a., |n, t. & i., *mûr,* |ir; reif, |en; *ma-
tur'|o,* |are, |arsi. *'|ness,* n., *matur'|ité,* f.,
R|c, m|*ità.*
Ripple, n., *ride sur l'eau,* f.; Wellchen,
n.; *increspamento,* m.
Rise (z; rose, ris'en), i., *se lever;* auf|-
stehen, (sun)|gehen; *lev'arsi;* (hill, wind,
etc., & fig.) *s'élever,* s. erheben, *innal-
zarsi;* (fog, tide, price, barometer) *mon-
ter;* steigen; *sorgere, crescere, aumen-
tare, salire;* (waves, dust, rebels) *se sou-
lever;* s. erheben, (reb.) s. empören;
sollevarsi; (river) *prendre sa source,* ent-
springen, *sorgere;* (prosper) *parvenir,*
emporkommen, *avanzarsi;* (adjourn) *se
sépar|er,* auseinandergehen, *s'arsi;* (fr.
the dead) *ressusciter,* auferstehen, *ri-
suscitare;* — up, v. —; & v. arise. **Rise,**
n., *ascensi'|on,* f., Aufsteigen, n.; *a'|one,*
f.; (of water) *crue,* f.; Anwachsen, n.;
accrescimento, m.; (of price) *hausse,* f.;
Steigen, n.; *incarimento,* m.; (of empire,
etc.) *éléva'|tion,* f., Erhebung, *e'|zione,*
ascesa; & v. source, increase; give —
to, v. cause, call forth. **Ri's|er,** m.; he
is an early —, *il se lève de bonne heure,*
er steht früh auf, *si alza per tempo.* |ing,
n., *lever,* m.; Auf|stehen, n., (of sun)
|gang, m.; *levare;* & v. rise. |ing, a.,
(man, place) *qui a de l'avenir;* vielver-
sprechend, aufblühend; *che si avanza.*
Risk, n. & t., *risqu'|e,* m., |er; Gefahr, f.,
wagen, Ris|iko, n., |kieren; *rischio,* m.,
arrischiare. [|ual, n., |*uale,* m.
Rit|e, n., |e, m., |us, |o. *'|ūal,* n., *|uel,* m.;
Ri'val, m. (f.) & t., r-, *|iser avec;* Neben-
buhler, R-, wetteifern mit, r|isieren mit;
r'|e, emulare, gareggiare con. |ry, n., *|ité,*
f., |ität, |*ità.*
Rive (|d, riv'en), t., v. split.
Riv'er, n., *rivière,* f., (falling into sea)
fleuve, m.; Fluß; *fiume;* up, down the
—, *en amont, aval;* zu Berg, strom|auf-
wärts, zu Thal, s|abwärts; *all' insù, in-
giù.*
Riv'|et, t. & n., |er, |et, m.; niet|en, |e, f.;
ribadi're, chiodo r'|to, m.; (fig.) v. fix.
Riv'ūlet, n., *ruisseau,* m., Bach, *ruscel-
letto.* [*lasca,* f.
Roach (ōtch), n., *gardon,* m.; Rotauge, n.;
Road (ōde), n., *route,* f., *chemin,* m.;
Straße, f., Weg, m.; *strada,* f., *via;* high-
—, *grande r-, chaussée;* Landstraße, Ch-;
s- maestra; by the — -side, *au bord de
la r-,* an der Straße, *accanto la strada.*

Road,s (ōde), n. pl., '|stead, n., *rade*, f., Reede, *rada*.
Roam (ōmc), i., *errer*, umherschweifen, *vagare*. [*rovano*.
Roan (ōne), a., (colour) *rouan*, rotgrau,
Roar (ōre), i. & n., *rug,ir*, |issement, m.; brüllen, i. & n.; *r'gire*, *'gito*, m.; (bull; sea, storm) *mug'ir*, |issement, m.; b-, i. & n., brausen, i. & n.; *m'ghiare*, |gito, m., *r'gire*, |gito; (cannon, etc.) *grond|er*, |ement; rollen, i. & n.; *rimbomb,are*, |o, m.
Roast (ōst), t., *rôtir*, *faire r-*; braten; *arrostire*; (coffee) *brûler*, brennen, *abbrustolire*. -**meat**, n., *rôti*, m., Braten, *arrosto*.
Rob, t., *voler*, bestehlen, *rubare*; (o. of sthg.) v- (*qc. à qn.*), berauben (gen.), r- (*qc. a qd.*); (fig.) v. deprive. '|**ber**, m., *voleur*, Räuber, *ladro(ne)*. '|**bery**, n., *vol*, m., Raub, *rubamento*.
Robe, n., *r-*, f.; Gewand, n.; *restimento*, m.
Rob'ert, m., *R-*, *R-*, |o.
Rob'in (-red-breast), n., *rouge-gorge*, m.; Rotkehlchen, n.; *pettirosso*, m.
Robust', a., |e, rüstig, *r o*.
Rock, n., *roch'er*, m., (geol.) |e, f.; Fels(en), m.; *roccia*, f., *sasso*, m.
Rock, t. & i., *balancer*, (a child) *bercer*, *se b-*; wiegen, s. w-; *far barcollare*, *cullare*, b-. '|**ing-chair**, n., '|**ing-horse**, n., *chaise* (f.), *cheval* (m.) *à bascule*; Schaukel'stuhl, m., |pferd, n.; *sedia cullante*, f., *cavalletto du dondolare*, m.
Rock'et, n., *fusée*, f.; Rakete; *razzo*, m.
Rock'y, a., *rocheux*, felsig, *pieno di rupi*.
Rod, n., *verg,e*, f., Rute, *v'a*; (for curtains, etc.) *tringle*; Stange; *v'a*, *stanga*; (measure) *5 mètres*, 5 Meter, *5 metri*; & v. fishing-rod.
Rod'|erick, m., |*rigue*, |erich, |*rigo*.
Roe, n., (of fish) *œufs*, m. pl., Rogen, m.; *uova di pesce*, f. pl.; (soft) *laite*, f.; Milch; *latte*, m. |*capriuolo*.
Roe'(buck), n., *chevreuil*, m., Rehbock,
Rog'er (dj), m., *R-*, Rüdiger, *Ruggero*.
Rogu'e (ōg), m., *coquin*; Schelm; birbone, briccon'e. |ery, n., *c'erie*, f., S'erei, *b,a-la*. |ish, a., *fripon*, (in jest) *espiègle*; s,isch; *furbesco*. [*mazzatore*.
Rois'terer, m., *tapageur*, Polterer, *schia-*
Roll (ōle), t., *rouler*; rollen, (fig., etc.) wälzen, (grass) walzen; *rotolare*, *rullare*; (metal) *lamin,er*, walzen, *l'are*; — up, (*en)r-*, aufrollen, *arrvoltolare*. —, i., r-, rollen, *rotolare*; (ship) r-, *avoir du roulis*, schwanken, *barcollare* —, n., *rouleau*, m.; Rolle, f.; *rotolo*, m.; (ing) *roulement*; Rollen, n., (of drum) Wirbel, m.; *giro*, *stamburare*; (list) *rôle*; Regist,er, n.; |*ro*, m.; (of ship) *roulis*; Schwanken, n.; *barcollamento*, m.; (bread) *petit pain*; Brötchen, n., Sem-
mel, f.; *panetto*, m. |er, n., *rouleau*, m.; Walze, f.; *rullo*, m. [*toso*.
Roll'icking, a., *bruyant*, lärmend, *strepi-*
Ro'man, m. & a., *Romain*; Römer, |isch; *Romano*. |ce', n. & a., *roman*, m. & a., R-, |isch; |zo, m. & a. |ce', i., *broder*, dichten, *favoleggiare*. '|tic, a., |esque, (scene) |*tique*; |tisch; |*tico*. **Rome**, n., *R-*, f.; Rom, n.; |a, f. **Ro'mish**, a., v. Roman.
Romp, i., *jouer bruyamment*, lärmend spielen, *ruzzare*.
Roof, n., *toit*, m.; Dach, n.; *tetto*, m.; & v. vault, ceiling; — of the mouth, v. palate.
Rook, n., *corneille (moissonneuse)*, f., (Saat-) krähe, *cornacchia*.
Room, n., *chambre*, f.; Zimmer, n., Stube, f.; *stanza*; (large) *salle*; Saal, m.; *sala*, f.; (space) *place*; Platz, m., Raum; *luogo*, *posto*; (cause) *lieu*, Grund, *luogo*; & v. bed-, drawing-. |y, a., *spacieux*, geräumig, *spazioso*. , |& v. sleep.
Roost, i., *jucher*, aufsitzen, *appollajarsi*;
Root, n., *racine*, f., Wurzel, f., *radice*; take —, *prendre r-*, W- schlagen, *pigliare r-*. —, t.; — up, out, *déraciner*, ausrotten, *sradicare*. '|ed, a., *enraciné*, eingewurzelt, *inveterato*.
Rope, n., *cord'e*, f.; Strick, m., Seil, n.; *fun|e*, f. -dan'cer, m., *danseur de c'e*, Seiltänzer, *f,ambolo*. -ma'ker, m., -walk, n., *c'ier*, |*erie*, f.; Seiler, |bahn, f.; *f,ajo*, *c'eria*, f.
Ro's'e, f., |e, |a, |*a*. |**ary**, n., |*aire*, m., |enkranz, |*ario*. |e, n., |e, f., |e, |a. |**e-bush**, n., |*ier*, m., |enstock, |*ajo*. |**ette**, n., |*ette*, f., |ette, |*etta*. |**e-wa'ter**, n., *eau de r'e*, f.; |enwasser, n.; *acqua r'a*, f. |**e'wood**, n., *palissand're*, n., |er, |*ro*.
Rose, pp., v. rise.
Ros'in, n., *colophane*, f.; Harz, n.; *ragia*, f.
Rot, t. & i., *pourr'ir*; in Fäulnis bringen, (ver)faulen; *infracidar|e*, |si. '|ten, a., *p'i*; faul; *marci,o*, (wood) *fracido*; (tooth) *carié*, hohl, *guasto*. '|tenness, n., *p'iture*, f.; Fäulnis; *m|ume*, m.
Rota'tion, n., *r-*, f., Umdrehung, *rotazione*; in —, *à tour de rôle*, der Reihe nach, *a vicenda*. |*meccanicamente*.
Rote, n., |by —, *par routine*, mechanisch,
Rough (åff), a., *rude*, rauh, *ruvido*; (road, etc.) *raboteux*, holperig, *scabroso*; (sea) *houleux*, unruhig, *agitato*; (taste) *âpre*, herb, *aspro*; (ill done) *grossier*, grob, *ratovia*; (pers.) *g-*, roh, *rozzo*; (estimate) *approximatif*, ungefähr, *approssimativo*; & v. coarse, rude, stormy; — copy, draught, *brouillon*, m., Concept, n.; *abbozzo*, m.; in the —, *brut*, roh, *rozzo*. —, m., *polisson*, Gassenjunge, *baroncello*. —, t.; — it, *s'habituer à la dure*, Hartes ausstehen, *vivere malamente*. '-**cast**, t., (a wall) *crépir*, bewerfen, *ar-*

ricciare. '|ly, ad., *rudement,* rauh, *bruscamente.* '|ness, n., *aspérité,*f., Rauheit, *ruridezza;* (of taste) *âpreté*, Herbe, *asprezza;* (of sea) *agitation*, Bewegung, *agitazione*.
Round (aou), a., *rond*, rund, *(ro)tondo;* (sum) v. considerable; & v. distinct, positive; in — numbers, *en chiffres r|s*, in runden Zahlen, *a un di presso.* —, prp., *autour de*, um (ac.), *intorno di;* get — (a pers.), *entortiller*, umstricken, *cattivarsi;* go — (the garden, etc.), *faire le tour de,* um .. herumgehen, *far il giro di.* —, ad., *en rond*, im Kreise, *in giro;* all —, — *about, (tout) autour,* (rings) herum, *(tutto) all' intorno;* (in turn) *à la r|e*, der Reihe nach, *a vicenda;* come —, *seremettre*, s.erholen,*riaversi;* get,go —, v. turn. —, n., *rond*, m.; Rund|ung, f., |e; *cerchio*,m.; (turn) *tour*, Gang, *giro;* (mil., etc.) *r|e,* f., R|e, *ronda;* (of applause, etc.) *salr|e,* |e, |a. —, t., *arrondir*, abrunden, *ritondare.*
Rouse (aou), t., *éveiller,* (auf)wecken, *risvegliare;* & v. excite.
Rout (aou), n. & t., *déroute*, f., mettre en d-; Niederlage, zersprengen; *rotta, sconfiggere.*
Route (ou), n., *r-*, f., R-, *via.* **Routine**' (Fr.), n., *r-*, f., R-, *pratica.*
Rove, i., *rôder*, umherstreifen, *ragare.*
Row (ö), n., *rangée*,f., (of pers.)*file;* Reihe; *fila.*
Row (ö), i., *ramer*, ruder|n, *rem(ig)are.* —, n., *promenade en barque*, f., R|fahrt, *passeggiata in battello.*
Row (aou), n., *tapage*, m. , Spektakel, *chiasso;* & v. riot.
Roy'al, a., *r-*, königlich, *re(g)ale.* |ty, n., *royauté*, f., K|swürde, *dignità reale;* (tax) *redevance;* Zins, m.; *tassa,* f.
Rub, t.,*frotter*,reiben, *strofinare;* —down, (horse) *bouchonner*, abreiben, *s-;* — off, *enlever*, abwischen, *levare;* — out, *effacer*, aus|wischen, |radieren, *scancellare ;* —up, v. polish, clean. —, n., (fig.) *nœud*, m., Knoten, *nodo.* '|ber, n., (whist) *rob*, m.; |ber; *partita,* f.; India —, *gomme élast|ique*,f.; Gummi e|ikum, n.; *gomma e|ica*, f.
Rub'bish, n., *débris*, m., *décombres,*m. pl.; Schutt, m.; *maceria,*f.; (dirt, refuse) *immondices*, f.pl.; Kehricht, n.; *robaccia,*f.; (fig.) *bêtise;* Unsinn, m.; *sciocchezza,* f.
Ru'bri|c, n., |*que*, f., |k, |*ca*.
Ru'b|y, n., |*is*, m., |in, |*ino*.
Rud'der, n., *gouvernail*, m.; Steuer(ruder), n.; *timone*, m.
Rud'dy, a., *vermeil*, rot, *rubicondo.*
Rude (ou), a., '|ly, ad., *grossi|er*, |*èrement;* roh, auf e-e r|e Weise; *rozz|o,* |*amente.* (uncivil) *malhonnête*, impoliment; grob,

auf e-e g|e W-; *sgarbat'o,* |*amente.* '|ness, n., *m|té*, f., G|heit, s|*ezza.*
Ru'diment|s, n. pl., |s, m. pl., Anfangsgründe, *r|i.*
Rue, t., v. repent, lament. '|ful,a., v. sad.
Ruff, n., (collar) *fraise*, f., Krause, *gala.*
Ruf'fian, m., *spadassin*, Raufbold, *malandrino.*
Ruf'fle, t., *rider*, runzeln, *increspare;* (hair) *ébouriffer,* zerzausen, *arruffare;* (fig.) v. agitate. —, n., *manchette*, f.; Manschette; *manichetto*, m.
Rug, n., *tapis*, m.,Teppich, *tappeto ;* (rail., etc.) *couverture*, f., Decke, *coperta.*
Rug'ged, a., *rude*, schroff, *scabroso.*
Ru'in, n., |e, f.; Verfall, m., (fig.) R-, (|ed house, etc.) R|e, f.; *rovina.* —, t., |er; zerstören, (health) zerrütten, (fig.) r|ieren; *rovinare.* |ous, a., *en r|es,* verfallen, *rovinoso;* (fig.) *pernici|eux*, verderblich, *p|oso.*
Rule, n., *règle*, f., Regel, *regola;* & v. government; as a —, *r- générale*, in der R-, *per il solito;* make it a —, *se faire une r- de* (an.), es s. zum Gesetz machen, *farsi un dovere;* — of three, *r- de trois,* R|detri, *r- del tre.* —, t., (paper) *régler,* liniieren, *rigare;* & v. govern. —, i., v. reign; — over, v. govern. |r, m., *maitre*,Beherrscher, *maestro;* (n.) *règle*, f.; Lineal, n.; *regolo*, m.
Rum, n., *rhum*, m., Rum, *rhum.*
Rum'ble, i., *gronder,* (dumpf) rollen, *tonare.*
Ru'min'ate, i., |er (fig.: upon, ac.); wiederkäuen, grübeln (über, ac.); *r|are* (ac.). |*gare.*
Rum'mage, t.,*fouiller,*durchwühlen,*frugare.*
Ru'mour, n., *rumeur*, f.; Gerücht,n.; *fama*, f.; there is a —, *le bruit court,* man erzählt s., *corre voce.*
Rump, n., (of beef, -steak) *faux filet*, m.; Rückenstück, n.; *culatta (di manzo)*, f.
Rum'ple, t., *chiffonner,* zerknittern, *raggrinzare.*
Run (ran, run), i., *courir*, laufen, *correre;* (train, etc.) *faire le service, aller;* fahren; *andare;* (colour) *se fondre,* s. verschmelzen, *stingersi;* (letr.) *être conçu,* lauten, *esprimersi;* & v. be, go, flow, melt, leak, incline, extend; — about, *c- çà et là*, umherlaufen, *c- qua et là;* — aground, *échouer,* stranden, *dar sulle secche;* —against, *se heurter contre,* stoßen an(ac.), *imbattersi contro;*—at, v. attack; — away, *se sauver,* (horse) *s'emporter;* davonlaufen, durchgehen; *fuggire, levar la mano (a qd.);* — away with, *enlever*, entführen, *portar via;* — down, *descendre,* hinunter|laufen, *c- abbasso;* (my watch) has — down, *n'est pas remontée,* ist abge|l-, *è s:arico;* — dry,

tarir, versiegen, *esaurirsi*; — for, *courir chercher*, schnell holen, *correre per*; — foul of, *aborder* (ac.), zusammenstoßen mit, *abbordare* (ac.); — high , (sea) *être grosse*, hoch gehen, *essere grosso*; & v. violent; — in, *entrer*, hinein| (ship, ein|)-laufen, *entrare*; — into, (come into collision with) *se heurter contre*, stoßen gegen, *urtarsi contro*; (into harbour) v. — in; (into finger, etc.) v. prick, pierce; — into debt, *faire des dettes*, Schulden machen, *contrarre debiti*; — off, v. — away; — on (a rock, etc.), v. — against; (fig.)v.continue; —out, *sortir en courant*, hinaus|laufen, *uscire correndo;* (water, etc.) *s'écouler*, aus|l-, *andar via*; & v. leak, expire; — over (a pers.), *écraser*, überfahren, *passare sopra*; (bk., etc.) *parcourir*, durchsehen , *trascorrere;* & v. overflow; — riot, *se déchaîner*, losziehen, *scatenarsi;* — through, *passer au travers*, durchlaufen, *scorrere a t*'*o;* (money) *gaspiller*, vergeuden, *scialacquare;* — to seed, *monter en graine*, in Samen schießen, *semenzire;* — to waste, *se perd're*, verloren gehen, *p'ersi*; —up, *monter;* hinauflaufen, (price, etc.) steigen; *salire, aumentarsi*. Run, t., *faire courir* (etc.), laufen (etc.) lassen, *far correre* (etc.); (risk) c-, laufen, c-; (pour) *couler*, gießen, (through) durchseihen; *colare*; (train, coach) *faire circuler*, fahren lassen, *far circolare*; (— into, thrust) *enfoncer*, rennen, *ficcare dentro*; (push, knock)*pousser*, *heurter*; stoßen, rennen; *spingere*, *dare di* (agst., in); (o's course) *suivre*, verfolgen, *seguire*; (errand) v. make; & v. smuggle, melt, sew; — a race, *courir*, wett|r-, *correre*; — down, (stag) *forcer*, hetzen, *straccare*; (ship) *couler bas*, in den Grund bohren, *colare in fondo;* (fig.) v. decry; — through, *transpercer*, durchbohren , *trafiggere;* — up an account, v. — into debt. Run, n., *course*, f., Lauf, m., Fahrt, f., *cors'a*, |o, m.; (of drama, etc.) v. success; the common —, *l'ordinaire*, das Gewöhnliche, *la maggior parte*; in the long —, *à la longue*, auf die Dauer, *a lungo andare*. 'away, m., v. fugitive, deserter; (a.; horse)*emporté*,durchgegangen,*scappato*. 'ner, m., *coureur*, Läufer, *corridore*; (n.) *rejeton*, m., Schößling, *tralcio*. 'ning, a., *courant*,laufend,*corrente;* (consecutive) *de suite*, hintereinander, *di seguito*; (sore) en suppur|ation, eiternd, *s|ante*; (fire) v. incessant ; —knot, *nœud coulant*, m.; Schleife, f.; *nodo corsojo*, m.
Rung, impf. & pp., v. ring.
Ru'n|ic, a., |*ique*, |isch, '*ico*.
Rupee', n., *roupie*, f., Rupie, *rupea*.
Rup'ture, n., *r*-, f., (med.) *hernie;* Bruch,

m.; *rottura*, f., *ernia*. —, t., *romp're*, brechen, r|*ere*. [*campestre*.
Ru'ral, a., *r*-, *champêtre*; ländlich; r'*e*,
Ruse (ou), n., *r*-, f., List, *astuzia*.
Rush, i., *se lancer*, *se jeter;* stürzen; *lanciarsi;* — out, *s'élancer*, hervorstürzen, *uscire di slancio*. —, n., choc, m., Stoß, *impeto;* & v. crowd.
Rush, n., (bot.) *jonc*, m.; Binse, f.; *giunco*, m.; not worth a —, *qui ne vaut pas un fétu*, keinen Pfifferling wert, *che non vale un' acca*. '|light, n., *veilleuse*, f.; Nachtlicht, n.; *candeletta di veglia*, f.
Rusk, n., *biscott|e*, f.; Zwieback, m.; b|*o*.
Rus'set, a., *roussâtre*, braunrot, *rossetto*.
Rus's|ia (äch), n., |*ian*, m. & a., |*ie*, f., |*e*; |land, n., |*e*, |isch; |*ia*, f., |*o*.
Rust, n. & i., '|y, a., *rouill|e*, f., *se r|er*, |*é*; Rost, m., |en, |ig; *ruggin|e*, f., *irrugginirsi*, r|*oso*. [Bauer; r|*ico*; & v. rural.
Rus't|ic, a. & m., |*ique*, |*re*; bäuerisch,
Rus'tle (ässl), i. & n., *bruire*, (silk) *faire frou-frou*, b|*ssement*, m.; rauschen, i. & n.; *fraschegg|iare*, |o, m., (of silk) *romor|eggiare*, *e*.
Rut, n., (of wheel) *ornière*, f., Radspur, *rotaja*. [herzig, *spietato*.
Ruth'less (ou), a., *impitoyable*, unbarm-
Rye (ai), n., *seigle*, m.; Roggen; *segala*, f. -**grass**, n., *ivraie*, f.; Lolch, m.; *loglio*.

S.

Sab'bath, n., *sabbat*, m., S-, |*o*; & v. Sunday. [—, a., v. black.
Sa'ble, n., *zibeline*, f.; Zobel, m.; *zibellino*.
Sa'bre, n., *s*-, m.; Säbel; *sciabola*, f.
Sacerdo'tal, a., *s*-, priesterlich, *s*,*e*.
Sack, n., (wine) v. sherry.
Sack, n., *sac*, m., Sack, *sacco*. —, n. & t., (of town) *sac*, m., |*cager;* Plünder|ung, f., |n; *saccheggia'mento*, m., |*re*. 'ing, n., *toile à sac*, f., Sackleinwand, *tela da sacco*.
Sac'rament, n., *sacrement*, m.; Sakrament, n.; *sacramento*, m. **Sa'cr|ed**, a., |*é*, (hist. etc.) *saint;* heilig; *sacro, santo*. **Sac'ri|fice** (aïze), n. & t., |*ice*, m., |*ier;* Opfer, n., |n; s'*izio*, m., |*icare*. **Sac'ril|ege**, n., |*e'gious*, a., |*ège*, m. & a.; Entweihung, f., frevelhaft; *s|egio*, m., |*ego*. **Sac'rist|an**, m., |y, n., |*ain*, |*ie*, f.; Sakrist|an, |ei, f.; *sagrest'ano*, |*ia*, f.
Sad, a., 'ly, ad., 'ness, n., *trist|e*, |*ement*, *esse*, f.; traurig, a. & ad., Trauer; t|*o*, |*amente*, |*ezza*. '|den, t., *attrist'er*, betrüben, a'*are*.
Sad'dle, n., *sell|e*, f.; Sattel, m.; s'*a*, f.; side-, *s'e de dame*, Damensattel, s'*a da donna*. —, t., s'*er*, satteln, s'*are*; (fig.) v. burden. -**horse**, n., *cheval de s'e*, m.;

Sattelpferd, n.; *cavallo da s.a*, m. |r, m., s|ier, Sattler, *s,ajo.*
Safe, a., *sûr*, (from) *en sûreté (contre)*; sicher, |gestellt (gegen); *sicuro (contro)*; — and sound, *sain et sauf*, wohlbehalten, *sano e salvo*; it is not — (to), *il y a du danger (à)*, es ist gefährlich, *è pericoloso (di)*. —, n., *coffre-fort*, m.; Geldschrank; *cassa-forte*, f.; (meat-) *garde-manger*, m., Speiseschrank, *guarda-ritande.*'|guard, n., *sauvegarde*, f., Schutzwehr, *salvaguardia*. '|ly, ad., *sans danger*, ungefährlich, *senza pericolo*; (placed) *en sûreté*; sicher, in S|heit; *sicuramente*; (arrived) v. safe and sound. '|ty, n., *sûreté*, f., S|heit, *sicurezza*; (of pers.) *salut*, m.; Wohl(ergehen), n.; *salvezza*, f.; & v. custody. '|ty-valve, n., *soupape de sûreté*, f., S|heitsklappe, *valvola di sicurezza*.
Saffron, n., *safran*, m., Safran, *zafferano*. —, a., (colour) *couleur de s-*, s|gelb, *di colore di z-*.
Saga'c|ious, a., '|ity, n., |e, |ité, f.; klug, |heit; s|e, |ità. Sage, a. & m., *sage*, weise, *saggio*.
Sage, n., *sauge*, f., Salbei, *salvia*.
Sa'go, n., *sagou*, m., Sago, s-.
Said (sĕd), impf. & pp., v. say.
Sail, n., *voile*, f.; Segel, n.; *vela*, f.; (of windmill) v. wing; (excursion) *promenade à la v-*, f., S|partie, *passeggiata in barca a vela*; set—, *mettre à la v-*, unter S- gehen, *metter alla v-*; & v. start. —, i.., *faire v-, naviguer*; s|n; *far v-, veleggiare*; (well, fast) *marcher*, fahren, andare; (ten knots, etc.) *filer*, laufen, *fare*; (from) v. start. '|ing-vessel, n., *navire à v|s*, m.; S|schiff, n.; *nave a vele*, f. '|or, m., *marin*, (common) *matelot*; Seemann, Matrose; *marinajo*.
Saint, m., *s-*, Heiliger, *santo*; All |s` Day, *Toussaint*, f.; Allerheiligen, n.; *Ognissanti*, m. —Pe'tersburg, n., *St-Péters|bourg*, m.; Sankt P|burg, n.; *San Pietroburgo*, m.
Sake, n.; for my —, *pour moi, à cause de moi*, (to oblige) *par égard pour moi*; meinetwegen, mir zuliebe; *per me, a mio riguardo*, *per amor mio*; for God's —, *pour l'amour de Dieu*, um Gottes willen, *per l'amor di Dio*; for the — of, *pour*; wegen (gen.), um .. (gen.) willen; *per (motivo di)*.
Sal'ad, n., |e, f.; Salat, m.; *insalata*, f.
Sal'ar|y, n., *appointements*, m. pl.; Gehalt, n. & m., s|io, m.
Sale, n., *vente*, f.; Verkauf, m.; *vendita*, f.; for —, *à vendre*, zu v|en, *da vendersi*; have a good —, *se vendre bien*, guten Absatz haben, *smerciarsi bene*. |s`man, m., v. seller.

Sa'lient, a., *saillant*, hervorragend, *sporm*. Sal|ine', a., |in; |z.., |zig; |ino. |gente.
Sali'v|a, n., |e, f.; Speichel, m.; s|a, f.
Sal'low, a., *jaunâtre*, gelblich, *gialliccio*.
Sal'ly, n., *sort|ie*, f.; Ausfall, m.; s|ita, f.; (of wit) *trait d'esprit*, m., geistreicher Einfall, *motto*.
Sal'ly, f., v. Sarah. [Salm; *salamone*.
Salmon (ămc'), n., *saumon*, m.; Lachs, Saloon', n., *salon*, m., Saal, *salone*.
Salt (ŏ), n., t., & a., *sel*, m., *sal|er*,|é; Salz, n., |en, |ig; *sal|é*, m., |*are*, |*so*. -cellar, n., *salière*, f.; S|faß, n.; *saliera*, f. -meat, n., *viande salée*, f.; gesalzenes Fleisch, n.; *carne salata*, f. |pe'ter, n., *sal|pêtre*, m., |peter, *nitro*. -works, n. pl., *salin|e*, f., |e, |a.
Salu'|brious, a., |bre, heilsam, s|bre. Sal'ū|tary, a., (fig.) |*taire*, ersprießlich, s|*tare*; & v. healthy. |te', t., |er, grüßen, s|*tare*. |te', n., |*t*, m., Gruß, s|*to*; fire a —, *tirer une salve*, e-e S- geben, *dare la salva*.
Salva'tion, n., *salut*, m.; Seligkeit, f.; *salve* (ahv), n., v. ointment. [*lute*.
Sal'ver, n., *plateau*, m., Präsentierteller, Sam, m., v. |uel. [*vassoio*.
Same, a., *même*) derselbe; *medesimo*, *stesso*; it is (all) the — to me, *cela m'est égal*, es ist mir gleich, *m'è tutto eguale*. '|ness, n., *uniformit|é*, f., Einförmigkeit, u|*à*.
Sam'ple, n., *échantillon*, m.; Muster, n., Probe, f.; *campione*, m.
Sam|(p)'son, m., |son, Simson, *Sansone*.
Sam'uel, m., S-, S-, |e.
Sanc'ti|fy, t., |*fier*; heilig|en, weihen; *santificare*. |mo'nious, a., *béat*, scheinheilig, *da bacchettone*. |ty, n., *sainteté*, f., H|keit, *santità*. Sanc'tion, n. & t., *s-*, f., |*ner*; Bestätig|ung, |en; *sanzione*, *dare s- a*. Sanc'tū|ary, n., |*aire*, m.; Heiligtum, n.; *santuario*, m.
Sand, n., *sable*, m.; Sand; *sabbia*, f., (a)-*rena*. '-bank, n., *banc de sable*, m.; S|-bank, f.; *secca*. -hill, n., *dune*, f., Düne, *duna*. -paper, n., *papier de verre*, m.; Glaspapier, n.; *carta di rena*, f. '|stone, n., *grès*, m.; S|stein; *pietra arenaria*, f. '|y, a., *sablonneux*, s|ig, *sabbioso*; (hair) *roux*, rötlich, *rossiccio*.
San'dal, n., |e, f.; |e; |o, m.
San'dal-wood, n., *santal*, m.; Sandelholz, n.; *sandalo*, m.
Sand'wich, n., *s-*, m.; mit Fleisch belegtes Butterbrot, n.; *s-*, m. [*di mente*.
Sane, a., *sain d'esprit*, bei Verstand, *sano* San'guin|ary, a., |*aire*; blut|ig, |dürstig; s|*ario*. |e, a., s|, (fig.) *ardent*; s|isch, lebhaft; *sanguigno*, a|e; & v. hopeful.
San'it|ary, a., |*aire*; Gesundheits.., Kur..; s|*ario*. |y, n.; *jugement sain*, m.; gesunder Verstand; *sana mente*, f.
Sank, impf., v. sink.

Sanscrit — 152 — Scanty

Sans'|crit, n., |*crit*, m. ; |krit, n. ; |*critto*, m.
Sap, n., *sève*, f. ; Saft, m. ; *succhio*. '|ling, n., *plant*, m., junger Baum, *arboscello*.
Sap, t., |*er*, untergraben, (*sotto*)*minare*. |*per*, m., |*eur*, Pionier, *zappatore*.
Sap'phire (saf'air), n., *saphir*, m., Saphir, *zaffiro*.
Sar'|acen, m.. |*rasin*, |*azene*, |*aceno*.
Sa'rah, f., *Sara*, |h. *Sara*.
Sar'cas|m, n.,'|tic, a.. |*me*, m., '*tique;* Spott, Sarkas'mus, |tisch ; *sarcas'mo*, |*tico*.
Sarcoph'ag'us, n., |e, m., Sarkophag, *sarcofago*.
Sard|in'ia, n., *la S|aigne*, f.; |inien, n. ; |*egna*, f. '|in'ian, a., |e, |inisch, '|o.
Sar'd|ine (ine), n., |*ine*, f., |elle, '*ella*.
Sash, n., *ceinture*, f., (mil.) *écharpe;* Gürtel, m., Schärpe, f. ; *cintura, ciarpa.*
Sash, n., (window-) *chássis*, m., Fensterrahmen, *telajo (di finestra).* -win'dow, n., *fenêtre à guillotine*, f. ; Aufziehfenster, n. ; *finestra a ghigliottina*, f.
Sat, impf. & pp., v. sit.
Sa'tan, m., *S-, S-*, |*a*.
Sate, Sa'ti'ate (éch), t., *rassasier* (with, *de*), sättig|en (mit), *saziare (di).* '|ety, n., |*été*, f., S|ung, *sazietà*.
Sat'ellit'e, n., |*e*, m.. S', |e.
Sat'in, n., *s-*, m., Atlas, *raso*.
Sat'|ire, n., |*ir'ical*, a., *satir'e.* f., |*ique;* |e, '|isch ; |*a*, '|*ico*.
Sat'is'fy, t., |fac'tion, n., |fac'tory, a., |*faire*, '*faction*, f., |*faisant;* befriedig|en, |ung, Genugthuung, b|end ; *soddis'fare*, |*fazione*, |*facente;* & v. convince.
Sat'ur ate, t., |*er* (with, *de*), sättigen (mit), *s are (di).*
Sat'ur|day, n., *samedi*, m., Samstag, *sabbato*. |n, m., |*ne*, |n(us), |*no*.
Sat'yr, m., |e, S-, *satiro*.
Sauce, n., *s-*, f., S-, *salsa*. '-pan, n., *casserole*, f. ; Schmorpfanne, Topf, m. ; *casseruola*, f. Sau'c|er, n., *soucoupe*, f., Untertasse, *sottocoppa*. y, a., v. impudent.
Saun'ter (ane), i., *flâner*, schlendern, *girovagare*.
Sau'sage, n., *saucisse*, f.; Wurst; *salsiccia*, *salame*, m. [*ratico*.
Sav'age, a. & m., *sauvage;* wild, |er ; *sal*-
Save, t., *sauver;* retten, (soul) selig machen; *salvare;* (money, time) *épargner*, sparen, *risparmiare;* (a mile, an hour) v. *save;* & v. avoid; God — (the Queen), *vive..*, es lebe.., *viva*. —, prp., *sauf*, *excepté;* ausgenommen; *salvo;* & v. except. **Sa'ving**, a., v. economical. —, n., *écono|mie*, f., Ersparnis, *e ia.* |s, n. pl., |s-bank, n., *épargnes*, f. pl., *caisse d'épargne*, f.; E se, f. pl., Sparkasse, f. ; *risparmj*, m. pl., *cassa di r-*, f. Sa'vio(u)r, m., *Sauveur*, Heiland, *Salvatore.*
Sa'vo(u)r, n., v. taste, smell. —, i. ; — of,

sentir le.., nach (dat.) schmecken, *s|e, sapere (di).* |y, a., *savoureux*, schmackhaft, *saporito*.
Sav'oy, n., |*ard*, m. & a., *la Sav|oie*, f.. |*oisien;* |*oyen*, n., |*oyarde*, |*oyisch;* la S|*oja*, f., |*ojardo*.
Saw, impf., v. see. **Saw**, n., v. saying.
Saw, n. & t., '|dust, n., '|mill, n., *scie*, f., |*er*, |*ure*, |*erie;* Säg|e, |en, |emehl, n., |emühle, f. ; *sega*, |*re*, |*tura*, *molino da s're*, m. '|yer, m., *scieur*, Säger, *segatore*.
Sax'on, a. & m., |y, n., S|, *la Saxe*, f.; sächsisch, Sachs|e, |en, n. ; *Sasson|e,* |*ia*, f.
Say (said, — : pr. séd), t., *dire*, sagen, *d-;* (lesson) *réciter, répéter;* hersagen; *ripetere;* I —, *dites donc*, hören Sie (mal), *sent i*, |a; that is to —, *c'est-à-dire*, das heißt, *cioè (a d-);* it is said, *on dit*, man sagt, *si dice.* '|ing, n., *dicton*, m., Spruch, *motto*.
Scab, n., (on wound) *croûte*, f. ; Schorf, m. ; *crosta*, f. [*fodero*, m.
Scab'bard, n., *fourreau*, m. ; Scheide, f. ;
Scaffold, n., *échafaud*, m. ; Schafott, n. ; *palco di giustizia*, m. —, |ing, n., *é|age*, m.; Gerüst, n. ; *p-*, m.
Scald (au), t. & n., *échauder*, *brûlure*, f.; verbrüh|en, |ung ; *scotta're*, |*tura*. |ing, a., *brûlant*, brennend (heiß), *s|nte*.
Scale, n., (of fish, etc.) *écaille*, f., Schuppe, *squama*.
Scale, n., (for weighing) *bassin*, m. ; Schale, f. ; *coppa;* (pair of) |s, *balance*, f., Wage, *bilancia*.
Scale, n., (measure) *échelle*, f. ; Maßstab, m., Skala, f. ; *scala;* (mus.) *é-, gamme*, Tonleiter, *solfa;* on a large (small) —, *en grand (petit)*, im großen (kleinen), *alla grande (piccola).* —, t., (a wall) *escalader*, erklettern, *scalare;* & v. climb.
Scal'lop, n., (shell) *pétoncle*, f., Kammmuschel, *conchiglia*.
Scalp, n., |e, m., *chevelure*, f. ; Skalp, m., Schädelhaut, f. ; *pericranio*, m. —, t., |*er*, skalpieren; *levare il p-*.
Sca'ly, a.. *écailleux*, schuppig, *squamoso*.
Scamp, m., *vaurien*, Taugenichts, *birbante*. [laufen, *fuggire*.
Scam'per, i , (off, away) *se sauver*, davon-
Scan, t., (verses) |*der*, skandieren, *s'dere;* (fig.) *scruter*, prüfen, *esaminare*.
Scan'dal, n., |e, m., Anstoß, *s'o;* (talk) *médisance*, f., üble Nachrede, *maldicenza;* & v. shame. |ize, t., |*iser*, (bei j-m) A- erregen, *s izzare*. |ous, a., |*eux*, anstößig, *s'oso;* & v. shameful, infamous.
Scandina'v|ia, n., |*ian*, a., *la S|ie, s'e;* Skandinav|ien, n., |isch ; *la S|ia, s,o*.
Scan't'y, a., *étroit*, knapp, *stretto;* (in number) *peu abondant*, spärlich, *scarso;* & v. poor, insufficient. |iness, n., *insuffi,sance*, f. ; Mangel, m. ; *i,cienza*, f.

Scape'|-goat, n., *bouc émissaire*, m., Sündenbock, *becco di espiazione*. '-grace, m., v. good-for-nothing.
Scar, n. & t., *cicatri'ce*, f., |ser; Narb|e, |en; c|ce, |zzare.
Scarce (é), a., *rare*; rar, selten; *raro*, *scarso*. '|ly, ad., *à peine*, kaum, *appena*.
Scar'city, n., *manque*, m.; Mangel; *mancanza*, f.; & v. rarity, famine.
Scare, t., *épouvant|er*, (ver)scheuchen, *spaventare*. '|crow, n., é|ail, m.; Vogelscheuche, f.; *spauracchio*, m.
Scarf, n., *écharpe*, f., Schärpe, *ciarpa*; & v. necktie.
Scarlati'na (I), n., v. scarlet-fever.
Scar'let, a., -fever, n., *écarlate, fièvre scarlatine*, f.; scharlach, |fieber, n.; *scarlatt|o, febbre s'ina*, f.
Scat'ter, t., *disperser*, (grain, etc.) *éparpiller*, (enemy, clouds, etc.) *dissiper*; zerstreuen; *dispergere, sparpagliare, dissipare*; & v. spread. |spazzatore.
Scav'enger, m., *balayeur*, Straßenfeger,
Scene (sīne), n., *scène*, f., S-, *scena*; (fig.) *théâtre*, m., Schauplatz, *teatro*; behind the |s, *dans la coulisse*, hinter den Coulissen, *dietro le scene*. |ry (euri), n., v. scene, decoration; (landscape) *paysage*, m.; Landschaft, f.; *paesetto*, m.
Scent, n., *odeur*, f.; Geruch, m.; *odor|e*; (of game) *vent*; Witterung, f.; *fiuto*, m.; (sense) *odorat*, G-, o|ato; & v. perfume; on the (right) —, *sur la voie*, auf der Spur, *in buona via*; be (put) off the —, *être (mettre) en défaut*, die S- verlieren (v- lassen), *perdere (far p-) la traccia*. —, t., (smell) *flairer*, spüren, *fiutare*; & v. perfume.
Scep'tic (sk), m., |al, a., |ism, n., *scepti|que*, |*cisme*, m.; Skepti|ker, |sch, |cismus; *scetti'co*, |*c'smo*. |ro, m.
Scep'tre (sep), n., *s-*, m.; Scepter, n., *scett-*Scheld|t (sk), n., *Escaut*, m.; S'e, f.; |a.
Scheme (sk), n., *projet*, m., Entwurf, *progetto*; & v. plan, design. —, i., *faire des p|s*, Pläne schmieden, *far progetti*; & v. intrigue.
Schism (siz), n., |e, m.; |a. n.; *scisma*, m.
Schol'ar (sk), m., *élève*, Schüler, *scolare*; & v. school-boy; (learned man) *savant*, Gelehrter, *erudito*; good —, *lettré*, gebildeter Mann, *letterato*; Latin —, l'*iste*, |ist, |*ista*; he is a good (French, etc.) —, *il sait bien (le)*, er kann gut (..), *conosce bene (il)*; day —, *externe*, Extern-Sch-, *scolare esterno*.
School (sk), n., *école*, f., Schul|e, *scuola*; (grammar-) *collège*, m., *lycée*; Gymnasium, n.; *ginnasio*, m.; (boarding-) *pension*, f.; |at, n.; |e, f.; at, to —, *à l'é-*; in der, in die S|e; *a s-*. —, t., v. teach, train. '-book, n., *livre de classe*, m.;

S|buch, n.; *libro di s-*, m. '-boy, m., *écolier*, S|knabe, *scolaretto*. '-fellow, m., *camarade d'é-*, S|kamerad, *condiscepolo*. '|master, m., '|mistress, f., *maître, |sse d'é-*; S|lehrer, |lehrerin; *maestr|o*, |a *di scuola*. '|room, n., *classe*, f.; Klasse, S|zimmer, n.; *stanza di s-*, f.
Sciat'i ca, n., |*que*, f.; Hüftweh, n.; s|*ca*, f.
Sci'en|ce, n., |tific, a., |ce, f., |*tifique*; Wissenschaft, |lich; s|*za*, |*tifico*.
Scim'itar, n., *cimeterre*, m.; Türkensäbel; s'*ra*, f. [*discendente*.
Sci'on, n., (fig.) *rejeton*, m., Sprößling,
Scissors (siz), n. pl., pair of —, *ciseaux*, m. pl.; Schere, f.; *forbici*, f. pl., *pajo di f-*, m.
Scoff, i., *se moquer* (at, *de*); spotten (über, ac.); *beffeggiare*, (at) *deridere*. '|er, m., *moqueur*, Spötter, *beffardo*.
Scold, t., |ing, n., *gronde|r*, |rie, f.; schelten, t. & n.; *sgrida're*, |*mento*, m.
Scol'lop, t., *festonner*, auszacken, *merlare*. —, n., v. scallop; |ed (oysters), *en coquilles*, (in Muschelschalen) gebacken, *arrostite (in cochiglie)*.
Sconce, n., v. candlestick, (fig.) head. [*re.*
Scoop, t., (out) *creuser*, aushöhlen, *scara-*
Scope, n., *espace*, m., (Spiel)raum, *spazio*; (aim) *but*; Ziel, n.; *scopo*, m.; & v. liberty, purpose; have free —, *avoir le champ libre*, freien S- haben, *aver libero campo*.
Scorch, t., *brûler*, versengen, *abbronzare*.
Score, n., *entaille*, f., Kerbe, *tacca*; (acct.) *écot*, m.; Zeche, f.; *scotto*, m.; (twenty) *vingtaine*, f.; zwanzig Stück, n. pl.; *rentina*, f.; (in games) *nombre de points*, m.; Zahl der P-, f.; *numero dei punti*, m.; (mus.) *partition*, f., |tur, |*tura*; on the — of, v. on account of; on that —, *pour cette raison*, aus diesem Grunde, *per questa ragione*. —, t., *entailler*, einkerben, *intaccare*; & v. mark, furrow.
Scorn, n., t. & i., *dédain*, m., *mépris*, |er, (to do) *dédaign|er (de)*; Hohn, verschmähen; *sdegn|o*, |*are (di)*. '|ful, a., d'*eux*, hohnvoll, s|*oso*.
Scor'pion, n., *s-*, m., Sk-, s|*e*.
Scot, n., v. tax, fine; — free, *sans frais*, frei, *franco*; & v. un|punished, |hurt.
Scot, m., v. |chman. |ch, '|tish, a., |ch'-man, |s'man, m., *ch'woman*, f., *écossais*, |e; schott|isch, |e, |in; *scozzese*. '|land, n., *l'Écosse*, f.; S|land, n.; *la Scozia*, f.
Scoun'drel, m., *coquin*, Schurke, *scellerato*.
Scour (aou), t., (r)*écurer*, (floor, etc.) *laver*; scheuern; *pulire, lavare*; (cloth) *dégraisser*; reinigen; *p-*, *nettare*; (the country) *parcourir*, durchstreifen, *percorrere*.
Scourge (eur), n. & t., *fouet*, m. (fig.) *fléau, f|ter*; Geißel, f. (fig. G-, Land-

Scout — 154 — Sea

plage), g|n; *sferza* (fig. *flagello*, m.), *s,re; & v.* chastise.
Scout (aou), t., *repousser avec mépris*, verächtlich von s. weisen, *respingere con isdegno*. [*ratore*.
Scout, m., *éclaireur*, Kundschafter, *esploScowl* (aou), n. & i., *air re(n)frogn'é*, m., *regarder de travers* (at, ac.); saures Gesicht, n.. scheel (an)sehen (ac.); *cipiglio*, n., *far c- (a)*.
Scrag'gy, a., v. lean, rough.
Scram'ble, i., *grimper*, kletter|n, *arrampicarsi*; — for, *se battre (pour avoir qc.)*, s. balg'en (um), *cercare di afferrare*. —, n., *lutte*, f., B erei, *baruffa*; (up hill, etc.) *escalade*, f.; K|partie; *arrampicare*, m.
Scrap, n., *bout*, m., *morceau;* Stückchen, n.; *pezzetto*, m. '-book, n., *album*, m.; A-, n.; *a-*, m.
Scrape, 1., *gratter;* scharren; *raschiare*, (as a fowl) *razzolare;* (cheese, etc.) *ratisser*, schaben, *grattare;* (off) *racler;* abkratzen; *g- via, raschiare;* (shoes) *décrotter,* (ab)putzen, *nettare;* — together, *ramasser,* zusammenscharren, *raggruzzolare;* bowing and scraping, *révéren'ce*, f.; Kratzfuß, m.; *riverenza,* f. —, n., *embarras*, m.; Verlegenheit, f., Klemme; *imbarazzo*, m. r, n., (door-) *décrottoir*, m.. Thürkratzer, *rastiatojo*.
Scratch, t., *gratt'er*, kratz|en, g|are; (wound with nails, etc.) *égratign'er*, (glass) *rayer*; (auf)ritzen, k|en; *graffiare*. —, n., *é,ure*, f.; K,wunde, Schramme; *graffio*, m.; (on glass, etc.) *rayure*, f.; Ritz, m., Riß; *graffio*.
Scrawl, t. & n., *griffonn'er*, |*a,ye*, m.; kritzeln, Gekritze|, n.; *scarabocchi,are*, 'o, m.
Scream, Screech, n. & i., *cri (perçant)*, m., |er, *pousser des c s;* (laut|es, gellend'es) Geschrei, n., (l|, g) schreien; *url'o*, m., *are*, strid io, |ere.
Screen, n., *paravent*, m.; spanische Wand, f.; *p,o*, m.; (fire-) *écran*, Ofenschirm, *parafuoco;* (for sand, etc.) *claie*, f.; Hürde, Sieb, n.; *crivello*, m.; (choir-) *grille*, f.; Chorgitter, n.; *cancello*, m.; (fig.) *voile*, m., Deckmantel, *velo; & v.* shelter. —, t., v. shelter, protect; (sand) *passer à la claie*, durchsieben, *crivellare*.
Screw (ou), n., *vis*, m.; Schraube, f.; *vite;* (nail) *clou à* r-, m.; Holz|s-, f.; *chiodo a v-*, m.; (of steamer) *hélice*, f., S-, *elice;* (fig.) v. bad horse, miser; put on the —, v. intimidate, force. —, t., *risser*, s|n, *invitare;* (v. force, oppress, distort; — down, up, *ferm'er à vis*, zuschrauben, *f,are con vite;* —out, v. extort; — up o's courage, *prendre c-*, s. ein Herz fassen, *farsi animo*. '-driver, n., *tournevis*, m., S'nzieher, *cacciavite*. -steamer, n., na-

vire à h-, m., S|ndampfer, *piroscafo ad e-*.
Scrib'ble, t. & i., v. scrawl.
Scribe, m., *s-;* Schreiber, (bibl.) Schriftgelehrter; *scriba*. **Scrip**, n., (com.) v. (certificate of) shares, stock.
Scrip, n., v. bag.
Scrip'ture, n., *saintes Ecritures*, f. pl.; heilige Schrift, f.; *santa Scrittura*.
Scrof'ul,a, n., |es, f.pl.; Skrofel, f.; *scrofola*.
Scröll, n., *rouleau*, m.; Rolle, f.; r(u)*otolo*, m.; (arch.) *volut'e*, f.; V-, Schnörkel, m.; v'a, f. [mean, stunted.
Scrub, t., v. scour, wash. '|by, a., v.
Scru'ple, n. & i., *scrupule*, m., *se faire s-;* Skrupel, m., Bedenken, n., B- tragen; *scrupolo*, m., *farsi s-*. Scru'pul|ous, a., 'eux; ängstlich, (conscientious) gewissenhaft; *scruposolo*.
Scru't'inize, t., 'inizing, a., |iny, n., |er, *inquisiteur*, *recherche minutieuse*, f.; gründlich untersuch|en, prüfend, g|e U|ung, f.; s'inare, |atore, ;inio, m.
Scud, i., v. run, flee, be driven.
Scuffle, n., *rixe*, f., Balgerei, *baruffa*. —, i., *se chamailler*, s. balgen, *abbaruffarsi*.
Scull, n., v. skull. [*farsi*.
Scull, n., v. short oar. —, i., (with one oar) *godiller*, wricken, *spadillare; & v.* row.
Scul'l|ery, n., |ion,m., *lavoir de cuisine*,m., *marmiton;* Spülbank, f., Küchenjunge, m.; *lavatojo*, m., *quattero*.
Sculp't'or, n., |üre, m. & t., |*eur*, |*ure*, f., |er; Bildhauer, |ei, f., schnitzen; *scult'ore*, |ura, f., *scolpire*.
Scum, n., *écume*, f.; Schaum, m.; *schiuma*, f.; (fig.) lie, Hefe, *feccia*.
Scurf, n., *croûte*, f.; Schorf, m.; *crosta*, f.
Scur'ril|ous, a., 'ity, n., *grossi'er*, |*ereté*, f.; gemein, |heit; s,e, |*ità*.
Scur'vy, n., *scorbut*, m., Skorbut, *scorbuto*. —, a., v. vile, shabby.
Scut'tle, n., (coal-) *seau à charbon*, m.; Kohlenkasten; *secchia pel carbone*, f.
Scut'tle, i., v. hurry, run.
Scythe (saï), n., *faux*, f., Sense, *falce*.
Scÿth'|ian, m. & a., |e; |e, |isch; *Scita*.
Sea (sï), n., *mer*, f., Meer, n., See, f.; *mare*, f.; & v. wave, deluge; at —, *sur*, en m-; zur S-; *sul*, *in m-*; by —, *par m-*, zur S-, *per m-*; high |s, *haute* m-, offene S-, *l'alto* m-; go, put to —, *mettre à la* m-, in S- stechen, *mettersi in m-*: quite at —, (fig.) v. ignorant, puzzled. '-bathing, n., *bains de* m-, m. pl.; S|bad, n.; *bagni di* m-, m. pl. '-coast, n., *côte*, f.; S|küste; *spiaggia, lido*, m. '|faring, a., *marin*, See.., *marino*. '-gull, n., *mouette*, f.; Möwe; *gabbiano*, m. '|man, m., *marin*, S,mann, m' *ajo*. '-piece, n., *marin e*, f.; |e, S|stück, n.; m'*a*, f. '-port,

n., p- de mer, m., S|hafen, p|o di mare. '-shore, n., v. -coast. '-sick, a., '-sickness, n., qui a le mal de mer, mal de m-, m.; s|krank, |krankheit, f.; chi ha il mal di mare, mal di m-, m. '-side, n., bord de la m-, m.; Strand, m., Küste, f.; spiaggia. '-weed, n., algue, f.; S|gras, n.; alga, f. '-worthy, a., capable de tenir la m-, s|tüchtig, capace da mettere in mare.
Seal, n., cachet, m., (official) sceau; Petschaft, n., Siegel; sigill'o, m. —, t., c|er, sceller; (ver)siegeln; s'are. '|ing-wax, n., cire à cacheter, m.; S|lack, n.; ceralacca, f.
Seal, n., (animal) phoque, m.; Seehund; foca, f. '| skin, n., (peau de) veau marin, (f.) m.; Robbenfell, n.; pelle di foca, f.
Seam (I), n., couture, f., Naht, cucitura; (of coal) couche; Flöz, n.; vena, f. '|stress (sëmm), f., couturière, Näherin, cucitrice.
Sear, t., v. burn, scorch; (a.) v. withered.
Search (eur), i., — for, chercher, suchen, cercare. —, t., visit|er, untersuch|en, v|are; & v. examine. —, n., recherche, f., (official) perquisi'tion, (of luggage, etc.) visite; U|ung; ricerca, p|zione. '|ing, a., pénétrant; durchdringend, (cold) empfindlich; scrutatore, frizzante.
Sea'son, n., saison, f.; Jahreszeit, (bath-) Kurzeit, S-; stagione; (fig.) v. time, opportunity; in —, de s-, (fig.) à propos; der J- angemessen, rechtzeitig; di s-, a p|ito; out of —, hors de s-, außer der J-, fuori di s-. —, t., assaisonn|er, würz|en, condi're; (mature) mürir, reifen, stagionare; & v. dry, accustom, temper. |able, a., |ably, ad., convenable, à propos; gelegen, zur rechten Zeit; opportuno, a p|ito. |ed, a., well-, (wine, cigar) mûr, sec; abgelagert; stagionato, secco; (wood) sec, trocken, st-. |ing, n., a|ement, m.; W|e, f.; c|mento, m. -ticket, n., billet d'abonnement, m., Abonnements-Billet, n., biglietto d'abbonamento, m.
Seat, n., siège, m.; Sitz; sedia, f., (fig.) sede; (in coach, etc.) place (take, secure a —, prendre, retenir); Platz, m. (belegen, besetzen); posto (prendere, ritenere); (of war) théâtre, Schauplatz, teatro; (country-) v. house; take a —, asseyez-vous, nehmen Sie P-, s'accomodi! —, t., v. place, provide with |s; be |ed! v. take a —; he is |ed, il est assis, er hat s. gesetzt, è seduto.
Secede', i., se séparer, s. trennen, secedere. |r, m., dissident, D-, dissenziente.
Seclu'|ded, a., '|sion, n., retiré, retraite, f.; zurückgezogen, |heit; ritir|ato, |o, m.
Sec'ond, a., s-, deuxième, (of month) deux; zweite; s|o, (of m-) due; & v. inferior;

(Charles) the —, deux, der Z-, s|o. —, n., |e, f.; Sekunde; minuto s|o, m.; (in duel) témoin, Sekundant, patrino. —, t., |er, (motion) appuyer; unterstützen; s'are, appoggiare. |ary, a., |aire, sekundär, s'ario. -hand, a., (bk., etc.) d'occasion; aus z|r H-, gebraucht; usato. |ly, ad., deuxièmement, z|ns, in s|o luogo. -rate, a., de s- ordre; z|n Ranges, z|r Qualit|ät; di s|a classe, qualità.
Se'cre|cy, n., |t, m.; Heimlich|keit, f.; segretezza; (fidelity) discré|tion, Verschwiegenheit, d'zione. |t, a., 't, (place) retiré; geheim; segreto. |t, n., |t, m.; G|nis, n.; segreto, m.; in —, v. |tly; be in the —, être du s-, um das G|nis wissen, essere nel s-. |tly, ad., en s-, secrètement; heimlich, insgeheim; in, di segret'o, |amente. |te', t., '|tion, n., sécré|ter, |tion, f.; absonder|n, |ung; segregare, secrezione. Sec'retary, m., |ship, n., secrét|aire, |ariat, m.; Sekret|är, |ariat, n.; segretari'o, |ato, m.
Sec|t, n., |te, f.. Sekte, setta. '|tion, n., |tion, f.; Sektion, (in bk.) Abschnitt, m.; sezione, f.; (arch., etc.) coupe; Durchschnitt, m.; profilo.
Sec'ular, a., |ize, t., sécul|ier, |ariser; weltlich, säkularisieren; secolar|e, |izzare.
Secure', a., sûr, (from) en sûreté (contre); sicher (vor, dat.; gegen, ac.); sicuro (contro). —, t., mettre en sûreté, s|n, assicurare; (door, etc.) bien fermer, gut verschließen, chiudere bene; (a ruin, etc.) assurer, stützen, rendere sicuro; (possess. of) s'a-(de), s'emparer (de); s. versichern (gen.), s. bemächtigen (gen.); assicurarsi (di), impadronirsi (di); (a debt) a-, s|n, guarentire. |ly, ad., en sûreté, sicher, sicuramente; (shut, etc.) bien, fest, fermamente. Secu'rity, n., (for debt) garantie, f., S|heit, guarentia; (pers.) caution, f.; Bürg|e, m.; mallevadore; find, give —, donner c-, B|schaft leisten, dar cauzione; securities, titres, m. pl.; Wertpapiere, n. pl.; scritture di valore, f. pl.
Sedate', a., posé, gesetzt, posato. Sed'ative, a. & n., sédat'if, a. & m.; besänftigend, schmerzstillendes Mittel, n.; s'ivo, a. & m.
Sed'entary, a., sédent'aire, sitzend, s|ario.
Sedge, n.. laiche, f.; Riedgras, n.; carice, f.
Sed'iment, n., sé-, m., Niederschlag, s|o.
Sedi'|tion (Ïch), n., |tious, a., sédi|tion, f., |tieux; Auf|ruhr, m., |rührerisch; s|zione, f., |zioso.
Seduc|e', t., séduire, verführ|en, sedurre. |er, m., '|tion, n., séduc|teur, |tion, f.; V|er, |ung, f.; sedu|ttore, |zione, f.
Sed'ulous, a., assidu, emsig, a'o.
See, n., archevêché, m.; Erzbistum, n.;

arcivescovado, m.; (papal) *le saint-siège*, der päpstliche Stuhl, *la santa sede;* & v. diocese.
See (saw, seen), t. & i., *voir*, sehen, *vedere;* (sthg. done) v. get; (to train, etc.) v. accompany, conduct; (company) v. receive; & v. visit; I —, *je comprends*, ich verstehe, *capisco!* I — him coming, *je le vois venir*, ich sehe ihn kommen, *lo vedo venire;* I saw him beaten, *je l'ai ru battre*, ich habe ihn schlagen sehen, *l'ho veduto battere;* let me —, *voyons*, warten Sie mal, *vediamo!* let o. — (sthg.), *faire voir*, sehen lassen, *far vedere;* come and — (a pers.), *venir voir*, besuchen, *venire a vedere;* (house, etc.) to be |n, *à voir*, zu s-, *da vedere;* fit to be |n, *présentable;* anständig, präsentabel; p|*ile;* — about, after, v. consider, — to; — into, v. examine; — off, v- *partir*, *embarquer;* (zum Bahnhof, etc.) begleiten; r- *partire;* — (sthg.) out, *voir la fin de*, zu Ende s-, (*stare a*) *veder il fine;* — (pers.) out, home, *reconduire*, r- *chez lui;* an die Thüre, nach Hause begleiten; *ricondurre*, r- *a casa;* — to, *avoir soin de;* s-nach, besorgen; *pensare a;* —to (sthg. being done). *veiller (à ce qu'on le fasse)*, danach s- (daß man es thut), *vegliare (che sia fatto).* "ing, pres. p. & n.; worth —, *digne d'être vu*, *curieux;* sehenswert; *degno d'essere veduto;* — that (cj.), *vu que*, da doch, *poichè.*
Seed, n., *semence*, f., (of vegetables) *graine;* Same(n), m., (Samen)korn, n.; *seme*, m., *granello (di s-);* (fig.) v. race, descendants; run to —, *monter en g-*, in S|n schießen, *tallire;* sow (a field with) —, *faire les semailles*, die Saat bestellen, *far la semenza.* |s'man, m., *grainetier*, Samenhändler, *mercante di semi.* |'y, a., (coat, etc.) *râpé*, schäbig, *spelato;* & v. unwell.
Seek (sought, s-), t., *chercher*, suchen, *cercare.* —, i., v. attempt; — after, for, v. —; sought after, *recherché*, gesucht, *ricercato.*
Seem, i., *sembler*, *paraître;* scheinen; *sembrare*, *parere.* "ing, a., *apparent*, anscheinend, *ate.* |ingly, ad., *en ace*, scheinbar, *in aza.* "ly, a., *bienséant*, schicklich, *convenevole.*
Seen, pp., v. see. **Seer**, m., v. prophet.
See'saw, n., *bascule*, f.; Schaukelbrett, n.; *altalena*, f.
Seethe (|d, sod'den), t., v. boil.
Seiz'e (I), t., *saisir;* ergreifen; *afferrare*, (opportunity) *cogliere;* (take possession of) *s'emparer de, s.* bemächtigen (gen.), *impadronirsi di;* (goods for debt) s-, in Beschlag nehmen, *sequestrare.* |ure, n.,

saisie, f.; B-, m., |nahme, f.; *sequestro*, m.; & v. capture, arrest; (of illness) v. fit. [*di rado.*
Sel'dom, ad., *rarement;* selten; *raramente*,
Selec|t', t. & a., *chois|ir*, |*i*, (pers.) *d'élite;* auswählen, gewählt; *scegliere*, *scelto.* '|tion, n., *choix*, m.; Auswahl, f.; *scelta.*
Self (pl. selves), prn., *même*, *soi-m-;* selbst; *stesso*, *medesimo;* & v. my|, him|, one's —, etc.; (n.) *moi*, m.; Ich, n.; *me*, m.; love of —, *amour de soi*, S|liebe, *amore di sè st-;* my other —, *un autre moi-m-*, mein anderes S- (Ich), *un altro me;* think of o's—, *penser à soi(-m-)*, an sich s- denken, *p'are a sè st-.* -ac'ting, a., *automati|que*, s|thätig, a|co. -command', -contröl', n., *empire sur soi-même*, m., S|beherrschung, f.; *padronanza di sè.* -con'fidence, n., *assurance*, f.; S|vertrauen, n.; *fiducia in sè*, f. -decep'tion, n., *illusion*, f.; S|täuschung; *inganno di sè st-*, m. -defence', n., *légitime défense*, f., Notwehr, *propria difesa.* -deni'al, n., *abnégation*, f., S|verleugnung, *annegazione (di sè st-).* -esteem, n., *estime de soi-m-*, f., S|achtung, *stima di sè stesso.* -ev'ident, a., v. e-, clear. -gov'ernment, n., *autonom|ie*, f., S|regierung, a|*ia.* -in'terest, n., *intérêt personnel*, m., Eigennutz, *interesse proprio.* |ish, a., |ishness, n., *égoïs|te*, |*me*, m.; |tisch, |mus, s|süchtig, |sucht, f.; *e'tico*, |*mo*, m. -love', n., *amour propr'|e*, m.; S|liebe, f.; *amor p'io*, m. -posses'ion, n., *sang-froid*, m.; Ruhe, f. (& v.-command); *tranquillità.* -preserva'tion, n., *conserva'tion de soi-m-*, f., S|erhaltung, c|*zione propria.* -reli'ance, n., v.-confidence. -respect', n., *estime qu'on se doit à soi-m-*, f.; S|achtung; *rispetto di sè st-*, m. -same, a., *absolument le (la) même;* ganz der|, die|, das|selbe; *proprio lo stess|o (la s'a*, etc.). -suffic'ient, a., *suffisant*, s|gefällig, *presuntuoso.* -will', n., -willed', a., *obstina'tion*, f., |*é;* Eigenwill|*e*, m., |ig; *ostina'zione*, f., |*to.*
Sell (sold, s-), t., *vend're*, verkaufen, r'*ere;* sold, (fam.) *attrapé*, angeführt, *ingannato;* to —, to be sold, *à r're*, zu v-, *da r'ere;* — again, *rerendre*, wieder|v-, *rivendere;* — off, *liquid'er*, aus|v-, *l are.* —, i., *se v're*, sich v-, r'*ersi.* '|er, m., r'*eur*, Verkäufer, v*itore.*
Selt'zer-water, n., *eau de Seltz*, f.; Selterwasser, n.; *acqua di Seltz*, f.
Sel'v|age, |edge, n., *lisière*, f.; Kante, f., *riragno*, m. [*za*, f.
Sem'blan|ce, n., |*t*, m.; Schein; *sembian-*
Sem'i|-breve, n., *ronde*, f., ganze Note, *s'brere.* -cir'cle, n., -cir'cůlar, a., *demicercle*, m., *en d-c-;* Halbkreis, |förmig; *semicircol'o*, '*are.* -co'lon, n., *point* (m.)

Seminary — 157 — Servant

et virgule (f.); S|kolon, n.; *punto* (m.)
e virgola (f.). -qua'ver, n., *double-croche*, f., Sechzehntelnote, s|*croma*. -tone, n., *demi-ton*, m., halber Ton, s'*tuono*. [m.; & v. school.
Sem'in|ary, n., |*aire*, m.; |ar, n.; |*ario*,
Sem|oli'na (ī), n., |*oule*, f.; Griesmehl, n.; s|*olino*, m.
Sen'at|e, n., |or, m., *sénat*, m., |*eur*; S|, 'or; |o, |*ore*.
Send (sent, s-), t., *envoyer*; senden, schikken; *mandare*; — about o's business, — away, *e- promener*, abweisen, *m- pei fatti suoi*; & v. dismiss; — away (goods, etc.), *expédier*; fortschicken, absenden; spedire; — back, *renvoyer*, zurückschicken, *rimandare*; — for, *envoyer chercher*, holen lassen, *m- per*; — forth (smell, etc.), *émett|re*, von sich geben, e|*ere*; & v. — out; — in, *faire entrer*, hineinschicken, *far entrare*; (acct.) présenter, zustellen, *m-*; — in o's name, *se faire annoncer*, s. melden lassen, *farsi annunziare*; — off, v. — away; — out, *envoyer*, hinausschicken, *m- fuori*; & v. — forth; — up (dinner), *servir*, auftragen, *mettere in tavola*; — word, *faire dire*, sagen lassen, *far sapere*. |er, m., *qui envoie*, (com.) *expéditeur*; Absender; *mandatore, speditore*.
Se'nior, a., *ainé*, älter, s|e; (partner) v. principal; — officer (etc.), *supérieur*, Vorgesetzter, *superiore*; (he is) my — (by . .), *mon ainé (de* . .), (. . Jahre) älter als ich, *maggiore di me (di* . .); (in service) *mon ancien*, älter im Dienste als ich, *mi è seniore*; (Mr. A.) —, *ainé, père*; s-; |e. '|ity, n., *ancienneté*, f.; Dienstalter, n.; *anzianità*, f.
Sen'na, n., *séné*, m.; Sennesblätter, n. pl.; *sena*, f.
Sens|a'tion, n., |*ation*, f. (fig. *sentiment*, m.); Empfindung, f.; s|*azione* (*sentimento*, m.); cause a —, *faire s|ation*, Aufsehen erregen, *far furore*. |e, n., *sens*, m., Sinn, s|o; (of sorrow, etc.) v. s|ation (fig.); & v. opinion, understanding; common —, *s- commun*, gesunder Menschenverstand, s|*o comune*; good —, *bon s-*; Vernunft, f.; *senno*, m., *buon senso*; in a good —, *en bonne part*, in gutem Sinne, *in un buon senso*; (man) of —, *de s-*, von Verstand, *di senno*; out of o's |es, *hors de son bon s-*, nicht (recht) bei V|e, *fuori di senno*; lose o's |es, *perd|re la tête*, den Kopf (den V-) verlieren, p|*ere la testa*; come to o's |es, (fig.) *reprendre ses s-*, wieder zu sich kommen, *rimettere giudizio*; talk —, *parl|er raison*, vernünftig reden, p|*are assennato*. |e'less, a., *insens|é*, sinnlos, *i ato*; & v. insensible. |ibil'ity, n., |*ibilité*, f., Empfindlichkeit, s|*ibilità*. |ible, a., |*ible*; bemerkbar, fühlbar; s|*ibile*; (wisc) s|*é*, verständig, s|*ato*; (in o's s|es) *en pleine connaissance*, bei vollem Bewußtsein, *in piene facoltà*; be — of, v. perceive, feel, know. |itive, a., |*ible*; empfindlich; s'*itivo*, (pers.) |*ibile*. '|ual, a., |ŭal'ity, n., |*uel*, |*ualité*, f.; sinnlich, |keit; s|*uale*, |*ualità*.
Sent, imp. & pp., v. send.
Sen'tence, n., *phrase*, f., (of court) *s-*; Satz, m., Urteil, n.; *frase*, f., *sentenza*. —, t., v. condemn.
Sen'timent, n., *s-*, m.; Empfindung, f.; s|o, m.; & v. opinion. '|al, a., |*al*, |al, |*ale*.
Sen't|inel, |ry, m., |*inelle*, f., *factionnaire*, m.; Schildwache, f., Posten, m.; *sentinella*, f.; stand —, *faire faction*, P- stehen, *far la guardia*.
Sep'ar|able, a., *sépar|able*, trenn|bar, s|*a-bile*. |ate, t., i., & a., s|er, *se s|er*, |*é*; t|en, sich t|en, getrennt; s|*are*, |*arsi*, |*ato*. |ately, ad., s|*ément*, einzeln, s'*a-tamente*; (live, work, etc.) *à part*, besonders, *a p|e*. |a'tion, n., s|*ation*, f., T|ung, s|*azione*.
Se'pia, n., *sépia*, f., S-, *seppia*.
Se'poy, m., *cipaye*, Sipoy, *spai*.
Septem'b|er, n., |*re*, m. |er, *settembre*; in —, cf. May.
Sep'tuagint, n., *version des septante*, f., S|a, v|e *de' settanta*.
Sep'ul|chre (kr), n., '|chral, a., *sépulcr|e*, m., |*al*; Grab, n., |es . .; *sepolcr|o*, m., |*ale*.
Se'quel, n., *suite*, f.; Folge; *seguito*, m.
Se'quence, n., *suite*, f., Reihenfolge, *seguenza*. [zogen, *romito*.
Seques'tered, a., (place) *retiré*, zurückge-
Ser'aph, m., *séraph|in*, m., S|, *serafino*.
Seren|ade', n., *sérén|ade*, f.; Ständchen, n.; s|*ata*, f. |e', a., s|*ity*, n., *serein*, *sérénité*, f.; heiter, |keit; *seren|o*, |*ità*; s|e Highness, *Altesse sérén'issime*, f., Durchlaucht, *Altezza s|issima*.
Serf, n., *s-*, Leibeigen|er, *servo*. '|dom, n., *servag|e*, m.; L|schaft, f.; s|*gio*, m.
Serge, n., *s-*, f., Serge, *saja*.
Ser'g|eant (sardje), m., '|*ent*, |eant, |*ente*.
Se'ries (īze), n., *série*, f., Reihe, *serie*.
Se'rious, a., *sérieux*, (result, etc.) *grave*; ernst; *serio*, *g-*.
Ser'jeant (sar), m., *avocat de premier rang*, Rechtsanwalt erster Klasse, *avvocato di prima classe*.
Ser'mon, n., *s-*, m. (preach, *prononcer*); Predigt, f. (halten); *predica (fare)*.
Ser'pent, n., *s-*, m.; Schlange, f.; *serp|e*, f., |*ente*, m. |ine, a., *qui s|e*, *tortueux*; geschlängelt; *serpeggiante*. |ine, n., |*ine*, f.; instein, m.; *i ina*, f.
Ser'v|ant m., *domestique*, (chfly. fig. & bibl.) *s'iteur*, (for rough work) *valet*;

Session — 158 — **Settle**

Bediente(r), Diener, Knecht; s'itore; (official) employé, Beamter, impiegato; (f.) s'ante; Dienstmädchen, n.; s'a, f.; (pl.) gens; Dienstboten; s'itù, f. sg. |e, t., |ir; dienen (dat.), (dinner) auftragen, (at table) aufwarten (dat.); s|ire; (a purpose, etc.) s'ir à, d- zu, s'ire a; (a writ) notifi,er, anzeigen, n'care; (trick) v. play; & v. treat; — out, v. distribute, (fig.) punish; — out (o's time), achever, ausdienen, compire; it |es him right, c'est bien fait, es geschieht ihm (schon, ganz) recht, ben gli sta; it will — my purpose, my turn, cela fera l'affaire, es erfüllt den Zweck, questo mi basta. |e, i., |ir, d-, s,ire; & v. suit, suffice; — as an example, s'ir d'exemple, zum Beispiel d-, s'ir d'esempio. Ice, n., |ice, m.; Dienst, (attendance) Bedienung, f., (favour) D-, m., Gefälligkeit, f.; s'izio, m.; (divine) s'ice, office, culte; Gottesdienst; uffizio, culto; (of writ) notifica'tion, f., Anzeige, n'zione; (dinner-, etc.) s|ice, m.; Tischgeschirr, n.; s'izio (da tarola), m.; I am at your —, je suis à votre s'ice, ich stehe Ihnen zu D'en, sono a suo s'izio; be of —, être utile, nützlich sein, essere u-; do, render a —, rendre un s'ice, to an D)- leisten, rendere un s'izio; he is in my —, il est à mon s'ice, er steht in meinen D'en, è a mio s|izio. |iceable, a., v. useful, advantageous. |ile, a., |ile, knechtisch, s'ile. |itude, n., v. slavery; penal —, travaux forcés, m. pl.; Zwangsarbeit, f.; (pena della) galera.

Ses'sion (ĕch), n., s-, f., S-, |e; (sitting) séance, Sitzung, s'e.

Set(—, —), t., mettre, placer, poser; setzen, stellen, legen; mettere, collocare, porre; (jewels) monter, (ein)fassen, legare; (a bone) remettre, einrichten, rimettere; (a task) imposer, aufgeben, assegnare; (a watch) régler, mett're; stellen; m'ere; (to music) mett're (en), setzen (in), m'ere (in); (a trap) dresser, stellen, tendere; & v. fix, adjust, sharpen, plant; — (a pers.) against, indisposer contre, aufbringen gegen, irritare contro; — apart, v. destine; — aside, mettre de côté, beiseite legen, mettere da parte; — at defiance, brav'er, Trotz bieten (dat.), b|are; — at liberty, mettre en liberté, in Freiheit setzen, liberare; — at naught, v. despise; — at rest, v. calm; — down (from carriage), descendre, aussteigen lassen, far smontare; — down (in writing), coucher par écrit, niederschreiben, mettere in iscritto; — fire to, v. fire; — free, v. — at liberty; — in order, mett're en ordre, in Ordnung bringen, m'ere in ordine; — off, (enhance) relever, heben,

far risaltare; & v. compensate; — on fire, v. fire; — on foot, v. begin, instituer; he has — his heart on it, cela lui tient au cœur, es liegt ihm am Herzen, lo desidera ardentemente; — right, v. correct, remedy; — sail, mettre à la voile, unter Segel gehen, far vela; — the teeth on edge, agacer les dents, die Nerven angreifen, allegare i denti; — to rights, v. — in order; — up, élever, errichten, rizzare; (type) composer, setzen, comporre; & v. establish. **Set, i.**, (sun) se coucher, untergehen, tramontare; (liquid) prendre, se figer; gerinnen, fest werden; rassodare; (current) v. run, move; — about, se mett're à, anfangen, m'ersi a fare; & v. begin; — in, v. begin; — off, — out, partir; aufbrechen, abreisen; p|e; — to work, se mett're au travail, s. an die Arbeit machen, m'ersi al lavoro; — up (in business), s'établ,ir, sich e|ieren, stabilirsi; — up for, s'ériger en, s. ausgeben für, darsi per; — upon, v. attack. **Set, a.**, fixe, fest, fisso; (form) prescrit, vorgeschrieben, p'to; (speech) apprêté, vorbereitet, studiato; & v. regular, formal. **Set, n.**, série, f., Reihe, serie; (of tools, etc.) jeu, m., Satz, assortimento; (of knives, etc.) assortiment, m.; Garnitur, f.; fornimento, m.; (dinner-, tea-) serv|ice, m.; |ice, n.; |izio, m.; (of buttons) garniture, f.; Besatz, m.; guarnizione, f.; (of chessmen, etc.) jeu, m.; Spiel, n.; giuoco, m.; (game) part|ie, f., |ie, |ita; (of soldiers, etc.) corp|s, m.; Corps, n.; c|o, m.; (of fools, thieves) tas; Haufen; partita, f.; & v. collection, group, society; dead —, v. attack; — of diamonds, parure de diamant|s, f.; D|schmuck, m.; finimento di d,i, m.; — of furniture, ameublement, m.; Möbel, n. pl.; mobili, m. pl.; — of teeth, râtelier, m.; Gebiß, n.; dentatura, f. **-off,** n., v. ornament, compensation. |ter, n., chien couchant, m., Hühnerhund, cane da ferma. |ting, n., (of sun) coucher, m., Untergang, tramonto; (of jewel) monture, f., Fassung, legatura. **Set|tle,** t., établ|ir; fest|setzen, |stellen; stabil'ire; (arrange) régler, in Ordnung bringen, regolare; (a question, dispute) terminer, vider; abmachen, erledigen; terminare, aggiustare; (accts.) régler, berichtigen, saldare; (property) assigner (upon, à), aussetzen (dat.), assegnare (a); & v. arrange, pay, decide, soothe. —, i., (as a resident) s'ét|ir, s. niederlassen, s|irsi; (as sediment) se précipit|er, s. niederschlagen, p|arsi; (as building) se tasser, s. setzen, abbassarsi; (resolve) se décid'er, s. entschließen, d'ersi; (with credrs.) s'accommoder, s. vergleichen,

far un accordo; & v. sit down, alight. |d,
a., (weather) *stable*, beständig, *stabile;*
(purpose) *ferme, fest, fermo.* |ment, n.,
élissement, m.; Niederlassung, f.; *s'i-mento*, m. ; (of dispute, etc.) *arrangement*, m.; Erledigung, f.; *aggiustamento,* m.; (of accts.) *règlement,* m.; Berichtigung, f.; *regolamento*, m.; (marriage-) v. contract; & v. compromise, colony. |r, m., *colon,* Ansiedler, c|o.
Se'ven, a., |th, a., *sept,* |*ième;* sieben, |te; sett|*e,* '*imo.* |teen, a., |teenth, a., *dixsept,* |*ième;* siebzehn, |te; *diciassette, diecissettesimo.* |ty, a., |tieth, a., *soixante-dix,* |*ième;* siebzig, |ste; *settant*|*a,* |*esimo.*
Sev'er, t., v. separate, divide. |al, a., *plusieurs, divers;* mehrere; *parecchi, d'i;* & v. separate, distinct.
Sever|e', a., *sévère,* streng, *sever*|*o;* (pain) *vif,* heftig, *acuto;* (illness) *grave,* schlimm, *g-;* (weather) *rigoureux,* rauh, *rigido.* '|ity, n., *sévérité,* f., *violence, rigueur;* Strenge, H|keit, Rauheit; *s'ità, rigore,* m.
Sew (sō) v. t., *coudre,* nähen, *cucire;* (bk.) *brocher,* broschieren, *legare alla rustica;* — on, c-, an'n-, *mettere;* — up, c-, zusammen|n-, c-. '|er, f., *couseuse,* Näherin, *cucitrice.* [*fogna.*
Sew'er (iou), n., *égout,* m.; Kloake, f.;
Sex, n., |e, m. (fair, *beau*); Geschlecht, n. (schön); *sesso,* m. (*bel*).
Sex'ton, m., *sacristain,* Küster, *sagrestano;* (gravedigger) *fossoyeur,* Totengräber, *beccamorti.*
Shab'b|y, a., (clothes) *râpé,* schäbig, *spelato;* (fig.) *mesquin;* knickerig; *brutto, meschino.* |ily, ad., (treat) m|*ement,* unedel, *male;* — dressed, *mal mis,* schlecht gekleidet, *mal vestito.*
Shack'le, t., *entrav|er;* fesseln, (fig.) hemmen; *inceppare.* |s, n. pl., *fers,* m. pl., (fig.) e|*es,* f. pl.; F-; *ceppi,* m. pl.
Shade, n., *ombr*|*e,* f.; Schatten, m.; o'*a,* f.; (tint) *nuance;* Farbenabstufung, Nüance; *gradazione;* (for eyes) *garde-vue,* m., Augenschirm, *paraocchi;* (lamp-) *abat-jour;* Lampenschirm; *ventola,* f.; in, into the —, *à l'o*|*e;* im, in den S-; all' o|*a;* (glass-, over clock, etc.) *cloche,* f., (Glas)glocke, *campana di vetro;* light and —, *les clairs et les o*|*es,* Licht und S-, *chiaroscuro;* throw into the —, *faire o'e à,* in S- stellen, *eclissare.* —, t., o|*a-ger,* (picture) |*er;* beschatten, schattieren; o|*eggiare.* Shad'ow, n., o|*e,* f.; Schatten, m.; o|*a,* f. —, t., v. shade, t.; —forth, (*pré*)*figurer,* vorausbedeuten, *adombrare.* |y, a., v. slight, unreal.
Sha'dy, a., o|*eux,* schattig, o|*oso.*
Shaft, n., *flèche,* f.; Pfeil, m.; *freccia,* f.;
(of spear, etc.) *manche,* m., Stiel, *manico;* (of column, etc.) *fût,* Schaft, *fusto;* (of mine) *puits,* Schacht, *pozzo;* |s (of carriage), *brancards,* m. pl.; Gabel, f.; *stanghe,* f. pl.
Shag, n., v. tobacco (finely cut). '|gy, a., *velu,* zottig, *peloso.*
Shake (shook, sha'ken), t., *secouer,* schütteln, *scuotere;* (building, etc., & fig.) *ébranler,* erschüttern, *s-;* (bed, etc.) *remuer,* auf|sch-, *s-;* (carriage) *cahoter,* rütteln, *s-;* — hands with, *s-* (*donner, serrer*) *la main à,* (e-m) die Hand sch- (geben), *dare* (*stringere*) *la mano a.* —, i., *trembler* (with fear, etc., *de*), zittern (vor), *tremare* (*di*); (mus.) *trill*|*er,* |ern, |are. —, n., *secousse,* f., *tremblement,* m.; Stoß, Erschütterung, f.; *scossa, tremito,* m.; (mus.) *trill*|*e,* |er, |o; — of the hand, *poignée de main,* f.; Händedruck, m.; *stretta di mano,* f.
Sha'ky, a., *vacillant,* wackelig, *tentennante;* & v. unsound.
Shale, n., *schiste,* m., Schiefer, *schisto.*
Shall (imp. should), aux.; I — do it, *je le ferai,* ich werde es thun, *lo farò;* (must; chfly. in 2nd & 3rd pers.) you — do it, *vous devez le faire,* Sie sollen (müssen) es thun, *dere farlo;* — we come, *faut-il que nous venions,* sollen wir kommen, *dobbiamo venire?*
Shal'low, a., *peu profond,* seicht, *poco profondo;* & v. flat, (fig.) superficial.
Sham, n., *imposture,* f.; Betrug, m.; *infinto;* & v. trick, pretence. —, t. & i., v. pretend; — sickness, *faire le malade,* sich krank stellen, *fingere esser malato.* —, a., *faux, simulé;* falsch, nachgemacht; *falso, finto;* — fight, *petite guerre,* f.; Scheinkrieg, m.; *battaglia finta,* f.
Sham'bles, n. pl., *abattoir,* m.; Schlachthaus, n.; *macello,* m. [*goffo.*
Sham'bling, a., *traînant,* schleppend.
Shame, n., *hont*|*e,* f.; Scham(haftigkeit), (a —) Schande; *vergogn*|*a;* for —, *fi donc,* pfui doch, v-*!* '|ful, a., *h*|*eux;* schändlich; v'*oso, infame.* '|less, a., *éhonté,* schamlos, *senza v*|*a;* & v. impudent.
Shampoo', t., *mass*|*er;* |ieren, kneten; *far frizioni a.*
Sham'rock, n., *trèfle,* m., Klee, *trifoglio.*
Shank, n., *tige,* f., (of button) *queue;* Stiel, m., Ohr, n.; *gambo,* m.; & v. leg, handle.
Shape, n., *form*|*e,* f.; Gestalt, F|; 'a; (of pers.) *taille;* G-, Figur; a; in the — of, *en f*|*e de, sous la f*|*e de;* in G- von; *nella fa di.* —, t., *f*|*er, façonner;* bilden, g'en; *formare, modellare;* (o's course, etc.) *régler,* richten, *dirigere.* '|less, a., *informe,* ungeformt, *sformato.* '|ly, a., *bien fait,* wohlgestalt, *ben formato.*

Share — 160 — **Shell**

Share, n., *part*, f., *portion;* Teil, m., Anteil; *parte*, f., *porzione;* (com.) *action*, Aktie, *azione;* (plough-) *soc*, m.; Schar, f.; *vomere*, m.; — in the profits, *part aux profits*, Anteil am Gewinne, *parte dei p'ti;* come in for a —, v. get; go |s, v. — (i.); have a — in (business), *être intéressé dans*, bei (dat.) beteiligt sein, *essere i,ato in;* fall to o's —, *revenir à*, j-m zufallen, *cadere a.* —, t. & i., *partager* (in, *dans*); t|en, t|nehmen (an, dat.); *spartire, aver parte (a).* '|hölder, m., *actionnaire*, Aktionär, *azionista.* '-list, n., *cours de la bourse*, m., Kurszettel, *corso de' cambi.*
Shark, n., *requin*, m., Haifisch, *pesce cane;* (fig.) v. sharper.
Sharp, a., (knife) *tranchant*, (well |ed) *bien affilé;* scharf; *tagliente, affilato;* (point) *aigu*, sch-, *fine;* (sting, taste) *piquant*, sch-, *piccante;* & v. harsh, acid; (corner) *saillant*, vorspringend, *sagliente;* (linc) *net*, sch-, *distinto;* & v. clear; (features, etc.) *marqué*, sch-, *marcato;* (air) *vif*, (wind) *perçant;* sch-; *fresco*, *penetrante;* (frost) *rigoureux*, streng, *rigido;* (sound) *perçant, aigu;* sch-; *acuto;* (mus. instrum., tone) *haut*, hoch, *alto;* (tongue) *pointu*, sch-, *cattivo;* (ear) *fin*, sch-, *fine;* (eye) *perçant*, sch-, *acuto;* (pain) *vif*, empfindlich, *acuto;* (attack) *rude*, sch-, *vivo;* & v. severe, violent; (rebuke) *sévère*, sch-, *severo;* (wit) *vif*, sch-, *frizzante;* (clever) *éveillé*, aufgeweckt, *sveglio;* & v. quick, strict, precise, cunning; keep a — look-out, *avoir l'œil ouvert*, auf der Hut sein, *stare all'erta;* that is — practice, *c'est un peu fort*, das ist stark, *è un poco f.e!* —, ad.; look —, *dépêchez-vous*, eilen Sie s., *spicciatevi!* & v. — look-out. —, n., (mus.) *dièse*, m.; Kreuz, n.; *diesis*, m.; A —, *la* (m.) *d-;* Ais, n.; *la* (m.) *diesis.* '|en, t., *aiguiser*, schärfen, *affilare;* (by grinding) *affiler*, schleifen, *a'are;* (to a point) *rendre pointu*, (pencil) *tailler;* schärfen, *zuspitzen;* *rifare la punta, appuntare;* (wits, appetite) *aiguiser*, sch-, *acuire.* '|er, m., *filou*, Gauner, *caraliere d'industria.* '|ly, ad., *sévère*, *vive', violent',* *nette'ment;* streng, scharf; *severa', viva',* *violente',* *chiara'mente.* '*,*ness*, n., *tranchant*, m.; Schärfe, f., *taglio*, m., *affilatezza*, f.; (of point) *pointe*, Sch-, *finezza;* & v. acidity, harshness, severity, etc.; — of wit, *sagacité*, f.; Scharfsinn, m.; *acume.* ',**shooter**, m., *tirailleur*, Scharfschütze, *bersagliere.* ''sighted, a., (fig.) *pénétrant,* scharfsichtig, *sottile d'ingegno.*
Shat'ter, t., *fracass,er*, zerschmettern, *f,are;* (health) *délabrer*, zerrütten, *rovinare.*

Shave, t. & i., *raser*, *se r-*, *faire la barbe à*, *se f- la b-;* rasieren, sich r-; *rader|e*, |*si, far la barba a, farsi la b-;* & v. graze; — off, v. cut, plane. —, n.; a close —, v. narrow escape. **Sha'v|er**, m., v. barber, (fam.) boy, cheat. |**ing-brush**, n., *blaireau*, m., Rasierpinsel, *spazzolino da radere.* |**ings**, n. pl., (of wood) *copeaux*, m. pl., Hobelspäne, *brucioli.*
Shawl (au), n., *châle*, m., S-, *sciallo.*
She, prn., *elle*, (folld. by who) *celle;* sie, diejenige; *ella, quella.* **She-** (comp.), *femelle*, weiblich, *femina;* -ass, n., *ânesse*, f., Eselin, *asina;* -wolf, n., *louve*, f., Wölfin, *lupa.* [*vone*, m.
Shea|'f (pl. |ves), n., *gerbe*, f.; Garbe; *covisare;*
Shear (ed, shorn), t., *tondre*, scheren, *tosare;* (fig.) v. divest. |s, n. pl., v. scissors.
Sheath, n., *gaine*, f., (of sword) *fourreau*, m.; Scheide, f., *guaina, fodero*, m.; & v. case. |e, t., *remettre au f-*, in die Sch- stecken, *mettere nel f-;* (with iron, etc.) *doubler (en)*, beschlagen (mit), *foderare (di).*
Shed (—, —), t., *verser;* vergießen; *versare*, (blood) *spargere;* (hair, etc.) *jeter*, abwerfen, *mutare.*
Shed, n., *hangar*, m.; Schuppen; *rimessa*, f.; (cattle-) *étable;* Stall, m.; |a, f.
Sheep (pl. —), n., *mouton*, m., (ewe, & fig.) *brebis*, f.; Schaf, n.; *pecora*, f.; cast a —'s eye at, *faire des yeux doux à*, e-m zärtliche Blicke zuwerfen, *adocchiare.* '-fold, n., *bergerie*, f.; S|stall, m.; *ovile.* '|ish, a., *niais*, albern, *sciocco;* & v. shy. '-**skin**, n., *peau de m-*, f., (for binding) *basane;* S|fell, n., |leder; *pelle di pecora*, f., *alluda.*
Sheer, a., (mere, utter) *pur*, rein, *mero;* & v. perpendicular; by — strength, *de vive force*, mit aller Gewalt, *di tutta forza.*
Sheet, n., *drap(de lit)*, m.; Betttuch, n., Laken; *lenzuol o*, m. (pl. *le l'a*); (of paper) *feuille*, f.; Bogen, m., *foglio;* (of metal) *f-*, f.; Folie, Blatt, n.; *foglia*, f.; & v. plate; (of sail) *écoute*, Schote, *scotta;* & v. mass, expanse; — of water, *nappe d'eau*, Wasserfläche, *estensione d'acqua.* **-anchor**, n., *maîtresse ancre*, f.; Hauptanker, m.; *ancora maestra*, f. '-**iron**, n., *tôle*, f.; Blech, n.; *lama di ferro*, f. **-lightning**, n., *éclair de chaleur*, m.; Wetterleuchten, m.; *balenamento.* m.
Shel'|f (pl. |ves), n., *planche*, f., (book-) *rayon*, m.; Brett, n., Fach; *scaffale*, m.; (of rock) *récif*, m.; Riff, n., *scoglio*, m.; on the —, (fig.) *de côté*, beiseite, *da banda.*
Shell, n., *coqu|e*, f.; Schale; *guscio*, m.; (of s|fish) *c|ille*, f.; Sch-, Muschel; *nic-*

Shelter — 161 — Shoot

chio, m.; (of oyster) *écaille*, f., Sch-, co*n*chiglia; (of tortoise, etc.) *carapace;* Rückenschild, n.; *scudo*, m.; & v. pod, coffin, bomb. —, t., (peas, etc.) *écosser*, aushülsen, *sgusciare*. ' *fish*, n., *coquillage*, m.; M,tier, n.; *conchiglia*, f.
Shel'ter, n., *abri*, m.; Obdach, n.; *coperto*, m.; & v. refuge, protection; take —, se mett're à l'a-, Schutz suchen, m'ersi al c-. —, t., mettre à l'a-, a'ter (agst., *contre*); schützen (vor, dat.); m'ere al c- *(di)*, ricoverare. |ed, pp., a'té, geschützt, *protetto*.
Shel'ving, a., *en pente*, abschüssig, *declivo*.
Shep'herd (peurd), m., |ess, f., *berg|er*, |ère; Schäfer, |in, Hirt, |in, *pecoraj|o*, |a.
Sher'iff, m., *shérif;* S-, Landrichter; *sceriffo*.
Sher'ry, n., *vin de Xérès*, m.; S-, Xeres (-wein); *vino di X-*.
Shew (ō), t., v. show.
Shield, n., *bouclier*, m., (herald.) *écu;* Schild; *scudo;* & v. defence. —, t., v. defend.
Shift, t., v. change, transfer. —, i., v. move, vary, make —. —, n., *chemise (de femme)*, f.; Frauenhemd, n.; *camicia da donna*, f.; & v. pretext, expedient; make —, s'en tirer, s. behelfen, *ingegnarsi;* (with) s'accommoder *(de)*, vorlieb nehmen (mit), *contentarsi (di)*.
Shil'ling, n., *(l fr. 25 c.) schelling*, m., Schilling, *scellino*. [n.; *stinco*, m.
Shin, n., *os de la jambe*, n.; Schienbein, Shine (shone, s-), i., *luire*, (brightly, & fig.) *brill|er;* scheinen, glänzen; *(ri)splendere*, b'are. Shi'ning, a., b'ant, g|d, b,*ante*.
Shin'gle, n., (stones) *galet*, m., (on roof) *bardeau;* Kies, Schindel, f.; *ghiaja;* em*brice*. m.
Ship, n., *navire*, m.; Schiff, n.; *nave*, f.; (of war) *vaisseau*, m.; (Kriegs)s-, n.; *vascello*, m., n-, f.; (in genl.) *bâtiment*, m.; Fahrzeug, n.; *bastimento*, m.; on board —, v. b-; take —, v. embark. —, t., (goods, etc.) *embarquer;* verladen, (a sea) über Bord bekommen; *imbarcare, ricevere a bordo*. '-broker, m., *courtier maritime*, S|smäkler, *sensale m'timo*. '-builder, m., *constructeur de vaisseaux*, S|bauer, *costruttore di navi*. '-chandler, m., *fournisseur de navires*, S|slieferant, *provveditore di navi*. '-owner, m., *armat|eur*, S|seigner, a'ore. '|per, m., *chargeur*, Befrachter, *caricatore*. '|ping, n., (in genl.) *marin,e*, f., |e, |a; & v. ships. '|ping-agent, m., *expéditeur*, Spediteur, *spedizioniere*. '|wreck, n., |wrecked, a., *naufrag|e*, m., |é; Schiffbruch, |brüchig; n|io, 'ato; be |wrecked, faire n|e, S|bruch leiden, n|are.

Conversation Dictionary.

Shire, n., *comté*, m.; Grafschaft, f.; *contea*.
Shirk, t., v. evade.
Shirt, n., '|ing, n., '|maker, m., *chemis|e (d'homme)*, f., *toile pour c'es*, |ier; Hemd, n., S|ing, m., H|enfabrikant; *camici|a (da uomo)*, f., *tela per c'e*, |ajo.
Shiv'er, t., *fracasser*, zerbrechen, *frantum|are*. |s, n. pl., *éclats*, m. pl.; Stücke, n. pl.; *f,i*, m. pl.
Shiv'er, i., *frissonn|er*, (with cold) *grelotter;* zittern, vor Kälte z-; *rabbrividire*, *tremar di freddo*. |ing, n., *f,ement*, m.; Frösteln, n.; *brivido*, m.
Shoal (ōle), n., *multitude*, f., (of fish) *banc*, m.; Zug; *qua itità*, f.; & v. crowd.
Shoal, n., (sandbank) *banc*, m.; Sandbank, f.; *secca*.
Shock, n., *choc*, m., Stoß, *urto;* (electr.) etc.) *secousse*, f.; Schlag, m., (of earthq.) Erschütterung, f.; *scossa;* (fig.) *coup*, m., Sch-, *colpo*. —, t., choquer, beleidigen, *offendere;* & v. grieve, afflict. '|ing, a., *scandal,eux*, anstößig, s|oso; & v. dreadful.
Shod, imp. & pp., v. shoe.
Shod'dy, n., v. bad cloth; (fig.) *camelote*, f.; Schund, m.; *robaccia*, f.
Shoe (ou), n., *soulier*, m.; Schuh; *scarpa*, f.; (wooden, & of drag) *sa'ot*, m.; Holz|, Hemm|schuh; *zoccolo*, sc-, f.; (horse-) *fer*, m.; Hufeisen, n.; *ferro*, m. — (pres. p. |ing; shod, s-), t., *chausser;* beschuhen, mit S|werk versehen; *calzare;* (horse) *ferrer*, beschlagen, *ferrare*. '-black, m., *décrotteur*, S|putzer, *lustrino*. '|(ing)-horn, n., *corne*, f.; S|anzieher, m.; *calzatoja*, f. '|maker, m., *cordonnier*, S|macher, *calzolajo*. '|string, '|tie, n., *cordon (de soulier)*, m.; S|band, n.; *coreggiuolo*, m.
Shoot (shot, s-), i., (with gun, etc.) *tirer (de; at, à, sur);* schießen (mit; nach; auf, ac.); *tirare (di; a, contro);* (hunt) *chasser*, jagen, *cacciare;* (dart, rush) *s'élancer*, sch-, s. stürzen; *slanciarsi;* (plants) *pousser;* sch-, hervorkommen; *germogliare;* (water) v. gush; he is fond of |ing, *il aime la chasse*, er ist ein Jagdliebhaber, *ama la caccia;* go out |ing, *aller à la ch-*, auf die Jagd gehen, *andare alla caccia;* — out, v. project. —, t., (ball, arrow) *lancer;* sch-; *mandare, tirare;* (a gun) *tirer*, ab|sch-, *sparare;* (hit) *atteindre;* sch-, treffen; *colpire;* (kill) *tuer (d'un coup de fusil);* tot|sch-, er'sch-; *uccidere (con un colpo di fucile);* (a spy, etc.) *fusiller*, er|sch-, *fucil|are;* (coals, etc.) *décharger*, schütten, *scaricare;* he has shot himself, *il s'est brûlé la cervelle*, er hat s. erschossen, *si è ucciso (con un colpo di f,e);* he was shot through the arm, *il avait le bras traversé*

11

d'une balle, er bekam einen Schuß durch den Arm, *una palla gli ha passato il braccio*. —, n., *rejeton*, m., Schößling, *rampollo;* (for coal, etc.) *glissoir*, m.; Rutsche, f.; *sdrucciolo*, m.; & v. spout, rapid. '|ing, n., *tir*, m.; Schießen, n.; *tirare*, m.; & v. hunt. '|ing, a., (pain) *lancinant*, reißend, *l|e;* — star, *étoile filante*, f., Sternschnuppe, *stella cadente*. '|ing-box, n., *rendez-vous de chasse*, m.; Jagdhaus, n.; *casino da caccia*, m. '|ingcoat, n., *veste de ch-* , f.; Jagdjoppe; *abito da c-*, m. '|ing-gallery, n., '|ingmatch, n., *tir*, m.; Schieß'|platz, |übung, f.; *luogo di bersaglio*, m., *tiro al b-*.
Shop, n., *boutique*, f., (large)*magasin*, m.; Laden; *bottega*, f. —, i., go out |ping, *faire des emplettes*, Einkäufe machen, *far delle compre*. '-boy, m., '-girl, f., *garçon, demoiselle de m-;* L'|junge, |jungfer; *giovane, ragazza di b-*. '|keeper, m., *marchand*, Kleinhändler, *mercante*. '|man, m., *commis de magasin*, L'gehülfe, *uomo di bottega*.
Shore, n., *rivage*, m.; Ufer, n.; *lido*, m.; & v. coast, bank; on —, v. ashore; go on —, *aller à terre;* an Land gehen, aussteigen; *sbarcare*. —, t., v. prop. Shor|e, |n, imp. & pp., v. shear.
Short, a., *court*, (syllable, note)*bref;* kurz; *corto*, (time, etc.) *breve;* (manner) *brusque*, schroff, *brusco;* (pers.) v. little; (weight, etc.) v. insufficient, deficient; (cake, etc.) v. crisp; — of money, *à c-d'argent*, schlecht bei Kasse, *a corto di danaro;* I am — of wine, *le vin me manque*, der Wein ist mir ausgegangen, *il vino mi manca;* come — of, *être audessous de*, nachstehen (dat.), *essere inferiore a;* cut o. —, *couper la parole à*, e-m ins Wort fallen, *tagliar corto;* it falls — of my expectation, *cela ne répond pas à mon attente*, es entspricht nicht meinen Erwartungen, *delude le mie speranze;* in —, *bref*, kurz (u. gut), *in somma;* in a — time, *en peu de temps*, in kurzer Zeit, *in poco tempo;* & v. soon; nothing — of, v. n- but, n- less than, only; on — commons, *rationné*, bei knapper Kost, *a vitto scarso;* run —, v. fail; we have run — of (these goods), *nous n'en avons plus*, sie sind uns ausgegangen, *ci mancano;* stop —, *s'arrêter court*, plötzlich innehalten, *fermarsi di botto*. -breathed, a., *qui a l'haleine courte*, kurza|mig, aneloso. '|comings, n. pl., v. failure, defect. '-cut, n., *chemin de traverse*, m.; Richtweg; *scorciatoja*, f. '|en, t., *raccourcir*, (fig.) abréger; kürzer machen, abkürzen; *raccorciare, abbreviare*. '-hand, n., '|handwriter, m., *sténograph'|ie*, f., |e; |ie, f.,

S; *stenografia*, f., |o. '-lived, a., *dont la vie est courte*, kurz|lebend, *di corta vita*. '|ly, ad., *bientôt*, in nächster Zeit, *fra breve;* (briefly) *brièvement*, k|, brevamente. '|ness, n., b|té, f.; Kürze; *brevità, cortezza;* — of breath, *haleine courte*, Engbrüstigkeit, *ambascia;* — of memory, *mémoire c-*, schlechtes Gedächtnis, n., *cattiva memoria*, f. '|sighted, a., '|sightedness, n., *qui a la vue basse (la v- courte), v- b- (v- c-)*, f., (med.) *myop'|e*, |ie, (fig.) *imprévoyan|t*, |ce; kurzsichtig, |keit; *di vista corta, v- c-*, f., miop|e, |ia, *d'intelligenza ristretta, i- r-*. '|-winded, a., v. -breathed.
Shot, imp. & pp., v. shoot. Shot, n., *coup de fusil (de canon)*, m., Schuß, *colpo di fucile(di cannone);* (small)*plomb;* Schrot, n.; *pallini*, m. pl., *migliarola*, f.; (pers.) *tireur*, m., Schütze, *tiratore;* & v. ball, bullet; (fam.) like a —, *comme un trait*, pfeilschnell, *come una freccia;* within —, *à portée de fusil*, auf Schußweite, *a tiro di fucile*. Shot, a., v. variegated; — silk, *soie gorge de pigeon*, f., schillernde Seide, *seta cangia*.
Should (oud), imp., v. shall; I — think so, *je le crois bien*, das sollt' ich meinen, *lo crederei;* (conditnl.) if I — be (have), *si j'étais (j'avais)*, wenn ich wäre (hätte), *se fossi (avessi);* I — be (have), *je serais (j'aurais)*, ich würde sein (haben), *sarei (avrei);* (duty) you — go, *vous devriez aller*, Sie sollten gehen, *dovrebbe andare;* you — have done it, *vous auriez dû le faire*, Sie hätten es thun sollen, *arrebbe dovuto farlo;* (subjunct.) lest he — see it, *de peur qu'il ne le voie*, aus Furcht er könnte es sehen, *di paura che lo veda*.
Shoul'der (ōl), n., *épaule*, f.; Schulter, Achsel; *spalla, omero*, m. —, t., *mettre sur l'é-*, auf die S- nehmen, *mettere sulle spalle;* (arms) *port'|er*, s n, p|are; round |ed, *voûté*, krumm, *curvo (di spalle)*. -blade, n., *omoplate*, f.; S'|blatt, n.; *scapula*, f. -strap, n., (mil.) *épaulette*, f.; A|band, n.; *spallino*, m.
Shout (aou), n. & i., *cri*, m., |er; Geschrei, n., schreien; *grid'|o*, m., |are.
Shove (ă), t., v. push.
Shov'el (ă), n., *pelle*, f., Schaufel, *pala*.
Show (ō; '|ed, |n), t., *montrer*, zeigen, *mostrare;* & v. conduct, prove, manifest; — kindness, *témoigner de l'amitié*, Freundschaft erweisen, *mostrar amicizia;* — me how to do it, *montrez-moi à le faire*, z- Sie mir, wie man es macht, *mi mostri come farlo;* — in, *faire entrer;* hereinführen, eintreten lassen; *far entrare;* — off, *étaler*, zur Schau stellen, *far mostra di;* — out, *reconduire*, c-m

das Geleit geben, *ricondurre;* — up, faire monter, heraufführen, *far salire;* (fig.) *démasquer,* entlarven, *smascherare.* —, i., *se montrer,* s. z-, *mostrarsi;* & v. appear; — off, *se donner des airs,* s. sehen lassen, *m-.* —, n., (parad|c) |e, f.; Prunk, m.; *sfarzo;* (at fairs) *spectacle,* m.; Schaubude, f.; *spettacolo,* m.; (display, collection) *étalage,* m.; Ausstellung, f.; *esposizione;* (flower, etc.) v. exhibition; & v. appearance; horse—, *montre,* f., Pferdeschau, *esposizione di cavalli;* for —, *pour la montre,* zur Schau, *per parata;* in dumb —, *en pantomime,* mit Gebärdenspiel, *con gesti;* (vote) by — of hands, *à main levée,* durch Aufheben der Hände, *a mano levata.* ''|man, m., *directeur de spectacle (forain),* Schaubudenbesitzer, *padrone di spettacolo.*
Show'er (aou), n., *ondée,* f., (heavy) *averse;* Regen|schauer, m., |guß; *rorescio;* (of shot, etc.) *grêle,* f.; Hagel, m.; *grandine,* f.; (fig.) v. rain. —, t., (fig.) *prodiguer,* spenden, *dispensare.* -bath, n., *douche,* f.; D-, Sturzbad, n.; *doccia,* f. '|y, a., v. rainy.
Show|n (ōne), pp., v. show. ''|y, a., *fastueux,* prunkvoll, *sfarzoso;* & v. gay, brilliant.
Shrank, imp., v. shrink.
Shred, n., *lambeau,* m.; Schnittchen, n.; *ritaglio,* m.
Shrew (ou), f. (fig.), *mégère,* Widerspenstige, *megera.* |d, a., |d'ness, n., *rusé, fin,* |esse, f.; scharf|sinnig, |sinn, m.; argut|o, |ezza, f.
Shriek (īk), i. & n., v. scream.
Shrill, a., *aigu, perçant;* schrill, gellend; *acuto, strillante.*
Shrimp, n., *crevette,* f.; Garneele; *gamberettino,* m.
Shrine, n., *châsse,* f.; Reliquienschrein, m.; *reliquiario;* & v. altar, sanctuary.
Shrink (shrank, shrunk), i., (cloth) *se retirer,* einlaufen, *ritirarsi;* (fig.) *reculer* (from, *devant),* zurückbeben (vor, dat.), *rinculare (da);* & v. contract, shrivel.
Shriv'el, i., — up, *se ratatiner;* einschrumpfen, *raggrinzarsi,* (leaf) *arricciarsi.*
Shroud (aou), n., *linceul,* m.; Leichentuch, n.; *panno funebre,* m.; (pl.; nav.) *haubans,* m. pl.; Want, f.; *sarchie,* f.pl. —, t., (fig.) v. conceal, involve.
Shrove-Tues'day, n., *mardi gras,* m.; Fastnacht, f.; *martedì grasso,* m.
Shrub, n., *arbust|e,* m., Strauch, a|o; '|bery, n., *bosquet,* m.; Gebüsch, n.; *luogo piantato di a|i,* m.
Shrug (t.) o's shoulders, —, n., *hauss|er les épaules, h|ement d'é-,* m.; die Achsel|n zucken, A|zucken, n.; *stringersi nelle spalle, stretta di s-,* f.
Shrunk, pp., v. shrink.
Shud'der, i. & n., *frissonn|er* (at, *de),* |ement, m.; schau(d)ern (vor, dat.), er; *rabbrividire (di), tremito.*
Shuffle, t., (cards) *battre,* mischen, *mescolare;* — off, v. throw, lay aside. —, i., *trainer la jambe,* schleppend gehen, *trascinare;* (fig.) *biaiser,* Ausflüchte machen, *tergirersare.* —, n., v. evasion.
Shun, t., v. avoid.
Shunt, t., *garer,* auf e-n andern Strang bringen, *trasferire a un' altra rotaja.*
Shut (—, —), t., *fermer;* zumachen, schließen; *chiudere;* — in, (r)*enfermer,* ein|sch-, rin|*ch-;* — off, (steam, etc.) *interce|pter,* absperren, i|*ttare;* — out,*f-la porte à,* aus|sch-, ch- *la porta a;* & v. exclude; — up, v. —, — in; (fig.) *faire taire,* zum Schweigen bringen, *far tacere;* (i.) v. be silent. '|ter, n., *volet,* m., (outside) *contrevent;* Fensterladen; *imposta,* f.
Shutt'le, n., *navette,* f.; (Weber)schiffchen, n.; *spola,* f. -cock, n., *volant,* m., Federball, r|e.
Shy, a., *timid|e;* scheu, schüchtern; t|o; (horse) *ombrageux,* scheu, *ombroso;* (animal) *farouche,* (menschen)scheu, *salvatico;* — of, v. suspicious; be — (of doing), v. hesitate (to do). —, i., *s'effrayer,* scheuen, *adombrarsi.* '|ness, n., *timidité,* f., Schüchternheit, *timidità;* & v. reserve.
Sib|e'ria, n., |*érie,* f.; |irien, n.; |*eria,* f.
Sib'yl, f.; *'|le;* |la, (proph.) Seherin; *Sibilla.*
Sic'il|y, n., '|ian, a. & m., |e, f., |*ien;* Sizili|en, n., |anisch, |aner; *Sicilia,* f., |*no.*
Sick, a., *malade,* krank, (am)*malato;* (fig.) *dégoûté* (of, *de);* müde, überdrüssig (gen.); *disgustato (di);* be —, v. vomit; I am — at heart, *j'ai la mort dans l'âme,* ich bin tief bekümmert, *sono molto afflitto;* I feel —, *j'ai mal au cœur,* mir ist übel, *mi sento male;* it makes me —, *cela me soulève le cœur,* es verursacht mir Übelkeit, *ciò mi fa nausea.* '-bed, n., *lit de malade,* m.; K|enbett, n.; *letto d'infermo,* m. '|en, i., v. fall ill; (t.; fig.) v. disgust. '-list, n., *rôle des malades,* m.; K|enliste, f.; *lista degli ammalati.* '|ly, a., *maladif,* kränklich, *malaticcio;* & v. weak, unhealthy. '|ness, n., *maladie,* f., K|heit, *malattia;* (vomiting) *mal de cœur,* m., Übelkeit, f., *nausea.*
Sick'le, n., *faucille,* f., Sichel, *falciuola.*
Side, n., *côté,* m.; Seite, f.; *lato,* m., & v. flank, slope, direction, party; right, wrong — (of cloth), *endroit,* m., *envers;* rechte S-, f., linke S-; *dritto,* m., *rovescio;* wrong — out, *à l'envers,* verkehrt,

11*

Siege — 164 — Since

a rovescio; — by —, c- à c-, nebeneinander, l'uno accosto all' altro; on every —, on all |s, de tous c|s, von allen S|n, da tutte parti; on one —, d'un c-, auf einer S-, d'un lato; & v. hand; on the N. —, du c- du nord, an der N|seite, dal l- del norte; on this, that — (of), en deçà, au delà (de); diesseits, jenseits (gen.); di qua, di là (di). —, a., de c-, latéral; Seiten..; l'e. —, i., prendre parti (with, pour), Partei nehmen (für), pigliar la parte (di). '|board, n., buffet, m.; Büffett, n., Speiseschrank, m.; credenza, f. Si'ded, a.; one—, many—, qui n'a qu'un c-, à plusieurs faces; ein|, viel|-seitig; di un lato, di molti lati. Side'-dish, n., hors-d'œuvre, m.; Nebengericht, n.; tramesso, m. '-face, n., profil, m.; P-, n.; |o, m. '-saddle, n., selle de dame, f.; Damensattel, m.; sella da signora, f. '-walk, n., contre-allée, f.; Seitenallee; viale laterale, m. '|ways, ad., de c-, de traver|s; seitwärts, quer; da canto, a t|so. Si'ding, n., (rail.) voie de garage, f.; Ausweicheplatz, m.; ria laterale, f.
Siege (ī), n., siège, m.; Belagerung, f.; a:sédio, m.; lay — to, v. besiege.
Sieve (siv), n., tamis, m., (large) cribl'e; Sieb, n.; staccei|o, m., crivell|o. Sift, t., t|er, c|er; sieben; s|are, c|are; (fig.) v. examine.
Sigh (saï), n. & t., soupir, m., |er; Seufz|er, |en; sospir|o, |are.
Sight (saït), n., (eye-) vue, f.; Gesicht, n.; vista, f.; (spectacle) spectacle, m., Anblick, spettacolo; (of gun) mire, f.; Korn, n.; mira, f.; & v. look, view; (days) after —, .. de r-, nach Sicht, di v-; (payable) at —, à r-, auf S-, a v-; (play) at —, à livre ouvert, vom Blatt, a prima v-; at first —, à première v-, auf den ersten Blick, alla prima; by —, de v-, von Ansehen, di v-; catch, gain — of, apercevoir, zu sehen bekommen, scorgere; I can't bear the — of it, je ne peux pas le voir; ich kann es nicht sehen, non posso vederlo; in —, en vue, sichtbar, risibile; in the — of, aux yeux de, vor den Augen, nella presenza di; loose — of, perd|re de v-, aus den A- verlieren, p|ere di vista; out of —, hors de v-; unsichtbar, aus den A-; fuori di v-. —, t., (land, etc.) v. gain — of. '|ed, a.; long—, qui a la v- longue, weitsichtig, di v- lunga; near—, v.short-. '|less, a., v. blind. |s, n. pl., curiosit|és, f. pl., Sehenswürdigkeiten, c|à.
Sign (saïnn), n., signe, m.; Zeichen, n.; segno, m.; (of inn, etc.) enseigne, f.; Schild, n.; insegna, f. —, t., (letr., etc.) signer, unterschreiben, sottoscrivere;

(o's name) v. write. —, i., v. beckon. '-post, n., poteau d'e-, m.; S|pfoste, f.; palo d'i-, m.
Sig'nal, n., s-, m.; S-, n., Zeichen; segna-l|e, m. —, a., |é, ausgezeichnet, s|ato. |ize, t., |er, auszeichnen, s|are. -man, m., signalìste, Signalgeber, impiegato ai segnali. Sig'nature, n., s-, f., Unterschrift, firma. Sig'net, n., v. seal. Sig'-nif'y, t., |ier, bedeut|en, significare; it does not —, n'import|e, es thut nichts, non importa. '|icant, a., '|icance, n., |ica'tion, n., |icatif, i|ance, f., s|ication; b|ungsvoll, |samkeit, |ung; s|icativo, i|anza, s|icazione.
Si'len|ce, n., |ce, m.; Still|e, f., (of pers.) |schweigen, n.; s|zio, m. |ce, t., faire taire, zum Schweigen bringen, far tacere. |t, a., |cieux, still, quiet|o; & v. taciturn; be—, se taire, sch-, tacere. |tly, ad., en s|ce, |cieusement; still, sch]d]; q'amente, pian piano. [lesia, f.
Sile'sia, n., Silésie, f.; Schlesien, n.; S(i)-Silk, n., —, |en, a., soie, f., de s-; Seid|e, |en; seta, di s-. '-mercer, m., marchand de s'ries, S|enhändler, mercante di s-. '-worm, n., ver à s-, m., S|enwurm, baco da s-.
Sill, n., seuil, m.; Schwelle, f.; soglia; (window-) appui, m.; Brüstung, f.; appoggio, m.
Sil'ly, a., sot, albern, sciocco; & v. imbecile. |iness, n., niaiserie, f., A|heit, sciocchezza.
Silt, n., v. mud.
Sil'ver, n. & a., argent, m., d'a-; Silber, n., |n; a|o, m., d'a-. —, t., a|er, versilbern, inargentare. -plate, n., v. p-. -smith, m., orfèvre, S|arbeiter, a|iere. '|y, a., a|é, (tone) |in; s|n, |hell; a|eo, |ino.
Si'mil|ar, a., |ar'ity, n., semblable, pareil, ressemblance, f.; ähnlich, |keit; sim'ile, |tiglianza. |e (ī), '|itûde, n., |itude, f.; Gleichnis, n.; similitudine, f.
Sim'mer, i., mijoter, langsam kochen, cuocere adagio.
Si'mon, m., S-, S-, |e.
Sim'per, i., sourire niaisement, schmunzeln, sorridere affettatamente.
Sim'pl|e, a., |ic'ity, n., |e, |icité, f.; einfach, |heit, (stupid) einfältig, |keit; semplic'e, ità. |eton, m., niais, (Einfalts)pinsel, semplicione, sciocco. |ify, t., |ifica'tion, n., |ifier, |ification, f.; vereinfach|en, |ung; semplifica|re, |zione. |y, ad., |ement, einfach, semplicemente; & v. merely.
Sim'ulate, t., v. feign.
Simulta'n|eous, a., |é, gleichzeitig, s|eo.
Sin, i. & n., péch|er, |é, m.; sünd|igen, |e, f.; pecca're, |to, m.
Since, prp., depuis, seit (dat.), da; ever —

Sincere — 165 — Skeleton

(the day, etc.), *dès*, von . . an, *da* . . *in poi*. —, ad., ever—, *depuis*, s|dem, *d'allora in poi;* long —, *d- longtemps*, s- langer Zeit, *molto tempo fa*. —, cj., (time) *d- que*, seit(dem), *dacchè;* (cause) *puisque, da, poichè;* it is long since I saw him, *il y a longtemps que je ne l'ai vu*, ich habe ihn lange nicht mehr gesehen, *è lungo tempo che non l'ho veduto;* it is ten years since he went, *il y a dix ans qu'il est parti*, er ist seit zehn Jahren fort, *sono dieci anni ch'è partito*.
Sincere', a., |ly, ad., Sincer'ity, n., *sin|-cère*, |*cèrement*, |*cérité*, f. ; aufrichtig, |keit; *sincer*|*o*, |*amente*, |*ità*.
Si'necūre, n., *sinécure*, f., Sine|kure, |*cura*.
Sin'ew (iou), n., *tend|on*, m. ; Sehne, f. ; *t|ine*, m. ; (flg.) v. nerve.
Sin'ful, a., (pers.) *péch|eur*, (f.) |*eresse*, (pers., act.) *coupable;* sünd|haft, |lich; *peccat|ore*, |*rice, iniquo*. |ness, n., *iniquit|é*, f., S|haftigkeit, i,à. .
Sing (sang, sung), t. & i., |er, m. & f., *chant|er*, |*eur*, |*euse*, (public) *cantatrice;* singen, Sänger, |in; *canta|re*, |*tore*, |*trice*. |ing, n., |ing-master, m., *chant*, m., *maître de ch-;* Gesang, |lehrer; *canto, maestro di c-.*
Sin'gle, a., *simple*, einfach, *scempio;* (one only) *seul;* einzig; *unico, solo;* (unmarried) *non marié;* ledig ; *smogliato*, (f.) *non maritata;* & v. sincere,— combat, *c- singulier*, m., Zweikampf, *duello;* — life, *célibat*, m., l'er Stand, *c|o;* — man, *garçon, c|aire;* Junggesell; *garzone;* — woman, *fille, demoiselle;* Jungfrau, Fräulein; *ragazza*. —, t., — out, v. select. distinguish. Singly, ad., *séparément*, einzeln, s|*atamente*.
Sin'gŭl'ar, a. & n. (— number), [*ier*, a. & m., (in the, *au*); eigen(tümlich), Einzahl, f., (in der E-, im S ar); *singolare*, a. & m., (*al*). |ar'ity, n., |arly, ad., |*arité*, f., |*ièrement*; Eigen|heit, |tümlichkeit, besonders, höchst; *singolar|ità*, |*mente*.
Sin'ist|er, a., |*re*, böse, s|*ro*.
Sink (sank, sunk), i., (in water) *aller au fond*, s'en, *affondare;* (into earth, etc.) *s'enfoncer*, eindringen, *penetrare;* (sun, etc.) *descendre*, untergehen, *cadere;* (in illness) *baisser*, schwächer werden, *morirsi;* (water) v. subside; (under a load) v. succumb; & v. fall, fail. —, t., *enfoncer*, versenken, *affondare;* (ship) *couler bas*, in den Grund bohren, *mandare a fondo;* (a well) *foncer;* senken, graben; *scavare*. —, n., (kitchen-) *évier*, m., Gußstein, *acquajo*.
Sin'ner, m. & f., *péch|eur*, |*eresse;* Sünder, |in; *peccat|ore*, |*rice*.

Sip, n. & t., *petite gorgée*, f., *siroter;* Schlückchen, n., schlürfen; *sorso*, m., *bere a sorsi*.
Sir (seur), m., *monsieur*, (mein) Herr, *signore;* (title) v. baronet, knight.
Sire (saïr), m., *s-*, S-, *s-;* & v. father.
Sir'loin, n., *aloyau*, m. ; Lendenstück, n. ; *lombata*, f.
Sis'ter, f., -in-law, *sœur, belle-s-;* Schwester, Schwägerin; *sorella, cognata*.
Sit (sat, s-), i., *être assis, s'asseoir*, (on horseback) *se tenir;* sitzen; *sedere, stare;* (court, etc.) *siéger, tenir séance;* Sitzung halten; *tenere seduta;* (hen, on eggs) *couver*, brüten, *covare;* (coat) v. fit; & v. be remain; (pray) — down, *asseyez-vous*, setzen Sie sich, *si accomodi;* — down to dinner, *se mettre à table*, s. zu Tische setzen, *mettersi a tavola;* — for o's portrait, *poser (pour son portrait);* (e-m Maler) sitzen, sich malen lassen; *farsi fare il ritratto;* — still, *rester tranquille*, ruhig bleiben, *star fermo;* — up (at night), *veiller*, aufbleiben, *vegliare;* — up (in bed), *se mettre sur son séant*, s. aufrichten, *alzarsi;* — up for (a pers.), v. expect. 'ting, n., *séance*, f., Sitzung, *seduta;* & v. seat.
"ing-room, n., *salon*, m. ; Wohnzimmer, n. ; *salottino*, m.
Site, n., *s-*, m., (for house) *emplacement;* Lage, f., Baustelle; *sito*, m.
Sit'ū|ated, a., |*é*, gelegen (be —, liegen), s|*ato;* — as I am, *dans ma position*, in meinen Verhältnissen, *nella mia posizione*. |a'tion, n., |*ation*, f., Lage, s|*azione;* (employment) place; Stelle; *servizio*, m.; & v. state, position.
Six, a., |th, a., *six*, |*ième;* sechs, |te; *sei, sesto*. '|pence, n., *soixante centimes*, m. pl., fünfzig Pfennige, *sessanta centesimi*. 'teen, a., 'teenth, a., *seiz|e*, |*ième;* sechzehn, |te; *sedic|i*, |*esimo*. '|ty, a., '|tieth, a., *soixant|e*, |*ième;* sechzig, |ste; *sessant|a*, |*esimo*. Six't|us, m., *-e*, |us, *Sisto*.
Size, n., *grandeur*, f., (of stone, fruit, etc.) *grosseur*, (pers.) *taille;* Größe; *grandezza, grossezza, statura;* (of bk.) *formato*, m. ; F-, n. ; |o, m. ; (of glove, etc.) v. number. |d, a. ; middle-, *de g- (de t-) moyenne*, von mittlerer G-, *di mezza g- (s-)*.
Size, n., v. glue. '-paint, n., *détrempe*, f. ; Wasserfarbe; *colore a tempera*, m.
Skate, n., (fish) *raie*, f. ; Rochen, m. ; *razza*, f.
Skate, n. & i., 'r, m., *patin*, m., |er, |*eur;* Schlittschuh, |laufen, |läufer; *pattin|o*, |*are*, |*atore*.
Skein (ène), n., *écheveau*, v. ; Strähne, f. ; *matassa*.
Skel'eton, n., *squelette*, m. ; Skelett, n. ;

Sketch — 166 — **Slender**

scheletro, m.; (of house, etc.) *carcasse*, f.; Gerippe, n.; *ossatura*, f.
Sketch, n. & t., *esquiss'e*, f., |er, *croquis*, m., *faire un c-;* Skizz|e, f., |ieren; *schizz|o*, m., |*are, abbozz'o,* |*are.* '|book, n., *cahier de c-*, m.; S|enbuch, n.; *libro da s|i*, m.
Skew'er (iou), n., *brochette*, f.; Speiler, m.; *spiedino*. [*fo*.
Skiff, n., *esquif*, m., kleiner Nachen, *schi-*
Skill, n., *habileté*, f., *adresse;* Geschick, n., |lichkeit, f.;*abilità, destrezza.* |ed, a., *vers|é* (in, *dans*), erfahren (in), *v'ato* (*in*); & v. **Skil'ful**, a., *habile, adroit;* g|t; *abile, destro.* **ness**, n., v. skill.
Skim, t., *écumer*, abschäumen, *schiumare;* (milk) *écrémer*, abrahmen, *sfiorare;* (fig.) *effleurer*, leicht berühren, *sf-*.
Skin, n., *peau*, f., Haut, *pelle.* —, t., *écorcher*, häuten, *scorticare;* & v. peel. '-deep, a., v. superficial. '-flint, m., v. miser. "ny, a., *décharné*, hager, *scarno;* & v. thin.
Skip, i., v. leap; (t.) v. omit.
Skip'per, m., *patron*, Schiff'spatron, *padrone*.
Skir'mish (eur), n. & i., *escarmouch'e*, f., '*er;* Scharmützel, n., |n; *scaramuccia*, f., '*re*.
Skirt (eur), n., *pan*, m., (ladies') *jupe*, f.; Schoß, m., Rock; *falda*, f., *sottana;* & v. outskirts. —, t., v. border; (walk along) *longer*, an (dat.) entlang gehen, *andare lungo*.
Skit'tish, a., (horse) *ombr|ageux*, scheu, *o'oso*.
Skit'tle, n., *quille*, f.; Kegel, m.; *birill'o;* play at s, *jouer aux q's*, K- spielen, *giocare a' bi.* -ground, n., *jeu de q's*, m.; K'bahn, f.; *luogo da giuoco di b i*, m.
Skulk, i., *rôder*, umherschleichen, *sgattajolare;* & v. lurk.
Skull, n., *crâne*, f.; Schädel, m.; *cranio*.
Sky, n., *ciel*, m., Himmel, *cielo.* "light, n., *lucarne*, f.; Dachfenster, n.; *abbaino*, m.
Slab, n., *dalle*, f., Platte, *lastra*.
Slack, a., *lâche*, schlaff, *allent ato;* & v. weak, careless; (trade) is —, *ne va pas*, geht schlecht, *va male.* "en, t. & i., *relâcher, se r-;* schlaff machen, s- werden; *a are, arsi;* (speed) *ralentir, se r-;* vermindern, sich v-; *rallentar|e, |si;* & v. abate. '*ness*, n., *relâchement*, m.; Schlaffheit, f.; *a amento*, m.
Slag, n., *scorie*, f., Schlacke, *scoria*.
Slain, pp., v. slay.
Slake, t., *éteindre*, löschen, *spegnere*.
Slam, t., *fermer avec violen|ce*, heftig zuschlagen, *chiudere con v'za*.
Slan'der, n.&t., 'er, m., *ous*, a., *calomni'e*, f., '*er*, '*ateur, eux;* Verleumd|ung,

|en, |er, |erisch; *calunni|a*, |*are*, |*atore*, |*oso*.
Slang, n., *argot*, m.; Studenten', Gauner|-sprache, f.; *gergo*, m.
Slant'ing, a., *obliqu|e*, schief, *o'o*.
Slap, n. & t., *claqu|e*, f., |*er;* Klatsch, m., |en; *schiaff'o*, |*eggiare;* & v. blow, beat.
Slash, t., *taillader*, aufschlitzen, *tagliare*.
Slate, n., *ardoise*, f.; Schiefer, m., (for writing) |tafel, f.; *lavagna, tavola di l-*. -pen'cil, n., *crayon d'a-*, m.; S|stift, Griffel; *lapis da l-.* |r, m., *couvreur (en ardoise)*, S|decker, *conciatetti*.
Slat'tern, f., *souillon*, Schlampe, *sciatta*.
Slaugh'ter (aut), n., (in battle, etc.) *carnage*, m.; Gemetzel, n.; *strage*, f. —, t., (animals) *tuer*, schlacht|en, *ammazzare;* & v. kill, massacre. -house, n., *abattoir*, m.; S|haus, n.; *macello*, m.
Slave, m. & f., 'ry (eurī), n., *esclav|e*, |*age*, m.; Sklav|e, |in, |erei, f.; *schiav'o*, |*a*, *'itù*, f. -trade, n., *traite des noirs*, f.; S|enhandel, m.; *tratta dei negri*, f. **Sla'vish**, a., v. servile.
Slav'on'ian, a., *e*, |isch, '*o*. [*dere*.
Slay (slew, slain), t., *tuer*, erschlagen, *ucci-*
Sledge, n., *traîneau*, m.; Schlitten; *slitta*, f.
Sleek, a., *lisse*, glatt, *liscio*.
Sleep, n., *sommeil*, m., Schlaf, *sonn|o;* go to —, fall asleep, v. a-; walk in o's —, *être somnambule*, nachtwandeln, *essere s|ambulo;* want of —, v. |lessness. —(slept, s-), i., *dormir*, schlafen, d'e; (pass night) *coucher*, übernachten, *pernottare.* '*er*, m. & f., *dorm|eur, euse;* Schläfer, |in; *dorm'itore*, |*itrice;* (n.; railway-) *travers|e*, f.; Schwelle; *t'o*, m. '*iness*, n., *assoupissement*, m.; Schläfrigkeit, f.; *sonnolenza.* '|ing, pres. p., v. asleep; — partner, *(associé)* commanditaire, stiller Teilhaber, *socio accomodante.* '|ing-carriage, n., *coupé-lit*, m.; Schlafcoupé, n.; *vagone da letto*, m. '|ing-draught, n., *potion somnifère*, f.; Schlaftrunk, m.; *pozione sonnifera*, f. '|less, n., *sans sommeil*, schlaflos, *insonne;* — night, *nuit blanche*, f., s|e Nacht, *notte i-.* '**lessness**, n., *insomnie*, f.; Schlaflosigkeit: *insonnio*, m. "y, a., *près de s'endormir*, schläfrig, *sonnacchioso;* I am (very) —, *j'ai (grand) sommeil*, ich bin (sehr) s-, *ho (gran) sonno*.
Sleet, n., *grésil*, m.; Graupeln, f. pl.; *pioggia e neve*, f.
Sleeve, n., *manche*, f.; Ärmel, m.; *manica*, f.; laugh in o's —, v. l-.
Sleigh (e), n., v. sledge.
Sleight (ait), n.; — of hand, *prestidigitation*, f., Taschenspielerkunst, *p'gia*.
Slen'der, a., *mince*, (pers.) *svelte;* schlank; *sottile, svelto;* (fig.) *pauvre*, karg, *parco;* & v. weak.

Slept, imp. & pp., v. sleep. **Slew (ou)**, imp., v. slay.
Slice, n., *tranche*, f.; Schnitte; *fetta*, (of fruit) *spicchio*, m.; — of bread and butter, *tartine*, f.; Butterbrot, n.; *pezzo di pane e burro*, m. —, t., *couper par tranches*, in Scheiben schneiden, *affettare*.
Slide (slid, s- & |den), i., *glisser*; gleiten, (on ice) schlittern; *sdrucciol|are*. —, n., (on ice) *g|oire*, f.; Eisbahn; *s|o*, m.; (for timber, etc.) *g'oir*, m.; Rutsche, f.; *s|o*, m.
Slight (ait), a., *léger*, leicht, *leggiero*; & v. weak, slender, unimportant; s|est, v. least. —, t. & n., *dédaigner*, *dédain*, m.; geringschätz|en, 'ung, f.; *spregi|are*, |o, m.; & v. neglect. '*ly*, ad., *légèrement*, leicht, *leggermente*.
Sli'ly, ad., v. sly. **Slim**, a., v. thin, slender. **Slime**, n., v. mud.
Sling (slung, s-), t., *lancer*, schleudern, *scagliare*; & v. hang, suspend. —, n., *fronde*, f., Schleuder, *fromba*; (for arm, etc.) *écharpe*, Schlinge, *ciarpa*.
Slink (slank, slunk), i., (away) *s'esquirer*, davonschleichen, *svignare (via)*.
Slip, i., *glisser*; schlüpfen, (stumble) ausgleiten; *sdrucciolare*; — away, v. slink, escape; — in, into, *se g- (dans)*, s. einschleichen (in, ac.), *entrare di soppiatto*; let —, *lâcher*, fallen lassen, *lasciar cadere*; (opportunity) v. miss, lose; — of (o's hand, etc.), *g- de*, entgleiten (dat.), *sfuggire*, *cascare (a)*. —, t., *(faire) g-*, gleiten lassen, *scivolare*; — off, *se dégager de*, abstreifen, *togliersi*; (coat) v. take off; — on, (coat, etc.) *passer*, schnell anziehen, *mettersi*. —, n., *glissade*, f.; Ausgleiten, n.; *sdrucciolamento*, m.; (of earth, etc.) *éboulement*, m., Sturz, *sfondamento*; (of paper) *morceau*, m.; Stückchen, n.; *pezzo*, m.; & v. strip; (of plant) *bouture*, f.; Steckling, m.; *rampollo*; (fig.) *faux pas*, m., Fehltritt, *fullo*; & v. fault; give o. the —, *planter là*, im Stich lassen, *piantare lì*; —of the pen, *erreur de plume*, f.; Schreibfehler, m.; *errore di penna*; (it was) a — of the tongue, *un lapsus linguæ*, ich habe mich (er hat s.) versprochen, *uno sbaglio*. -**knot**, n., *nœud coulant*, m.; Schleife, f.; *nodo colante*, m. '|per, n., *pant'oufle*, f.; |offel, m.; |ofola, f. '|pery, a.. '*periness*, n., *glissant*, *nature g'e*, f.; schlüpfrig, |keit, f.; *sdrucciolevole*, *qualità s-*, f. '|shod, a., *en sarates*, in übergetretenen Schuhen, *a ciabatta*; (fig.) v. negligent.
Slit, n. & t. (—, —), *fen te*, f., *dre*; Schlitz, m., |en; *fessura*, f., *fendere*.
Sloe, n., *prunelle*, f., Schlehe, *prugnola*.
Sloop, n., (of war) *corvett e*, f., Schaluppe, c a; & v. ship (with one mast).

Slop, t., v. spill. -**basin**, n., *bol*, m.; Spülnäpfchen, n.; *piccola catinella*, f. |s, n. pl., *rinçures*, f. pl., (fig.) *lavasse*, f.; Spülwasser, n.; *sciacquatura*, f., *cattiva bevanda*.
Slope, n., *biais*, m.; schräge Richtung, f.; *obliquità*; (of hill) *pente*; Abhang, m.; *pendio*. —, i., *b|er*, sch- gehen, *andare a sghembo*; (hill, etc.) *pencher*, s. senken, *inclinarsi*. —, t., *couper en b-*, schschneiden, *tagliare a sgh-*. **Slo'ping**, a., *en pente*, abschüssig, *declive*.
Sloth, n., *paress|e*, f., Faul|heit, *pigrizia*; (animal) *p|eux*, m.; F|tier, n.; *bradipodo*, m. '|ful, a., *p|eux*, f|, *pigro*. '|fulness, n., v. sloth, indolence. [ing.
Slouch'ing (aou), a., v. awkward, shambl-
Slough (aou), n., *bourbier*, m.; Sumpfloch, n.; *luogo fangoso*, m.
Slough (ǎff), n., v. skin, scurf.
Slov'enly (ǎv), a., *négligent*, schlampig, *sciatto*.
Slow (ō), a., *lent*, langsam, *l'o*; & v. lazy, stupid, tedious; be — (to do), *tard|er*, zögern, *g|iare*; — train, *train omnibus*, m., Personen|, Bummel'zug, *treno l|o*; (my watch) is —, *est en retard*, geht nach, *ritarda*. '-**coach** (fig.), m., *lambin*; Trödler; *persona l|a*, f. '**ly**, ad., *lent|ement*, l-, *l'amente*; (softly, quietly) *doucement*; l-, sachte; *adagio*. '|**ness**, n., *l|eur*, f.. L|keit, *l'ezza*. '-**worm**, n., *orvet*, m.; Blindschleiche, f.; *cecilia*.
Slue (ou), t. & i., v. turn. **Slug**, n., v. bul-
Slug, n., *limace*, f.; (nackte) Schnecke; *lumacone*, m. "|gard, m., '|gish, a., *paresseux*; Faulenzer, faul; *pigro*.
Sluice (ou), n., *écluse*, f., Schleuse, *cateratta*. [town].
Slum, n.. v. dirty street, poor quarter (of **Slum'ber**, n. & i., *sommeil (léger)*, m., *|er*; Schlummer, |n; *sonn|o leggiero*, *s|ecchiare*.
Slung, Slunk, imp. & pp., v. sling, slink.
Slur (eur), n., *tache*, f.; Fleck, m.; *macchia*, f.; (mus.) *liaison*, f., Bind|ung, *legatura*; & v. reproach. —, t., (notes) *lier*, b|en, *legare*; — over, v. conceal.
Slut, f., v. slattern. **Slush**, n., v. mud.
Sly, a., *rusé*, schlau, *scaltr'o*; (look) *malin*, schelmisch, *furbesco*; & v. secret; on the —, '*ly*, ad., *furtivement*, heimlich, *segretamente*. '|**ness**, n., v. cunning.
Smack, n., (boat) *semaque*, f., Schmacke, *barca peschereccia*.
Smack, n., v. taste, slap. —, t., (the lips) *faire claquer*, schmatzen, *scoppiettare (colle labbra)*; (whip) v. crack. —, i., (of) *sentir (le, la, les)*, riechen (nach), *sapere (di)*.
Small (aul), a., *petit*, klein, *piccolo*; (in — bits) *menu*, k-, *minuto*; & v. poor, weak;

Smart — 168 — Snub

a — matter, v. trifle ; — talk, *banalités*, f.pl.; Geschwätz. n.; *chiacchiera*, f.' ness, n., *plesse*, f., K|heit, *piccolezza*. "pox, n., *petite vérole*, f.; Pocken, f.pl.; *rajuolo*, m.
Smart, a., (blow, etc.) *vif*, heftig, *violente;* (lively) *leste*, flink, *l;o;* ("ly dressed) *paré*, geputzt, *in gala;* (clever, etc.) v. sharp. —, i., *cu:re*, schmerzen, *cuocere;* (fig.) v. suffer. —, n., *douleur cuisante*, f.; brennender Schmerz, m.; *bruciore*. "ness, n., v. violence, cleverness, etc.
Smash, t., *briser*, zerschmettern, *spezzare*. —, n., v. blow, breakage, ruin.
Smat'tering, n., *teinture*, f., oberflächliche Kenntnis, *conoscenza superficiale*.
Smear, t., *enduire* (with, *de*), (be)schmieren (mit), *ugnere (di);* (blot, stain) *barbouiller*, klecksen, *imbrattare*.
Smell, n., *odeur*, f., (sense) *odorat*, m.; Geruch; *odor'e, 'ato.* — (smelt, s-), t. & i., *sentir* (of, *le, la, les*); riechen (nach); *odorare*, *avere un odore, sapere (di);* (game, etc.: t.) *flairer;* r-, spüren; *fiutare;* — a rat, *f- qc.*, den Braten r-, sospettare *qc.* "|ing-bottle, n., *flacon d'odeurs.* m.; Riechfläschchen, n.; *boccetta da odore*, f.
Smelt, imp. & pp., v. smell. [*perlano.*
Smelt, n., (fish) *éperlan*, m., Spierling.
Smelt, t., *fond|re*, schmelz'en, *f.ere.* 'ing, n., *fonte*, f.. S|ung, *fusione.* '|ing-house, n., *fonder'ie*, f.; S'ofen, m.; *fita*, f.
Smile, i. & n., *sourire*, i. & m.; lächeln, i. & n.; *sorri'dere*, i., |so, m. Smi'ling, a., (fig.) *riant*, lachend, *ridente*.
Smirk, i., *sourire avec affectation*, schmunzeln, *far delle smorfie*.
Smite (smote, smitten), t., v. strike, kill.
Smith, m., 'y, n., *forg|eron*, |e, f.; Schmied, |e, f.; *fabbro*, *fucina*, f.; shoeingsmith, *maréchal ferrant*, Hufschmied, *maniscalco*.
Smit'ten, pp., v. smite; (fig.) *épris* (with, *de*), verliebt (in, ac.), *innamorato (di)*.
Smock-frock, n., *blouse*, f.; Kittel, m.; *blusa*, f.
Smoke, n. & i., *fum ée*, f., |*er;* Rauch, m., |en; *f'o, 'are.* —, t., (a pipe, meat, etc.) *f,er*, (herring) *saurer;* (pipe) r'en, (meat, etc.) räuchern ; *f,are, affumicare.* Smo'lk|er, m., *f, eur*, Rauch|er, *f,atore.* 'ing, n., *habitude de f,er*, f.; R|en, n.; *f'are,* m.; — prohibited, no — allowed, *défense de f,er.* *il n'est pas permis de f,er;* das R|en ist verboten, hier wird nicht geraucht; *è vietato di f'are;* he is fond of —, *il aime à f,er*, er r|t gern, *ama a f,are;* do you mind —, *est-ce que la f,ée vous gêne*, geniert Sie (vielleicht) das R|en, *Le da noja il f,o ?* I cannot bear —, *je ne peux pas souffrir la f,ée*, ich kann das R'en nicht vertragen, *non posso*

soffrire il f,o. y, a., *f,eux*, (dirty) *enfumé*, (chimney) *qui f e;* r'ig; *f,oso*, *macchiato di f,o, che fa f,o.*
Smooth, a., *uni*, eben, *piano;* (polished) *poli, lisse;* glatt; *liscio;* (sea) *calme*, ruhig, *tranquillo;* & v. soft. —, t., *unir*, *polir*, (hair) *lisser;* glätten; *spianare*, *lisciare;* & v. iron; — *away*, (fig.) *aplanir*, wegschaffen, *togliere.* "ly, ad., *d'une manière égale*, glatt, *lisciamente;* (fig.) *doucement*, angenehm, *soavemente;* go off—, *se passer bien*, gut ablaufen, *passar bene.* "|ness, n., *douceur*, f., *égalité*, *poli*, m.; Glätte, f., Ebenheit ; *pionezza.*
Smoth'er (ä), t., v. suffocate.
Smoul'der (öl), i., *courer (sous la cendre)*, (unter der Asche) glimmen, *covare*.
Smug'gl'e, t., |er, m., |ing, n., *passer en contrebande*, |ier, |e, f.; schmuggl|eln, |ler, |eln, n.; *contrabband|are*, |iere, |o, ni.
Snail, n., *limaçon*, m.; Schnecke, f.; *lumaca*.
Snake, n., *couleuvre*, f.; Natter; *colubro*, m.; & v. serpent.
Snap, t. & i., v. break, bite; (the fingers) *faire claquer*, schnalzen (mit), *far scoppiettare;* — at, *lâcher de mordre*, schnappen nach, *cercare ad acchiappare;* — up, *happer*, erhaschen, *aggrappare.* —, n., (clasp, catch) *fermoir*, m., Verschluß, *fermaglio;* & v. crack. '|dragon, n., *muflier*, m.: Löwenmaul, n.; *bocca di leone*, f. '|pish, a., *hargneux;* bissig, (pers.) zänkisch; *ringhioso*.
Snare, n., *piège*, m.; Schlinge, f.; *laccio*, m.
Snarl, i., *grogner*, knurren, *ringhiare*.
Snatch, t., v. seize; (n.) v. bit, morsel.
Sneak, i. & m., *ramper*, pied-plat; schleich,en, ,er; *strisciare*, *susornione*, *lima sorda*, f.
Sneer, i. & n., *r:can'er*, 'ement, m., *rire moqueur;* hohnlächeln, i. & n.; *ghign are, 'o*, m.; — at, *se moquer de*, spotten über (ac.), *farsi beffa di.*
Sneeze, i. & n., *éternu|er*, |ement, m.; niesen, i. & n.; *starnut|are, 'o*, m.
Sniff, i. & t., *renifler;* schnuffeln, wittern; *annasare*. [*cino*, m.
Snipe, n., *bécassine*, f.; Schnepfe; *beccaccino.*
Snob, m., *fat*, Geck, *vanerello*.
Snore, i., *ronfler*, schnarchen, *russare.*
Snort, i., *ronfler*. schnauben, *sbuffare*.
Snout, n., *museau*, m., (pig's) *groin;* Schnauze, f.; *muso*, m., *grugno*.
Snow, n. & i., *neig|e*, f., |er; Schnee. m., schneien; *ner'|e*, f., |*icare*. '-drop, n., *perce- n,e*, f.; S glöckchen, n.; *foranere*, m. 'y, a., *n eux*, s|ig, *ner(ic)oso;* (white) *blanc comme la n|e*, s|weiß, *bianco come la neve*.
Snub, t., *encover promener*, kurz abweisen, *rabbuffare;* & v. rebuke. '-nose, n..

(*nez*) *camus*, m.; Stumpfnase, f.; *naso schiacciato*, m.
Snuff, n. & i., *tabac (à priser)*, m., *priser*; Schnupf|tabak, |en; *tabacco in polvere, pigliare t-;* pinch of —, *prise*, f., P-, *presa.* '**-box**, n., *tabatière*, f., S|tabakdose, *scatola da t-.*
Snuff, n. (of candle) & t., |ers, n. pl., *lumignon*, m., *mouch|er*, |ettes, f. pl.; Schnuppe, f., putzen, Lichtputze; *smoccola|tura*, |re, |tojo, m. [pact.
Snug, a., v. comfortable, convenient, com-
So, ad., *ainsi, de cette manière;* so; *cosi, in questo modo;* (— very) *si, tellement;* so; *cosi, talmente. tanto;* (then, therefore) *donc,* also, *dunque;* and — forth, and — on, *et ainsi de suite,* und so weiter, *e così di seguito;* I believe —, *je le crois,* das glaub' ich wohl, *credo di si;* I don't think —, *je c- que non,* das g- ich nicht, *c- di no;* I hope —, *je l'espère,* das hoff' ich, *lo spero;* if —, *s'il en est ainsi,* wenn das der Fall ist, *se è così;* (if) ever — (good, bad), *quelque .. que* (subj.), (wenn) noch so .., *per quanto .. che* (subj.); (ten) or —, *à peu près,* ungefähr. *all' incirca;* why —, *pourquoi cela,* warum denn, *e perchè?* — am I, — do I, — can I (etc.), *(et) moi aussi,* ich auch, *(ed) anch' io;* — as to (inf.), *de manière à* (inf.), so daß (indic. or subj.), *in maniera (in modo) di* (inf.); — good a (man, etc.), *un si bon,* ein so guter, *un .. così buono;* not — good as, *pas aussi bon que,* nicht so gut als, *non così buono che;* be — good as to, *ayez la bonté de,* seien Sie so gut, *abbia la bontà di;* — it is, *c'est vrai,* es ist wahr, *è vero;* — much, — many, *tant* (with negat., *autant*), so viel(e), *tant|o,* |a, |i, |e; — much the better, *tant mieux,* desto besser, *tanto meglio;* ——, *comme ci, comme çà,* so so, *così così;* — that, *de manière (de sorte) que* (subj.), so daß (indic. or subj.), *in maniera di, in modo di* (inf.).
Soak (ōk), t. & i., *tremper;* einweichen, weichen; *ammollare, essere in molle.*
Soap, n. & t., *savon,* m., |ner; Seife, f., einseifen; *sapone,* m., *insaponare.* '**-boiler**, m., *fabricant de s-,* S|nsieder, *fabbricante di s-.* '**-dish**, n., *boîte à s-,* f.; S|nbüchse; *saponiera,* m. '**-suds**, n. pl., *eau de s-,* f., S|nlauge, *acqua saponata.* '**ly**, a., *s|neux,* seifig, *saponaceo.*
Soar (ōr), i., *prendre son essor, planer;* schweben; *sorare* (fig.) v. rise, aspire.
Sob, n. & i., *sanglot,* m., |er; Schluchzen, n. & i.; *singhiozz|o,* m., |are.
So'b|er, a., |re, (not drunk) *qui n'a pas bu;* nüchtern; *s|rio, chi non ha beruto;* & v. temperate, serious. |ri'ety, n., |rieté, f., N|heit, *s|rietà.*

So'ci|able, a., *abil'ity,* n., |able, |abilité, f.; gesellig, |keit; *s|abile,* |abilità. |al, a., |at, Gesellschafts.., *s'ale.* |alist, m., |alism, n., |aliste, |alisme, m.; Sozialis|t, |mus; *sociali|sta,* |mo. '|ety, n., *été,* f., Gesellschaft, *s'età;* go into —, *aller dans le monde,* in G- gehen, *andare in s|età;* fashionable —, *le beau m-,* die feine Welt, *il bel mondo.*
Sock, n., *chaussette,* f., Socke, *calzetta.*
Sock'et, n., *cavit'.é,*f., Höhle,*c|à;* (of candle) *bobèche,* f.; Leuchtertülle; *bocciuolo,* m.; (of tool) *douille,* f.; Tülle; *tubo,* m.
Soc'rat|es (ize), m., |e, Sokrates, *Socrate.*
Sod, n., *gazon,* m.; Rasen; *piota,* f.
So'da, n., *soude,* f., Soda, *s-.* **-water**, n., *eau de Seltz,* f.; Sodawasser, n.; *acqua di Seltz,* f.
Soev'er, ad., v. how|, who|, what|ever.
So'fa, n., *s-,* m., *canapé;* Sopha, n., Kanapee; *sofa,* m., *canapè.*
Soft, a., *mou (mol,* |le), (to touch) *dou,x, ce;* weich; *morbido;* (stone, etc.) *tendre,* w-, *tenero;* (metal, etc.) *doux,* w-, *molle;* (music) *d-,* leise, *piano;* (air) *d-,* milde, *temperato;* (voice, & fig.) *d-,* sanft, *dolce;* (silly) *simple,* einfältig, *semplice.* |en (söf'n), t., *adoucir,* (with water, etc.) amollir; erweichen; *ammorbidare, ammollare;* (fig.) *ad-,* besänftigen, *addolcire;* (colours) *ad-,* verschmelzen, *temperare.* |en, i., (fig.) *s'attendrir,* s. erweichen lassen, *intenerirsi.* '|ly, ad., *doucement;* sachte, leise; *dolcemente, (pian) piano.* '|ness, n., *mollesse,* f., *douceur;* W|heit, Sanftheit; *morbidezza, mollezza, dolcezza.* |& v. dirty.
Soil, t., *souiller,* beschmutzen, *macchiare;*
Soil, n., *sol,* m., Erdboden, *suolo.*
Soj'ourn, n. & i., *séjour,* m., |ner; Aufenthalt, s. aufhalten; *soggiorn|o,* |are.
Sol'ace, t. & n., v. console, |ation.
So'l|ar, |, |aire, Sonnen.., *solare.*
Sold, imp. & pp., v. sell.
Sol'der, t. & n., *soud'er,* |ure, f.; löten, Lot, n.; *salda|re,* |tura, f.
Sol'd|ier (jeur), m., |at, |at. |ato. |iery, n., |ats, m. pl.; Militär, n.; *s'ati,* m. pl.
Sole, n., (of foot) *plante,* f., (of shoe) *semelle;* Sohle; *pianta, suola.* —, t., *ressemeler,* besohlen, *risolare.*
Sole, n., (fish) *sole,* f., Seezunge, *sogliola.*
Sole, a., *seul, unique;* einzig; *solo, unico.* '**ly**, ad., *u|ment;* e-, allein; *unicamente;* & v. only.
Sol'em|n, a., '|nity, n., *solenn|el,* |ité, f.; feierlich, |keit; *solenn|e,* |ità. **Sol'emnize**, t., *s|iser, célébrer;* feiern; *s'izzare.*
Solic'it, t., *solliciter;* (dringend) bitten, (favour, etc.) b- um, nachsuchen; *sollecitare.* **or**, m., *avoué,* Rechtsanwalt, *procuratore;* & v. notary. |ous, a., |üde,

Solid — 170 — Sort

n., *soigneux* (for, *de*), *sollicitude*, f.; besorgt (um), Fürsorge; *sollecit,oso (per),* |udine.
Sol'id, a., |e; fest. dicht; s,o; (wood. metal, etc.). *mass|if*, |iv, |iccio; (measure) v. cubic; (rock) *vif*, lebendig, *viro*; (fig.) s|e, *vrai*: gediegen; s,o, *reale*. —, n., ,e, m., f|er Körper, s'o. "if**y**, t. & i., '|it**y**, n., *ifier, se s'ifier,* |ité, f.; verdichten, sich v-, F|igkeit, Dichtigkeit; s|ificare, |ificarsi, |itá.
Solil'oquy, n.. *monologue*, m.; Selbstgespräch, n.; *soliloquio*, m.
Sol'it ary, a., |aire, (place) *retiré*; einsam; s'ario; & v. single. 'ùde, n.. |ude, f.; E|keit. (place) Einöde; s'udine.
Sol'omon, m., *Salomo n*, S|, |ne.
Solu'tion, n.. *s-*, f.; Auflösung, (fig.) Lösung; *soluzione*. Solv|e, t., *résoudre*, lösen, *sciogliere*. |ent, a., |ency, n., |able, |abilité, f.; zahlungsfähig, |keit; *solvibil e*, 'itá.
Som'bre, a., *s-*. dunkel. *fosco*.
Some (ä), a.. *quelque*, |s, (of a numb.) q's- *uns*, *s- unes*; etwas,einig, (pl.) |e; *qualche* (sing. one), *alcun'i*, ,e; (a certain part) *une partie*; et-. ein Teil; *una parte*; (indef.) *du, de la. des*; et-. einige; *del, |la*, |le; (certain, pl.) *certain's*, |es; gewisse; *cert* i, |e; (oppsd. to others) *les un's*. |es; die einen; *altri* (.. *a-*); — good wine, g- books. *de bon vin, de b's livres*; et- gut er Wein, einige g|e Bücher; *del buon rino. dei buoni libri;* I have — (wine. books, etc.), *j'en ai*; ich habe welch|en, |es, |e; *ne ho*; give me —. *donnez-m'en*; geben Sie mir et- (davon). einige (d-); *datemene, me ne dia*; — day, *un jour*, einmal, *un giorno*; — one, v. |body; twenty, *une ringtaine*. etwa zwanzig, *una rentina*. '*body*, prn., *quelqu'un*; jemand. irgend ein,er, ,en; *qualcheduno*; — else, *un autre*, noch j-. *altri*; (dim.) *quelque autre*, j- anders, *qualcun altro*. '*how*, ad., *d'une manièr e ou d'une autre*, irgendwie. *in una m a o in una altra*. '**thing**, n., *quelque chose*, f. (new, *de nouveau*); etwas, n. (Neues); *qualche cosa*, f. *(di nuovo)*; — else, *q- c- de plus*, noch et-, *q- c- di più*; (dim.) *autre c-*. et- anderes, *qualche altra cosa*. "*times*, ad., *q'fois*: zuweilen; *talrolta, q- rolta*; — .. —. *tantôt .. t-*, bald .. b-, *ora .. o-*. '**what**, n., v. |hing; (ad.) *un peu*, et-, *un poco*. '**where**, ad.. *q- part*. irgendwo, *in q- luogo*:—else. *ailleurs*. anderswo. *altrore*.
Somnam'bul ist, m. & f.. *e;* Nachtwandler. in; *sonnambul o, a*.
Son (ä). m., *fils*; Sohn; *figli o, uolo*. -in- law, m.. *beau-f-*. Schwiegersohn, *genero*.
Song, n.. *chanson*. f.; Lied, n.; *canzone*, f.; & v. singing.

Soon, ad., *bientôt*, bald, *tosto*; (soon) *tôt*' früh, *presto*; — afterwards, b- *après*, bald nachher, *non molto dopo*; as — as, *aussitôt que*, sobald als, *tosto che*; as — as possible, *le plus tôt p-*, s- als möglich, *quanto prima*; how —, *quand*, wie früh, *fra quanto?* '|er, ad., *plus tôt*, früher, *più presto*; (rather) *plutôt*; eher, lieber; *piuttosto*; & v. rather; — or later, *tôt ou tard*, über kurz oder lang. *tosto o tardi*; no — was he .. than, *à peine fut-il* .. *que*, kaum war er .. als, *appena fu* .. *che*; the — the better, *le plus tôt sera le mieux*. je eher je lieber, *il più presto sarà il meglio*. '|est, ad., *le plus tôt*; am frühesten, zuerst; *prim|a*, (pers.) *il p|o, la p|a; at —, au p- t-, f,s, al più presto*.
Soot, n., *suie*, f.; Ruß. m., *fuliggin|e*, f. '|y, a., *couvert de s-*, r|ig, *f|oso*; & v. dark, black.
Sooth|e, t., *calm,er, apaiser*; besänftigen; *c'are*; (pain) *adoucir*, lindern, *mitigare*. '|ing, pres. p.; (a.) v. gentle, pleasant.
Sooth'sayer, m. & f.. *devin*, |eresse; Wahrsager, |in; *indorinat|ore*, |rice.
Soo'ty, a., v. soot.
Sop, t. &n., *tremp|er, morceau t'é*, m.; ein|- tauchen, |getauchter Bissen; *inzuppa're*, |le; (pezzo i|to.
Soph|i'a, f., |ie, |ie, *Sofia*.
Soph'is,try, n., |*mes*, m. pl., |terei, f.; *sofismi*, m. pl.
Soporif'ic, a., *ique*, einschläfernd, s|ico.
Sor'cer er, m., |ess, f., '**y**, n., *sorc|ier*, |*ière*, |ellerie, f.; Zauber|er, |in, |ei, f. (Hex,enmeister, |e, |erei, f.); *mag|o. 'a, |ia*, f.
Sor'did, a., ,e, filzig, s'o; & v. base, vile.
Sore, a., (chafed, wounded) *écorché*, wund, *scorticato*; (fig.) *susceptible*, empfindlich, *sensibile*; (place, limb) v. sick; & v. painful; — throat, *mal à la gorge*, ein schlimmer Hals, *mal di gola*. —, n., *plaie*, f., Wunde. *piaga*; & v. ulcer, (fig.) evil, grievance. '**ly**, ad., *sérèvement*; empfindlich, heftig; *gravemente*. '|ness, n., *sensibilit'é*, f., E keit, *s,à*; & v. pain.
Sor'rel, n., *oseille*, f.; Sauerampfer, m.; *acetosa*. f. —, a., *alezan*, fuchsrot. *sauro*.
Sor'r ow, n., *chagrin*, m., Kummer, *affanno*; & v. sadness, affliction. —. i, v. grieve, be sad. |owful, a., *affligé*, betrübt, *afflitto*; & v. sad. '**y**, a., *fâché* (for, to, *de*), betrübt (über, ac.), *dolente (per)*; & v. poor, wretched; I am (very) — for it, *j'en suis f-*, *désolé*, das thut mir (sehr) leid, *mene rincresce molto*, *ne sono dispiacente* ('*issimo*); I am — (to). *je regrette (de)*, ich bedaure, *mi rincresce(di)*.
Sort, n.. ,e, f., *espèce*; S|e, Art; s a, *specie*; a good — of (man, etc.), *une bonne pâte de*, ein ganz guter, *un (uomo, etc.) di buona pasta*; nothing of the —, *il n'en est rien*, es ist nichts daran; *niente di*

simile; something of the —, *quelque chose comme cela,* so etwas, *qualche cosa di s-;* what — of, *quel,* |*le,* |*quelle espèce de;* was für; *che, che specie di ?* out of |s, *pas dans son assiette;* nicht ganz wohl, *un poco indisposto;* of two, three |s, *de deux, trois e|s;* zweier|, drei-er|lei; *di due, tre sorte.*
Sot, m., v. drunkard. '|tish, a., v. stupid.
Soul (ōl), n., *âme,* f., Seele, *anima;* not a —, *pas un chat.* keine S-, *nessun' a-;* All S's Day, *jour des mort|s,* m.; Allerseelen, n.; *giorno dei m'|i,* m.
Sound (aou), n., (of fish) *vessie natatoire,* f.; Schwimmblase; *natatojo,* m.
Sound (aou), n., (strait) *détroit,* m., Sund, *stretto.* —,t.,*sond|er,*|ieren,*scandagliare.*
Sound, n., *son,* m.; Laut, Klang, Schall; *suono;* & v. tone, noise. —, i., *sonner,* kling|en, *suonare;* it |s odd, *il paraît étrange,* es k|t sonderbar, *pare strano;* it |s well, promising, *il promet bien,* es läßt s. anhören, *promette bene.* —, t., *sonner de,* ertönen lassen, *suonare;* (fig.) v. proclaim; — the retreat, *s- la retraite,* Zapfenstreich blasen, *battere la ritirata.*
Sound (aou), a., (lit. & fig.) *sain.* gesund, *sano;* (sleep) *profond.* fest, *p'o;* (reason) *fondé,* triftig, *valido;* & v. in good condition, strong, correct; safe and —, *sain(e) et sau f (re);* wohlbehalten, unversehrt; *san|o('a) e salv|o('a).* '|ly, ad., *sainement,* g-, *sanamente;* (heat, etc.) *comme il faut;* derb,tüchtig;*fortemente;* (sleep) *p|ément,* fest, *p|amente;* (reason) *judicieusement,* richtig, *assennatamente.* '|ness, n., v. strength, correctness, etc.
Soup (ou). n., '|e, f., *potage,* m.; Suppe, f.; *minestra.*
Sour (aou), a., '|ness, n., *aigr|e,* |*eur,* f.; *acid|e,* |*ité;* sauer, Säure; *agr|o,* |*ezza, acid|o,* |*ità.* '|ly, ad., *avec aigreur,* mürrisch, *con acerbità.* [& v. origin.
Source (ōr), n., s-, f., Quelle, *sorgente;*
Souse (aou), t., v. plunge.
South (aou), n., *sud,* m.. *midi;* Süden; *sud, mezzogiorno.* —,a., |erly, |ern (ăth), a., *du s-, du m-, méridional;* Süd.., südlich; *del s-, meridionale.* "|ernwood (ă), n., *aurone,* f.; Eberraute; *abrotano,* m. '|ward(s), ad., *au s-,* nach Süden, *verso il mezzogiorno.*
Sov'reign (īnn), m. & f., *souverain.* |*e;* Herrscher, |in; *sovran|o,* |*a;* (n.; 25 fr.) s-, m.; Sovereign. Pfund Sterling, n.; *s|o,* m. ., a., s-, höchst, *s|o.* |ty, n., *s|eté,* f., Oberherrschaft, *s|ità.*
Sow (saou), n., *truie,* f., Sau, *troja.*
Sow (sō; '|ed, |n), t..'|er, m.., *sem'er.* '|*eur;* sä|en, |er; *semin'a|tore.* "|ing, n., *ensemencement,* m.; Saat, f.; *s|zione.*
Spac e, n., *espace,* m., Raum, *spazio;* & v. extent, (between) interval. '|ious (ĕch), a., |*ieux;* geräumig, weit; *spazioso;* & v. extensivo.
Spade, n., *bêche,* f.; Spaten, m.; *vanga,* f., (cards) *pique,* m.; Pik, n.; *picche,* f. pl.
Spain,n.,*Espagne,*f.; Spanien,n.;*Spagna,*f.
Span, n., *empan,* m.; S|ne, f.; |*na;* (of arch) *ouverture,* S|nung, *curva;* (fig.) moment, m.; S|ne Zeit, f.; *tempo corto,* m. —, t., *mesurer de la main,* spannen, *misurare a spanne.*
Span'gled, a., *pailleté,* mit Flitter besetzt, *sparso di pagliuole;* (sky) *étoilé,* gestirnt, *stellato.*
Span'|iard, m. & f., |ish, a., *Espagnol,* |*e;* S|ier, |ierin, |isch; *Spagnuol|o,* |*a.*
Span'iel, n., *épagneul,* m., Wachtelhund,
Spar, n., *spath,* m., Spat, *spato.* [*bracco.*
Spar, n., (beam) *espars,* m. (pl.); S|ren; *stanga,* f.
Spare, t., (save, grudge) *épargner,* sparen, *risparmiare;* (treat leniently) *é-,* schonen, *r-;* (relieve from) *é- (qc. à qn.),* (e-m etw.) ersparen, *esentare (qd.da qc.);* (do without) *se passer de;* entbehren; *far senza, dispensarsi di;* (o's life) *é-,* verschonen, *accordare;* & v. grant, give; (enough and) to —, *de reste,* übrig, *d'avanzo;* — time, *trouver le loisir,* die Zeit erübrigen, *trovare il tempo;* (uo time to) —, v. lose. —, a., (in reserve) *de rechange,* Reserve.., *di riserva;* & v. to —, thin, scanty; — time. v. leisure. "|room, n., *chambre d'ami.* f.; Gastzimmer, n.; *camera libera,* f. Spa'ring, a., |ly, ad., *ménager, maigrement;* sparsam, spärlich; *economico, parcamente.*
Spark, n., '|le, i., *étincel'le,* f., |*er;* Funk|e(n), m., |eln; *scintilla,* f., |*re.* '|ling, a., (wine) *mouss|eux;* |ierend, Schaum..; *nussante.* [*serotto.*
Spar'row, n.. *moineau,* m., Sperling, *pas-*
Spasm, n., |od'ic,a., |*e,*m., |*odique;* Krampf, |haft; *spas'imo,* |*modico.*
Spat, imp. & pp., v. spit. [*laccherare.*
Spat'ter, t., *éclabousser,* bespritzen, *pil-*
Spawn, n. & i., *frai,* m., *frayer;* Laich, |en; *uova di pesce,* f. pl., *gettar le u-.*
Speak (spok|e, |en), t. & i., *parl|er;* sprechen, (express o's sf., make a speech) reden; *p|are;* & v. say; (a ship) v. hail; — well, ill of, *dire du bien, du mal de,* über.. (ac.) Gutes, Böses s-, *dir bene, male di;* — out, *p|er tout haut,* laut s-, *p|er ad alta voce;* (fig.) *dire sa pensée librement,* gerade heraus s-, *p|ar chiaro.* '|er, m.., *parleur,* Sprecher. *p|atore;* & v. orator, (of Parl.) president. "|ing-trum'pet, n., *porte-voix,* m.; Sprachrohr, n.; *porta-voce.* m.
Spear (i), n., *lan|ce,* f., |ze, |*cia.*

Special — 172 — **Spirit**

Spe'cial (ĕch), a., *spécial;* besonder, speziell (train, Extrazug); *special'e;* & v. peculiar, express. |ly, ad., *s'ement.* b|s, s|*mente.* |(i)ty, n., *s|ité*, f.; Spezialität, B|heit; *s|ità.* **Spe'cie** (īchĭ), n., *espèces*, f. pl.; bares Geld, n.; *contanti*, m. pl. |s, n., *espèce,* f., Gattung, *specie;* & v. kind, sort. **Specif'ic**, a., *spécifique*, speziflsch, *specifico.* |a'tion, n., *spécification*, f., Spezifikation, *specificazione;* (of patent, etc.) v. description. **Spe'cify**, t., *spécifier,* spezifizieren, *specificare;* & v. describe. fix. **Spec'imen**, n., *spécimen*, m.; Probe, f.; *esemplare*, m.; & v. pattern, model. **Spe'cious** (īch), a., *spécieux,* scheinbar, *specioso.*
Speck, n., *(petite) tach|e,* f.; Fleck(chen), m. (n.); *(piccola) macchi|a*, f. '|le, t., *t'eter,* sprenkeln, m|*are.*
Spec'tacle, n., *s-*, m.; Anblick, Schauspiel, n.; *spettacolo,* m. |s, n. pl., *lunettes,* f. pl.; Brille, f. sg.; *occhiali*, m. pl. **Specta't|or**, m., |*eur,* Zuschauer, *spettatore.* [m.
Spec'tre, n., *s-,* m.; Gespenst, n.; *spettro,*
Spec'ūl|ate, i., *spécul|er* (on, in, *sur*); nachsinnen (über. ac.), (in the funds, etc.) spekulieren (in, dat.); *specul'are* (ac.; in, *in*). |a'tion, n., *s ation*, f.; Spekulation, (fig.) Theorie; *s|azione.* |ative, a., *s|atif;* spekul|ativ, (investment) S ations..; *s|ativo.* |ator, m., *s|ateur,* Spekulant, *s|atore.*
Sped, imp. & pp., v. speed.
Speech, n., *discours,* m. (make, *faire*); Rede, f. (halten); *discorso,* m. *(fare);* (power of) *parole,* f., Sprache, *favella;* & v. language: freedom of —, *libert'é de la p-,* f., R|freiheit, *l à della parola.* |iff, i., *pérorer,* lange R|n halten, *perorare.* |less, a., *muet*, sprachlos. *muto;* be— (with fear, etc.), *être interdit,* s-werden, *rimanere interdetto.*
Speed, n., (of train, etc.) *vitesse,* f., Schnelligkeit, *velocità;* & v. haste, success; at full —, *à toute v-*, (on foot) *à toutes jambes,* im schnellsten Laufe, eiligst, *con somma fretta;* & v. full. — (sped, —), i., v. hasten, succeed; (it.) v. prosper. help. '|ily, ad., *vite.* schnell, *presto.* "well, n., *véroni'que*, f.; Ehrenpreis, m.; *v ca,* f. "y, a., *prompt,* eilig, *pronto.*
Spell (ed, |ed; spelt, —), t., *épeler* (orally) *épeter;* schreiben, buchstabieren; *scrivere, compitare.* —, n., *charme,* m., Zauber, *incanto;* & v. short time, period, (of work) v. turn. **-bound**, a., *sous le ch-*, bezaubert, *i ato.* "ing, n., *épellation,* f., *orthograph'e;* Buchstabieren, n., O ie, f.; *compitare,* m., *ortografia*, f. "**ing-book**, n., *abécédaire*, m.; Abcbuch. n.; *libretto da c-*, m.

Spelt, n., (bot.) *épeautre,* m.; Spelz ; *spelta*, f.
Spend (spent, —), t., *dépenser,* ausgeben, *s|ere;* (time) *pass|er,* zubringen, p|*are;* & v. exhaust, '|thrift, m., *prodigue,* Verschwender, *scialacquatore.* **Spent**, a., (ball, etc.) *mort,* matt, *morto.*
Sperm, 'acet'i, n., *blanc de baleine,* m.; Walrat, n.; *bianco di balena,* m.
Spher|e, n., *sphère,* f., Sphäre, *sfera;* & v. rank; — of action, *s- d'activité;* Wirkungskreis, m.; *s- dell'attività*, f. '|ical, a., *sphérique,* kreisförmig, *sferico.*
Sphinx, n., *s-*, m.; S-, f.; *sfinge.*
Spice, n. & t., *épic|e,* f., |er; Gewürz, n., würzen; *spezie,* f. pl., *condire con ispezie.* **Spi'cy**, a., *é|é,* würzig, *aromatico;* (fig.) *piquant,* pikant, *frizzante.*
Spi'der, n., *araignée,* f.; Spinne, *ragno,* m.
Spig'ot, n., *fausset,* m., Zapfen, *zaffo.*
Spike, n., *pointe,* f., Spitze, *punta;* (bot.) *épi,* m.; Ähre, f.; *spiga;* & v. nail. —, t., v. nail; (cannon) *enclouer,* vernageln, *inchiodare.*
Spill, n., *allumette de papier,* f.; Fidibus, m.; *carta da accendere,* f.
Spill ('ed, |ed; spilt, —), t., *répandre,* vergießen, *versare.* —, i., (fam.) v. fall. upset.
Spin (span, spun), t., *filer,* s|nen, *filare;* (a top, etc.) *faire aller,* kreisen lassen, *far girare;* — out, *trainer en longueur.* in die Länge ziehen, *mandare in lungo.* —, i., (whirl) *tourner,* s. drehen, *girare.*
Spin'|ach, |age (ĕdje), n., *épinards,* m. pl.; S|at, m.; |ace.
Spi'nal, a., *s-*, Rückgrat... *s e.*
Spin'dle, n., *fuseau,* m.; S|el, f.; *fuso.* m.
Spine, n., *épine,* f.; Dorn, m.; *spina,* f.; (backbone) *é- dorsale;* Rückgrat, m.; *s- d-*, f.
Spin'ner, m. & f., *fileur, fileuse;* S-, |in; *filat|ore,* rice. **Spinning**, -mill, -wheel, n., *fil|age,* m., |ature, f., *rouet,* m.; Spinn|en, n., |erei, f., |rad, n.; *fil|atura,* f., |anda, |atojo, m. **Spin'ster**, f., *fille,* Jungfer, *ragazza.*
Spi'ral, a., *s-*, schneckenförmig, *s'e.*
Spire, n., (of church) *flèche,* f., Turmspitze, *guglia.*
Spir'it, n., *esprit,* m.; Geist; *s|o,* (of the age, etc.) *genio;* (alcohol) *alcool*, m., S|us, |o; (fig.) v. animation, vigour; & v. ghost; public —, *e- public.* Gemeingeist, *s o pubblico.* |s, n. pl., |*ueux,* m. pl.; |uosen, n. pl.; *acquarite,* f. sg.; in good, high, bad |s. *gai, très en train, abattu;* munter, aufgeräumt, niedergeschlagen; *gajo, allegro, abbattuto;* keep up o's |s, *ne pas perdre courage,* Mut fassen, *farsi animo.* — away, t., *faire disparaitre,* verschwinden lassen, *far*

scomparire. |ed, a., plein de vigueur, vif; kräftig, lebhaft; rigoroso, vivo; (horse) fougueux. feurig, focoso; & v. bold; high-, low-, plein d'ardeur, découragé; mutvoll, entmutigt; di cuore, scoraggiato. -lamp, n., |e à esprit de vin, f., S|uslampe, lampada a spirit|o. |less, a., sans vigueur, mutlos, senza s|o; & v. low-s|ed. -level, n., niveau à bulle d'air, m.; Nivellierwage, f.; livella. |ūal, |ūous, a., |uel, |neux; geist|lich, |ig; s'uale, |oso. |ūalism, n., |ualist, m., |isme.m.,(philos.) ualisme, |iste, |ualiste; |ismus, |ualismus, |ist, |ualist; |ualismo, |ualista. |ūal'ity, n., |ualité, f.; |ualität, Geistigkeit; s'ualità.
Spirt, i. & n., v. spurt.
Spit, n., broche, f.; Bratspieß, m.; spiedo.
Spit (spat, —), i., crach|er; spucken, speien; sputare. '|tle, n., salive, f.. c|at, m.; Speichel; saliva, f., sputo. m. '|toon, n., c|oir, m.; Spucknapf; sputacchiera, f.
Spite, n., rancune, f.; Groll, m., Tücke, f.; rancore, m.; & v. malice; have a — against, garder r- à, en g|en, serrar r- a; in — of, malgré, en dépit de; trotz,; malgrado, in dispetto di. —, t., dépiter, ärgern, dispettare. '|ful, a., v. malicious.
Splash, t., (with mud, etc.) éclabouss|er, bespritzen, inzaccherare. —, i., clapot|er, plätschern, battere; (pers. in water) barboter, p-, diguazzare. —, n., e|ure, f.; Schmutzfleck, m.; zacchera, f.; (sound) c|ement, m.; P-, n.; tonfo, m. '-board, n., garde-crotte, m.; Spritzleder, n.; parafango, m.
Splay-footed, a., cagneux; schief'beinig, sperr'b-; sbilenco.
Spleen, n., rate, f., Milz, |a; (low spirits) mélan|colie, |cholie, ipocondria; & v. spite.
Splen'd|id, a., 'o(u)r, n., |ide, |eur, f.; herrlich, |keit; s|ido, |ore, m.; & v. magnificen|t, |ce.
Splice, t., épisser, splissen, congegnare.
Splint, n., (surg.) éclisse, f., Schiene, stecca. '|er, n., éclat, m., écharde, f., (of bone) esquille; Splitter, m.; scheggia, f.. sverza. '|er, i., se briser en éclats, s|n, scheggiare.
Split (—, —), t., fend|re, spalten, f|ere; & v. divide, tear. —, i., se f|re, sich s-, f|ersi; — with laughter, éclater de rire, s. totlachen, scoppiare dalle risa.
Splut'ter, i., bredouiller, blubbern, barbugliare.
Spoil (|ed, |ed, |t, |t), t., gâter; verderben, (child) verwöhnen; guastare; & v. rob, plunder, deprive. —, i., se g-, verderben, guastarsi. —, n., v. booty.
Spoke, n., rais, m.; Speiche, f.; razza.

Spoke, |n, imp. & pp., v. speak. sman, m., orat|eur, Wortführer, o|ore.
Sponge (ä), n. & t., épong'e. f., |er; Schwamm, m., mit e-m S|e abwischen; spugna, f., nettare colla s-; (m.) v. parasite; (i., upon o.) faire le parasite (chez), schmarotzen (bei), far il parassito (da). '-cake, n., biscuit, m.; Biskuit, n.; biscotto, m. Spon'g|y (dj), a., |ieux, schwammig, spugnoso.
Spon'sor, m., v. surety, god|father, |mother.
Sponta'n|eous, a., |é; freiwillig, (thgs.) s|, von selbst; s|eo.
Spool, n., bobine, f.; Spule; cannello, m.
Spoon (ou), n., cuiller, f.; Löffel, m.; cucchiaj|o, m.; tea-, c- à thé, Theelöffel, c|o da tè. '|ful, n., c|ée, f.; L|voll, m.; cucchiajata, f.
Sport, n., jeu, m.; Spiel, n.; giuoco, m.; (hunting, shooting) chasse, f., Jagd, caccia; (fishing) péche; Angeln, n.; pesca, f.; (racing) sport, m.; Wettrennen, n.; corsa, f.; & v. amusement; in —, par plaisanterie, scherzweise, per celia; make — of, se moquer de, zum besten halten, farsi beffa di. —, t., (fam.) faire parad|e de, p|ieren mit, pavoneggiarsi di. '|ing, a.; — man, amateur de sport, |liebhaber, dilettante di corsa, etc. '|ive, a., folatre, schäkernd, scherzevole. '|sman, m., chasseur, Jäger, cacciatore.
Spot, n., tache, f., Flecken, m.; macchia, f.; (place) lieu, m.; Stelle, f.; luogo, m.; on the —, sur place, an Ort und S-, sul l-; (at once) sur-le-champ, auf der S-, subito, —, t., tach|er, (with sthg.) t'eter; beflecken, sprenkeln; macchiare, picchiettare. '|less, a., sans tache, unbefleckt, senza macchia.
Spouse (aou), m. & f., époul|x, |se; Gatt|e, |in; spos|o, |a.
Spout (aou), n., (of teapot, etc.) bec, m.; Röhre, f.; becco, m., (for rain) gouttiére, f., Rinne, grondaja. —, t., jair, spritzen, buttar fuori. —, i., jaillir, hervorsprudeln, scaturire.
Sprain, t.. (o's foot, etc.) se fouler (le..); sich (den ..) verstauch|en, verrenk|en; stor|cersi (un ..). —, n., entorse, f.; V|-ung; s|imento, m.
Sprang, imp., v. spring.
Sprat, n., éperlan, m.; Sprotte, f.; laterino, m.
Sprawl, i., être étalé, (pers.) se vautrer; s. ausstrecken, s. hinstrecken; stendersi.
Spray, n., poussière d'eau, f.; Wasserstaub, m.; spruzzo. —, n., v. branch, twig.
Spread (—, —), t., étendre; ausbreiten, stendere, spargere; (news, etc.) répandre, verbreiten, far correre; (table-cloth)

Sprig — 174 — Squirt

mettre, (den Tisch) decken, *mettere;* (net, sail) *tendre;* legen, spannen; *stendere, spiegare;* — over with, v. cover; — with butter, *beurrer*, mit Butter bestreichen, *imburrare*. —, i., *s'é-*, sich v-, *stendersi*, etc. —, n., *étendue*, f., Ausdehnung, *estensione;* & v. progress, development, feast.
Sprig, n., *brin*, m.; Sprößchen, n.; *virgulto*, m.
Spright'ly (aït), a., *gai*, munter, *gajo*.
Spring (sprang, sprung), i., (leap) *sauter*, spring|en, *saltare;* (grow) *pousser*, hervorkommen, *germogliare;* (gush)*jaillir*, s|en, *scaturire;* (fig.) *venir, provenir;* kommen, herrühren; r|e, p|e; — up, v. arise. —, t.; — a leak, *faire eau*, leck werden, *far acqua*. —, n., (leap) *saut*, m., Sprung, *salto;* (of watch, etc.) *ressort*,m.; Feder,f.; *molla;* (elasticity) *élasticit|é*, f., |ät, |à; (of water& fig.) *source*, f., Quelle , *fonte;* (season) *printemps*, m.; Frühling; *primavera*, f. '-tide,n., *grande marée*, f., Springflut, *alta marea*. -water, n., *eau vive*, f.; Quellwasser, n.; *acqua sorgente*, f. '|y, a., v. elastic.
Springe (dj), n., *lacet*, m.; Schlinge, f.; *lacciuolo*, m.
Sprink'le, t., *répandre;* sprengen; *spargere, spruzzare;* (with water) *arroser, asperger*, (with salt, etc.) *saupoudrer;* be|sp-, bestreuen; *aspergere*.
Sprite, n., v. spirit.
Sprout, i., *pouss|er*, treiben, *germogli|are;* & v. grow. —, n., p|e, f.; Schößling, m.; g|o; (pl.) *choux verts*, m. pl.; Kohlsprossen, f. pl.; *cavolino*, m. sg.
Spruce, n., *sapin*, m.; Tanne, f.; *abete*,m. —, a., *paré*, geputzt, *lindo*.
Sprung, pp., v. spring.
Spud, n., *sarcloir*, m.; Jäthacke, f.; *sarchiello*, m.
Spun, pp., v. spin.
Spunge, n., v. sponge.
Spur, n., *éperon*, m., (of cock, etc.) *ergot;* Sporn; *sprone;* (of mountain) *é-;* Ausläufer; *ramificazione*, f.; (fig.) *aiguillon*. m.; S-, Antrieb; *stimolo;* on the — of the moment, *sous l'impulsion du m-*, aus dem Stegreif, *all'improvviso.* —, t., *é|ner*, spornen, *spronare;* —on, v. urge, incite.
Spu'rious, a., *faux*, *falsifié*, (imitated) *contrefait;* falsch, unecht; *fals|o*, |*ificato, spurio*.
Spurn, t., *repousser*, verwerfen, *rigettare;* & v. despise.
Spurt, i., *jaillir*, spritzen, *schizzare*. —, n., (fig.) v. (sudden, violent) effort.
Sput'ter, i., *cracher;* spritzen, sprühen; *schizzare*.
Spy, m., *espion;* Spion; |e, *spia*, f. —, t., *épier*, s|ieren, *spiare;* — into, *scrut|er*, ausforschen, s|are; — out, é-, auspähen, *spiare;* & v. discover. '|**glass**, n., v. telescope.
Squab'ble (ŏ), i. & n., v. quarrel.
Squad (ŏ), n., *escouade*, f., Rotte, *truppa*. '|**ron**, n., (nav.) *escadr|e*, f., (mil.) e|on, m.; Geschwader, n., Schwadron, f.; *squadr|a*. |*one*, m.
Squal'|id (ŏ), a., '|o(u)r, n., *sale*, |*té*, f.; schmutz|ig, S|, m.; *spor|co*, |*chezza*, f.
Squall (ŏ), n., *grain*, m., *rafale*, f.; Windstoß, m.; *groppo di vento;* & v. cry. —, i., *brailler*, schreien, *gridare*. '|y, a., v. stormy, windy.
Squan'der (ŏ), t., *gaspiller*, vergeuden, *scialacquare*.
Square, n., *carré*, m.; Viereck, n., Quadrat; *quadr|o*, m., |*ato;* (tile, etc.) *carreau;* Platte, f.; *quadrello*, m.; (on chessboard) *case*, f.; Feld, n.; *scacco*, m.; (in town) *place*, f., *square*, m.; Platz; *piazza*, f.; (instrum.) *équerre*. f.; Winkelmaß, n.; *squadra*, f.; it is out of the —, *il porte à faux*, es ist nicht winkelrecht, *non è quadro*. —, a., *carré;* viereckig, Quadrat..; *quadrato;* & v. correct; ten — yards , *10 mètres carrés*, 10 Q;meter, *10 metri quadrati;* ten yards —, *carré de 10 m-*, 10 Meter ins Geviert, *10 m- di quadro*. —, t., *carrer;* quadr|ieren, (a numb.) zum Q|at erheben; q|are; (an acct.) *régler*, berichtigen, *saldare*. —, i., v. accord.
Squash (ŏ), t., *écraser*, zerquetschen, *schiacciare*.
Squat (ŏ), i., *s'accroup|ir*, kauern, *star quatto*. —, a., a'|i, k|d, *quatto;* & v. short and thick. '|ter, m., *colon (sans titre de propriété)*, (unbefugter) Ansiedler, c|o *(senza titolo legale)*.
Squaw, f., v. (Indian) woman.
Squeak, Squeal, i.. *crier;* schreien, quieken; *squittire, strillare*. —, n., *cri aigu*, m., gellender Schrei, *squittire*.
Squeam'ish, a., *difficile*, wählerisch, *fastidioso;* I feel —, *j'ai mal au cœur*, mir wird übel, *mi sento male*.
Squeeze, t., *serrer*, quetschen, *sprimere;* (in, into) *comprimer (dans)*, hineindrücken (in), *calcare (in);* — out, *exprimer*, auspressen, *esprimere*.
Squib, n., *serpenteau*, m., Schwärmer, *razzo;* (fig.) *pasquin|ade*, f.; Pasquill, n.; p|*ata*, f. [cio.
Squint, i.., *loucher*, schielen, *essere guercio*.
Squire, m., *écuyer*, Schildknappe, *scudiero;* (modern) *propriétaire campagnard*, Gutsbesitzer, *signorotto*.
Squir'rel (ŏr), n., *écureuil*, m.; Eichhörnchen, n.; *scojattolo*, m.
Squirt (eur), n. & t., *seringu|e*, f., |er; Spritz|e, |en; *sciring|a*, |*are*.

Stab, t., *frapper, percer (avec un poignard,* etc.); stechen; *ferire (con un pugnale,* etc.); (dead) *tuer (d'un coup de p-,* etc.), erstechen, *uccidere (col p-,* etc.).
Stabil'it|y, n., |é, f., Festigkeit, s|à. **Sta'-ble**, a., *solide*, fest, *stabile.*
Stable, n., *écurie*, f.; Stall, m.; *stalla*, f.
Stack, n., *meule*, f.; Schober, m.; *mucchio;* (of wood) *pile*, f.; Haufen, m.; *catasta,* f.; (of chimneys) v. row. —, t., *mettre en m-, empiler;* aufschichten; *ammucchiare.*
Staff (ah; pl. |s, staves; é), n., *bâton*, m., Stab, *bastone ;* (fig.) *soutien*, m.; Stütze, f.; *sostegno*, m.; (pl. |s: of clerks, etc.) *person|nel*, m.; |al, n.; |ale, m.; (mil.) *état-major*, Generalstab, *stato maggiore.*
Stag, n., *cerf*, m., Hirsch, *cervo.*
Stage, n., (theat.) *scène*. f., Bühne, *scena;* (platform) *estrade*, f.; B-; *palco*, m.; (on road) *étape*, f., Station, *posta;* & v. scaffold, (fig.) time, period, state; by easy |s, v. by degrees. **'-coach**, n., *diligen|ce*, f.; Postwagen, m.; d|za, f., *vettura pubblica*. **Sta'ger**, m.; old —, *vieux routier*, alter Praktikus, *uomo esperimentato.*
Stag'ger, i., *chanceler;* wanken; *balenare, barcollare*. —, t., (fig.) *ébranler*, stutzig machen, *commuovere.* |s, n. pl., *vertig|e*, m.; Schwindel; r|ine, f.
Stag'n|ant, a., |ant, stehend, s|ante; (trade) *très calme*, flau, *inattivo*. |ate, i., *être s|ant*, stillstehen, s|are. |a'tion, n., |ation, f.; Stehen, n., Stockung, f.; s|amento, m. [serious.
Staid, a., *posé*, gesetzt, *posato;* & v. sober,
Stain, n., *tach|e*, f.; Fleck|(en), m.; *macchi|a*, f.; & v. colour. —, t., t|er, f|en, m|are; (glass) *peindre*, malen, *pingere;* (wood, etc.) *teindre;* färben, beizen; *colorire;* |ed glass, *peinture sur verre*, f., *vitraux,* m. pl.; Glasmalerei, f.; *pittura in vetro.*
Stair, n., *marche*, f.; Stufe; *gradino*, m. |s, pl., '|case, n., *escalier*, m.; Treppe, f.; *scala;* up |s, down |s, *en haut*, *en bas*, oben, unten, *di sopra, abbasso.*
Stake, n., *pieu*. m., Pfahl, *palo;* (martyr's) *bûcher*, Scheiterhaufen, *rogo;* (at play) *enjeu;* Einsatz; *posta*, f.; his life is at —, *il s'agit (il y va) de sa vie*, es handelt sich um sein Leben, *si tratta (ci va) della sua vita*. —, t., (off, out) *jalonner*, abstecken, *steccare;* (money) *parier*, wetten, *scommettere;* (life, etc.) *risquer*, aufs Spiel setzen, *arrischiare.*
Stalac'tite, n., *s-*, f.; Stalaktit, m., Tropfstein; *stalattite*. f. **Stalag'mit'e**, n., |e, f.; S|, m., T-; s|e, f.
Stale, a., (bread) *rassis*, alt(backen), *secco;* (beer, etc.) *éventé;* fade, schal; *stantio;* & v. old; (jest, etc.) *rebattu*, *usé;* abgedroschen; *trito.*

Stalk (auk), n., *tige*, f., *pied*, m.; Stengel; *stelo;* (of cabbage) *trognon*, Strunk, *torso*. —, i., *marcher fièrement*, einherschreiten, *camminare fieramente*. —, t., v. hunt. '|ing-horse, n., (fig.) v. pretext.
Stall (au), n., (in stable) |e, f., Abteilung, s|a; & v. stable; (in theatre) s|e; Sperrsitz, m.; *posto distinto ;* (in church) s'e; Chorstuhl, m.; s|o; (in market, etc.) *boutique*, f., Bude, *bottega.*
Stal'lion, n., *étalon*. m., Hengst, *stallone.*
Stal'wart (aul), a., *robust|e*, kräftig, r|o.
Sta'men, n., *étamine*, f.; Staubfaden, m.; *stame.* **Stam'ina**, n. pl., v. strength.
Stam'mer, i., *bégayer;* stottern, stammeln; *tartagliare.*
Stamp, n., (mark) *marque*, f.; Gepräge, n.; *impronta*, f.; (receipt-, etc.) *timbre*, m., Stempel, *bollo;* (postage-) t|-*poste;* Freimarke, f.; *francobollo*, m.; (instrum.) *poinçon*, S-, *punzone;* (on goods, etc.) *estampille*, f.; S-, m., *marchio;* (with foot) *trépignement;* Stampfen, n.; *calpestio*, m.; (fig.) v. kind, character. —, t., *marquer*, *timbrer;* stempeln; *improntare*, *bollare;* (letr.) *affranchir*, frankieren, *francare;* (money, etc.) *estamp|er*, (gds.) |*iller;* s-; *imp-*, *imprimere;* (ore) *bocarder*, pochen, *pestare*. —, i., *frapper du pied*, stampfen, *pestare i piedi;* — out (t.), v. abolish, eradicate, extinguish. **-duty**, n., *(droit du) timbre*, m.; Stempelgebühr, f.; *diritto di bollo*, m.
Stanch, (ah), a., *ferme*, fest, *fermo;* & v. strong, sound, faithful. —, t., *étancher*, hemmen, *ristagnare.*
Stand (stood, s-), i., *être (se tenir, rester) debout*, (support o's sf.) *se soutenir*, (house, etc.) *se trouver;* stehen; *stare (in piedi, ritto);* (place o's sf.) *se mettre*, s. stellen, *mettersi;* (fig.: colour, etc.) *tenir;* s. halten, (contract) gelten; *conservarsi*, *valere;* (as candidate) *se présent|er*, auftreten, p|*arsi;* & v. remain, stop, last; — against, v. resist; — aside, *se ranger*, beiseite treten, *star da parte;* — back, *reculer*, zurück|t-, *tirarsi indietro;* — by, *être présent,* dabei stehen, *essere p|e;* — by o., v. help, defend; — for, v. as candidate, signify;—forth, *s'avancer*, (fig.) *se présent|er;* hervortreten, *farsi innanzi*, p|*arsi;* — good, *tenir*, *être valid|e;* gelten, bestehen, *essere v|o;* — high, (fig.) *être très estimé*, sehr angesehen sein, *essere molto considerato;* — idle, (factory, etc.) *chômer*, ruhen, *riposare;* — in, (ship) *entrer dans*, einlaufen, *entrare;* — in need of, v. require; — off, (ship) *prendre le large*, in die offene See gehen, *prendere all'alto;* — on end, (hair, etc.) *se dresser*, s. sträuben, *arricciarsi;*

Stank — 176 — State

—, out, *saillir*, hervorragen, *sporgere in fuori;* (fig.) *ressortir*, (agst. sky, etc.) *se dessiner;* hervortreten; *spiccare, risaltare;* — out for, v. insist upon; — over, v. remain, be deferred; — still, *s'arrêter*, stehen bleiben, *fermarsi;* — to (o's word, etc.), *s'en tenir à*, halten (ac.), *sostenere* (ac.); it is to reason, *il est entendu*, es versteht sich, *s'intende;* —up, *se tenir debout*, s. aufrichten, *stare ritto;* & v. rise; — up for, v. defend; — upon ceremony, *faire des cérémonies*, Umstände machen, *s- sulle cerimonie;* — upon o's defence, *se défendre*, s. verteidigen, *stare in sul difensivo*. —, t., v. bear, resist, undergo, (fam.) pay; — o's ground. *tenir bon, maintenir;* s. behaupten, standhalten; *star saldo*. —, n., *place*, f.; Stelle; *posto*, m.; (cab-) *station*, f.; Standort, m.; *stazione*, f.; (for holding thgs.) *dessous*, m., *pied, porte*..; Gestell, n.,.. halter. m., *porta* ..; (on racecourse, etc.) *tribune*, f.; Tribüne; *palco*, m.; & v. pedestal, halt, obstruction; at a—. (fig.) *au pied du mur*, in Verlegenheit, *imbarazzato;* & v. |still; make a — against, *tenir contre*, Widerstand leisten (dat.), *far fronte(a);* take o's—, *se tenir* (upon, a), s. halten (an), *attenersi (a)*. 'ard, a., *étendard*, m.; Standarte, f.; *bandiera, stendardo*, m.; (measure, etc.) *étalon;* Norm|almaß, n.; |a, f.; (of gold) *titre*, m., Feingehalt, *titolo* (fig.) v. degree, type, model. 'ard, a., (tree) en *plein vent*, freistehend, *di tutt' altezza;* (fig.) v. classical, select, (of) permanent (value). 'ard-bearer, m., *porte-étendard*, Fähnrich, *gonfaloniere*. 'ing, a., *établi;* permanent, stehend; *p'e*; (on foot) *debout*. s-, *in piede;* (corn, etc.) *sur pied*, auf dem Halme, *in erba;* (dish) v. ordinary, daily, (water) v. stagnant, (colour) v. fast, genuine; & v. constant, invariable. 'ing, n., *durée*, f., Dauer, *durata;* & v. rank; of long —, *de vieille date;* alt, langjährig; *vecchio, da lungo tempo*. 'ingroom, n., *place debout*, f.; Stehplatz, m.; *luogo da star ritto*. '-point, n., *point de vue*, m., Standpunkt, *punto di vista*. 'still, n., *arrêt*, m.; Stillstand; *fermata*, f.; & v. cessation; (trade is) at a —, *mort*, flau, *in calma;* (proceedings, etc. are) at a —, *suspendu*, eingestellt, *sospeso*. '-up, a., (tight, etc.) *en règle*, regelrecht, *regolare*. —, v. stink.

Stank, m., v. stink.
Stan'za, n., *stance*, f., Stanze, *stanza*.
Sta'ple, n., (of lock) *gâche*, f., Schließ|klappe, *bocchetta della stanghetta;* (of bolt) *cramponnet*, m., S|haken, *rampone;* & v. fibre, (fig.) principal object. —, a.; — commodities, *denrées principales*, f. pl.; Hauptprodukte, n. pl.; *derrate p|i*, f. pl.
Star, n., *étoile*, f.; Stern, m.; *stella*, f.; shooting —, *é- filante*, S|schnuppe, *s-cadente*. '-fish, n., *é- de mer*, f.; Seestern, m.; *stella*, f. '|light, n., *lumière des é's*, f.; Stern|licht, n.; *lume delle stelle*, m. —, a., (night) *étoilé*, s|hell, *stellato*.
Star'board, n., *tribord*, m.; Steuerbord, n.; *t,o*, m.
Starch, n., *amid|on*, m., (ready for use) *empois;* Stärke, f.; a|o, m. —, t., empeser, s|n, *inamidare*. —, a., v. stiff.
Stare, i., *ouvrir de grands yeux*, starren, *guardare fisso;* —at, *regarder fixement*, anstarren, *g-f-*. —, n., *regard fixe*, m.; S-, n.; *g-f-*, m.
Stark, a., v. stiff, strong, mere. —, ad., v. quite; — mad, *fou à lier*, total verrückt, *matto spacciato;* — naked, *nu comme la main*, ganz nackt, *nudo nato*.
Star'ling, n., *étourneau*, m., Star, *stornello*.
Star'ry, a., *étoilé*, gestirnt, *stellato*.
Start, i., (with fright, etc.) *tressaillir*, zusammenfahren, *risentirsi;* (depart) partir; ab|geben, |fahren, |reisen; *p,e;* (nail, etc.) *se détacher*, s. losreißen, *staccarsi;* & v. begin; — aside, *se jeter de côté*, beiseite springen, *scostarsi;* —back, *se j- en arrière*, zurück|fahren, *balzar indietro;* — up, *se lever précipitamment*, auf|f-, *riscuotersi*. —, t., (game) *lever*, auftreiben, *levare;* (subject) *mettre sur le tapis*, aufs Tapet bringen, *mettere sul tappeto;* (train, etc.) *faire partir*, abfahren lassen, *far p|e;* (business) v. begin, establish; & v. invent, discover. —, n., *tressaillement*, m.; Auffahren, n., Beben; *salto*, m.; (advantage) *avance*, f.; Vorsprung, m.; *vantaggio;* & v. beginning, departure; by fits and |s, v. fit. '|le, t., *faire tressaillir*, erschrecken, *spaventare*. '|ling, a., *saisissant*, auffallend, *sorprendente*.
Starv|e, i., *mourir de faim*, (with cold) *m- de froid;* verhungern, erfrieren; *morire di fame, m- di freddo*. |e, t., *faire m- de faim*, v- lassen, *far m- di fame;* (a garrison) *affam|er*, aushungern, *a|are*. |a'tion, n., v. hunger, famine.
State, n., *état*, m.; Zustand, (polity) Staat; *stato;* & v. dignity, pomp; in —, *en grand apparat*, in großem S|e, *in gran ceremonia;* lie in —, *être exposé sur un lit de parade*, auf dem P|bett liegen, *stare sul letto di parata*. —, t., *assurer;* melden, versichern; *annunziare;* (facts) exposer, berichten, *esporre;* (problem) poser, setzen, *porre*. -cabin, n., *salon*, m.; S-, Kajüte, f.; *gran sala*. |d, a., *fixe*, bestimmt, *fisso*. '|ly, a., *imposan',*

t v. lofty, majestic.
.; Bericht, Angabe,
ccount) *relevé*, m„
nan,m.. *homme d'É-*
no di stato. |sman-
., |ik, |ica.
', s-, f., S-, *stazione*;
ire, f.; Bahnhof, m.;
post, rank. —, t.,
:are; (mil.) *post'er*,
|*naire*, stillstehend,
etc.) *fixe*, stehend,
n., *papet,ier*, m.,
.dler. m. , Schreib-
artolajo, m., *oggetti*
master, m., *chef de
or, capo di s-.*
l.), |*tique*, f., |tik,

, Bildhauerei, s|a-
. |e (iou), n., |e, f.;
bild, n.; s|a, f. |re
|ra. |ette', n., |ette,

ndition.
|ut, n.; |uto, m.; &

Faßdaube, *doga*;
tenlinien, f. pl.; *ri-*
—, t.; —in, *en|fon-*
1|schlagen, |stoßen;
1ousser, abwehren;
elay. |s, n. pl., v.

s-), i., *res'er*, blei-
dwell, wait; —a-
bleiben, *assentarsi*;
, zu Hause b-, *star
iors, ne pas rentrer*;
i; —up, *reiller*, auf-
—, t., (prop) *étayer*,
; (hunger) *apaiser*,
: v. delay. —, n.,
lt, *soggiorno*; (sup-
itze, f.; *appoggio*, m.
; Schnürband, n.;
)l., (pair of) *corset*,
inürleib; *busto*, m.
:e; in — of, v. in-
. —, v. benefit, be
, v. firm, constant.
'me, |*té*, f., *constan't*,
ändig, |keit; *fermlo*,
onduct) *rangé*, con-
lich, |keit; *posato*,
y, t., *assurer*, sicher
& v. support.
, piece; (beef-) *bif-
n*.; *bifstek*, m.
; t., *voler, dérober,*
entwenden (dat.);

rubare, involare (a); — a march upon,
devancer, zuvorkommen (dat.), *preve-
nire*. —, i., *se glisser*, schleichen, *svi-
gnarsi;* — away, *se dérober*, s. weg-
schleichen, *andarsene di soppiatto;* —
forth, out, *sortir à la dérobée*, fort-
schleichen, *uscire di nascosto*. |er, m.,
|ing, n., v. thief, theft. ,th(ël), n.; by—,
furt'iv|ement, heimlich, *f,amente*. '|thily,
ad., v. by |th. '|thy, a.. *furti,f*, verstoh-
len, *f,vo*.
Steam (î), n., *vapeur*, f. (by, *à la*); Dampf,
m. (mit); *vapore*, m. (a); put on, shut
off the —, *donner, couper la v-*; den D-
anlassen, absperren; *mettere, levare il
vapore*. —, i., *jeter de la v-*, d|en, sva-
porare; (go by —) *aller à la v-*, d|en,
andar a v-. —, t., (cook) *cuire à la v-*,
dämpfen, *cuocere al v-*. '|boat, '|er, n.,
bateau à v-, m.; D|boot, n., |schiff; (*ba-
stimento a*) *v-*, m.. *piroscafo*. '-engine,
n., *machine à v-*, f., D|maschine, ma:-
china a v-.
Sted'fast, a., v. stead-.
Steed, n., *coursier*, m.; Streitroß, n.; *cor-
siero*, m.; & v. horse.
Steel, n., *acier*, m.. Stahl, *accia,jo*; (for
sharpening)*fusil*, Wetzstahl, a|*rino*. —,
a., *d'a-*, stählern. *di a,jo*. —, t., *acérer*,
verstählen, *temperare con a'jo*; (fig.) en-
durcir, verhärten, *indurare*. '-pen, n.,
plume métallique, f.. Stahlfeder, *penna
d'a|jo*. '|yard, n., *romaine*, f., *peson*, m.;
Schnellwage, f.; *stadera*.
Steep, a., *escarpé, raide*; steil; *erto*, *ri-
pido*. —, n. v. precipice. '|ness, n., *rai-
deur*. f., S,heit, *ripidezza*. [*lare*.
Steep, t., *tremper*, einweichen, *ammol-*
Stee'ple, n., *clocher*, m.. Kirchturm, *cam-
panile*; & v. spire. |chase, n., *course au
c-*, f.; K|rennen, n.; *corsa a c-*, f.
Steer, t. & i.. *gouverner, se diriger*; steu-
ern; *timoneggiare, d'si*; — clear of, v.
avoid. '|age, n., (for passengers) *avant*,
m.; Vorkajüte, f.; *corsia*; & v. second
class. |s'man, m., *timon|ier*, Steuer-
mann, *t,iere*.
Stem. n.; *tige*, f., *tronc*, m.; Stamm;
tronco; (of flower) *queue*, f.; Stiel, m.;
stelo, gambo; (of ship) *proue*, f.; Vor-
derteil, n.; *prora*, f. —, t., *refouler*;
zurück|stauen. (fig.) |drängen; *andar
contro*; & v. oppose, resist, check.
Stench, n., *puanteur*, f.; Gestank, m.;
puzzo.
Stenog'raph'er, m., |y, n.. *sténograph|e,
|ie*, f.; S', |*ie; stenograf,o, |ia*.
Stento'rian, a.. *de Stentor*, |isch, |eo.
Step, n., *pas*, m., Schritt, *passo*; (stair)
marche, f., *degré*, m.; Stufe, f.; *gradino*,
m.; (of ladder) *échelon*; f., Sprosse, f.; *piuo-
lo*, m.; (of carriage) *marchepied*, m.,

Step-brother — 178 — Stimulate

Tritt, *predellino;* (dance) *pas*, m., P-, |*so;* (fig.) *démarche,* f.; Schritt, m.; *passo;* & v. footstep; — by —, *pas à p-,* S- für S-, *a passo a p-;* |s, v. ladder; flight of |s, v. f-. —, i., *aller, marcher;* schreiten, treten; *andare, camminare;* — aside, *se ranger*, beiseite t-, *mettersi da parte;* — back, *reculer,* zurücktreten, *rincularsi;* — down. *descendre,* heruntertreten, *scendere;* — forward, *s'avancer,* vorrücken, *andar innanzi;* — in, *entrer,* eintreten, *entrare;* (fig.) *intervenir,* einschreiten, t'e; —out, *sortir,* ausgehen, *uscire;* (go faster) *allonger le pas,* rüstig zuschreiten, *andare a gran passi;* — over, *travers er,* überschreiten, t are; —up, *monter,* steigen, *salire;* (to) *s'approcher (de),* s. nähern (dat.), *accostarsi (a).* '|ping-stone, n.. *marchepied,* m., Schrittstein, *marciapiedi.*
Step|-brother, m.. |-sister, f.. *frère, sœur de père (mère);* Stief,bruder. |schwester; *fratellastro, sorellastra.* |-father, m., |-mother, f., *beau-père, belle-mère;* Stief|-vater, |mutter; *patrigno, matrigna.* |-son, m., |-daughter, f., *beau-fils, belle-fille;* S|sohn. |tochter; *figliastr|o,* |*a.*
Ste'phen (v), m., *Etienne,* Ste|phan, |*fano.*
Stepp|e, n., |*e,* m.; |*e,* f.; |*a.*
Ste'reo|scope, n.. *stéréo'scope,* m.; |skop, n.; |*scopio,* m. |type, t., *s typer, clicher;* s|typieren; |*tipare.*
Ster'il|e, a.. '|ity, n., *stéril, e,* |*ité,* f.; unfruchtbar, |keit; *s'e,* |*ità.*
Ster'ling, a., *s-,* S-, *sterlina;* (fig.) v. genuine, true. [*pa,* f.
Stern, n., *arrière,* m.; Hinterteil. n.; *poppa,* |'|ly, ad.. '|ness, n., *sévère,* |*ment, sévérité,* f.; streng (a. & ad.), |*e; sever|o, amente,* |*ità.* [n., |*scopio,* m.
Steth'oscope, n., *stétho|scope,* m.; |skop,
Stew (íou), t., *étuver, faire un ragoût de;* dämpfen, schmoren; *stufa re;* |ed meat, fruit, *ragoût,* m., *compote,* f.; R-, n., Kompott; *s'to,* m.. *composta,* f. —, n., v. |ed meat; (fig.) in a —, *dans l'embarras,* in der Patsche, *nell' imbarazzo.*
Stew'ard (ίου), m.. *maître d'hôtel.* Haushofmeister, *maggiordomo;* (land-) *régisseur,* Verwalter. *fattore;* (of ball, etc.) *commiss|aire*, Festordner, *cario;* (of ship) *commis aux vivres.* Proviantmeister, *dispensiere;* (in cabin) *steward,* *garçon;* Kellner; *cameriere;* & v. overseer. |ess, f., *servante,* Aufwärterin, *cameriera.* |ship. n., *charge de m- d'h-,* etc., f., H stelle, *carica di m-.*
Stick, n., *bâton,* m.. (walking-) *canne,* f.;
Stock, m., Spazierstock; *bastone, canna,* f.; (for peas, etc.) *rame;* Stange; *stecco,* m.; (of wax. etc.) *b-;* Stange, f.; *b-;* |s (for burning); *menu bois,* m.; Reisholz,

n.; *fascinotto,* m. — (stuck, s-), t., *fixer,* heften, *ficcare;* (with glue) *coller,* ankleben, *incollare;* v. stab, place; — in, *piquer,* *enfoncer;* ein|stechen, |schlagen; *mettere, f-;* —up, (bills) *afficher,* an|s-, *affiggere.* —, i., *se fixer,* etc.; s. h-, kleben; *appiccarsi, accollarsi;* (in mud, etc.) *rester fixé,* stecken bleiben, *esser fitto;* & v. hold, remain, adhere; not —at, *ne pas reculer à,* nicht scheuen, *non farsi scrupolo di;* — out, *se projeter,* hervorragen, *sporgere in fuori;* — to (a pers.), *s' attacher à,* s. anschließen an, *star insieme con;* (to statement, etc.) v. maintain; — to it, v. persevere; — up, *se dresser,* s. aufrichten, *rizzarsi;* — up for, *tenir pour,* auf j-s Seite sein, *difendere.* '|ingplaster, n., *sparadrap,* m.; Heftpflaster. n.; *sparadrappo,* m. '|ler, m.; be a great — for, *faire grand cas de,* viel auf et. geben, *far gran caso di.* '-up, a., (collar, etc.) *droit,* stehend, *ritto.* '|y, a., *collant,* klebrig, *viscoso.*
Stiff, a., *raide,* steif, *rigido;* (manner, style) *r-,* *guindé;* s-, gezwungen; *rigido, stentato;* & v. hard, thick, strong; — neck, *torticolis,* m., s|er Hals, *male al collo.* '|en, t. & i., *raidir, se r-;* s| machen, s| werden, *indurir|e,* |*si;* & v. thicken, starch. '|ness, n., *raideur,* f., S|heit, *rigidezza;* (fig.) *gêne,* f.; Zwang, m.; *suggezione,* f.; & v. thickness, obstinacy.
Sti'fle, t., *étouffer;* ersticken, (fig.) unterdrücken; *soffocare, sopprimere.*
Stig'ma, n., *tache,* f.; Makel, m.; *macchia,* f. |tize, t., |*tiser,* brandmarken, *bollare.*
Stile, n., *barrière,* f., |ere, |era.
Stilet'to, n., *stylet,* m.; Stilett, n.; |*o,* m. [*limbecco,* m.
Still, n., *alambic,* m.; Destillierblase, f.; Still, a., *tranquille,* ruhig, *t o;* (without sound) *calme, silencieux;* still, schweigend; *calmo, silenzioso;* be —, sit —, *rester t e,* r- sein, *star t o;* sit — (not move), *rester assis,* sitzen bleiben, *non muoversi;* stand —, *rester immobile,* stehen b-, *star r-;* & v. stop. —, t., *calmer,* beruhigen, *calmare.* —, ad., *encore,* noch, *ancora;* (yet) *cependant,* jedoch, *tuttavia;* & v. always. '-born, *mort(e)-né(e),* totgeboren, *mort|o* (|*a*) *nat|o (|a).* '-life, n., *nature morte,* f.; Stillleben, n.; *n ura m a.* f. '|ness, n., *calme,* m., *repos, silence;* Ruhe, f., Stille; *calma, riposo,* m., *silenzio.* [*trampoli,* m. pl.
Stilts, n. pl., *échasses,* f. pl.; Stelzen|
Stim'ul|ate, t., |ant, n., |*ant,* m., *stimolare,* |*ante,* reiz|en, |mittel, n.; *stimol are,* |*ante,* |*us,* n., |*ant,* m., Antrieb, *stimolo.*

Sting — 179 — **Stop**

Sting, u., *aiguillon,* m., Stachel, *pungiglione;* (wound) *piqûre,* f.; Stich, m.; *puntura,* f.; |s of conscience, *remords,* m.; Gewissensbisse. m. pl.; *rimorso,* m. — (stung, s-), t., *piquer,* stechen, *pungere;* & v. excite, wound.
Stin'g|y (dj), a., *chiche,* knauserig, *taccagno.* |iness, n., v. avarice.
Stink, u., *puanteur,* f.; Gestank, m.; *puzzo.* — (stank, stunk), i., *puer,* stinken, *puzzare.*
Stint, t., *limit|er,* einschränken, *l|are.* —, n., v. limit, restriction.
Sti'pend, n., *appointements,* m. pl.; Gehalt, n.; *s|io,* m.
Stip'ple, t., *pointiller,* punktieren, *punteggiare.*
Stip'ul|ate, i., |er. (s.) ausbedingen, *s|are.* |a'tion, n., |ation, f., Bedingung, s|a*zione.*
Stir (eur), t., remuer, rühren, *mescolare;* & v. move, (fig.) excite. —, i., *se r-, bouger;* s. beweg|en; *muoversi.* —, n., *mouvement,* m.; B|ung, f.; *movimento,* m.; & v. noise, tumult. '|ring, a., *émouvant,* aufregend, *eccitante;* & v. busy, active. [f.
Stir'rup, n., *étrier,* m.; Steigbügel; *staffa,*
Stitch, n., *point,* m., *piqûre,* f.; Stich, m.; *punto;* (in knitting) *maille,* f., Masche, *maglia;* & v. pain. —, t., *piquer,* steppen, *appuntare;* (bks.) brocher, heften, *legare alla rustica.*
Stoat (ō), n., *hermine,* f.; Hermelin, n.; *ermellino,* m.
Stock, n., (of tree, etc.) *souche,* f.; Stamm, m.; *tronco,* (family) *ceppo;* (block) *bûche,* f.; Klotz, m.; *ceppo;* (of gun) *bois;* Schaft; *cassa,* f.; (for neck) *col,* m.; steife Halsbinde, f.; *goletta;* (flower) *giroflée,* Levkoje, *viola;* (for soup) *consommé,* m.; Kraftbrühe, f.; *consumato,* m.; (of goods) *provision,* f., *fonds,* m.; Vorrat; *provvisione,* f.; (choice of gds.) *assortiment,* m.; Auswahl, f.; *a'o,* m.; (live-) *bétail,* Viehstand, *bestiame;* (pl.; funds) *fonds publics,* m. pl., *effets;* Staatspapiere, n. pl.; *fondi,* m. pl.; & v. shares; (pl.; punishment) *bloc,* m., !k, *ceppo;* (pl.; for ship) *cale,* f.; Stapel, m.; *cantiere;* & v. capital, supply; in —, *en magasin,* vorrätig, *in fondaco;* take — of, v. make inventory, list. —, t., *pourvoir* (with, *de*), (shop) *monter (en);* versehen; *provvedere;* & v. furnish. —, a., v. permanent, usual. '-broker, m., *agent de change,* (Aktien)mäkler, m.; *di cambio.* '-exchange', n., *bourse,* f., Börse, *borsa.* '|fish, n., *morue salée,* f.; Stockfisch, m.; *baccalà.* -job'ber, m., *agioteur,* Aktienspekulant, *speculatore (ne' fondi).* '-still, a., *immobile;* still, ganz s-; *i-.*

Stockade', n., *palissade,* f.; Schanzpfahl, m.; *palancato.*
Stock'holm, n., *S-,* m.; S-, n.; *Stocolma,* f.
Stock'ing, n., *bas,* m.; Strumpf; *calz|a,* f., |*etta.* {|sch; |*co.*
Sto'ic, m., |al, a., *stoï|cien,* |*que;* Stoi|ker, **Sto'ker,** m., *chauffeur,* Heizer, *fochista.*
Stole, n., *étole,* f., Stola, *s-.*
Stole, |n, imp. & pp., v. steal.
Stol'id, a., *stupide,* dumm, *stolido.*
Stom'ach (ämmac), n., *estomac,* m., Magen, *stomaco;* & v. appetite, inclination, pride. —, t., (fam.) v. bear. **-ache** (ék), n., *mal à l'e-,* m.; M|leiden, n.; *male di s-,* m.
Stone, n., *pierre,* f.; Stein, m.; *pietra,* f.; (small, round) *caillou,* m., (Kiesel)stein, *sasso;* (of fruit) *noyau,* (of grape) *pepin;* Kern; *nocciolo, acino;* (weight) *kilogramm|es 3.6 & 6.3, 3.6 & 6.3 K|, chilogrammi 3.6 & 6.3;* kill two birds with one —, *faire d'une pierre deux coups,* zwei Fliegen mit einer Klappe schlagen, *batter due chiodi a un caldo;* leave no — unturned, *mettre tout en œuvre,* alles aufbieten, *far ogni sforzo.* —, t., *jeter des p|s à, lapid|er;* mit Stein|en bewerfen, s|igen; *l|are;* (fruit) *ôter les noyaux,* auskernen, *snocciolare.* —, a., *de p-,* s|ern, *di p-.* '-blind, '-deaf, a., *complètement aveugle, sourd;* stock|blind, |taub; *cieco, sordo affatto.* '-crop, n., *orpin,* m., Sedum, *s-.* '-cutter, m., *tailleur de p-,* Stein|hauer, *scarpellino.* '-fruit, n., *f- à noyau,* m.; Kernobst, n.; *frutto col nocciolo,* m. '-jar, n., *pot de grès,* m., S|krug, *vaso di terra.* '-mason, *maçon,* Maurer, *muratore.* '-ware, n. *faïence (,* (coarse) *grès,* m., S|gut, n.; *terraglia,* f. '-work, n., *maçonnerie,* f.; Mauerwerk, n.; *muraglie,* f. pl. Sto'ny, a., *pierreux,* (hard) *de pierre;* s|ig, |hart; *sassoso, duro.*
Stood, imp. & pp., v. stand.
Stool, n., *tabouret,* m., Schemel, *sgabello;* (med.) *selle,* f.; Stuhlgang, m.; *andata,* f.
Stoop, i., *se pencher,* s. bücken, *chinarsi;* (in walking, standing) *se tenir courbé,* s. krumm halten; *curvarsi;* (fig.) s'abaisser, s. demütigen, *abbassarsi.*
Stop, t., *arrêter,* aufhalten, *fermare;* (a hole) boucher, stopfen, *turare;* (tooth) *plomb|er,* |ieren, *piombare;* (from doing) *empêcher (de),* hindern (an), *impedire (a);* (bleeding, etc.) *a-,* hemmen, *ristagnare;* (payment) *cesser,* einstellen, *sospendere;* (gram.) *ponctuer,* interpunktieren, *puntare;* (engine) *stop|er,* |en, *fermare.* —, i., *s'a-,* stehen bleiben, *fermarsi;* (stay) *rester,* s. aufhalten, *f-;* & v. cease. —, n., *halte,* f., (train, ship, etc.) *arrêt,* m.; Halt; *fer-*

12*

mata, f. ; (gram.) *point*, m., Pnnkt, *punto*; (organ-) *regist|re*; |er, n. ; |*ro*, m.; & v. pause, obstacle; full —, *p-*, (Schluß)- punkt, *p-finale*; put a — to, *mettre fin à*, Einhalt ihun (dat.). *far cessare.* '|**page**, n., *obstruction*, f., Verstopfung, *ostruzione*; (of paymt.) *suspens'on*, Einstellung, *sospensione*; & v. stop (n.).
Store, n., *provision*, f. ; Vorrat, m.; *provisione*, f.; & v. magazine, shop, (fig.) reserve. —, t., *fournir, munir*; versehen, versorgen; *provvedere*; (fig.) *meubler*, bereichern, *guarnire*; (up) *amasser*, aufhäufen, *accumulare*; (goods) *mettre en dépôt*, ablagern, *depositare*. '-**house**, n., *dépôt*, m. ; Lager, n., Niederlage, f. ; *magazzino*, m. '-**room**, n., *magasin*, m. ; Vorratskammer, f.; *dispensa*.
Sto'r|ey, n., |ied, a., v. story.
Stork, n., *cigog|ne*, f. ; Storch, m.; *c|na*, f.
Storm, n., *tempête*, f. ; Sturm, m. ; *tempesta*, f.; (thunder-) *orage*, m.; Gewitter, n.; (and rain, etc.) *temporale*, m.; (fig.) *o-*, *S-*, *tumulto*; (take) by —, *d'assaut*, mit *S-*, *d'assalto*. —, t., donner l'a- à, berennen, *dare l'a- a*. —, i., (fig.) *tempéter*, toben, *infuriarsi*. '|**y**, a., *orageux*, stürmisch, *tempestoso*.
Sto'r|y, n., (of house) *étage*, m.; Stockwerk, n.; *pian|o*, m. |ied, a.; two-, *à deux é|s*, von zwei S|en, *a due p|i*.
Sto'r|y, n., *histoire*, f., Geschicht|e, *storia*; (tale, short —) *conte*, m. ; Erzähl|ung, f.; *racconto*, m.; & v. falsehood; the— goes, *on dit (que)*, man e|t, *si dice*. |ied, a., *historié*, g|lich, *istoriato*.
Stout (aou), a., v. strong, fat, bold ; grow —; *prendre de l'embonpoint*, stark (dick) werden, *ingrassarsi*. —, n., *bière brune*, f.; Porterbier. n.; *porter*, m. '|**ly**, ad., *rigoureusement*, kräftig, *saldamente*.
Stove, n., *poêle*, m., (cooking-) *fourneau*; Ofen; *stufa*, f., *fornello*, m.
Stow (ō), t., *mettre, serrer*, (nav.) *arrimer*; bringen, packen, stauen; *mettere, stivare*.
Strag'gl|e, i., *s'écarter*, s. zerstreu'en, *staccarsi*; & v. ramble. |er, m., *traînard*, Nachzügler, *ragante*. |**ing**, a., (thgs.) *éparpillé*, z|t, *sparpagliato*.
Straight (ét), a., *droit*, gerade. *diritto*; set —, (fig.) *arranger*, ordnen, *acconciare*. —, ad., v. immediately; — on, *tout d-*, g|aus, *diritto innanzi*. '|en, t.. (re)*dresser*, gerade machen, *addirizzare*. '|**forward**, a., v. straight.
Strain, t., *tendre*; spannen; *stendere*. *sforzare*; & v. filter, exert, sprain; — every nerve, *faire tous ses efforts*, alles aufbieten, *far ogni sforzo*. —, i., v. exert o's sf.; — at, v. reject. —, n.. (on muscles, machine, etc.) *tension*, f., Span-

nung, t|e; & v. exertion, sprain, sound, song, (fig.) style. '|er, n., v. sieve, filter.
Strait, a., *étroit*, enge, *stretto*. —, n., *détroit*, m. ; Meerenge. f.; *s-*, m.; in great |s, *dans un grand embarras*, in großer Verlegenheit. *in grand' angustie*. '|**en**, t., *rétrécir*. einschränken. *ristrignere*; (fig.) v. embarrass. '-**laced**, a., (fig.) v. strict. '-**jack'et**, '-**waist'coat**, n., *camisole de force*, f., Zwangsjacke, *camicia di forza*.
Strand, n., *plag|e*, f.; S-, m.; *piaggia*, f.; & v. coast. —, i., *échouer*, s|en, *dar sulle secche*.
Strang|e (éndj), a., (pers., language, etc.) *étrang|er*, fremd, *straniero*; (odd) *é|e*, *sonderbar, stran|o*. |**ely**, ad., *é|ement*, s|erweise, *s|amente*. |er, m. & f., *é|er*, |*ère*; F|er, |e; *stranier|o*, |a. [*lare*.
Stran'g|le, t., *étrangler*, erdrosseln, *s|o-*
Strap, n., *courroie*, f., Riemen, m.; *correggiuolo*. —, t., *attacher (avec une c-)*, (mit R-) befestigen, *legare (con un c-)*.
Strat'ag|em, n., |*ème*, m. ; (Kriegs)list, f.; *s|emma*, m.
Stra't|um (pl. |a), n., *couche*, f.; Schicht, Lage; *strat|o*, m. '|**ified**, a., |*ifié*, aus S|en bestehend, *s'ificato*.
Straw, n., *paille*, f., (one) *p-*, *brin de p-*, m., *fétu*; Stroh, m., |halm, m.; *paglia*, f., *filo di p-*, m.; it is not worth a —, *cela ne vaut pas un f-*, es ist keinen Pfifferling wert, *non vale un fico*. '|**berry**, n., *fraise*, f., Erdbeere, *fragola*. '-**hat**, n.. *chapeau de paille*, m., S|hut, *cappello di p-*.
Stray, i., *s'égar|er*, s. verirr|en, *sviarsi*; & v. wander. —, a., *é|é*, v|t, *smarrito*; (fig.) *fortuit*, zufällig, *f.to*.
Streak (ī), n. & t., *raie*, f., *rayer*; Streif, m., |en; *striscia*, f., |*re*. |ed (īkt), '|**y**, a., *rayé*, s|i*g*, *s|to*; (meat) *entrelardé*, durchwachsen, *s|to*.
Stream (ī), n., *courant*. m. ; (fig.) *torrent*; Strom; *corrente*, f., t|e, m.; & v. brook, river; up, down —, *en amont, en aval*; s|aufwärts, |abwärts; *all' in sù*, *all' in giù della corrente*. —, i., *couler*, (tears, blood, etc.) *ruisseler*, (light) *rayonner*; strömen; *scorrere, colare, penetrare*; (flag, etc.) *flotter*, flattern, *ondeggiare*. '|er, n., *aurore boréale*, f.; Nordschein. m.; *aurora b-*, f.; (flag) *banderole*, f.; Wimpel, m. ; *pennoncello*.
Street, n., *rue*, f.; Straße; *strada*, (with name) *via*.
Strength, n., *force*, f., (of materials) *solidité*; Stärk|e; *forza*, *solidità*; on the — of, *sur*, infolge (gen.), *in seguita di*. '|en, t., *fortifi|er*, *affermir*; s|en ; *f.care*.
Stren'ü|ous, a., *énergique*, eifrig, *s|o*.
Stress, n., v. force, weight, pressure, em-

Stretch — 181 — **Structure**

phasis; — of weather, v. storm, bad w-; lay — on, *appuyer sur*, betonen, *accentuare*.
Stretch, t., *tendre*, strecken, *stender|e;* (spread out) *étendre*, ausbreiten, *distendere;* (gloves, etc.) *élargir*, ausweiten, *allargare;* — a point, *céder sur un p-,* etw. nachgeben, *cedere alquanto*. —, i., *se t-*, sich s-, s|si, etc.; & v. extend. —, n., *etendue*, f.; Ausdehnung, (distance) Strecke; *estensione*, *tratto*, m.; at a —, d'*un trait*, in einem Zuge, *ad un tratto*. '|er, n., (litter) *brancard*, m.; Sänfte, f.; *portantina;* (in boat) *traversin*, m.; Querholz, n.; *asse per i piedi*, f.; (glove-) *ouvre-gants*, m., Ausweiter, *allargaguanti*.
Strew (ō; |ed, |ed & |n), t., (sand, etc.) *répandre*, streuen, *spargere;* (a place) *parsemer*, bestreuen, *sparpagliare*.
Stri'|ated, a., |é, gestreift, s|ato.
Strict, a., s-, *exact;* genau; *stretto*, *esatto;* (order) *exprès*, ausdrücklich, *espresso;* & v. severe. '|ly, ad., |ement, g-, esatt|amente; — speaking, *à la rigueur*, streng genommen, e|amente *parlando*. '|ness, n., *exactitude*, f., Genauigkeit, e|ezza. '|üre, n., *criti|que*, f., kritische Bemerkung, *osservazione c|ca*.
Stride (strode, stridden), i., *marcher à grands pas*, weit schreiten, *camminare a passi lunghi*.
Strife, n., *lutte*, f.; Streit,m.; *contenzione*,f.
Strike (struck, s-), t., *frapper* (with, *de*), schlagen, *percuotere;* (pers., iron, etc.) *battre*, sch-, *battere;* (coin) *f-*, prägen, *b-;* (blow) *f-*, *donner;* geben, versetzen; *dare*, *portare;* (the hr.) *sonner*, sch-, *suonare;* (root) *prend|re*, sch-, *p|ere;* (path) *p|re*, einschlagen, *p|ere;* (flag,etc.) *amener*, streichen, *colare;* (tent) *plier*, abbrechen, *levare;* (a light) *allumer*, anzünden, *accendere;* (balance) *faire*, ziehen, *stabilire;* (bargain) *faire*, schließen, *fare;* (with wonder, etc.)*frapp|er*, |ieren, *colpire;* it |s me, *il me semble*, mir kommt es vor, *mi sembra;* it did not — me, *l'idée ne m'est pas venue*, es ist mir nicht eingefallen, *non mi è entrato in mente;* he was struck dead, *il était frappé de mort*, er wurde totgeschlagen, *rimase morto;* he was struck dumb, *il demeura interdit*, er wurde sprachlos, *rimase interdetto;* — o's head against, *se cogner la tête contre*. mit dem Kopf gegen .. rennen, *dare colla testa in;* — down, *abattre*, nieder|schlagen, *abbattere;* — off, *couper*, ab|sch-, *abbattere;* (cancel) *biffer*, ausstreichen. *scancellare;* (print) *tirer*, abdrucken, *tirare;* — out, v. — off (cancel); (new plan. etc.) v. discover, invent; — up, com-

mencer à jouer, (song) *entonner;* aufspielen, anstimmen; *cominciare*, *intonare*. —, i., *frapper*, schlagen, *percuotere*, etc.; (ship) *échouer*, scheitern, *urtarsi;* (for wages) *faire grève*, streiken, *cessare di lavorare;* — at, v. affect, concern, forbid; — in, v. enter, interrupt; — out, *se lancer*, s. werfen, *lanciarsi;* — up, v. — up (t.). —, n., (of labourers) *grève*, f.; Streik, m., Arbeitseinstellung, f.; *sospensione del lavoro*. **Stri'king**, a., (fig.) *frappant*, auffallend, *sorprendente*.
String, n., *cord|e*, f., (thin)*ficelle;* Schnur, Bindfaden,m.; *c|icella*, f., *spago*,m.; (of instrum.) *c|e*, Saite, *c|a;* (of shoe, etc.) *c|on*, m.; Band, n., Schnur, f.; *stringhetta;* (of beads, etc.) *chapelet*, m.; Reihe, f.; *filza;* (fig.) v. series. — (strung, s-), t., (instrum.) *garnir de cord|es*, besaiten, *mettere le c|e a;* (beads) *enfiler*, anfädeln, *infilzare*. |ed, a., (inst.) *à c|es*, Saiten .., *a c|e*. '|y, a., *fibreux*, (meat) *filandreux;* faserig; *fibroso*.
Strin'gen|t, a., |cy, n., v. strict, |ness.
Strip, t., *ôter;* abstreifen; *togliere*, *cavare;* (deprive of) *dépouiller*, entblößen, *spogliare;* of its bark, leaves, *écorcer*, *effeuiller;* abrinden, entblättern; *scorzare*, *sfogliare;* — o's sf., *se déshabiller*, s. entkleiden, *svestirsi*. —, n., bande, f.; Streifen, m.; *striscia*, f.
Strip|e, n., *raie*, f.; Streif, m., |en; *strisci|a*, f., *list|a;* & v. blow. |ed, a., *rayé*, gestreift, s|ato, l|ato.
Strip'ling, m., v. youth.
Strive (strove, striven), i., *s'efforcer;* streben, s. bemühen; *sforzarsi;* (against) *lutter*, kämpfen, *lottare;* & v. vie.
Stroke, n., *coup*, m., Schlag, *colpo;* (line, dash) *trait*, Strich, *tratto;* (of pencil, brush) c- (*de crayon*, etc.), Zug, c- (*di lapis*, etc.); (of swimmer) brasse, f.; Stoß, m.; *tiro;* (of oar) c- *d'aviron*, Ruderschlag, c- *di remo;* keep —, *ramer ensemble*, zusammen rudern, *remare in tempo;* pull —, *donner la nage*. den Rangeben, *dare il tempo*. —, t., *caresser*, streicheln. *palpare*.
Stroll, i., *errer*, herumschlendern, *vagare;* |ing (player, etc.), *ambulant*, herumziehend, *a|e*. —, n., v. (short) walk, turn.
Strong, a., *fort*, stark, f|e. '|hold, n., f|eresse, f., Feste, f|ezza. '|ly, ad., f-, e-ment; s-; f|emente.
Strop, n., *cuir (à rasoir)*, m., Streichriemen, *cuojo da rasojo*.
Strove, imp., v. strive.
Struck, imp. & pp., v. strike.
Struc'ture, n., s-, f.; Bauart. Struktur; *struttura;* & v. construction, building.

Strug'gle, n. & i., *lutt,e,* f., |er; Kampf, m., kämpfen; *lott,a,* f.. |are.
Strum, t.. (piano) *tapoter (du),* klimpern (auf, dat.), *strimpellare.* [*giarsi.*
Strut, i.. *se paraner.* stolzieren, *pavoneg-*
Strych'nin,e(k). n..,e. f.; S|.n.; *stricnina,*f.
Stub'ble, n., *chaume*, m.; Stoppel. f.; *stoppia.* [v. obstinate.
Stub'born, a.. *entêté*, störrig, *caparbio;* &
Stuc'co, n.. *stuc*, m.. |k. |co.
Stuck, imp. & pp.. v. stick.
Stud, n., (of horses) *haras*, m.; Gestüt, n.; *razza,* f.; & v. horses.
Stud, n.. (shirt-) *bouton.* m.. Hemdknopf, *bottoncino;* & v. nail. '|ded, a.. *garni, parsemé*(with, *de);* besetzt, besät(mit); *guarnito. seminato*, (with gems) *tempestato (di).*
Stu'd,ent, m.. *élève.* (of law, medicine) *étudiant (en);* S,ent; 'ente, ;io, n.. *atelier.* m.; A-. n.; *s'io.* m. ious, a.. |*ieux*, fleißig. *s ioso;* (to please, etc.) *empressé (à),* beflissen. *sollecito.* |iously, nd., *arecsoin.* mit Vorbedacht, *a stud io.* Stud'y, t. & i.. *étudier;* s|ieren, (a lesson, part, etc.) einstudieren; *s'iare;* & v. endeavour; ,ied (pp. & a.), (fig.) *recherché*, gesucht, *ricercato.* |y, n., *étude*, f.; S|ium. n.; |io, m.; (room) *cabinet*; S|ierzimmer, n.; *'io.* m.
Stuff, n.. *étoffe.* f.; Stoff, m.. Zeug. n.; *stoffa*, f.; (matter) *matière*, f.; S-; *materia*, f.; (refuse) *rebut*, m., *drogue.* f.; Schund, m.; *robaccia,*f.; (nonsense)*niaiserie,* f.; dummes Z-. n.; *sciocchezza,*f.; & v. material. medicine; poor —, (to drink) *lavasse.* f.; Spülwasser. n.; *robaccia,*f. —, t., (cushion. etc.) *rembourrer* (with, *de);* ausstopfen, polstern; *imbottire (di);* (specimens) *empailler*, a-, *impagliare;* (with food) *bourrer.* vollstopfen, *rimpinzare;* (meat. fowl) *farcir.* füllen. *mettere il ripieno;* — up. *boucher,* verstopfen, *turare.* '|ing, n., (for cushion. etc.) *bourre.* f., *rembourrage.* m.; Polsterung. f.; *borra;* (seasoning) *farce.* f.; Füllsel, n.; *ripieno.* m. '|y, a.. (air) v. close. [*compromettersi.*
Stul'tify, r.. *se ridiculiser,* s. blamieren,
Stum'bl,e, i.. *broncher*, *trébucher;* stolpern; *inciampare.* |ing-block, n., *pierre d'achoppement.* f.; Stein des Anstoßes, m.; *intoppo.*
Stump, n.. *tronçon*, m.; S,f, Stummel; *ceppo;* (of limb) *moignon;* S|f. etc.; *moncherino;* (of cabbage) *trognon*, Strunk, *torso;* (of tooth) *chicot*, m.; Zahnstumpf; *radica,* f.; (for drawing) *estompe;* Wischer, m.; *sfumino.* —, i.. *clopiner*, humpeln, *andar zoppicone.* ,ed, a.. (fam.) v. at a loss. '-orator, m., *déclamat,eur;* (Prunk)redner, d,*ore.*

Stun, t., *étourdir*, betäuben. *stordire.*
Stung, imp. & pp., v. sting. Stunk, pp., v. stink. [*tristito.*
Stunt'ed, a., *rabougri*, verkrüppelt, *in-*
Stu'p|efy, |ify, t.. (with poison, etc.) *éfier.* betäub|en, s|*efare,* |en'dous, a., *prodigieux,* gewaltig, *s|endo.* |id, a., |id'ity, n.. |*ide,* '|*idité,* f.; dumm. |heit; *s'ido.* |*idità.* |or, n., |*eur,* f.; B|theit; *s|ore,* m.
Stur'dy, a.. v. strong. firm, obstinate.
Stur'geon, n., *esturgeon*, m.. Stör. *storione.*
Stut'ter, i., *bégayer*, stottern, *tartagliare.*
Sty, n., (pigs') *étable,*f.; Schweinestall, m.; *porcile.*
Sty, n., (on eyelid) *orgelet*, m.; Gerstenkorn, n.; *bottoncino.* m.
Style, n.. s-, m.. Stil. |e; & v. manner, taste, title. —, t., *appeler,* nennen, *chiamare.* Sty'lish, a.. *élégant,* e-, |e.
Suav'it'y, n.. |*é.* f.. Anmut, *soavità.*
Sub-, comp., *sub* .., *sous* ..; unter ..; *sub* .., *sotto* ...
Sub'altern, m.. |e, S,, |o.
Subdiv,ide', t.. |*iser*, wieder einteilen. *suddiv,idere.* ,is'ion (tj), n., |*ision,* f.. Unterabteilung, *s,isione.* [*giogare.*
Subdue', t., *subjuguer*, unterwerfen, *soggiogare.*
Sub'jec,t, m.. *sujet,* Unterthan, *suddito;* (n.) s-. Gegenstand, *soggetto.* —, a, s-, *assujetti;* u-; *soggetto;* (liable) s-, *exposé;* ausgesetzt; s-. *esposto.* |t', t., '|tion, n., *soumettre, exposer,* aussetzen. U|ung; *assoggetta|re, esporre, a,mento,* m. '|*tive,* a.. |*tif,* subjektiv, *soggettivo.* [*unito.*
Subjoined', a., *ci-joint*, beigefügt, *qui*
Sub'jugate, t., v. subdue.
Subjunc'tive, n., |*jonctif,* m.. |junktiv, *soggiuntivo.*
Sublet', t., *sous-louer,* aftervermieten, *subaffittare.*
Sublim|e', a.. '|ity, n., ,e, |*ité,* f.; erhaben, ,heit; *s'e, |ità.*
Submarine' (Ine), a.. *sous-marin,* unterseeisch. *sottomarino.*
Submerg,e', t., |*er,* untertauchen, *sommergere.*
Submiss'|ion (īch), n., *soumission,* f., Unterwerfung, *sommess,ione;* & v. resignation, deference. '|*ive,* a., *soumis,* fügsam, *s,o.* Submit', t., *soumettre,* vorlegen, *sottoporre;* —o's sf.. —, i., *se s-,* s. unterwerfen, *sottomettersi.*
Subor'd|inate, a., *|onné*, untergeordnet, *s'inato.*
Subort'. t.. |*er*, bestechen, s'*are.*
Subscrib|e', t., *souscrire;* unterzeichn|en; *sottoscri,vere, firmare.* |e, i., (to newsp., concert, etc.) *s'abonn|er,* s. a,ieren, *abbonarsi;* (to opinion) v. agree, consent, |er, m., *souscripteur,* U|er, s|*ttore;* (to

| Subsequent | — 183 — | Suffocate |

newsp., etc.) a|é, |ent, abbonato. Subscrip'tion, n., *souscription*, f.; U|nug; *soscrizione*, *firma;* (newsp.) a|ement, m., |ementspreis, *abbonamento;* & v. contribution.
Sub'sequent, a.. *subséquent*, (nach)folgend, *susseguente.* |ly, ad., *ensuite*, nachher, *dopo.*
Subser'vient, a., v. subordinate.
Subside', i., (water, etc.) *baisser, descendre;* fallen; *calare;* (wind) *se calmer*, s. legen, *calmarsi;* & v. abate, sink.
Subsid'i|ary, a., |aire; |arisch, Hülfs..; *sussidiario.* Sub'|sidy, n., |vention, f., |vention, *sovvenzione.*
Subsist', i., |er (on, *de*), s. ernähren (von), *sussist|ere (di);* & v. exist. |ence, n., |ance, f.; Lebensunterhalt, m.; s|enza, f.
Sub'stan|ce, n., |ce, f., |z, *sostanza;* & v. means, property. '|tial, a., |tiel, |tiell, *sustanziale;* & v. strong, solid, (fig.) essential. '|tiate, t., *établir*, bestätigen, *stabilire.* Sub'stan|tive, n., |tif, m.; |tiv, n.; *sostantivo*, m.
Sub'stit|ute, t., |uer; |uieren, an die Stelle setzen; *sostituire.* |ute, n. & m., |ut, m., (pers.) *remplaçant;* Ersatz, Stellvertreter; *sostituto.* |u'tion, n., |ution. f.; Unterschiebung, Ersetzung; *sostituzione.*
Substruc'|tion, |ture, n., |tion, f.; Unterbau, m.; *substruzione*, f.
Sub'terfüge, n., *s-*, m.; Ausflucht, f.; *sutterfugio*, m.
Subterra'nean, a., *souterrain*, unterirdisch, *sotterraneo.*
Sub'|tile, |tle (ätl), a., |til'ity, |tlety, n., (fig.) |til, |tilité, f.; fein, |heit, scharf, Schärfe; *sotti|le,* |gliezza; & v. sly.
Subtrac|t', t., '|tion, n., *sous|traire*, |*traction*, f.; abzieh|en, |ung, sub|trahieren, |traktion; *sottra|rre, |zione.*
Sub'urb, n., *faubourg*, m.; Vorstadt, f.; *sobborgo*, m. '|an, a., *des f|s*, vorstädtisch, *suburbano.*
Subver'|sion, n., |sive, a., |t', t., |sion, f., |sif, *renverser;* Umsturz, m., umstürz|end, |en; *sovver|sione*, f., |tente, |tere.
Succeed', t., *succéder à*, (nach)folgen (dat.), *succedere a.* —, i., *réussir (dans; à faire),* geling|en (impers.: es g|t mir, etc.), *riuscire (in; di fare).* |ing, a., *suivant*, f|d, *seguente.* Success', n., *succès*, m., *réussite*, f.; Erfolg, m.; *(buon) success|o, (b|a) riuscita*, f. '|ful, a., *heureux;* e|reich, (pers.) glücklich; *felice.* '|ion, n., |*ion*, f.; Aufeinanderfolge, (to property) Erbfolge; s|*ione;* & v. series. '|ive, a., |*if,* aufeinanderfolgend, s|*ivo.* '|or, m., |*eur*, Nachfolger, s|*ore.*
Succinct', a., *s-*, (kurz u.) bündig, *succinto.*
Suc'cour, n. & t., *secour|s*, m., |*ir;* Hülfe, f., helfen (dat.); *soccor|so*, m., |*rere.*

Suc'culent, a., *s-*, saftig, *sugoso.*
Succumb' (äme), i., *succomber*, erliegen, *soccombere.*
Such, a., *tel, pareil;* solch (|er, |e. |es); *tale, simile;* — a man, *un t- homme*, ein s|er Mann, *un tal uomo;* —as, (similar to) *t- que*, so.. wie, *tale . . quale;* —as, (those who, which) *ceux (celles) qui,* diejenigen welche, *quei (quelle) che;* —as, (for example) *par exemple,* zum Beispiel, *per esempio;* — and — (a man, etc.), *un t-,* der und der, *un tale;* — a thg., *quelque chose de pareil*, so etwas, *una tal cosa;* no — thg., *il n'en est rien,* es ist nichts daran, *niente affatto;* — (weather, etc.)! *quel,* was für, *che..!* —, ad., *si,* so, *cosi;* — a (fine day, etc.), *un si,* ein so, *un .. cosi.*
Suck, t., *sucer*, saugen, *succiare;* '|ing pig, n., *cochon de lait*, m.; Spanferkel, n.; *porcello da latte*, m.; —up, *s-, absorber;* einsaugen, *s-, assorbire.* '|er, n., (of tree) *surgeon*, m.; Wurzelreis, n.; *rampollo*, m.; (of pump) *piston;* Saugleder, n.; *stantuffo*, m. '|le, t., '|ling, n., *allaiter, enfant à la mamelle*, m.; säug|en, |ling; *allatt|are, bambino a|ato.* Suc'tion, n., *succion*, f.; (Ein|, An|, Auf|)saugen, n.; *succhiamento*, m.; (of pump) *aspira|tion*, f.; Saugen, n., a|*zione*, f.
Sud'den, a., *soudain, subit;* plötzlich; *subitaneo, repentin|o;* all of a —, *tout d'un coup*, auf einmal, *tutto ad un tratto.* |ly, ad., |ness, n., *soudaine|ment,* |té, f.; p-, |keit; *r|amente, subitane|amente*, |*ità.*
Suds, n. pl., (soap-) *eau de savon*, f.; Seifenwasser, n.; *saponata*, f.
Sue (iou), t., *poursuivre,* gerichtlich belangen, *citare in giudizio.* —, i., v. ask, implore.
Su'et, n., *graisse de rognons*, f.; Nierenfett, n.; *grasso degli arnioni*, m.
Suf'fer, t. & i., *souffrir*, leiden, *soffrire;* (bear) supporter, dulden, *sopportare;* (punishment) *subir,* erleiden, s|*e;* (allow) *permett|re*, gestatten, *p|ere;* — for it, *en porter la peine,* büßen für, *portarne la pena;* — from (headache, etc.), *souffrir de,* l- an (dat.), *soffrire.* |ance, n.; on —, *par tolérance,* geduldet, *per tolleranza.* |er, m., *patient;* L|der, Kranker; *paziente;* & v. victim. |ing, n., *souffrance,* f.; L|, n.; *pena*, f., *dolore*, m.
Suffice', i., *suffire* (for, *à;* to, *à, de),* genüg|en (für; inf.), *bastare (per; di).*
Suffic'ien|t (ich), a., |cy, n., *suffisan|t,* |ce, f.; g|end, |e ; *sufficien|te,* |*za.*
Suf'foca|te, t., '|tion, n., *suffo|quer*, |*cation,* f., (with gas .etc.) *asphyx|ier*, |*ie;* ersticke|en, |ung; *soffog|are*, |*azione, asfiss|iare,* |*ia.*

Suffrag¦e, n., ¦e, m.; Stimmrecht, n.; s¦io, m.
Suffuse', t., *courrir*, überziehen, *coprire*.
Su'gar (chou), n., *sucr¦e*, m., Zucker, *zucchero*; brown, moist, soft—, *cassonade*, f.; Farin¦z-,m.;(z¦o) *rottame*; lump—,*sblanc*,Stücken¦z-.z¦o *a pallottole*. —, t., s¦er, (über)z¦n, *inzuccherare*. **-basin**,n., s¦ier, m.; Z¦dose. f.; z¦iera. **-candy**, n., s¦e candi, Kandis¦z-, z¦o c¦to. **-cane**, n., *canne à s¦e*, f.; Z¦rohr, n.; *canna daz¦o*,f. **-loaf**, n., *pain de s¦e*, m., Z¦hut, *pane di z¦o*. **-nippers**, n. pl., *casse-s¦e*, m.; Z¦schlagmaschine,f.;*taglia-z¦o*.m. **-plums**, n. pl., *bonbons*, m. pl.; Konfekt. n. sg.; *confetti*, m. pl. **-refi'nery**, n., *raffiner¦ie*, f., ¦ie, ¦ia. **-tongs**, n. pl., *pinces à s¦e*, f. pl.; Z¦zange, f. sg.; *mollette*, f. pl. ¦y, a., s¦é, z¦ig, z¦oso.
Suggest' (ădj), t., *suggér¦er*, eingeben, s¦ire; & v. propose, indicate, inspire. ¦ion, n., *aris*, m., Wink, *suggerimento*; & v. idea, proposal. ¦ive, a., *significat¦if*, bedeutsam, s¦iro; — of, *qui indique*, andeutend, *che indica*.
Su'icid'e, n., ¦al, a.. ¦e, m., *de s¦e;* Selbst-¦mord, ¦mörderisch, (fig.) ¦vernichtend; s¦io, di s¦io; commit ¦e, *se s¦er*, S¦mord begehen, *commettere s¦io*.
Suit (iou), n., (courtship) *recherche*, f., Werbung, *richiesta*; (of cards) *couleur*, f., Farbe. *sequenza*; & v. request, lawsuit; — of clothes, *habillement complet*, m., (ganzer) Anzug, *restimento c¦o*. —, t., (adapt) *adapter*, anpassen, *aduttare*; (be convenient to) *convenir à*, *aller à*; passen (dat.); *c¦e a*; (be becoming to) *aller à*, kleiden, *stare a*; it (the hour, etc.) ¦s me (quite well). *cela me va*, es ist mir recht, *mi conviene*. ¦able, a., *conven¦able*, passend, c¦evole. ¦e (oui), n., (attendants) ¦e, f.; Gefolge, n.; *seguito*, m.; — of furniture, *ameublement*, m.; Ausmöblierung,f.; *mobiliatura*. f.; — of rooms, *appartement*, m.; Reihe von Zimmern. f.; *seguito di stanze*. m. ¦or (iou), m.. (law) *plaideur*, Prozeßführender, *litigante*; (lover) *prétend¦ant*, Freier, p¦ente.
Sulk, i., *boud¦er*, schmollen. *stizzirsi*. ¦y, a., ¦iness, n., *b¦eur*, ¦erie, f.; verdrießlich, ¦keit; *ritroso, cattivo umore*. m.
Sul'len, a., ¦ness, n.. *maussad¦e*, ¦erie, f.; mürrisch, ¦es Wesen. n.; *burbero, umore b-*, m.; & v. sulky, gloomy.
Sul'ly, t., *souiller*, besudeln, *macchiare*.
Sul'ph¦ate, n., *sulfate*, m.;schwefelsaur¦es Salz, n. (— of lime, etc., sch¦er Kalk); *solfite*,m. ¦ur, n., *soufre*, m., Schwefel, *zolfo*. ¦u'reous, a., *sulfur¦eux*, schweflig, s¦eo. ¦u'ric, a., — acid, n., *sulfu-*

rique, a¦e *s-*,m.; schwefel¦sauer, ¦säu e, f.; *solforico, a¦o s-*, m.
Sul'tan, m., ¦a, f., *s-*, ¦e; S-, ¦in; ¦o. ¦a.
Sul'tr¦y, a., ¦iness, n., *étouffant, chaleur é¦e*, f.; schwül, ¦e; *soffogante, afa*.
Sum, n., (total) *somme*, f., *total*, m., *s- t¦e*, f.; (Gesamt)summe; *somma*, t¦e, m.; (of money) *s-*, S-, *s-*; (arith.) *calcul*, m.; Rechnung, f.; *somma*; (fig.) *comble*, m.; Höhe, f.; *colmo*, m. —, t.; — up, *résumer;* kurz wiederholen, resümieren; *ricapitolare*. ¦mary, a., ¦marily, ad., *sommaire*, ¦ment; summarisch; *sommar¦io*, ¦amente. ¦mary, n., *s-*, m., *abrégé;* (kurze) Übersicht, f.; s¦o, m., *compendio*. ¦ming-up, n., *résumé*, m.; Resümé, n.; *riassunto*, m.
Sum'mer, n. & a., *été*, m., *d'é-;* Sommer, S¦.., *estate*, f.. *d'e-*, *estivo*. **-house**, n., *pavillon*, m.; Gartenhaus, n.; *padiglione*, m. [m.; *capitombolo*.
Sum'merset (old), n., *culbute*, f.; Burzelbaum,
Sum'mit, n., *sommet*, m.; Gipfel; *sommità*, f.; (fig.) *comble*, m.; Spitze, f., Höhe; *colmo*, m.; & v. peak, top.
Sum'mon, t., (meeting) *convo¦quer*, zusammenrufen, c¦care; (law) *citer*, (witn.) *assigner*; gerichtlich vorladen, citieren; *citare*; & v. call; — up o's courage, *rappeler son c-*, wieder Mut fassen, *farsi animo*. **-s**, n., *sommation*, f., Aufforderung, *ammonizione*; (legal) *cita¦tion*, Vorladung, c¦zione; & v. call, order.
Sump'tuous, a., *somptueux*, prächtig, *suntuoso*.
Sun, n., *soleil*, m.; Sonn¦e, f.; *sole*, m.; in the —, *au s-*, in der S¦e, *al s-*. —, t., *chauffer au s-*, der S¦e aussetzen, *riscaldare al s-*. ¦beam, n., *rayon (de s-)*, m., S¦enstrahl, *raggio (solare)*. ¦burnt, a., *hâlé, basané;* s¦enverbrannt; *abbronzato*. ¦day, n., *dimanche*, m.; S¦tag; *domenica*, f. ¦-dial, n., *cadran solaire*, m.; S¦enuhr, f.; *orologio a s-*, m. ¦flower, n., *tournesol*, m.; S¦enblume, f.; *girasole*, m. ¦ny, a., *exposé au s-*, s¦ig, *esposto al s-*; (fig.) v. bright. ¦rise, ¦set, n.; *lever, coucher du s-*, m.; S¦enaufgang, ¦enuntergang; *levare, tramontare del s-*. ¦shade, n., *en-tout-cas*, m., S¦enschirm, *ombrellino*. ¦shine, n., *clarté du s-*, f.; S¦enschein, m.; *chiarezza del s-*, f.; in the —, v. in the sun. **-stroke**, n., *coup de s-*, m., S¦enstich, *colpo di s-*.
Sund'¦er, t., v. separate. ¦ry, a., ¦ries, n. pl., *divers, choses d'es*, f. pl.; (expenses) *frais d-*, m. pl.; verschiedene, d¦e Sachen, f. pl., d¦e Ausgaben; d¦i, *spese varie*.
Sung, **Sunk**, imp. & pp., v. sing, sink.
Sup, i., *souper*, zu Abend essen, *cenare*.
Super abun'dant, a., *surabondant*, über-

reichlich, *soprabbondante*. |add', t., *surajouter*, noch hinzufügen, *sopraggiungere*. |an'nuated, a., *retraité*, ausgedient, *in ritiro*.
Superb', a., |e, prächtig, s|o.
Süper|car'go, m., *subrécargue*,Supercargo, *sopraccarico*. |cil'ious, a., *hautain*, hochmütig, *altiero*. |eroga'tion, n., *sur|é*, f., Super|e-, |*erogazione*. |fic'ial (ich), a., |*ficiel*, oberflächlich, s|*ficiale*. |fine', a., |*fin*, |fein, *sopraffino*. '|fluous, a., |flu'ity, n., |*fiu*, |*fluité*, f.; überflüssig, |keit; s|*fluo*, |*fluità*. |hu'man, a., *surhumain*, übermenschlich, *sovrumano*. |incum'-bent, a., *superposé*, darüberliegend, *sovraggiacente*. **Superintend'**, t., |ence, n., |ent, m., *surveill'|er*, |*ance*, f., *directeur*, m., *chef*; beaufsichtigen, Aufsicht, f., (Ober)aufseher, m.; *sopraintend|ere*, |*enza*, f., |*ente*, m.
Süpe'rior, a., *supéri|eur*, überlegen, s|*ore*; & v. excellent. —, m. & f., s|*eur*, |*eure*; Vorgesetzt|er, |e, (of convent) Prior, |in; s|*ore*, *padre* s|*ore*, s|*ora*. '|ity, n., s|*orité*, f., Ü|heit, s|*orità*.
Süper'|lative, a. & n., (gr.) |*latif*, a. & m.; |lativ; |*lativo*; & v. supreme, extreme. |nat'ural, a., *surnaturel*, übernatürlich, *soprannaturale*. |nu'merary, a. & m., *surnuméraire*; überzählig, |er; *sopran-numerario*. |scrip'tion, n., *suscription*, f., Aufschrift, *soprascritta*. |sede', t., *remplacer*, ersetzen, *rimpiazzare*; & v. set aside, suppress. |sti'tion (ich), n., |stitious, a., |*stition*, f., |*stitieux*; Aber|glaube, m., |gläubisch; *superstizio|ne*, f., |so. |struc'ture, n., *corps de bâtiment*, m.; Oberbau; *parte superiore d'un edifizio*, f. |vene', i., *survenir*, noch hinzukommen, *sopravvenire*. |vis'ion (ij), n., v. |intendence.
Su'pine', n., *supin*, m.; |um, n.; |o, m.
Süpine', a., (fig.) v. negligent, careless.
Sup'per, n., *souper*, m.; Abendessen, n.; *cena*, f.; Lord's—, *céne*, f.; Abendmahl, n.; *santa c-*, f.
Supplant', t., |er, ausstechen, *soppiantare*.
Sup'ple, a., |ness, n., *soupl|e*, |*esse*, f.; geschmeidig, |keit; *flessibil|e*, |*ità*.
Sup'plement, n. & t., *supplé|ment*, m., |er, *compléter*; S|*ment*, n., Ergänz|ung, f., |en; s|*mento*, m., *compiere*. '|ary, a., s|*mentaire*, e|end, s|*mentario*.
Sup'pli|cate, t., |ca'tion, n., |(c)ant, m. & f., |er, |*cation*, f., |*ant*, |*ante*; anflehen, Flehen, n., |der, |de; s|*care*, |*cazione*, f., |*cante*.
Supply', t., (o. with sthg.) *pourvoir (de)*, versehen (mit), *provvedere (di)*; (a want) p- à, abhelfen (dat.), *supplire a*; (goods, etc.) *fournir*, liefern, *fornire*; — the place of, *remplacer*, ersetzen, *far le veci di*. —, u., *approvisionnement*, m.; Vorrat, Zufuhr, f.; *provvista*; (com.) *offre*, f., Offerte, *provvista*; (parl.) *recettes*, f. pl., Einnahmen, *entrate*.
Support', t., *soutenir*; stützen, tragen; *sosten|ere*; (a family, etc.) s-, *entretenir*; er|, unter|halten; s|*tare*, *mantenere*; (a candidate) *porter*, begünstigen, *appoggiare*; (fig.) v. bear. —, n., *support*, m., *soutien*; Stütze, f.; *sostegno*, m.; (of family) *entretien*; Ü|haltung, f.; *mantenimento*, m.; means of—, v. subsistence; in — of, *à l'appui de*, zur Ü|stützung von, *all' appoggio di*. '|er, m., *partisan*, Gönner, *fautore*; (n. & fig.) v. support.
Suppos|e', t., |er; vermut|en, (a case) annehmen; *supporre*; |e, |ing (that), |é, |ons; (voraus)gesetzt; *suppos|to*. |Y'tion (ich). n., |*ition*, f.; V|ung, Annahme; s|*izione*.
Suppress', t., *réprimer*, unterdrück|en, r|*e*; (document, etc.) *supprimer*, u|en, *sopprimere*; (feelings) retenir; u|en, zurückhalten; r|*e*; & v. abolish. '|ion, n., *ré*|, *sup|pression*, f.; U|ung, ri|, *sop|pressione*.
Süpr|eme', a., |em'acy, n., |*éme*, |*ématie*, f.; höchst, Ober.., h|er Rang, m., O|-gewalt, f.; s|*emo*, |*emazia*.
Sure (chour), a., *sûr*, *certain*; sicher, gewiß; *sicuro*, *certo*; I am — of it, *j'en suis s-*, ich weiß es g-, *ne son c-*; be — (to do), *ne manquez pas (de)*, vergessen (unterlassen) Sie nicht, *badate bene (di)*; to be —! *mais oui! bien sûr!* g-! freilich! versteht sich! *c-! s-! senza dubbio!* -footed, a.; be —, *avoir le pied sûr*, e-n s|n Gang haben, *andar al sicuro*. '|ly, ad., *assurément*, s|lich, *sicuramente*. '|tiship, n., v. |ty (n.). '|ty, n., (for debt) *caution*, f., Bürg|schaft, *cauzione*; (m. & f.) c-, *répondant*, m.; B|*e*; *mallevadore*.
Surf, n., *ressac*, m.; Brandung, f.; *spuma*.
Sur'face, n., s-, f., Oberfläche, *superficie*.
Sur'feit (fit), n., *satiété*, f., Übersätti-g|ung, *sazietà*; & v. excess, disgust. |ed, a., *rassasié* (with, *de*), ü|t (von), *stufo (di)*.
Surge, n., *houle*, f., (Schlag)welle, *ondata*. —, i., (as a wave) *s'élever*, aufschwellen, *gonfiarsi*; (as a crowd) *s'agiter*, wogen, *flultuare*.
Sur'geon (dj'n), m., *chirurg|ien*, Wundarzt, c|*o*. |ery, n., c|*ie*, f., |*ie*, |*ia*; (room) cabinet de c|*ien*, m.; Sprechzimmer, n.; gabinetto di c|*o*, m. |ical, a., c|*ical*, |isch, |*ico*.
Sur'l|y, a., |iness, n., *bourru*, *caractère b-*, m.; mürrisch, |es Wesen, n.; *burbero*, *carattere b-*, m.
Surmise', n. & t., *soupçon*, m., |ner; Vermut|ung, f., |en; *sospett|o*, m., |*are*.

Surmount — 186 — Sweep

Surmount', t., *surmonter*, überwinden, *sormontare*.
Sur'name, n., *surnom*, m., Beiname, *soprannome;* (family-name) *nom de famille*, |lienname, *cognome*. —, t., s'-mer, e-m e-n B|n geben, *soprannominare*.
Surpass', t., |er, übertreffen, *sorpassare*. '|ing, a., v. rare, extraordinary. [ta, f.
Sur'pli|ce, n., 's, m.; Chorhemd, n.; *cot*-
Sur'plus, n., *s-*, m., *excédent;* Überschuß; *soprappiù*.
Surprise', t., *surprendre*, überraschen, *sorprendere*. —, n., *surprise*, f., Ü|ung, *sorpresa;* & v. astonish, |ment.
Surren'der, t. & i., *rendre, se r-;* übergeben, s. ergeben; *rendere, arrendersi;* & v. yield, cede. —, n., (of fort, etc.) *reddition*, f., Übergabe, *resa;* (of goods, etc.) *cession*, Abtretung, *c'e*.
Surrepti'tious (Ĭch), a., |ly, ad., *subreptice, à la dérobée;* verstohlen, heimlich; *surrettizi'o*, |amente.
Surround', t., *entourer*, umgeben. *circondare*. '|ing, a., *environnant*, umliegend, *circonvicino*.
Survey' (vé), t., Sur'vey, n., (land) *arpent|er*, |age, m.; *vermess|en*, |ung, f.; *misura|re*, |mento, m.; (house, etc.) *expertis'er*, |e, f.; untersuch|en, |ung; *ispezion|are*, |e; (landscape, & flg.) *découvrir, coup d'œil*, m.; über|sehen, |blick; *abbracciare (dello sguardo), sguardo;* ordnance-sur'vey, *cadastre*, m., Kataster, *rilievo*. '|or, m., *inspecteur*, Aufscher, *ispettore;* (of land) *a'eur*, Feldmesser, *agrimensore;* (valuer. etc.) *expert*, Sachverständiger, *perito*.
Surviv|e', i. & t., |re, |re à; fortleben, überleben; *sopravvir'ere*, 'ere a. |al, n., |ance, f.; Ü-, n.; s'|enza, f. |or, m. & f., |ant(e); Ü|der, U|de; s|ente.
Su'san (ou), f., *Suzanne;* S|ne, 'na; |na.
Suscep'ti|ble, a., |il'ity, n., |le (of, de). |ilité, f.; empfänglich (für), |keit; *suscettibil'e*, |ità; & v. capable, sensitive.
Suspect', t., *soupçonner;* argwöhnen, (a pers.) in Verdacht haben (of, wegen, gen.); *sospett|are, aver s|odi;* & v. doubt. imagine; I — so, *je le crois*, das mein' ich, *credo (anch'io)*.
Suspen|d', t., |dre; (auf)hängen, (work, payment, etc.) einstell en, (judgment) zurückhalten mit, (official) s|dieren; *pendere*. |se', n., *incert'itude*, f., Ungewißheit, *t'ezza;* in —, *en s|s;* in der Schwebe, (pers.) in U-; *sospeso, nell' i'ezza*. |'sion, n., *sion*, f., E|ung, Suspension; *sospensione*. *'sion-bridge*, n., *pont s|du*, m.; Hängebrücke, f.; *ponte sospeso*, m.
Suspic'i|on (Ĭch), n., 'ous, a., *soupçon*, m., |neux, (suspected) *suspect;* Arg.wohn,

|wöhnisch, verdächtig; *sospett|o*, |*oso*, |*o. ously*, ad., *avec méfiance*, mißtrau|isch, *s,osamente*. |ousness, n., *m-*, f.; M|en, n.; *carattere s,oso*, m.; (of appearance, etc.) *caractère suspect;* V,keit, f.; *carattere s,o*, m.
Sustain', t., *soutenir;* (unter)stützen, (flg.) erhalten, aufrecht e-,(a note) aushalten; *sostenere;* (a loss) *éprouver;* erleiden; *soffrire*. *fare;* & v. support, maintain.
Sus'ten|ance, n., *nourriture*, f.; Nahrung; *alimento*. m. |ta'tion, n., *entretien*, m.; Unterhaltung. f.; *mantenimento*, m.
Sut'ler, m., *vivandier*, Marketender, v|e.
Su'zerain, m., |ty, n., *s-*, |*eté*, f.; Lehnsherr, |lichkeit, f.; *(alt|o) signor|e, (a|a) s,ia*, f.
Swad'dling-clothes (od), n. pl., *langes*, m. pl.; Windeln, f. pl.; *fascie*.
Swag'ger, i. & n., |er, m., *faire le fanfaron*, |*nade*, f., *f-;* aufschneid|en, |erei,f., |er; *millant|arsi, |eria*, f., |*atore*.
Swain, m., v. rustic, shepherd, lover.
Swal'low (ol), n., *hirondelle*, f., Schwalbe, *rondine*.
Swal'low (ol), t., *avaler*, verschlucken, *inghiottire;* (up) *engloutir*, verschlingen, *ingojare;* (flg.) v. absorb.
Swam, imp., v. swim.
Swamp (ŏ), n., *marais*, m., Sumpf, *pantano*. —, t., *enfoncer*, versenken, *affondare*.
Swan (ŏ), n., *cygne*, m., Schwan, *cigno*.
Sward (or), n., *gazon*, m.; Rasen; *piota*, f.
Swarm (or), n. & i., *essaim*, m., |er, (flg.) *fourmiler;* Schwarm, schwärmen,wimmeln; *sciame, far lo s-, formicolare*.
Swar'thy (or), a., *basané*, schwarzbraun, *fosco*. [*sciare*.
Swathe (é), t., *emmailloter*, wickeln, *fa-*
Sway, t., (sceptre, etc.) *porter*, tragen, *portare;* (flg.) *influen|cer*, beeinflussen, *i'zare;* & v. move,govern. —, i., v. lean; —to and fro, *balancer*, schwanken, *penzolare*. —, n., *empire*, m.; Herrschaft, f.; *imperio*, m.
Swear (é; swor|e, |n), i., *jurer*, schwören, *giura re;* (curse) *j-;* fluchen; g|re, bestemmiare;* (take oath) *prêter serment*, sch-, *prestar g|mento*. —, t., (oath) *prêter, faire;* leisten; *prestare;* (pers.) *faire p- s-* a., vereid(ig)en, *far p- g|mento;* (sthg. to be true) *déclarer sous s-*, eidlich erhärten, *dichiarare con g|mento*.
Sweat (ĕt), i. & n., *su|er*, |*eur*, f., *transpir|er, |ation;* schwitzen, Schweiß, m.; *sud|are*, |*ore*.
Swed|e, m. & f., |ish, a., |en, n., *Suédois, |e, s|. Suède*, f.; Schwed|e, |in, |isch,|en, n.; *Svedese, s-, Svezia*, f.
Sweep (swept, s-), t., *balayer*, (chimney)

ramoner; fegen; scopare, spazzare; — away, (fig.) enlever, wegrafscn, arraffare. —, i., passer rapid'ement, schnell vorübergehen, passare r|amente. —, m., ramoneur, Schornsteinfeger, spazzacammino. '|ing, a., (fig.) v. comprehensive.
'stakes, n. pl.. (sum) enjeu, m.; Einsatz; (tutta la) posta. f.
Sweet, a., doux, süß, dolce; (milk. etc.) v. fresh, (pers., manner) v. amiable, charming; smell —, sentir bon, gut riechen, aver buon odore. "bread, n., ris de veau, m.; Kalbsmilch, f.; animella. '-brier, n., églantier, m.; wilder (gelber) Rosenstock; rosa canina, f. "|en, t., sucrer; süß machen, s|en; far dolce; (fig.) adoucir, versüßen, addolcire. '|heart, m. & f., bon(ne) ami(e); Geliebt|er, |e; amante. '¡ish, a.. douceâtre, süßlich, dolcigno. '|ly, ad., doucement; süß, freundlich; dolcemente; (sound) mélodieusement; s-, schön, m|isch; d-, miosamente. '|meat, n., bonbon, m.; Zuckerwerk, n.; confetto, m. '|ness, n., douceur, f., Süßigkcit, dolcezza. '-oil, n., huile d" oliv|e, f.; O enöl, n., olio d'uliva, m. '|pea, n.. pois de senteur, m.; wohlriechende Platterbse, f.; pisello odorifero, m. |s, n. pl., sucreries, f. pl.; Süßigkeiten; dolci, m. pl., (fig.) douceurs, f. pl., Annehmlichkeiten, dolcezze. '-scented, a., v. fragrant. -will'iam, n., œillet de poète, m.; Bartnelke, f.; garofanetto salvatico, m.
Swell (pp. |ed & swollen), i., s'enfler, se gonfler; (an|, auf|) schwellen, (with pride, etc.) s. aufblähen; enfiarsi, gonfiarsi; (river, sound, etc.)grossir; wachsen,zunehmen; crescere. —,t., e-, gonfler, grossir; anschwellen; enfiare, gonfiare, ingrossare; & v. increase, heighten. —, n., (of sea) houle. f.; Welle; ondeggiamento, m.; (m.; fam.) élégant, Stutzer, elegante; (a.; fam.) huppé, pikfein, squisito. '|ing, n.. enflure, f., gonflement, m.; Anschwellung, f., Geschwulst; enfia', gonfia|mento, m.; & v. tumour.
Swel'tering, a., étouffant, erstickend, soffocante.
Swept, imp. & pp., v. sweep.
Swerve, i., s'écarter, abweichen, sviarsi.
Swift, a., v. rapid. —, n., martinet, m., Segler, rondone. [nare.
Swill, t., (fam.) avaler, saufen. tracanSwim (swam, swum), i., nager, schwimmen, nuotare, i., (thg.) v. float; — across, passer à la nage, durch|sch-, passare a nuoto; my head |s, la tête me tourne, mir schwindelt, sono vertiginoso. '|mer, m. & f., nag|eur, |euse; Schwimm'er, |erin; nuotat|ore.|rice. "ming-bath, n., école de natation, f.; S,schule, scuola di nuoto.

'|ming-drawers, n. pl., caleçon, m.; S,hose, f.; mutande, f. pl. '|mingly, ad., (fam.) à merveille; flott, prächtig; agevolmente.
Swin'dl'e, t., v. cheat, defraud; he |ed me out of it, il me l'a escroqu|é, er hat's mir abgeschwindelt, mi l'ha scroccato. e, |ing, n., e'erie, f.; Schwind|el, m., |clei, f.; truff'a. |er, m., escroc, S|ler, t|tore.
Swine, n. sg. & pl., v. pig.
Swing (swung, s-). i.. (as a pendulum) oscill|er, schwingen, o|are; (in a swing) se balancer, s. schaukeln, dondolar|si; & v. dangle; — round, v. turn. —, t., b-, (the arms, etc.) agiter; schwing|en; d'e, scuotere. —, n., o|ation, f., S|ung, o,azione; (children's) balançoire; Schaukel; dondolo, m.; (fig.) v. scope, inclination; in full —, en pleine activité, in voller Thätigkeit, in pien attività. '-bridge, n.. pont tournant, m.; Drehbrücke, f.; p|e girevole, m.
Swiss, a.. m. & f., suiss|e, S|e, |esse; schweizerisch, S', 'in; svizzer'o, S,o, |a.
Switch, n., houssine, f., Gerte, bacchetta.
Swit'zerland, n., Suisse, f.. die Schweiz, la Svizzera.
Swiv'el, n., tourniquet, m., Drehring, perno.
Swol'len, pp.. v. swell.
Swoon, i. & n., s'évanou|ir, |issement, m.; in Ohnmacht fallen, O-, f.; sveni|re, |mento, m.
Swoop, n.; at a —, d'un coup, mit einem Male, in un sol colpo.
Sword (sorde), n., épée, f.; Schwert, n., Degen, m.; spada, f.; broad-, sabre, m., Säbel; sciabola, f.; put to the —, passer au fil de l'é-, über die Klinge springen lassen, mettere a fil di s-. '-belt, n., ceinturon, m., D|gehenk, n.; cinturino della s-, m. '-fish, n., espadon, m., Schwertfisch, pesce spada. |s'man, m.; a good —, une bonne lame, ein guter Fechter, un buon schermitore. '|stick, n., canne à é-, f.; D|stock, m.; stocco.
Swor|e, |n, imp. & pp., v. swear; |n (broker, etc.) assermenté, vereidigt, giurato; |n (enemy), juré, abgesagt,g-; |n (friend) v. intimate. [v. swing.
Swum, pp., v. swim. Swung, imp. & pp., Syc'amore, n., sycomore, m.; Sykomore, f.; sicomoro, m.
Sy'cophant, m., |e, Sykophant, sicofante.
Syl'lab le, n.. |e, f., Silbe, sillaba. |us, n., abrégé, m.. Auszug, compendio.
Syl'logism (dj), n., |e, m., |us, sillogismo.
Sylph, f., |e, |e, silfide.
Syl'van, a., des bois, Wald..., silvano.
Sym'bol, n., |e, m.; S|, n., Sinnbild; simbolo, m. '|ical, a., |ique; |isch, bildlich; simbolico.

Sym'met|ry, n., |rical, a., *symétri|e*, f., |*que*; Symmetri e, |sch; *simmetri|a*, |*co*.
Sym'path|y, n., |ize, i., |et'ic, a., |*ie*, f., |*iser*, |*ique*; |ie, isieren, |isch; *simpati|a*, |*zzare*, |*co*.
Sym'phon|y, n., |*ie*, f., |ie, *sinfonia*.
Symp'|tom, n., |tomat'ic, a., |*tóme*, m., |*tomatique*; |tom, n., |tomatisch; *sintom|o*, m., |*atico*.
Syn'cop|ate, t., |*er*, synkopieren, *sincopare*. |e (pṭ), n., |*e*, f., Synkope, *sincope*.
Syn'd|ic, m., |*ic*, |ikus, *sindaco*.
Syn'od, n., |e, m.; |e, f.; *sinodo*, m.
Syn'on|ym, n., |'ymous, a., |*yme*, m. & a.; |ym, n. & a.; *sinonimo*, m. & a.
Synop'sis, n., *s-*, f., *S-*, *sinossi*.
Syn'tax, n., |e, f., |S|, *sintassi*.
Sy'phon, n., *siphon*, m.; Heber, (for sodawater, etc.) S-; *sifone*.
Syr'ia, n., |c, |n, a., |n, m., *Syri'e*, f., |*en*; |en, n., |sch, |er; *Sir|ia*, f., |o.
Syr'inge (dje), n. & t., *seringu'e*, f., |*er*; Spritz|e, (be|, ein|) s|en; *siringa*, |*re*.
Syr'up, n., *sir|op*, m., |up, |*oppo*.
Sys'tem, n., |at'ic, a., *sys'tème*, m., |*tématique*; |tem, n., |tematisch; *sistema*, m., |*tico*.

T.

T, n.; to a —, *trait pour t-*, auf ein Haar, *appuntino*.
Tab'by, -cat, n., *chat moucheté*, m.; bunte Katze, f.; *gatto macchiettato*, m.
Tab'erna|cle, n., |*cle*, m.; |kel, n.; |*colo*, m.; & v. tent.
Ta'ble, n., *t-*, f.; Tisch, m., (dining-, bearing inscription, etc.) Tafel, f., (of contents, etc.) Tabelle, Verzeichnis, n.; *tavola*, f.; at —, *à t-*, bei Tisch|e, *a t-*; sit down to —, *se mettre a t-*, s. zu T|e setzen, *mettersi a t-*; clear the —, *desservir*, abtragen, *sparecchiare*; turn the |s, *retourner la médaille*, das Blatt wenden, *rendere la paglia di. -beer*, n., *petite bière*, f.; Tafelbier, n.; *birra piccola*, f. -cloth, n., *nappe*, f.; Tischtuch, n.; *tovaglia*, f. -cov'er, n., *tapis de t-*, m.; Tischdecke, f.; *tappeto da t-*, m. -land, n., *plateau*, m.; Hochebene, f.; *altopiano*, m. -lin'en, n., *linge de t-*, m.; Tafelzeug, n.; *biancheria da t-*, f. -spoon, n., *cuiller (à soupe)*, f.; (EB)löffel, m.; *cucchiajo*.
Tab'let, n., |*te*, f., Tafel, *tavoletta*.
Taboo', t., v. prohibit.
Tab'ul|ar, a., |ate, t., *en forme de tableau*, arranger en *t-*; tabellarisch, t- ordnen; *in f|a di tavola*, ridurre in *f- di t-*.
Tac'it, a..|ly, ad., |e,|ement; stillschweigend; t|o, |amente. |urn, a., |*urne*, schweigsam, t,*urno*.

Tack, n., *petit clou*, m., Tapetennagel, *agutello*; (nav.) *bordée*, f.; Gang, m.; *bordata*, f. —, t., (sew) *bâtir*, heften, *imbastire*; — on, (fig.) v. add, attach. —, i., (nav.) *louvoyer*, lavieren, *bordeggiare*.
'|le, n., *attirail*, m.; Gerät, n.; *arnese*, m.; (nav.) *apparaux*, m. pl.; Takel-(werk), n.; *sartiame*, m. '|le, t., (seize) *empoigner*, anpacken, *afferrare*. '|ling, n., v. |le, harness.
Tact, n., *t-*, m., Takt, *tatto*.
Tac't|ics, n., |*ique*, f., Taktik, *tattica*.
Tad'pole, n., *têtard*, m., Kaulfrosch, *ranocchio informe*.
Tag, n., *ferret*, m., Schnürsenkel, *puntag|us*, n., |e, m., Tajo, *Tago*. [*tale*.
Tail (é), n., *queue*, f.; Schwanz, m., (of horse, comet, etc.) Schweif; *coda*, f.; (of coat) *pan*, m.; Schoß; *falda*, f.; turn —, *lâcher pied*, Fersengeld geben, *darla a gambe*. '-coat, n., v. dress-.
Tai'l'or (é), m., |*leur*, Schneider, *sarto*.
Taint (é), i. & n., *infect|er*, |*ion*, f.; ansteck|en, |ung; *infe'ttare*, |*zione*; |ed (meat, etc.), *gâté*, verdorben, *guastato*.
Take (took, ta'ken), t., *prend|re*; nehmen; *p|ere*, *pigliare*; (carry) *porter*, tragen, *portare*; (drive, conduct) *conduire*, führen, *condurre*; (accompany) *mener*, begleiten, *condurre*; (accept) *accepter*, annehmen, *accettare*; (a place, seat in coach, etc.) *arrêter*, bestellen, *p|ere*; (a walk, drive, excursion, nap, sketch, bet, step, prisoner) *faire*; machen, (bet) eingehen, (step) thun, (prisoner) nehmen; *fare*; (mistake for) *p|re*, halten, *p|ere*; (a road) *suivre*, einschlagen, *pigliare*; (breath) *reprendre*, holen, *ripigliare*; (oath) *prêter*, ablegen, *prestare*; (house, etc.) *louer*, mieten, *p|ere (ad affitto)*; (illness) *p|re*, s. zuziehen, *p|ere*; (root) *p|re*, schlagen, *p|ere*; (measures) *p|re*, treffen, *p|ere*; (time) *falloir*, erfordern, *bisognare*; (an hour, etc., to do sthg.) *mettre*, brauchen, *metterci*; (pleasure) *p|re*, *éprouver* (in, *à*, *dans*), finden (an, dat.), *trovare (a)*; (portrait) *faire*; malen, aufnehmen; *fare*; (a newspaper) *être abonné à*, halten, *abbonarsi a*; & v. lead, seize, occupy, require, subtract, consider; —aim, *viser* (at, *à*), zielen (auf, ac.), *mirare (a)*; — amiss, *p|re en mauvaise part*, übel (auf) nehmen, *aver a male*; —away, *ôter*, wegnehmen, *tor via*; (carry off) *emporter*, forttragen, *portar via*; (lead away) *emmener*, wegführen, *condurre via*; —away tea-things, etc., *desservir*, abträumen, *sparecchiare*; — back, *reprendre*, zurücknehmen, *riprendere*; — care, *p|re garde*, s. in acht nehmen, *badare*; — care of, *garder*, aufbewahren, *guardare*; (use carefully) *avoir soin de*, sorgfältig

| Take | — 189 — | Tamarind |

umgehen mit, *aver cura di;* — care (to do sthg.), *avoir soin (de)*, Sorge tragen, *darsi cura;* — o's chance, *courir la ch-*, es wagen, *rimettersi alla fortuna;* — o's choice, *faire son choix*, e-e Wahl treffen, *fare la scelta;* — cold, *s'enrhumer*, s. erkälten, *raffreddarsi;* — courage, p're c-, s. ein Herz fassen, *farsi animo;* — o's departure, v. start, depart; — down, *descendre;* herunter|nehmen, |tragen; *portar giù*, (pictures, etc.) *staccare;* (to pieces) *démonter*, auseinandernehmen, *disfare;* & v. demolish, write down; — effect, *faire de l'effet*, wirken, *aver effetto;* — a fancy to, p're en affection, Gefallen (an, dat.) finden, *invaghirsi di;* — fire, p|re feu, Feuer fangen, *accendersi;* — for granted, *tenir pour dit*, annehmen, (pre)supporre; — fright, *s'effrayer*, erschrecken, *spaventarsi;* — heed, v. — care; — in, *faire entrer*, *rentrer;* hinein|bringen, |nehmen, |führen; *far entrare*, *portar dentro;* (guests) *recevoir*, aufnehmen, *ricevere;* (a coat) *rendoubler*, einschlagen, *adattare;* & v. — (newsp.). embrace, comprehend, cheat; — in hand, *se charger de*, übernehmen. *incaricarsi di;* — into o's head, *se mettre en tête*, s. (dat.) in den Kopf setzen, *mettersi in capo;* — hold of, p|re, *saisir;* anfassen; p|ere, *dar di piglio a;* — ill, v. — amiss; be taken ill, *tomber malade*, krank werden. *ammalarsi;* — leave of, dire adieu à, von j-m Abschied nehmen, p|ere congedo di; — notice, *noter*, s. (dat.) merken, *notare;* — off, *òter;* weg|, (hat) ab|nehmen, (coat) ausziehen; — gliere, (hat) *levare*. (coat) *cavarsi;* (from price) *rabattre*, nachlassen, *dar un ribasso (nel prezzo);* & v. cut off, divert, mimic; — o's sf. off, *s'échapper*, s. davonmachen, *andarsene via;* — offence at, *s'offenser de*, an et. Anstoß nehmen, *tenersi offeso di;* — out, *faire sortir*, herausbringen, *far uscire;* (remove) *òter*, entfernen, *tor via;* (spots) *enlever*, ausmachen, *cavare;* (purse, etc.) *tirer*, (hervor)ziehen, *cavare;* (walking, etc.) *emmener*, mitnehmen, *condurre via;* (tooth) v. extract, (license) v. procure; — part in, p're part à, s. an et. (dat.) beteiligen, p'ere parte a; — pity on, *avoir pitié de*, s. j-s erbarmen, *aver compassione di;* — to pieces, v. — down; — place, *avoir lieu*, stattfinden, *aver luogo;* — a pride in, *étre fier de*, auf et. (ac.) stolz sein, *gloriarsi di;* — a seat, *s'asseoir*, s. setzen, *accomodarsi;* — shelter, *s'abriter;* Obdach, Schutz suchen; *ripararsi;* — things easy, *aimer ses aises*, bequem sein, *far ogni cosa a comodo;* — time! *ne vous pressez pas*, übereilen Sie sich nicht,

non c'è furia! — up, (pen, arms) p|re, ergreifen, p|ere; (carry, lead up) *monter*, *faire m-;* hinauf|tragen, |führen; *portar su*, *far salire;* (carpet, etc.) *enlever*, aufnehmen, *levare;* (a task, etc.) *s'occup|er de*, s. mit et. beschäftigen, o|arsi di; (time, space) o|er; in Anspruch nehmen, (a position, room) einnehmen; *o'are;* (reprove, resume) *reprendre;* aufnehmen, wieder a-; *riprendere;* (a cause, etc.) *s'intéress|er à*, s. e-r Sache (gen.) annehmen, i|arsi di; & v. pick up, arrest, adopt, — into o's head; taken up with, *prévenu pour*, eingenommen von, *preoccupato di;* — up o's abode, quarters, *s'établir*, s. niederlassen, *stabilirsi;* — it upon o's sf.. *se charger de*, auf s. nehmen, *incaricarsi di*. —, i., (— effect) p|re, wirken, *aver effetto;* & v. succeed, please; — after, *tenir de*, nach j-m arten, *rassomigliare a;* — off, *se détacher*, s. loslösen, *staccarsi;* — on, v. grieve; — to, (go) *se réfugier dans*, s. flüchten nach, *rifuggire in;* (to business, etc.) *s'adonner*, s. hingeben, *applicarsi;* (to doing sthg.) *se mettre à* (inf.), anfangen (inf.), *mettersi a* (inf.); (to a pers.) p|re en amitié, lieb gewinnen, *affezionarsi a;* (to a thg.) *s'attacher à*, Geschmack an et. (dat.) finden, *appigliarsi a;* — to drinking, *s'adonner à la boisson*, s. dem Trunke ergeben, *darsi al bere;* — up with, *s'associ|er à*, s. j-m zugesellen, a|arsi con. '-in, n., *duperie*, f., Betrügerei, *truffa*. Ta'king, a., *attrayant*, einnehmend, *attraente*.
Tale, n., *conte*, m.; Erzählung, f.; *racconto*, m.; & v. number. '-bearer, m. & f., *rapport|eur*, |euse; Obrenbläser, |in; r|atore, |atrice.
Tal'ent, n., |ed, a., *t-*, m., *de t-;* T-, n., |voll, begabt; t'o, m., di t|o.
Tal'isman, n., *t-*, m., T-, |o.
Talk (auk), i. & t., *parl|er;* reden, reden; p|ere; — away, p|er toujours, immer fortreden, p|are sempre; — o. into, v. persuade; — nonsense, *dire des sottises*. Unsinn r-, d- *sciocchezze;* — over, v. discuss. —, n., *entretien*, m.; Gespräch, n.; *conversazione*, f., (fam.) *due parole*, f. pl.; there is a —, *le bruit court*, man erzählt s., *corre voce*. '|ative, a., *bavard*, gesprächig, *loquace*. |er, m. & f., p|eur, |euse; Sprecher, |in; p|atore, |atrice. · [groß; alto.
Tall (aul), a., *haut*, (pers.) *grand;* hoch, Tal'low, n., *suif*, m.; Talg; *sevo*, *sego*. -chand'ler, m., *chandelier*, Lichtzieher, *candelajo*. [a'arsi.
Tal'ly, i., *s'accord|er*, (überein)stimmen, Tal'on, n., *serre*, f.; Kralle; *artiglio*, m.
Tam'ar|ind, n., |in, m.; |iade, f.; |indo, m.

Tambourine — 190 — **Tax**

Tambourine' (ī), n., *tambour de basque*, m.; Tambur¦in, n.; ¦*ino*, m.
Tame, a., *privé, domesti¦que*, (¦d) *appri-vois*¦*é*; zahm; *mansueto, d*¦*co*; & v. poor, flat, insipid. —, t., a¦*er*, zähmen, *domare*. '¦*ly*, ad., *sans résist*¦*ance*, mutlos, *senza r*¦*enza*. '¦ness, n., *d*¦*cité*, f., Zahmheit, *domestichezza*; (fig.) *soumission*, M¦igkeit, *sommessione*. ¦r, m., *dompteur*, Bändiger, *domatore*.
Tam'per, i., *expériment*¦*er*, ¦ieren, *sperimentare*; (with pers.) *chercher à corrompre*, zu bestechen suchen, *cercare di corrompere*; & v. meddle.
Tan, n. & t., *t-*, m., ¦*ner*, (fig.) *bronzer*; Lohe, f., gerb¦en, bräunen; *concia*, ¦*re*, *abbronzare*. '¦*ner*, m., ¦*neur*, G¦*er*, c¦*tore*. '¦nery, '-yard, n., ¦*nerie*, f., G¦*erei*, c-. '-pit, n., *fosse à t-*, f., Lohgrube, *fossa da c re*. ¦*in filo*.
Tan'dem, a. & ad., *en flèche*, spitz gespannt,
Tan'gent (dj), n., ¦*e*, f., ¦*e*, *e*. **Tan'gib'le**, a., ¦*le*, fühlbar, *t*¦*ile*.
Tan'gle, t., v. entangle. [*serbatojo*.
Tank, n., *citerne*, f.; Wasserbehälter, m.;
Tank'ard, n., *pot à couvercle*, m., Deckelkrug, *boccale*.
Tan'talize, t., *tourmenter*; vergebens schmachten lassen, quälen; *tantaleggiare, tormentare*.
Tan'tamount, a.; be — to, *équival*¦*oir à*, gleichkommen (dat.), *e*¦*ere a*.
Tap, n. & t., ¦*e*, f., ¦*er*, *toucher*; leichter Schlag, m., klopfen; *colpetto, dare un c- a*; & v. knock.
Tap, t. & n., (cask) *mettre en perce, robinet*, m.; anstechen, Zapfen; *spillare, cannella*, f. '-**room**, n., *buvette*, f., Schenkstube, *stanza della mescita*.
Tape, n., *ruban (de fil)*, m.; Leinen-, Zwirn¦band, n.; *fettuccia (di filo)*, f. '-**worm**, n., *ver solitaire*, m.; Bandwurm; *tenia*, f.
Ta'per, n., *bougie*, f., *cierge*, m.; (Wachs)-kerzchen, n.; *(piccola) candela*, f. —, i., *s'effil*¦*er*, spitz zulaufen, *terminare in punta*. ¦ing, a., *e*¦*é*, zugespitzt, *conico*.
Tap'estry, n., *tapisserie*, f.; Wandteppich, m.; *tappezzeria*, f.
Tapio'¦ca, ¦*ca*, m.; ¦ka, f.; ¦*ca*.
Tar, n. & t., *goudron*, m., ¦*ner*; Teer, ¦en; *catrame, incatrama*¦*re*. —, m., *loup de mer*; T¦jacke, f., Seemann, m.; *lupo marino*. ¦**ry**, a., *g*¦*né*, n ¦icht, *i*¦*to*.
Tar'dy, a., v. slow, late.
Tare, n., (in corn) *ivraie*, f.; Sommerlolch, m.; *zizzania*, f. [*saglio*, m.
Tar'get (gh), n., *cible*, f.; Zielscheibe; *bersaglio*.
Tar'iff, n., *tarif*, m.; T-; ¦*fa*, f.; (of cabs, etc.) *taxe*, T-; *tassa*. [*ghetto*.
Tarn, n., *petit lac*, m., kleiner See, *la-*
Tar'nish, t., *ternir*; matt machen, (fig.)

beflecken; *appannar*¦*e*, *macchiare*. —, i., *se t-*, matt werden, *a*¦*si*.
Tarpau'lin, n., *toile goudronnée*, f.; geteertes Segeltuch, n.; *tela incatramata*, f. [v. tar.
Tār'ry (ī), i., v. stay, delay. **Tar'ry** (ah), a.,
Tart, a., *aigre*, herb, *agro*; & v. sour.
Tart, n., ¦*e*, f., Tort¦*e*, ¦*a*.
Tar'tan, n., *t-*, m., T-, ¦*e*.
Tar't¦*ar*, n., ¦*re*, m., Weinstein, *t*¦*aro*.
Tar'tar, n., ¦*e*, Tatar, *Tartaro*.
Task, n., *tâche*, f.; Aufgabe; *compito*, m.; set o. a —, *donner une t- à*, e-m et. aufgeben, *dare un c*-; take to —, *prendre à partie*, zur Rede stellen, *riprendere*. —, t., v. set a —, (o's strength, etc.) v. tax. '-**master**, m., *maître*, Arbeitsvogt, *padrone*.
Tas'sel, n., *gland*, m.; Quaste, f., Troddel; *nappa, fiocco*, m.
Taste (é), n., *goût*, m., Geschmack, *gusto*; (fig.) v. bit, drop, specimen; matter of —, *affaire de g-*, G¦sache, *affare di g-*; have a — for, *avoir du g- pour*, für et. Sinn haben, *aver g- per*; in good, bad —, *de bon, mauvais g-*; g¦voll, ¦los; *di buon, cattivo g-*; to my —, *de mon g-*, nach m-m G-, *di mio g-*. —, t., g¦*er*; kosten, versuchen; *gustare*. —, i., *avoir un g-* (of, *de*), *sentir (le, la)*; schmecken (nach); *sapere, aver il gusto (di)*. '¦ful, a., *élégant*, g¦voll, *e*¦*e*. '¦less, a., *fade*, g¦los, *scipito*. ¦r, m., *dégustateur*, Koster, *gustatore*. **Tas'ty** (é), a., (food) *de bon g-*, schmackhaft, *gustoso*; & v. tasteful.
Tat'ter, n., *lambeau*, m., Lumpen, *cencio*. ¦ed, a., *délabré*, zerlumpt, *stracciato*.
Tat'tle, i. & n., ¦r, m. & f., *bavard er*, ¦*age*, m., b¦, ¦*e*; schwatzen, Geschwätz, m. Schwätzer, ¦in; *ciarl*¦*are*, ¦*eria*, f., ¦*atore*, ¦*atrice*.
Tat¦itoo', t., ¦*ouer*, ¦owieren, *screziare*.
Tattoo', n., (mil.) *retraite*, f.; Zapfenstreich, m.; *ritirata*, f.
Taught (aut), imp. & pp., v. teach.
Taunt, n. & t., *insulte*, f., *tancer*; Hohn, m., höhnen; *rampogna*, f., ¦*re*; & v. reproach.
Tav'ern, n., ¦*e*, f., *auberg*¦*e*; Schenke, Wirtshaus, n. ¦*t*¦*a*, f., *osteria*. -keeper, m., *a*¦*iste*, (Schenk)wirt, *oste*.
Taw'dr¦iness, n., ¦y, a., *clinquant*, m., *voyant*; Flitter, ¦haft; *falso lustro, di f- l-*.
Taw'ny, a., *fauve*, braungelb, *bruno*.
Tax, n., ¦*e*, f., *impôt*, m.; Steuer, f., Abgabe; *impos*¦*ta*, ¦*izione, tassa*; (fig.) v. burden; impose a — on, *frapper d'un i-*, *mettre une t*¦*e sur*; besteuern; *mettere un'* i- *su*. —, t., ¦*er*, b-, *tassare* (o's strength, etc.) *mettre à l'épreuve*, auf die Probe stellen, *mettere alla pro-*

va; (with)t'er (de), beschuldigen(gen.),
accusare (di). |a'tion, n., |ation, f., Be-
steuerung, tassazione. '-gatherer, m.,
percepteur (des i,s), Steuereinnehmer,
collettore delle tasse.
Tea (I), n., thé, m., Thee, tè; take, drink
—, prend,re du t-, T- trinken, p,ere del
tè. '-caddy, '-canister, n., boîte à t-, f.,
T|büchse, scatola da tè. '-cup, n., tasse
à t-, f., T|tasse, tazza da tè. '-kettle, n.,
bouilloire, f.; T|kessel, m.; calderotto.
'-party, n., t-, m.; T|gesellschaft, f.; tè,
m. '-pot, n., t'ière, f., T,kanne, tettiera.
'-spoon, n., petite cuiller, f.; T|löffel, m.;
cucchiarino. '-things, n. pl., servi,ce à
t-, m.; T|geschirr, n.; s|zio da tè, m.
Teach (taught, t-), t., enseign|er (o.sthg., qc.
à qn.; o. to read, etc., e,er à lire à qn.),
lehren (e-n et.; e-n lesen l-), insegna're
(qc. a qd.; a qd. a leggere); & v. in-
struct. —, i., e'er, donner des leçons;
l-, Unterricht geben, U- erteilen; i're,
dar lezioni. '|able, a., docile, gelehrig,
d-. '|er, m. & f., maître, |sse; Leh-
rer, |in; maestr|o, |a; & v. tutor, gover-
ness. '|ing, n., e,ement, m., U-, i'mento;
& v. instruction. [tiro, m.
Team (i), n., attelage, m.; Gespann, n.;
Tear (i), n., larme, f., Thräne, lagrima.
Tear (é; tor|e,|n),t., déchir|er; zer|,(open)
auf,reißen; stracciare; — away, down,
off, out, arracher; ab|, weg|, aus|reißen;
strappare; — to pieces, — up, d'er, met-
tre en pièces; in Stücke z-; squarciare.
—, i., v. rush. —, n., d|ure, f.; Riß,
m.; stracciatura, f.
Tease (iz), t., (wool) peigner, krempeln;
cardare; (pers. in jest) taquiner, necken,
motteggiare; (annoy) tourmenter, quälen,
seccare.
Tech'ni|cal, a., |que, |sch, tecnico.
Te'di|ous, a., |ousness, |um, n., ennu|yant,
|i, m.; langweilig, |keit, f.; t,o, a. & m.
Teem, i., regorger (with, de), strotzen
(von), ab(b)ondare (di, in).
Teens, n. pl.; be in o's —, avoir entre
treize et vingt ans, in den Zehnern ste-
hen, aver tra tredici e venti anni.
Teeth, n. pl., v. tooth. —, i., faire ses
dents, zahnen, mettere i denti.
Teeto'tal(l)er, m.&f., buv|eur d'eau, b|euse
d'e-; Wassertrinker, |in; bevilacqua,aste-
mi|o, |a.
Tel'egra,m, n., dépêche(télégraphique),f.;
T|mm, n., t|phische Depesche, f.; dis-
paccio (t,fico), m. |ph, n. & t., télé-
gra|phe, m., |phier; 'ph, m., phieren;
telegraf,o, m., |izzare. [telefonio, m.
Tel'ephone, n., téléphon'e, m.; T|, n.;
Tel'escope, n., lunette d'approche, f.;
longue-vue, télescop|e, m.; Fernrohr, n.;
can(n)occhiale, m., t'io.

Tell (told, t-), t., dire, sagen, d-; (story)
raconter, erzählen, raccontare; (way) v.
show; & v. order, know, distinguish,
count; I am told, on m'a dit, man hat
mir gesagt, mi si dice; — me, dites-moi;
s- Sie mir; ditemi, mi dica! —, i., (take
effect) porter coup, wirken, aver effetto;
— of, v. relate, inform against. '|er, m.,
(of story) conteur, Erzähler, racconta-
tore; (of votes) scrutat|eur, Zähler, s|ore;
(in bank) caissier, Kassenbeamter, cas-
siere. '|ing, a., frappant, schlagend, ef-
ficace. '-tale, m. & f., rapport|eur, |euse;
Angeber, |in; r|atore, |atrice. [t|à.
Temer'ity, n., témérit,é, f., Verwegenheit,
Tem'per, n., tempérament, m.; T-, n.;
|o, m.; (good, bad) humeur, f.; Laune;
umore, m.; (of steel, etc.) trempe, f.,
Härte, tempera; & v. character; keep
o's —, garder son sang-froid, s. beherr-
schen, serbare la calma; lose o's —, se
fâcher, s. ärgern, adirarsi; out of —, de
mauvaise h-, übler L-, di cattivo u-; & v.
angry. —, t., tempérer (with, par),
(steel) tremper; mildern (durch), härten;
temper,are (di). |ament, n., v. t|. |ance,
n., tempér|ance, f., Mäßig|keit, t|an-
za. |ate, a., t|ant, (climate)|é; m|; t|ante,
|ato. |ature, n., t,ature, f., |atur, |atura
|ed, a.; good-, v. amiable; ill-, v. surly.
Tem'pest, n., tempête, f.; Sturm, m.; tem-
pest,a, f. '|uous, a., orageux, stürmisch,
t,oso.
Tem'pl|ar, m., (knight) |ier, |er, |ario. |e,
n., |é, m.; Tempel; templ|o, |lo.
Tem'p'le, n., (of forehead)|e, f.; Schlaf,
m.; t|ia, f.
Tem'por|al, a., |el; zeitlich, weltlich; t|ale.
|ary, a., |aire, provis|oire; |orisch, einst-
weilig; t,aneo, provvisorio.
Tempt, t., tent,er, versuch|en, t,are; & v.
persuade, incline. |a'tion, n., t|ation,f.,
V'|ung, t|azione. '|er, m., t|ateur, V'|er,
t|atore. '|ing, a., v. attractive.
Ten, a., dix, zehn, dieci. '|fold, a., dé-
cupl|e, z|fach, d|lo. |th, a. & n., dixième,
a. & m.; z|te, |tel, n.; decim|o, |a (parte),
f.; (of month) le dix, der z|te, il dieci.
Ten'able, a., soutenable, (fort) t-; haltbar,
zu behaupten; sostenibile, da tenere.
Tena'c|ious, a., 'e; zäh|e, (memory) gut,
(fig.) hartnäckig; t,e; be — of, tenir
fortement à, h- an et. festhalten, essere
geloso di. '|ity, n., ténac'ité, f., Z|ig-
keit, t,ità.
Ten'an|cy, n., locat|ion, f.; Miet|besitz,
m.; affit|o. |t, m., l|aire, (of farm) fer-
mier; M'er, Pächter; pigionale, a|ajuolo.
|try, n., v. 'ts.
Tench, n., tanche, f., Schleie, tinca.
Tend, t., (patient, etc.) soigner; pflegen
(ac. & gen.); assistere, badare a; (sheep)

garder, hüten, *guardare*. —, i., |re (to, à), auf et. (ac.) hingehen, *t'ere (a)*.
'|ency, n., |*ance*, f.; |*enz*, Neigung; *t'enza*. '|er, t. & n., *offr'|ir*, |e, f., (rail.) *t'|er*, m.; anbieten, Anerbieten, n., T|er, m.; o|*ire*, *offerta*, f., *t'er*, m.
Ten'der, a., *tendre;* zart, (fig.) zärtlich; *tenero;* (subject) *scabr'|eux*, mißlich, s'|*oso;* & v. sensitive, delicate; — of, *soigneux de*, besorgt um. *sollecito per.* -hearted, a., *sensib'|le*, gefühlvoll, s'|*ile*. |ly, ad., |ness, n., *tendre'|ment*, |*sse*, f., (of meat, etc.) |*té;* zärtlich, |keit, Zartheit; *tener'|amente*, |*ezza*.
Ten'don, n., *t-*, m.; Sehne, f.; *ten'|dine*, m.
Ten'dril, n., *vrille*, f.; (Wickel)ranke; *riticcio*, m.
Ten'ement, n., v. house, building.
Ten'et, n., *dogm'|e*, m.; |a, n.; |a, m.; & v. doctrine.
Ten'nis, n., -court, n., *paume*, f., *jeu de p-*, m.; Ballspiel, n., |haus; *palla a corda*, f., p|*corda*.
Ten'or, n., (voice) *ténor*, m., T-, |e; (import) *sens;* Sinn; *senso*, *t'|e;* & v. meaning, direction.
Tense, n., *temp'|s*, m.; |us, n.; |o, m.
Tens'e, a., |ion, n., *ten'|du*, |*sion*, f.; gespannt, Spannung; *teso*, *tensione*.
Tent, n., |e, f.; Zelt, n.; *tenda*, f.
Tenth, a., v. ten.
Tenu'ity, n., *ténuit'|é*, f., Dünne, *t,à*.
Ten'üre, n., *t-*, f., (of office, etc.) *possession;* Lehnbarkeit, Besitz, m.; *titolo di p'|e*, |e, f.
Tep'id, a., *tiède*, lauwarm, *tiepido*.
Term, n., |e, m.; Grenze, f., (of time) Zeitraum, m., (of payment) T|in, (expressn.) Ausdruck, (log., etc.) Glied, n.; *t'ine*, m.; (law) *session*, f., (univ.) *semestre*, m.; Gerichtsperiode, f., S|er, n.; *sessione*, f.; & v. duration; |s, v. conditions; come to |s, make |s, v. agree; in the following |s, *comme il suit*, folgendermaßen, *del seguente tenore;* be on good |s with, *être dans de bons t'|es avec*, mit j-m auf gutem Fuße stehen, *essere amico di*. —, t., *appeler*, nennen, *chiamare*. '-day, n., *t'|e (de déménagement)*, m., Ziehtag, t|*ine dello sgombro*.
Ter'magant, f., *mégèr'|e*, Furie, m|*a*.
Ter'min,ate, t., 'er, beendigen, *t'|are*. |ate, i., *se t'|er;* endigen, (in a point) auslaufen; *t'|are (a punta)*. |a'tion, n., *conclusion*, f.; Schluß, m.; c|*e*, f.; (of word) *t|aison*, Endung, *t'|azione;* & v. end, limit. |us, n., (of rail.) |us, m., *gare*. f.; Endstation, |punkt, m.; *t'|e*, *ultima stazione*, f.
Ter'r,ace, n., |*asse*, f.; |*asse;* |*azzo*, m. |es'trial, a., *estre*, irdisch. *t'estre*.
Ter'ri|ble, a., |*ble*, furchtbar, *t,bile*. |*f'ic*,

a., |*fÿ*, t., *épouvant'|able*, |er; fürchterlich, erschrecken; *spavent'|evole*, |*are*.
Ter'rier, n., *t-*, m., *basset;* Dachshund; *bassotto*.
Ter'rit'|ory, n., |*oire*, m.; |*orium*, n., Gebiet; *t'|orio*, m.
Ter'r,or, n., |*eur*, f.; (Todes)angst, Schrekken, m.; *t'|ore*.
Terse, a., *poli*, sauber, *terso*.
Ter'ti'|ary (ch), a., |*aire*, |är, *terziario*.
Tess'ell'|ated, a., |*é*, *en mosa'|que;* eingelegt; *t'|ato*.
Test, n., *épreuve*, f.; Probe; *prora*, *cimento*, m.; (relig.) *t-;* T-; *dichiarazione di fede*, f.; (chem.) *réactif*, m.; Reagen|s, n.; |*te*, m.; & v. trial, proof; put to the —, —, t., *mettre à l'é-*, auf die P- stellen, *mettere alla p-*.
Tes't'|ament, n., |a'tor, m., |*ament*, m., |a*teur;* |*ament*, n., Erblasser; *t|amento*, m., |*atore*. |ify, t. & i., *témoigner;* bezeugen, *zeug|en;* *t'ificare*, *far t'imonianza*. |*imo'|nial*, n., *certificat*, m.; Z'|nis, n.; c|o, m. |*imony*, n., *témoignage*, m.; Z|nis, n.; *t'imonianza*, f.; bear —, v. |*ify*.
Tes'ty, a., *bourru*, mürrisch, *stizzoso;* & v. irritable.
Teth'er, n., *attache*, f., *longe;* Leine (zum Anbinden der Pferde, etc.); *corda (da legare un cavallo, ecc.)*. —, t., *mettre à l'a-*, anbinden, *attaccare*.
Teuton'|ic, a., |*ique*, |isch, |*ico*.
Text, n., |e, m., T|, (fr. Bib.) Bibelspruch; *testo;* & v. large writing. '-book, n., *manu'|el*, m.; Handbuch, n.; m'|*ale*, m.
Tex't'|ile, a., |*üre*, n., |*ile*, *tissu*, m.; geweb'|t, |e, n.; *tessi,le*, |*tura*, f.
Thames (temmz), n., *Tamise*, f.; Themse; *Tamigi*, n.
Than, cj., *que*, (folld. by a nr.) *de;* als; *che*, (folld. by noun, prn., nr.) *di*.
Thank, t., *remercier*, danken (dat.), *ringraziare* (for, *di*); — you, no (seld. transld.) — *you*, *merci*, (ich) danke, *grazie;* I will — you for, *je vous demanderai, je vous prie de me donner;* (ich) bitte um; *La prego di darmi*. '|ful, a., '|fulness, n., v. grat|eful, |itude. '|less, a., *ingrat*. undankbar, t|*o*. |s, n. pl., *remercíments*, m. pl.; Dank, m.; *grazie*, f. pl.; —! v. thank you; — to, *grâce à*, d- (dat.), *mercé di*. '|s'giving, n., *action de grâces*, t., D|*gebet*, n.; *preghiera di r'ingraziamento*, f.
That (pl. those), prn., (with subst.) *ce*, *cet*. |*te (ces)* (.. *-là);* jen|er, |e, |es (|e); *quell'|o*, |*a (quei*, *quegli*, *quell'|i*, |*e);* (without subst., & folld. by relat.) *celui*, *celle (ceux*, *celles) (-là);* der|, die|, das|jenige (diejenigen); q'|*o* (etc.); — (of my brother, etc.), *celui* (etc.); der, die, das (die); q'|*o* (etc.); — (is true, is so, etc.), *cela*, *ça*,

ce; das; *ciò;* by —, *par là;* dadurch; *da ciò, da questo;* for all —. *malgré tout (cela),* nichtsdestoweniger, *nulladimeno;* to —, *à cela;* dazu ; *a ciò, a questo;* upon —, *là-dessus,* darauf, *quindi;* — which, *ce qui, ce que;* das was; *ciò che;* — is he, *le voilà,* da ist er, *eccolo!* — is (to say), *c'est-à-dire,* das heißt, *cioè;* what of —, *eh bien,* was weiter, *e poi?* what is —, *qu'est-ce que c'est (que cela),* was ist das, *che(cosa) è questo?* if — is (be) the case, *s'il en est ainsi;* wenn dem so ist; *s'è cosi, se la cosa sta cosi.* —, relat., v. who, which. —, cj.. *que,* daß, *che;* in order —, *afin que;* um (inf.), damit; *afinché;* so —, *de sorte que,* so daß, *cosi che.*

Thatch, n. & t., *chaume,* m., *couvrir en ch-;* Dachstroh, n., mit Stroh decken; *paglia,* f., *coprire di p-.*

Thaw, n. &i., *dégel,* m., |er; Tauwetter, n., auftauen; *dighiaccia|mento,* m., |re; (t.) v. melt.

The, art., *le, la (les);* der, die, das (die); *il, lo, la (i, gli, le);* of —, *du, de la (des);* des, der, des (der); *del, |lo, |la (dei, degli, delle);* to —, *au, à la (aux);* (zu) dem, der, dem (den); *al, allo, alla (ai, agli, alle);* from —, *du* (etc.); von dem (etc.); *dal, |lo, |la (dai, dagli, dalle);* — one, v. that. —, ad., *d'autant,* um so (viel), *tant|o;* — more —, *plus... p-,* je mehr.. desto m-, *quanto più..* t|o *p-;* so much — better, *tant mieux,* um so besser, t|o *meglio.*

The'at|re, n., |'rical , a., *théât|re,* m., *de t're,* |ral; Theat|er, n., |ralisch; *teat|ro,* m., |rale. [f.

Thebes (Ibz), n., *Thèb|es,* f.; |en, n.; *Tebe,*

Thee, prn., *toi, te;* dich, (dat.) dir; *te, ti.*

Theft, n., *vol,* m., *larcin;* Diebstahl; *furto, latrocinio.*

Their (é), a., *leur, |s;* ihr, |e, i-, |e; *il, la, i, le loro.* |s, prn., *le, la leur, les l|s;* der, die, das ihrig|e, die i|en; *il loro* (etc.); a friend of —, *un de l|s amis,* ein Freund von ihnen, *uno dei loro amici;* & cf. ours.

The'is|m, n., |t, m., *théis|me,* m., |te; |mus. |t; *teis|mo,* |ta.

Them, prn., *eux, elles,* (before vb.) *les,* (dat.) *leur;* sie, (dat.) ihnen; *li, le,* (after prp.) *ess|i,* |e; (follb. by relat. = those) v. that; I have some of—, *j'en ai,* ich habe (einige) davon, *ne ho;* in, to—(neut., before vb.) y; darin, dazu; *vi, ci;* (they have) upon, with —, *sur soi,* bei sich, *con se.* |selves', prn., *eux-, elles-mêmes;* sie, (dat.)ihnen selbst; *eglino stess|i, elleno s|e,* (ac. & dat.) *loro s|i, |e;* (refl..) *se;* sich; *si, se;* by —, *tout seul|s, toutes s|es;* für sich; *da* se.

Conversation Dictionary.

Then, ad., (at that time) *alors,* damal*s*, *allora;* (afterwards) *a-, puis;* dann, alsdann; *poi. indi;* (therefore) *donc,* also, *dunque;* now and —, *de temps en t-,* dann u. wann, *di quando in q-.* |ce, ad., *de là;* von da, von dort; *di là;* (fig.) *pour cela, p- cette raison;* daher, deshalb; *quindi.* |ce'forth , ad.. *dès lors,* von der Zeit an, *d'allora in poi.*

Theol'o|gy (dj), n., '|gian, m., |g'ical, a., *théolo|gie,* f., |gien, |gique; |gie, f., |g, |gisch; *teolog|ia,* f., |o, |ico.

The'or|y, n., |et'ical, a., *théor|ie,* f., |ique; |ie, |etisch; *teor|ia, |etico.* •

There (é), ad., *là;* da, dort; *lì, là, colà, ivi;* (before vb.) y; da; *vi, ci;* —! *voilà,* sehen Sie, *ecco!* & v. thither; — is, — are, *il y a;* es ist, es sind, es giebt; *vi è, ci sono;* — he is, *le v-,* da ist er, *eccolo!* — (you are right, etc.), *en cela,* darin, *in ciò;* here and —, *çà et là,* hier u. da, *quà e là;* in —, *là dedans,* da drin(nen), *là dentro;* down, up —, *là-bas, là-haut;* dort unten, d- oben; *laggiù, lassù;* (ticket) — and back, *aller et retour,* hin u. zurück, *d'andata e ritorno.* '|about(s), ad., *par là,* da herum, *là intorno;* (nearly) *à peu près,* ungefähr so viel, *a un di presso.* |af'ter, ad., *après cela,* darnach, *dopo (ciò).* |by', ad.. *par là,* dadurch, *per ciò.* '|fore, ad., *donc, par conséquent;* darum, deshalb, folglich; *dunque, perciò, quindi.* |in', ad., *en cela,* (before vb.) y; darin; *in ciò.* |of', ad., *de cela,* (bef. vb.) *en;* davon; *di ciò, ne.* |on', |upon', ad., (time) *là-dessus,* darauf, *poi;* & v. |after. [*sa.*

There'sa, (f., *Thérèse;* Theres|e, |ia; *Tere-*

Ther'mal, a.; — baths, n. pl.. *eaux t'es,* f. pl.; T|bäder, n. pl.; *terme,* f. pl. Thermom'|eter, n., |ètre, m., |eter, *termometro.*

These, prn., pl., v. this.

The's|is (pl. |es), n., *thès|e,* f., |is, *tesi.*

They (é), prn., *ils, eux,* (f.) *elles;* sie; *eglino, essi,* (f.) *elleno, esse;* (bef. relat.) *ceux, celles;* diejenigen; *quell|i, |e. coloro;* it was — (who did it), *c'étaient eux,* sie waren es; *furono loro;* — say, *on dit,* man sagt, *si dice.*

Thick, a., *épais,* dick, *spesso;* (close together) é-, *serré,* (foliage. etc.) *touffu;* dicht; *fitto, serrato, folto;* (liquid) *trouble,* trübe, *torbido;* & v. dense, large, coarse, (voice) indistinct, (fam.) intimate; a foot —, *é- d'un pied,* einen Fuß dick, *spesso d'un p|e;* in the — of, *au fort de,* mitten in, *nel mezzo di;* through — and thin, *à travers tous les obstacles,* durch dick u. dünn, *a dritto o a traverso.* '|en, t., *é|sir,* ver|dicken, |dichten; *spess|are;* (i.) *s'é|sir;* dick, dicht werden; *s|arsi;* &v. increase. '|et, n., *fourré,* m.;

13

Dickicht, n.; *macchia (folta)*, f. '|ly, ad., *d'une manière (d'une couche) é'se*, (rain, plants, etc.) *dru;* dick, dicht; *spess|, folt|amente,* (rain) *copiosamente.* '|ness, n., *é|seur,* f.; Dicke. Dichtheit; *s ezza.*
Thie|f (If; pl. |ves), m. & f., *vol|eur, |euse;* Dieb, |in; *ladr|o, |a;* stop —, *au r|eur,* ein D-, *al l|o!* |ve, i., v. steal. '|vish, a., *r|eur, |euse;* d isch; *l|o, |a.*
Thigh (aï), n., *cuisse,* f.; Schenkel, m.; *coscia,* f.
Thim'ble, n., *dé,* m., Fingerhut, *ditale.*
Thin, a., *mince;* dünn; *sottile, fine;* (lean) *maigre,* mag|er, |*ro;* (cloth)*léger;* leicht; *s-, leggiero;* (watery) *clair,* d-, *lungo;* (scattered) *c- semé,* spärlich, *rado;* (audience) *peu nombreux,* nicht zahlreich, *poco numeroso;* & v. rare, slight. —, t., *atténu|er,* (a wood, etc.) *éclaircir;* verdünnen, lichten; *a|are, diradare.* '|ly, ad., *faiblement;* dünn, schwach; *radamente;* (clad) *légèrement,* leicht, *leggermente;* (attended) v. thin. '|ness, n., *ténuité,* f., (slenderness) *minceur;* Dünne; *radezza, sottigliezza;* (of fluid) *fluidit|é,* D-, *f|à;* & v. rarity.
Thine, prn., *le tien, la t|ne, les t|s, |nes;* der. die, das deinig|e, die d|en; *il tuo, la tua, i tuoi, le tue;* & v. thy; it is —, *c'est à toi,* es gehört dir, *è tuo.*
Thing, n., *chose,* f.; Ding, n., Sache, f.; *cosa;* & v. affair, object, creature, fashion; the — is .., *il s'agit de,* de (Haupt)s- ist, *importa di;* poor little —, *pauvre petit(e),* armes Kind, *poverett|o, |a!* no such —, *il n'en est rien,* es ist nichts daran, *non n'è vero niente!* the correct (proper) —, *la chose convenable,* das Richtige, *il vero;* the very—, *voilà mon affaire,* gerade was ich brauche, *fa per me;* quite another —, *tout autre ch-,* etwas ganz anderes. *tutt'altro;* it is not the —, (unsuitable) *cela laisse à désirer,* so läßt zu wünschen, *potrebb' esser meglio;* (not proper to ..) *on ne derrait pas,* es schickt s. nicht, *non s'usa (di).* 's, n. pl., *affaires,* f., *effets,* m.; Sachen. f.; *cose. affari.* m., *effetti;* above all —, *avant tout,* vor allen D'en, *soprattutto;* put on. take off o's —, v. dress, undress; take away the — (fr. table), *desservir,* abtragen, *sparecchiare.*
Think (thought, th-; aut), i.. *pens|er* (of, à); denken (an, ac.). (express opinion) meinen; p|*are (a);* (believe, expect) *croire.* glauben, *credere;* (about sthg.) p|*er (de), songer, réfléchir (à);* nachdenken (über, ac.); *riflettere (a);* (of doing sthg.) *s- (à),* beabsichtigen. *p'are (a);* what do you — of it, *qu'en p|ez-rous,* was halten Sie davon, *che Le ne*

pare? I — so, I — it is, *je le crois, je c-que oui;* das glaub' ich, ich g|e ja; *lo credo, c- di sì;* — much of, *faire grand cas de,* hoch schätzen, *far gran caso di ;* — little, nothing of, *avoir mauraise opinion de,* gering sch-, *far poco conto di.* —, t.. p|*er,* denken, p|*are;* & v. find. consider; what do you —, *que p|ez-vous,* was (wie) meinen Sie, *che crede?* — it right, proper, *juger à propos,* für gut finden, *giudicare opportuno.* '|er, m., *penseur,* Denker, *pensatore.* '|ing, n., v. thought, opinion; to my —, *selon mio avis,* nach meiner Ansicht, *a parer mio.*
Thin'|ly, ad., |ness, n., v. thin.
Third, a. & n.. trois|*ième,* (of month, kings) t|, *tiers,* m.; dritt|e, |el, n.; *terz|o,* (of month) *tre, t|o,* m., *|a parte,* f. '|ly, ad.. *t|ièmement,* d'ens, *in t|o luogo.*
Thirst, n., *soif.* f.; Durst, m.; *sete.* f.; quench o's —. *se désaltérer,* s. den D- stillen, *dissetarsi.* '|y, a., *altéré,* d'ig, *assetato;* be —, *avoir s-,* D- haben, *aver s-.*
Thir'teen, 'th, a.. *treiz|e, |ième,* (of month. kings) |*e;* dreizehn, te; *tredic'i, |esimo,* (of mouth) |*i.* Thir't|y, |ieth, a., *trent|e. |ième;* dreißig, |ste; *trent|a, |esimo.* |y-first, a., *t|e et unième,* einunddreißigste, *t|esimo primo.*
This (pl. these), prn., *ce, cet, |te (ces) (.. ci),* (without subst.) *celui-, celle- (ceux-, celles-) ci;* dies|er, 'e, |e (|e); *quest|o. |a ('|i, |e);* what is —, *qu'est-ce que c'est que ceci,* was ist das (dies), *che (cosa) è questo?* who is —, *qui est celui-ci,* wer ist das, *chi è questi?* what place is —, *comment s'appelle cet endroit,* wie heißt dieser Ort, *come si chiama questo luogo?* — is Rome, *c'est R-, voici R-;* es ist Rom; *è R|a,* ecco R|*a!* (step, come) — way, *par ici,* hierher, *quà;* by — time, v. already, then; — evening, *ce soir,* heute abend, *stasera;* — day (next) week. *d'aujourd'hui en huit,* heute über acht Tag|e, *oggi a otto;* — day last week, *il y a huit jours,* (heute) vor acht T|en, *otto giorni fa.*
This'tle (issl). n.. *chardon,* m.; Distel, f.; *cardo,* m.
Thith'er, ad., *là.* (with vb.) *y;* da|, dort|-hin; *là, colà,* (with vb.) *vi, ci.*
Thom'as (tö), m., *T-,* T-, *Tommaso.*
Thong, n., *courroie,* f.; Riemen, m.; *correggia,* f.
Thorn, n., '|y, a.. *épin|e,* f., |*eux;* Dorn, m., |ig; *spin|a,* f., |*oso.*
Thor'ough (ärŏ), a., *entier,* gänzlich, *intero;* (knowledge, etc.) *profond,* gründlich, p|*o;* (judge, rascal, etc.) *vrai;* echt. wahr; *vero;* & v. complete, perfect. -bass (é), n., *|e fondamentale,* f.; Ge-

neralbaß, m.; b|o continuo. -bred, a., pur sang,Vollblut.., di puro s|ue. |fare, n., passag|e, m.; Durchfahrt, f.; p|gio, m.; (busy, great) v. street; no —, on ne passe pas, verbotener Weg, non si passa! |ly, ad., bien, tout à fait; gänz|, gründ|lich; affatto, interamente; (learn) à fond, gründlich, a f|o.

Those, prn., pl., v. that.
Thou (aou), prn., tu, (than —; — who) toi; du; tu (than —, di te).
Though (ō), cj., quoique, bien que (with subj.); obgleich, wenn auch, w- gleich; quantunque, benchè (with subj.); as —, comme si. als wenn, come se; even — he were, quand même il serait, w- er auch wäre, quand' anche fosse; (ad.) cependant. doch, pure.
Thought (aut), imp. & pp., v. think. —, n., pens|ée, f.; Gedanke. m.; p|iero; (of sthg.) idée,f.; I-, Vorstellung; idea; lost in —, perdu dans ses p|ées, in Gn vertieft. immerso ne' suoi p|ieri; a — strikes me, il me vient une i-, es fällt mir etwas ein, mi viene un' idea; on second |s, réflexion faite, nach (reiflicher) Überlegung, dopo ben rifletterci; have some |s (of), avoir le dessein (de), vorhaben (inf.), aver intenzione (di); it never entered my |s, cela ne m'est jamais venu à l'i-, das ist mir nie in den Sinn gekommen, non mi è mai venuto in mente. '|ful, a., pens|if, gedankenvoll, p|ieroso; (considerate) prévenant, zuvorkommend, pien di riguardo. '|fulness, n., v. meditation, attention.' '|less, a., '|lessly, ad., '|lessness, n., étourd|i, (act) irréfléchi, é|iment, |erie, f.; unbesonnen, |heit; sventato, spensierat|o, |amente, |ezza.
Thou'sand (aou), a., mille, (in dates) mil; tausend; mille, (pl.) mila; about a —, by |s, un millier de, par m|s; etwa t-, zu T|en; un migliaj|o, a m|a. |th, a., millième, t|ste, millesimo.
Thral'dom (au), n., v. slavery.
Thrash, t., '|ing, n., batt|re, |age, m.; dreschen, D-, n.; b|ere, trebbiatura, f.; (pers.) b|re, raclée, f.; prügeln, Tracht Schläge; bastona|re, |ta. '|ing-floor, n., aire, f., Dreschtenne, aja.
Thread (ĕd), n., fil, m., Faden, filo. —, t., enfiler, einfädeln, infilare; — o's way, passer, s. durchwinden, passare. '|bare, n., râpé, f|scheinig, spelato.
Threat (ĕt), n., '|en, t., menac|e, f., |er; Droh|ung, |en; minaccia, |re.
Three, a., trois, drei, tre; (rule) of —, de t-, de tri, di tre. '-cornered, a., à t- coins, d|eckig, triangolare. '|fold, a., triple, d|fach, triplo.

Thresh, t., v. thrash. 'old, u., seuil. m.; Schwelle, f.; soglia.
Threw (ou), imp., v. throw.
Thrice, ad., trois fois, dreimal, tre volte.
Thrift, n., |y, a., économ|ie, f., |e; Sparsam|keit, s|; e|ia, |o.
Thrill, i., t., & n., tressaill|ir (with, de), frémir, faire t|ir, |ement, m.; beben (vor, ac.), durchschauern, B-, n.; rabbrividire (di), far r-, brivido, m. '|ing, a., saisissant, ergreifend, penetrante.
Thrive (|d, |d; & throve, thriv'en), i., prospér|er, gedeihen, p|are; (of plants) réussir, se plaire; g-, fortkommen; attecchire; (of child) venir bien, g-, v- innanzi; he |s upon it, il s'en trouve bien, es bekommt ihm gut, se ne giova. Thri'ving, a.. florissant, (pers.)prospèr|e; blühend; p|o, |oso.
Throat (ō), n., gorge, f., (inside) gosier, m.; Kehle, f.; gola; sore —, mal de gorge, m.; Halsweh, n.; m- di g-, m.; cut o's —, se couper la g-, s. den Hals abschneiden, tagliarsi la g-.
Throb, i., v. beat, palpitate. [goscia.
Throe, n., angoisse, f., (Todes)qual, an
Throne, n., trône, m., Thron, trono.
Throng, n., v. crowd. —, i., se presser, s. drängen, affollarsi. [zare.
Throt'tle, t., étrangler, erdrosseln, stroz
Through (ou), prp., à travers, au t- de; durch; attraverso; (owing to) par; d-, aus; per; go — (a wood, tunnel, etc.), passer par, traverser; d|gehen, |fahren; passare per; (acct., bk.) parcourir; d|sehen; rivedere, scorrere. —, ad. (and —), de part en p-, d- (u.d-), da banda a b-; (to the end) jusqu'au bout, bis zu Ende, alla fine; wet —, trempé jusqu'aux os, d- und d- naß, bagnato sino alla pelle; run —, v. stab. |out', prp., v. through, during; (ad.) v. entirely. '-ticket, n., billet direct, m.; direktes B-, n., biglietto diretto, m.
Throw (ō; threw, thrown), t., jeter, werfen, gettare; (rider) démonter, ab|w-, |w-, atterrare; & v. put, place; — aside, v. — away, off; — away, j-, (fig.) re|j-; weg|w-; g- via, buttar via; (time, money) v. lose, waste; |n away upon, employé inutilement pour, vergebens angewendet auf (et.; bei j-m), impiegato in vano per; — back, j- en arrière, (fig.) re|j-; zurück|w-; ributtare; & v. retard; — the blame upon, re|j- la faute sur, dic Schuld auf e-n schieben. buttar la colpa addosso a;—down, j- à terre,renverser; nieder|w-; g- giù, rovesciare; — in, (in selling)donner par-dessus le marché, noch obenein geben, dare di soprappiù; & v. introduce; —light upon, j- du jour sur,

13*

Thrush — 196 — Till

aufklären, *chiarire;* — off. *re/j-*, ab|w-, *rt|g-;* (coat) *ôter.* ausziehen, *cavare;* (mask, etc.) *j-,* ablegen, *buttar giù;* (yoke, etc.) *secouer,* abschütteln, *scuotere;* |n off o's guard, *pris au dépourvu,* überrascht, *preso alla sprovvista;* — on, v. put on; — o's sf. on, *s'abandonner à,* vertrauen auf(ac.), *rimettersi a;* — open, *ouvrir,* aufmachen, *aprire;* — out, *j- dehors,* aus|w-, *buttar fuori;* (of work) v. deprive, (bill, etc.) v. reject; — out a hint, *donner à entendre,* zu verstehen geben, *dar ad intendere;* — out at (out of) the window, *j- par la fenêtre,* zum Fenster hinaus|w-, *buttar giù dalla finestra;* — together, *réunir.* zusammenbringen, *riunire;* — up, *j- en l'air, j- en haut;* auf|w-, in die Höhe w-; *g- su, scagliare in aria;* (post, game, etc.) *renoncer à,* aufgeben, *rinunciare a;* & v. erect, vomit. —, n., *jet,* m., *coup;* Wurf; *tiro. colpo;* within a stone's —, *à portée de pierre,* auf e-s Steinwurfs Weite, *a un tiro di sasso.*
Thrush, n., *grive,* f.; Drossel, *tordo,* m.
Thrust (—, —), t., *pousser,* stoßen, *spingere;* & v. put, push, drive; — aside, away, back, *re|p-;* zurück|s-, (fig.) verwerfen; *re|s-;* — in, *fourrer,* hineinstecken, *ficcar dentro;* — out, *p- dehors,* hinaus|s-, *cacciar fuori;* & v. expel. —, n., *coup,* in., (in fencing) *botte,* f.; Stoß, m.; *colpo. botta,* f.
Thumb (äme), n., *pouce,* m., Daumen, *pollice.*
Thump, t. & i., v. beat, strike; (n.) v. blow.
Thun'der, n. & i., *tonn|erre,* m., (fig.) *foudr|e,* f., *t|er;* Donner, m., |n; *tuon|o,|are;* clap, peal of —, *coup de t.erre,* D|schlag, *scoppio di t|o.* -bolt, n., *f|e,* f.; Blitzstrahl, m.; *fulmine.* |ing, a., *f'oyant,* d|nd, *t|ante.* -storm, n., *orage (accompagné de t|erre),* m.; Gewitter, n.; *temporale,* m. -struck, a., (fig.) *comme f'oyé,* wie vom D- gerührt, *fulminato.*
Thurs'day, n., *jeudi,* m. (on, *le*); Donnerstag (am); *giovedi (il).*
Thus, ad., *ainsi, de cette manière;* so, also; *così,* in questo modo; — far, *jusque-là,* bis dahin, *sin qui.*
Thwart (or), t., *contrarier,* durchkreuzen, *attraversare.*
Thỹ, a.. *ton, ta. tes;* dein, |e, d-, |e; *(il) tu|o, (la) |a, (i) |oi. (le) |e.* |self, prn., *toi-méme;* du, deiner, dir, dich selbst; *tu, te stess|o, |a;* (refl.) *te.* (after vb., prp.) *toi;* dich, dir, etc.; *te.*
Thyme (taï), n., *thym,* m., |ian, *timo.*
Ti'b|er, n., |re, m., |er, *Tevere.*
Tic, n., *t-,* m.; Gesichtsschmerz; *nevralgia,* f.
Tick, n., (insect) *tique,* f., Zecke, *zecca.*

Tick, |ing, n., *coutil,* m., Bettzwillich, *traliccio.*
Tick, i., —, '|ing, n., (of watch) *battre, tic-tac,* m.; ticken, T-, n.; *battere, ticchetacche,* m.
Tick'et, n., *billet,* m.; Zettel, (rail., etc.) B-, n.; *biglietto,* m.; (luggage-, etc.) *bulletin,* m.; Schein; *ricevuta (di spedizione).* f.; (of subscriber) *cachet,* m.; Karte, f., Marke; *tessera;* (notice-board) *écriteau,* m.; Anschlag, Tafel, f.; *avviso,* m.; (pasted on) v. label; a first-class —, *une première,* ein B- erster Klasse, *un bdi prima (classe);* return-, *b- d'aller et retour,* |billet, *biglietto d'andata e ritorno.* —, t., *étiqueter;* etikettieren, mit e-m Zettel versehen; *marcare.* -office, n., *guichet,* m., Schalter, *bigliettinajo.*
Tick'|le, t., *chatouill'er,* kitzel|n, *solletic|are.* |ling, n., *c|ement,* m.; K|n, n.; *s.o,* m. |lish, a., (fig.) *scabr|eux,* k|ig, *s|oso;* & v. delicate, critical.
Ti'dal, a., *de marée,* Flut.., *di marea.*
Tide, n., *m-,* f., F-, *m-;* & v. current, time; high, low —, *haute, basse m-;* F-, Ebbe, f.; *m- alta, bassa.* —, i.; — over (a difficulty), *se tirer de,* s. helfen aus, *cavarsi di.* Ti'dings, n. pl., v. news.
Ti'd|y, a., |iness, n., *propre, |té,* f.; sauber, |kcit; *lind|o, nett|o, |ezza.*
Tie (aï), t., *lier,* binden, *legare;* (in a knot) *nouer,* knüpfen, *annodare;* |d for time, *press|é,* |iert, *pat|o;* — on, *attacher,* anbinden, *attaccare;* — up, (in parcel) *nouer,* einwickeln, *impacchettare.* —, n., *lien,* m.; Band, n.; *legame,* m.; (knot, bow) *nœud,* Knoten, *nodo;* (neck-) *cravat|e,* f., Halsbinde, *c|ta.*
Tier (ïr), n., *rang,* n., Reihe, f.; *fila.*
Ti'g|er (gh), |ress, n., |re, m., |resse, f.; |er, m., |erin, f.; |re, f.
Tight(aït), a., (coat, etc.) *étroit,* eng, *stretto;* (compact, firm) *serré, ferme;* fest; *serrato, fermo;* (rope) *tendu,* straff, *teso;* (air-, water-) *imperméable,* dicht, *|tle.* '|en, t., *serrer,* (stretch) *tendre;* zusammenziehen, straff anziehen; *stringere, tirare.* '|ly, ad., *d'une manière serrée,* etc.; fest, etc.; *stretta|, ferma|mente.* '|ness, n., *raideur,*f., *tension;* Enge, F|igkeit, Straffheit; *strettezza, t|e;* (of chest, etc.) *oppression,* Beklemmung, *o|e.*
Tile, n. & t., *tuile,* f., couvrir *de t's;* Ziegel, m., mit Z|n decken; *tegol|a,* f., *coprire di t|e;* (for paving, etc.) *carreau,* m.; Kachel, f.; *quadrello,* m. Ti'ler, m., *couvreur,* Dachdecker, *conciatetti.*
Till, n., *caisse (de comptoir),* f., (Laden-) kasse, *cassa (di bottega).*
Till, prp., *jusqu'à;* bis; *fino, sino a;* not —, *pas avant,* erst, *non prima di.* —, cj., *j- ce que* (subj.), bis, *finchè;* to be

left — called for, *bureau restant*, bis zur Abholung aufzuheben, *fermo in posta*.
Till, t., *labourer*, ackern, *lavorare*.
Till'er, n., (of rudder) *barre*, f.; Ruderpinne; *manico*, m.
Tilt, t., *pencher*, schief legen, *inclinare*.
Tilt, n., v. tournament.
Tim'ber, n., *bois (de construction)*, m.; Bauholz, n.; *legname da costruzione*, m.; (growing) b- de *haute futaie*; Hochwald; *alberi d'alto fusto*, m. pl. ¦s, pl., -work, n., *charpente*, f.; Gebälk. n.; *armatura*, f. -merchant, m., *marchand de b-*, Holzhändler, *mercante di l-*.
-yard, n., *chantier*, m., Holzhof, *magazzino di l-*.
Time, n., *temp's*, m.; Zeit, f.; t|o, m.; (occasion. repetition) *fois*, f.; Mal, n.; *volta*, f.; (mus.)*mesure*; Takt, m.; t|o; (speed of march) *pas*, Schritt, *passo*; & v. season, hour, period; at a —, *à la f-*, auf einmal, *ad una v-*; at any —, *à tout moment*, zu jeder Z-, *quando che sia*; at my — of life, *à mon dye*, in m-m Alter, *all' età mia*; at no —, v. never; at one —, v. formerly; at that —, *dans ce t|s-là*, damals. *in quel t¦o*; at the present —, *aujourd'hui*, heutzutage, *oggidì*; at the same —, *en mème t|s*, zu gleicher Z-, *nell' istesso t|o*; (on the other hand) *de l'autre côté*, dagegen, *dall' altra parte*; before the —, *d'avance*, vor der Z-, *innanzi t|o*; behind —, *en retard*, verspätet, *in ritardo*; by this, that —, v. now, already, then; for a long, short —, *pendant longtemps*, p- *quelque t|s*, pour q- *t|s*; lange, auf kurze Z-; per *lungo t¦o, per breve t¦o*; for the — being, *actuel(lement)*; gegenwärtig, *attuale*, (ad.) *presentemente*; from — to —, *de t|s en t¦s*, von Z- zu Z-, *di quando in q-*; have a bad — (of it), *avoir bien du mal*, viel ausstehen, *molto soffrire*; have a good — (of it), *avoir bon t|s*, gute Tage haben, *venirne molto bene*; high —, *grand t|s (de)*, die höchste Z-. ben t'o *(di)*; in (course of) —, avec le *t¦s*, mit der Z-, col *t|o*; in —, (early enough) *à t|s*, zur rechten Z-, *a t|o*; in —, (mus.) *en mesure*, im Takt, *a t|o*; in a short —, *sotto peu*, binnen kurzem, *fra poco*; in the day —, (*dans*) *le jour*, am Tage, *di giorno*; in the mean—, *en attendant*, unterdessen, *frattanto*; keep —, (mus.) *aller en mesure*, Takt halten, *andar a t¦o*; a long, short — ago, *il y a longtemps*, *il y a peu de t|s*; vor langer, kurzer Z-; *molto t|o fa*, *poco fa*; up to this —, *jusqu'à présent*, bis jetzt, *finora*; what — is it, v. clock. —, t., v. calculate, observe (the speed of), adapt; well-(ill-) |d, *à (mal à) propos*, zu gelegener (zu un|g-) Z-, *a (male a) p¦ito*. '|ly, a., *opportun*, gelegen, o|o; & v. welcome. '-piece, n., *pendule*, f., Stutzuhr, *pendola*. '-serving, a., v. obsequious. servile. '-table, n., *indicateur*, m., Fahrplan, *orario*. ([keit; *t¦o*, |*ità*.
Tim'id, a., '|ity, n., |e, |*ité*, f.; furchtsam,
Tin, n., *étain*, m.; Zinn, n.; *stagno*, m.; (a.) *de fer-blanc*; von Blech, B|..; *di latta*. '|smith, *ferblantier*; B|schmied. Klempner; *l|jo*.
Tinc'ture, n., *teinture*, f.; Tinktur, (fig.) Anstrich, m.; *tintura*, f.
Tin'der, n., *amadou*, m.; Zunder; *esca*, f.
Tinge (dj), n. & t., *teint|e*, f.. |er (with, *de*); Farbe. (leicht) färben; *tin|ta*, |*yere*.
Tin'gle, i., (with pain, etc.) *picoter*, prikkeln, *frizzare*; (ears) v. tinkle.
Tink'er, m., *chaudronnier*, Kesselflicker, *calderajo*.
Tink'le, i., *tint|er*, klingen, t|*innire*.
Tin'sel, n., *clinquant*, m.; Flitter|gold, n., (fig.) F|, m.; *orpello*.
Tin'smith, m., v. tin.
Tint, n. & t., v. tinge.
Ti'ny, a., *tout petit*, ganz klein, *piccinino*.
Tip, n., *bout*, m., *extrémité*, f.; Spitze; *punta, estremità*; (fam.) v. gratuity. —, t., *garnir le bout* (with, *de*), (et.) mit e-r S- (von..) versehen; *mettere una p- di*; — up (a cart, etc.), *renverser*, stürzen, *inclinare*. —, i.; — over, *faire la bascule*, umkippen, *traboccare*.
Tip'pet, n., *pèlerine*, f., P-, *pellegrina*.
Tip'|ple, i., *aimer la bouteille*, zechen, *sberazzare*. '|sy, a., *gris*, benebel|t, *brillo*; get —, *se g|er*, s. b|n, *ubbriacarsi*.
Tip'toe, n.; on —, *sur la pointe du pied*, auf den Zehen, *in punte de' piedi*. ' top, a., (fam.) *huppé*, pikfein, *supremo*.
Tirade', n., *t-*, f., T-, *tirata*.
Tire, n., (of wheel)*bande*, f.; Radschiene; *cerchio (di ruota)*, m.
Tire, t., *fatigu|er*, ermüden, *stancare*; — (a pers.) out, *excéder*, quälen, *seccare*; & v. exhaust; |d, *f|é*. müde, *stanco*. —, i., *se lasser* (of, *de*), (e-r Sache: gen.) m- werden, *annojarsi (di)*. '|some, a., *ennuyeux*, langweilig, *nojoso*.
Tiss'ue (chou), n., *tissu*, m.; Gewebe, n.; *tessuto*, m. -paper, n., *papier joseph*, m., p- *de soie*; Seidenpapier, n.; *carta velina*, f.
Tit'bit, n., *morceau friand*, m., Leckerbissen, *boccone da ghiotto*.
Tithe, n., *dime*, f., Zehnte, m.; *decima*, f.
Ti'tle, n., *titr|e*, m.; Titel, (of chapt., etc.) Auf|, Über|schrift, f., (right) Anspruch, m.; *titolo*. —, t., t|*er*, betiteln, *intitolare*. -deed, n., t¦*e*, Urkunde, f.; t-, *documento*, m. -page, n.. *t¦e*; T|blatt, n.; *t-*.

Tit'ter, i., *ricaner*, kichern, *sghignazzare*.
Tit'tle, n., *iota*, m.; Jota, n.; *j-*, m.
To (ou), prp., *à*, zu (dat.), *a*; (a place, town) *à*, (a country) *en*, (*dans*, with *le*,*la*, *les*); nach; *a (al, |la)*; (dat.) *à*, .. (dat. in Ger.), *a*; (attach to; address letr., question, etc., to) *à*, an (ac.), *a*; (as far as) *jusqu'à*; bis zu, (place) bis an (ac.); *fino a*; (to the house of) *chez*, zu, *da*; (road to) *de*, nach, *a*; (change to) *en*, in, *in*; (towards) *vers*, (fig.) *envers*; gegen; *v.o*; (kind to) *pour*, gegen, *(bene) per*; (kneel, etc., to) *devant*, vor, *d'innanzi a*; (clk.. secy. to) *de*, *près*; von, bei; *di*; (dislike to) *pour*, gegen, *per*; (to music) v. with; (blind, deaf to) v. for; — (church), *à l'*, in die, *in*; — (school), *à l'*. in die, zu, darauf, daran, (place) das, *in*; — (the ball), *au*, auf den, *al*; — (the concert), *au*, in's, *al*; — a man, *jusqu'au dernier homme*, bis auf den letzten Mann, *fino all' ultimo uomo*; — a moment, *à un m- près*, auf den Augenblick, *a puntino*; — excess, *avec excès*, übermäßig, *all' eccesso*; — it, — them, *y* (before vb.); dazu, darauf, daran, (place) dahin; *ci*, *vi*; — o's face, *en f-*, *au nez*; in's Gesicht; *a faccia*; (speak) — o's self, *en soi-même*; für sich; *da se*, (think) *fra se*; — o's taste, — the t-, *selon son goût*, *au g-*; nach s-m Geschmack, im G-; *di mio* (etc.) *gusto*, *al g-*; — the best of my knowledge, *autant que je sais*, soviel ich weiß, *per quanto io sappia*; — the utmost of my ability, *tant que je peux (pourrai)*, aus allen Kräften, *per quanto posso*; — the right, left, *à droite, à gauche*; rechts, links; *a destra, a sinistra*; — the (very) top, end, *jusqu'au sommet, bout*; bis auf den Gipfel, an's Ende; *fino in vetta, sino al fine*; as —, quant *à*, was .. betrifft, *in q|o a*; call, direct attention —, *appeler l'a- sur*, jd. auf (ac.) aufmerksam machen, *richiamare l'attenzione sopra*; fall — decay, tomber *en ruine(s)*, in Verfall geraten, *andare in ruina*; from day — day, *de jour en j-*, von e-m Tag zum andern, *di giorno in g-*; give it — me, *donnez-le-moi*; geben Sie es mir; *melo dia, datemelo!* I gave it — him (you), *je le lui (vous l') ai donné*, ich habe es ihm (Ihnen) gegeben, *glie'l (G-) ho dato*; it is nothing — me, *cela ne me regarde pas*, es geht mich nichts an, *non m'importa*; (it is nothing) — (what I saw, etc.), *à côté de*, gegen, *appetto a*; it came — nothing, *cela n'a abouti à rien*, es ist nichts daraus geworden. *è andato a monte*; (room) looks — (the street), *donne sur*. geht nach. *da su*; (bet) ten — one, *dix contre un*, zehn gegen eins,

dieci contro uno; (ten minutes) — ten, *dix heures moins*.. , .. vor zehn, *le dieci meno*... — (before inf.), (in Fr. not transl.), zu, (in It. not transl.); (in order to, so as to) *pour*, *afin de*; um .. zu; *per*; (allow, forbid, forget, possible to) *de*, zu, *di*; (begin, easy, difficult, ready to) *à*, zu, *a*; — (let, sell), *à*, zu, *da*; it is not — be had, *on ne peut pas l'avoir*, es ist nicht zu haben, *non si può avere*; good — eat, *bon à manger*, gut zum Essen, *buono da mangiare*; (too good) — (be true), *pour*, um .. zu, *per*; he is — (..), *il doit*, er soll, *deve*; he is said — be, *on dit qu'il est*, er soll .. sein, *si dice che sia*; it is enough — (say, etc.), *il suffit de*, es genügt zu, *basta*; so — speak, *pour ainsi dire*, sozusagen, *per così dire*; — tell the truth, *à vrai d-*, um die Wahrheit zu sagen, *a d- il vero*; that is — say, *c'est-à-dire*, das heißt, *cioè*; time — come, v. future; (time) — (..), *de*, zu, *di*. —, ad.; fall —, *s'y mettre*, s. an (ac.) machen, *mettersi a*; shut —, v. shut; — and fro, *çà et là*, hin u. her, *quà e là*. To-day, ad., v. inf. [m. Toad (ŏ), n., *crapaud*, m.; Kröte, f.; *rospo*, Toast (ō), n., *rôtie*, f.; geröstete Brotschnitte; *pane abbrustoli|to*, m.; (health, etc.) *t-*, m.; T-, Gesundheit, f.; *brindisi*, m.; drink a —, *boire à la santé de*; j-m zutrinken, auf j-s Wohl trinken; *bere alla salute di*; give, propose a —, *porter un t- à*, e-n T- ausbringen, *fare un brindisi*.
Tobac'co, n., *tab|ac*, m., |ak, |acco. |nist, m., *marchand de t|ac*, |akshändler, |accajo.
To-day', ad., *aujourd'hui*, heute, *oggi*.
Tod'dle, i., *trottiner*, trippeln, *zampettare*.
Tod'dy, n., *grog*, m., G-, *g-*.
Toe (ŏ), n., *doigt du pied*, m., *orteil*; Zehe, f.; *dito del p|e*, m.; from top to —, *de(puis) la tête (jusqu')* *aux p|s*; vom Scheitel bis zur Sohle, von oben bis unten; *da capo a p|i*.
Togeth'er, ad., *ensemble*, zusammen, *insieme*; (days, etc.) *de suite*, hintereinander, *di seguito*; — with, *avec*, samt (dat.), *con*.
Toil, n. & i., *travail*, m., |ler; (schwere) Arbeit, f., |en; *lavor|o (penoso)*, m., |are. |some, a., *pénible*, mühsam, *penoso*.
Toi'let, n., |te, f., |te, *to(e)letta*.
To'ken, n., *marque*, f., (of esteem) *témoignage*, m.; Zeichen, n.; *segno*, m., *pegno*.
Told, imp. & pp., v. tell.
Tol'er,able, a., *tolérable*, erträglich, *tollerabile*; (indifferent) *passab|le*, leidlich, *p|ile*. |ably, ad., *p|ement*, ziemlich, *p|il-*

mente. |ant, a., 'ate, t., |a'tion, n., *tolér|ant.* |er, |ance, f.; |ant, duld|sam, |en, |ung, T|anz; *toller|ante,* |are, |anza.
Töll, t. & i. *sonner,* läuten, *suonare.*
Töll, n., *péage,* m. ; Brücken|, Wege|geld, n.; *pedaggio,* m.; & v. tax. '-**bar,** n., *barrièr|e de p-,* f.; Schlagbaum, m.; b|a, f.
Tom, m., v. Thomas. '-**cat,** n., *matou.* m., **Kater,** *gatto.*
Tomb (oume), n., ,eau, m.; Grab, n.; t|a, f. '-**stone,** n., |e, f.; G|stein, m., |mal, n.; *lapide,* f.
To-mor'row, ad., *demain,* morgen, *domani;* the day after —. *après-d-,* über|m-, *doman l'altro.*
Ton (ä), n., (1015 kilogr.; 2240 lbs. Eng.) |ne, f., |neau, m.; |ne, f.; |nellata; & v. tun; (ship) of .. |s' burden, *du port de* .. t|neaux, von .. T|nen, di .. t|nellate.
Tone, n., *ton,* m., T-, *tuono;* & v. accent, (of voice) v. voice. —, t.; — down, (colours) *adoucir,* verschmelzen, *addolcire.*
Tongs, n. pl., *pincettes,* f. pl.; Zange, f. sg.; *molle,* f. pl.
Tongue (äng), n., *langue,* f., Zunge. *lingua;* hold o's —, *se taire,* den Mund halten, *tacere.*
Ton'|ic, n., |ique, m.; isches Mittel, n.; t|ico, m.
Ton'nage (ä), n., t-, m.; Ladungsfähigkeit, f.; *tonnellaggio,* m.
Ton'sil, n., *amygdale,* f., Halsdrüse, t|a.
Ton'sure, n., t-, f., Tonsur, |a.
Too (ou) ad., *trop,* zu, t po; (also) *aussi,* auch, *anche;* — much, many. *trop (de);* zu viel; t|po, |pi, |pe.
Took (ou), imp., v. take.
Tool (ou), n.. *outil,* m., (lit. & fig.) *instrument;* Werkzeug, n.; *ordigno,* m.
Tooth (pl. teeth), n.. *dent,* f., (false, *artificielle);* Zahn, m. (künstlicher); d|e *(finto);* — and nail, *de tout cœur,* mit aller Gewalt, *di tutta forza;* get a — drawn, *se faire arracher une d|e,* s. en Z- ausziehen lassen, *farsi cavare un d|e;* cast .. in o's teeth, *reprocher qc. à qn.,* e-m et. vorwerfen, *rinfacciare qc. a qd.;* in the teeth of, *en dépit de,* trotz (dat.), *al dispetto di;* set of false teeth, *dent|ier,* m.; künstliche Zähne, m. pl.; *dent|iera,* f.; set o's teeth on edge, v. edge. '**ache** (èke), n., *mal de d|s,* m.; Zahn|weh, n.; m- di d|i, m. '-**brush,** n., *brosse à d|s,* f.; Z|bürste; *setolino,* m. |ed a., d|é; zakkig, (wheel, etc.) Zahn ..; d|ato. |**less,** a., *sans d|s,* z|los, *senza d|i.* '-**pick,** n., *cure-d|s,* m., Z|stocher, *stuzzicadenti.* '-**powder,** n., *poudre d|ifrice,* f.; Z|pulver, n.; d|ifricio, m.
Top, n., (upper part) *haut,* m.. *dessus;* Ober|teil, |e Teil; *parte superiore,* f..

vetta; (upper side) *surface,* f.. Oberfläche, *superficie;* (of hill. etc.) *sommet,* m., *cime.* f.; Spitze, Gipfel, m.; v-. f., *cima;* (of head) s-, m., Scheitel, *coccuzzolo;* (of house) *faite;* First, f.; *comignolo.* m.; (fig.) s-, G-, *colmo;* (nav.) *hune,* f.; Mars, m.; *gabbia,* f.; (of plant) v. head; at the —, *en haut.* oben, *sopra;* from — to bottom, *de h- en bas,* von o- bis unten. *d'alto in basso;* v. toe. —, n.. (toy) *toupie,* f.; Kreisel. m.; *trottola,* f.; (sleep) like a —, *comme un* *loir,* ganz fest, *come un tasso.* —, t., v. cover, surpass, prune. —, a., *le plus haut,* oberst, *sommo;* & v. principal. '-**boots,** n. pl., *bottes à revers,* f. pl.; Stulpstiefel, m. pl.; *stivali rovesciati.* '-**coat,** n., *pardessus.* m.; Überzieher; p-, (heavy) *pastrano.* '-**heavy,** a., *trop lourd par le haut,* oben zu schwer. t|po *pesante in vetta.* '**most,** a., *le plus élev|é,* höchst, *il più e|ato.* '|**ple,** i., *culbuter,* burzeln, *cimbottolare.* '**sy-turvy,** ad., v. upside down.
Top'|ic, n., v. subject. '**og'raphy,** n., |ografia, f., Ortsbeschreibung. t|ografia.
Torch, n., |e, f., Fackel, *torcia.*
Tore. imp., v. tear.
Tor'ment, n., Torment', t., *tourment,* m., ,er; Qual, f., quälen; *torment|o,* m., |are.
Torn, pp., v. tear.
Torna'do, n., *ouragan,* m., Sturmwind, *molinello.* ||edine. f.
Torpe'do, n., (nav.) |ille, f.; |edo, m.; **Tor'p|id** a., |or, n., engourd|i, |issement, m.; starr, Erstarrung. f.; t|ido, |ore, m.
Tor'rent, n., t-, m., Bergstrom, t|e.
Tor'rid, a., |e, heiß, t|o.
Tor'toise (ess). n., *tortue,* f., Schild|kröte, *testuggine.* -**shell,** n., *écaille,* f.; S|patt, n.; *tartaruga,* f.
Tor'tu|ous, a., |eux. gewunden, t|oso.
Tor'tu|re, n. & t.. |e, f., |er; Folter, |n; t|a, |are.   [c|ore.
To'ry, m., *conservat|eur,* Konservativer,
Toss, t., *lancer,* werfen, *lanciare;* & v. throw, (head) v. shake; — (about), *ballott|er;* (hin u. her) schaukeln; b|are, *sbattere ;* — off (a glass of wine, etc.), *sabler,* hinunterstürzen, *tracannare;* — up (a coin). *jouer à pile ou face,* Kopf oder Schrift raten, *giocare a testa e parole.*
To'tal, a. & n., ,ly, ad., t-, a. & m., |emen*t;* gänzlich, & ad., Ganze, n., Gesamtbetrag, m.; t|e, a. & m., |mente.
Tot'ter, i.. *chanceler.* wanken, *vacillare.*
Touch (ätch), t., |er (with, de), berühren, *toccare (di);* (meddle with) t|er à, anrühren, t- a; (with pity, etc.) t|er; rühren; t|commuovere; (concern) t|er; angehen; t-, *riguardare;* & v. affect; —up, (picture, etc.) *retoucher;* nachbessern,

retouchieren; *ritoccare.* —, i., *se t|er,*
sich b-, *toccarsi;* — upon (a subject), v.
— (t.). —, n., |er, m.; Gefühl, n.; *tatto,*
m.; (contact) *contact;* Berührung, f.;
contatto, m.; (of brush, pencil) *t|e,* f.;
Pinselstrich, m.; *tocco;* (mus.) *t|er.* An-
schlag, *tasto;* (of irony, etc.) *teinte,* f.;
Anflug, m.; *tinta,* f.; (of illness, etc.) v.
lit, attack, (of whip, etc.) v. blow. -and
go, ad-, v. narrow escape, with difficul-
ty. '-hole, n.. *lumière,* f.; Zündloch, n.;
focone, m. '*y,* a., *susceptible,* empfind-
lich, *permaloso.*
Tough (ăff). a., *dur,* (meat) *coriace;* zäh;
tiglioso; & v. strong, (fig.) severe, obsti-
nate. '*ness,* n., *d|eté,* f., Z|igkeit, *d|ezza.*
Tour (ou), n., *t-,* m., *voyage;* Reis|e, f.;
giro, m., *viaggi|o.* '*ist,* m., |*iste;* |ist,
R|ender; v|*atore.* '|nament, n., |noi, m.;
Turnier, n.; *torneamento,* m. [*tatore.*
Tout'er, m., *solliciteur,* Bewerber, *solleci-*
Tow (ō). n., *étoupe.* f.; Werg, n.; *stoppa,* f.
Tow (ō), t., *remorquer;* schleppen, bug-
sieren; *rimorchiare.*
To'wards (tō'ardz), prp., *vers.* (fig.) en-
vers; gegen; v|o; (turn. go) *du côté de;*
nach .. zu. (in der Richtung) nach; *alla
volta di.*
Tow'el (aou), n., *essuie-mains,* m.; Hand-
tuch, n.; *asciugamano.* m.
Tow'er (aou), n., *tour,* f.; Turm, m.; *torre.*
f. —, i., *s'élev|er,* s. auftürmen, e'arsi;
— above, *domin|er,* beherrschen, *d|are;*
in a |ing passion, *hors de soi, de lui,*
etc.; außer sich; *fuor di se.*
Town (aou), n., *ville,* f., Stadt, *città;* in
—, *en v-,* in der S-, *in c-;* out of —, *à
la campagne;* auf dem Lande. verreist;
fuor di c-. '-clerk, m., *secrétaire de la
mairie.* S'schreiber, *segretario municip|ale.*
'-council, n., *conseil m'|al,* m.,
S|rat, *consiglio m|ale.* '-hall, n., *hôtel de
v-,* m.; S'haus. n.; *palazzo m|ale,* m.
Toy, n.. *jouet,* m., *joujou;* Spielsache, f.;
trastullo. m.
Trace, n., *t-,* f.; Spur; *traccia, vestigio,*
m.; (harness) *trait,* m.; Strang; *tirella,*
f. —, t., (draw) *tracer,* zeichnen. *abbozzare;*
(follow) *suivre à la trace,* j-m auf
der Spur folgen, *seguitare la traccia di;*
& v. follow, discover, attribute. |*ry*
(e-rĭ), n., *réseau.* m.; Maßwerk, n.; *reti-
-colato,* m.
Track, n., v. trace; (path) *chemin,* m.,
(beaten, *battu);* (betretener) Weg; *ria,* f.
(battuta); (of rail.) *voie;* Geleise, n.;
rotaja. f.; (of game) *piste;* Fährte; *traccia. pesta.*
—, t.. v. trace.
Tract, n.. (of country) *contrée.* f., Gegend,
contrada; (extent) *étendue;* Strecke;
tratto, m.; (printed) *brochure,* f.; Bro-
schüre; *trattatello,* m.

Trade, n., *commerc|e,* m., Handel, c'io;
(calling) *métier* (by —, *de);* Gewerbe,
n. (von), Geschäft; *mestiere,* m. *(di).* —,
i., *trafiquer;* h|n; c'*iare, trafficare;* (in)
faire c e (de), h|n (mit), *negoziare (in).*
|a'man, m., *marchand;* (Klein)händler,
Krämer; *bottegajo.*
Tradi'tion (Ich), n., *t-,* f.; T-, Überlie-
ferung; *tradizione.* |al, a., |*nel,* |*ell, tra-
dizionale.*
Traduce', t., v. calumniate.
Traf'fic, n., |ic, m., Verkehr, *t|fico;* (iu
streets, etc.) *circulation,* f.; V-; *moto,* m.;
& v. trade; opened for —, *livré à la c-,*
dem V- übergeben, *aperto all' esercizio.*
Trag|e'dian (dj), m., '|edy, n., '|ic, a., |é-
dien, |*édie,* f., |*ique;* |ödieuspieler, |ödie,
f., Trauerspiel, n., tragisch; *(attore)
trag|ico,* |*edia,* f., |*ico.*
Trail, t., v. drag; (i.) *trainer,* schleppen,
strascicare; (n.) v. track (of game).
Train (é), t., (horse, etc.) *dress|er;* |ieren;
domare, (dog) *ammaestrare;* (tree) *d|er,
palisser;* ziehen; *educare;* (soldiers)
d|er, exercer; einexerzieren; *esercitare;*
(child, etc.) *élever, instruire;* erziehen;
bilden; *educare, istruire.* —, n., (rail.
etc.) *t-,* m..*convoi;* Zug; *convoglio, treno;*
(mil.) *t-,* T-, *treno;* (of dress) *queue,* f.,
Schleppe, *coda;* (retinue) *suite;* Gefolge,
n.; *seguito,* m.; (of gunpowder) *trainée,*
f.; Laufpulver, n.; *traccia,* f.; (of tho't,
etc.) *enchainement,* m., Verkettung, f.;
catena; & v. series; (thgs. are) in —, *en
train,* im Gange. *in (buona) via;* express,
fast, quick—, *express,* m., *t- de grande
vitesse;* Schnell|, Eil|, Kurier|zug; es-
presso; slow —, t- *omnibus,* t- *de petite
v-;* langsamer Z—, Personen|, (fam.)
Bummel|zug; *treno ordinario;* mail-, t-
post|e, |zug, *t- p|ale;* goods-, *t- de marchandises,
t- merci;* Güterzug, *t- merci;* excur-
sion-, t- *de plaisir,* Extrazug, *t- stra-
ordinario.* '|ing, n., v. education, dis-
cipline.
Train-oil, n., *huile de baleine,* f.; Thran,
m.; *olio di balena.*
Trait (Fr.), n., *t-,* m., Zug, *tratto.*
Trai'tor, m., |ous, a., *traitre;* Verräter,
|isch; *traditore.*
Tram, n., v. rail. '|way, n., *chemin de fer
américain,* m.; T|way, Pferdebahn, f.;
t|way, m., |*ria,* f.
Tram'mels, m. pl., (fig.) *entraves,* f. pl.;
Fesseln; *vincoli,* m. pl.
Tramp, n., *voyage à pied,* m.; Fußtour. f.;
viaggio a p|i, m.; (m.) *ragabond,* Land-
streicher, v|o. '|le, t., *fouler* (under foot,
aux pieds), treten (unter die Füße) fig.,
mit F|n), *calpestare.*
Tram'way, n., v. tram.
Trance, n., *extase,* f., Entzückung, *estasi.*

Tran'quil, a., '|lity, n., |le, |lité, f.; rub'ig, |e; t'|lo, |lità.
Transac|t', t., (business) faire, machen, fare. '|tion, n., v. business, proceeding.
Transatlan't|ic, a., |ique, |isch, |ico.
Transcend', t., v. surpass. |ent, a., |ant, überschwenglich. trascendente.
Tran|scribe', t., |scrire, abschreiben, trascrirere. '|script, n., v. copy.
Tran'sept, n., t-, m.; Querschiff, n.; trasversale, f.
Trans|fer', t.. | férer, (to paper, etc.) |porter; übertrag|en; tras|ferire, |portare, (to pap.) riprodurre. '|fer, |ference, n., |fert, m., |port; Ü|ung, f.; trasporto, m. '|ferable, a., | férable, ü|bar, trasferibile.
Transform', t.. |a'tion, n., |er, |ation, f.; umgestalt|en, |ung; trasforma|re. |zione.
Transgress', t., |er, übertret|en, trasgredire. '|ion (ĕch), n., |ion, f., Ü|ung, trasgressione; & v. fault, sin.
Tran's|ient, a., passager; vorübergehend, (fig.) vergänglich; passeggiero, fugace. |it, n., |it, m., (astr.) passag'e; Durchgang; t'|ito, p|gio. |i'tion (Ij), n., |ition, f.; Übergang, m.; t'|izione, f. |itive, a., (gr.) |itif, |itiv, 'itivo. |itory, a., v. |ient.
Transla|te', t., '|tion, n., '|tor, m., tradu'|re (into. en), |ction, f., |cteur; übersetz|en (in, ac.), |ung, f., |er; tradu'rre, |zione, f., |ttore.
Trans|mit', t., |mis'sion, n., |mettre, |mission, f.; übersend|en, |ung, (a rt.) übertrag|en, |ung; tras|mettere, |missione.
Transpa'rent, a., t-, durchsichtig, trasparente.
Transpir|e', i., |er, verlauten, trapelare.
Transplant', t., |er, verpflanzen, trapiantare.
Trans|port', t.. |porter, fortschaff|en, trasportare; (convicts) déport|er, |ieren, esiliare. '|port. n., |port, m.; F|ung, f., (fig.) Aufwallung; trasporto, m., (of joy, etc.) t-, (of anger) acceso; (ship) t'port; |portschiff, n.; nave di t-, f. |porta'tion, n., v. |port; (of conv.) déportation, f.; D-; esilio, m.
Transpos|e', t., |er, versetzen, trasporre.
Transvers|e', a., |al, Quer.., tra(s)versale.
Trap, n., |pe, f.. engin, m., (fig.) piège; Falle, f.; t.pola; (mouse-) souricière, Mausefalle, t'pola da sorci; (fam.) v. carriage; set a — for, dresser un p- à, j-m e-e F- stellen, tendere un tranello a. —, t., prendre au p-, fangen, trappolare. '-door, n., |pe, f., Fallthür, ribalta. '|pings, n. pl., v. harness, ornament.
Trash, n., rebut, m., (fam.) camelote, f.; Ausschuß, m., Schund; roba di rifiuto, f., robaccia. '|y, a., v. bad, worthless.
Trav'el, n. & i.. royag|e, m., |er; Reis|e, f..

|en; viaggi|o, m., |are; — (5 miles) an hour, faire, parcourir .. à l'heure; .. in e-r Stunde zurücklegen; far..all' ora; — by (rail, steamer, diligence), v,er en .., mit (der Eisenbahn, etc.) fahren, andare per ..; — by land, sea, v'er par terre, mer; zu Land, Wasser (zur See) r|en; v|are per terra, mare; in, while |(l)ing, en r'|e; auf der R|c; in v'|o, |ando. (l)er, m. & f., v'|eur, |euse; R|ender, |ende; v'|atore, |atrice; commercial —, commis - v|eur, Handlungsreisender, commesso v|atore. '(l)ing, a., ambulant; r|end, umherziehend; a|e; (articles) de v'|e, R'|e.., di v|o. |(l)ing, n.; I am fond of —, j'aime à v|er; ich r|e sehr gern; il v|are mi piace, mi p- di v|are.
Trav'ers|e, t., |er, durchreisen, t'|are.
Trav'est|y, n., |issement, m.; '|ie, f.; '|imento, m. [n.; rassojo, m.
Tray, n., plateau, m.; (Präsentier)brett.
Treach'er|ous (ĕtch), a., |y, n., perfid'|e, |ie. f.; treulos, |igkeit; p|o, |ia.
Trea'cle (i), n., mélasse, f.; M-, Zuckersirup, m.; melassa, f.
Tread (ĕd; trod, |den), i., poser le pied, mettre le p-, (step, walk) marcher; treten; mettere il p|e, camminare. —, t., (under foot) fouler (aux p|s), (unter die Füße) treten, calpestare; (a path, etc.) marcher sur, betreten, camminare sopra; (well-) trodden (path), battu, betreten, battuto. —, n., pas, m., Tritt, passo. '|le, n., marche, f.; T|brett, n.; calcola, f. '-mill, n.. moulin de discipline, m.; Tretmühle, f.; mulino di d'a, m.
Trea'son (i), n., |able, n.. trahison, f., de t-; Verrat, m.. verräterisch; tradimento, di t-; high t , haute t-, lèse-majesté; Hochverrat, m., Majestätsverbrechen, n.; lesa maestà, f.
Treas'ur|e (ĕj'r), n., trésor, m., Schatz, tesor|o. |e, t., (up) v. amass, (fig.) value. |er, m., |y, n., t|ier, t|; S meister, |kammer, f.; t'iere, |o.
Treat (i), t., trait|er, behandeln, trattare; (o. to sthg.) régal|er (de), |ieren (mit), |are (qc. a qd.). —, i., t,er (de); handeln (von, über), (with) unter|h-; trattare (di). —, n., (fig.) régal, m., Vergnügen, n., Genuß, m.; piacere. '|ise, n., t,é, m.; Abhandlung, f.; trattato, m. '|ment, n., t|ement, m., Behandlung, f.; trattamento, m. '|y, n., t|é, m.. Vertrag, trattato.
Treb'le, a., tripl|e, dreifach, t'|ice; (mus.) de dessus, Diskant.., soprano. —, t., l'er, verdreifachen, t'icare.
Tree, n., arbre, m., Baum, albero.
Tre'foil (i), n., trèfle, m.. Klee, trifoglio.
Trel'lis, n.. treillis, m.; Gitter(werk), n.; graticciata, f.; (for fruit) espalier, m.; Spalier, n.; spalliera, f.

Trem'|ble, i., |bler, zittern, t|are. |en'dous, a.. épouvantable, fürchterlich, t|endo. ',o(u)r (& tri), n., |blement. m.; Z-, n.; t ore, m. '|ûlous, a., |blant. z|d, t|olo.
Trench, n., tranchée, f., (in garden, etc.) rigole; Graben, m.; foss|o, |a, f. ; (mil.) t-; Laufgraben, m.; trincea, f. —, t., creuser, graben, scavare. —, i., v. encroach.
Trepida'tion, n., trépida|tion, f.; Erregung. Angst; t|zione.
Tres'pass, i., (in, upon) viol'er la propriété (de qn.), unbefugt betreten (ac.), v|are i confini (di); (fig.) v. abuse, encroach. —, n., (fig.) v. offence, sin.
Tress, n., |e, f., Flechte, treccia.
Treves (évz), n., Trèves, f.; Trier, n.; Treviri, m.
Tri'al, n., épreuve, f., essai, m.; Versuch, Probe, f.; prova, saggio, m.; (jur.) procès; Verhör, n., Prozeß, m.; processo; (affliction) é-, Prüfung, prova; (goods, etc.) on —, à l' e-; auf Probe, zur P-; alla p-; give a — to, mettre à l'é-, auf die P- stellen, mettere alla p-; & v. try.
Tri'ang,le, n., '|ûlar, a., |le, m., |ulaire; el, m., Dreieck, n., |ig; t|olo, m., |olare.
Trib'e, n., u, f.; Stamm, m.; t|ù, f.; (of animals. etc.) v. race. family, class.
Trib'une, m., Tribu'nal, n., tribun, m., |al; T|, |al, n.; |o, |ale, m.
Trib'ût'e, n., t|, m., T|, |o. |ary, n., (river) |aire, m., Nebenfluß, t|ario.
Trice, n.: in a —, en un clin d'œil, im Nu, in un attimo.
Trick, n., tour, m.; Streich; burla, f.; (dishonest) ruse, f., artifi|ce, m.; Kniff. List, f.; a|zio, m., tiro; (juggler's, etc.) t-(d'adresse); Kunststück, n.; giro, m.; (at cards) levée, f.; Stich, m.; bazza, f.; & v. (bad) habit, peculiarity; play o. a —, jouer un t- à, faire une niche à; j-m e-n Streich spielen; far un tiro a. —, t., v. cheat. '|ery, n., tromperie, f.; Betrügerei; inganno, m.; & v. trick.
Trick'le, i., (dé)couler, dégoutter; träufeln, tröpfeln; gocciolare.
Tried (ai), a., éprouvé, bewährt, sperimentato; (pp.) v. try.
Trien'n|ial, a., |al, dreijährig, t|ale.
Tri'fl,e, n.. bagat,elle, f., Kleinigkeit, b|ella; (dish) charlotte russe, f.; Kuchen mit geschlagener Sahne, m.; focaccia con crema dibattuta, f.; & v. gratuity; a — (too large, etc.), un peu, ein bißchen. un poco. 'e, i., folâtrer, tändeln, frivoleggiare ; — away (time, etc.), gaspiller, vertändeln, dissipare; — with, jouer de, avec; spielen mit; prendersi giuoco di. er, m.. personne frivole. f., baguenaudier, m.; Tändler; fricolo, leggiero.

|ing, a., insignifiant; geringfügig; piccolo, di poca importanza. |grilletto.
Trig'ger, n., détente, f.; Drücker, m.;
Trim, a., propre, gentil; nett, schmuck; lindo. —, n.; in good —, en bon état, in gutem Zustande, in buono stato. —, t., (cut) tailler; zustutzen; tagliare, scortare; (with lace, etc.) garn|ir (de), |ieren, guernire (di); (lamp, etc.) arranger, zurecht machen, assettare; & v. adjust, (tree) prune. '|ming, n., garniture, f.; Besatz, m.; guernimento.
Trin'it'y, n., |é, f., Dreieinigkeit, t|à.
Trink'et, n., bijou. m., Schmuck; gioja, f.
Trip, n., v. excursion, (short) journey. —, i.. trébucher, stolpern, inciampare; (skip) trottiner, trippeln. salterellare. —, t., (up) renverser; umwerfen; far i-, far cadere.
Trip|e, n., |es, f. pl.; Kaldaunen; t|pe.
Trip'l e, a., |e, dreifach, t|o. |et, n., (mus.) triol|et, m.; |e, f.; terzina.
Trite, a., banal, usé; abgedroschen; trito.
Tri'umph, n. & i., '|al, '|ant, a., triomph|e, m., |er (over, de), |al, |ant; Triumph, |ieren (über. ac.), T|.., |ierend; trionf,o, '|are, |ale, |ante.
Triv'ial, a., '|ity, n., v. insignifican|t, |ce.
Trod, '|den, imp. & pp., v. tread.
Trom'bone, n., t-, m., Posaune, f.; t-, m.
Troop, n., troupe, f.; Haufen, m., Trupp, (of actors. etc.) |e. f.; |a. compagnia; (of cavalry) compagni,e. Kompanie, c|a; (pl.; soldiers) t|s, Trupp|en, |e. —, i., s'attrouper, s. zusammenrotten, affollarsi. '|er, m., cavalier; Reiter, Kavalerist; cavaliera.
Tro'ph|y, n., |ée, m., '|äe, f.; trofeo, m.
Trop'|ic, n., |ical, a., |ique, m., des t|iques; Wendekreis, t|isch; |ico, |icale.
Trot, n. & i., t-, m., |ter; Trab, |en; trot|-to, 'tare.
Troub'le (ăb), n., peine, f., Mühe, pena; (grief) chagrin, m.; Kummer, Sorge. f.; affanno, m.; & v. affliction; in —, dans la p-, in Not, in istrettezze; get into —, tomber dans l'embarras. in Verlegenheit geraten. trovarsi in imbarazzo; give —, donner de la p-, (die) M- machen, dar incomodo; give o's sf., take —, se d- la p-; s. (die) M- geben, nehmen; darsi la pena, la briga; it is not worth the —, cela ne vaut pas la p-, es ist nicht der M- wert, non mette conto. —, t., déranger, stören, (di)sturbare; & v. give —, annoy, agitate, afflict; may I — you (for.., to do..), ayez ta bonté de me donner, je vous prierai de..; darf ich um.. bitten, d- ich Sie b- (.. zu thun); mi favorisca.., mi f- di..! |d, a., (water, etc.) trouble. trübe, torbido. |some, b., ennuyeux; lästig; nojoso, fastidioso.

Trough (ōf), n., *auge*, f.; Trog, m.; *truogo;* (of the sea) *entre-deux (des lames)*, m.; hohler Raum zwischen zwei Wellen; *valle tra le onde*, f.
Trou'sers (aouz), n. pl., (pair of —) *pantalon*, m. sg.; Hose, f. sg.; p|i, m. pl., *paja di p|i*, f. sg.
Trout (aou), n., *truite*, f., Forelle, *trota*.
Trow'el (aou), n., *truelle*, f., Kelle, *cazznola;* (gardener's) *déplantoir*, m., Hohlspatel, *sarchio*.
Trow'sers, n. pl., v. trousers.
Tro|y, n., |ie, f.; |ja, n.; |ja, f.
Troy|-weight, n. (1 lb. = 12 oz. =. 373242 kil.), *poids de t|*, m.; T|gewicht, n.; *peso di 12 once la libbra*, m.
Tru'ant, m., *fainéant*, Faulenzer, *fannullone;* play —, *faire l'école buissonnière*, (die Schule) schwänzen, *marinare la scuola*. [*tregua*, f.
Truce, n., *trêve*, f.; Waffenstillstand, m.;
Truck, n., *camion*, m., (rail.) *wagon;* Roll|-, Güter|wagen; *carr|etto*, |o. [*ratto*.
Truck(-system), n., *troc*, m., Tausch, *ba-*
Truck'le, i., v. cringe.
Trudge, i., *marcher*, wandern, *marciare*.
True (ou), a., *vrai*, wahr, *vero;* (to) *fidèle*, treu, *fedele;* & v. sincere, exact, correct, genuine. **Tru'|ism**, n., *vérit|é banale*, f.; Gemeinplatz, m.; v|à *evidente (da sè)*, f. "ly, ad., *vraiment;* w|lich, wirklich; *veramente*.
Truf'f|le, n., |e, f.; Trüffel; *tartufo*, m.
Trump, n. & t., *atout*, m., *couper;* T|f. |fen; *trionfo, prendere con un t-*.
Trump, t.; — up, *forger*, erdichten, *fabbricare*. '|ery, n., *friperie*, f., Schund, m.; *roba falsa*, f., *oro di Bologna*, m.
Trum'pet, n., *trom-pette*, f., |pete, |ba; (speaking-) *porte-voix*, m.; Sprachrohr, n.; *porta-voce*, m.; (ear-) *cornet acoustique;* Hörrohr, n.; *t|ba acustica*, f. |er, m., *t|pette*, |peter, |bettiere.
Trun'cheon, n., v. staff, club.
Trun'dle, t., v. roll.
Trunk, n., (of tree, animal, etc.) *tronc*, m.; Stamm, (of animal) Rumpf; *t,o;* (elephant's) *trom|pe*, f.; Rüssel, m.; *t|ba*, f.; (box) *malle*, f., *coffre*, m.; Koffer; *baule*.
Truss, n., (of hay) *botte*, f.; Bund, n.; *fascio*. m.; (surg.) *bandage;* (Bruch-) band, n.; *brachiere*, m. —, t., (fowls) *trousser*, dressieren, *accomodare;* — up, v. tie, bind.
Trust, n., *confiance*, f. (in, *en*); Ver|, Zu|-trauen, n. (zu); *fiducia*, f. *(in);* (office, duty) *charge*, f., (Amts)pflicht, *carica;* (jur.) *fidéicommis*, m.; Fideikommiß, n.; *fidecommisso*, m.; (public) v. administration; & v. faith, credit, deposit; in —, *en dépôt*, in Verwahrung, *a deposi!o;* on

—, *à crédit*, auf Kredit, *a c,o;* breach of —, *abus de confiance*, m., Treubruch, *a|o di fiducia*. —, t.. (rely on) *avoir confi|ance en;* Vertrauen zu j-m haben, trauen (dat.); *fidarsi a;* (o. with sthg.) c|er *(qc. à qn.)*, (e-m et.) anvertrauen, c|dare *(qc. a qd.);* (give credit to) *faire crédit à*, e-m Kredit geben, *dare (qc.) a credito*. —, i., (to, in) *se fier (à)*, s. verlassen (auf, ac.), *fidarsi(a);* & v. — (t.), hope. |ee', m., *déposit|aire*, |ar, |*ario;* & v. administrator, guardian. '|**worthy**, a., *digne de confiance*, sûr, (news) *exact;* zuverlässig; *fidato*. '|y, a., v. faithful.
Truth, n., *vérit|é*, f. (speak, tell, *dire*), Wahrheit (sagen), v,à (d-); in —, to say the —, *à vrai d-;* in W-, um die W-zu s-; *in vero, per d- il v-;* some — in it, *du vrai à cela*, etwas Wahres daran, *del vero in questo*. '|ful, a., *véridique*, wahrheitsliebend, *veritiero;* & v. true.
Try (tried, t-), i., *essayer* (to do, *de faire*), versuchen, *provare (di);* & v. endeavour; — for, *tâcher d'obtenir*, trachten nach, *cercare di ottenere*. —, t., e-; v-; probieren; *provare;* (the health, temper, etc.) *mettre à l'épreuve*, *affecter*, *fatiguer;* angreifen; *mettere alla prova;* (a prisoner, case) *juger;* verhören, untersuchen; *giudicare;* (afflict) *éprouver*, prüfen, *provare;* & v. test; — on, *essayer*, anprobieren, p-. '|ing, a., *difficile, pénible, fatigant;* schwierig, angreifend; d-, *penoso* & v. critical.
Tub, n., *cuve*, f.; Kufe, Bütte, (bath) Wanne; *conca*, (bath) *tinozza;* (of butter, etc.) *baril*, m.; Fäßchen, n.; *b|e*, m.
Tube, n., *t-*, m., *tuyau;* Rohr, n., Röhre, f.; *tubo*, m. Tu'bul, ar, a., |*aire*, röhrenförmig, *t|ario*.
Tuck, t.; —in, *rentrer*, (bed) border; einstopfen; *rimettere*, *rimboccare;* — up, *retrousser;* aufschürzen. (sleeves) aufstreifen; *succingere*, *rimboccare*. —, n., *pli*, m.; Falte, f.; *piega*.
Tues'day (iou), n., *mardi*, m., Dienstag, *martedì;* on —, m-, am D-, m-.
Tu'fa, Tuff, n., *tuf*, m.; |f; |o, |a, f.
Tuft, n., *touffe*, f.; Busch, m., (of hair) Büschel; *ciocca*, f., *ciuffetto*, m.; (of bird) *huppe*, f.; Schopf, m.; *cresta*, f.
Tug, t., *tirer;* ziehen, zerren; *tirare*. —, n., *saccade*, f.; Ruck, m., *stratta*, f.; (-steamer) *remorqueur*, m.; Schleppschiff, n.; *rimorchiatore*, m.; (fig.) v. effort, struggle.
Tui'tion (îch), n., *enseignement*, m.; Unterricht; *istruzione*, f.
Tu'lip, n., |e, f.; Tulpe; *tulipano*, m.
Tum'ble, i. & n., v. fall. —, t., *déranger*, in Unordnung bringen, *disordinare*. -down, a., *en ruines, délabré;* verfallen;

Tumour — 204 — Turn

rovinato. '|r, n., (glass) *verre*, m.; (Bier)-glas, n.; *bicchierone*, m. [m.
Tu'm'o(u)r, n., |*eur*, f.; Geschwulst; *t|ore*,
Tu'mult, n., '|e, m.; T-, Aufruhr; *t|o*.
'|ūous, a., |*ueux*, stürmisch, *t|uoso*.
Tun, n., *foudre*, m.; Fuder, n.; *botte*, f.
Tune, n., *air*, m.; Melodie. f., Arie; *aria*; (instrum.) in —, out of —, *d'accord, pas d'a-;* ge|, ver|stimmt; a|*ato*, *scordato*; sing in —, out of —, *chanter juste, faux;* richtig, falsch singen ; *essere intonato, stuonare;* (fig.) change o's —, *changer de note*, e-n andern Ton anschlagen, *cambiare di tuono*. —, t., accord|*er*, stimm|en. a|*are*. '|ful, a., *mélodi|eux,* |isch, |*ioso;* & v. harmonious. |r, m., a *eur*, S|er, a|*atore*. Tu'ning-fork, n., *diapason*, m.; S|gabel, f.; *corista*. m.
Tū'ni'c, n., |*que*. f., ka,'*ca*.
Tun'nel, n., *t-*, m., T-, *t-*. —, t., *percer,* durchbohren, *traforare*.
Tun'ny, n., *thon*, m.. Thunfisch, *tonno*.
Tur'ban, n.. *t-*. m.. T-. '|*te*.
Tur'bid, a., *trouble*, trüb, *torbido*.
Tur'bot, n., *t-*, m.; (Stein)butte, f.; *rombo*, m.
Tur'bulen,t, a., |*ce*, n., |*t*, |*ce*, f.; ungestüm, a. & n.; *turbolen|to*. |*za*, f.
Tureen', n., *soupière*, f., Suppenschüssel, *zuppiera*.
Turf, n., *gazon*, m.; Rasen ; *piota*, f.; (fig.) *t-*, m.; T-; *le corse*, f. pl.
Tur'gid (dj), a., *ampoulé*, schwülstig, *t|o*.
Turin', n., *T-*, m.; T-. n.; *Torino*, m.
Turk, m.. *Turc*, Türke, *Turco;* (fig.) cosaque, Barbar, *cosarapo*. '|ey, n., *la Turquie*, die Türkei, *la Turchia;* (bird) *dindon*, m., Truthahn, *tacchino*. '|ish, a.. *tur|c*.|*que;* türkisch ; *tur|co,* |*ca*.
Tur'moil, n.. v. toil, tumult.
Turn, t., *tourner;* drehen, wenden, (wood, etc.) drechseln; *voltare, girare,* (wood) *tornire;* (coat, etc.) *retourner,* w-, *rivoltare;* (into) *changer (en),* verwandeln (in,ac.), *cambiare (in),* & v. translate ; (o's steps, etc.) *diriger. t-;* richten ; (ri)*volgere;* (make sour) *faire t-*, sauer machen, *guastare;* (scale) *faire pencher*. sinken machen, *far scendere;* (edge) v. blunt; — to account, *mettre à profit,* benutzen, *mettere a p|to; —* a corner, *t- un coin,* um e-e Ecke gehen, *r- un canto; —* into ridicule, *se moquer de,* spotten (über, ac.), *farsi beffa di; —* the tables, *tourner la médaille,* das Blatt wenden, *mutare il vento; —* the tables upon, *rendre la pareille à*, j-m Gleich|es mit O|em vergelten, *rendere la pariglia a; —* aside. away, *détourner.* abwenden, *stornare: —* away (servt.), v. dismiss; — down. *plier*, zurückschlagen, *ripiegare;*

— off, (gas. etc.) *couper, fermer;* zudrehen, absperren; *chiudere,* (water) *fermare;* & v. — away ; — on, (water, etc.) *lâcher;* zulassen, strömen lassen; *dare; —* out, (a pers.) renvoyer, *mettre à la port|e;* fort|schicken, |jagen; *mettere alla p|a, scacciar fuori;* (goods) v. make. manufacture; & v. dismiss, etc.; — over, *retourner,* umwenden, *voltare;* (in o's mind) *réfléchir à,* überlegen, *ponderare; —* round, *t-*, herumdrehen, *rivolgere;* — up, *retourner,* (dress) retrousser; umschlagen, aufschürzen; *r-, alzare, tirar su;* (the eyes) *lever*, aufschlagen. *alzare;* — up o's nose, *faire le difficile,* die Nase rümpfen, *arricciare il naso;* — upside down, *mettre sens dessus dessous*, oberst zu unterst kehren, *capovolgere*. —, i., *(se) tourner;* s. (um)drehen, s. wenden; *voltarsi;* (soldier, etc.) *se faire,* werden, *farsi;* (become sour) *t-*, umschlagen, *alterarsi;* (to the rt., left) *prendre.* s. halten, *tenersi;* (to) v. have recourse; (upon) v. concern, depend; & v. become; — aside, away, *se détourner, s.* abwenden, *stornarsi;* — back, *retourner*, zurückkehren, (ri)*tornare; —* in, v. go to bed; — out, v. go out. get up; (well. ill) *t-*, ausfallen. *riuscire;* (be discovered) *se trouver,* s. herausstellen, *trovarsi;* & v. become; — round, v. —; — np, (fig.) *se présenter,* vorkommen, *sopraggiugnere;* & v. appear, happen. —, n., *tour*, m.; Drehung, f., Wendung; *giro*, m., *volta*, f.; (of road) *détour*, m.; Biegung, f.; *voltata;* (short walk) *t-*, m., Gang, *giro;* (of affairs) *t|nure,* f., W-, *piega;* (of mind) *t|nure (d'esprit),* f.; (geistige) Richtung; *giro (di pensieri),* m.; (good) v. service; & v. change, purpose. object, taste, inclination, shock; at every —, *à tout propos,* bei jeder Gelegenheit, *ad ogni piè sospinto;* by |s, *tour à t-,* abwechselnd. *a vicenda;* each in (his) —. *chacun à son t-,* j- der Reihe nach, *ciascuno alla sua volta;* in my —, *à mon t-,* meinerseits, *da parte mia;* it is my —, *c'est mon t-,* die R- ist an mir, *tocca a me;* take o's —, *avoir son t-,* an die R- kommen, *prendere la sua volta;* (cooked) to a —, *à point*, gerade richtig, *appunto*. '|coat, m., *renégat*, Abtrünniger, *rinnegato*. '|er, m., *tourneur*, Drechsler, *tornitore*. '|ing, n., v. turn. '|ing-lathe, n., *tour*, m.; Drechselbank, f.; *tornio*, m. '|ing-point, n., *(moment de la) crise,* (m.) f.; Wendepunkt, m.; *m'o critico*. '|key, m., *guichetier,* Schließer, *secondino*. '-out, n., (fam.) v. equipage. '|pike, n., *barrière*, f.; Schlagbaum, m.; *barriera,* f. '|stile, n., *tourniquet,* m., Drehkreuz. n.; *cancello girante*. m.

Tur'nip, n., *navet*, m.; Rübe, f.; *rapa*.
Tur'pentine, n., *térébenthine*, f.; Terpentin, m.; *trementina*, f. |*na*. f.
Tur'quoise, n., *t-*, f.; Türkis, m.; *turchino*, m.
Tur'ret, n., *tourelle*, f.; Türmchen, n.; *torretta*, f.
Tur'tle, n., *tortue*, f., Schildkröt|e, *testuggine*. -soup, n., *soupe à la t-*, f., S|ensuppe, *minestra di t-*.
Tur'tle-dove, n., *tourterelle*, f., Turteltaube, *tortola*.
Tus'can, a. & m., |y, n., *toscan*, |e, f.; toskan|isch, |er, |a, n.; *toscan*|o, |a, f.
Tush, int., *fi (donc)*, pfui, *via!*
Tusk, n., *défense*, f.; Hauer, m.; *zanna*, f.
Tu'tel|age, n., |ary, a., *tutelle*, f., *tutél*|*aire*; Vormundschaft, Schutz ..; *t*|*a*, |*are*. Tu'tor, m., *précepteur*, Hauslehrer, *precettore*; (jur.) *tuteur*, Vormund, *tutore*. —, t., v. teach.
Twad'dle (öd), n., *faribole*, f.; Geschwätz, n.; *ciarleria*, f.
Twang, n., *son aigu*, m., gellender Ton, *suono acuto*; & v. accent, (bad) taste.
Twel|ve, a., |fth, a. & n., *douz*|e, |*ième*, a. & m., (king, month) |*e*; zwölf, |te, |tel, n.; *dodici*, *duodecimo*, a. & m., (mth.) *dodici*; |ve o'clock, *midi*. (at nt.) *minuit*; Mit|tag, |ternacht; *mezz'ogiorno*, |*anotte*. |fth-night, n., *jour des Rois*, m.; Dreikönigstag; *Epifania*, f. |ve-month, n., v.year.
Twen't|y, a., |ieth, a. & n., *vingt*, |*ième*, a. & m.. (king, month) *v*|; zwanzig, |ste, |stel, n.; *vent'i*, |*esimo*, & m., (mth.) |*i*. |y-first, a., *v- et unième*, einundzwanzigste, *v*|*esimo primo*.
Twice, a., *deux fois*, zweimal, *due volte*; — as much, *le double*, das Doppelte, *altrettanto*.
Twig, n., (*petite*) *branche*, f.; (kleiner) Zweig, m.; *ramoscello*.
Twi'light (aït), n., *crépusc*|*ule*, m.; Dämmerung, f.; *c*|*olo*, m.
Twilled, a., *croisé*, geköpert, *tessuto a spina di pesce*.
Twin, m., f., & a., *jum*|*eau*, |*elle*, (hot.) *géminé*; Zwilling, m., |s ..; gemell|o, |a.
Twine, n., *ficelle*, f.; Bindfaden. m.; *spago*. —, t. & i., *en*(*tre*)*lacer*, *s'e-;* flechten, s. winden; *intrecciare*, *intralciarsi*; & v. twist, wind. |*simo*.
Twinge (dj), n., *élancement*, m., Stich, *spa-*
Twink'l|e, i., *étinceler*, funkeln, *scintillare*; & v. wink. |ing, n., (of an eye) *clin d'œil*, m., Augenblick, *batter d'occhio*.
Twirl (eur), t. & i., *tourn*|*er* (*rapid*|*ement*), *t*|*oyer*; herumdrehen, wirbeln; *far girare*, *g-* (*r*|*amente*).
Twist, t., *tordre*, drehen, *torcere*; & v. weave. —, n., *torsion*, f., Verdrehung, *storcitura*.

Twit, t., v. reproach.
Twitch, n., *saccade*, f.; Ruck, m.; *stratta*, f.; (nervous) *crispation*; Zuckung; *spasimo*, m.; (of pain) v. twinge. —, i., *se contracter*, zucken, *palpitare*; (t.) v. pull. [*rire*.
Twit'ter, i., *gazouiller*, zwitschern, *gar-*
Two (ou), a., *deux*, zwei, *due*; — and —, by |s, *d- à d-*; paarweise, zu z|en; *a d-a d-;* in—, *en d-*, entzwei. *in d-*. '-edged, a., *à deux tranchants*, z|schneidig, *a d-tagli*. '|fóld, a., *double*, z|fach, *doppio*.
Tym'pan|um, n., *t*|, m.; Giebelfeld, n., (of ear) Trommelfell; *timpano*, m.
Type, n., *t-*, m.; Typus, (emblem) Sinnbild, n., (printing) Letter, f.; *tipo*, m.; put in —, composer, setzen, *comporre*.
Typog'raph|y, n., '|*ical*, a., '|*ie*, f., |*ique*; |*ie*, |*isch*; *tipografia*, |*ico*; |ical error, v. misprint.
Ty'phus, n., *t-*, m., T-, *tifo*.
Ty'ran|t, m., '|*nical*, a.. *t*|, |*nique*; |n, |*nisch*; *tiran*|*no*, |*nico*. Tÿr'an|nize over, t., |ny, n., |*niser*, |*nie*, f.; |nisieren, |nei; *t*|*nizzare*, |*nia*.
Ty'ro, m., *novice*, Neuling, *novizzo*.
Tyról', n.. |*èse'*, a., m., & f., T-, m., |*ien*, |*ienne*; Tirol, n., |erisch, |er, |erin; |o, m., |*ese*.

U.

Ud'der, n., *mamelle*, f., (of cow) *pis*, m.; Euter, n.; *poppa*, f.
Ug'l|y, a., |iness, n., *laid*, (fig.) *vilain*, *l*|*eur*, f.; häßlich, |keit; *brutt*|*o*, |*ezza*.
Ul'cer, n., *ulcér*|e, m.; Geschwür, n.; *u*, *a*, f.
Ulte'rior, a., *ultéri*|*eur*, anderweitig, *u*|*ore*.
Ul'tim|ate, a.. *définit*|*if*, endgültig, *d*|*ivo*; & v. last. |ately, a., *à la fin*, schließlich, *alla fine*. |o, a., *du mois dernier*, vom vorigen Monat, *dello scorso*. Ul'tra, a., v. extreme; (in comp.) *u-*..; *u-*.., über..; *oltra*. |marine' (Ine), n., *outremer*, m.; U'|marin, n.; *oltramarino*, m.
Um'ber, n., *terre d'ombre*, f., Umbraerde, *terra d'ombra*.
Um'br|age, n., (fig.) *ombr*|*age*, m.; Argwohn; *o*|*a*, f.; & v. offence. |el'la, n., *parapluie*, m.; Regenschirm; *o*|*ella*, f.; put up, down an —, v. open, shut.
Um'pire, m., *arbitr*|*e*, Schiedsrichter, *a*|*o*.
Un.., in comp., *non-*.., *in*.., *dé*.., *un*.., *peu*, *sans* (with subst.), etc.., un.., in.., nicht.., auf.., ent.., los.., ..los, ohne; *non*.., *in*.., (*di*)*s*.., *male*, *poco*, *senza*.
Una'ble, a., *incapa*|*ble* (to, *de*), unfähig, *i*|*ce* (*di*); be —, *ne pouvoir*, nicht können, *non potere*.
Unaccoun'table, a., *inexplicable*, unerklärlich, *inesplicabile*.

Unaccustomed — 206 — Undeceive

Unaccus'tomed, a., *peu habitué* (to, à), nicht gewohnt (an, ac.), *poco abituato (a)*.
Unacquain'ted, a., *peu familier* (with, *avec*), *peu versé (dans)*; (I am — with, es ist mir) unbekannt; *ignaro (di)*, *non versato (in)*; be — with, *ignor|er*, nicht wissen, *i|are*; (with pers.) *ne pas connaître*, nicht kennen, *non conoscere*.
Unadorned', a., *sans ornements*, schmucklos, *inornato*.
Unan'im|ous, a., '|ity, n., |e, |ité, f.; einmütig, |keit; *u'e*, |ità.
Unan'swerable, a., *incontestab|le*, unbestreitbar, *t|ile*. [*inerme*.
Unarmed', a., *sans armes*, unbewaffnet,
Unasked', a. & ad., *spontan|ément*, (uninvited) *non étre invit'é*; freiwillig, uneingeladen; *s|eamente*, *senza essere i,ato*; (thg.) *non demandé*, ungefordert, *non domandato*.
Unassu'ming, a., v. modest.
Unatten'ded, a., *sans suite*, unbegleitet, *senza seguito*; & v. alone.
Unau'thorized, a., *sans autor|isation*, unbefugt, *non a|izzato*.
Unavai'ling, a., *inutile*, fruchtlos, *i-*.
Unavoi'dable, a., v. inevitable.
Unaware', a.; be —, v. not know. |s, ad., *à l'improv|iste*, unerwartet, *all' i|viso*.
Unbear'able (èr), a., *insupportable*, unerträglich, *insopportabile*.
Unbecom'ing(că), a., *inconvenant*, unschicklich, *sconvenevole*; (dress) is —, *ne sied pas*, kleidet nicht gut, *non va bene*.
Unbe|lief', n., |lie'ver, m., *incrédul|ité*, f., |e; Un|glaube, m., |gläubiger; *i ità*, f., |o.
Unbend', t., *détendre*, relâcher; abspannen; *allentare*; & v. make straight. |ing, a., v. inflexible.
Unbi'assed, a., v. impartial.
Unbind', t., *délier*; aufbinden, Iosmachen; *sciogliere*.
Unblem'ished, a., *sans tache*, unbescholten, *senza taccia*. [*ciato*.
Unblush'ing, a., *éhonté*, schamlos, *sfac-*
Unbolt', t., *débarrer*, aufriegeln, *sbarrare*.
Unborn', a., *encore à naître*, ungeboren, *non ancora nato*; & v. future.
Unbo'som (bou), r., *s'ourrir*, sein Herz öffnen, *aprire il suo cuore*.
Unboun'ded, a., *sans bornes*, *illimit'é*; grenzenlos; *i,ato*.
Unbri'dled, a., *effréné*, zügellos, *sfrenato*.
Unbro'ken, a., (fig.) *non interrompu*, ununterbrochen, *non interrotto*.
Unbuck'le, t., *déboucler*, aufschnallen, *sfibbiare*.
Unbur'ied (ĕr), a., *sans sépulture*, unbegraben, *insepolto*.
Unbut'ton, t., *déboutonner*, aufknöpfen, *sbottonare*.

Uncalled' for, a., (fig.) *gratuit*, mutwillig, *g'o*.
Uncared' for, a., *négligé*, vernachlässigt, *negletto*.
Unceas'ing, a., v. incessant.
Unceremo'nious, a., *sans façon*, ohne Umstände, *senza cerimonie*.
Uncer'tain, a., *incertain*, ungewiß, *incerto*.
Unchange'|able (ćndj), a., *immu|able*, unveränder|lich, *i'|tabile*. |d, a., *toujours le méme*, u't, *inalterato*.
Unchar'itable, a., *peu charitable*, lieblos, *senza carità*. [*tese*.
Unciv'il, a., *malhonnête*, unhöflich, *scor*
Un'cle, m., *oncle*, Oheim, *zio*.
Unclean', a., (fig.) *impur*, unrein, *i o*.
Unclou'ded, a., *serein*, heiter, *sereno*.
Uncom'fortable (că), a., *peu confortable*, unbequem, *incomodo*; (fig.) *mal à son aise*, unbehaglich, *a disagio*.
Uncom'mon, a., *extraordinaire*, ungewöhnlich, *straordinari'o*; & v. rare. |ly, ad., *e'ment*, außerordentlich, *s|amente*; & v. very; — good, well, *à merveille*, ganz vortrefflich, *a maraviglia*.
Uncom'promising, a., v. inflexible, obstinate.
Unconcerned', a., v. indifferent.
Uncondi'tional (ich), a., *sans condition*, unbedingt, *senza condizione*.
Unconge'nial, a., *peu sympathique*, ungemütlich, *antipatico*.
Unconnec'ted, pp., *détaché*, *séparé* (with, *dé*); ohne Zusammenhang (mit), getrennt (von); *non connesso (con)*, *disgiunto (di)*.
Uncon'|querable, a., v. invincible, insuperable. '|scionable, a., v. unreasonable. |scious, a., *sans connaissance*, besinnungslos, *senza conoscenza*; (of) *qui n'a pas conscience de*, sich (dat.) e-r Sache (gen.) unbewußt, *chi non ha coscienza di*. |sciously, ad., *sans en avoir conscience*, u-, *senza saperlo*.
Uncon|strained', |trolled', a., v. free, without constraint.
Uncouth (ou), a., *gauche*, linkisch, *goffo*.
Uncov'er, t., *découv'rir*; aufdecken, (head, arm, etc.) entblößen; *scoprire*. |ed, pp., *d'ert*, unbedeckt, *scoperto*.
Unc'tion, n., *onction*, f.; Salbung, (extreme) Ölung; *unzione*. [*colto*.
Uncul'tivated, a., *inculte*, unbebaut, *in-*
Uncut', a., *non coupé*, *intact*; ungeschnitten, ganz; *non tagliato*, *intatto*; (loaf, etc.) *non entamé*; nicht angeschnitten; *non tocco*, *non manomesso*.
Undam'aged, a., *non endommagé*, unbeschädigt, *non danneggiato*. [*data*.
Unda'ted, a., *sans date*, undatiert, *senza*
Undaun'ted, a., v. intrepid.
Undeceive' (īve), t., *détromper*, enttäuschen, *disingannare*.

Undecided — 207 — Uneasy

Undeci'ded, a., *indécis;* unentschieden, (pers.) |schlossen; i'|o.
Undefined', a., *indéfini,* unbestimmt, i'|to.
Undeni'able, a., *incontestable,* unleugbar, *innegabile.*
Un'der, prp., *sous,* unter (dat.; motion, direction, ac.), *sotto;* (less than) *au-dessous de,* u-, *(a) meno di;* (circumst.) *dans,* u-, *in;* (necessity) *dans,* in, *in;* (penalty) *sous,* bei, *sotto; — age, mineur,* unmündig, *minorenne; —* o's breath, *à voix basse,* leise, *sotto voce; —* cover, *à couvert,* geschützt, *al coperto;* (do sthg.) — difficult|ies, avec d'|é, mit Not, *a stento; —* fire, *au feu,* im Feuer, *sotto il fuoco;* labour —, *être sujet à,..* (dat.) unterworfen sein, *essere soggetto a; —* sail, *sous voile,* unter Segel, *alla vela; —* sentence, v. condemned; — way, *en route,* u wegs, *per via.* —, ad., v. down, below; keep —, *contenir,* bewältigen, *tener sotto;* & v. restrain.
Under.., in comp., *de dessous, sous-, infé-rí|eur, trop peu;* unter.., zu wenig; *sotto.., di s-, i|ore, t'po poco.* -clothing, n., *vêtements de d-,* m. pl.; U|kleider, n. pl.; *roba per di sotto,* f. |done', a., *trop peu cuit,* nicht gar, *troppo poco cotto.* |go (|went, |gone). t., *subir,* erleiden, *s|e.* |grad'uate, m., v. student. |ground, a., *souterrain,* u|irdisch, *sotterraneo.* |hand, a., *secret,* heimlich, *segreto;* (ad.) *sous main.* u- der Hand, *di soppiatto.* |lie', i., *être au-dessous de,* tiefer liegen als, *star sotto.* |line', t., *souligner,* u streichen, *sottolineare.* |mine', t., *miner,* u|graben, *minare.* |most, a., *le (la) plus bas(se);* der, die, das u|ste; *il (la) più bass|o (|a).* |neath', prp., v. under; (ad.) *(au-) dessous,* unten. *(al) di sotto.* |rate', t., (fig.) *estimer trop peu,* unter|schätzen, *stimare troppo poco.* |sell', t., *vendre à plus bas prix que,* billiger verkaufen als, *vendere a miglior mercato che.* |signed (aïne'd), pp., *soussigné,* u|zeichnet, *sottoscritto.*
Under|stand' (|stood, |stood), t., *comprend|re, entendre;* verstehen; *intendere, c|ere, capire;* (learn, hear) *apprendre;* hören, vernehmen; *udire, aver sentito;* (a word not express) *sous-entendre,* hinzudenken, *sottintendere;* (how to) *s'e-(à),* sich verstehen (auf et.; v- et. zu thun), *intendersi (di);* do you —, *comprenez-vous;* v- Sie; *capi|sce,* |*te, intende,* |*te?* give to —, *faire e-,* zu v- geben, *dare ad i-;* it is understood (that), *il est bien entendu,* es versteht sich, *s'intende;* make o's sf. understood, *se faire c|re,* s. verständlich machen, *farsi capire;* what do you — by it, *qu'entendez-vous par là,* was verstehen Sie darunter,

che cosa intende(te)? you must — (that), v. know. (standing, n., *entendement,* m.; Verständnis, n.; *intendimento,* m.; (sense) *intelligen|ce,* f.; Verstand, m.; i|*za,* f.; (good, cordial) *entente;* Einverständnis, n.; *i|za,* f., *accordo,* m.; come to an —, *être d'i|ce, s'entendre;* einverstanden sein; *intendersi.*
Under take' (|took, |taken), t., *entreprendre,* unternehmen, *intraprendere;* (i.; to do) *s'engager (à),* s. verpflichten, *impegnarsi (a).* |ta'ker, m., *entrepreneur des pompes funèbres,* Leichenbesorger, *agente d'onoranze funebri.* |ta'king, n., *entreprise,* f.; U-, n.; *impresa,* f. 'tone, n.; in an —, *à demi-voix,* leise, *sotto voce.* |val'ue, t., v. |rate. |went', imp., v. |go. |wood, n.. *taillis,* m.; Buschholz, n.; *bosco ceduo,* m. |writer, m., *assureur,* Assekurant, *assicuratore.*
Undeserv|ed', a., |edly, ad., *non mérit|é, injustement;* unverdient, |erweise; *non m|ato, ingiustamente.* '|ing, a., v. unworthy.
Undesigned', a., v. unintentional.
Undesi'rable, a., *peu désirable,* nicht wünschenswert, *poco desiderabile.*
Unde|tec'ted, a., *non découvert,* unentdeckt, *non scoperto.* |ter'mined, a., v. |cided. '|viating, a., v. steady, direct.
Undig'nified, a., *sans dignit'é,* würdelos, *senza d'à.* [i'|ato.
Undis'ciplín|ed, a., *indisciplin|é,* u|iert.
Undis|cov'ered, a., v. undetected, secret. |guised' (gaïz'd), a., *sans déguisement,* unverhohlen, *apertamente.* |mayed'(éde), a., *non découragé,* unverzagt, *impavido.* |pu'ted, a., *incontest|é,* unbestritten, i|*ato.* |turbed', a. & ad., *tranquill|e, |ement;* ungestört; *t|o, |amente.*
Undivi'ded, a., *entier,* ungeteilt, *indiviso.*
Un|do' (ou; |did, |done), t., *défaire;* auf-machen, (a seam) |trennen, (reverse) rückgängig machen; *disfare,* (knot) *sciogliere;* & v. ruin; |done, *non fait,* nicht gemacht, *non fatto;* leave |done, *ne pas faire,* unterlassen, *tralasciare.*
Undoub'ted (aout), a., |ly, ad., *hors de doute, sans d-;* unzweifelhaft; *indubitabile, senza dubbio.*
Undress', t. & i., *déshabiller, se d-;* auskleiden, sich a-; *svestir|e,* |*si.*
Undue', a., (fig.) v. improper, excessive.
Un'dulating, a., *ondoyant;* wellenförmig; *ondeggiante,* (land) *ondulato.*
Un|du'tiful, a., v. disobedient. |dy'ing, a., v. immortal.
Unearth', t., *déterrer,* ausgraben, *disotterrare.* |ly, a., *surnaturel,* übernatürlich, *soprannaturale;* (fam.) v. infernal.
Unea's|y, a., *inquiet,* unruhig, *i|o;* & v. uncomfortable; be —, *s'inquiét'er* (about,

Uneatable — 208 — Union

de). s. beunruhigen (über, ac.), i'arsi (di). |iness, n., i|ude, f., Unruhe, i|udine.
Unea'table, a., non mangeable, ungenießbar, non buono a mangiarsi.
Uned'ucated, a., sans éduca|tion, ungebildet, non e|to.
Unemployed', a., sans travail, unbeschäftigt, fuor di lavoro; (capital, etc.) oisif, unbenutzt, senza impiego.
Unen'ding, a., sans fin, endlos, senza fine.
Une'qual, a., inégal, ungleich, ineguale; (to task) qui n'est pas à la hauteur (de), ...(dat.) nicht gewachsen, non capace (di). |led, a., sans égal, ohnegleichen, senza eguale.
Unerr'ing, a., v. infallible.
Une'ven, a., inégal, uneben, ineguale; & v. rough, (nr.) odd.
Unex|am'pled, a., sans exemple, beispiellos, senza esempio. |cep'tionable, a., irrécusab|le, unverwerflich, i|ile. |haus't-ed, a., inépuisé, unerschöpft, inesausto. |pec'ted, a., |pec'tedly, ad., inattendu, inopinément; unerwartet; inaspettat|o, |amente.
Unfai'ling, a., v. inexhaustible, infaillible, certain.
Unfair', a., injuste, unbillig, ingiusto; & v. dishonest.
Unfaith'ful, a., |ness, n., infid|èle, |élité, f.; untreu, |e; infedel|e, |tà.
Unfas'ten (assn), t.. détacher, losbinden, staccare; & v. undo, (door) open.
Unfa'vo(u)rab,le, a., |ly, ad., défavorable, |ment; ungünstig; sfavorevol|e, |mente.
Unfee'ling, a., insensib|le, gefühllos, i|ile; & v. cruel.
Unfeigned', a., v. sincere. [compleo.
Unfin'ished, a., inacheré, unvollendet, in-
Unfit', a. & t., incapable (for, de), impropre (à), rendre inc-, imp-; untauglich (zu), u- machen; inetto (a), rendere i-. '|ness,n., incapacité,f., U|keit, inettezza.
Unfold', n., déployer, entfalten, spiegare; & v. open, (fig.) reveal, develop.
Unforeseen', a., imprév|u, unvorhergesehen, i|eduto.
Unfor'tünate, a., |ly, ad., malheureu|x, |sement; unglücklich, |erweise; sfortunat|o, |amente.
Unfrequen'ted, a., peu fréquent|é, unbesucht, poco f|ato.
Unfriend'ly, a., peu aimable, unfreundlich, poco amichevole.
Unfruit'ful, a., v. sterile.
Unfur'nished, a., non meublé, unmöbliert, non ammobiliato.
Ungain'ly, a., gauche, linkisch, goffo; & v. awkward.
Ungent'lemanlike, a., v. rude, unworthy.
Ungod'ly, a., v. impious.

Ungov'ernable, a., (fig.) effréné, zügellos, sfrenato.
Un'grace'ful, a., disgracieux, anmutslos, senza grazia. |gra'cious, a., d-, unfreundlich, sgraziato. [scorretto.
Ungrammat'|ical, a., incorrect, u|isch,
Ungrate'ful, a., |ness, n., ingrat, |itude, f.; undankbar, |keit; i|o, |itudine; (of thgs.) v. disagreeable. |ly, ad., avec i,i-tude, u', con t|itudine.
Unguar'ded, a., (fig.) v. indiscreet.
Unhap'p|iness, n., |y, a., |ily, ad., malheur, m.. |eux, |eusement; Unglück, n., |lich, |licherweise; infelic|ità, f., |e, disgraziatamente.
Unheal'th|y, a., mal|sain, (pers.) |adif; ungesund; m|sano, |iness, n., insalubrit|é, f.. état m|adif, m.; U|heit, f.; i|à, stato m|aticcio, m.
Unheard'-of, a., inouï, unerhört, inaudito.
Unhee'ded, a., v. unobserved.
Unhinged', a., (fig.) démonté, aus der Fassung gebracht, sconcertato.
Unho'ly, a., v. impious, profane.
Unhurt', a.. sain et sauf, unversehrt, sano e salvo. [corno, m.
U'nicorn, n., licorne, f.; Einhorn, n.; lio-
U'niform, a. & n., '|ity, n., |e, a. & m., |ité, f.; einförmig, U|, E|keit; u|e, a. & m., |ità, f.
Unimpea'chable, a, sans reproche, tadellos, irreprensibile.
Unimpor'tant, a., insignifiant, unbedeutend, poco importante.
Uninhab'it|able, 'ed, a., inhabit|able, |é; unbewohn|bar, ,t; inabit'abile, |ato.
Unin'jured, a.. intact, unbeschädigt, intatto; (pers.) v. unhurt.
Unintel'ligible, a., inintelligib|le, unverständlich, i|ile.
Uninten'tional, a., |ly, ad., sans dessein, unabsichtlich, senza disegno.
Unin'ter|esting, a., sans intér|êt, uninteressant, poco t|essante. |rupted, a., |ruptedly, ad., sans inter|ruption, ununterbrochen, senza t'ruzione.
Uninvi'ting, a.. peu attrayant, nicht einladend, non attraente.
U'nion, n., u-, f.; Ver|bindung, (of separate thgs.), states, etc.) |einigung, U-, (harmony) Einigkeit; u|e. -jack, n., pavillon brit|annique, m.; |ische Flagge, f.; bandiera britannica. Unique' (ïque), a., u-, einzig, unico. U'nis|on, n., |'son, m., Gleichklang, u|ono; in—, à l'u|son; einstimmig, (fig.) im Einklang; all' u|ono, d'accordo. U'nit, n., |é, f.; Einer, m.; u'.i. f. |a'rian, n. |aire, |arier, |ario. Unite', t. & i.. unir, s'u-, (efforts, etc.) réunir; verbinden, s. v-, vereinig|en; u'e, |si. congiungere. |d States, n. pl., les États-Unis, m. pl., die V|ten Staaten,

gli Stati Uniti. **U'nit|y**, n., |*é*, f., Einheit, *unità;* & v. concord, union.
U'niverse, n., *u|*, m.; Weltall, n.; *u'o*, m. "|al, a., '|ally, ad., |*el*, |*ellement;* allgemein; *u|ale*, |*almente*. '|ity, n., |*ité*, f., |ità, *ità*.
Unjust', a., |ly, ad., |ifiable, a., *injust|e*, '*ement*, |*ifiable;* ungerecht, |erweise, unverantwortlich; *ingiust'o*, |*amente*, |*ificabile.*
Unkind', a., *désobligeant*, unfreundlich, *inamabile;* & v. hard, cruel.
Unknown', a., *inconnu*, unbekannt, *ignoto;* (it was done) — to me. *à mon insu*, ohne mein Wissen, *senza mia saputa*.
Unlace', t., *délacer*, aufschnüren, *slacciare*.
Unlaw'ful, a., |ness, n., *illég'itime*, |*alité*, f.; gesetzwidrig, |keit; *i|ale*, |*alità*.
Unlearn', t., *désapprendre*, verlernen, *disapparare.*
Unleav'ened (ĕv), a., (bread) *sans levain*, *azyme;* ungesäuert; *senza lievito*, *azzimo*.
Unless', cj., *si.. ne.. pas* (indic.), *à moins que .. ne* (subj.); wenn .. nicht, es sei denn daß; *se non*, *a meno che.*
Unlike', a., *différent*, unähnlich, *dissimile*. ly, a., v. improbable. [*i|ato*.
Unlim'ited, a., *illimit|é*, unbeschränkt,
Unload', t., *décharger*, ausladen, *scaricare*. ed, a.. (gun) *non chargé*, nicht geladen, *scarico*,
Unlock', t., *ouvrir*, aufschließen, *aprire*.
Unloose, |n, t., v. loosen, detach.
Unluck'y, a., v. unfortunate.
Unman'ageable, a., *intraitable*, unlenksam, *intrattabile*.
Unman'|ly, a., *indigne d'un homme*, unmännlich, *indegno d'un uomo;* & v. cowardly, effeminate. |ned, a., *abattu*, entmutigt, *abbattuto*. [*creato*.
Unman'nerly, a., *grossier*, ungezogen, *mal*
Unmar'ried, a., *non marié*, unverheiratet, *non maritato*.
Unmask', t., *démasquer*, entlarven, *smascherare*. [*senza senso*.
Unmea'ning, a., *sans aucun sens*, sinnlos,
Unmen'tionable, a., *dont on ne parle pas*, nicht zu erwähnen, *da non menzionarsi*.
Unmer'ciful, a., ly, ad., *impitoyable*, |*ment;* unbarmherzig; *spietat|o*, |*amente*.
Unmer'ited, a., *immérit|é*, unverdient, *i'ato*.
Unming'led, a., v. unmixed.
Unmista'kable, a., *qu'on ne saurait méconnaître*, unverkennbar, *indubitabile*.
Unmixed', a., *pur;* unvermischt, (fig.) rein; *non misto*, puro. [*i|ile.*
Unmoved', a., (fig.) *impassib|le*, ungerührt,
Unnat'üral, a., *contre natur|e*, (pers.) *dénaturé;* unnatürlich; *contro n|a*, *snaturato*.
Unnec'essar|y, a., |ily, ad., *inutile*, |*ment;* unnötig; *non necess,ario*, *senza n ità*.
Unnerve', t., *énerver*, entnerven, *snervare*.

Unno'ticed, a., v. unobserved.
Unobjec'tionable, a., *irrécusable*, unwerflich, *irreprensibile*. [*osservato*.
Unobserved', a., *inaperçu*, unbemerkt, *inUnobtru'sive*, a., v. modest.
Unoc'cupied, a., *inoccupé*, unbeschäftigt, *disoccupato;* (house) *inhabité*, unbewohnt, *inabitato;* (land) *inculte*, unangebaut, *incolto;* (time, etc.) v. free, vacant.
Uno'pened, a., *non ouvert*, *fermé;* ungeöffnet; *non aperto;* (letr.) *non décacheté*, unerbrochen, *non dissigillato*.
Unopposed', a., *sans opposi,tion*, ohne Widerstand, *senza o|zione*.
Unpack', t., *défaire*, auspacken, *disfare*.
Unpaid', a., *non payé*, unbezahlt, *non pagato*.
Unpal'atable, a., *désagréable (au goût);* unschmackhaft, (fig.) unangenehm; *sgradevole (al gusto)*.
Unpar'allel(l)ed, a., *sans pareil*, unvergleichlich. *senza paragone*.
Unpar'donable, a., *impardonnable*, unverzeihlich, *imperdonabile*.
Unpaved', a., *non pavé*, ungepflastert, *non lastricato*.
Unpeo'pled (pī), a., *dépeuplé*, menschenleer. *spopolato*.
Unpleas'ant (ĕz), a., ly, ad., |ness, n., *désagré,able*, |*ablement*. |*ment*, m.; unan|genehm, a. & ad., |nehmlichkeit, f.; *spiacevol|e*, |*mente*, |*ezza*. **Unplea'sing**, a., *déplaisant*, mißfällig, *s e.*
Unpoet'|ical, a., *peu poétique*, u|isch, *poco poetico.*
Unpol'|ished, a., *non poli*, u iert, *non pulito;* (pers.) *grossier*, ungebildet, *g'olano*.
Unpop'ular, a., '|ity, n., *impopul,aire*, |*arité*, f.; unbeliebt, |heit; *impopolar|e*, |*ità*.
Unpre'cedented, a., *sans exemple*, beispiellos, *senza precedente*.
Unprej'udiced, a., *sans préjugés*, vorurteilsfrei, *spregiudicato*.
Unpremed'itated, a., *sans préméditation*, unvorsätzlich, *non premeditato*.
Unprepared', a, *non préparé*, unvorbereitet, *impreparato*.
Unpreten'ding, a., *sans préten,tion*, anspruchslos, *senza p|zione*.
Unprin'cipled, a., *sans princip|es*, ohne Grundsätze, *senza p i.*
Unprin'ted, a., *en manuscrit*, ungedruckt, *non stampato.*
Unproduc'tive, a., *peu lucratif*, uneinträglich, *improduttivo;* (land) v. barren.
Unprofess'ional (ĕch), a., *contraire aux devoirs profession|nels*, berufswidrig, *sconveniente alla p|e.*
Unprof'itable, a., *peu lucratif*, unvorteilhaft, *non profitterole;* & v. useless.
Unprom'ising, a., *qui s'annonce mal*, wenig versprechend, *non promettente*.

Conversation Dictionary. 14

Unprotec'ted, a., *sans protection*, ungeschützt, *non protetto*.
Unprovi'ded, a., *dépourvu*, unversorgt, *sprovvisto;* — with, v. w|out.
Unprovoked', a., *non provo|qué*, unausgefordert, *non p|cato*.
Unpub'lished, a., *inédit*, nicht herausgegeben, *inedito*. [*puntuale*.
Unpunc'tual, a., *inexact*, unpünktlich, *non*
Unpun'ished, a., *impuni*, unbestraft, *i|to*.
Unqual'ified (aïd), a., (practitioner) *non autorisé*, nicht befähigt, *non matricolato;* (denial, etc.) v. unreserved; & v. incapable, absolute.
Unques'tionabl|e, a., |ly, ad., *indubitab|le, sans contredit;* unzweifelhaft; *i'|ile, |il-mente*. [*care*.
Unrav'el, t., *démêler*, entwirren, *distri-*
Unre'al, a., *sans réalité*, unwirklich, *senza realità*.
Unrea'sonable, a., *déraisonnable*, unvernünftig, *irragionevole*.
Unrelen'ting, a., v. inexorable.
Unremit'ting, a., |ly, ad., *incessant, sans cesse;* unaufhörlich; *i|e, |emente*.
Unremu'nerative, a., *peu lucrat'if*, unerträglich, *poco l'ivo*.
Unrequi'ted, a., *sans récompense*, unvergolten, *irremunera'o*.
Unreserved', a., |ly, ad., *sans réserve*, ohne Vorbehalt, *senza riserva*.
Un'rest, n., *inquiétud'e*, f., Unruhe, *i'|ine*.
Unre'strained', |stric'ted, a., *sans re-stri|ction*, unbeschränkt, *senza r|zione;* & v. free, unlimited.
Unrigh'teous, a., v. unjust, wicked.
Unripe', a., *vert, qui n'est pas mûr;* unreif; *immaturo*. [*senza r,e*.
Unri'valled, a., *sans rival*, ohnegleichen.
Unroll', t., *dérouler*, abwickeln, *spiegare*.
Unroof', t., *découvrir*, abdecken, *scoprire*.
Unruf'fled, a., v. calm, smooth. [*lento*.
Unru'ly, a., *turbulent*, unbändig, *turbo-*
Unsafe', a., *peu sûr*, unsicher, *malsicuro*.
Unsaid' (ëd), a., *non dit*, ungesagt, *non detto*.
Unsa'l(e)able, a., *invendable*, unverkäuflich, *non vendibile*.
Unsatisfac'tor'y, a., |ily, ad., *peu satisfaisant, d'une manière peu s|e;* unbefriedig|end ; *non punto soddisfacente, in modo non p- s-.* **Unsat'isfied** (aïd), a., *peu satisfait*, u|t, *insoddisfatto*.
Un'say' ('said, |said), t., *se dédire de*, zurücknehmen, *disdire*. [*svitare*.
Unscrew' (ou), t., *dévisser*, losschrauben.
Unscru'pulous, a., |ly, ad., |ness, n., *peu scrupul,eux, sans s'e, manque de s|e*, m.; gewissenlos, |igkeit, f.; *poco scrupol|oso, senza s'o, m ncanza di s|i*. [*gillare*.
Unseal', t., *décacheter*, entsiegeln, *dissi-*
Unsea'son|able, a., *hors de saison*, der Jahreszeit nicht gemäß, *fuori di stagione;* (fig.) v. inopportune, inconvenient. |ed, a., *non assaisonné*, ungewürzt, *senza condimento;* (wood, etc.) *non séché*, nicht ausgetrocknet, *non stagionato;* (fig.) v. unaccustomed.
Unseat', t., (minister, etc.) *renverser*, stürzen, *rovesciare*.
Unseem'ly, a., *inconvenant*, unschicklich, *sconvenevole*.
Unseen', a., *sans être vu*, unbemerkt, *inosservato;* & v. invisible.
Unsel'fish, a., *désintéressé*, uneigennützig, *disinteressato*.
Unser'viceable, a., *inutile*, unbrauchbar, *i-.*
Unset'tle, t., *déranger;* verwirren, stören; *dissestare*. |d, a., (weather) *variab|le*, veränderlich, *v|ile;* (fig.) *troublé*, unruhig, *agitato;* & v. not settled, not fixed, uncertain.
Unsha'ken, a., (fig.) *inébranlable*, unerschütterlich, *saldo*.
Unshaved', a., *non rasé*, unrasiert, *non sbarbato*.
Unsheathe', t., *dégainer*, aus der Scheide ziehen, *sguainare*.
Unsight'ly, a., v. unpleasing, ugly.
Unskil'ful, a., *maladroit*, ungeschickt, *inetto*.
Unso'ciable, a., *insociab|le*, ungesellig, *i'|ile*.
Unsöld', a., *non vendu*, unverkauft, *non v'|o*. [(pers.) simple, natural.
Unsophis'ticated, a., v. pure, genuine,
Unsound', a., (goods, etc.) *défectueux*, fehlerhaft, *guasto;* (horse) *vicieux*, f-, *riziato;* (mind) *qui n'est pas sain, alién|é;* schwach, gestört; *debole, a|ato;* &v.weak, unhealthy, (doctrine) v. false, wrong.
Unspa'ring, a., *prodig|ue*, freigebig, *p|o*.
Unspea'kable, a., (fig.) *ineffable*, unaussprechlich, *ineffabile*.
Unstamped', a., (docnmt.) *non timbr|é*. (paper) *libre;* ungestempelt; *non bollato, liscio;* (letr.) *sans t'|e*, unfrankiert, *non francato*.
Unstead'|ly, a., |ily, ad., *sans ferm|eté, s-solidité;* unstät; *instabil'e, senza f|ezza;* & v. trembling, irregular, changeable. |iness, n., *manque de f|eté*, m.; U|igkeit, f.; *instabilità*.
Un'string' (|strung, |strung), t., *détendre*, abspannen, *rallentare*.
Unsuccess'ful, a., |ly, ad., *sans succès;* erfolglos, (pers.) unglücklich; *infelice, senza successo;* & v. vain, in v-.
Unsui'table, a., *peu convenable*, unpassend, *inconveniente*.
Unsuppor'ted, a., *sans appui*, ohne Stütze, *senza appoggio*.
Unsurpassed', a., *sans égal*, unübertroffen, *non sorpassato*.
Unsuspec't|ed, a., *non suspect*, unverdäch-

tig, *non sospetto.* |ing, a., *peu soupçonneux*, arglos, *non sospettoso.*
Unswept', a., *non balayé*, (chimney) n- ramoné; ungefegt; n- *scopato*, n- *spazzato.*
Untain'ted, a., *non corrompu*, unverdorben, *incorrotto;* (meat) v.fresb ; & v. pure.
Untar'nished, a., (fig.) *sans tache*, ungetrübt, *senza macchia.* [*non gustato.*
Untas'ted (és), a., *non goûté*, ungekostet,
Untaught' (aut), a., *ignorant*, ungelehrt, i|e; & v. natural.
Unten'able, a., *insoutenable*, unhaltbar, *insostenibile.*
Unten'ant|able,|ed, a., *inhabit|able*, |é; unbewohnbar, unbesetzt; *inabitabile, non affittato.*
Unti'd|y, a., |iness, n., *en désordre, mal tenu*, d-, m.; unordentlich, |keit, f.; *disordin'ato,* |e, m.
Untie', t., *délier*, (knot) *défaire;* auf|binden, |knüpfen; *slegare, sciorre.*
Until', prp., *jusqu|'à*, bis, *sino a;* not —, *pas avant*, erst, *non prima di;* — now, j|' *ici*, b- jetzt, *finora;* — then, j|e-*là*, b- dahin, *fin allora.* —, cj., *j|' à ce que* (subj.), bis, *finché* (subj.).
Untime'ly, a., *prématur|é*, unzeitig, p|o; & v. inopportune.
Unti'ring, a., *infati|gable*, unermüdlich, i|cabile.
Un'to, prp., v. to.
Untöld', a., *passé sous silence*, ungesagt, *non detto;* (not counted) *non compté*, ungezählt, *non numerato.*
Untouched' (ätcht), a., *intact*, unberührt, *intatto;* leave —, *laisser sans y toucher*, nicht anrühren, *lasciare i-.*
Unto'ward, a., (event) *malencontreux*, widerwärtig, *disgraziato.*
Untrod'den, a., (path) *non frayé*, unbetreten, *non battuto.*
Untru|e', a., *faux*, falsch, *falso;* (to) *infidèle*, untreu, *infedele;* & v. incorrect. '|ly, ad., |th' (outh), n., *fausse|ment*, |té, f.; f-, Unwahrheit ; *fals|amente*, |ità; & v. lie. |th'ful, a., *menteur*, lügnerisch, *mendace;* & v. false.
Untrust'worthy, a., *peu sûr;* unzuverlässig; *malsicuro*, (pers.) *da non fidarsene.*
Untu'tored, a., v. ignorant, simple.
Untwist', t., *détordre*, aufdrehen, *distorcere.*
Unused', a., *non employé*, ungebraucht, *non usato*, - (word) *inusit|é;* ungebräuchlich; i|ato, *fuor d'uso;* (to) *inaccoutumé (à)*, nicht gewöhnt (an, ac.), *non avvezzo (a).* Unu'sual, a., *extraordinaire, insolit|e;* ungewöhnlich, *straordinario,* i|o; & v. rare.
Unut'terable, a., *indicib|le*, unsäglich, i|ile.
Unvar'nished, a., (fig.) v. simple.
Unva'rying, a., v. uniform, invariable.
Unveil' (él), t., *dévoiler*, enthüllen, *svelare.*

Unwar'rantable, a., v. unjustifiable, inexcusable. Unwa'ry, a., v. imprudent.
Unwashed', a., *non lavé*, ungewaschen, *non lavato;* & v. dirty.
Un|wa'vering, a., v. firm. |wea'ried, a., v. indefatigable.
Unwel'come, a., *qui n'est pas bienvenu*, unwillkommen, *non benvenuto;* & v. disagreeable.
Unwell', a., *indispos|é*, unwohl, i|to.
Unwhole'some, a., |ness, n., *malsain, in-salubr|e,* |ité, f.; ungesund, |heit; *mal-sano*, i|e, |ità.
Unwiel'd|y, a., |iness, n., *lourd, pesant|eur*, f.; schwerfällig, |keit; p|e, |ezza.
Unwill'ing, a., *peu dispos|é*, nicht geneigt, *poco d'|to;* be —, *ne pas vouloir*, nicht wollen, *non volere;* willing or —, *bon gré mal gré*, gern oder ungern, *per amore o per forza.* |ly, ad., *à contre-cœur*, ungern, *malvolentieri.* |ness, n., *répugnance*, f.; Widerwille, m.; *ripugnanza*, f.
Un|wind'(|wound,|wound), t., *dérider*, abwickeln, *sgomitolare.*
Unwise', a., *peu sage*, unklug, *poco savio.*
Unwit'tingly, ad., *à son* (mon, etc.) *insu*, ohne sein (mein, etc.) Wissen, *inavvertentemente.*
Unwo'manly (ou), a., *peu digne d'une femme*, unweiblich, *non da donna.*
Unwön'ted, a., *inaccoutumé*, ungewöhnlich, *insolito.*
Unwor'th|y (eur), a., |ily, ad., |iness, n., *in-dign|e,* |ement, |ité, f.; unwürdig, |keit; *indegn|o,* |amente, |ità.
Unwound' (aou), imp. & pp., v. unwind.
Unwoun'ded (ou), a., *non blessé*, unverwundet, *non ferito.*
Unwrap', t., *développer;* aus|, auf|wickeln; *sviluppare.* [*non scritto.*
Unwrit'ten, a., *non écrit*, ungeschrieben,
Unwrought' (raut), a., *brut*, roh, *greggio.*
Unyiel'ding, a., *inflexible*, unnachgiebig, *inflessibile.* [(*i cavalli*).
Unyoke', t., *dételer*, ausspannen, *staccare*
Up, ad., *en haut;* oben, (in comp.) auf, empor; *su, in alto, sopra;* (throw) *en l'air;* (hin)auf, in die Höhe; *su, all' aria;* (come) *en h-*, herauf, *su;* (risen) *levé*, auf(gestanden), *alzato;* (sun, etc.) *l-;* auf(gegangen); *su, levato, sorto;* (drink) *tout*, aus, *tutto;* (raised) *debout;* aufrecht, *ritto, rizzato;* (standing) *sur pied*, stehend, *in pie(di);* (time) *fini, écoulé;* aus, vorbei, *scorso;* (prices) *en hausse*, gestiegen, (*in*) *su;* (barom., etc.) *monté*, g-. *su;* (beer, etc.) *mousseux*, mussierend, *spumante;* (excited) *emporté*, aufgebracht, *acceso;* (blood) *bouillant*, in Wallung, *bollente;* (finished) *fini;* aus, vorbei; *f|to; — and down, de haut en bas*, auf und nieder, *su e giù* (& v. to and

14*

fro): — in arms, *en armes*, unter den Waffen, *in armi*; — there, *là-haut, dort oben, colassù*; — to, *jusqu'à*; bis an, bis auf (ac.), auf (ac.) zu; *fino a*; — to (a task), *à la hauteur de*, gewachsen (dat.), *all' altezza di*; — to (o's promise, etc.), *selon*, gemäß (dat.), *secondo*; — to mischief, *malin*, pfiffig, *giuocatore di tiri*; be — (all night), *veiller, rester levé*; aufbleiben; *vegliare, star su*; come —, v. approach, arrive; further—, *plus haut*; weiter aufwärts, w- hinauf; *più all' in su*; from (my youth) —, *dès, depuis*; von .. auf; *da*; grown —, *adult|e*, erwachsen, *a|o*; it is all — with him, *c'est fait de lui*, es ist um ihn geschehen, *è finita di lui*; well — (in), *fort*, bewandert, *,f e.* —, prp., *au haut de, sur*; .. hinauf, auf .. h-; *su per*; — hill, *en montant*; berg|auf, |an; *in su*; go — h-, a h-, *monter*; steigen, besteigen; *salire*; — (on) the h-, *en haut*, oben, *su*; — the river, *en amont*, stromaufwärts, *all' insu di*; — stairs, *en haut*, oben, *di sopra*; carry, take — st-, *monter*, hinaufträgen, *portar su*; come, go — st-, m-; herankommen, hinaufgehen; *salire*, '*braid*, t., v. reproach. |heave', t., . *soulever*, emporheben, *sollevare*. '*hill*, a., *montant*, steigend, *erto*; (ad.) v. sup.; (fig.) *difficile*, schwierig, *arduo*. |*hold*', t., *soutenir*. unterhalten, *sostenere*. Uphol'ster|er, m., |y, n., *tapissier, erie*, f.; Tapezierer, |arbeit, f.; *tappezziere, eria*, f. Up'lif'ted, a., *levé*, emporgehoben, *levato*. .on', prp., v. on. '*per*, a., *supérieur*; ober. O|.., ;s|ore; — hand, *dessus*, m., O hand, f.; *soprarcento*, m.; — house (of parlt.), *haute chambre*, f.; O'haus, n.; *camera alta*, f. '*permost*, a., *le plus haut*, oberst, (il) *più alto*; be —, *prédominer*, herrschen, *dominare*. ',right(ait), a., *droit*; aufrecht, (fig.) rechtschaffen; *diritto, retto*. '*roar*, n., *tumult|e*, m., Aufruhr, t|o, |*roa'rious*, a., *bruyant*, stürmisch, *strepitoso*. |*root*', t., *déraciner*, entwurzeln, *sradicare*. Ups and downs, m.pl., *les hauts et les bas*, das Auf und Ab, *gli alti e i bassi*. Up|set', t., *renverser*, (carriage) *verser*, (boat) *charirer*; umwerfen; *rovesciare, ribaltare*, *capovolgere*; (fig.) v. shock, affect. '|*shot*, n., *dénoûment*, m., Ausgang. *scioglimento*. ',side down, ad., *sens dessus dessous*, oberst zu unterst, *sottosopra*. '|start, m., *parvenu*, Emporkömmling, *uomo nuovo*. '-train, n., *t- montant*, m., hinaufgehender Zug, *treno di su*. '|ward,a., '|wards, ad., *montant*, *en m-, en haut*; aufwärts gehend, a- gerichtet, a-, hinauf; *in su, in alto, in salita*; wards of. *plus de, au di là de*; über(ac.), mehr als; *più di, oltre*.

Ur'ban, a., *urbain*, städtisch, *urbano*. |e', a., '|ity, n., *poli, urban|ité*, f.; höflich, |keit; *u|o*, |*ità*. Urch'in, n., (child) *mioche*, m., Knirps, *monello*; (sea-) *oursin*, Seeigel, *riccio di mare*. Urg|e, t., *presser*, (in j.) dringen, *spingere*; (to do sthg.) *p- (de)*; mahnen, nötigen (inf.); *s-*; (as a reason, etc.) *alléguer*, angeben, *allegare*. |ent, a., |ency, n., |ent, *pressant, u,ence*, f.; dringend, |e Not; *u|ente*, |*enza*. U'rin,e, |al, n., '*e*, f., |*oir*, m.; ,U|. Harn, Bedürfnisstelle, f., Retirade; *orina, pisciatojo, m.* Urn, n., |*e*. f., |e, |a; (tea-) *fontaine à thé*, f., Theemaschine, *macchina da tè*. Us, prn., *nous*; uns; *noi*, (affixed to vb.) *ci, ce*. U'sage, n., v. custom, treatment. Use (iouze), t., *se servir de*, *employer*; gebrauchen, benutzen; *s|si di*; (consume, use up) *user*, verbrauchen, *usare*; & v. treat; I |d to do it, *je le faisais (autrefois)*, ich pflegte es zu thun, *solera farlo*; I am |d to it, *j'y suis habitué*, ich bin es gewohnt, *ci sono abituato* (much, little) |d, *usit|é*, gebräuchlich, *u|ato*; |d up, (pers.) *blasé*, abgestumpft, *sfinito*. Use (iouce), n., *usage*, m., *emploi*; Gebrauch; *uso*; (advantage) *utilit|é*, f.; Nutzen, m.; *u|à*, f.; & v. profit, service; of —, v. |ful; what is the — of it, *à quoi sert-il*, wozu dient es, *a che serve?* it is of no —. *cela ne sert à rien*, es nützt nichts, *non serve a nulla*; for the — of, *à l'usage de*, zum G- von, *per uso di*. '|ful, n., |*fulness*, n., *util|e*, |*ité*, f.; nützlich, '|keit; *u|e*, |*ità*. '|less, a., '|lessness, n., *inutil|e*, |*ité*, f.; unnütz, |lichkeit; |e, |*ità*. Ush'er, m., *huissier*, Thürhüter, *usciere*; (of school) *sous-maitre*, Unterlehrer, *sottomaestro*. —, t., (in) *intro|duire*, einführen, *i|durre*. U'sual, a., *usuel*, üblich, *usuale*; (common) *ordin|aire*, gewöhnlich, *o|ario*; (word) *usit|é*, gebräuchlich, *u|ato*; as —, *comme d'habitude*, wie gewöhnlich, *come al solito*. '|ly, ad., *o|airement*, g-, *o|ariamente*. U'sur|er, m., '|y, n., '|ious, a., '|ier, |e, f., |*aire*; Wucher|er, |ei, f., |haft; *u|ajo*, |a, _f., |*ario*. Usurp', t., |er, m., |er, |*ateur*; |ieren, |*ator*; |*are, 'atore*. U'ten|sil, '|sil, n., *ustensile*, m.; Gerät, n., Geschirr; *utensile*, m. U'til|ize, t., '|ity, n., '|iser, |*ité*, f.; nutzbar machen, Nützlichkeit; *u|izzare*, |*ità*. *ita'rian*, a., |*itaire*, |*itarisch*, |*itario*. Ut'most, a., *extrême*, *le plus grand*, *le haut*; äußerst, der höchst|e; *estremo, mas-*

simo, il più alto; at the (very) —, *à l'e-, tout au plus;* h|ens; *(tutto) al più;* do o's —, *faire (tout) son possib|le,* soin .. Möglichstes thun, *fare il suo p|ile.*
Uto'pi|an, a., *d'u|e, chiméri|que;* u|sch; *d'u|a, c|co.*
Ut'ter, a., *total,* gänzlich, *t|e;* & v. entire, complete, absolute. —, t., *profér|er,* hervorbringen, *p|ire;* (a cry)*pousser,* ausstoßen, *mandare;* (coin) *émettre,* ausgeben, *spacciare;* (a falsehood) v. tell; & v. pronounce. |ance, n., v. pronunciation, expression. |ly, ad., *tout à fait;* gänzlich, durchaus; *affatto.* |möst, a., v. utmost. [f.
U'vūla, n., *luette,* f.; Zäpfchen, n.; *ugola,*

V.

Va'can cy, n., |ce, f.; |z, ledige Stelle; *v|za;* (space) *ride,* m.; Leere, f.; *vuoto,* m. |t, a., *|t,* ledig, *r|te;* (empty) *ride,* leer, *vuoto;* (look) *distrait,* zerstreut, morto. Vaca|te', t., *quitter,* aufgeben, *lasciare.* '|tion, n., |nces, f. pl., Ferien, *vacanze.*
Vac'cin|ate, t., |a'tion, n., |er, |ation, f.; impf|en, |ung; *v|are, |azione.*
Vac'ill|ate, i., |ating, a., |a'tion, n., |er, |ant, |ation, f.; (sch)wanken, unschlüssig, |keit; *v|are,* |ante, |azione.
Vac'uum, n., *ride,* m.; Leere, f.; *vacuo,* m.
Vag'ab|ond, m., |ond; |und, Landstreicher; *v|ondo.* Vaga'ry, n., *boutade,* f.; Grille; *ghiribizzo,* m. Va'gran|t, m., v. vagabond. |cy, n., *vagabond|age,* m.; L|ei, f.; *v|aggio,* m.
Vague (vègue), a., '|ness, n., *v-,* a. & m.; unbestimmt, |e, n.; *vago,* a. & m.
Vain, a., (pers. & thgs.) *v-,*eitel, *vano;* in —, *en v-;* umsonst, vergebens; *invano;* take (God's name) in —, *prendre .. en v-,*mißbrauchen, *usare .. invano;* I tried in —, *j'eus beau essayer,* ich suchte vergeblich, *tentava per nulla.* |glo'ry, n., |glo'rious, a., *v|e gloire,* f., *vaniteux;* Ruhmsucht, eingebildet; *vanaglori|a,* |oso. '|ly, ad., v. in vain.
Vale, n., v. valley.
Valedic'tory (ly̆), a., *d'adieu,* Abschieds.., *d'addio.*
Val'et, m., *v-,* Bedienter, *servitore.*
Val'iant, a., *vaillant,* tapfer, *valoroso.*
Val'id, a., '|ity, n., |e, *ité,* f.; gültig, |keit; *v|o, |ità.*
Val'l|ey, n., |ée, f.; Thal, n.; *v|e,* f.
Val'|orous, a., |o(u)r, n., |eureux, |eur, f.; tapfer, |keit; *v|oroso,* |ore, m. '|uable, a., *précieux, de prix, de v|eur;* wert|voll; *prezioso, di r|ore.* '|uables, n. pl., *objets de v|eur,* m. pl., W|gegenstände, *oggetti di v|ore.* |ūa'tion, n., *évaluation,* f.,

Schätzung, *v|utazione.* "ue, n., |eur, f.; W|, m.; *v|ore,* (of coin, cheque) |*uta,* f.; set a — upon, |üe, t., *estimer,* schätzen, *stimare;* (goods) *évaluer* (at, à), sch- (auf, ac.), s- *(due lire, ecc.).* '|ueless, a., *sans v|eur,* w|los, *di nessun v|ore.* '|üer, m., *commissaire - priseur,* Taxator, *stimatore.*
Valve, n., *soupape,* f., Klappe, *valvola.*
Van, n., (furniture-) *voiture (de déménagement),* f.; Möbelwagen, m.; *carro (da sgombero, da trasporto);* (rail.) *wagon à bagages,* Güterwagen, *c- bagagli.*
Van, '|guard, n., *avant-garde,* f.; Vortrab, m.; *v|guardia,* f.
Vane, n., *girouette,* f., Wetterfahne, *banderuola.*
Vanil'l|a, n., |e, f., |e, *vaniglia.*
Van'ish, i., *disparaître,* (be dissipated) *s'évanouir;* verschwinden; *sparire, sranire.*
Van'it|y, n., |é, f., Eitelkeit, *v|à.*
Van'quish, t., *vaincre,* besiegen, *vincere.*
Van'tage-ground, n., *position avantageuse,* f., günstige Stellung, *posizione vantaggiosa.*
Vap'id, a., *fade,* (beer, etc.) *plat, éventé;* f-, schal; *scipido.* Va'p|o(u)r, n., |eur, f.; Dunst, m.; *v|ore.*
Va'ri|able, a., |ableness, n., |able, |abilité, f.; veränderlich, |keit; *v|abile, |abilità.* |ance, n.; (pers.) at —, *en désaccord,* uneinig, *in disaccordo.* |a'tion, n., |ation, f.; Veränderung, (mus.) Vari|ation; |azione. |ed (ĭd), a., |é, abwechselnd, *v|ato.* |egated, a., |é, (flower) *panaché;* bunt; *v|ato, screziato.* '|ety, n., |été, f., Mannigfaltigkeit, *v|età;* for the sake of —, *pour faire diversion,* zur Abwechselung, *per mutare.* |ous, a., *divers,* |es; verschiedene; *d|i,* |e, *v|i,* |e. Va'ry, i. & t., v. inf. [*v|e.*
Var'ic|ose,a.; — vein, *r|e,* f., Krampfader,
Var'let, m., *coquin,* Schelm, *briccone.*
Var'nish, n. & t., *verni|s,* m., |*ir;* Firniß, m., |en; *v|ice,* f., *|iciare.*
Va'r|y, i. & t., |ier; abwechseln, ab|, ver|-ändern; *cambiarsi, variare;* & v. differ.
Vase (ah), n., *v-,* m., V-, f.; *vaso,* m.
Vas'sal, m., *v-,* Vasall, *vassallo.*
Vast, a., |e, unermeßlich, *v|o.* '|ness, n., *immensit|é,* f., U|keit, *i|à.*
Vat, n., *cure,* f.; Kufe; *tino,* m.
Vat'i|can, n., |can, m., |kan, |cano.
Vault, n. & t., *vout|e,* f., |*er;* Gewölbe, n., wölben; *volta,* f., |re. —, i., *voltiger, sauter;* springen; *volteggiare.*
Vaunt, t., *vant|er,* rühmen, *v|are.*
Veal (i), n., *veau,* m.; Kalbfleisch, n.; *vitello,* m.
Veer, i., *tourner,* s. drehen, *voltarsi.*
Veg'et|able (ĕdj), a. & n., *végét|al,* a. & m.; Pflanz|en.., |e, f.; *v|ale, |abile,* m.

|ables, n. pl., *légum'es*, m. pl.; Gemüse, n. sg.; *l'i*, m. pl. |a'rian, m., *l|iste*, V|ari- aner, |*ariano*. |ate, i., r|er, |ieren, |are. |a'tion, n., r|*ation*, f.; |ation, P|enwuchs, m.; r|*azione*, f.
Ve'hemen|t, a., |ce, n., |tly, ad., *véhémen|t*, |ce, f., *arec* r|*ce*; heftig, a. & ad., |keit; *reemen|te*, |*za*, con v|*za*.
Ve'hicle, n., *roiture*, f., (fig.) *véhicule*, m.; Fuhrwerk, n., Vehikel; *veicolo*, m.
Veil (é), n. & t., *voil|e*, m., |er; Schleier, verschleiern; *vel|o*, |*are*.
Vein (é), n., |e, f., Ader, *vena*. |ed, a., |é, geädert, *venato*.
Vel'lum, n., *vélin*, m.; (Druck)pergament, n.; *pergamena*, f.
Veloc'i|pede, n., *véloci'pède*, m.; |ped, n.; |*pede*, m. |ty, n., v|*té*, f., Schnelligkeit, r|*tà*.
Vel'vet, n. & a., |een', n., *relours*, m., *de v-, v- de coton*; Sam|met, |(me)ten, Manchester; *rellut|o, di r|o, |o di c|e*. |y, a., *velouté*, s|metartig, r|*ato*.
Ve'nal, a., '|ity, n., *vénal*, |*ité*, f.; feil, |heit; v|*e*, |*ità*.
Vend, t., '|er, m. & f., v. sell, |er.
Veneer', n. & t., *plaqu|e*, f., |er; Fournier, n.. |en; *impiallaccia|tura*, f., |*re*.
Ven'er|able, a., |ate, t., |a'tion, n., *vénér|able*, |er, |*ation*, f.; ehrwürdig, verehren, Ehrfurcht; *renera,bile*, |re, |*zione*.
Vene'tian, a. & m., *vénitien*; venetian|isch, |er; *veneziano*; — blind, jalousie, f., J-, *persiana*.
Ven'geance, n., v-, f., Rache, *rendetta*; with a —, *furieusement*, mit großer Heftigkeit, *furiosamente*; & v. excessively.
Ve'nial, a., *véniel*, verzeihlich, *reniale*.
Ven'ice, n., |*ise*, f.; |edig, n.; |*ezia*, f.
Ven'ison, n., *venaison*, f.; Wildbret, n., Rehfleisch; *selvaggina*, f., *carne di cervo*.
Ven'om, n., |ous, a., *ren|in*, m., *|imeux*; Gift, n., |ig; *veleno*, m., |*so*.
Vent, n., *passage*, m.; Ausgang; *uscita*, f., *sbocco*, m.; give — to, —, t., *donner libre cours à*; Luft machen (dat.); *dar la via, dar sfog|o (a)*, |*are*. Ven'til|ate,t., |a'tion,n., |er (a quest., *discuter*), |*ation*, f.; ieren, |ation; |*are*, |*azione*.
Ventril'oqu|ist, m., |ism, n., |e, |ie, f.; Bauchredner, |ei, f.; r|*o*, |*io*, m.
Ven'ture, n., *risque*, m.; Wagnis, n.; *ventura*, f., *rischio*, m.; & v. speculation; at a—, *à l'aventure*; aufs Geratewohl; *alla v-, a caso*. —, i., *se hasarder (à, inf.), s'aventurer (de)*; (es) wagen (zu); *arrischiarsi (di)*; & v. dare; I — (to ask, etc.), *j'ose* (inf.), *je prend' la libert|é (de)*; ich darf wohl, ich bin so frei; *oso* (inf.), *p|o la l|à (di)*; — in, out, up, *oser entrer, sortir, monter*; s. hinein|, hinaus|. hinauf wagen; *attentarsi d'entrare, di uscire*,

di salire; —upon (a remark,etc.), *se permett|re*, s. (dat.) erlauben, p|*ersi*. |some, a., *aventureux*, waghalsig, *ardito*.
Ve'nus, f., *Vénus*, V-, *Venere*.
Vera'c|ious, a., '|ity, n., *véridique, véracité*, f.; wahrhaft, |igkeit; *verac|e*, |*ità*.
Veran'dah, n., *véranda*, f.; V-; *loggiato*,m.
Verb, n., |e, m.; |um, n., Zeitwort; v|*o*, m. '|*al*, a., '|ally, ad., |*al*, |*alement*, (translation) *littéral*, |*ement*; mündlich, wörtlich; r|*ale*, |*almente, letteral'e*, |*mente*. |a'tim, ad., *mot pour m-*, Wort für W-, *parola per p-*.
Ver'be'na, n., |*reine*, f., |bene, |*bena*.
Verb|öse', a., |ös'ity, n., |*eux*, |*osité*, f.; weitschweifig, |keit; v|*oso*, |*osità*.
Ver'd|ant, a., |*oyant*; grün, |end; v|*e*, |*eggiante*. |*üre*, n., |*ure*, f.; G-, n.; *verzura*, f.
Ver'dict, n., v-, m., Wahrspruch, *verdetto*; (fig.) v. judgment.
Verge, n., *bord*, m., Rand, *orlo*; on the — (of ruin, etc.), *à deux doigts*, am R|e, *sull' orlo*; on the — (of falling, etc.), *sur le point (de)*, im Begriff, *sul punto (di)*. —, i., v. incline, approach.
Ver'ger, m., *bedeau, suisse*; Kirchendiener, Küster; *sagrestano*.
Ver'if|y, t., |ica'tion, n., *vérif|ier*, |*ication*, f.; prüf|en, |ung; v|*icare*, |*icazione*. Ver'- i|ly, ad., |ty, n., v. tru|ly, |th.
Vermil'l|ion, n., |*lon*, m., Zinnober, *vermiglione*.
Ver'min, n., |e, f.; Ungeziefer, n.; r|*i*, m.pl.
Vernac'|ular, n., *langue maternelle*, f., Muttersprache, *lingua v|ola*.
Ver'nal, a., *printanier*, Frühlings.., *primarerile*.
Veron'ica, n., *véroni|que*, f.; Ehrenpreis, m.; r|*ca*, f.
Ver'satil|e, a., '|ity, n., (of talent) *vari|é*, |*été*, a., *étendu*, |e; vielseitig, |keit; *versatil|e*, |*ità*.
Verse, n., *vers*, m., (of song) *couplet*, (in Bib.) v|*et*; V-; |*o*, *letto*. Vers|ed, a., |é (in, *dans*), bewandert, v|*ato*. |ion (ch), n., |*ion*, f.; |ion, Lesart; v|*ione*; & v. translation.
Ver't|ebra (pl. |ebræ), n., |*èbre*, f.; Wirbelbein, n.; r|*ebra*, f.
Ver't|ex, n., *sommet*, m.; Spitze, f.; r|*ice*, m. |ical, a., |*ical*; |ikal, lotrecht; r|*icale*.
Ver'tig|o, n., |e, m., Schwindel; r|*tine*, f.
Ver'y, a., *même, vrai*; selbst, wahr; *stesso, vero, proprio*; the—(man, etc.), *précis|é- ment (l')*, eben (der), p|*amente (l')*; the —thing, *la chose m-*, gerade die Sache, *p- la cosa*; the — day, v. same; the — (thought, etc.), *le simple, le.. seul*; schon der..; *il mero, già il...* —, ad., *fort, bien, très*; sehr; *molto, assai*; — much, many, *beaucoup*; s- viel, |e; *moltissim|o*,

|a, |i, |e; so —, *tellement;* so sehr, dermaßen; *talmente;* so — much, *tant;* so sehr, so viel; *tanto;*—well! *eh bien;* nun gut, n- ja; *ebbene!* the — best, *le meilleur,* entschieden der b|e, *l'ottimo;* the —same, *précisément le même,* genau derselbe, *proprio lo stesso.*

Ves'pers, n. pl., *vêpres*, f. pl.; Vesper, f. sg.; *vespri*, m. pl.

Ves'sel, n., *vase,* m.; Gefäß, n.; *raso,* m.; (ship) *vaisseau;* Fahrzeug, n.; *bastimento,* m.

Vest, n., *gilet,* m.; Weste, f.; *sottoveste.* —, t., v. dress, invest. |ed, a., (rt., etc.) *dévolu,* erworben, d|to.

Ves'ta, f., *V-*, *V-*, *V-;* (n.) *allumette-bougie,* f.; Wachskerzchen, n.; *cerino,* m.

Ves't|ibule, n., |*ibule,* m.; Vorhalle, f.; v|*ibolo,* m. '|ment, n., *vêtement,* m.; Gewand, n.; *paludamento,* m. '|ry, n., sacristie, f., Sakristei, *sagrestia.*

Ves'tige, n., *v-,* m., *trace,* f.; Spur; *traccia, segno,* m.

Vesu'vius, n., *Vésuv|e,* m., V|, |*io.*

Vetch, n., *vesce,* f., Wicke, *reccia.*

Vet'eran, m., *vétéran,* V-, |o. —, a., *aguerri,* kriegstüchtig, v|o; & v. experienced.

Vet'erinary, a., — **sur'geon,** m., *vétérin|aire;* Tierarz|nei.., |t; v|*ario.*

Ve'to, n. & t., *véto,* m., *rejeter;* V-, n., verwerfen; *v-,* m., *rigettare.*

Vex, t., *fâch|er,* ärger|n, *disturbare;* (torment) v|er, plagen, *ressare;* & v. irritate, annoy; I am |ed at it, *j'en suis f|é,* es ä|t mich, *mi spiace.* |a'tion, n., *chagrin,* m., Ä|, *displacere.* |a'tious, a., *f|eux;* ä|lich; *seccante, nojoso;* (oppressive) v|*atoire,* drückend, *ressante.*

Vi'a, prp., *par (voie de),* über (ac.), *per la via di.* |duct, n., |*duc,* m., |dukt, |*dotto.*

Vi'al, n., *fiole,* f., Phiole, *fiala.*

Vi'ands, n. pl., *mets,* m. pl.; Speisen, f. pl.; *vivande.*

Vi'br|ate, i., |a'tion, n., |er, |*ation,* f.; zittern, Z-, n.; v|*are,* |*azione,* f.

Vic'ar, m., *vicaire,* Vikar, *vicario;* (Prot.) *ministre,*(Rom. Cath.) *curé;* Pastor, Pfarr|er; *curato.* |age, n., *cure*, f.; P|haus, n.; *cura,* f.

Vice, n., *v-.* m.; Laster, n.; *vizio,* m.

Vice, n., (instrum.) *étau,* m.; Schraubstock; *morsa,* f.

Vice-, in comp., *v-,* V-, *v-.* |ge'rent, m., *vicaire,* Statthalter, v|*gerente.* '|roy, m., |*roi,*|könig, |*rè.* Vi'cĕ-versa, ad., v|*versa*, umgekehrt, v|*versa.*

Vicin'ity, n., *voisinage,* m.; Nachbarschaft, f.; *vicinato,* m.; in the —, *dans le v-,* in der Nähe, *da vicino.*

Vic'i|ous (ch), a., |*eux;* lasterhaft, (horse) bösartig; *vizi|oso,* |*ato.*

Viciss'itŭd|e, n., |e, f.; Wechsel, m.; v|*ine,* f.

Vic'tim, n., |e, f.; Opfer, n.; *rittima,* f. |ize, t., |er, o|n, *sacrificare.*

Vic'tor, m., |y, n., *vainqueur, victoire,* f.; Sieg|er, S|, m.; *vittor|e,* |*ia,* f. '|ious, a., |*ieux,* s|reich, v|*ioso.*

Victuals (vit'tls), n. pl., *vivres,* m. pl.; Lebensmittel, n. pl.; *re'tovaglie,* f. pl.

Vie, i., *rival|iser,* wetteifern, r'*eggiare.*

Vien'n|a, n., |ese|, a., |e, f., |ois; Wien, n., |er; V|a, f., |*ese.*

View (iou), n., *vue,* f., (point of) *p- de v-,* m.; Aussicht, f., |spunkt, m., (fig.) Standpunkt, (photo., & fig.) Ansicht, f.; *veduta, punto di vista,* m., *v-,* f.; & v. idea, opinion, intention; in —, *en v-,* sichtbar, *in vista;* in — of, *devant,* angesichts (gen.), *di fronte a;* in my —, *à mon avis,* nach meiner Ansicht, *secondo me;* (goods, etc.) on —, *exposé,* ausgestellt, *in mostra;* keep in —, *garder a v-,* im Auge behalten, *tener in* (pers., *guardar a) vista;* leave out of —, *faire abstraction de,* absehen von, *far astrazione di;* take a different — of, *apprécier différemment,* anders beurteilen, *apprezzare diversamente;* with a — to, *dans le but de,* um, *col proposito di.* —, t., *regarder,* betrachten, *guardare;* & v. inspect, examine.

Vig'il|ant, a., |ance, n., |*ant,* |*ance,* f.; wachsam, |keit; v|*ante,* |*anza.*

Vignett|e' (Fr.), n., |e, f., |e, |a.

Vig'|or, |our, n., |orous, a., |orously, ad., |*ueur,* f., |*oureux,* |*oureusement;* Kraft, |kräftig; *vigor|e,* m., |oso, |*osamente.*

Vile, a., '|ness, n., *vil, bassesse,* f.; niederträchtig, |keit; *vil|e,* |*tà.* Vil'if|y, t., *vilipend|er,* verunglimpfen, v|*ere.*

Vil'l|a, n., |*a,* f., |a, |a. |age, n., |ager, m., |age, m., |*ageois;* Dorf, m., |bewohner; v|*aggio,* m., *contadino.* |ain, m., |anous, a., |any, n., *scélérat* (m. & a.), *infame,* s|*esse,* f.; Bösewicht, ruchlos, |igkeit, f.; *scellerat|o* (m. & a.), *infame,* s|*ezza,* f.

Vin'dic|ate, t., |a'tion, n., *défen|dre,* |*se,* f.; verteidig|en, |ung; *dif|endere,* |*esa;* & v. justif|y, |ication. '|tive, a., '|tiveness, n., |*atif, rancune,* f.; rach|süchtig, |sucht; *vendicativo, rancore,* m.

Vine, n., *vigne,* f., (single) *cep de v-,* m.; (Wein) |rebe, f., W|stock, m.; *vite,* f., *ceppo di v-,* m. -dress'er, m., *vign|eron,* Winzer, v|*ajo.* |gar (ĭnn'), n., *vinaigre,* m., Essig, *aceto.* '|ry (aîne), n., *serre à vignes,* f.; Treibhaus für Wein, n.; *stufa per le viti,* f. Vĭne'yard, n., *vignoble,* m.; W|berg, |garten; *vigna,* f. Vin'tage, n., *vendange,* f., (year) *vinée;* W|lese, l|jahr, n.; *rendemmia,* f., *raccolto,* m.

Vi'ola, n., *alto,* m.; Bratsche, f.; v-. [m.

Vi'ol|ate, t.. 'a'tion, n.. (a law) |er, |ation, f.; übertret|en, |ung; r|are, |azione. |ent, a.. |ence, n., |ent, |ence, f.; heftig, |keit; v|ente, |enza.
Vi'ol et, n. & a., |ette, f., |et; Veilchen, n., |blau; v|a, f., |etto.
Viol|in', n., |inist (aï'), m., |on, m., |oniste; |ine, f., |inist, Geig|e, f., |er; v|ino, m., |inista. |oncello (vi..tch), n., |oncelle, m.; |oncello, n., Cello; v|oncello, m.
Vi'p|er, n., |ère, f., |er, |era.
Vira'go, f., mégère, Furi|e, |a.
Vir'gin, f. & a., vierge; Jung|frau, |fränlich, (gold, etc.) rein; vergine, virginale, vergine. '|ia, f. & n., |ie, f.; |ia, f. & n.; |ia, f. '|ity, n., |ité,f., J|fräulichkeit,verginità.
Vir'tu|e (eur), n., |ous, a., vertu, f., |eux; Tugend, |haft; virt'ú, |uoso; in |e of, en v| de, kraft (gen.), in v|ù di. |al, a., |el, |ell, |ale.
Vir'ulen|t, a.,|ce, n., |t, |ce, f.; giftig, |keit; v|to, |za.
Vis'age, n., v-, m.; Gesicht, n.; viso, m.
Viscount (aï̈k'), m., |ess, f.,vicomt|e,|esse; |c, |esse; visconl|e, |essa.
Vis'|cous, a., 'queux, klebrig, v|coso.
Vis'ib|le, a., |ly, ad., |le, |lement; sicht|bar, (fig.) |lich; v ile, |ilmente. Vis'ion (fj), n., v-, f.; V-, Erscheinung; v|e; (faculty) v. sight. |ary, a. & m., |naire; phantastisch, Träumer; chimerico, visionario.
Vis'it, n. & t., |e , f. (pay, faire), |er; Besuch, m. (machen, abstatten), |en; v|a, f. (fare), |are; & v. punish; on a — to, en v|e chez, auf B- bei, in v|a da. |a'tion, n., (Bib.) |ation, f., (calamity) épreuve; Heimsuchung; v|azione. |or, m. & f.,|eur, |euse; B|er, |erin; v'atore, |atrice.
Vis'|or, n., |ière, f.; |ier, n.; |iera, f.
Vis'ta, n., perspective, f., Durchsicht, prospettiva; & v. avenue.
Vi'tal, a., 'ity, n., r-, |ité, f.; Lebens.., (fig.) wesentlich, L|fähigkeit; v|e, |ità. |s, n. pl., parties v|es, f. pl.; L|teile, m. pl.; parti v|i, f. pl.
Vit'i|ate (ïch), t., |a'tion, n., gâter, corruption, f.; verderb|en, |ung; viziare, t.& m.; (a deed) vicier, invalid|ation, f.; umstossen,Ungültigmachung; i|are, |azione.
Vit'r'eous. a., |eux, glasartig, v|eo. |ify, t., |ifier, verglasen, vetrificare. |iol, n., |iol, m., iol, vetriolo.
Vitúpera|'tion, n., injures, f. pl.; Beschimpfung, f.; v|zione.
Viva'c|ious, a., 'ity (äss), n., vif, vivac|ité, f.; lebhaft, |igkeit; v|e. |ità. Vi'va vo'ce, ad., de vire voix, mündlich, a viva voce.
Viv'id, a., vif; grell; virace, (lightn.) vivido.
Vixen, f., (fig.) mégère, Furie, megera.
Viz. (Lat. videlicet), ad., v. namely.
Viz'ier, m., visir, Vezier, visire.

Vocab'|ülary, n., |ulaire, m.; Wörterbuch, n.; v|olario, n. Vo'cal, a., |ist, m. & l., r-, chanteur, cantatrice; vokal, Sänger, |in; vocale, cantat|ore, |rice. Voca'tion, n., r-, f.; Beruf, m.; vocazione, f. Voc'at - ive, n., |if, m., Vokativ, v|ivo. Vociferous, a., bruyant,schreiend, vociferante. Vogue (Fr.), n.; in —, en v-, (in der) Mode, in voga.
Voice, n., voix, f., Stimme, voce; with a loud —, à haute v-, mit lauter S-, ad alta v-; in a low —, à v- basse, leise, sotto v-.
Void, a., vide, leer, vuoto; (bargain, etc.) nul,nichtig, nullo; — of, v. without, free from. —, n., vide, m.; L|e, f.; vuoto, m., vano.
Vol'at'ile, a., |il, flüchtig, v|ile.
Volca'n|o, n., '|ic, a., v|, m., |ique; Vulkan, |isch; vulcan'o, |ico.
Vol'ley, n., volée, f., (of musketry) décharge; Salve; scarica.
Vol'üb|le, a., |il'ity, n., (fig.) coulant, v'- lité, f.; geläufig, |keit; v|ile, |ilità.
Vol'üme, n., v-, m.; |n, n., Masse, f., (bk.) Band, m.; v-. Volu'min|ous, a., |eux. umfangreich, v|oso.
Vol'unt|ary, a., |arily, ad., volont|aire. |airement; freiwillig; v|ario, |ariamente. |eer|, n., v|aire; |är, F|er; v|ario. |eer', t. & i., v. offer.
Volup'tü|ous, a., |eux, üppig, voluttuoso.
Vom'|it, t. & i., |ir; ausbrechen, brechen; v|itare.
Vora'c|ious, a., 'ity (äss), n., |e, |ité, f.; gefräßig, |keit; v|e, |ità.
Vor'tex, n., tourbillon, m.,Wirbel, vortice.
Vo'tary, m., adorat|eur, Anbeter, a|ore; (of pleasure, etc.) ani, Liebhaber, amante. Vote, n., v-, m.; Stimme , f., (taking of) Abstimm|ung; voto, m.; put to the —, mett|re aux voix, über et a|en lassen, m|ere ai voti. —, i. & t., vot|er; (ab)- stimm|en, v|ieren; |are. Vo't|er, m., |ant, S|ende, v'ante. 'ing-paper, n., bulletin, m., S|zettel, bollettino. |ive, a., |if, |iv., |ivo.
Vouch (aou), t., v. prove, confirm; — for, répondre de, für et. bürgen, farsi malle- vadore per. '|er, n., preuve, f.; Beleg, m., prova, f. '|safe, t., accord|er, gewähren, a|are; (i.) v. deign.
Vow (aou), n. & v., væu, m., vouer; Gelübde, n., geloben; vot|o, m., |are; (i.) protest|er, feierlich erklären, p|are.
Vow'el (aou), n., voyelle, f.; Vokal, m.; vocale, f.
Voy'ag|e, n., |er, m., |e (par mer), m., |eur; (See)reis|e, f., |ende; viaggi'o(per acqua), m., |atore; (e to) traversée, f.; Überfahrt; tragitto, m.
Vul'|can, n.,|cain, |kan(us), |cano.
Vul'gar, a., |ism, n., '|ity, n., vulgaire.

expression v-, f., *grossièreté;* gemein, |er Ausdruck, m., G|heit, f.; *volgar|e, termine* r|e, m., |*ità*, f.; — (fraction), *ordi-n'aire,* gewöhnlich, o|*ario.*
Vul'türe, n., *vautour,* m., Geier, *avoltojo.*

W.

Wad (ŏ), n., (for gun) *bourre,* f.; Pfropfen, m.; *stoppaccio. —,* t., '|ding, n., *ouat|er,* |e, f.; watt|ieren, |e; *imbottire d'ovatta,* o-.
Wad'dle (ŏ), i., *se dandiner,* watscheln, dondolare. [*guadare.*
Wade, i., *marcher (dans l'eau),* waten,
Wa'fer, n., *pain à cacheter,* m., (holy) *hostie,* f.; Oblate, Hostie; *ostia;* (cake) *gaufre,* Waffel, *cialda.* [p|*are.*
Waft (ah), t., *port|er (en l'air),* tragen,
Wag, t., *remuer,* (head) *secouer;* schütteln; *dimenare, muovere;* — the tail, r- *la queue;* mit dem Schwanze wedeln; d- *la coda, scodinzolare. —,* m., *farceur,* Spaßvogel, *burlone.*
Wage, t., (war) *faire,* führen, *fare.* Wa'g|er, n. & t., *pari,* m., |*er;* Wett'|e, f., |en; *scom|messa,* |*mettere.* |es, n. pl., *gages,* m. pl.; Lohn, m. sg.; *paga,* f. sg.
Wag'(g)on, n., *chariot,* m., (heavy) *fourgon,* (rail) *w-;* Wagen, Last|w-, Eisenbahn|w-; *carr|o,* |*ettone,* |o, *vagone.* |er, m., *routier,* Fuhrmann, c|*ettiere.*
Wag'tail, n., *bergeronnette,* f., Bachstelze, *cutrettola.*
Waif, n., *épave,* f.; herrenlose Sache; *oggetto senza padrone,* m.
Wail, i., '|ing, n., *se lament|er,* |*ation,* f.; w chklag|en, |e; *l'arsi,* |*azione;* & v. weep.
Wain'scot, |ing, n., *lambris,* m.; Tafelwerk, n.; *intavolato,* m. |ed, a., l|*sé,* getäfelt, i-.
Waist (é), n., *ceinture,* f., *taille;* T-, Leib, m.; *cintura,* f., *vita.* '|coat (esse), n., v. vest.
Wait, i., *attendre* (for, ..), warten (auf, ac.), *aspettare* (..); (on a pers., at table) *servir,* auf|w-, s|e; — on, (call on) *se présenter chez,* bei .. seine Aufwartung machen, *mettersi ai comandi di;* keep o. |ing, *faire a-,* w- lassen, *far a-;* I have been |ing for an hour, *j'attends depuis une heure,* ich warte (schon) seit e-r Stunde, *aspetto da un' ora. —,* n.; lie in — for, *dresser des embûches à,* e-m auflauern, *star in agguato di.* '|er, m., *garçon,* Kellner, *garzone;* & v. tray. '|ing, n.; (gentleman, etc.) in —, *de service,* dienstthuend, *di servizio;* (lady) in —, *d'honneur,* Hof .., *d'onore.* '|ing-room, n., *salle d'attente,* f.; Wartesaal, m.; *sala d'aspetto,* f. '|ress, f., *servante,* Aufwärterin, *serva.*
Waive, t., v. abandon, renounce.

Wake, t. & i., *réveiller, se r-;* wecken, aufwachen; *svegliar|e,* |si. —, n., v. festival; (of ship) *sillage,* m.; Kielwasser, n.; *solco,* m. '|ful, a., *privé de sommeil,* schlaflos, *insonne;* & v. vigilant. Wa'ken, t. & i., v. wake.
Wale, n., *marque,* f., Schwiele, *striscia.*
Wales, n.. *Galles,* f., *pays de G-,* m.; W-, n.; *G-,* f., *paese di G-,* m.
Walk (auk); i., *marcher, aller (venir) à pied;* (zu Fuße) gehen; *camminare, andar a p'i;* (not run) *aller au pas,* Schritt g-, *andar al passo;* & v. take a —; (fig.) v. live, behave; — (a mile, etc.), *faire,* zurücklegen, *fare;* — away, off, *s'en aller,* fort|g-, *andarsene;* — in, *entrer,* eintreten, *entrare;* — in o's sleep, *être somnambule,* nachtwandeln, *essere sonnambulo;* — on, *continuer à m-, m- en avant;* weiter|g-; *andar a'i;* — out, *sortir,* aus|-g-, *uscire;* — up, v. mount; — to, *s'approcher de,* s. nähern (dat.), *avvicinarsi a. —,* n., *promenade,* f., *tour,* m.; Spazier|gang; *passeggiata,* f., *gita;* (garden-, etc.) *allée,* f.; A-, Weg, m., Gang; *viale;* (gait) *marche,* f.; G-, m.; *andalura,* f.; (of two miles, etc.) *course;* W-, G-; *camminata,* f.; (fig.) v. class, career, sphere; go for a —, take a —, *se promen|er, faire une p|ade;* e-n S|gang machen, s|en gehen; *far una passeggiata, andar a spasso.* '|er, m. & f., *promen|eur,* |*euse;* Fußgänger, |in; *camminat|ore,* |*rice;* he .is a good —, *il est bon marcheur,* er ist gut zu Fuße, *è buon pedone.* '|ing, n., v. walk, i. & n.; I am fond of —, *j'aime à aller à pied,* ich gehe gern zu Fuße, *mi piace andar a piedi;* that is good —, *c'est marcher d'un bon pas,* das heißt gut gegangen, *questo è andare di buon passo;* it is bad, rough —, *c'est un mauvais chemin,* der Weg ist schlecht, *è mal andare.* '|ing-stick, n., *canne,* f.; Spazierstock, m.; *bastone.*
Wall (aul), n.. *mur,* m., (of defence) |*aille,* f.; Mauer; m|o, m. (pl. |a, f.); (inner) m-; Wand, f.; *parete. —,* t., *entourer de m|ail les,* mit M|n umgeben, *circondare di m|a;* — in, up, m|*er;* ein|, ver|mauern; m|*are.* '-flower, n., *giroflée jaune.* f.; gelber Lack, m.; *viola gialla,* f. '-fruit, n., *f-d'espalier,* m.; Spalierobst, n.; *frutto di spalliera,* m. [*saccia.*
Wal'let, n., *besace,* f., Reisetasche, *bi-*
Wall'-eye, n., |d, a., *vairon,* m. & a.; Glas|auge, n., |äugig; *occhio vetrino,* m., *rajato.* [*larsi.*
Wal'low, i., *se vautrer,* s. wälzen, *volto-*
Wal'nut (aul), n., *noix,* f., Walnuß, *noce;* (wood, tree) *noyer,* m.; Nußbaum; *n-,* m.
Wal'rus (aul), n., *morse,* m.; Walroß, n.; *cavallo marino,* m.

Wal'ter (aul), m., *Gautier*, W-, *Gualtiero*.
Wal|tz (aul), n. & i., *vals|e*, f., |er; W|zer, m., |zen; *ralzer, ballare il v-*.
Wan (ŏ), a., *blême*, bleich. *scialbo*. [f.
Wand (ŏ), n., *baguette*, f.; Stab, m.; *verga*,
Wan'der (ŏ), i., *errer, rôder;* herumstrei|-fen, |chen; *vagare;* (in mind) *avoir le délir|e*, phantasieren, *d|are;* (from) *s'é-carter*. abweichen, *allontanarsi*. |er, m., *rôdeur*, H|cher, *girovago*. |ing, a.. (life) *errant*, unstät, *randagio;* (mind) *distrait*, zerstreut, *distratto*.
Wane, i., *décroître*, abnehmen, *scemare*. —, n.; on the —, *sur son déclin*, im A-, *sullo s-*.
Want (ŏ), n., *manque*, m.; Mangel; *mancanza*, f.; (requiremt., poverty) *besoin*, m.; Bedürfnis, n., Not, f.; *bisogno*, m.; I am in — of, *j'ai b- de*, ich habe .. nötig, *ho b- di;* for — of, *faute de*, aus M-an (dat.), *per m- di*. —, t., (lack) *manquer de;* ermangeln (gen.), M- haben (an, dat.); *mancare;* (need) *avoir b- de;* brauchen, nötig haben; *aver b- di;* (seek, ask for) *demander;* verlangen, suchen; *domandare, cercare;* & v. wish; he |s (sense, etc.), *il manque de,* es fehlt ihm an (dat.), *manca di;* it |s (ten min.) to six, *il est six heures moins* .., es ist.. vor sechs, *mancano .. alle sei;* what do you —, *que voulez-vous*, was wollen Sie, *che desidera(te)?* you are |ed, *on vous demande;* man sucht Sie; *La chiedono*, *Ella è richiesta*. '|ing, n.; be —, *manquer*, fehlen, *mancare;* be — in. v. want.
Wan'ton (ŏ), a., *folâtre*, mutwillig, *scherz|oso;* (mischief) *gratuit*, m-, *g|o;* & v. petulant, dissolute. |ness, n., *légèreté*, f.;Mutwille, m.; *s|o*.
War (au), n., *guerr|e*, f.; Krieg, m.; *g|a*, f.; at —, *en g|e*, im K|e begriffen, *in g|a;* go to — with, make — against, *faire la g|e à*, K- führen gegen,*far la g'a a;* man-of-, *vaisseau de g|e*, m.; K|sschiff, n.; *nave da g|a*, f.
War'ble, i., *gazouiller*, zwitschern, *gorgheggiare*.
Ward, t., v. guard, defend; — off. *détourner*, abwenden , *stornare*. —, n., (of town) *quartier*, m.; (Stadt)viertel, n.; *q|e*, m.; (of hospital) *salle*, f., Abteilung , *corsia;* (of lock) *garde;* Gewirre, n.; *ingegni*, m. pl.; & v. guard, custody. —, m. & f., *pupill|e;* Mündel, n.; *p|o*, |a. '|en, m., *gardien*, Hüter, *custode;* (of college) v. rector, principal. '|er, m., *g-*, Thürhüter, *guardaportone*. '|robe,n., *garde-robe*,f.; Kleider|schrank, m., (supply of clothes) |vorrat; *guardaroba*, f.
Ware, n., *marchandise*, f., Ware, *merce;* China—, stone—, v. porcelain, earthen-;

hard |s, *quincaillerie*, f.; Kurzwaren, f. pl.; *chincaglieria*, f. '|house, n., *magasin*, m.; Niederlage, f., Lager, n.; *fondaco*, m.
War'|fare, n., v. war. '|like , a., *guerrier*, kriegerisch, *bellicoso*.
Wa'ri|ness, n., |ly, ad., *circonspection*, f., *avec c-;* Vorsicht, |ig; *circospezione, cautamente*.
Warm (au), a., *chaud*, w-, *caldo;* I am —, *j'ai ch-*, mir ist w-, *ho c-;* it (the weather) is —, *il fait ch-*, es ist w-, *fa c-*. —, t., *chauffer*,(fig.)é|ch-; wärmen, er|w-;*scaldare;* — up, *ré|ch-*, auf|w-, *ri|s-*. '|ing-pan, n., *bassinoire*, f.; Bettwärmer, m.; *scaldaletto*. '|ly, ad., *chaudement*, warm, *caldamente*. |th, n., *chaleur*, f.; Wärme; *caldo*, m., (tech.) *calore*.
Warn, t., *avert|ir* (of, *de*), w|en (vor, dat.), *avvert|ire (di)*. '|ing, n., *a|issement*, m.; W|ung, f.; *a|imento*, m.; (to quit) *congé;* Aufkündig|ung, f.; *licenza*, (to landlord) *disdetta;* give —, *donner c-;* a|en; *dar la l-, la d-;* take — by this, *que cela vous serve de leçon*, lassen Sie sich das zur W|ung dienen, *questo vi serva d'esempio*.
Warp, t. & i., (wood, etc.) *faire déjeter, se d-;* verziehen, s. v-; *piegar|e, |si;* (mind, sense, etc.) is |ed, *est faussé;* hat e-e falsche Richtung, ist verdreht; *è falsato*.
War'rant, n., *autor|isation*, f., Vollmacht, *a|izzazione;* (of arrest, etc.) *manda!*, m., Befehl, m|o; (of death) *arrêt;* Urteil, n.; *decreto*, m.; & v. |y, certificate. —, t., *garant|ir*, |ieren, '|ire; (a statement, etc.) v. authorize, justify; (a pers.) assure. |y, n., *garan|tie*, f., |tie, |zia.
War'ren, n., *garenne*, f.; Gehege, n.; *coniglieria*, f.
War'rior, m., *guerrier*, Krieger, *g|o*.
Wart, n., *verru|e*, f., Warze, v|ca.
Wa'ry, a., *prudent*, vorsichtig, *cauto*.
Was (ŏ), imp., v. be; I —, *j'étais*, ich war, *era*.
Wash (ŏ), t., *laver*, (linen) *blanchir;* waschen; *lavare;* (the shore, etc.) *baigner*, bespülen, *bagnare;* — away, *emporter*, fortspülen, *portar via;* (fig.) v. efface; — off, out (spots, etc.), *enlever*, weg|w-, *levare;* — over, (with metal) *recouvrir*, überziehen, *ricoprire;* (with paint, etc.) *enduire*, ü|streichen, *coprire;* — up (ashore), *rejeter*, ausweren, *rigettare;* (dishes) v. —. —, i., *se l-*, s. w-, *lavarsi*. —, n., *blanchissage*, m. (send to the —, *envoyer au b-*); Wäsche, f. (in die W-geben); *bucato*, m. (dare al *b-);* (eye-, etc.) *lotion*, f.; Waschmittel, m., Wasser; *lavanda*, f.; (of colour) *couche*, f.; Anstrich, m.; *mano*, f.; (slops) *lavure;* Spülwasser, n.; *sciaquatura*, f.; (of steamer) *ressac*, m.; Wellenschlag; *scia*, f. '|er-

woman, f., *blanchisseuse*, Waschfrau, *larandaja*. '-**hand-basin**, '-**hand-stand**, '-**house**, n., *cuvette*, f., *lavabo*, m., *lavoir*; Wasch|becken, n., |tisch, m., |haus, n.; *catinella*, f., *lava|mani*, m., *tojo*. '|**ing**, n., *lavage*, m.; W|en, n.; *lavamento*, m.; & v. wash (n.). '-**leather**, n., *peau de chamois*, f.; W|leder, n.; *pelle di camoscio*, f. '-**tub**, n., *cuvier*, m.; W|bütte, f.; *conca*. '|y, a., (fig.) v. weak, insipid.

Wasp (ŏ), n., *guêp|e*, f., Wesp|e, *vesp|a*. 's-**nest**, n., *g|ier*, m.; W|ennest, n.; *v|ajo*, m.

Waste (é), n., (of money, etc.) *gaspill|age*, m.; Vergeud|ung, f.; *sciup|io*, m. (& v. loss); (land) *terre inculte*, f., Wüste, *terra incolta* (& v. desert); & v. refuse (n.). —, t., *g|er*; v|en, verschwenden; *s|are*; & v. lose, consume, lay — (inf.). —, i., — away, *dépér|ir*, dahinsiechen, d|ire. —, a., (land) *inculte*, wüst, *incolto*; & v. useless; lay —, *dévast|er*, verwüsten, d|are. '|ful, a., |fulness, n., *prodig|ue*, |*alité*, f.; verschwend|erisch, |ung; *p|o*, |*altià*. '-**paper**, n., *papier de rebut*, m.; Makulatur, f.; *scarto*, m.

Watch (ŏ), n., *veille*, f., (Nacht)wache, *veglia*; (nav.) *quart*, m.; W-, f.; *q|o*, m.; (timepiece) *montre*, f.; Uhr; *orologio*, m.; & v. guard;(pers.) v. |man; by my —, *a ma m-*, nach meiner U-, *al mio o-*; keep —, v. — (i.); on the —, (fig.) *au guet*, auf der Lauer, *alle vedette* (& v. on o's guard). —, t., *veiller sur*, wachen über (ac.), *vegliare*; & v. observe. —, i., *v-*, w-, *v-*; (be attentive)*faire attention*, aufpassen, *stare all' erta*; — for (an opportunity), *guetter*, abpassen, *v- per*; — over, *surveiller*, überwachen, *sorvegliare*. '-**case**, n., *boîte de m-*, f.; U|gehäuse, n.; *cassa d'o-*, f. '-**dog**, n., *chien de garde*, m., Hofhund, *cane di guardia*. '|er, m. & f., *garde-malade*; Krankenwärter, |in|, *guardia*, f.; & v. observe. '|ful, a., |fulness, n., *vigilan|t*, |*ce*, f.; wachsam, |keit; *v|te*, |*za*. '-**glass**, n., *verre de m-*, m.; U|glas, n.; *cristallo di o-*, m. '-**guard**, n., *chaine de m-*, f., U|kette, *catena (da o-)*. '|**maker**, n., m., '|**making**, n., *horloger*, |*ie*, f.; Uhrmacher, |ei, f.; *orologia|jo*, |*ro*, *arte dell' o|jo*, f. '|**man**, m., *gardien*; Wächter; *guardia*, f. '-**stand**, n., *porte-m-*, m.; Uhrgestell, n.; *portorologio*, m. '-**tower**, n., *tour de guetteur*, f.; Wachtturm, m.; *torre d'osservazione*, f. '|**word**, n., *mot d'ordre*, m.; Parol|e, f., Losung; *p|a d'ordine*.

Wa'ter (au), n., *eau*, f.; Wasser, n.; *acqua*, f.; get into hot —, *s'échauder*, s. die Finger verbrennen, *venire a mal partito*; high, low —, *haute*, *basse marée*, f.; Flut, Ebbe; *marea alta*, *bassa*;

piece, sheet of —, *nappe d'eau*, W|fläche, *superficie d'a-*; throw cold — on, (fig.) v. discourage. —, t., *arroser*, begießen, *inaffiare*; (horse) *abreuver*, tränken, *abbeverare*; (wine, etc.) *couper*, *tremper*; verdünnen; *inacquare*. —, i., (eyes)*pleurer*, thränen, *lacrimare*; it makes o's mouth —, *cela fait venir l'eau à la bouche*, es macht e-m den Mund wässern, *questo fa v|e l'acquolina in bocca*. -**bottle**, n., *carafe*, f., W|flasche, *boccia*. -**butt**, n., *tonneau à l'eau*, m.; W|faß, n.; *botte da a-*, f. -**closet**, n., *cabinet (d'aisances)*, m.; Abtritt; *luogo comodo*, *latrina*, f. -**colour**, n., *détrempe*, f., W|farbe, *tempera* ;(drawing) *aquarell|e*; A|, n.; *acquerella*, f.; in -**colours**, *à l'a|e*, inW|farben, *a t-*. -**cress**, n., *c|on*, m.; Brunnenkresse, f.; *crescione*, m. -**cure**, n., *hydrothérapie*, f., W|kur, *idroterapia*. |ed, a., (silk, etc.) *moir|é*; |iert, gewässert; *marezzato*. |fall, n., *cascade*, f.; W|fall, m.; *cascata*, f. -**fowl**, n., *oiseau aquatique*, m., W|vogel, *uccello acquatico*. |ing-place, n., *ville d'eaux*, f., *bain(s)*, m.(pl.); Badeort; (*luogo di*) *bagni*, pl. (sg.). |ing-pot, n., *arrosoir*, m.; Gießkanne, f.; *inaffiatojo*, m. -**jug**, n., *pot à eau*, m.; W|kanne, f.; *brocca*. -**lily**, n., *nénufar*, m.; W|lilie, f.; *ninfea*. -**line**, n., (of ship) *ligne de flottaison*, f., W|linie, *linea di pescagione*. -**logged**, a., *engagé*, voll W-, *quasi affondato*. |man, m., *batelier*, Schiffer, *barcajuolo*. -**mark**, n., *niveau des eaux|x*, m.; W|höhe, f.; *linea dell' acqua*. -**melon**, n., *m- d'e|*, m.; W|melone, f.; *cocomero*, m. -**mill**, n., *moulin à e|*, m., W|mühle, f.; *molino ad a-*, m. |**proof**, a., *imperméab|le*, w|dicht, *t|ile*. -**rat**, n., *r- d'e|*, m.; W|ratte, f.; *topo d'a-*, m. |**shed**, n., *versant*, m.; W|scheide, f.; *v|e*, m. |**spout**, n., *tromb|e*, f., W|hose, *t|a*. -**tight**, a., *étanche*, w|dicht, *che tien bene*; & v. |proof. -**wheel**, n., *roue hydraulique*, f.; W|rad, n.; *ruota ad a-*, f. |**works**, n. pl., (in town. etc.) *réservoir*, m., *machine hydraulique*, f.; W|werk, n., |leitung, f.; *macchine idrauliche*, f. pl. |y, a., *aqueux*; wässerig; *umido*, (soup, etc.) *lungo*.

Wave, n., *vague*, f., *lame*; Welle; *onda*. —, t., *agit|er*, schwingen, *a|are*. —, i., *flotter*, flattern, *ondeggiare*. **Wa'ver**, i., *vaciller*, (sch)wanken, *tentennare*.

Wax, n. & t., *cir|e*, f., |er; Wachs, n, wichsen, (a floor) bohnen; *cera*, f., *incerare*; (sealing-) *c|e à cache|er*; Siegellack, m.; *cera-lacca*, f. —, i., v. become. -**candle**, n., *bougie*, f., Wachs|kerze, *candela di cera*. '-**works**, n. pl., *figur|es de c|e*, f. pl., W|figuren, *f|e di c-*.

Way, n., *chemin*, m.; Weg; *via*, f., *strada*; (distance) d-, f.; Entfernung, Strecke;

Way — 220 — Weave

tratto, m.; (dire|ction) |*ction*, f., *côté*, m.; Richtung, f.; *d|zione*, *lato*, m.; (long, cross, etc.) *sens*; R-, f.; *s.o*, m.; (of ship) *erre*, f., Fahrt, *strada*; (course) *cours*, m., Lauf, *corso*; (means) *moyen*; Mittel, n.; *mezzo*, m.; (manner) *mani|ère*, f.; Weise; *m|era*, *via*, *modo*, m.; (fig.) *voie*, f.; Weg, m.; *via*, f.; & v. habit, will, condition; — in, out, through, *entrée*, f., *sortie*, *passag|e*, m.; Ein|, Aus|, Durch|gang; *entrata*, f., *uscita*, *p|gio*, m.; by — of (Paris, etc.), *par*, über, *per*; (fig.) v. as, in order to; by the —, v. on the —; (fig.) *à propos*, da fällt mir ein, *a p|ito*; clear the —, *faire place*, Platz machen, *aprire la via*; come, fall in o's —, *tomber sous la main*, e-m unter die Augen kommen, *capitare a mano*; feel o's —, *marcher à tâtons*, umhertappen, *andar tastoni*; force o's —, *se frayer un ch-*, s. Bahn brechen, *farsi s-*; get into the — (of doing, etc.), *s'y mettre*, s. daran gewöhnen, *mettercisi a buono*; get, go out of o's —, *se ranger*, e-m aus dem Wege gehen, *levarsi di mezzo*; give —, v. yield, bend, fall, break; go a great —, (fig.) *faire déjà beaucoup*, schon viel ausmachen, *importare molto*; great—, v. long —; half—, *à moitié ch-*, halbwegs, *a mezza s-*; he has his own—, *il en fait à sa tête*, er handelt nach seinem Kopfe, *fa di sua testa*; in no —, in every —, *en aucune façon*, *de toutes les f|s*; in keiner Hinsicht, in jeder H-; *in nessun modo*, *in ogni m-*; in some — or other, *d'une manièr|e ou d'une autre*, auf eine oder die andere Weise, *d'una m|a o d'un' altra*; in the —, *dans le ch-*, (fig.) *de trop*; im Wege, störend; *sulla strada*, *d'impaccio*; it is his —, *c'est sa manière de faire*, es ist seine Art, *è il suo modo*; lead the —, *marcher en tête*, vorangehen, *marciare alla testa*; a long — off, *loin*, weit entfernt, *lungi*; lose o's —, *s'égarer*, s. verirren, *smarrirsi*; make o's —, *faire son ch-*, fortkommen, *far la sua s-*; on the —, *en route*; unterwegs; *cammin facendo*, *sulla (sua) via*; on the — to, *en r- pour*, auf dem Wege nach, *in via per*; out of the —, (remote) *écarté*, abgelegen, *fuor di s-*; over the —, *en face*, gegenüber, *di faccia*; put in the — (of doing), *mettre à la voie (de)*, in den Stand setzen (zu), *mettere sulla s-*; put out of the —, *m- de côté*, beiseite legen, *m- da banda*; right, wrong — (to a place), *bon*, *mauvais ch-*; richtiger, verkehrter Weg; *diritta via*, *falsa s-*; (to do sthg.) *vraie*, *mauvaise manière*; richtige, verkehrte Weise; *vero*, *falso modo*; see o's — (to), *voir moyen (de)*, die Möglichkeit sehen (zu), *redere modo (di)*; stand in the — of, v. prevent; stop the —, *barrer le pas-*

sage, den Weg versperren, *sbarrare la via*; this —, that —, *par ici*, *par là*; hierher, dahin; *di qua*, *(per) di là*; which is the — to, *quel est le ch-* de, welcher Weg führt nach, *qual è la via per?* which — (from, to), *d'où*, *par où*; von, nach welcher Richtung; *d'onde*, *che s-?* '-bill, n., *lettre de voiture*, f.; Frachtbrief, m.; *polizza di carico*, f. '|farer, brief, m., v. traveller. '|lay, t., *guetter*, nachstellen (dat.), *star in agguato di*. '|side, n., *bord de la route*, m., Rand des Weges, *orlo della strada*. '|ward, a., *capricieux*, launisch, *testardo*.
We, prn., *nous*, wir, *noi*.
Weak (I), |ly, a., *faibl|e*; schwach, schwäch|lich; *debol|e*. '|en, t., *affaiblir*, s|en, *indebolire*. '|ness, n., *f|esse*, f., (fig.) *f|e*, m.; S|e. f.; *d|ezza*, |e, m.
Weal (I), n.. *bien-être*, m.; Wohl, n.; *benessere*, m. Wealth (él), n., '|y, a., v. riches, rich.
Wean (I), t., *sevrer*, entwöhnen. *spoppare*.
Weap'on (ĕp), n., *arme*, f., Waffe, *arma*.
Wear (é; wor|e, |n), t., (clothes, etc.) *porter*; tragen, anhaben; *portare*; & v. put on, consume; — out, *user*; abnutzen, (coat) abtragen; *usare*, *frustare*; worn out, (fig.) *épuisé*, erschöpft, *esausto*. —, i.; — away, *s'user*, (time) *passer*; s. abnutzen, vergehen; *usarsi*, *passare*; — off, *s'effacer*, vergehen, *perdersi*;—well, ill, *être*, *ne pas être de bon usage*; sich gut, schlecht halten; *fare buona riuscita*, *finire presto*. —, n., *usage*, m., Gebrauch, *uso*; — and tear, *usure*, f.; Abnutzung; *uso*, m. '|er, m. & f., *(personne) qui porte*; Tragend|er, |e; *chi porta (un vestimento)*. '|ing-appar'el, n., *habits*, m. pl.; Kleidungsstücke, n. pl.; *abiti*, m. pl.
Wea'r|isome (i), a., *ennuyeux*, langweilig, *nojoso*. '|y, a., '|iness, n., *fatigu|é*, |e, f.; müd|e, |igkeit; *stan|co*, |*chezza*; |y of, *las de*, m|e, *lasso di*; & v. |isome. '|y, t., *f|er*, ermüden, *s|care*.
Wea'sel (i), n., *belette*, f.; Wiesel, n.; *donnola*, f.
Weath'er (ĕth), n., *temp|s*, m.; Wetter, n.; *t|o*, m.; — in fine —, *par le beau t|s*, bei schönem W-; *per bel t|o*; it is fine —, *il fait beau (t|s)*; es ist schönes W-; *fa bello*, *fa bel t|o*; what sort of — is it, *quel t|s fait-il*, was ist für W-, *che t|o fa?* —, t., (a storm, etc.) *essuyer*; überstehen; *resistere a*, *reggere*. -beaten, a., *battu par la tempéte*, vom Wind u. W- beschädigt, *sbattuto dalla bufera*. -cock, n., *girouette*, f., W|fahne, *banderuola*.
Weav|e (wov|e, |en), t., *tisser*, weben, *tessere*; (hair, etc.) *tresser*, flechten, *intrecciare*. '|er, m., '|ing, n., *tiss|erand*, *|age*, m.; Weber, |ei, f.; *tessit|ore*, |*ura*, f.

Web, n., *tissu.* m.; Gewebe, n.; *tessuto*, m.; & v. cloth; spider's —, *toile d'araignée,* f.; Spinnengewebe, n.; *ragnatelo,* m.
'|**bing**, n., *sangle,* f.; Gurt, m.; *cinghia,* f. '-**footed**, a., *palmipède,* mit Schwimmhäuten versehen, p-.
Wed, t. & i., v. marry; |ded (to a habit, etc.), *attaché*, ergeben, *dato.* '|lock, n., *mariage,* m.; Ehe, f., |stand, m.; *matrimonio.* Wed'ding, n., *noces,* f. pl.; Hochzeit, f.; *nozze,* f. pl.; & v. marriage. -**day**, n., *jour des n-*, m., H|stag, *giorno di n-.* -**gift**, '-**pres'ent**, n., *cadeau de noce*, m.; H|sgeschenk, n.; *dono di n-*, n. -**ring**, n., *alliance*, f.; Trauring, m.; *anello nuziale.*
Wedge, n., *coin,* m., Keil, *cunio;* (to steady sthg.) *cale,* f., Unterlage, *zeppa.* —, t., (in) serrer, (ein)klemmen, *pressare;* (up) caler, mit e-r U- festmachen, *fermare.*
Wed'nesday, n., *mercredi,* m., Mittwoch, *mercoledi.*
Wee, a., v. little.
Weed, n., *mauvaise herbe,* f.; Unkraut, n.; mal'erba, f.; & v. cigar. —, t., *sarcler*, (aus)jäten, *sarchiare;* — out, (fig.) *extirper,* ausrotten, *stirpare.*
Weeds, n. pl., (widow's) v. mourning.
Week, n., *semaine,* f., Woch|e. *settimana;* in a —, *en huit jours;* in e-r W|e, in acht Tag|en; *in una s-;* in a — (a — hence), dans h- j-, über a- T|e, *fra otto giorni;* last, next —, *la s- dernière, prochaine;* vorige, nächste W|e; *la s- scorsa, ventura;* this day (last)—, *il y a h- j-,* heute vor a- T|en, *otto g- fa;* this day (next) —, aujourd'hui en h-, heute über a- T|e, *da oggi a otto.* '-**day**, n., *jour ouvrable,* m., W|entag, *giorno di lavoro.* '|ly, a., *hebdomadaire,* (ad.) *par s-*, à la s-, (every week) *toutes les s|s;* wöchentlich; *settimanal|e,* |mente.
Weep (wept, w-), i., *pleurer,* (for) p-; weinen, be|w-; *piangere.* '|ing-willow, n., *saule pleureur,* m.; Trauerweide, f.; *salice piangente,* m.
Weigh (oué), t. & i., *peser,* wiegen, *pesare;* (anchor) *lever,* lichten, *levare;* & v. consider; — down, (fig.) *accabler,* niederbeugen, *abbattere;* — with, v. influence.
'|**ing-machine**, n., *bascul|e*, f., Hebelwage, *stadera*. |t, n., *poids,* m., (heaviness) *pesanteur,* f.; Gewicht, n.; *peso,* m., (of clk.) *contrappeso;* (sell) by —, *au poids,* nach dem G|e, *a p-.* '|ty, a., v. heavy, (fig.) important.
Weir (î), n., *barrage,* m.; Wehr, n.; *cateratta,* f.
Weird (î), a., v. mysterious.
Wel'come, a., *bienvenu,* (thg.) *agréable;* willkommen; *benvenuto, grato;* you are — (to it), *à votre service,* es steht Ihnen zu Diensten, *è al vostro (suo) comando.* —, n., *(bon) accueil,* m.; W- ; *(buona) accoglienza*, f. —, t., *faire bon a- a, bien a'lir;* bewillkommnen, w- heißen; *dare il benvenuto a.*
Weld, t., *souder,* schweißen, *saldare.*
Wel'fare, n., *bien(-être)* , m.; Wohl, n., |fahrt, f.; *benessere*, m.
Well, n., *puits,* m., Brunnen, *pozzo;* (for fish, etc.) *réservoir,* Behälter, *serbatojo;* & v. spring, source; |s, *les eaux*, f. pl.; Br-, m. pl., Bäder, n. pl.; *le acque,* f. pl. —, i., (forth) *sourdre,* hervorquellen, *scaturire.*
Well, a., (pers.) *bien, b- portant;* wohl, gesund; *sano;*(thg.)v.good,fortunate,advantageous; I am —, *je me porte b-,* ich bin w-, *sto bene;* it is — (for you), *c'est heureux,* es ist gut, *è bene;* look —, *avoir bonne mine,* g- aussehen, *aver buona cera*, (thgs.) *aver bell' apparenza;* that is all very —, *tout cela est bel et bon,* das ist alles schön u. g-, *tutto questo è bell' e buono.* —, ad., *bien;* g-, wohl; *bene;* as — as, aussi b- que, so g- als, cosi b- come; (besides, andalso) *en même temps (que);* zugleich (mit); *e insieme, e .. e;* I cannot — (do it), *je ne puis guère,* ich kann kaum, *posso appena.* —, int., *(eh) b-,* nun (gut), ebbene! '-**being**, n., v. welfare. '-**born**, a., *b- né,* von guter Herkunft, *ben nato.* -**bred**, a., v. polite. '-**informed**, a., *instruit,* gebildet, *ben istruito.* -**meaning,-meant**, a., bien inten|tionné, *fait à bonne i|tion;* gutgesinnt, gut gemeint; *ben i|zionato, con buon' i.zione.* -**off**, a., *à son aise, aisé;* wohlhabend; *agiato.* -**timed**, a., *à propos,* gelegen, *opportuno.* -**to-do**, a., v. -**off**. -**wisher**, m., v. friend.
Welsh, a., '|man, m., '|woman, f., *gallois*, a. & m., *e;* aus Wales, Bewohner, |in von W-; *gallese.*
Welt, n., (of shoe) *trépointe,* f.; Rand, m.; *orlo.*
Wel'ter, i., *être baigné,* s. wälzen, *voltolarsi.*
Wen, n., *loupe,* f., Sackgeschwulst, *escrescenza.*
Wench, f., *donzelle,* Dirne, *fanciulla.*
Wend, t.; — o's way, *diriger ses pas,* s-n Weg nehmen, *muovere il passo.*
Went, imp., v. go. **Wept**, imp. & pp., v. weep. **Were** (ouère), imp. pl., v. be.
West, n., *ouest,* m., W|en; *ovest, occident|e.* —, 'ern, |erly, a., *de l'o-*, w|lich; *d' o-, o|ale.* '|wards, ad., *vers l'o-;* gegen W|en, w'|lich, |wärts; r|o *l'o-*. |pha'lia, n., *phalie,* f.; |falen, n.; |*falia,* f.
Wet, a., *mouill|é*, naß, *bagna|to;* & v. damp, rainy; — through, *trempé*, durch u. d- naß, *fradicio.* —, n., v. dampness, rain. —(—, —; & |ted, |ted), t., m|er;

n- machen, benetzen; b|re;& v. moisten. -nurse, f., *nourrice*, Amme, *balia*.
Weth'er, n., *mouton*, m., Hammel, *castrato*.
Whale, n., *baleine*, f.; Walfisch, m.; *balena*, f. '|bone, n., b-, f.; Fischbein, n.; *osso di b-*, m. Wha'ler, n., *baleinier*, m., W|fahrer, *bastimento baleniere*.
Wharf (au; pl. wharves), n., *quai*, m., Quai, *scalo*.
What (houott), prn., int., & ad., (that which) *ce qui*, *ce que*; (das) was; *ciò che*, *quel che*; (kind of) *quel*; w- für (ein), welch; *quale*; (interrog.) *quoi*, *que*, *qu'est-ce que*; was; *che (cosa)*; (time, money, etc.) *combien (de)*, wieviel, *quanto*; —! *quoi*; was; *che, come!* — (did you say)? *comment*, *plaît-il*; wie (meinen Sie), wie beliebt; *come*, *che comanda?* — a man! — man? *quel homme*; welch ein Mann, was für ein M-; *che uomo, che (sorta d')* u-? — a pity! *quel dommage*, wie schade, *che peccato!* — an annoyance! *que c'est ennuyant*, wie ärgerlich, *che seccatura!* — (are you speaking) of? de quoi, wovon, *di che*? (thinking) of? *à q-*, woran, *a che*? (laughing) at? de q-, worüber, *di che*? (working) with? *avec q-*, womit, *con che?* — day of the month is it? *quel quantième avons-nous?* den wievielten haben wir; *quanto ne abbiamo del mese*, *che giorno è del m-?* — do you want? *que voulez-vous*, was wollen Sie, *che volete (vuole)?* — does it cost? *combien coûte-t-il*, wieviel kostet es, *quanto costa?* — for? pourquoi; wofür, wozu, warum; *perchè?* —if, *et si*, wie wäre es wenn, *e se*; — is he? *qui est-il*, *que fait-il*, wer ist er; *che cosa fa?* — is it? *qu'est-ce que c'est*, was ist es, *che cos' è?* —is that? *qu'est-ce que c'est que cela*, was ist das, *che cosa è questo?* — is the fare? *quel est le prix*, was kostet das Billet, *quanto costa (il biglietto)?* — is the matter? *qu'est-ce qu'il y a*, was giebt es, *che c' è?* — is the French for this? — is this in F-? *comment dit-on* .. *en français*, wie heißt .. auf französisch, *come si chiama* .. *in francese?* — is this for? — is the use of it? *à quoi cela sert-il*, wozu ist das, *per che (cosa) è questo?* — is your name? *comment vous appelez-vous*; wie heißen Sie, wie ist Ihr (werter) Name; *qual è il Suo nome, come si chiama?* — lies! *que de mensonges*, welche Lügen, *quante bugie!* — more? *qu'y a-t-il de plus*; was sonst, w- noch; *che più?* — must I do (say)? *que, combien faut-il*; was soll ich; *che, quanto?* — next? — of that? — then? *eh bien, après*; was dann; *ebbene, e poi?* — place is this? *quel est cet endroit-ci*, was ist dies für ein Ort, *che luogo è questo?* — sort of book is this? *quelle espèce de livre est-ce*, was ist dies für ein Buch, *che (sorta di) libro è questo?* — time is it? *quelle heure est-il*, wieviel Uhr ist es, *che ora è?* — with (this and that), *d'un côté* .. *de l'autre*, teils .. t-, *e per via di* .. *e per via di*; (do) — I tell you, *ce que je vous dis*, wie ich Ihnen sage, *come Le (c- vi) dico*; do — I will, *quoi que je fasse*, was ich auch thun mag, *che pure faccia*; he knows —'s —, *il n'est pas sot*, er ist (recht) pfiffig, *sa il conto suo*; (I gave him) —money (I had), l'argent que, das Geld was, *quanto danaro*; (I know) — it is to, *ce que c'est de*, was das heißt (inf.), *che cos' è di*; (I know) — to do, *que faire*, was ich thun soll, *che fare*; I will tell you —, *je vous dirai ce que c'est*, ich will Ihnen was sagen, (*Glie*)*lo dirò io che cosa.* |ev'er, prn., *tout ce qui*, *t- ce que*; alles was; *tutto ciò che*, *t- quello che*; — it may be, *quoi que ce soit*, was es auch sein mag, *sia quel che sia*; —rights you may have, *quelques droits que vous puissiez avoir*, welche Rechte Sie auch haben mögen, *qualunque sieno i Suoi diritti*; — you may say, *quoi que vous puissiez dire*, was Sie auch (immer) sagen mögen, *dica quel che vuole*; —(your reasons) may be, *quelles que puissent être*, was .. auch sein mögen, *qualunque sieno (le Sue ragioni)*; none —, *aucun*, (not one) *pas un seul*; gar kein; *niente affatto*, neppur uno; nothing —, *absolument rien*, (ganz u.) gar nichts, *niente affatto*. '|not, n., étagère, f.; Gestell, n.; *scaffale*, m. |soev'er, prn., v. |ever.
Wheat (I), n., *blé*, m., Weizen, *frumento*.
Whee'dle, t., *enjôler*, beschwatzen, *piaggiare*.
Wheel, n., *roue*, f.; Rad, n.; *ruota*, f. —, t., *rouler*, rollen, *rotolare*. —, i., *tourner*, s. (um)drehen, *girarsi*. '-barrow, n., *brouette*, f.; Schubkarren, m.; *carretto*. lad, n., *four* —, *a quatre roues*, vierräderig, *a quattro ruote*. '-wright (raït), m., *charron*, Stellmacher, *carradore*.
Wheeze, i., *siffler*, keuchen, *gemere (respirando)*.
Whelp, n., *petit*, m.; Jungle, n.; *piccolo*, m.; (puppy) *jeune chien*, j|er Hund, *cagnolino*.
When, cj. & ad., *quand*, *lorsque*; wenn, wann, (cj.), with past tense) als; *q'o*, *allorchè*; —? *q-*, wann, q|o? even —, *q-même*, selbst wenn, *quand' anche*; since —? — (did you)? *depuis q-*, seit wann, *da q|o (in qua)?* |ce, ad., *d'où*, woher, *donde*; (fr. which) *d'où*; woraus, wovon; *onde*. |ev'er, ad., *toutes les fois que*, so oft, *ogni volta che*; & v. when.
Where (houère), ad., *où*, wo, *dove*; any|,

some|where, *quelque part*, irgendwo, in qualche luogo; & v. every|, no|-where. |about(s), ad., *où*, wo (ungefähr), *dove; his—, où il est,* wo er ist, *dove è.* |as', cj., *tandis que*, während (hingegen), *mentre (che);* (seeing that) *vu que;* da (doch), weil (ja); *attesoche, stante che.* |by', ad., *par où,* wodurch, *onde.* '|fore, ad., *pourquoi;* weshalb; *onde, per la qual causa;* (interrog.) v. why. |in', ad., *en quoi,* worin, *in che; &* v. where, in which. |of', ad., *dont,* (interrog.) *de quoi;* wovon; *del quale.* |on', |upon', ad., *sur quoi, sur lequel;* worauf, worüber; *su di che, sul quale.* Wherev'er, ad'., *partout où,* wo auch immer, *in qualunque luogo.* Wherewith', ad., *avec quoi, de q-;* womit; *con che, con quale.*
Wher'ry, n., *bachot,* m.; Nachen; *barchetta,* f.
Whet, t., *aiguiser;* schärfen, wetz|en, (appetite) reizen; *aguzzare.* '|stone, n., *pierre à a-,* f.; W|stein, m.; *cote,* f.
Wheth'er, cj., *si,* ob, *se;* — he comes or not, *qu'il vienne ou non,* er mag kommen oder nicht, *che venga o non;* — it be (this or that), *soit .. s-,* sei es .. oder, *sia .. s-.*
Whey (houè), n., *petit-lait*, m.; Molke(n), f. (pl.); *siero,* m.
Which, rel. prn., *qui,* (ac.) *que,* (with prp.) *lequel, laquelle,* etc.; welch|er, |e, |es, (ac.) |en, |e, |es; *che, il qual|e, la q|e,* (pl.) *i q|i, le q|i;* of —, *dont;* dessen, deren, dessen, (pl.) deren; *del q|e, della q|e,* (pl.) *del q|i,* etc.; that —, *ce qui, ce que;* das was; *ciò che;* (interrog.) *quel,* (of two,etc.)*lequel;* welcher; q|e; know,tell, say — is —, v. distinguish. |ev'er, prn., *quelque .. que* (subj.); welch|er, |e, |es auch immer; *quale che sia;* & v. which.
Whiff, n., *bouffée*, f.; Hauch, m., (of pipe) Zug; *soffio, buffata,* f.
While, n., *temp|s.* m.; Zeit, f., Weile; t|o, m.; a good —, *assez longtemps,* ziemlich lange, *un pezzo;* a little —, *peu de t|s,* kurze Z-, *poco t|o;* a long —(ago), *(il y a) l-,* (es ist) l-(her), *lungo t|o (fa);* between *|s, par intervalles,* dann u.wann, *di quando in q-;* (in the) mean-, *en attendant,* mittlerweile, *frattanto;* it is not worth —, *cela ne vaut pas la peine,* es ist nicht der Mühe wert, *non vale la pena.* —, t.; — away (time). *faire passer,* vertreiben, p|are. —, Whilst, cj., *pendant que;* während, indem; *mentre che;* — speaking, *en parlan't,* w- ich (er, etc.) sprach, p|do.
Whim, n., *capric|e,* f., *lubie;* Grille; c|cio, m., *fantasia,* f. '|sical, a., *fantas|que,* wunderlich, *f|tico.*

Whim'per, i., *pleurnicher,* wimmern, *piagnucolare.*
Whin, n., *gen't,* m.; Ginster; *ginestra,* f.
Whine, i., *geindre,* winseln, *guaire.* Whi'ning, a., *pleurard,* jämmerlich, *lamentevole.*
Whin'stone, n., *trapp,* m., T-, *basalto.*
Whip, n. & t., *fouet,* m. (riding-, cravache, f.), *f|ter;* Peitsch|e, f. (Reitpeitsche), p|en; *frust|a* (|ino, m.),|are; & v. beat, snatch. '|per-in, m., *piqueur,* Pikeur, *bracchiere.*
Whir, i., *frémir,* schwirren, *ronzare.*
Whirl, i., *tour|noyer,* (of dust, etc.) *t|billonner;* wirbeln; *girare, aggirarsi;* & v. rush. —, t., *faire t|ner,* schwingen, *far g-.* '|igig, n., *pirouette,* f.; Drehrädchen, n.; *girello,* m. '|pool, '|wind, n., *tournant,* m., *tourbillon;* Strudel, Wirbelwind; *vortice, turbine.*
Whisk, t., *épousseter,* abstäuben, *spolverare;* (eggs, etc.) v. beat; — away, off, entlever, wegraffen, *arraffare.* —, i., *pass|er rapid|ement,* huschen, p|ar r|amente. —, n., *vergette,* f.; Staubbesen, m.; *spazzola,* f. '|ers, n. pl., *favoris,* m. pl.; Backenbart, m. sg.; *fedine,* f. pl.
Whis'k|ey, |y, n., *w-,* m., W-, *w-.*
Whis'per, i., t., & n., *chuchot|er,* |ement, m.; flüstern, Geflüster, n.; *bisbigli|are,* |o, m.
Whist, n., *w-,* m.; W-, n.; *wist,* m.
Whis'tle (ssl), n., i., & t., *siff|et,* m., (sound) *s|ement,* (i. & t.) |er; Pfeif|e, f., |en, n., (i. & t.) |en; *fischi|o,* m., *zufol|o,* (i.) *f|are,* (t.) *z|are.*
Whit, n., *every —*, *absolument,* ganz u. gar, *del tutto;* & v. quite, just; not a —, *pas le moins du monde,* durchaus nicht, *niente affatto.*
White, a., *blanc,* weiß, *bianco.* —, n., (of egg) *b-,* m.; Eiweiß, n.; *chiaro d'uovo,* m. '-bait, n., *ablette,* f.; Blicke; *argentino,* m. '-friar, m., *carme,* Karmeliter, c|*litano.* '-heat, n., *chaude blanche,* f.; W|glühhitze; *calore bianco,* m. '-lead (ëd), n., *céruse,* f.; Bleiweiß, n.; *biacca,* f. Whi'ten, t. & i., *blanchir;* bleichen; *imbian|care,* |chire. White'|ness, n., *blancheur,* f., W|e, *bianchezza.* '|smith, m., *ferblantier,* Klempner, *lattajo.* '|thorn, n., *aubépine,* f.; W|dorn, m.; *biancospino.* '|wash, t. & n., *blanchir, blanc de chaux,* m.; w|en, Kalkmilch, f.; *imbiancare, calce da i-.*
Whith'er, ad., *où,* wohin, *dove.*
Whit'|ing, n., *merlan,* m., Weiß|ling, merluzzo. |ish, a., *blanchâtre,* w|lich, *bianchetto.*
Whit'low, n., *panaris,* m.; Nagelgeschwür, n.; *patereccio,* m.
Whit'sun|day, n., |tide,n., *dimanche de la*

Pentecôte, m., *P-*, f.; Pfingst|sonntag, m., |en, n. (pl.); *Pentecoste*, f., *stagione di P-*. [*gliuzzare*.
Whit'tle, t., *déchiqueter*, zerschneiden, *ta-*
Whiz, i., *siffler*, sausen, *fischiare*.
Who (hou), rel. prn., *qui;* welch|er, |e, |es, (pl.) |e; *che, il qual e, la q|e*, (pl.) *i q|i, le q|i;* (interrog.) *qui*, wer, chi. |(so)-ev'er, prn., *qui que ce soit, quiconque;* jed|er (|e, |es) der (die, das), wer nur; *chiunque*. |se, |m, v. inf.
Whole (hôle), a., *tout, entier; ganz; tutto, in-tero;* the—day, *t e la journée,* den g|en Tag, *t- il giorno;* the—world, *le mond|e* e-, die g|e Welt, *t- il m|o*. —, n., *t-*, m.; G|e, n.; *t-*, m.; on the—, *à t- prendre,* im G|en (genommen), *in somma*. '|sale, a. & n.; —, by —, *en gros,* im Groß|en, *all' ingrosso;* — merchant, *négociant (en g-)*, G|händler, *negoziante all' i-*. '|some, a., *sain*, (fig.) *salutaire;* gesund, heilsam; *sano, salutare*. |**someness**, n., *nature saine*, f., *salubrité;* G|heit, H|keit; *qualità sana, salubrità*. **Whol'ly** (hôl-lī), ad., *tout à fait, entièrement;* ganz, gänzlich; *affatto, interamente*.
Whom (houme), rel. prn. (ac.), *que*, (after prp.) *qui, lequel, laquelle,* (pl.) *lesquels, lesquelles;* welch|en, |e, |es, (pl.) |e; *che,* (after prp.) *cui, il qual e, la q e,* (pl.) *i q'i, le q|i;* of —, *dont, duquel, de laquelle* etc.; dessen, deren, dessen etc., von w|em, 'er, 'em etc., *di cui, del, 'la qual|e, dei, delle q|i;* (interrog.) *qui*, wen, chi; of —, *de qui;* wessen, von wem; *di chi;* to —, *à qui*, wem, *a chi*. |**soev'er**, prn. (ac.), v. **whoever**.
Whoop (houpe), n., *huée*. f., *cri*, m.; Geschrei, n.; *grido*, m. '|ing-cough (koff), n., *coqueluche*, f.; Keuchhusten, m.; *tossa cavallina*, f.
Whort'leberry (houeurt'), n., *airelle*, f., Heidelbeere. *mortella*.
Whose (houze), rel. prn. (gen.), *dont, de qui, duquel, de laquelle, des|quels, |quelles;* dessen (m. & n.), deren (f. &pl.); *di cui, del, |la qual e, dei, delle q'i;* (interrog.) *de qui,* wessen, *di chi*. **Who'-so**, |ev'er, prn., v. **whoever**.
Why (houaï), ad., *pourquoi;* warum, weshalb; *perchè;* (int.) *mais, eh bien;* ei, nun; *ma, ebbene.*
Wick, n., *mèche*, f.; Docht, m.; *lucignolo*.
Wick'ed, a., |**ness**, n., *méchan|t*, |*ceté*, f.; böse, Bosheit; *malvagi|o,|tà*.
Wick'er, n., 'work, n., *osier*, m., *vannerie*, f.; Korbweide, f., Flechtwerk, n.; *vimine*, m., *laroro di v-*.
Wick'et, n., *guichet*, m., (at cricket) *g-, barres*, f. pl.; Pförtchen, n., Ballgesteck; *sportello*, m., *stanghette*, f. pl.
Wide, a., *large*, (world, space) *vaste,* (sense)

étendu; weit; *largo, vasto,* (space) *ampio,* (sense) *largo;* (difce.) v.great; (3 ft.) —, *l- de* (...), (...) breit, *l- di* (...). —, ad., v. far, quite; far and —, *partout,* weit u. breit, *per ogni dove;* — apart, *bien loin (l'un de l'autre),* w-auseinander, *distante (l'uno dall'altro);* — a-wake, *tout éveillé;* vollkommen wach, (fig.) aufgeweckt; *desto;* |awake (hat), *chapeau de feutre*, m., Filzhut, *cappello di feltro;* — open, *tout grand ouvert,* (ganz) weit offen, *spalancato*. '|ly, ad., v. wide, a. & ad. (far and —, — apart); (differ) *grandement,* sehr, *molto*. **Wi'den**, t. & i., *élargir, s'é-;* erweitern, s. e-; *allargar|e, |si*. **Wide'ness**, n., v. **width**.
Wid'geon (dj), n., *canard siffleur*, m.; Pfeifente, f.; *anitra selvatica*.
Wid'ow, f., |er, m., |hood, n., *veu|ve, |f, |vage*, m.; Witw|e, |er, |enstand, m.; *vedov|a, |o, |anza*, f. |ed, a., *v|f, |ve;* verwitwet; *v|ato*.
Width, n., *largeur*, f., Breite, *larghezza;* & v. extent; 3 ft. in —, v. wide.
Wield (i), t., *manier*, handhaben, *maneggiare;* (fig.) *tenir, porter;* führen; *tenere, portare*.
Wife (pl. wives), f., *femme, épouse;* (Ehe-) frau, Gattin, Gemahlin; *moglie, sposa;* & v. **woman**.
Wig, n., *perruque*, f., Perücke, *parrucca*.
Wild, a., *sauvage,* w-, *selvatico;* (country) *inculte,* wüst, *incolto;* (flowers) *sylvestre, des champs;* Wald.., Feld..; *selvatico;* (look) *effaré,* verstört, *stravolto;* & v. ferocious, violent, stormy, dissipated, senseless; — beast, *bête féroce,* f.; wild|es Tier, n.; *fiera*, f.; it is enough to drive o. —, *c'est à en devenir fou,* es ist zum Tollwerden, *è cosa da impazzirne;* run —, v. wander, rove. -boar, n., *sanglier*, m.; Eber, W|schwein, n.; *cinghiale*, m. '|are, n., *feu grégeois,* m.; griechisches Feuer, n.; *fuoco greco,* m.; like —, *comme la foudre,* blitzschnell, *come un lampo*. '|ly, ad., *follement, violemment;* unbesonnen, wild, heftig; *pazzamente, violentemente;* (stare) *d'un air farouche,* verstört, *(aver) lo sguardo stravolto*. '|**ness**, n., *état sauvage*, m.; W|heit, f.; *selvatichezza;* (of conduct) *déréglement*, m., Ausschweifung, f.; *sregolatezza;* & v. folly. -**oats**, n. pl.; sow o's —, *jeter sa gourme,* s. die Hörner ablaufen, *scozzonarsi*. |s, n. pl., **Wil'derness**, n., *désert*, m.; Wildnis, f., Wüste; *d|o*, m.
Wile, n., *ruse*, f., List, *astuzia*.
Wil'ful, a., (murder) *fait avec préméditation,* vorsätzlich, p|to; & v. obstinate.
Will, n., *volont|é*, f.; W|e, m.; *v|à,* f., *volere*, m.; (last) *testament,* m.; T-, n.; |o,

m.; & v. wish, desire, command; at —, à v|é, à son gré; nach Wunsch, n- Belieben; a v|à, a piacere; free —, libre arbit|re, m., freier Wille, libero a'rio; good —, bienveillance, f.; Wohlwollen, n.; benevolenza, f.; good — (of business), client|èle, f., Kundschaft, c|ela; he has a — of his own, il veut ce qu'il veut; was er will, davon geht er nicht ab; fa ogni suo volere; ill —, rancune, f.; Groll, m.; rancore; bear o. ill —, en vouloir à qn., j-m böse sein, voler male a qd.; where there is a — there is a way, vouloir c'est pouvoir, Wollen ist Können, volere è potere; with a —, de bon cœur, herzlich, di cuore. —, t., vouloir, wollen, volere; (bequeath) léguer, vermachen, legare; & v. order.
— (imp. would), aux. (genly. 2nd & 3rd pers.; in 1st pers., shall, should); he, you — come, il viendr|a, vous v'ez; er wird, Sie werden kommen; verr|à, |ete, (Lei) v|à; (— you come, do it?) I —, je viendrai, je le ferai; ich werde kommen, es thun; verrò, lo farò; I — (I'll) tell you, je vais vous dire, ich will Ihnen sagen, vi (Le) dirò; whether he — or not, bon gré mal gré, er mag wollen oder nicht, a buon volere o contro v-. '|ing, a., prét. bien disposé; bereit, |willig; pronto, disposto; & v. voluntary; be —, v. will, t. 'ingly, ad., volontiers, gern, volentieri. '|ingness, n., bonne volont|é, f.; B|willigkeit; buona v|à, prontezza. |glielmo.
Will'iam, m., Guillaume, Wilhelm, Guglielmo.
Will-o'-the-wisp, n., feu follet, m.; Irrlicht, n.; fuoco fatuo, m.
Wil'low, -tree, n., saule, m.; Weide, f.; salice, m.; weeping —, s- pleureur, Trauer|w-, s- piangente.
Wilt, 2nd pers. sg., v. will.
Wi'ly, a., rusé, listig, astuto.
Win (won, w-), t., v. gain; (i.) l'emporter, siegen, vincere.
Wince, i., reculer (at, à), zurückschrecken (vor, dat.), ritirarsi (a).
Winch, n., manivelle, f.; Kurbel, manovella.
Wind, n., vent, m., W-, v|o; (flatulence) flatuosit é, f., Blühung. f|à; & v. breath; get —; s'ébruiter, bekannt werden, divulgarsi; raise the —, se procur|er de l'argent, s. Geld verschaffen, p|arsi danaro; take the — out of o's sails, prendre le dessus sur, die Oberhand gewinnen über, prendere il sopravvento a; there is stbg. in the se—, il prépare qc., es ist etwas im Werke, si prepara qc. '-bound, a., retenu par les v|s contraires, v. widrigen Winden aufgehalten, ritenuto dai v|i contrari. |ed, a.; long-, à longue

haleine. lang|atmig, di lunga lena; (fig.) interminab|le, weitschweifig, t,ite; short-; qui a l'h- courte, kurz|a-, di corta lena. '|fall, n., fruit abattu par le vent, m.: vom Wind|e abgeschlagenes Obst, m.; frutto gettato a terra dal v|o, m.; (fig.) (bonne) aubaine, f.; Glücksfall, m.; caso felice. '-instrument, n., i- à v-, m.; Blas|i-, n.; strumento da fiato, m. '|mill, n., moulin à v-, m.; W|mühle, f.; mulino a v|o, m. '|pipe, n., trach|ée(-artère), f., Luftröhre, t ea. '|ward, a.; to —, |wards, au v-, (nav.) au lof; w|wärts, luvwärts; al v|o, all' orza. '|y, a., v|eux, w|ig, v|oso; it is — (weather), il fait du v-. es ist w|ig, fa v|o.
Wind (aï; wound, w-: aou), t., (a horn) sonner (du cor), blasen, sonare.
Wind (aï; wound, w-: aou), t., (thread, etc.) dévider; w|en, wickeln; aggomitolare. (for weaving) innaspare; & v. roll, wrap, coil; — up, (clock) monter, aufziehen, caricare; (a business) liquid|er, |ieren, |are; & v. arrange, conclude. — (wound, w-), i., (road, river, etc.) serpenter; sich wind|en, sich schlängeln; serpeggiare; (plants) s'entortiller, s. ranken, avviticchiarsi. '|ing, a. & n., sinu|eux, |osité, f., détour, m., (of road) lacet; s. schlängelnd, W|ung, f., Krümmung; sinuos|o,|ità, serpeggiamento, m. '|ing-sheet, n., linceul, m.; Leichentuch, n.; lenzuolo funebre, m. '|ing-staircase, n., escalier tournant, m.-Wendeltreppe, f.; scala a chiocciola.
Wind'lass, n., cabestan, m.; Schiffswinde, f.; argano, m.
Win'dow, n., fenêtre, f.; Fenster, n.; finestra, f.; (shop-) montre; Schau'f-, n.; mostra, f.; (carriage-) glace; Wagen|f-, n.; cristallo, m.; (church-) vitraux, m.pl.; Kirchen f-, n.: invet|iate, f. pl.; sash-, f- à guillotine, Schieb|f-, f- a saracinesca; out at, out of the —, par la f-, zum F- hinaus, per la f-. -blind, n., (rolling) store, m.; F|rouleau n.; stuoja, f.; (wire, outside, etc.) jalousie; F schirm, m.; gelosia, f., persiana. - glass, n., verre à vitres, m.; F|glas, n.; cristallo da finestre, m.
Wine, n., vin, m., Wein, vino. '-cask, n., tonneau à v-, m.; W|faß, n.; botte da v-, f. '-cellar, n., cave, f.; W|keller, m.; cantina da v-, f., canova. '-glass, n., verre à v-, m.; W|glas, n.; bicchiere da v-, m. '-grower, m., viticulteur, W|bauer, coltivatore di viti. '-merchant, m., négociant en vins, W|händler, negoziante di vino. '-press, n., pressoir, m.; Kelter, f.; torchio, m.; '-shop, n., débit de vin, m.; W handlung, f.; vendita di v-.
Wing, n., aile, f.; Flügel, m.; ala, f.; on

Conversation Dictionary. 15

the —, *au vol*, im Fluge, *in sulle ale;* take —, *s'envoler*, davonfliegen, *volare via.* —, t., *blesser à l'a-*, flügellahm machen, *ferire nell' a-*. |ed, a., *ailé*, geflügelt, *alato.*
Wink, i., *cligner les yeux*, blinzeln, *battere gli occhi;* — at, *faire signe de l'œil à*, j-m zublinzeln, *dar un' occhiata a;* (fig.) *fermer les yeux sur*, ein Auge zudrücken bei, *passare a chiusi occhi.* —, n., *clin d'œil*, m., Augenwink. *batter d'occhio;* not to sleep a —. *pas fermer l'œil*, kein Auge zuthun, *non chiudere occhio.*
Win'|ner, m., *gagnant*, Gewinner, *vincitore.* '|ning, a., (manner, etc.) *engageant*, einnehmend, *lusinghevole.*
Win'now, t., *vanner;* schwingen, wannen; *vagliare.*
Win'ter, n., *hiver.* m., W-, *inverno.* —, a.. *d'h-*, W|.., *d'i-.* —, i.., h,ner, überwintern, *svernare.* **Win'try,** a., *d'h-*, w'|lich, *invernale.*
Wipe, t., *essuyer*, (ab)wischen, *asciugare;* — out, *effacer*, aus'w-, *cancellare.*
Wire, n., *fil (de métal)*, m., Draht. *filo (di m'|lo).* —, t.. v. telegraph. **-blind,** n.. *jalousie en fil de fer*, f., D|jalousie. *persiana di fil di ferro.* **-gauze, -net,** n., *tissu m'lique.* m.; D'gaze, f., |netz, n.; *tela m'|lica*, f., *rete di fil di ferro.* **-work,** n., *grillage*, m.; D'gitter. n.; *graticciata di fil di ferro*, f. **-worker,** m.. *tréfileur.* D|zieher. *trafilatore.* **Wi'ry,** a.. (fig.) *nerveux*, zäh, *nerboruto.*
Wis'dom, n., *sagesse*, f., Weisheit, *sapienza.* **Wise,** a., *sage;* weise; *saggio, savio;* & v. prudent. 'acre, m., *prétendu sage*, Weisheitsprediger, *saccente.* '|ly. ad., *s,ment;* weise. klug; *saviamente.*
Wise, n., *manière.* f., *façon;* Weise, Art; *maniera.* modo. m.
Wish, n., *désir.* m., *souhait;* Wunsch; *desiderio, brama.* f.. *voglia;* good |es, *compliments*, m. pl., Glückwünsche, *auguri;* & v. sympathy. —, t., *désirer;* wünschen; *desiderare. bramare;* (o.joy, etc.) *souhaiter*, w-. *augurare;* — o. goodbye. *prendre congé de. faire ses adieux à;* von j-m Abschied nehmen, e-m Lebewohl sagen; *prendere congedo di. dire addio a.* —, i.. — for, v. —, t.; |ed for, *désir é*, 'able| erwünscht; *desiderato.*
Wisp, n., *bouchon.* m.. *poignée*, f.; Wisch. m.. Büschel; *mazzo.*
Wist'ful, a., *désireux*, sehnlich, *desideroso;* & v. eager, attentive.
Wit, n., *esprit*, m.; Witz; *spirito;* (pers.) *bel e-*, Schöngeist. *bello s-;* |s, v. intelligence, sense; have o's s about o., *avoir sa présence d'esprit*, aufgeweckt sein. *essere svegliato;* I am at my 's end, *je suis au bout de*

mon latin, da steht mir der Verstand still, *qui mi vien meno l'intelletto.* —, t.; to —,*savoir*, nämlich, *cioè.*
Witch, f., '|craft, n., *sorc|ière*, |ellerie, f.; Hexe, |rei; *streg|a*, |oneria.
With, prp.. *avec*, mit, *con;* (by, by means of) *de, par;* m-, von, durch; *di, per;* (covered, mixed, pleased) *de*, m-, *di;* (at the house of) *chez;* bei; *da,* (fig.) *presso;* (in the opinion of) *auprès de,* bei, p-; (— grief, etc.) *de*, vor, *di;* (— gray hair, etc.) *à;* mit; *con, da;* — a loud voice, *à haute voix*, m- lauter Stimme, *ad alta voce;* — all my heart, *de tout mon cœur*, von ganzem Herzen, *di tutto cuore;* coffee—milk, *café au lait,* Kaffee m- Milch, *caffè e latte;* — a view to, *afin de*, um.. zu, *affine di;* it lies — you, *il dépend de vous*, es hängt von Ihnen ab, *dipende da Lei;* — child, *enceinte*, schwanger, *incinta;* — it, *avec*, damit, *con ciò;* what shall I do — it, *qu'en ferai-je,* was soll ich damit machen, *che ne farò?* 'al' (au), ad., v. also. at the same time. 'draw', t. & i., *retirer*, se r-; zurückzieh|en, sich z|en; *ritirar'|e,* |si. |draw'al, n., *retraite,* f.; Z|-ung; *ritir'|o*, m., |ata. f.
With'er, t. & i.., *flétrir, se f-;* welk machen, (ver)welken; *appassare*, t. & i.; |ing, (fig.)*foudroyant*, vernichtend, *annichilante.* [*garrese.*
With'ers, n. pl., *garrot*, m., Widerrist,
With|hold', t., *retenir*, vorenthalten, *ritenere;* & v. refuse. |in', prp., *dans, en;* innerhalb (gen.), (time) binnen (dat.); *entro;* (calculate to —) *à . près*, bis auf (ac.), *a .. di presso;* — reach of, *à la portée de.* im Bereiche, *alla portata di.* |in', ad., *(en) dedans,* darin, *(di) dentro;* (at home) *chez soi* (*moi, lui,* etc.), zu Hause. *in casa;* from —, *de d-*, von innen, *dal di d-.* |out', prp.. *sans,* ohne, *senza;* (outside of) *en dehors de;* außer (dat.), halb (gen.); *fuori (di);* do — sthg., se passer de, entbehren, *far senza.* |out', ad.. *en dehors,* (dr)außen, *(al di) fuori.* ,stand', t., *résist'er à,* supporter; widerstehen (dat.); r'|ere a.
Wit'ness, m. & f., *témoin;* Zeug|e, |in; *testimoni'|o;* (n.) *témoignage*, m. (bear, rendre); Z,nis, n. (ablegen); *t,anza,* f. *(fare).* —, *être témoin de,* Z|e sein von, *essere t|o di;* & v. see, behold; deed, etc.) *attest|er;* beglaubigen; a|are, *firmare.*
Wit'|ted, a.; quick-, *qui a l'esprit vif,* aufgeweckt. *d'ingegno pronto;* half-, *niais,* albern, *sciocco.* '|ticism, n., *plaisanterie,* f., *bon mot*, m.; Witz; *frizzo.* '|ty, a., '|tily, ad., *spirituel,* |lement; witzig; *spirit|oso*, |osamente.

Wives, f. pl., v. **wife**. [gone.
Wiz'ard, m., *sorcier*, Hexenmeister, *stre-*
Wiz'en, a., v. thin.
Woe, n., *malheur*, m.; Unglück, n.; *miseria*, f.; —, to, m- à, Wehe über (ac.), *guai a*. '|begone, '|ful, a., *triste, douloureux*; traurig; *desolato, tristo*.
Wolf (ou; pl. wolves), n., *loup*, m., W-, *lupo*; she-, *louve*, f., Wölfin. *lupa*.
Wo'man (ou; pl. women; ouïmmenn), f., *femme*; Frau, Weib, n.; *donna*, f.; English-, French-, German, Italian —, *Anglaise, Française, Allemande, Italienne*; Engländerin, Französin, Deutsche, Italienerin; *Inglese, Francese, Tedesca, Italiana*; milk-, *laitière*, Milchfrau, *lattajuola*; old —, *vieille*, alte Frau, *vecchia*. |hood, n., *état de femme*, m., Fleustand, *stato di donna*. |ish, a., *efféminé*, weib|isch, e|*minato*. |kind, n., *les f.s*. die F|en, *le donne*. |ly, a., *de f-*, w|lich, *di donna*.
Womb (woume), n., *matrice*, f., Gebärmutter, m-; (fig.) *sein*, m., Schoß, *seno*.
Won (ă), imp. & pp., v. **win**.
Won'der (ă), n., *merveille*, f.; Wunder, n.; *maraviglia*, f.; (surprise) *étonnement*, m.; Verwunderung, f.; m|a; no —, v. not to be |ed at. —, i., *s'éter*, sich w|n, m|*arsi*; I — (if), *je voudrais bien savoir*, ich möchte doch wissen, *vorrei ben sapere*; it is not to be |ed at, *ce n'est pas é|ant*, das ist kein Wunder, *non è sorprendente*. |ful, a., *é|ant, merveilleux*; w|bar; m'*oso*.
Won't, v. will not.
Wont, n., *coutume*, f.; Gewohnheit; *uso*, m., *costume*. —, a.; be —, *avoir c- de*; g|t sein, pflegen; *solere*. |ed, a., *habituel*, gewöhnlich, *solito*.
Woo, t., *faire la cour à*, s. bewerben um, *corteggiare*.
Wood, n., *bois*, m.; Holz, n.; *legno*, m.; (forest) *forét*, f.; Wald, m.; *bosco, selva*, f.; fire-, b- *à brûler*; Brennh-; *legna*, f. pl. '|bine, n., *chèvrefeuille*, m.; Geißblatt, n.; *caprifoglio*, m. '*cock*, n., *bécasse*, f., (W|)schnepfe, *beccaccia*. '|cut, n., *gravure sur bois*, f.; H|schnitt, m., *stampa di legno*, f. '|cutter, m.. *bücheren*, H|hauer, *taglialegna*. '|ed, a., *bois|é*, bewaldet, *boscato*. '|en, a., *de b-, en b-*; hölzern; *di legno*; — *shoe, sabot*, m., Holzschuh, *zoccolo*. '*land*, n., *pays b é*, m.; W|ung, f.; *paese boscoso*,m. '|louse, n., *cloporte*, m.; Assel, f.; *porcellino terrestre*, m. '*man*, m., *garde-forestier*, Förster.*guardaboschi*;&v.|cutter. '|pecker, n., *pic*, m., Specht, *picchio*. '|pigeon, n., *pigeon ramier*, m.; Holz|taube. f., Ringel|t-; *palombo*, m. '*work*, n., b|*erie*, f.;

H|werk, n.; *legname*, m. '|y, a., *ligneux*, h|ig, *legnoso*; & v. |ed.
Woo'er, m., *prétend|ant*, Freier, p|*ente*.
Wool, n.. *laine*, f., Woll|e, *lana*; Berlin —, *l- de B-*, Stickwolle, *l- da ricamare*. '|comber (kôme'r), m., *cardeur de l-*, W|kämmer, *garzatore*. '|len, a., *de l-*, w|en, *di l-*; — *cloth, drap*, m.; Tuch, n.; *panno*, m. '|ly, a., *laineux*, w|ig, *lanoso*; (hair) *crépu*, kraus, *crespo*. '|sack, n., *siège du lord chancelier*, m.; Sitz des Lordkanzlers; *sedia del cancelliere*, f. '|work, u., *tapisserie*, f.; Stickerei; *ricamo*, m.
Word (eur), n., *mot*, m., (genly. more important) *parole*, f.; Wort, n. (pl. |e; single, separate: Wörter); *parola*, f.; & v. promise; as good as his —, *un homme de p-*, ein Mann von W-, *un uomo di p-*; break o's —, *manquer à sa p-*, nicht W-halten, *mancare di p-*; bring —, *infor-m|er*, Bescheid sagen, *i|are*; by — of mouth, *verbalement*, mündlich, *a voce*; — for —, *mot à m-*, W- für W-, *p- per p-*; keep o's —, *tenir p-*, W- halten, (*man*)*tenere la p-*; — of honour, *p- d'honneur*, Ehrenwort, *p- d'onore*; send —, *faire savoir à*, sagen lassen (dat.), *far sapere a*; take at o's —, *prend|re au mot*, beim W|e nehmen, *p|ere in p-*; take my — for it, *croyez-m'en*, glauben Sie mir, *prenda la mia p-*: up|on my —, *sur p-*, auf mein W-, *sulla mia p-*. —, t., *exprimer*, ausdrücken, *esprimere*; |ed thus, *ainsi conçu*, folgenden Inhalts, *così concepito*. '|y, a., *verbeux*, weitschweifig, *prolisso*.
Wore, imp., v. **wear**.
Work (eur; |ed, |ed, & wrought, w-), i., *travailler*, arbeiten, *lavorare*; (machine) *fonctionner*, gehen, *funzionare*; & v. go, act, succeed, ferment; — off, *se détacher*. s. loslösen, *staccarsi*; — upon, v. excite, move. —, t., (material) *t-*, bearbeiten, *l-*; (pers.) *faire t-*, a- lassen, *far l-*; (mach., etc.) *manœuvrer, faire aller*; gehen lassen, in Bewegung setzen; *dirigere, mettere in movimento*; (mines, etc.) *exploiter*, ausbeuten, *l-*; & v. cause, effect, move, embroider; — o's passage, *payer le passage par son travail*, für seine Überfahrt Schiffsarbeiten verrichten, *pagare il passaggio lavorando*; — o's way, *s'ouvrir un chemin*, s. durcharbeiten, *farsi strada*; — out, (plan, etc.) *effectuer*, zu stande bringen, *effettuare*; & v. exhaust, pay (by working); — up, (materials) v. — (t.) (feelings) v. excite. —, n., *travail*, m.; Arbeit, f.; *lavoro*, m.; (result of, literary, etc.) *ouvrage*, (fig.) *œuvre*, f.; Werk, n.; *opera*, f.; & v. affair, effect, embroidery, |man

World — 228 — Would

ship; — of art, œ- d'art, f.; Kunst|w-, n.; o- d'arte, f.; at —, au t-, à l'o-; bei der A-; al l-; go, set to —; se mettre à l'o-, ans W- gehen, mettersi al l-; hard —, labeur, m., corvée, f.; schwere A-, Mühsal, n.; l- penoso, m.; open —, o- à jour, durchbrochene A-, l- a giorno; out of —, v. without; ;s (pl.), (of author) œuvres, W,e, opere; (of watch) mouvement, m.; W-, n.; movimento, m.; (factory) fabrique, f., usine; Fabrik; fabbrica. '|able, a., susceptible d'être travaillé, bearbeitungsfähig, suscettibile di essere lavorato; & v. practicable. '-bag, '-basket, '-box, n., sac à ouvrage, m., corbeille à o-, f., boîte à o-; Arbeits|beutel, m., |körbchen, n., |kästchen; sacchetta da l-, f., panierino da l-, m., scatola da l-, f. '|er, m. & f., v. |man, |woman. '|house, n., asile des pauvres, m.; Armenhaus, n.; ospedale de' poveri, m. '|ing, a.; — man, v. |man; — classes, les c- ouvrières, die arbeit|enden Klassen, le classi operaje; — dress, habit de fatigue, m.; A'skleid, n.; abito di lavoro. m.; hard —, laborieux, a|sam, laborioso. '|ing, n. , (of machine) fonctionnement, m.; Thätigkeit, f.; movimento, m.; (management.) manœuvre, f. ; Handhabung; maneggio, m.; & v. w|, operation, calculation. '|man, m., '|woman, f., ouvri|er, |ère; A,er, |erin ; operaj|o, |a. '|manship, n., (cost of) main-d'œuvre, f.; A'slohn, m., Macherlohn; fattura, f.; & v. w|. ' shop, n., atelier, m.; Werkstätte, f.; lavoratojo, m. World (eur), n., monde, m.; Welt, f.; mondo, m. ; in all the —, dans le m- entier, in der ganzen W-, nel m- intero; not for the —, pas pour tout au m-, um keinen Preis, non per tutto il m-; the fashionable —, le beau m-, die feine W-, il bel m-; a — of trouble, une foule de désagréments, unsägliche Mühe, un m- di pena; begin the —, faire son début dans le m-, seine Carriere anfangen, cominciare la carriera. '|ly, a., '|liness, n., mond|ain, |anité, f.; w,lich, |lichkeit; mond,ano, |anità.
Worm (eur), n., ver, m., Wurm, verme; (of screw) filet taraudé; Schraubengewinde, n.; spira, f.; (of still) serpentin, m.; Schlangenrohr, n.; (tubo) serpentino, m. —, t., — out (a secret, etc.), arracher (of, à), herauslocken (aus), cavare (a); — o's sf. into, se faufiler dans, s. einschleichen in, insinuarsi in. '-eaten, a., rongé des vers, (wood) vermoulu; von den Würmern zerfressen, wurmstichig; roso da' vermi, tarlato. '|wood, n., absinthe, f.; Wermut, m.; assenzio.
Wörn, pp., v. wear.
Wor'ry, n. & t., tourment, m., |er, (sheep,

etc.) déchirer; Quäl|erei, f., |en, zerreissen; torment|o, m., |are, stracciare.
Worse (eur; comp., v. bad, ill), a., pire, (in conduct) plus méchant; schlechter; peggiore, più cattivo; (in health) plus mal, schlimmer, più male; I am none the —, je ne m'en trouve pas plus mal, es ist mir gar nicht schlecht bekommen, non me ne risento; the — for (— of) liquor, entre deux vins, (etwas) berauscht, brillo; the — for wear, usé, abgenutzt, logoro; get —, empirer, s. verschlimmern, peggiorare. —, ad., plus mal; schlechter, etc.; peggio, più male; — and —, so much the —, de mal en pis, tant p-; immer schlimmer, um so sch-; di male in peggio, tanto p-; be — off, être moins heureux, schlechter stehen, star p-.
Wor'ship (eur), n., (divine) culte, m., office (divin); Gottesdienst; culto, officio d|o; your —, Votre Honneur, Euer Gnaden, (Vostra) Eccellenza; & v. adoration. —, t., |per, m., ador|er, |ateur; anbet|en, |er, verehr|en, |er; ador|are, |atore.
Worst (superl., v. bad, ill), a., lepire, leplus mauvais; der schlechteste, schlimmste; il peggiore, il più cattivo; at —, au pis aller; im schlimmsten Falle; al(la) peggio, al p- de' peggi. —, n., pis, m.; Schlimmste, n.; peggio, m.; if the — comes to the —, v. at —; get the — of it, avoir le dessous, den kürzern ziehen, avere la p-. —, t., v. defeat.
Wors'ted (ououd'), n. & a., laine filée, f., de l-; Wollen'garn, n., w|; lana filata, Wort (eur), n., v. herb. [f., di l-.
Worth (eur), n., valeur, f.; Wert, m.; valore, m. ; (fig.) v. merit; a franc's — (of), pour un f-, für einen Frank, per una lira. —, a., qui vaut, w-, che vale; (pers.) be — (1000 l., etc.), v. possess; it is — nothing, cela ne v- rien, es ist nichts w-, non vale niente; it is — seeing, il mérite d'être vu, es ist sehenswert, è degno d'essere veduto; it is not — while, cela n'en vaut pas la p-, es ist nicht der Mühe w-, non vale la pena. '|less, a., qui ne vaut rien, w'los, senza valore; — fellow, vaurien, Taugenichts, uomo dappoco. '|lessness, n., manque de valeur, m.; W'losigkeit, f.; mancanza di valore, f. '|y, a., '|ily, ad., '|iness, n., digne, |ement, mérite, m.; würdig, |keit, f.; degn|o, |amente, merito, m.; a |y man, un brave homme, ein braver Mann, un uomo d'o. '|y, m., homme illustre, berühmter Mann, uomo i-.
Would (ououd), imp., v. will; he — not come, il n'a pas voulu venir, er wollte nicht kommen, non voleva venire; he — do (insisted upon doing it), il voulut

absolument le faire, er bestand darauf es zu thun, *insistè a farlo;* he — (often visit us), *il avait l'habitude (de)*, er pflegte (inf.), *soleva* (inf.); it — not do, *cela ne se pouvait pas*, es ging nicht, *non stava bene;* (cond.) he — come (if he could), *il viendrait*, er würde kommen, *verrebbe;* I — rather (do it), *j'aimerais mieux*, ich möchte lieber, *amerei meglio;* what — you like, *qu'est-ce que vous aimeriez*, was möchten Sie gern, *che cosa vuole, che c- prenderà?* (subj.) — (to God) that, *plût à Dieu que* (subj.), wollte Gott daß (subj.), *volesse Iddio che* (subj.)! '-be,'a., *soi-disant*, angeblich, *preteso*.
Wound (ou), t. & n., *bless|er*, |*ure*, f.; verwunden, Wunde; *feri|re*, |*ta*.
Wound (aou), imp. & pp., v. wind.
Wo've, |n, imp. & pp., v. weave.
Wrang'le, n. & i., *querelle*, f., *se disputer;* Zank, m., |en; *rissa*, f., |*re*.
Wrap, t., (up parcel, etc.) *envelopper;* einwickeln, einschlagen; *involgere;* |ped up (in), (fig.) *absorbé (par)*, vertieft (in), *assorto (in)*. '|per, m., v. envelope, cover; (dress) *peignoir*, m.; Haus|, Morgen|-rock; *accappatojo*.
Wrath (au), n., '|ful, a., v. anger, angry.
Wreak (rîke), t.; — o's vengeance on, *frapper qn. de sa v-*, s. rächen an (dat.), *prendere vendetta di*.
Wreath (i), n., *feston*, m.; Kranz, Blumenschnur, f.; *f|e*, m.; & v. garland, crown; (of smoke) v. column; (of snow) v. drift. —, t., tresser, flechten, *intrecciare;* & v. twist, encircle.
Wreck, n., *naufrag|e*, m., Schiffbruch, *n|io;* (|ed ship) *débris*, m. pl.; Wrack, n., Trümmer, m. pl.; *bastimento n,ato*, m.; (fig.) v. ruin; go to —, *tomber en ruine*, in Verfall geraten, *andare in rovina*. —, t.; be |ed, *faire n|e*, S- leiden, *n|are;* |ed (sailor, etc.), *n,é*, schiffbrüchig, *n|ato*.
Wren, n., *roitelet*, m., Zaunkönig, *reattino*.
Wrench, t., *arracher* (from, *à*), entreißen (dat.), *strappare (a);* & v. twist, sprain.
Wrest, t., v. wrench; (fig.) *tordre*, drehen, *storcere*.
Wrestl|e (ress'l), i., |er, m., |ing, n., *lutt|er*, |*eur*, |*e*, f.; ring|en, |er, |en, n.; *lott|are*, |*atore*, |*a*, f.
Wretch, m., *malheureux*, Elender, *misero;* (knave) *scélérat*, Schurke, *scellerato*. '|ed, a., '|edness, n., *misérable*, *misère*, f.; elend, a. & n.; *miser|abile*, |*ia*, f.
Wrig'gle, i., *se tortiller*, s. krümmen, *scontorcersi*. [*tigiano*.
Wright (raït), m., *ouvrier*, Arbeiter, *ar-*
Wring (wrung, w-), t., *tordre;* ringen, (linen) ausringen; *torcere;* (fig.) v. extort, torment.

Wrink'le, n., |d, a., *rid,c*, f., *é;* Runz|el, |lig; *rug|a*, |*oso;* & v. crease; (pp.) v. purse (t.).
Wrist, n., *poignet*, m.; Handgelenk, n.; *polso*, m. '|band, n., *manchette*, f.; Manschette; *manichino*, m.
Writ, n., (jur.) *assignation*, f., Vorladung, *citazione;* (Holy) *Ecriture*, Schrift, *Scrittura;* & v. document. Write(raït; wrote, written), t., *écrire*, schreiben, *scrivere;* — a good hand, *avoir une belle écriture*, e-e schöne Handschrift haben, *aver una bella scrittura;* — down, *coucher par écrit*, nieder|schr-, *mettere in iscritto;* — for, v. order; — out, v. copy. Wri'ter, m., *écrivain*, Schreiber, *scrittore* (author) *auteur*, Schriftsteller, *autore:* & v. clerk. Wri'ting, n., (act of) v; write; (hand-, etc.) *écriture*, f., Schrift, *scrittura;* (style) *style*, m.; Schreibart, f.; *stile*, m.; in —, *par écrit*, schriftlich, *in iscritto;* |s, *écrits*, m. pl.; Schriften, f. pl.; *scritti*, m. pl. -book, n., *cahier*, m.; Heft, n.; *quaderno*, m. -desk, n., *secrétaire*, m., Schreibtisch, *scrittojo*. -master, m., -paper, n., *maitre d'écriture*, *papier à écrire*, m.; Schreib|lehrer, |papier, n.; *maestro di scrittura (di calligrafia)*, *carta da scrivere*, f.
Writhe, i., *se tordre*, s. winden, *scontorcersi*.
Writ'ten, pp., v. write.
Wrong, a., *faux*, falsch, *falso;* (bad, unfair) *mauvais*, *mal;* unrecht; *cattivo*, *male;* (time) v. inconvenient; & v. unjust, wicked; — side, *envers*, m.; linke, verkehrte Seite, f.; *rovesci,o*, m.; — side out, up, *à l'e-*, *sens dessus dessous;* verkehrt, oberst zu unterst; *alla r|a*, *sottosopra;* the — book, (ce n'est) pas le livre qu'il faut, das unrecht|e Buch, (*ho preso*) *l'uno libro per l'altro;* be —, avoir tort, u| haben, *aver t|o;* it is — of you, *c'est mal à vous*, es ist u| von Ihnen, *ha (avete) t|o;* (my watch) is —, *va mal*, geht falsch, *va male*. —, ad., *mal, à tort;* falsch, verkehrt; *male, a t,o;* right(ly) or — (ly), *à t- ou à raison*, mit Recht oder Unrecht, *a dritto o a t|o*. —, n., *mal*, m., *tort;* U-, n.; *male*, m., *t|o;* & v. injury, injustice; be in the —, v. be — (sup.). —, t., *faire t- à*, u| thun (dat.), *far t|o a;* & v. injure. '|ful, a., '|ly, ad., v. wrong, a. & ad. '-headed, a., v. obstinate, perverse.
Wrote, imp., v. write.
Wroth, a., v. angry.
Wrought (raut), pp., v. work; — iron, *fer forgé*, m.; Schmiedeeisen, n.; *ferro lavorato*, m.
Wrung, imp. & pp., v. wring.
Wrȳ, a., *de travers*, schief, *sbieco;* — face, *grima|ce*, f., |sse, *smorfia*.

Y.

Yacht (iotte), n., *y-*, m.; Jacht, f.; *y-*, m., *jachetto*.
Yam, n., *ignam|e*, f.; Y|swurzel; *i|o*, m.
Yan'kee, m., *Améri|cain*, |kaner, |cano.
Yard, n., (measure) (.91) *mètre*, m., Meter, *metro*; (for sail) *vergue*, f.; Raa, Segelstange; *antenna*. —, n., (court) *cour*, f.; Hof, m.; *cortile*.
Yarn, n., *fil*, m.; Garn, n.; *filo*, m.; (fig.) *histoire*, f.; Geschichte; *racconto*, m.
Yawl, n., *yole*, f.; Jolle; *schifo*, m.
Yawn, i. & n., *báill|er*, |*ement*, m.; gähnen, i. & n.; *sbadigli|are*, |*o*, m.; |ing (chasm, etc.), *béant*, weit geöffnet, *spalancato*.
Ye, prn., *vous*, ihr, *voi*.
Yea (ë), ad., *oui*, ja, *sì*.
Year (i), n., *an*, m., (duration of; next, last; with ordinal nr., etc.) *année*, f.; Jahr, n.; *annu|o*, m., (season) |*ata*, f.; a —, *par an*; das J-, jährlich; *all' anno*; by the —, *à l'année*, das J-, *all' anno*; — by —, from — to —, *d'année en a-*, von J- zu J-, *da un anno in l'altro*; one — with another, *bon an mal an*, J- aus J- ein, *un anno con l'altro*; ten |s ago, I am ten |s old, *il y a dix ans*, *j'ai d- a-*; vor zehn J|en, ich bin z- J|e alt; *dieci anni fa*, ho *d- a-*. '|ly, a. & ad., *annuel, par an*; jährlich; *annu|o*, |*almente*.
Yearn (eur), i., *soupirer* (for, *après*), s. sehn|en (nach), *bramare*. ',ing, n., *désir ardent*, m.; S|sucht, f.; *desiderio ardente*, m.; & v. tenderness.
Yeast (i), n., *levûre*, f.; Hefe; *lievito*, m.
Yell, i. & n., *hurl|er*, |*ement*, m.; heulen, (gellendes) Geschrei, n.; *url|are*, |*o*, m.
Yel'low, a., *jaune*, gelb, *giallo*; turn —, jaunir, g-werden, *gialleggiare*. |ish, a.; jaunâtre, g|lich, *gialliccio*.
Yelp, i., *glapir*, kläffen, *guaire*.
Yeo'man (pl. yeomen), m., *fermier(propriétaire)*, Ackerbauer, *piccolo p|ario*. |ry, n., *garde nationale à cheval*, f.. berittene Landmiliz, *milizia a cavallo*. [doch, *già*.
Yĕs, ad., *oui*, ja, *sì*; (after neg. quest.) *sì*,
Yes'terday, ad., *hier*, gestern, *ieri*; the day before—, *avant-h-*, vor|g-, *ier l'altro*.
Yet, cj., *cependant, toutefois*; (je)doch, dennoch; *pure, tuttavia*. —, ad., *encore*, noch, ancora; as —, *jusqu'ici*, bis jetzt, *finora*; not —, *pas e-*, n- nicht, *non a-*.
Yew (iou), n., *if*, m.; Taxus, Eibe, f.; *tasso*. m.
Yield (i), 1., (profit) *rapporter*, bringen, *rendere*; (fruit) v. produce; — up, v. give up. —, i., *céder*, nachgeben, *cedere*; & v. surrender. —, n., *rendement*, m., Ertrag, *prodotto*. '|ing, a., *facile*, fügsam, *facile*, (thg.) v. soft.
Yoke, n., *joug*, m.; Joch, n.; *giogo*, m.;

— of oxen, *pai? bœufs*, J- Ochsen —, t., *mettre au j*
Yolk (yōke), n., *j|* gelb, n.; *tuorlo*,
Yon, '|der, a., ce ('|e, |es, |e), *quel*, |'|der, ad., *là-bas*,
Yore, ad.; of—, *ja*
You, prn., *vous*; (polite) Sie (dat., with vb., *vi, ve*), *Le*); (indef.) *on*,
Young (ŭ), a., *jeune* — man, *j-homme demoiselle*, Fräul girl); — people, Leute; *i giovani*. *les petits*, die J| *pleine*, trächtig, *rajeunir*, s. verjü comp., *plus j|*, |te; jünger; *più* superl., *le, la pl|* ste; *il, la più g-*
Your, a., *votre* (pl. (polite) Ihr (f. |e |e), *su'o(|a, |oi, |e v|s*; der, die, das I|en; *il v|o, la v|, sua, i suoi, le su* es gehört Ihnen; (pl.) **selves'**, p (ac. & dat., *euc* Ihnen); *voi stess| Lei s|a*; (refl.) *vo La* (dat., *Le*).
Youth, n., *jeunesse* |*inezza*. —, m., *giovane*. '|ful, a.. *vanile*; (days, el *gend..*, *della gio*

Zeal (Ĭ), n., *zèle*, n a., *zélé*, eifrig, *ze*
Ze'bra, n., *zèbre*, n
Ze'nith, n., *zénith*, his fame, *le com* Höhepunkt sein *della sua fama*.
Zeph'yr, n., *zéphy*
Zest, n., *goût*, m.,
Zig'zag, n.. *z-*, m. a., *en z-*, im Z-,
Zinc, n., *z-*, m., Zi
Zo'di|ac, n., |*aque*,
Zone, n., *z-*, f., Z-.
Zoöl'og|y, n., |ist, m., *ique*; |ie, f., m., |*ico*.
Zo'ophyte, n., *z-*,

www.ingramcontent.com/pod-product-compliance
Lightning Source LLC
Chambersburg PA
CBHW021807230426

43669CB00008B/666